圖書在版編目(CIP)數據

國家圖書館藏敦煌遺書・第一百二十册/中國國家圖書館編;任繼愈主編. —北京:北京圖書館出版社,2009.12

ISBN 978-7-5013-3682-1

Ⅰ.國… Ⅱ.①中…②任… Ⅲ.敦煌學—文獻 Ⅳ.K870.6

中國版本圖書館 CIP 數據核字(2009)第 111682 號

書　　名　國家圖書館藏敦煌遺書・第一百二十册
著　　者　中國國家圖書館編　任繼愈主編
責任編輯　徐　蜀　孫　彦
封面設計　李　璀

出　　版　北京圖書館出版社　(100034　北京西城區文津街 7 號)
發　　行　010-66139745　66151313　66175620　66126153
66174391(傳真)　66126156(門市部)
E-mail　btsfxb@nlc.gov.cn(郵購)
Website　www.nlcpress.com → 投稿中心
經　　銷　新華書店
印　　刷　北京文津閣印務有限責任公司

開　　本　八開
印　　張　60.75
版　　次　2009 年 12 月第 1 版第 1 次印刷
印　　數　1-250 册(套)

書　　號　ISBN 978-7-5013-3682-1/K・1645
定　　價　990.00 圓

中國國家圖書館編

國家圖書館藏敦煌遺書

第一百二十冊　北敦一四〇四七號——北敦一四〇七七號

北京圖書館出版社

編輯委員會

主　編　任繼愈
常務副主編　方廣錩
副主編　李際寧　張志清
編委（按姓氏筆畫排列）　王克芬　王姿怡　吴玉梅　周春華　陳　穎　黄　霞（常務）　黄　建　程佳羽　劉玉芬

出版委員會

主　任　詹福瑞
副主任　陳　力
委　員（按姓氏筆畫排列）　李　健　姜　紅　郭又陵　徐　蜀　孫　彦

攝製人員（按姓氏筆畫排列）

于向洋　王富生　王遂新　谷韶軍　張　軍　張紅兵　張　陽　曹　宏　郭春紅　楊　勇　嚴　平

原件修整人員（按姓氏筆畫排列）

朱振彬　杜偉生　李　英　胡玉清　胡秀菊　張　平　劉建明

目錄

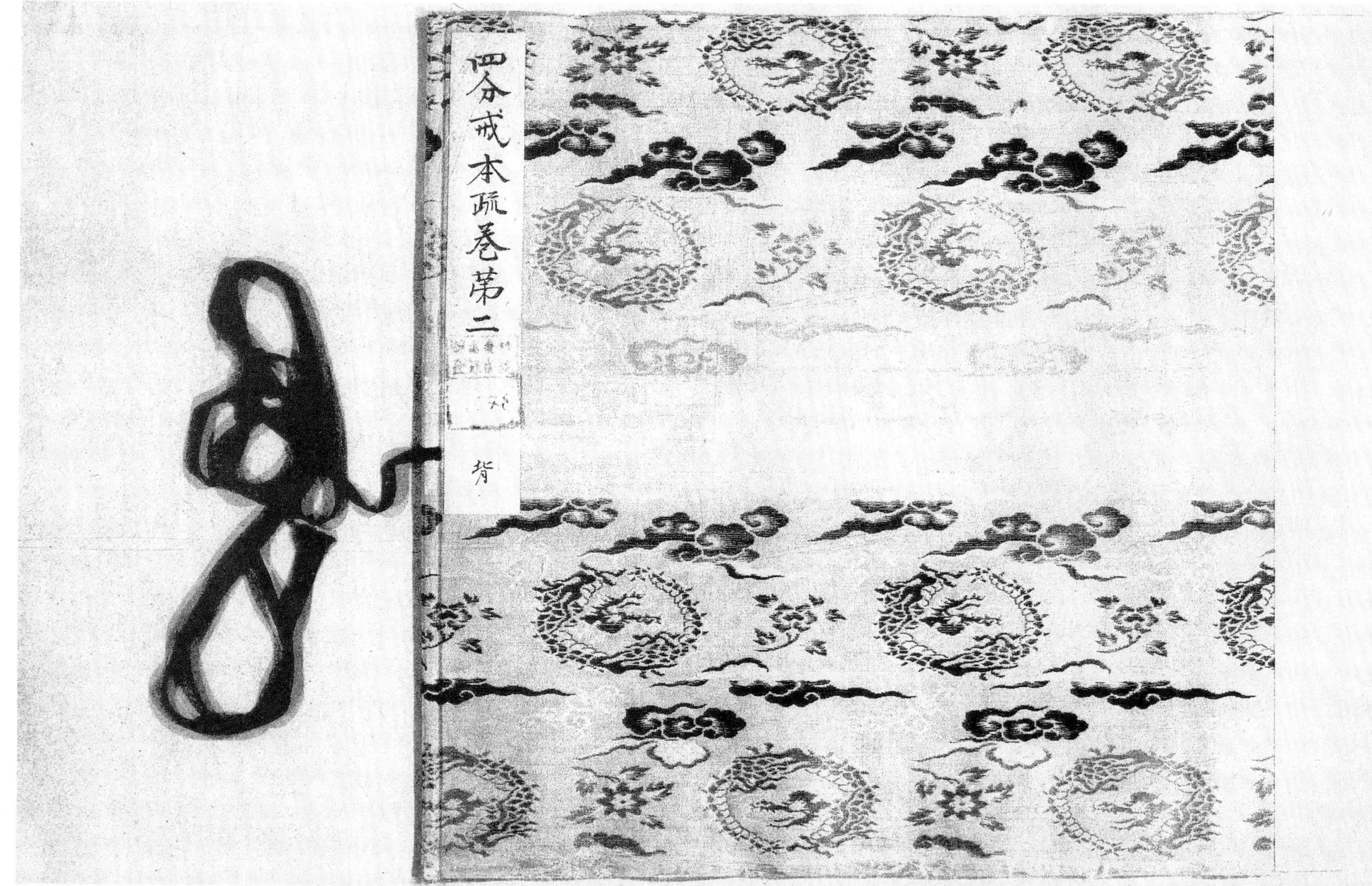

BD14047 號背　現代護首　（1–1）

四分戒本疏卷第二

諸大德是十三僧伽婆尸沙法半月半月說戒經

戒後問清淨　此句是其標也　且就物

惣相者一起由三毒　二配於身口　三自作教人　口

部同異　八遮制不同　九下衆任運　言起由三毒者

次有二戒嗔心起成　次有二戒嗔癡起成　二配於身口者　信

麁語二謗四諫等　八口為正犯身有助成　次二房戒身為正犯口

身口正犯　三自作教人者　依分為三　一有五戒自作成重教人同

一麁語

二房自作定殘教人或同不同　若教人作　五於己有潤　故同

教人於己无

潤但可犯蘭　二次有二戒自作教人一向同犯　謂二謗戒　自作教人為己擬(?)境處齊(?)

暢思不殊　故彼我同說　三有六戒自作犯殘　教人犯輕　謂漏失摩觸　自作犯殘　教

人偷蘭　以无潤己　故下四諫戒自違正犯　教人違諫　但得輕罪　若僧未諫　教言莫捨

但得吉羅　以无僧命衆法可違　過輕微故　若僧諫時　教言莫捨　即結蘭罪　以違僧

润但可犯蘭二次有二戒自作教人一向同犯謂二謗戒自作教人爲己惱境處育
暢思不殊故彼我同說 三有六戒自作犯殘教人犯輕謂漏失摩觸自作犯殘教
人偷蘭以无润已故下四諫戒自違正犯教人違諫亦得輕罪若僧未諫教言莫捨
但得吉羅以无僧命衆法可違過輕微故若僧諫時教言莫捨即結蘭罪以違僧
命情過重故四住處者媒及二房是其處惡餘之十戒体是不善故是住惡 第
五種類者見論分爲四位初有五戒咸是愛染初戒氣分婬之種類 二二房兩戒是盜
種類 三汙家惡戒行是煞種類 四餘之戒等妄語種類 第六持犯是中二房具二
持犯然前房半非除過量故自餘十一止持作犯亦可止持作犯通十三戒作持止
犯前房少分第二房全品別階降已如上弁 七二部同異者媒嫁二謗四違諫等
此七同犯而四諫戒得罪雖育對境翻到謂各違當衆諫故媒謗三戒境罪俱
等自餘六戒僧尼不同漏失僧重尼提多子女人煩惱深重難拘難制若制与重
罪惱衆生又女人要在秘屏多緣多力苦乃蛊流故輕[illegible]事能出故重
又可染患内外不同故有輕重比丘摩觸力能自固以限分制[illegible]殘尼則墳惱
厚重既受摩身恐成陵逼深防中制故結歲罪有四不同故罪[illegible]存一犯活二夫
小三染心有分輕重尼權陵逼故須活及大等僧攝染患不簡死及小小等厭惡
語僧重尼輕以希數故又尼有趣重方便故得蘭罪僧无八事相資故得僧殘
二房戒者大僧犯殘尼作犯蘭若就過量大僧得獨行宿甚獨造房故制僧殘
尼須伴攝若共造房自无過義故律言多人住屋不犯見日二人造房不犯誤
令獨造希故蘭罪若尔覆屋過三何故同犯答此據尺量分齊故二人不犯下犯
下過三節宜弁權壞根識不簡大小故同僧提問尼就有无伴假獨義希即得
蘭者若尔尼是有伴假獨義希屏露二坐不應同犯答此就損業損微則輕又
設獨造希而不數故得輕罪坐等就識事數雖希育損識過僧尼同犯若論不處分
者尼无蘭若制居聚落僧僮无房故宜須造設不處分情過輕微但結蘭罪無
丈夫得在蘭若樹下露坐安身進業今在聚落營搆私房故須重遮惑其後犯
八違制不同者前之九戒違佛制得罪後四諫戒違僧制招愆此僧制者即是佛制但僧
若不秉即无諫之殘由違僧故此四戒違僧制犯九任運有无七戒容有任運二處兩
房二謗媒嫁得有遣人爲己作義所教事成三住之中犯七僧殘餘无教人故无任運
就十三中初之九戒若持護衆行法違則壞衆行法後之四戒若奉順聖命息過不爲

八違制不同者前之九戒違仏制得罪後四諫戒違僧制招愆此僧制者即是仏制但僧
若不秉即无諫之殘由違僧故也四戒違僧制犯九任運有无七戒容有任運二屋兩
房二謗媒嫁得有遣人為己作義所教事成三住之中犯七僧殘餘无教人故无任運
就十三中初之九戒若持護衆行法違則壞衆行法後之四戒若奉順聖命息過不為
顯衆法亦就有被持之益名護衆教法違則壞衆法前中復三初五内染以明壞衆行法
次二兩房事和以明壞衆行法次二兩謗情和以明壞衆行法前五復三初一壞衆壞行法
不壞於時次三壞衆壞行壞時次一壞行義撥壞衆壞時故　故漏失戒第一　此戒令
善犯故在初也　一制意欲是惡法正是生死根原鄣道之本理應禁斷令其行
清淨多論云三義故仏制此戒一令正法久住故二欲止誹謗故三欲生天龍善神信敬
心故四部律中仏並訶嘖言云何以此不淨手受人信施　二釋名者方便動轉摽心
究竟名之為故體分潰流名為漏失故曰漏失戒也　三具緣者通緣者如上別緣有
三一作究竟意二方便動轉三失即犯　四闕緣闕初二无犯闕三或重輕蘭　已下正明戒
本文有三段一略制二隨開三滿制　言略制者最初因迦留陀夷比丘起過仏便略制云
後因餘比丘夢中失不淨仏因進僧本无心故開除夢中是名隨開　言滿足戒本者
若比丘故弄陰失精除夢中僧伽婆尸沙　此滿足戒制本四句判簡　初略標　次廣釋
言略標者一犯人二人三開四結罪　言廣釋者若比丘八比丘中第八白四羯磨如法得處所
比丘是名若比丘義所言故弄陰失精者出其境界先列六名二次第解　言六名者律
云實心故作出不淨意前境有六若於内色外色若水若風若空隨任方便若出前
犯　言内色者謂衆生身分心法領納苦樂故名受色　言外色者謂非衆生色或无
心法領納名不受色　所言水風空者比類可知水中逆水順水風中亦爾風中自空動
身乃至餘境　所言除夢中者律云亂意睡眠有五過失一者惡夢二者諸天不護
三者心不入法四者不思惟明相五者於夢中失精善意睡眠有五功德即反上句也
若欲睡眠時手捉而睡意令夢中漏失睡中若失即犯究竟非開限若本无心意不
欲出夢中若出不在犯限故曰除夢中　所言僧伽婆尸沙者此是罪名律云僧伽者名
衆婆尸沙者有餘以行法不絶為名世若比丘如上於六種竟作方便出精意後遂本心
皆得殘罪如目連罪報經云若比丘无慚愧心輕慢仏語犯僧伽婆尸沙罪如不墮樂天
壽八千歲於人間數二百卌億卌千歲墮泥梨中所言不犯者律云若夢中失覺以恐汗
身衣故以弊物及手捺弃若欲想出若見好色不觸而出若行時自觸兩脛而失若觸
衣而失若浴時失若手揩摩而失如是一切不作出精意而自出者无犯

皆得殘罪如目連罪報經云若比丘无慚愧心輕慢佛語犯僧伽婆尸沙罪如不橋樂天
壽八千歲於人間數二百卅億卅千歲墮泥犁中所言不犯者律云若夢中失覺以怨汗
身衣故以弊物及手捺弃若欲想出若見好色不觸如出若行時自觸兩髀而失若觸
衣而失若洛時失若手揩摩而失如是一切不作出精意而自出者无犯
摩觸女人戒二 一制意多論云義故制此戒一出家人飄然无依心令制此戒与之作伴有所
依故二爲息鬪諍故此是諍竟根本故三爲息疑謙不但謂捉而已謂作大惡故四爲
斷大惡之原業數防善故五爲護正念故若觸女人必失正念故六比丘出家理應超
絶塵染栖心累外爲世軌則若觸女人則違世人宗敬心故 二釋名身相捫摸爲摩二
境交對曰觸故曰摩觸戒 三具緣通緣如上別緣有五一人女人簡非天与畜女異
男等女中不簡死活大小輕重等又通道俗親踈廣說可知二人女相 三染心四相觸
五受樂便犯 四闕緣若闕初緣有二種句初句欲捉人女所前境變
爲人男得前心蘭或人男來替續處作人女想亦蘭第二或變爲二形或二形續 三或
變作男黄門或門續處非畜各四種前可知故合十一闕二緣有卅二蘭想疑雙闕各
較一闕第三无罪第二俱有根五十四吉羅衣平有无九十偷蘭闕第五蘭已下亡
明戒本 若比丘婬欲意與女人身相觸若捉手若捉髮若觸一一身分者僧伽婆尸沙
此滿足戒本五句料簡初略弁後廣釋略中一犯人二內有染心三所對境四身相觸五[illegible]
觸一一下結犯今廣釋若比丘者義如上弁言婬欲意者愛染汙心所言人女者如上婬
戒中說爲欲通取覺与不覺等四種境故不以有智未命給釋女直言如上所言身
者從髮至足見云若髮抵相摩蘭以无覺故所言相摩者若捉手至身分已來九
種摩著初句下二釋言摩者若捉摩重摩或牽或推逆摩順摩或摩或下或
捉或捺若餘摩方便世所言若捉摩者摩身前後牽者牽前推者推却逆摩
者從上至下順摩者從上至下變者捉舉上下者若立捉令坐捉者若捉前捉後
捉乳捉髀捺前捺後若捺乳捺髀是皆摩著所言僧伽婆尸沙者是第五結
犯句於中有五種罪相初若相摩二俱无衣情濃故著便僧殘女觸比丘動身同犯
若不種動身但責第二若相摩衣有衣情淡著便偷蘭第三若相摩俱有衣
情寬輕微著便犯俱无衣中若心境相應犯殘若心不當境疑故輕如於變境
有此階降睡死少分壞三壞類之可知故律云比丘摩无衣覺女睡眠新死少分壞者

犯句於中有五種罪相初若相觸二俱无衣体濡故着便僧殘女觸比丘重身同犯
若不種動身但吉第二若相觸一有衣情淺著便偷蘭第三若相觸俱有衣
情寬輕微著便犯俱无衣中若心境相應犯殘若心不當境疑故輕如於覺境
有此皆降睡死少分壞三壞類亦可知故律云並往觸无衣覺女睡眠新死少分壞者
但使往觸著不問受樂不受樂皆犯殘罪若女來觸比丘不必須婬心而並要須動身
受樂者犯殘若不動身而受樂者吉若先有染心雖不動身而受樂者有觸意
故犯蘭動則犯殘若与二形身相觸偷蘭十誦伽論云意在女者殘在男者蘭善見
云若以髮〻相觸爪〻相觸悉皆偷蘭以无覺故觸故根互壞相觸者皆蘭若觸畜生
女者一切吉羅僧祇意謂男子黃門而是女人觸者僧殘謂前有方便心後觸本
境祇一時觸多女人一〻殘一〻觸多殘比丘知法多詐女捉共卧竟夜不移者一殘若以欲心
觸男子身或衣鉢坐具皆吉問婬戒同犯此皆不同者何答良以患興於內觸境思
辨亦道暢適䏤著清淨不簡彼此摩觸非无內染情悅在懷〻殊人畜形別男女情耶
濃淡故有階降不死律云若有所取与相觸或戲笑若相解時相觸一切不犯餘罪僧
祇若共女人捉物呪㲀捉器行食捉繩頭尾捉杖竹木皆非威儀有欲心者犯吉羅欲
心動物及以器繩或擿水著女皆偷蘭若母等近親久別相見抱捉比丘者當正念住不
犯十誦若母女姊妹爲病患及水火刀兵深泥惡獸難救者无犯但无染心若爲水所漂斷
比丘手捉雖婬心起但捉一處莫放到岸不應〻斷故觸得殘若女人瀉水注比丘手水流不
斷於女人生婬心偷蘭僧祇若城門道逢女人闌者要待希已便過若女人有所須
令淨人与无者持著机上語言取〻若權重不舉倩比丘者傍无淨人比丘爲舉著〻
高處令自擔〻若乞食時有端正女人持食來比丘若起婬心者放鉢著地令餘人擭〻
處受〻准此若就女人取針线瓶盂等物恐容觸者當語置地然後比丘自取餘並
例知十誦四分開處猶多若擭僧祇水溺緣難至死不捨須知急緩〻意過積集增
莫不由此　与女人麁語戒三　自下三戒制意同前充婬欲〻事其勢鄙穢故名麁惡令
說其狀表彰在口故曰麁惡語通緣如上別緣七一人女二人女想三有染心四麁惡語五言
麁惡語想六言章了〻七前女知解闕緣准觸戒說此中但明比丘染心向女麁語若〻
前女人向比丘麁語若染心領解亦應犯殘類同前觸文略不弁五分具有比彼互向麁
惡語同犯已下正明戒本此戒亦因迦留陀夷聞佛已制前二便於女說麁惡語比丘舉過
佛因制故戒〻若比丘婬欲意与女人麁惡婬欲語隨麁惡婬欲語僧伽婆尸沙　此滿足戒
本文有五句初列後釋〻云五句者一犯人二所有染心三人女生境界四對說麁惡語五

前女人向比丘麁語若深心領解亦應犯殘類同前單文略不弁五分具有此彼互向麁
惡語同犯已下正明戒本　此戒亦因迦留陁夷聞仏已制前二便於女說麁惡語比丘舉過
仏因制故戒　若比丘婬欲意与女人麁惡婬欲語隨麁惡婬欲語僧伽婆尸沙　此滿足戒
本文有五句初列後釋　言五句者一犯人二內有深心三人女生境界四對說麁惡語五
隨已下結犯次釋　言若比丘者義如上　言女人者有知命根不斷　言麁惡者非梵行
也所言婬欲語者稱說二道好惡也　初列麁惡義誰有八若求若教他求若問若答
若解若說若教若罵　言求者与我二道作如是事若復作餘語言教他求者若天若
梵天神摩睺首羅祐助我共汝作如是事　所言問者汝大小便道何似汝云何与夫主共
事云何復与外人共通　言答者汝大小便道如是如是事　所言說者亦如是　所言教者我教汝
如是治二道汝可令夫主外人敬愛　所言罵者若言汝破壞腐爛燋惟墮落与驢作如是
若復餘作語言罵若復作餘語者除二道已外說餘處支節及得表麁惡語ゝ言故
日若復作餘語如消蘇等類第五隨已下結犯者是僧殘罪於中輕重有四一就本境
麁惡語隨語多少一ゝ殘罪二若前人不了者一ゝ麁語一偷蘭隨語多少說不了ゝ一ゝ皆
蘭三除二道說餘處支節亦蘭四与非人女黃門二形麁語知者蘭不知者吉畜生及男子
吉若与指印遣書作相令彼女知者如前不知亦不犯中律云為女說不淨惡露觀
大妹當知此身九瘡九孔漏九流九孔者二眼二耳二鼻口大小便道　當說此不淨時彼女
謂說麁惡語若說毗尼時言次及此彼謂麁惡語若倍受經若二人同受若彼問若
同誦若戲笑語若獨語若疾語若夢中語說此錯說彼但无欲心一切无犯
向女人嘆身索供養戒第四　言多巧為美色ゝ善稱誘其情說婬欲事以用自適故
言嘆身索供養戒別緣有七一人女二人女想三深心四嘆身索說麁惡語五麁惡
語相六言辭了ゝ七女人知解此戒制緣准觸戒說已下正明戒本　此戒因迦留陁夷聞仏
已制前三戒遂向女人嘆身索供養比丘舉過仏乃制戒　若比丘婬欲意於女人前自嘆
身言大德妹我修梵行持戒精進修善法可持是婬欲供養我如是供養第一最
僧伽婆尸沙　今弁滿足戒本文有五句初列後釋　言列者一犯人二深心三境界人女四
自欲索供養五結犯　言釋者前三句可知第四索供養句中有二一自嘆身有五三可
持已下索供養　言自嘆五句者一自嘆身二言修梵行三持戒四精進五修善法
釋此五句以為四段一釋嘆身有二一色身豊美二種姓　律云嘆身端正好顏色我是剎帝
利長者居士婆羅門大姓種二解梵行以精解梵行故曰勤修離穢濁三解持戒治犯

自欲索供養五結犯。言釋者，前三句可知。第四索供養句中有二：一自嘆身有五，二可
持已下索供養。言自嘆五句者：一自嘆身，二言備梵行，三持戒，四精進，五備善法。
釋此五句以爲四段：一釋嘆身有二：一色身貴美，二種姓。故律云嘆身端正好顏色，我是剎帝
利長者居士婆羅門大姓種。二解梵行，以精解梵行，故曰勤修離穢濁。三解持戒，治犯
戒方便之心名不缺，治根本犯戒之罪名不穿，離後眷屬曰不染污。戒具三，諸戒同示。
故律云持戒精進者，不缺不穿漏，无染污。四釋善治，謂十二頭陀及諸善業同。故律云
備善法者，樂閑靜處，時到乞食，著糞掃衣，不作餘食法，一坐食，一摶食，冢間坐，露地
坐，常坐，隨坐，持三衣，唄匿，多聞，能說法，持毗尼，坐禪是也。二可持已下解索供養，
是第二之義。第五結犯者，是僧伽婆尸沙，此是結罪句。輕重有三：一若作如上自譽
已，供養我來，即犯罪。雖嘆如上事，不說婬欲者，犯蘭。若在人女前一一自嘆譽身，一一僧
伽婆尸沙。隨自嘆身了了者，一一僧殘；言不了了，偷蘭。若手印，若書信，若遣使，若現知
相令彼知者，殘；不知者，蘭。除二道，索餘處供養，蘭。非人女，蘭；不了者，畜生者，境想
如上。不犯中，律云：若比丘語女人言：此處妙尊最上，比丘精進持戒修善法，汝等應以身
口意業供養。於彼若女意謂爲我嘆身，若說毗尼言次及此，彼謂敬身，若錯說者，
並不犯。　媒嫁戒第五。一制意：婚娶之禮，和合生死，正遠出離，出家所爲，特乖法式。又
紛務妨修，相招譏醜，不免世呵，是以聖制。二釋名：爲彼男女往反計謀以成婚禮，故曰媒嫁
戒。三具緣如上。別緣有六：一人男女，簡非畜，而於人中貴賤親疎，並是犯限。伽論云稙福
腹媒嫁犯蘭。二人男女想。三爲媒嫁事。四媒嫁想。五顯事了了。六受語并還報。四闕緣此說可知。
已下正明戒本。此戒因迦羅比丘起過，佛便制戒。若比丘往來彼此媒嫁，持男意語女，持女意
語男，若爲成婦事，若爲私通事，乃至須臾頃，僧伽婆尸沙。此滿足戒本文有五句，初列
後釋。言初列者：一犯人，二往來者，三彼此所嫁境界，四正作媒嫁事，五結罪。所言釋者，初句
可知。言往來者，可得和合是。言彼此，謂所媒境界男女互爲彼此。先舉數列名，女有廿種：
母護、父護、父母護、兄護、姊護、兄姊護、自護、法護、姓護、宗親護、自樂婢、與衣婢、與財婢、
同作業婢、水所漂婢、不輸稅婢、放去婢、客作婢、他護婢、邊方得婢是也。此釋名義：母護
者，母所保；父護者，父所保；父母護、兄護、姊護、兄姊護，然如是。自護者，身得自在。法護者，修
梵行。姓護者，不與卑下姓。宗親護者，爲宗親所保。自樂爲婢者，樂爲他作婢。與衣者，
衣爲便。與財者，乃至與錢爲便。同業者，同共作業。水所漂者，水中救得。不輸稅者，若不
取輸稅。放去婢者，若買得，若寄生。客作者，雇錢使。他護者，受他華鬘爲要。邊方得

同作業婢水所漂婢不輸稅婢教去婢客作婢他護婢邊方得婢是也 此釋名義[illegible]
者母所保父護者父所保父母護兄護姊護兄婦護亦如是自護者身得自在法護者循
梵行姓護者不与畢下姓宗親護者為宗親所保自樂為婢者樂為他作婢与衣者
衣為便与厨者乃至与錢為便同業者同共作業水所漂者水中救得不輸稅者若不
取輸稅教去婢者若買得若家生客作者雇錢使他護者受他華鬘為要邊方得
者抄劫得後結是為廿種男亦如是 第四句正作媒嫁事者文有二初媒業亦成媒
等是所傳之意二乃至須臾須者謂暫時交會亦得僧殘廿念為瞬須廿瞬須為一
彈指須廿彈指為羅預廿羅預為一須臾日極長十八須臾晝十二須臾言僧殘者
是結犯句輕重有三 初使義具六三犯殘二自受語往彼不報具二闕一犯蘭三
受語不往彼具一闕二犯吉故律云若初受語吉羅往說不報偷蘭若還報
者僧殘若書使指印現相媒多少說而了了隨其往反一一僧殘若不了者偷蘭
五分受男語吉語往不許還報蘭許還報殘不同四分但具三時殘一受語二往
彼陳三還報 除二道已媒餘身分者蘭若諸比丘白羯磨差人媒嫁一切僧殘
令知事白僧媒娶淨人供給婚具問僧同和一切僧殘若用僧物俱犯重十誦
伽論云若指腹為媒及自媒者偷蘭若能不男女道合一道女石女等一切偷蘭
若媒人男畜生等並吉羅僧祇為他求好馬種和合故偷蘭餘畜吉羅不犯
中律云若男女先已通後離別還和合者開不犯又云不得為白衣作使不得持
他書往而不看若為報恩生善滅惡及佛法僧事一切看書持往不犯
無主自為過量僧不處分造房戒六 一制意初弁制意後明開意言制意
者然上行之士報力資緣堪耐煩緣不廢正務是以大聖制依冢間樹下省緣脩道
不畜房舍而中行之輩資報力劣不堪寒苦制同上士妨正脩乃是彼人壞道
緣故開畜小房比丘因開廣作營搆經務妨脩長己貪結壞知足行違法造房
情過不輕隨開還制 二釋名專任自由不蒙指示名僧不處分不依限穡為過量
故曰僧不處分過量造房戒 三具緣通緣如上別緣有六一無主二為己三自乞求
四過量不處分五過量不處分想六房成便犯 四闕緣若闕初緣犯後戒或三
或二或一罪若作房全可無罪若闕第二為他作非法房或二蘭二吉或三二或
可無罪若闕第三緣不自乞求即無過量容有餘三乃至無罪若闕第四作不
過量處分則全無罪容得四蘭謂實不過量作過量想偷蘭疑亦偷蘭
[illegible]

四過量不處分。五過量不處分想。六房成便犯。四緣若滿初緣犯後義或三
或二或一罪。若作房全可无罪。若滿第二為他作非法房，或二蘭二吉，或三二或
可无罪。若滿第三緣不自乞求，即无過量容。有餘三乃全无罪。若滿第四作不
過量處分，則全无罪，容得四蘭，謂實不過量作過量想偷蘭，疑亦偷蘭；
實處分作不處分想蘭，疑亦偷蘭。上若滿第五亦得四蘭：實過量作不過量
想蘭，疑亦偷蘭；不處分處分想蘭，疑亦偷蘭。若滿第六緣，未後二團泥未竟已還
盡輕蘭，一團泥在重蘭。已下正明戒本。此戒因曠野比丘作大房乞求煩多頑乱居士，
故制此戒。若比丘自求作屋，无主自為已，當應量作。是中量者，長仏十二搩手，內
廣七搩手。當將餘比丘指受處所，彼比丘當指授處所无難處无妨處。若比丘
有難處妨處自求作屋，无主自為已，不將餘比丘指授處所，若過量作者，僧伽
婆尸沙。此為是戒本文，有三句，初列後釋。言列者，一犯人，二自求已下正教比丘房
量大小指授方軌，三若比丘下若違教作者結犯。言釋者，初句義如上。并第二句
文有七：一自乞求，有檀越主得過量罪，若其自物則无過量。二作室，除作餘物无
過量不處分。五分房者，於中可得行立坐卧行四威儀。三无主者，以其有主无過量。
四自為已，就為他作於已无潤，不犯殘罪。五并房之尺量，仏搩手者諸文不定，一搩手祇
二尺四寸，七搩手者一丈四尺，此據屋內。祇亦云從房外量屋內。云當將已下教房主比丘
乞處分者，方法文如律中廣并問作大小房須乞處分。見論云：長六搩手廣四搩手，
作如是房不須處分。律亦成文小容身屋不犯，非謂制无過量。後房者无過量，何以
制中除小容身？若過六搩手四搩手已上，不問過量不過量，咸須處分。七彼比丘下教
僧處分，處分法如律廣說。第三結罪句中有四種罪，二殘二吉，有无互說可知。
此下雜明如上諸文。四分律文：若作此房，先知无難妨已，然後來僧中，脫革屣，偏露右
肩，禮上座足，右膝著地，合掌乞處分。法令持僧中觀此比丘，若可信者，即聽使作；
若不可信，眾僧往看；若僧不去，應遣僧中可信者看。若有妨難，不應處分。難
者，諸虎狼師子諸惡獸者，下至蟻子。言妨者，及至不容草車迴轉。云見五是人田園，
或怨家賊處、尸陀林處、王誌護處，四周不通十二梯橙間有礙一肘者。十誦是含四
邊一尋地，有塔地、官地、居士外道比丘尼地，若大石流水大樹深坑等，是妨處明了。
論或樹空山嵓巖石陂等，得行住坐卧，如作房舍所攝。云如上處等欲於中住，必須
隔斷。若不依量，用功則多；若有妨難，自損損他。故律云：若於妨難之地輒造房舍

邊一尋地內有塔地官地居士外道比丘尼地若大石流水大樹深坑等是妨處明了
論或樹空山巖石隙等得行住坐卧非作房舍所攝云如上處等欲於中住必須
隔斷若不依量用功則多若有妨難自損損他故律云若於妨難之地輙造房舍
得二吉羅過二不乞得二殘罪互過即犯不得俱也為他作房但得蘭罪律不犯中咸
量无妨難為佛圖講堂為僧多人住屋草菴小容身屋者 有主僧不處分造房
戒七 以有主故不弁尺量与前有異餘咸大同別緣有六一有主二為己作三長二搩
手廣四搩手已上房四不處分五不處分想六房成已下正明戒本 此戒因闡陀比丘造
屋斫路中神樹俗人訶責比丘舉過仏便制戒若比丘欲作大房有主為己作當將
餘比丘往指授處所彼應指授當与處所无難處无妨處若比丘有難處妨
處作大房有主為己作不將餘比丘往指授處所者僧伽婆尸沙 此當是戒本句
急有三一犯人二作房軌則三遠教結過罪 犯人者如上 作房法文急有七一欲作大
房者大者多用財作房者屋也言有主者反上无主是也為己作呈指授已乘僧
中乞法義如上彼應指授處所者僧應觀察若有信有智惠即信彼与
白二若不信者衆僧往看若僧不去應遣僧中可信者看若有妨難不受
分无者應与作法僧祇律云若僧中无能羯磨者一切僧就彼作處一人唱
言一切僧為某比丘指授房三說又得无難无妨處者義如上說第三句結罪文
如前戒可知唯少過量為異 无根謗戒第八 一制意然出家同住理應和察
迭相將護許不相惱鼻今乃懷嗔横構重事誣人自懷心行增長生死以滅霊
又復壓全良善亂在衆外惱他一生廢修正業斯因事深故須聖制 二釋名內
无三寶曰无根重事加謗名之為謗故曰无根謗戒 三具緣通緣如上別緣有八
一是大比丘及尼除下二衆二大比丘及尼想三內有嗔心四无三根五重事加謗六下至
對一比丘七言辭了了八前人知解 四闕緣若初緣以餘五衆闕境雙即有十蘭闕
第二疑想各五闕嗔心全无謗罪若有三根但非法舉若輕事加他或有提吉闕
餘緣並輕蘭重蘭已下正明戒本 此戒因慈地比丘得惡房舍又得惡食便令
妹尼重事加謗仏因制戒 若比丘嗔恚所覆故非波羅夷比丘以无根波羅夷法謗
欲壞彼清淨行若於異時若問若不問知此事无根說我嗔恚故作是語者比丘
作是語者僧伽婆尸沙 此當是戒本文有七句初列後釋言列者一犯人二嗔心三所
謗境界四无三根五以波羅夷下重事加謗六謗時七若比丘下結犯言釋者初句若

妹尼重事加謗佛因制戒　若比丘嗔恚所覆故非波羅夷比丘以无根波羅夷法謗
欲壞彼清淨行若於異時若問若不問知此事无根說我嗔恚故作是語若比丘
作是語者僧伽婆尸沙　此篇是戒本文有七句初列後釋言列者一犯人二嗔心三所
謗境界四无三根五以波羅夷下重事加謗亦謗時七若比丘下結犯言釋者初句若
比丘義上如弁弟二句嗔恚所覆故律云有十惡法因緣故嗔隨十事中以二事而生嗔
十惡法者祇三世九惱通非情受起嗔是名十惡法因緣來說可知弟三句非波羅
義比丘律云清淨无犯名非波羅夷比丘弟四句以无根夷法謗者欲解无根先解有
根言根者生後之名根義不同若標三別謂見根聞根疑根觀赤青等種之為見
納響飡聲名之為聞見聞之後猶預不決心无定執勞之為疑此云三種感生舉諸
故處名根故四分律云見根者見犯梵行見偷五錢見斷人命若他見從彼聞是
謂見根聞犯梵行聞偷五錢聞斷人命聞自言得上人法若彼說從彼聞是謂聞根
疑根二種從見生者見與婦女入林出林无衣裸形不淨汙身捉刀血汙惡人為伴是也
從聞生者若在闇地聞動床聲聞轉側聲若共語聲若言我犯非梵行聲乃至若
聞我得上人法聲除此三根已更以餘法謗者是无根也弟五句波羅夷法謗者重事加
謗言犯之法此法要說初篇即是麁鄙言欲壞彼清淨行此是顯已謗意律云謂言衆僧
滅擯此人我得安樂住弟六句若於異時至作是說已來是自言非即謗時故曰異
時雪彼清淨顯已謗情故曰我嗔恚故作是說律云若問若不問者佛勅比丘問能謗
者此事實不若以无根謗他獲大重罪自陳謗意言沓婆清淨人无如是事由前
次得惡房惡食懷嗔恨故便謗耳弟七句若比丘作語者僧伽婆尸沙　此文為結犯輕
重有三一謗比丘二謗尼三謗下衆就比丘文中三初句若以无根四法謗比丘但使内无三
根莫問有實不實自作遣使了了皆成謗罪若不了得偷蘭弟二以非比丘法十三
難事内无根謗實比丘了了得僧殘不了得偷蘭若實十三難人雖无三根實伏說者
作比丘相故但得蘭罪不同四重謗人雖是汙戒比丘故也若於十三中比丘犯五逆邊罪
謗亦僧殘以教從理同合擯故若十律云出血破僧此二謗人得蘭餘者吉羅以名輕
故即是彼律以教從教弟三若以餘篇謗殘提兩罪弟一謗尼者亦同比丘十律謗尼
但得吉羅五分僧謗比丘殘謗尼衆吉尼謗尼殘謗比丘提弟三謗下衆者皆得吉羅
不犯中律云見聞疑三根說實之有五種一真實二想實三事實如然王還道煞王四
三根不議實五四戒不至實若反此五謗他犯殘十誦四重五說成謗四分亦同

[illegible]

故即是彼律，以教從教。第三若以餘篇謗殘提兩罪，第一謗尼者，悉同比丘。十律謗尼

但得吉羅。五分：僧謗比丘殘，謗尼衆吉，尼謗尼殘，謗比丘提。第三謗下衆者，皆得吉羅。

不犯中，律云：見聞疑三根說實。實有五種：一真實，二想實，三事實，如煞王還道煞王，四

三根不諱實，五四戒不至實。若及此五，謗他犯殘。十誦四重五說成謗，四亦然同。

假根謗戒第九　此戒要假異事上有見根，取彼事見以謗此人，見雖相當，事不相

當，名為假根。如見言聞等，是即无根，前戒中攝。制意、犯緣悉同前戒，唯以假根為異。

文隨聖制故。曰我等前聞以无根法謗，欲明今是有根，故作是語。若比丘以嗔恚故，

於異分事中取片非波羅夷比丘，以无根波羅夷法謗，欲壞彼清淨行。彼於異時若

問若不問，知是異分事中取片，是比丘自言我嗔恚故作是語者，僧伽婆尸沙。此謗

是戒本文。有七句：一犯人，二嗔心，三假異分上根，四謗所壞是清淨，五以无根重謗，六自言，七結

罪。廣解中初二兩句可知，第三句言於異分事中取片者，所言異分者，律說五種異分：

一異取異分，如指羊事為人；二異罪異分，如不犯波羅夷言犯波羅夷，以異分无根法謗

僧殘。若比丘不犯夷，謂犯殘，以異分无根夷謗殘；不犯夷，彼見犯提乃至吉，以異分事

无根夷法謗殘。若犯殘，彼言犯夷，以異分无根夷法謗僧殘；若犯殘，彼謂犯提乃至

吉，以異分事无根夷法謗殘乃至吉。第三異人異分，不清淨人、清淨人相似，名姓同、相同，以此人

事謗彼，以異分无根夷法謗。第四異時異分，若見在家時犯四重，便言我見比丘犯初篇，

以異分（无根）四事法謗。第五異聲異分，若言自稱犯四事，取自聲聲，以異分无根四事。第四句

言非波羅夷法謗比丘者，見彼清淨。第五句无根夷法謗者，不見聞疑彼犯四重，謹言犯

重。言欲壞彼清淨行者，彰其謗意，謂言衆僧滅擯此人，我得安樂。第六句若於異時至

作是語來。義覺或因撿問，或不因撿問，自言由前得惡房惡食，懷嗔根故便謗彼耳。

第七句若比丘下結犯，相輕重如前戒。

破僧違諫戒十　一制意：衆和法同，義无乖諍，理應詳遵，

猶如水乳。今反倚傍聖教，說相似語，或亂群情，壞僧斷法，墜陷无辜，為惡深甚，是故聖制。

二釋名：邪法改真，分衆異執，稱為破僧；固執不捨，名曰違諫戒。三具緣：通緣如上，別緣有五：一

立邪三寶，謂是諫不為事故；二行化於時，若不行化，即无設諫違諫等罪故；三如法設諫，

如法簡非法，設諫簡不設諫故；四固執己心，不肯從勸，已若從諫不成重故；五三羯磨竟，以若未

竟但結輕罪故，須言竟。四闕緣：若闕初緣，悉是闕於第二，不行邪化，即破僧心息，便闕下四，單

有立邪三寶方便小者；若闕第三，若不設諫，即无違諫容，為屏諫犯於小罪，後得前二緣

破方便罪；若曾諫不成者，悉无違諫，亦有彼曾方更究竟之罪；若作如法之必根得蘭罪，闕

立邪三寶謂黨諫所為事故二行化於時若不行化即无設諫遠諫等罪故亦三如法設諫
如法簡非法設諫簡不設諫故四固執已心不肯從勸已若從諫不成重故五三羯磨竟以若未
竟但結輕罪故須言竟四制緣若制初緣忽是制於第二不行邪化即破僧心息便制下四罪
有五邪三寶方便小者若制第三若不設諫即无遠諫容為屏諫犯於小罪後得前二緣
破方便罪若僧諫不成者亦无遠諫正有破僧方便究竟之罪若作如法之心根得蘭罪制
第四緣若未白前捨无遠諫罪有遠屏諫若白竟捨一蘭乃至第三未竟捨四蘭制第五緣
類前可知已下正明戒本　此戒因提婆達多破僧故制此戒　若比丘欲壞和合僧方便受壞和
合僧法堅持不捨彼比丘應諫是比丘大德莫壞和合僧莫方便壞和合僧法堅持不捨大德
應與僧合和歡喜不諍同一師學如水乳合於佛法中有增益安樂住是比丘如是諫時堅持
不捨彼比丘應三諫捨此事故乃至三諫捨者善不捨者僧伽婆尸沙　此篇是戒文有五句初
略明後廣弁言略者一明諫所為事二彼比丘下諸善比丘屏受諫勸之令捨五不捨者下結成違
諫初句文三若比丘者出犯人即是所諫之者二欲壞已下正明破僧諫所為事欲壞者緣前始
心方便已下緣前立邪三寶者是五邪法堅持不捨者緣前行化謂以五法行化於時諫諸
勤學屏諫文二初舉上句諫中初三句勸捨故曰彼比丘應諫乃至莫方便等二大德應與已
下舉上句中二四勸同水乳等然諸大德行雖有別所稟師同學法无二理應和合而无異想
猶如水乳和合相得故曰同一師學如水乳合魚可水与水合乳与乳合故曰如水乳合第三句是比丘
者謂諸善比丘如是諫時者謂緣前諸善比丘屏諫之時堅持不捨者謂調達比丘執心拒諫
第四句三諫捨者善聞則從順此不破僧一无遠諫僧殘二无破僧蘭罪離斯二過故曰捨者善
問其實白四所言應三諫乃至三諫捨者善者謂取白及二羯磨故曰三除第四諫不以亦者
一犯不犯分前三未犯殘從第三竟犯殘二輕重別前二犯蘭第三得殘故言三諫捨者善
業犯殘故授其道理實是白四又屋律文言犯三法應捨者謂過三法不捨者入重位故
第五句罪自下廣解戒本五句之罪文所言若比丘者義如上釋言欲壞者以十八法欲壞和合
僧所言和合者一羯磨同說戒所言僧者四比丘若五若十乃至无數言方便欲壞和合僧法堅
持不捨者謂住十八法而破僧也今弁十八法一法非法律非律犯不犯若輕若重有殘无殘
麁惡非麁惡常所行非常所行制非制說非說法非法者八正真直能軌生正解是涅槃之
道因名法調達說為非法五邪不能軌生真解是非法說以為說律非律者至說亦爾犯不犯
者夫言犯者必佛制剪剃而今調達謂犯者有命若不剃剪說為不犯於心念作惡理雖有
違既未制名為不犯調達說犯輕者遮過調達見壞樹葉隨長壽龍中便言然一切草

麁惡非麁惡常不行非常不行制非制說非說法非法者八正真直能軌生正解是涅洹云
逆回名法調達說為非法五邪不能軌生真解是非法說以為說律非律者互說互亦犯不犯
者夫言髮爪仏制剪剃而今調達謂髮爪有命若不剃剪說為不犯於心念作惡理雖有
違犯夫未制名為不犯調達說犯輕者遮過調達見壞樹葉墮長壽龍中便言然一切草
木其罪最重初篇業重一形永鄣以見須提初作不得重罪即言一切盜婬悉皆是輕
有殘者犯下四篇非是永鄣是其殘說為无殘〻〻者謂犯初篇永乖道分字曰无殘說為
有殘母云麁惡者初二篇方便是若口无慚愧心犯濁重偷蘭名為麁惡說為非麁惡捉
業已下及餘蘭等皆非麁惡說為麁惡常所行者八正五法至說制者謂五篇禁戒金口
唯宣名之為制說為非制〻者即五法非仏金口名為非制說以為制說者四禁是重餘篇
此是正教名之為說以為非說重輕到說此非仏教名為非說而說以為說第二屏諫初竖
屏諫勸不破僧次勸和合益故律云應語彼言可捨此事若用語者善若不用語復令餘比
丘乃至王臣大用語者應來諫是名屏諫第三句若不用語者去捉屏諫竟得何罪答去但吉
羅以无衆法故又示諫人破事未成遠諫未滿要待事成覺者成提第四句衆諫如前文第五句若不
捨者下結罪於中輕重有二自作遠諫中後二初未作諫前但有
遂方便吉羅第二作諫時三羯磨竟犯若白二羯磨竟捨犯三蘭白一竟捨二蘭白竟捨
一蘭问第三竟得殘者為攬因成果不答於五分藉前方便業惡勢分相資令後心之業
次第增著得僧殘時猶有蘭者別須懺悔以其業思輕重不同感果有異故不相成四分律
明但使作惡步〻有罪於生福文證步〻有福文多論於欲煞步〻偷蘭令亦言二羯磨竟三偷
蘭明因中有罪然得果之時攬因成果故律云白有其吉羅作白竟真結偷蘭不言
別有吉羅可懺乃至三羯磨竟成殘時不言別有三蘭須懺故知因雖有罪以因成果
第二教人文三一比丘教二比丘教三下衆教不犯中律云初諸時捨通開三種謂不犯吉羅
蘭殘等三罪文若破惡友惡知識及二人三人欲作非法羯磨或謂僧塔和上闍梨知識親
友等作損減作无住處若破是人者不犯　助破遠諫戒十一　制意同衆作法諫調達時四伴
黨助成破僧〻聲設諫拒而不受故曰破遠諫戒剖緣有六一調達作破僧事二如法設諫三
處僧設諫助成破僧四僧衆如法蘭此黨助五拒而不從六羯磨竟即犯綱緣六義可知已
正明戒本此戒因提婆達多教五法衆僧諫時伴黨比丘助破諫僧仏因制戒若比丘有伴
黨若一若二三乃至无數彼比丘語是比丘言大德莫諫此比丘此比丘是法語比丘律語比丘此比丘
說我等喜樂此比丘所說我等忍可彼比丘言大德莫作是說言此比丘是法語比丘律語比丘

正明戒本。此戒因提婆達多教五法，衆僧諫時伴黨比丘助破諫僧，佛因制戒。若比丘有餘伴
黨若一若二若三乃至無數，彼比丘語是比丘言：大德莫諫此比丘，此比丘是法語比丘、律語比丘。此比丘所
說我等喜樂，此比丘所說我等忍可。彼比丘言：大德莫作是說，言此比丘是法語比丘、律語
比丘。此比丘所說我等喜樂，此比丘所說我等忍可。然此比丘非法語比丘、非律語比丘。大德莫壞
和合僧，汝等當樂欲和合僧。大德與僧和合，歡喜不諍，同一師學，如水乳合，於佛法中有增益
安樂住。是比丘如是諫時，堅持不捨，彼比丘應三諫，捨是事故。乃至三諫，捨者善，不捨者
僧伽婆尸沙。此滿足戒本五句成就。一諫所為事，二彼比丘下屏諫方法，三是比丘下拒諫，四僧
中諫，五不捨者結罪。初諫所為事文三：一總明其人助破者，二伴黨之數，三正明事破。文兩：一勸
僧莫諫調達，二此比丘下釋勸僧意。所以我今勸僧莫諫者，以人如法是故。初二句人於此提婆
姦言有軌，故釋言法復能滅惡生善，故曰律語。次二句法是故然，令我等慶遇不簡，故曰
喜樂。稱合道理，安心從有是故忍可。二屏諫文四：一領前諫辭，遮其影事助。二然此已下人法俱
非，顯彰助非理。三大德莫欲已下是非相對，勸其捨樂正是諫辭，不謂諫捨助順，勸崇水
乳。四大德和有益，釋其勸意。第三句是比丘者，謂諸善比丘如是諫時者，諫蘇前諸善比丘屏
諫之時，堅持不捨者，謂助比丘執心拒勸。第四句三者諫捨善，聞即從順，以不助破僧，一無違諫
僧殘，僧蘭離斯二過，故曰捨者善。第五句結罪可知。此下廣釋初句三：一人若比丘時破僧人，二伴
黨之數四人，若過有二：一順從，二衣順從。元共興謀，名為伴黨，要四人已上始成邪僧。若佐成群
侶名助伴黨。此二伴黨皆須從諫。餘義如上，不明比類可知。謗僧違諫戒十三。一制意：衆
僧自理，諫彼是非，理分故執拒勸，三諫不捨，故結罪。二釋名：依傍六人同作，四人不治路涉愛
憎，故名曰謗。因執不捨，名曰為諫，故曰也。三具緣：通緣如上，別緣有七：一作汙家惡行，二心無
改悔，三作法擯，四非理謗僧，五如法設諫，六執不從，七三羯磨竟，便犯。四闕緣：若闕初緣全無
輕重，若闕第二直有汙等罪，闕三、闕四同於闕二，闕五謂作七非，容得七位蘭，然當位中闕
緣或一二三蘭，諸諫闕法諫緣，准闕六七同。五已下正明戒本。此戒因阿濕婆等於羈連聚落
起過，故佛制戒。若比丘依聚落若城邑住，汙他家，行惡行，汙他家亦見亦聞，行惡行亦見亦
聞。諸比丘當語是比丘言：大德汙他家，行惡行，汙他家亦見亦聞，行惡行亦見亦聞。大德汝汙他
家，行惡行，今可遠此聚落去，不須住此。是比丘語彼比丘作是語：大德，諸比丘有愛有恚有
怖有癡，有如是同罪比丘，有驅者有不驅者。諸比丘報言：大德莫作是語，有愛有恚有
怖有癡，有如是同罪比丘有驅者有不驅者。而諸比丘不愛不恚不怖不癡。大德汙他家，行
惡行，汙他家亦見亦聞，行惡行亦見亦聞。是比丘如是諫時，堅持不捨，彼比丘應再三諫，捨

家行惡行今可遠去聚落去不須住此是比丘語彼比丘作是語大德諸比丘有愛有恚有
怖有癡有如是同罪比丘有驅者有不驅者諸比丘報言大德莫作是語有愛有恚有
怖有癡有如是同罪比丘有驅者有不驅者而諸比丘不愛不恚不怖不癡大德汙他家行
惡行汙他家亦見亦聞行惡行亦見亦聞是比丘如是諫時堅持不捨彼比丘應再三諫捨
此事故乃至三諫捨者善不捨者僧伽婆尸沙　此僧殘戒文有五句一非理謗僧諫而為事
二從諸比丘下自理屏諫三是比丘下拒屏諫四彼比丘下僧諫五若不捨下結違諫罪初文有
四一犯人二依聚落下正明起過自他俱壞三諸比丘下牒過驅儐四是比丘下非理謗僧辭者謂
不治違路者名有愛懼於走者名有怖謂僧嗔我二人名有嗔此三皆非解心不為不
違治呵訶之方名有癡如是同罪下顯已謗意二屏諫文三一諫莫謗僧故曰莫作是語等
二而諸比丘下得僧自雪己心故曰而諸比丘不愛等路識已無罪可治名不愛走人不觀後
不得治名不怖汝等二人進不識悔退不逃走身過俱現理合治罰名不恚善違治儐故
名不癡三大德已下推過屬彼故曰大德汙他家等三是比丘者為諸善比丘如是諫時者謂諫
前諸善比丘屏諫之時堅持不捨者謂執謗比丘執心拒勸四三諫捨者善聞則從順以不謗僧
離斯重過故曰捨者善五結罪自下廣釋文義言若比丘者義如上釋言聚落者村有四種如
上善見城邑者屬王受世言汙他家者有男有女名之曰家汙家有四一總舉四數二列釋三總
結言總舉者汙家有四一依家汙家一家得物有與一家所得物處聞之不喜所與物處思當
報恩即作是言有與我者我當報之若不與我我何故與二依利養汙家如法得利及鉢中餘
或與一居士得者生念當報其恩若不與我我何故與三者依親友汙家若比丘依王大臣或為一居
士或不為一居士便生念言其為我者我當供養不為我者我不供養四者依僧伽藍汙家
若比丘取僧花菓與一居士不與一居士彼有得者思當供養若不與者我不供養以此四事
故汙家名汙他家言行惡行者彼比丘作如是等非法行也自種花樹自溉灌自摘華自作鬘
以線貫繫自持與人若復教人作如上事村有婦女同床坐起同器飲食言語戲笑或自歌
舞倡伎或他作已唱和或作俳說或彈鼓簧吹貝作眾鳥鳴或走或佯跛行或嘯或自作弄身或
受雇戲笑是名行惡行言家汙行惡行亦見亦聞者律云時有比丘彼村止宿著衣持鉢
入村乞食法服齊整行步庠序低目而行既不顧視亦不言笑不相周接善言問訊
我等不應與其飲食不如阿濕婆等與人周接善言問訊我等不應與其飲食不如
阿濕婆等與人周接及上所應與供養時彼乞食困乃得之往至佛所具白佛言佛令比丘
往村驅出此前是依聚落起過自他俱損已下明牒過驅儐文從諸比丘當語至不須
住此已來是驅儐文已下非理謗僧辭從是比丘語彼有驅不驅者其謗僧意倚傍六人同

[illegible]
我等不應與其飲食不如
向温婆等與人閑梯及上所應與供養時彼乞食因乃得至往至佛所具白佛言佛令比丘
往村駈出比前是依聚落起過自他俱損已下明緣過駈擯文從諸比丘當詣至不須
住比已來是駈擯文已下非理謗僧辭從是比丘語彼有駈不駈者其謗僧意倚傍六人向
作祇云三聞達多摩醯沙達多走至王道聚落迦留陀夷闡陀達路擯悔此四不治路涉
愛僧故起謗謂不治達路者名愛有權於去者有怖謂僧嗔我二人名有畏此三皆非
解心所爲不達治罰之方名有癡顯已謗意故曰有駈者有不駈者自下明屏諫文下正言
大德莫作是語者諫莫謗僧故曰莫作是語乃至有駈者有不駈者已下明僧自雪己心
故曰諸比丘不愛不恚不怖不癡達路擯已罪可治名曰不癡去之人不覩復不得治名自不怖悔
等二人進不懺悔退不逃去身過俱現理相合治罰名不恚善達治儐故名不癡已下推過屬
彼故曰大德汙他家行惡行乃至亦見聞是已下明謗人拒諫不從故文云是比丘如是諫時堅持不
捨下明僧諫文云彼比丘應三諫捨此事故乃至三諫捨者善應初諫言欲作白僧法當捨
若捨唯得吉若不捨作白已即得偷蘭復應諫言大德作白已餘有三羯磨在可捨此事莫
爲僧呵便犯重罪乃至初羯磨竟第二第三已來應如是諫故文言捨者善隨捨罪輕故曰善
已下明拒勸不捨而結殘罪故文云若不捨者僧伽婆尸沙已下明不犯律云若得衣食與父
病人與小兒與任人與牢獄繫人與寺客作不名汙家若種樹花菓乃至教人貫花爲
三寶故不名汙行若度河溝渠跳躑亦不犯若同伴在後還顧不見而嘯喚者不犯
若爲父母若病人若爲信心懷娠乃至三寶事持書往反皆不犯
惡性拒僧違諫戒十三 一制意人非性知義无獨善要賴善友互相匡道方能離過從善
有出道之益而今闡陀違心造非不自見過他如法諫理宜從順方復倚傍勝人尊勝其
已望人師敬反欲違衆非分自處情過深厚是故聖制二釋名可知三列緣有六一自身不
能離惡時欲作罪二諸善比丘如法勸諫三不受勸導恃已陵物望人師敬四如法諫五拒
而不捨六三羯磨竟四闕緣可知此戒因闡陀比丘惡性拒諫故起過佛便制戒
若比丘惡性不受人語於戒法中諸比丘如法諫已自身作不受諫語便言大德莫向我說若好
若惡我亦不向諸大德說若好若惡諸大德且止莫諫我彼比丘諫是比丘言大德莫自身不
受諫語大德自身當受諫語大德如法諫諸比丘比丘亦如法諫大德如是佛弟子衆得增益展
轉相諫展轉相教展轉懺悔是比丘如是諫時堅持不捨彼比丘應三諫捨者善不捨者
僧伽婆尸沙 [illegible]

若惡我亦不向諸大德說若好若惡諸大德且止莫諫我彼比丘諫是比丘言大德莫自身不
受諫語大德自身當受諫語大德如法諫諸比丘比丘亦如法諫大德如是佛弟子衆得增益展
轉相諫展轉相教展轉懺悔是比丘如是諫時堅持不捨彼比丘應三諫捨者善不捨者
僧伽婆尸沙　此滿足戒文有五句一初垂莫諫戒來相諫所為事二彼比丘下比丘屏諫勸相受語
三是比丘下拒諫四彼比丘下僧諫五不捨下結遠諫罪初諫所為事文三一出能犯人惡性不受
語二於戒律中下諸善比丘如法呵諫三自身已下受訓導望人師敬文四一不受勸導二言
諸大德下安莫語我三我亦不語汝四諸大德下出不受道理誹持己陵物又引契經但自觀身
行等故言且止也屏諫文二一先諫前人互相受語二如是已下顯諫利益相受語故道相日進
故稱增特為前惡諫令不作故稱相諫未修諸善方便令生已興諸善修習增廣故
日相教已報惡業方便除遣故曰懺悔各彼此互為成辦展轉拂言大德前必作二持
所以成者良由善知識等互相匡導如何大德不相受語問經中佛說但自觀身行諦觀善
不善云何此中展轉相教等多云佛制隨教言乖趣合不相違皆若見前人心有愛
增發言有損故云但自觀身若見前人內有慈心發言有益故言展轉相教又見前人少朗
無智出言無補故言但自觀身行若多聞有智言成有益故云展轉相教下三句可知已下
廣釋文句言若比丘者義如上言惡性不受人語者不忍不受人教誨所言於戒法中者戒
律如法授有七犯聚波羅夷乃至惡說諸比丘如法諫者如法如律如佛所教言自身不受諫
且止莫諫我已來是諫所為事下四句準前可叙不犯中律云初諫便捨若非法呵諫非法非律
非佛所教者若無智人呵諫時語彼言汝和上阿闍梨所行亦亦汝可更學問誦經若其事實
爾若錯說者一切不犯　諸大德我已說十三僧伽婆尸沙法九初犯四乃至三諫此結前十三戒
就中有二初九後四諫不諫別故云九初作犯四乃至三諫今釋諫不諫意若諸屏語一相皆
須故文展轉相諫不受諫中必產結極心實業無方至此中遠諫之事亦須設諫故文中言
莫為僧事所呵更犯重罪故知諫諫遍於一切言僧諫者具四義有不具者無言四義者一
性惡二是顯露三謂謗僧四者倚傍上之三義可知言倚傍者前之九戒條然是非更無
兩濫倚傍聖教是非既分過顯易識何須設諫斯亦其人此四戒等皆有倚傍言說相
（理行二）似濫教是非交雜真偽難分須僧設諫簡亦是非曉悟其懷莫敢改迷弃惡就善捨
邪從正故須設諫如初二諫戒倚傍如來四依之教習說相似執乞食等名同故曰倚傍
汙家傍僧者執六人同作而價不復濫第四戒倚傍釋種輕陵諸比丘倚傍之義此應廣
說為如斯義須僧設諫斯者無諫今聞有無不聞有殘所以不諫蓋聞生罪之緣所以僧

而濫倚傍聖教是非□還顯其諸伴須說諫□□其人此四義等皆有倚傍言說相
似濫教是非交雜真偽難分須僧說諫開令是非曉悟其懷異故改迷弃惡就善捨
邪從正故須設諫於初二諫戒倚傍於佛第四依之教冒設相似執乞食等名同故曰倚傍
汙家傍僧者執六人同作而擯不擯濫第四義倚傍釋種輕陵諸比丘倚傍之義此應虎
說為如斯義須僧設諫斷者先諫今問有无不問有殘不以不諫盡間生罪之緣不以僧
殘罪章下四回諫而生前九作便即殘此謂一切事中具四義者須諫遠而結殘住同故是
以共篇令若比丘犯一一法知而覆藏應強與波利婆沙行婆沙竟增上與六夜摩那埵行摩
那埵已餘有出罪法應廿僧中出是比丘罪若少一人不滿廿衆出是比丘罪是比丘罪不得除諸
比丘亦可呵此是時此明懺僧殘法略有具三初治覆藏情過謂波利婆沙此方云別住毋云
若犯此罪隨覆藏日行別住法別在房不得與僧同處共宿雖入僧中不決論亦不得答故言
別住設心不欲行強逼令行故文言若比丘犯一一法知而覆藏應強與波利婆沙第二明治
罪故文云行波利婆沙竟增上與六夜摩那埵摩那埵者此云悅衆由行別住於法令僧歡喜故言悅
衆亦云意喜前雖自意歡喜亦生慚愧亦使衆僧歡喜由前喜故與其少日因少日故
始得喜名衆僧業言此人因此改悔更不起惱成清淨人第三與出罪法故文言行摩那埵已
餘有出罪猶有勝因改心懺悔大衆隨喜即為出罪令彼清淨就出罪中文分為二一者於法
此罪是重要假廿清衆方得拔濟彼人故文言若少一人不滿廿出是比丘罪不得除衆亦不滿
出罪不成勞而无功二不如法故文云諸比丘亦可呵為出罪斷緣法事不成故得結罪聖
於此時者應順仏教名此是時今問諸大德是中清淨不三諸大德是中清淨嘿然故是事如是持
謂於此篇得清淨不由衆嘿然知清淨故若實有罪三問不答並一一結得一罪若實无
罪為嘿然故衆法成就諸大德是二不定法半月半月說戒經中來此初標說儀式欲令攝耳聽故
若世通論有妨非義故首題為戒今此二法有准字曰不定言四法者一犯不定謂或犯殘
或犯提或並犯三或復犯二多少差殊故二舉不定犯既不定可信稱事而舉故亦不定三
自言不定舉故多少自引言罪事容是一或可自言不定四治罪不定若自言殘滅擯治之若
自犯殘別住治之等乃至若不自言引罪處所治故曰治罪不定此不定犯謂於屏露兩處
起故言二不定法又十律云言何不定可信女人不知犯不犯不知犯何處起不知犯名字但言戒
見女人是處來去坐立亦見比丘來去坐立不見作婬奪人命觸女教華過中食飲酒如是等事
不決定故名不定問可信舉罪通許二三五七何故置在殘下提上者答一釋上繼於戒下攝
威儀故世文釋為欲深防不犯義殘故屏露獨坐能犯義殘於獨即是為護二戒故置於此
非是欲攝提等下忽攝故問此二不定既有可呵罪合有半故設全半帝而不設之可安[illegible]

BD14047號　四分戒本疏卷二

趣故言二不定法又十誦云言何不定可信女人不知犯不犯不知犯何處坐不知名字但言我
見女人是處來去坐立亦見比丘來去坐立不見作婬弊惡人命觸女熟草過中食飲酒如是前事
不決定故名不定問可信舉罪通許二三五七何故置在殘下提上者答一釋上攝於戒下攝
威儀故也又釋為欲深防不犯威殘故屏露獨坐能犯威殘於緣即是為護二戒故置於此
非是欲攝提等下亦攝故問此二戒尼無者何答有伴故設令無伴希而不數又可女人要弱
言不宣心豈可與丈夫對事故無者示　屏處不定戒　一制意多論一為止誹謗故二為
除鬪諍故三為增上佛法故出家之人理宜路絕塵深為人天所宗以直而與女屏說非法上
遠聖旨下失宗敬之心四為斷鄙道惡法次末故二釋名可信未僧未定亦別僧亦未得定
結其罪故曰不定三具緣別緣有五一屏處二人女三無第三人四於威儀說非法語見實
事五可信告僧事未決審具此五入不定治檢四糾緣比說可知若比丘共女人獨在屏
處覆處鄙處可作婬處坐說非法語有住信優婆私於三法中以一法說若波羅夷
若僧伽婆尸沙若波逸提是坐比丘自言我犯是罪於三法中應一一法治若波羅夷若僧伽
婆尸沙若波逸提如住信優婆私所說應如法治是比丘是名不定法　此戒文有四句一坐非法
語犯不定二有住信下舉不定三是坐比丘下自言不定四如住信下治罪不定次下廣釋文句初
文六句一牒釋若比丘者義如上言女人者人女有智未命終也祇云若母女姊妹親踈老少在
家出家者是所攝言者一比丘一女人今言屏處者屏有二種一者見屏若塵若霧若黑若闇
中不相見也二聞屏者乃至常語不聞聲處覆處者上有物作蓋也遮鄙令人不見言
鄙處者若樹若墻若籬若衣及餘物鄣也言可作婬處者得婬行婬處也說非法語者
說婬欲法上六句明犯罪不定從住信優婆私已下解第二舉罪不定犯既不定可信隨罪
而舉亦不定故言若義若殘若提此中具顯應顯以三罪為言理通五犯言信者謂得四不壞
信終不為身而作妄語等十惡之罪是坐比丘下解第三自言不定犯既不定自言亦無指准
隨引輕重如比丘所說治故文云我犯是罪已下解第四治罪不定治罪有二一者舉已引罪二者
舉已不引罪者如比丘所說治不引罪者如可信語治二引罪引罪者如
比丘所說治不引罪者如可信語治之此即引罪也當如比丘所說治之自犯言義宜從滅擯若
言犯殘別住治之若言犯提令對手悔隨引如治若不引罪文云如住信優婆私所說應如法治故
律云說自言作者應如比丘所說治不自言作者應如住信語治之今此不自言作故如優婆私
所說治也不同十誦比丘言我有是罪而不往隨比丘語治若言往不犯是罪亦如比丘治若言不
往无罪隨可信治五分若於三事一一法中諸上坐不應語不行婬不著言不上坐下坐應切問此
實語莫妄語如優婆夷說不若言如優婆夷說然後方可直治之若言下[illegible]

豈不說治不引罪者不可信語治之此即引罪也實比丘不說治之自犯言義宜治消償若
言犯殘別住治之若言犯提令對手悔隨引如治若不引罪文云如住信優婆私所說應如法治故
律云說自言作者應如比丘所說治不自言作者應如住信語治之今此不自言作故如優婆私
所說治也不同十誦比丘言我有是罪而不往隨比丘語治若言往不犯是罪名如比丘治若言不
往无罪隨可信治五分云若於三事一一法中諸上坐不應語不行婬不若言不上坐下坐應切問安
實語莫妄語如優婆私說不若言如優婆私說然後乃可隨說治若言不如比丘治不以不
依可信語者善見論云見聞或不審故所言是名不定法者結也此雖是戒而无有罪但於
屏處与女說非法語於世譏謗可信白仏故曰此可信舉戒 露處不定戒 制意釋名具
緣闕緣四義同前但屏露爲異餘義皆同已下明戒本 若比丘共女人在露現處不可作婬處坐
作麤惡語有住信優婆私於二法中以一一法說若僧伽婆尸沙若波逸提是坐比丘自言我犯是
事於二法中應一一法持若僧伽婆尸沙若波逸提如住信優婆私所說應如法治是比丘是名不
定法 此戒句同前亦四至麤惡語犯不定一有住信下舉不定二是比丘下自言不定三如住信下
治罪不定但罪二三同餘義皆等前戒故不重釋 已下廣弁文句初文亦六一一條釋者比丘者
同前女人者亦同露現處者謂无牆壁障處也不可作婬處者不容行婬處也作麤惡語者謂
婬欲不淨行讚嘆二道好惡此上六句皆是犯不定已下諸句文義同上 諸大德我已說
二不定法今問諸大德是中清淨不三 諸大德是中清淨嘿然故是事如是持 此文准前解
釋 諸大德是卅尼薩耆波逸提法半月半月說戒經中來 今明第三篇卅事雖同一篇然
捨不捨異故戒本中分爲二 問所以先明卅後說九十者良以卅於此財物取濟失方在生
罪累若欲洗心懺悔要須對僧捨物及捨相續貪心事既捨罪方除滅作法不易欲使
僧尼先識於難次及於易故列在初九十事中雖有因財生罪皆不須捨但斷犯心即得
懺悔作法易故留在後說 言尼薩耆者此方名捨 捨有三種一捨財物二捨畜心三捨於
罪言波逸提者此名墮 墮在燒煑覆障 故曰捨墮 今就卅總別兩釋先總後別 就總略弁
八門一對下九十捨不捨異凡卅捨咸具三義一者屬己之財二者財體現在受用有罪三者捨
已歸主受用无愆具此三義制令入捨九十中廿五戒 因財事不入捨者三義中闕不得入
捨 一由食生罪有十四戒 未食无罪可捨食方生罪復无可捨闕第二義故屬九十如謝展
別足勸非殘 受美藥酒虫水等是 二食中過三外財淨施此二闕於初義餘屬他物故不
入捨 三十戒闕於第三故不入 如脫脚著覆无其捨法白色三衣猶自不得著於林須截牙角
打破貯床繞脚故不入捨 第二自作教他若論自作唯犯廿七除浣与織但吉二浣无犯以仏
三衣…皆通自作…之故…第三身口別此卅中廣用二面…

捨一由食生罪有十四戒未食无罪可捨食方生罪復无可捨緣有二義故屬九十如謂展
別足勸非殘虆美藥酒雨水等是二食中過三外財淨施此二緣於初義斷屬他物故不
入捨三十戒緣於第三故不入如脫脚著履无其捨法白色三衣猶自不得著於林須截牙角
打破貯床棖脚故不入捨第二自作教他若論自作唯犯廿七除浣与縷但言二浣无犯以仏
不制故今言一人盡犯卅者遠自作使人故尔第三身口分別此卅中檢用二句身餘通身口
第四住遲分別遍僧之物住惡義分餘悉是遲第五重不重犯者有四戒謂檢用二浣此物
現在容可更求故得重犯如使尼二浣染等雨衣數用擅毛數過以其過不異爲淡衣辯
毛等從上犯染打各尔故言使浣染打三尼薩耆自餘諸戒咸不得重第六捨纖梅方便
綿褥獨捨餘悉對人對中道俗二寶對俗餘戒對道中通居僧餘道多少第七持犯有
八戒通持犯五過離減六年等自餘諸戒唯止持作犯第八任運有十四戒五過持藥此四
戒日滿任運即犯受寶奪集衣二浣說縷此戒但使事成三性之中任運然犯餘无任運也
下別釋 畜長衣過限戒 一制意多論一曰開畜長貪於俗利壞道功德之賢二比丘積財与
俗无別失信敬之心三違仏四依之教即非節儉知足之行故使不加淨法制与捨墮二釋名
貯用屬己名畜限外之餘稱長越於期限故曰過十日能有違舉故曰畜衣過十日戒三具緣
通緣如上別緣有六一已長衣謂三衣之外財其三衣三世諸仏應法之服餘无長過故尔
雖是己長若無此財無復无罪是故第二知屬己物雖屬己若不應量畜過无罪是故第三
應量之財雖應量設淨无罪故須第四不說淨若有一日及起四想被奪難因緣亦是不
犯故須第五无因緣多論初日得衣即被三餓乃至命盡不犯雖无因緣畜未過限亦不得
罪故須第六十一日明相出犯四闕緣以說可知已下正明戒本初略制二緣制隨開後廣制言略制
者不聽畜長六群多積長衣因此起過仏便制戒言隨制者因阿難得一長衣欲奉迦葉仏
隨開限十日言廣者若比丘衣已竟迦絺那衣已出畜長衣不淨施得畜若過十日尼薩耆波
逸提此爲是戒文有五句一犯人二犯時三所畜財體四開限五結犯此五句文初略弁後廣釋
言略弁者若比丘是犯人衣已竟迦絺那衣已出是犯時三畜長衣是所畜財體四得畜十日即
是開限五若過已下違教得罪是結犯句次下廣釋言若比丘者義如上弁衣已竟者見云三
衣具足竟明其衣具无長故文言謂迦提月竟衣竟不犯所言迦絺那衣已出者捨也捨方犯故
律云謂出功德衣外時也第三句畜長衣謂所畜長衣及財三衣之外皆名爲長於中有二
一弁衣體二明尺量初言衣體者律云有十種衣皆与麻絲毛綿爲衣體言長衣量者
律云長如來八指廣四指是名長衣律長二肘廣一肘見論長二搩手廣一搩手四分律尺六八寸是名

言略弁者若比丘是犯人衣已竟迦絺那衣已出是犯時二畜長衣是所畜財體四得畜十日即
是開即五若過已下違教得罪是結犯句次下廣釋言若比丘者義如上弁衣已竟者見三
衣具足竟明其未具无長故又言謂迦提月竟未竟不犯所言迦絺那衣已出者捨也捨方犯故
律云謂出功德衣外時也第三句畜長衣謂所畜長衣及財三衣之外皆名為長於中有二
一弁衣體二明尺量分齊言衣體者律云有十種衣皆与麻絲毛綿為衣體言長衣量者，
律云長如來八指廣四指是名長衣律長二肘廣一肘見論長二搩手廣一搩手四分律尺六八寸是名
長者四句言不淨施得畜十日者是開限律云佛因阿難畜十日事五結罪句者是尼薩耆波逸提
犯有二種一者過犯二者染犯故律云一日得衣畜如是二日乃至十日或日日得或中間有得不得
十一日明相出已於十日內隨所得衣一切犯長初日衣是過犯過十日故下九日衣隨得者是染未過
十日由初日衣犯長故染下九日內所得衣者亦合犯長此尼薩耆波逸提位有其四一須捨財二須
懺悔罪三須還財四不還結罪如律廣說不犯中若淨施若与人若失若壞若作衣若作親
厚意想不說淨若四想生不說淨若受寄衣人命終若遠出休道等不說淨皆不犯
離衣宿戒二　一制意三衣者乃是三世諸佛應法之服資身長道最為要用理宜隨身
如鳥二翼而无暫離今留衣在此身居異處寒暑卒起急須難得又闕守護容成失脫
廢資身用事縱不輕是故聖制　二釋名人衣異處名離逕夜日宿久即事將促即起過限
期一日過即便犯故日離衣宿戒　三具緣通緣如上別緣有六一是三衣二加受持法三人衣異界
四不捨念五无因緣六明相出即犯　四闕緣之數可知已下正明戒文亦有三初曰會六群比丘留衣異
處自往人間因此起過佛為時制不聽離次因有病比丘衣重不能持行佛聽作法開離不過
後乃廣制　若比丘衣已竟迦絺那衣已出三衣中離一一衣異處宿除僧羯磨尼薩耆波逸提
此第是本文有六句一若比丘者人分齊二衣已竟等犯時分齊三三衣中者所離衣分齊四離一
衣下人衣互在分齊五除下開法分齊六尼薩耆下結罪分齊次下廣弁文句言若比丘者義
如上弁第二句言衣已竟者等除不犯時節時節復五謂一衣六夜一月九月此五重中六夜離明
餘之四重合開此戒但一夜者唯制非開一月等三事開通制第三句言三衣中者明所離衣體
弁畜三衣意二釋三衣不如義多論云現未曾有法故聽畜三衣智論云佛聖弟子住於中道
故畜三衣多論云一衣不能郭寒三衣能除郭寒一衣不能除慙愧一衣不能入聚落三衣足
故堪入聚落一衣不能生善三衣能發前人敬畫之心一衣威儀不具三衣能令威儀清淨以
此義故聽畜三衣　次明三衣如不如一者體如二者作如三者兩如四者色如要四方法可成受有離
宿過言體如者麻毛絲綿是正衣體餘並不堪言作如者於中有四一須如法割截二須縫
數如法三重數如法四判作如法具足四種名作如法言量如者長五肘廣三肘若增減不成

故畜三衣。多論云：一衣不能鄣寒，三衣能除鄣寒；一衣不能除慚愧，一衣不能入聚落，三衣並
故堪入聚落；一衣不能生善，三衣能發前人敬畫之心；一衣威儀不具，三衣能令威儀清淨。以
此義故聽畜三衣。次明三衣如不如：一者體如，二者作如，三者兩如，四者色如。要四方法可成受。有離
宿過。言體如者，麻毛及綿是正衣體，餘並不堪。言作如者，於中有四：一須如法割截，二須條
數如法，三重數如法，四剌作如法，具足四種名作如法。言量如者，長五肘，廣三肘，若過減不成
受持。言色如者，謂青黑木蘭，餘色之衣不堪受持，除糞掃衣。第四白言離一一衣異處宿者，
明互離失意。義爲明離衣之法，人衣異界曰離，經夜日宿。此中離者，謂離受持衣。若餘離衣，
但得小罪。尚三衣六物同是資身，所以離三衣失而犯捨，離餘衣等輕者，三衣正制受道之器，
令若離者違制重罪而失受法；餘衣物等制於中下，爲資道不足，令若離者對開有違，唯
得吉罪而不失受。此戒失衣分齊三義：衣之界有其二種，一者自然，二作法界。自然之界有多少
不定，諸部通說，總有十五：一者僧伽藍界，藍有四種；二者村界，亦有四種，謂周匝垣墻、柵籬、墻不周、四
周有屋等；三樹界，若樹葉相連，齊與人等，足蔭覆跏趺坐，十誦取日正中時蔭影覆處，水不
及處是衣界；四場界，律云治五穀處，世謂村外空靜處；五車界；六船界，並但在陸地。律云若車
船迴轉處，此但明住車。十誦律：行車者，前車向中車，杖所及處；中車向前後車，杖所及處；後車
向中車，杖所及處。若不及者，是名異界。七舍界，謂村外。祇云若樓閣梯橙道外廿五肘名衣界。
八堂界者，律云多敞露。九庫界，積藏諸物。十倉界，儲積穀米處。十一阿蘭若界，律云蘭若者，無界，謂迴
在空野，無別諸界，假以樹量，大小八樹，中間一樹七弓，弓長四肘，通計五十八步，兼其勢分，七十有餘。
十二道行界，十誦比丘與師持衣道中行，後卌九尋內不失衣。多論從後亦得卌九尋爲護衣界。十三
洲界，善見云十四肘內不失衣。十四水界，見云蘭若處坐禪，天欲曉思懼，脫衣置岸，入水池洗浴，
明相出犯捨。祇云水中道行界者，廿五肘。若船界者，入水則異。母云著衣岸上，一腳入水，一腳在岸，不
不名異界。十五井界，祇云道行露地，井蘭傍宿，置衣在廿五肘內，名護衣界。不言作法界者，依僧
戒法律云不失衣者，藍有一界；失衣者，藍有若干界。四分他部相成，有四種，即漈隔情界之異。
上之三界通界，並有若論界界彼此不通，故文云失衣者，僧伽藍裏有若干界，謂上三界在伽
藍後內，故衣則有多界；不失衣者，僧伽藍裏有一界，無上三界也。言漈界者，律云藍內有女
人來往，衣須隨身。若女人在中，人係彼此，即名異界，亦言隔界者。律云水陸道斷，與衣不會者
是。祇律云衣在房內，人在於外，不抵戶鑰，又無梯橙，名之爲界。言情界者，多論王來界內，大小
行處，近王左右，並非衣界，及以作幻作樂人，皆名情界。祇云兄弟分齊之處，亦名情界。所言界
界者，如上所明。若有若干界，即須身衣同受；若不爾，即名失衣。乃至蘭若界亦復如是，准四

人來往衣須隨身若女人在中人係彼此即名異界所言隔界者律云水陸道斷與衣不會者
是祇律云衣在房內人在於外不核戶籥又無梯橙名之爲界言情界者多論王來界內大小
行處並王左右並非衣界及以作幻作樂人皆名情界祇云兄弟分齊各受其名情界所言界
界者如上所明若有若干界即須身衣同處若不爾即名失衣乃至蘭若界各復如是准四
分律加於勢分諸部並無言勢分者蓋分者蓋外人擲石所及衣處是名界分乃至倉庫界等
如是善見論中人擲石不遠不近人盡力擲至落處以量有十五步此但通自然不適作法必須
入界方及會衣者五句開離分齊言除僧羯磨者律云時有比丘病患因緣三衣極重意欲
遊行比聽開无羯磨離衣九月多論四義故開離衣一有緣衆生應受化故二宜遊行令病損
故三求行道所宜故四求降者降之已降者令發喜故開中有成不成一要須衣重病人方成
餘三句互有但无並作法不成多論假使衣人至不如法前人妄語得罪作法得成以羯磨防
離衣宿不防病等故五分律云前安居人九月後安居人八月四分云留僧伽梨祇五三律但留僧
多僧羅餘二不許十誦二文三衣之中俱有離義但離一衣不得離二第六句言尼薩耆波逸提
者明結罪分齊於中有四一捨所犯之衣二懺所犯之罪三却還本衣四不還結罪義如律廣說不
犯者於中有五一作羯磨會受不失不犯二會故不犯三捨故不犯四相等失受故不犯五若水陸
諸難故不失而不犯並須明相未出之前有此四故方可不犯水陸諸難不失受者心知衣在恒作
領之意爲是不失故律云不犯者僧作羯磨明相未出若會衣若作失想若水陸道斷有
此諸難悉皆不犯　月望衣戒三　一制意衣爲資身隨時受用雖先有衣故闌斷擬但
短受持不堪著用今得少財爲作三衣以擬故者而少不足爲待滿故聖開一月遂畜長貪
遠教妨道故所以制墮二釋名可知三別緣有六一若是新衣堪受用餘財不開故衣方
開故第一緣故壞三衣須故壞得則若是忍受不繼故第二緣得少財不足若不擬作三衣
但犯初戒不開一月明須第三爲作三衣替故者四不說淨作三衣五无因緣六過限便犯
開緣比說可知　此戒因但三衣並開一月爲限若畜長衣者得則說淨不須此戒　若安
衣已竟迦絺那衣已出若比丘得非時衣欲須便受已疾疾成衣若足者善若不足者得
畜一月爲滿足故若過畜者尼薩耆波逸提　此滿足戒文有六句一犯人二除開緣出犯長
時節三若比丘下所得衣體四受已疾疾下足則不開五若不足者已不如其不足開畜一月六
若過已下隨遠結犯已下別解言若比丘者義如上竟衣已竟迦絺那衣已出者明出犯
長時若自恣後一月若五月中是不犯時節所言得非時衣者所得衣體言非時者謂過
一月五月限時第四句所言受已疾疾成者明犯限若十日中同衣足者割截說淨受持若不
者足十日隨衣多少並犯捨墮第五句言若不足者得畜一月爲滿足故明第二犯若同

若過已下隨遠結犯已下別解言若比丘者義如上弁衣已竟迦絺那衣已出者明出犯
長時若自恣後一月若五月中是不犯時節所言得非時衣者所得衣顯言非時者謂過
一月五月限時非四句所言受已疾成者明犯限若十日中同衣足者割截浣淨受持若不
者至十日隨衣多少並犯捨墮非五句竟若不足者得畜一月爲滿足故明非二犯若同
衣不足至十日應作衣浣染作淨已受持若恐不竟處行急竟受持後更細剌即免長
過故遠者至十一日隨衣多少並犯乃至廿九日亦如是若至廿日足與不足同衣不同衣即日
應割截染持恐不成者餘人相助免有犯過此戒開限有三初十日以遍常開緣令是未
犯次十日已後至廿九日已來隨何日得足者即應當日作浣淨三者廿日若足不足若同不同一
向不開非六言若過畜者尼薩耆波逸提是隨遠結犯中有四一捨所犯衣二捨所犯
之罪三卻還本衣四不還結罪不犯中義如長衣開取非親尼衣戒四一制意有三種
過一者凡爲下敬上仰奉情慇所有財物思欲捨施許無遠捨大僧非親多不籌量導
便受之令他財物竭盡二又男女形別理無參涉財物既交恩情偏親因交起染容壞梵
行臨危事陰可權之云踐涉世譏致招誹謗清白難分莫能自救以制諸過是故聖制二釋
名可知三別緣有五一是比丘尼除下二眾衣不犯多論下與尼同犯二非親理除去親理不犯三是
應量五衣多論衣者是應量衣吉四虛心送與謂乞得貿易不犯五領受屬已即犯四闕
緣成說已下正明戒本此戒因乞食比丘從蓮花色尼受貴價僧伽梨衣故佛便制戒若比丘從
非親理比丘尼取衣除貿易尼薩耆波逸提此滿足戒本文有五句一犯人二非親理尼三取衣四
除貿易五犯結已下广弁若比丘者義如上弁非親理者非父母親及七世及上是親論云
所言親理者父母七世骨血之親了論明四種親一父親二父母親三母父親四母親此四親尼邊取之
非犯所言取衣者衣有十種如上所明多論云比丘取一尼衣多人犯一比丘多尼邊取一衣計尼多犯
故律中佛責尼言婦人著上好衣猶上不能發前人敬心何況弊故隨聽畜五衣故勅衣本爲貧身
令以施人即得無衣之罪破戒行慓事不應法故不聽取若五衣外隨意施者得受若僧得
尼施時應撿問前人知彼五衣不具者不得受五衣具者得受無罪十律若先請若別房安住
故與若爲說法故與不犯五分若無心求自布施知彼有長乃若不犯問尼取僧衣但得吉羅者
何答大僧上尊與尼義希尼受不數故但犯吉問若尒大僧與希依與應輕所以提罪答僧
與尼衣識道中制生患義深故得提罪所言除貿易者律云二部僧得衣共分錯得餘衣俗
開至貿言貿易者以已貿衣非衣貿衣乃至一丸藥貿衣者是所言尼薩耆波逸提者是
中五結罪句於中有四一必須捨衣二應懺悔三受者卻還四不與得罪不犯者從親里取若

設與若為說法故與不犯五分若無心求自布施知彼有長乃若不犯尼取僧衣但得吉羅者
何者大僧上尊與尼義希尼受不數故但犯吉問若尔大僧與希求與應輕所以提罪者僧
與尼衣譏過中制生患義深故得提罪四言除貿易者律云二部僧得衣共分錯得餘衣佛
聽互貿三言貿易者以已貿衣非衣貿衣乃至一丸藥貿衣者是五言尼薩耆波逸提者是
第五結罪句於中有四一必須捨衣二應懺悔三受者卻還四不與得罪不犯者從親邊取若
貿易得若為僧為佛圖取者不犯　使尼浣故衣戒五　一制意上尊使下事順而數下情故上載柳
是難多不籌量有無容致慳廢業損受不輕善生諍患蹤涉世譏致招誹謗清白難分莫知自
枝以刹々過是故聖制問浣染打等所以合制者何答一使尼受用二俱由故衣三容一衣相由致犯故
汙須浣失色即染申舒故打二釋名可知三具緣通緣如上別緣有六一是比丘尼二非親理三是
故衣四使浣染打多論若使書信吉羅祇有四句自與使受等二五二俱浣等並犯五無因緣故律
中制若病浣染打若借他衣浣染打不犯除此等緣故六浣染打竟即犯　闕緣比說已下正明戒本
此戒因迦留陀夷使偷蘭難陀尼浣安多會衣故佛制此戒　若比丘令非親理比丘尼浣故衣若染若
打尼薩耆波逸提　此為是戒文有五句一犯人二非親里尼三所浣故衣四使犯染打五結罪言比丘者
如上非親里者亦如上言故衣者下至一經身著衣者十種衣若新衣浣者得吉言若染若打者
受所作等言尼薩耆波逸提者是犯罪若使浣染打尼具得三罪提作二得二提作一得一
提善見云令出家婦浣染然犯五分令非親尼浣而親尼浣如是互作五句皆墮若浣
尼師壇然犯墮十誦若犯捨墮衣與浣犯小罪若浣竟比丘復言未淨還使尼浣比丘
尼薩耆吉羅得二罪若使尼浣染打尼不浣不染不打得三吉餘互作不作準此可知
問使下二眾何以得吉答非是本子使希故輕有非具戒不廢正務故輕若依多論下
二同尼犯提　問新衣何以輕答言新衣浣希有無緣患故得小罪不犯者律云若病若
為佛法僧事使浣染等無罪　從非親里居士乞衣戒六　一制意出家人宜應知足今三衣具
脩長道緣充方廣乞求增貪惱物招世譏過損壞不輕是故聖制　別緣有六一三衣具足
二無因緣三非親里居士四為己乞應量衣五彼與六領受入手便犯　闕緣比知已下正明戒
本　此戒因跋難陀從居士強索衣故諸人譏嫌佛便制戒　若比丘從非親里居士若居士婦
乞衣除餘時尼薩耆波逸提餘時者若奪衣失衣燒衣漂衣是謂餘時　此為是戒
文三初制二隨制三廣制句有其五一犯人二非親居士三乞衣四除開緣五結犯餘
時者已下誦前四句下弁五句文若比丘者義如上弁非親里者非七世親里言乞衣者有十種
十誦僧祇乞得四肘已上犯若自乞使人乞作寒暑相若方便說法得者皆犯若乞少物
施主與衣財者得取無犯若本有方便心但索小者或容得大犯除言等餘時者制

乞衣除餘時尼薩耆波逸提餘時者若奪衣失衣燒衣漂衣是謂餘時 此滿足戒
文三初略制二隨開三廣制句有其五一犯人二非親居士三乞衣四除開緣五結犯餘
時者已下誦前四句下弁五句文若比丘者義如上弁非親里者非七世親里言乞衣者有十種
十誦僧祇乞得四肘已上犯若自乞使人乞作寒暑相若方便說法得者皆犯若乞少物
施主与衣財者得取无犯若本有方便心但索小者或容得大犯捨言除餘時者制索
律云若被賊奪衣裸形當以軟草樹葉覆形應往寺邊若取長若知友邊取若无
者僧中開取可分衣若无者次取僧衣卧具若不与者自開庫看若薄敷褥被氈縟取
裁作衣出外乞衣若得已應還浣染縫治安著本處若不還本處如法治言尼薩耆波
逸提者是違制罪於中三四如上所明言餘時者是失奪等四緣不犯中律云若奪失三衣
從非親里乞五分制衣壞時得乞通前五緣又云或爲作乞他爲已乞或不求而得若從親里
乞若從出家人乞一切不犯 過知足受衣戒七 一制意出家之人過四因緣失奪三衣薦信聞之踊
貧以施理應隨施而受剋己内有廉節之心外不擾物今三衣已足過分更受内長貪結外乖施意
殊所不應是故聖制別緣有六一比丘失奪三衣二非親里居士三爲失故施若不爲失隨時
受取无罪四知爲失故施五過知足取應量衣六領受入手即犯 制緣可知已下正戒文此戒曰
失衣比丘種越送衣比丘不受爲六群故取仏便制戒 若比丘失衣奪衣燒衣漂衣若非親
里居士居士婦自恣請多与衣是比丘當知足受衣若過者尼薩耆波逸提 此滿足戒文有六
句一犯人二過四因緣此謂施衣緣三非親里居士施衣人四自恣請下爲失衣故施五是比丘下教
知足受六爲過下過受結犯前三句文可知第四不言自恣多与者若種越多与衣比丘失一衣
於中有應取有不應取若失一衣不應取若失二衣餘直衣重數若二若三若四應補作
餘二衣若都失取上下衣餘一衣別受取若種越多与薄細若牢應取作三四重安緣肩
上應安鉤紐餘有殘物語種越言此餘殘裁作何等若彼言我不与失衣故与我曹
自与大德亦若欲受者便應受所言當知足受衣者知足有二一在家人知足二出家知足
言在家知足者隨白衣所与衣受者謂諸白衣爲失故施本爲失三今還受三即是知足然
此知足順出家之軌故曰出家人知足此爲失三受三順三知足故言若過尼薩耆波逸提者此
亦六句過受結罪律云失一受二失二受三失三受四等並是足而更受遠二知足故名過知足
受者即犯捨墮此衣應捨与僧若一人若多人不得別衆捨若捨不成捨已應懺罪然後彼
應還衣若不還衣得罪不犯中律云若知足取若減知足取若衣體細薄不牢重作故
取不犯 勸讚一居士增衣價戒八 一制意篤信居士標心捨價限已定理宜隨施而受不勸

本六句過一受捨罪律云失一受二失二受三失三受四并並是足而更受遠二知足故名遠過知足
受者即犯捨墮此衣應捨與僧若一人若多人不得別衆捨若捨不成捨已應懺罪然後彼
應還衣若不還衣得罪不犯中律云若知足取若減知足取若衣體細薄不牢重作故
取不犯 勸讚一居士僧衣價戒八 一制意為信居士標心捨價限已定理宜隨施而受不虧
道法今反嫌少過分更索長己貪求壞彼信敬是故聖制別緣有六一非親居士虛心辦衣
價二情其限定三知施心有限四嫌少勸增五彼為增價增縷六領受便犯已下正明戒
本此戒因跋難陀起過仏制此戒 若比丘居士居士婦為比丘辦衣價買如是衣與厶甲比丘是比丘
先不受自恣請到居士家作如是言善哉居士為我買如是衣價與我為好故若得衣者
尼薩耆波逸提 此蕩是戒文有四句一犯人二施衣限定三是比丘下嫌少勸增四若得衣下得而
捨罪上句可知本三言為比丘至與我好故已來明嫌少勸義衣價者若錢若瓔珞等持是
居士問比丘須何等衣比丘聽索不如者令乃居士為辦作衣若勸買細即犯故十誦云勸增
色亦犯此戒為施心有限嫌少更求乃至增一錢十六分之一分若增價足犯多論勸增色量
價三種隨一言若得衣尼薩耆波逸提者是第四捨罪句捨懺還不還義如上不犯中
律云先受自恣而往求知足於求中減少作若從親里求從出家人求或為他求若不求自
得不犯 勸二居士增衣價戒九 制意犯緣如前無異唯以二居士合作為別同勸增一縷即
犯何故乞衣得一縷方犯答乞本無心乃至乞時任彼籌量據義是麁故一縷方犯辦中
施主先有虛心施限既定不淆其思嫌少更索惱物情深一縷即犯已下正明戒本
若比丘二居士居士婦與比丘辦衣價持如是衣價買如是衣與某甲比丘是比丘先不受居士自恣
請到二居士家作如是說善哉居士為我辦如是衣價與我共作一衣為好故若得衣者
尼薩耆波逸提 此戒句分有四一犯人二施衣限定三是比丘下嫌少勸增四若得衣下得而
捨罪釋句之義如前戒五分乃至勸夫婦合作一衣亦犯祇中知足者與細言我是蘭若頭
陀住人索麁者皆犯已口自述德故 問不以更勸三居士者何答勸二容輕勸三儖嚴故無問
若其勸三居士弃布造細豈無輕義答此乞衣戒攝今此勸增者要就本許上增方犯此戒
故不以無斷通並如前戒 過限切索衣價戒十 一制意然寶物世情所重長貪妨道生
患受染非是比丘之所宜畜今施主信心奉施以為衣價權犯畜寶無宜自受故付俗人令貿
淨尋索恣切情無容緣送相推促逼惱前人故作限制三索六嘿然今過索惱壞結罪
別緣有五一是施主送寶二為貿衣受用三付彼淨人轉貿衣物四過分齊索五得衣便犯已下
正明戒本此戒因跋難陀制 若比丘若王若大臣若婆羅門若居士居士婦遣使為比丘送衣價持如是衣

故不以无斷通並如前戒　過限切索衣價戒十　一制意：然寶物世情不重，長貪妨道生
患受染非是比丘之所宜畜。今施主信心奉施，以為衣價，權施畜寶，未宜自受，故付俗人，令貿
淨尋索。恐切情无容，稼送相催，促逼惱前人，故作限制。二釋名：六反索，過分奮擾，結罪
別緣：緣有五：一是施主送寶，二為貿衣受用，三付彼淨人轉貿衣物，四過分索，五得衣便犯。四辨
正明戒本。此戒因跋難陀制。若比丘若王若大臣若婆羅門若居士、居士婦遣使為比丘送衣價持如是衣
價與某甲比丘。彼使至比丘所語比丘言：大德，今為汝故送是衣價，受取。是比丘語彼使如是言：我不應
受此衣價，我若須衣，合時清淨，當受。彼使語比丘言：大德有執事人不？須衣比丘應語言：有，若
僧伽藍人，若優婆塞，此是比丘執事人，常為諸比丘執事。時彼使往執事人所，與衣價已，還到
比丘所，如是言：大德，所示某甲執事人，我已與衣價，大德知時，往彼當得衣。比丘當往執事人所，若
二反三反為作憶念，應言：我須衣。若二反若三反為作憶念，得衣者善；若不得衣，四反五反六反
在前嘿然住，得衣者善；若不得衣，過是求得衣者，尼薩耆波逸
提。若不得衣，從所得衣價處，若自往，若遣使往，應言：汝先遣使持衣價與某甲比丘，是比丘
竟不得衣，汝還取，莫使失。此是時。此當是戒文。有其二：初過索結犯；若不得衣已下明不得進
不奇文有六：一犯人，二若王已下正明施主遣使奉寶為作衣價，三是比丘應語已下恐犯畜寶，
自不敢受，四彼所語比丘下正明使臣送寶付俗令貿淨物，五須衣比丘下正開三語六嘿索衣方法，
六若不得衣下過索亦齊得衣結罪。然此六文位束為三：一犯人，二所犯事，三得衣結罪。犯人文
可知。所犯之事，文有其四：四聖者之法，謂送寶不受，付淨生已索之法式。　就前四付淨生文，復有
其四：一明淨生，二須衣比丘者報淨人受，三送付，四還寶比丘。第五索法見論：往語往索齊六，不犯過
六方犯。往嘿十二未犯，十三反犯。語嘿相參，九反未犯，十反方犯。如是類知：五語二嘿，七反未犯；四語四
嘿，八反未犯；三語六嘿，九反未犯；二語八嘿，十反未犯；一語十嘿，十一未犯；全嘿，十二未犯，十二餘犯。若二不得
中文三：一躬往遣使，二報施主所，二陳已下據三還本施主已下，房弁前文。若比丘者，義如上釋。若王者，
得自在不屬人。世若大臣者，在王左右。若婆羅門者，有生婆羅門也。若居士者，除王大臣婆羅門諸在
家者是居士。婦者，在家婦也。遣使送衣至付比丘已來，是送寶之儀。從是比丘語使至當受已來，不
受之法。彼使語比丘有執事人不，是問淨主之法。須比丘至執事已來，是報淨主之受。彼使至與衣
價已來，是付寶法。還到至當得衣已來，是報比丘法。已下明索衣方法，文略易顯。不犯者，若遣
使告知，若彼言：我今不須，即相布施。是比丘以時軟語方便索衣，若為作波利迦羅，故以與時索。
若方便索得者，一切不犯。　雜野蠶綿作卧具戒十一　一所以制者，良以貴物難得，損生招譏，長
貪妨道，過中之大，是以聖制。別緣有五：一是憍奢耶，二自乞求，三作卧具，四為己，五作時乞犯。
多論：憍奢耶者，綿名。已下正明戒本。此戒因六群往蠶家索綿，居士譏嫌比丘，奉道……

便与來是付寶法罪到至當得衣已來是報比丘法已下明處衣方法文略易顯不犯者若道
使告知若彼言我今不須即相布施是比丘以時軟語方便索衣若爲作波利迦羅故以与時索
若方便索得者一切不犯 雜野蠶綿作卧具戒十一 所以制者良以貴物難得損生招譏長
貪妨道過中之大是以聖制別緣有五一是憍奢耶二自乞求三作卧具四爲己五作時乞犯
多論憍奢耶者綿名也下正明戒本此戒因六群往蠶家索綿居士譏嫌比丘舉過仏便
制戒 若比丘雜野蠶綿作新卧具者尼薩耆波逸提 此第三戒文有三句一犯人二所犯
事三所爲事言若比丘者義如上言雜野蠶綿者西方无家蠶用野蠶作綿成其野二
衣外國作衣又有二種一細擗布貯如作梅法二綿作縷織成衣善見云乃至雜一毛便犯憍
奢耶者無中散者蠶口初出名也五分云蠶家施綿受已施僧不得自入故知所制意重
蠶上犯何况家蠶雜綿上犯何況純作言尼薩耆波逸提者是犯名多論若无蠶家乞
爾自作綿无罪爲責故有主者吉作不應量衣及敷具吉自作教他成者犯隨不成吉
羅犯尼薩耆衣應捨若斧若斤挫斬和泥以塗壁等用不得更著若受用著得罪
不犯中律云若得已成若乞成貯衣若垂褸者一切不犯 黑羊毛作卧具戒十二
所以不聽者此毛貴物无宜下用虛損施物作无用之費徒營妨道復招譏醜是故須制遍緣
如上別緣有四一純黑羊毛貴好出四大國貴而難得二作卧具三爲己四作成便犯已下正明戒
本此戒因六群比丘見諸梨車子作黑毛氈被譏嫌比丘舉過仏便制戒 若比丘以新純黑糯
羊毛作新卧具尼薩耆波逸提 此第三戒文有三句一犯人二毛作卧具三結犯若比丘者義如
上弁言純黑毛者若生黑若染黑言尼薩耆波逸者是犯名犯相如前戒不犯者律云
若得已成若割截壞若細薄疊作兩重若小坐具若作褥若作褐作袜作鉗褺巾
或作裹革屣巾並非被服之物故開不犯 白毛卧具戒十三 制意同前十律此非純白羞
是三毛參作不犯三之中增黑毛一兩犯墮貴故增白一兩犯吉賤故增尨不犯減一兩方犯別
緣有五一三毛相參作二擬作二衣卧具三爲己四增好減惡下至一兩五作成便犯已下正
明戒本此戒因六群作純白卧具居士譏嫌仏制參作故立此戒 若比丘作新卧具應用二分純
黑羊毛三分白四分尨若比丘不用二分黑三分白四分尨作新卧具者尼薩耆波逸提 此第
三戒文有三句一犯人二教數比丘三毛作法三若比丘下不參結罪言若比丘者義如上言作新
卧具者三衣白黑二毛各有兩種一生白二染白言尨者是頭上毛耳上毛脚上毛若餘處
毛並日尨毛言應分作者若欲作三十鉢羅卧具廿鉢羅黑十鉢羅白十鉢羅尨乃至廿鉢
羅卧具准上可知若增若減犯羅輕重如上釋言若比丘不如作者得捨墮罪就捨墮

BD14047號　四分戒本疏卷二

足戒文有三句一犯人二故教比丘三毛作法三若比丘下不系結罪言若比丘者義如上言作新
卧具者三衣白黑二毛各有兩種一生白二染白言尨者是頭上毛耳上毛脚上毛若餘處
毛並言尨毛言應分作者若欲作三十鉢羅卧具廿鉢羅黑十鉢羅白十鉢羅尨乃至廿鉢
羅卧具准上可知若僧若減犯罪輕重如上釋言若比丘不分作者得捨墮一罪就捨墮
文有四種如前所明不犯者若應量作若得已成若割截壞作帽作襪作鞴作褻中或作褁
革屣中一切不犯 減六年卧具戒十四 制意者先有故卧具未滿六年足得資身長道便
罷不捨故者更復造新長貪妨道招世譏過是故聖制別緣有六一有故卧具減六年二
不捨故者與人三僧不聽許四更作新者五為己六作成犯已下明戒本此戒因六群比丘
常營新卧具故佛制戒就中有三一略制二隨開三廣制今明廣制戒本若比丘作新卧
具持至六年若減六年不捨故更作新者除僧羯磨居薩耆波逸提 此是戒文有三句
一犯人二制限六年三限若已下造新結犯初句可知言除僧羯磨者明開意律云有比丘得
乾痟病卧具甚重不能持行白聽從僧乞法作新者僧當白二聽作餘新僧祇云若老
老病因緣六年不滿不得更作新卧具若身不羸瘦顏色不惡白二聽作羯磨衆一一不
成言居薩耆波逸提者是戒作故犯罪捨懺如上不犯者律云僧白二聽及滿六年若減
六年捨更作新若得已成者若他與作一切不犯 一不揲尼師壇戒十五 已有故坐
具障身便罷今嫌故造新虛損信施貪妨道是以聖制揲為令息貪長道物有受
用之益今更造新不以故揲違犯聖教故制得罪別緣有五一有故尼師壇二更作新者
三為己四不以故揲五作成便犯同尼師不揲而復過量得一罪二罪若解二罪捨時先截
去量外然後懺悔若亦不揲者揲已懺悔何須入捨若不揲尼師举辨有過今雖更
揲猶有本過故須入捨量過者量外有過若截去已過內無過何須入捨又復還主
無受用義故要須截若故物作但有過量無不揲之愆已下正明戒本此因六群違制
故結罪戒若比丘作新坐具當取故者縱廣一搩手揲新者上以壞色故若作新坐具
不取故者縱廣一搩手揲新者上用壞色者居薩耆波逸提 此是戒文有三句一犯人
二制其揲法三若比丘已下不揲結罪言若比丘者義如上并言新坐具故者揲一搩手是制
揲法律云造新坐具時若故者未壞未有穿孔當取濕浣治之春牽挽令舒截取方一
搩手揲著新者若揲邊若中央以壞色故僧祇律云若自無故者不得從少聞犯戒者
無聞者住壞房不治者惡名人新見人遠離二師者不喜諮問人不勤營事人邊取者則反
上多論若無故者一搩手極急應用善見云故者下至一經坐不須揲言若作新坐具至

褋法律云造新坐具時若故者未壞未有穿孔當取浣浣治之者牢挽令舒截取方一
搩手搩著新者若搩邊若中央以壞色故僧祇律云若自无故者不得從少聞犯戒者
无聞者住壞房不治者惡名人斷見人遠離二師者不喜諮問人不别麗事人邊取者則文
上多論若无故者一搩手極應用善見云故者下至一經坐不須搩言若作新坐具至
波逸提已來爲不搩故結犯就犯句有四義一須捨物二須懺罪三應還物四不与得罪
不犯者律云若搩若自无得處不搩若他爲作若得已成若純故者作不犯
擔羊毛過三由旬戒十六 然出家之人躬擔羊毛順路而行跡同凡俗動越威儀招譏積
道故制不聽所以復開三由旬者有待之利无以極濟復開三過擔結罪。别緣有四一貴
羊毛除賤故律云頭項足毛不犯祇云駝猪等毛越二是已物三自持祇云三人共有各持
齊九由旬重擔者俱犯四過三由旬即犯已下正明戒本 此戒因跋難陀起過便制此戒若比丘
道路行得羊毛若无人持得自持乃至三由旬若无人持自持過三由旬尼薩耆波逸提
滿足戒文有三句一犯人二開三由旬三持結犯初句可知第二句持三由旬者若道行若住處
得羊毛須者應取无人持自得持至三由旬若有人者語我有此物當助我持若彼持
後於此中間比丘不得助持若持犯吉以非全自持過三故今尼四衆持過者吉羅除羊
毛持餘衣若麻等犯吉若擔餘物杖頭亦吉言過限持尼薩耆波逸提者是結犯句
犯相如上不犯者律云若持至三由旬若減三由旬有人語持中間不助使尼四衆齎三由旬
若擔囊繩若擔頭上毛作帽諸巾者並不犯 使尼浣擗羊毛戒十七 制意者犯緣同浣
衣義但此新故俱犯以損功廢業中制故亦已下正明戒本 此戒因六群比丘使尼等擗羊毛
故起過佛便制戒今若比丘使非親里比丘尼浣染擗羊毛者尼薩耆波逸提 此滿足戒句
有五一犯人二非里親尼三所染毛四所擗五結罪初二兩句可知言浣染擗羊毛者浣者
下至以水漬染者下至一入染汁擗者下至擗一斤餘義皆如浣故衣戒同所以不弁
畜寶戒十八 制意寶貨財利重長貪妨道喜生諍覓招世譏嫌是故聖制不聽受畜
然由資惡故開付俗貨淨物受之故多論与比丘結戒者有三益故一爲止誹謗二爲滅斷諍
三爲成聖種知足行故三釋名財用屬已名之爲畜情所珍貴稱之爲寶故曰畜寶戒
三具緣通緣如上别緣有四一是錢寶二知是錢寶三爲已四受取便犯四緣若減初緣
犯吉爲寶者金銀錢是餘錢寶畜犯小罪若減末緣犯吉爲相疑故若減第二第三
四无罪已下正明戒本 此戒因跋難陀比丘起過居士共嫌佛便制戒今若比丘自手捉錢若
金銀若教人捉若置地受尼薩耆波逸提 此滿足戒文有三句一犯人二所捉之寶

三為成聖種知足行故二釋名貯用屬己名之為畜情所珍貴名之為寶故曰畜寶戒
三具緣通緣如上別緣有四一是錢寶二知是錢寶三為己四受取便犯四明緣若闕初緣
犯吉為實者金銀錢是餘皆實畜犯小罪若闕末緣犯吉為相疑故若闕第二第
四无罪已下正明戒本此戒因跋難陀比丘起過居士共嫌仏便制戒若比丘自手捉錢若
金銀若教人捉若置地受尼薩耆波逸提此嵩是戒文有三句一犯人二所捉之寶
三自他二業捉而犯比丘者如上言手捉錢者多論明五種受俱犯一以手捉取二以衣從他
取三器從他取四著[若]是中五若言与是淨人並成捉寶罪言錢者上有文像言金銀者
生色似色兩種皆名金錢多論若捉金薄金像皆名捉罪所言教人捉若置地受尼薩
耆波逸提者是結罪句故律云若教人捉同自捉犯是以律仏告大臣曰月有四
患不令明照一者修羅二者烟雲三者塵四者霧沙门亦有四種過中不令咸
儀清淨一者不捨飲酒二者不捨婬欲三者不捨手持金銀四者不捨邪命自
活故經說言酒為放逸本婬是生死原金銀生患重邪命壞善根以此義
故仏自說言若見沙门以我為师而捉金銀我說此人非是沙门智度論云出
家菩薩守護戒故不畜錢物以戒功德勝於布施涅槃經云許持識譏戒与住
戒无差別言居士者是其稽法若比丘欲捨錢寶向信樂優婆塞語
此是我所不應汝當知之若彼取還与比丘者當為彼人物故受令淨人
掌若得淨衣鉢應受持若彼取不還者令餘比丘語遣還餘比丘不語
者當自往語仏為淨故遣与汝若今与僧塔乃至本主為不欲使失彼信施
故不犯者如向所說貿寶戒第十九制意者以其寶物更互相貿為
求息利長貪妨道招世譏過故須聖制別緣有五一是實物二互相貿易三
決價四為己五令受即犯已下正明戒本此戒因跋難陀比丘往市以錢居士譏議
仏制戒若比丘種種買賣者尼薩耆波逸提此嵩是戒文有三句一犯人二互
相貿易三結犯初句可知言種種買賣者解第二句律云若以成金未成金已
成未成金金此三種相貿易銀亦三種錢唯一種此七種交互相易錢者八種金銀
銅鐵白臘鉛錫木錢故將八種錢皆名為錢言尼薩耆者是犯句犯相如
前捉寶戒同不犯者律云若以錢貿瓔珞具以錢易錢為三寶不犯
販賣戒第廿制意者既出家之人理息緣務靜坐修道何得私自販賣馳騁
市肆動越威儀招世譏醜財物既交或容犯重臨危險行非高節以斯諸
過聖制不輕多論四義故仏制此戒一為仏法增長故二為止謗淨故三為成
聖種故四為長信敬心不誹謗故別緣有六一在家二衆外道亦攝二共相貿
易三決價四為己五自貿易六領受即犯已下正明戒本此戒因跋難陀比丘往

前捉寶戒同不犯者律云若以錢質瓔珞具以錢易錢居三寶不犯

販賣戒第廿 制意者凡出家之人理息緣務靜坐修道何得私自販埓馳騁
市肆動越威儀招世譏醜財物既交或容犯重臨危險行非高節以斯諸
過聖制不輕多論四義故佛制此戒一為佛法僧長故二為止鬪諍故三為成
聖種故四為長信敬心不誹謗故別緣有六一在家二衆外道五揵二共相貿
易三決價四為已五自貿易六領受即犯已下正明戒本此戒因跋難陀望
薑易食故起過又共外道博衣悔而不得遂乃譏謙佛便制戒若比丘種種
買賣者居薩耆波逸提 此當是戒文有三句一犯人二明買賣三結犯初句可
知二種種買賣者律云五種物相易以時易非時以時易七日以時易盡形
以時易衣乃至以衣易衣皆如是相互各五句所言販賣者謂價直一錢數上下
增買者價直一錢言直三錢重增賣者言是五錢買至三有種一賣
二增買三重增買三言居薩耆波逸提者是所犯之罪律云衣藥交貿淨價高
下數上下皆犯多論此販買罪重中最重寧作屠兒何以故屠兒止害一生販買一切俱
害不問道俗賢愚持戒毀戒无往不欺常懷惡心設若居穀恒希天下荒饑
雹霜災變若居塩積財恒冀四邊反亂王路隔塞多有此過故此反買物作
塔像不得向乱之又云但作佛意乱之設与僧作食及四方僧房一切不得住中持戒
比丘不得受用得罪以過多故若食販買賣食咽之直作衣著坐作臥具隨轉
轉隨重於餘隨僧衹若自問價作不淨語淨價高下皆並得物隨若物直五十
而索百錢並以五十知之如是求者不名為下價若前人欲買此物比丘不得秤市
當問言汝正索若報云我休者比丘方云我以是價知是物好不比丘自貨秤市者越
若自舉物價前人信之貴取故犯盜罪多論如販賣戒中物或方便有罪果頭
无罪如為利居塩穀後得好心即施僧作福或果頭有罪如為福余米不貴後
見利便賣以利自入即是方便无罪或俱有罪俱无罪類知不犯者律云聽五衆出
家人共交易應自審定不應共相高下如市道法不得与餘人貨易令淨人貨若
悔聽還若油蘇相易者无犯開供養燈明故

畜長鉢過限戒廿一 制意者然鉢
為應供之器資身是今過貯畜長貪妨道招譏醜累積壞不輕是以聖制然
物變无恒容有失奪資身要用事不可廢施時不受後則難求故開十日後淨而
畜违過聖教過則結犯釋名者五分有比丘得二鉢以佛不聽長故施他已鉢破佛問幾
後破答十日四分曰請遂急開十日故日畜鉢過十日戒別緣有五一先有受
持鉢二更得鉢三如法鉢非法不犯謂具三如四不淨施五過十日便犯 制緣比說可知
已下正明戒本此因六群比丘多求好鉢居士譏謙比丘舉過佛便制戒若比丘畜長鉢
不淨施得十日[illegible]

……時不受後……求故開十日後淨而
畜遠過聖教過則結犯釋名者五分有比丘得二鉢以佛不聽長故施他已鉢破佛聽
後破若十日因開十日四分因請遂象開十日故日畜鉢過十日戒制緣有五一先有受
持鉢二更得鉢三是法鉢非法不犯謂具三也四不淨施五過十日便犯 制緣比說可知
已下正明戒本此因六群比丘多求好鉢居士譏嫌比丘舉過佛便制戒若比丘畜長鉢
不淨施齊十日過者尼薩耆波逸提 此為是戒文有四句一犯人二所畜長鉢三開日
四為結犯初句可知言長鉢者律云鉢有六種鐵鉢黑鉢赤鉢蘇摩羅國鉢烏伽羅
國鉢憂伽賖國鉢大要有二者鐵鉢二者泥鉢此二種鉢要具三也方堪受持一者
躰如但唯泥鉢者量如大者三斗小者升半三是色如見論鐵鉢五重泥鉢三熏已上方
是色如具此三也方可說淨言不淨施者是犯緣犯有二種一者過犯二者深犯相對八
門如長衣戒不異所言齊十日者是制限故律云阿難得鉢故奉迦葉以常用故十日
當還恐犯捨隨以事白佛佛至十日所言過者尼薩耆波逸提此是遠限結罪相門開通
如長衣戒 乞鉢戒第廿二 制意者然鉢減五綴不漏堪資身用令乃覓隨非親乞
長貪妨道惱亂施主於理不可故須聖禁別緣有六一先有受持鉢二減五綴不漏
三隨非親里乞四為己五乞如法鉢六領受便犯已下正明戒本此戒因跋難陀鉢破遂
於多居士乞多鉢便被譏嫌比丘舉過佛便制戒若比丘畜鉢減五綴不漏更求新
鉢為好故尼薩耆波逸提彼比丘應往僧中捨展轉取最下鉢與之令持乃至破
應持此是持 此為是戒文通有兩假先明乞鉢制犯次明持還方軌初假戒文三一犯
人二舊鉢未漏三更求結罪初文可知第二文言鉢減五綴不漏者律云相去兩指間
綴也尼薩耆波逸提者是第結罪句從彼比丘已下至此是時明捨還方軌則於中
文二初應往僧中赤明捨鉢二展已下共為一句總論還鉢文言此時者謂時用
舊持新時乃是破成持然下還中四段如律明一捨鉢方法二牒悔之儀三還
鉢四不還得結罪初捨鉢者有四一持鉢往僧二下境三牒緣四作詞句第二牒悔
罪如上所弁第三還鉢文名有四一貴者棄留宜還下鉢二僧應作白與下鉢令
持三對彼比丘令持新鉢用舊四令守護恐壞故用新故律云僧以下鉢白二與彼
應守護不得著凡石落處倚杖刀下著懸物下道中石上果樹下及不平地
不得一手捉兩鉢除指隔中央一手捉兩鉢不得開戶除用心乃至不應故壞故
失非鉢用此之四文並是取彼好鉢僧中次行取衆最下惡鉢與彼令持恩
貪過故第四還鉢文二有緣轉還元緣經宿獨摩直還祇律若鉢貴者、
應取十鉢直九鉢在入淨廚一鉢直還主若乞得二鉢直者一鉢入僧一鉢還主
如是隨得多少限一直還主餘直入僧廚第四不還得罪者律云僧中捨鉢竟不
還者犯吉教莫還亦吉不犯中律云若五綴減求新[illegible]

不得一手捉兩鉢除指隔中央一手捉兩鉢不得開户除用心乃至不應故壞故
失非鉢用此三四文並是取彼好鉢僧中次行取衆最下惡鉢与彼令持息
貪過故第四還鉢文二有緣轉還无緣經宿犯捨直還衹律若鉢貴者
應取十鉢直九鉢在入淨厨一鉢直還主若乞得二鉢直者一鉢入僧一鉢還主
如是隨得多少限一直還主餘直入僧厨第四不還得罪者律云僧中捨鉢竟不
還者犯吉教莫還亦吉不犯中律云若五綴漏求新若從親里索若從出家人索
若爲他爲己不求而得若施此得若自有價買畜者一切无犯 乞縷使非親
織戒廿三 制意者然三衣具足得資身今乃自乞縷絍以憑勢貴強逼織師
織作三衣長貪多欲損惱織師及招譏謗是故聖制別緣有四一自乞縷絍二是非
親里俗人織師三持勢遣織不与價直四成便犯已下正戒本此戒因跋難陀起過
故仏制戒令若比丘自乞縷絍使非親里織師織作衣者尼薩耆波逸提 此爲足
戒文有四句一犯人二自乞縷絍若居士縷犯後戒故須自乞設若不乞自縷應辯三
持勢逼織以里求无罪与價之不犯四結犯已下正廣解上二句可知三言使非親織
師作衣者多論織師非親有三句此戒正辨正損織師犯捨非親乞縷吉織師親
非親合有三句織師親理有二句謂事第三俱親无罪是以但有八句正損織師犯
捉兼損織主舉一犯通収重輕故但言犯尼薩耆波逸提者是第四結罪云、
齊捨儀方軌如律廣明不犯者律云三俱親里若自織作鉢囊革屣囊針筒
禪帶腰帶禈襪鏁紗巾者一切不犯 勸讚織師增織衣戒廿四 制意者爲
爲
信居士虛心辦縷爲比丘故僱織作三衣宜應稱施而要𢿙已内有廣節之心外不
揆施主今乃勸讚織師自与價直損他縷主自壞心行彼我无益是故聖制
別緣有六一居士自心辦縷遣織師織二情期有限三知有限四与價勸織五彼爲增
織縷六領受便犯已下正明戒本此戒因跋難陀往居士家撣取縷与織師
又許与價居士譏嫌比丘舉過仏便制戒令若比丘居士居士婦使織師爲比丘織作
衣比丘先不受自恣請便往織師所語言此衣爲我作与我極好織令廣大堅緻
我當少多与汝價是比丘与價乃至一食直若得衣者尼薩耆波逸提
此戒有三初略二開三廣足句四一犯人二縷主遣織三衣三彼比丘下乃至食直勸
織師自故價直四若得下結犯上三句知可言比丘先不受自恣請者是開文律
云仏不聽往作衣家去後有居士請比丘与衣比丘疑不敢往仏言聽隨意取
少欲知足索不如者餘句文顯可知問此与前戒織師可別答有四同不一前損織師
不損縷主以乞得故此損縷主不損織師二前戒由損織師不与價犯此損縷主
与價故犯三前非親犯親則不犯此親非親犯四前是与織縷成即犯此是他縷

縷師自故使直四若得下結犯上二句知可言比丘先不受自恣請者是開文律
云佛不聽往作衣家索後有居士請比丘與衣比丘疑不敢往佛言聽隨意取
少欲知足索不得者餘句文顯可知問此與前戒織師可別若有四同不一前損織師
不損縷主以乞得故此損縷主不損織師二前戒由損織師不與便犯此損縷主
與便故犯三前非親犯親則不犯此親非親犯四前是與織縷成即犯此是他縷
領受方犯律云不犯者先受請往求知足減少求若從親里索從出家人索或
為他索他為己索或不索而得者一切不犯 奪比丘衣戒廿五 制意者先與他
衣規欲共行彼若不去理應知頻而索本自無過嗔心強奪共相逼惱特非
所宜故須聖制 別緣有五一大比丘二親沙彌不犯非行類故二先與衣規欲共行三定不
與前人不定取多生惱故四句中二句初受與俱決定二決定與而受者不定奪取
犯重若與受俱不定者吉四嗔心強奪五得物屬己便犯已下正明戒本此戒具防
難 此起過佛便制戒 ◎若比丘先與比丘衣後嗔恚若自奪若教人奪取還我
衣來不與汝彼應還衣若取衣者尼薩耆波逸提 此為是戒文有三句一犯人二
先與衣三後嗔心奪而結罪 初句可知第二句本規同行故與衣後彼不肯自便
卻取故曰先與比丘衣第三句奪者律云若嗔心自奪及教人奪二藏者犯為
對面見在奪若奪不藏者吉羅事未竟戒犯藏而方犯若著樹上枷
上床上及餘著處離處犯吉故戒本云若取衣者尼薩耆波逸提捨懺方執
以律所明不犯者律云不嗔言我悔不與還我衣來彼知心悔可即還衣若餘
人言此比丘悔欲還他衣若借他衣著無道理還奪不犯若恐失恐壞若彼人破戒
破見破威儀若被舉滅擯應擯若為此事命梵難一切奪取不藏舉者皆不犯
畜藥過七日戒廿六 制意者凡夫之輩以四大為軀夏末秋初節氣交變四大轉皷
諸病即生既有痟瘦瘡疥妨廢修道大聖慈念方便開聽畜服諸藥以療病苦趣令
安身進修道業因聖開聽房貯眾藥長貪壞道行遠教招譏過是不輕故制提
罪二釋名者貯用屬己名之為畜療患稱藥越於期限名過七日故曰畜藥過七
日戒三具緣通緣如上別緣有四一是七日藥二加手口二受三不說淨四畜過七日便犯四
緣顯知已下正明戒本此因畢陵伽弟子超過故佛制戒◎若比丘有病殘藥酥油生
酥蜜石蜜齊七日得服若過七日服者尼薩耆波逸提 此為是戒文有五句一者犯
人二有病者三畜藥之緣三殘藥已下所畜藥體四明齊七日五過限結罪下釋中初
句可知第二句言有病者律云秋月風病動形體枯燥又生惡瘡等是畜藥之
緣第三言殘藥酥油生酥蜜石蜜者是所畜藥體第四言齊七日得服者
是其開限八川句義如長衣戒說第五言若過七日服者尼薩耆波逸提是過
限吉羅律云一日得藥

BD14047號　四分戒本疏卷二　（44–39）

今二有病者畜藥之緣三殘藥已下所畜藥聽四錯齊七日五過限結罪下釋中初
句可知第二句言有病者律云秋月風病動形體枯燥又生惡瘡等是畜藥之
緣第三言殘藥蘇油生蘇蜜石蜜者是所畜藥聽藥四言齊七日得服者
是其開限八川句義如長衣戒說第五言若過七日服者尼薩耆波逸提是過
限結罪律云一日得藥乃至七日得藥至十八日初日藥過染下六日隨藥多少相望
犯故言盡尼薩耆川下六日藥染犯時失受以不解有二種今且一釋說淨犯之下六日
亦未說淨同是長過故過初染口受之法為防宿戒不防於長既防不同日限不應故初日
藥不能染下並今失受是以律云至第七日藥与諸比丘食若當失受即有宿觧等罪
生何故聽食故知不失若亦餘五日應還主食所以還今塗足然燈者要不失受但
經時畜有彼情過藥資義殊得不聽服以見情過非藥不淨不同於衣資身義
寬得歸本主還作衣用餘句預知律云此藥應捨与僧已自職除罪竟還彼藥藥七日
藥捨与比丘彼應服過七日藥蘇油塗戶石蜜与守園人㦲七日者白二還之比丘當取
塗脚然燈不犯者如上　過前求雨衣過前用戒廿七　此雨戒今制緣多論云過前
求過前用二俱尼薩耆所以不聽過前求用者然此雨衣資身要用是以制聽時
中乞用今時已來至頭乞先用長已貪結遠返聖教是以聖制過前求列緣有五一是
雨衣二是過前求三為已四披与五領受便犯過前用戒列緣具四一是已雨衣二非時
得三非時受持四過前用犯此二戒同是雨衣義容相由生罪是以合制已下近明戒本此
因六群比丘常求雨衣但便制戒　若比丘春殘一月在當求雨浴衣半月應用浴若比丘
過一月前求雨浴衣過半月前用浴尼薩耆波逸提　此據是戒文有三句一犯人二求用
時節三過前求用違教結罪於釋中初句可知第二句言春殘一月在求雨浴衣者
春者西方法謂從十二月十六日後至四月十五日已還名春又云八月半名夏又云十二月
半名冬今言春殘一月在者謂三月十六日應求雨衣者比丘用雨中浴言半月應用
浴者律云四月一日應浴第三句言若過一月前求過半月前用尼薩耆波逸提是違教
結罪文言過一月前求者為三月十五日前求也言過半月用者謂三月盡日言尼薩耆
者者是捨也言波逸提者是罪也下雖明文義多論云二益若天雨時著天熱時霑
得郭身洗浴若闇者无罪若四月前十六日安居者即日受雨衣用乃至七月十五日自廿
日用以夏多雨濕熱故未有所限故不得會閏前用求无貪然故聽會閏不答得
衣利多有長貪過故但五月雨衣利少用故會閏於中從四月十六日乃至八月半中
捨言大德僧聽今日衆僧捨雨浴衣如是三說餘用不犯五分若過限不作餘衣受
持淨施不施人者吉故律云若捨作餘用若著而浴若浣若舉者並皆不犯
過前受急施衣過後畜戒廿八　此二戒共為一戒若過前受[illegible]

得郭身洗浴若闰者无罪若闰四月前十六日安居者即日受雨衣用乃至七月十五日百廿
日用以夏多雨湿热故未有所除故不得舍闰前用亦无贪积故听舍闰不舍得
衣利多有长贪过故但五月雨衣利少用制舍闰衣中从四月十六日乃至八月半中
捨言大德僧听今日众僧捨雨浴衣如是三説餘用不犯五分若過限不作餘衣受
持淨施不施人者吉故律云若捨作餘用若着而浴若浣若举者並皆不犯
過前受急施衣過後畜戒廿八 此二戒共為一戒若過前受或過後畜俱犯捨墮
同由急施衣生是以須合若非急施安居未竟仏不聽受得吉羅五分戒文仏
既制竟後因梨師大臣請僧安居忽命征罰捨施僧如安居法諸比丘等以安居未竟
不敢輙受仏為利益施主及闰比丘淵勝前十日內受不犯吉羅因聖開故知是之
急施過前而受遠返雨款貪長衆淨故得捨隨過前受別緣具五一是急施
二知是急施三十過日四无因緣五領受便犯過後畜急五緣成一是急施二知三十日內受
四不作淨五過限已下正明戒本此戒因六群比丘常乞衣受衣又既難陀異處安居受
衣又大臣為安居施仏因制而制戒 若比丘十日未竟夏三月諸比丘得急施衣比
知是急施衣當受受竟乃至衣時應畜若過畜者尼薩耆波逸提 此為是戒
文有五句一犯人二受衣時限故日未竟夏三月非急不聽故此第三諸比丘下是急
聽受四受衣已下制時畜无罪五若過下結過後結提下广釋中初句可知第
二言十日未竟夏三月者律云謂七月六日已後十日已前是受衣時限第三言
諸比丘得急施衣當受者是急聽受故律云若受便得不受便失故名急也衣
者十種第四言受竟乃至衣時應畜者是制時畜无罪故律云衣時者自恣竟
不受迦絺那衣一月受衣五月若自恣十日在得急施衣一受已至一月五月畜乃至
明日自恣應受一月五月外更增九日第五言若過時畜尼薩耆波逸提者是之結
過後畜提故律云得急施衣若過前若過後並犯捨墮已下雜明问決云長
衣十日不說越十日明相出便犯此急施衣七月六日受者十日无罪入十六日明相
應犯何故乃言一月五月應犯畜 不犯答長衣不与時衣相接者但有前開无其
後制是以便犯此急施衣十日受者是其前開入十六日後是後制相接成此
二齊是以无罪不犯者律云不過前不過後畜若為賊奪衣失衣燒衣漂
衣過前受不犯若奪若作失等四相有險難道路不通乃至河水大張若彼
受比丘或死或出行等難故過後畜一切不犯 有難蘭若離衣六宿戒廿九
此戒同異如前已弁但前戒聚落情發一宿即犯此蘭若陰怖過六夜犯前是
常流人有得衣制此是有難又兼勝行不受德衣但有迦提以非作故此二制限
別緣有六一受持三衣二冬分非時故律云夏三月竟迦提月滿二有疑怖處
四置衣在聚落五不捨會六无因緣七第七日明相出便犯已下正明戒本此因六

受□□至□□等難故過後當一切不犯　有難蘭若離衣六宿戒廿九
此戒同異如前已弁但前戒聚落情義一宿即犯此蘭若陰怖遥六夜犯前是
常流人有得衣制此是有難又兼勝行不受德衣但有迦提以非作故此三限
别緣有六一受持三衣二冬分非時故律云夏三月竟迦提月滿三有疑怖處
四置衣在聚落五不捨會六無因緣七第七日明相出便犯已下正明戒本此因六
群比丘寄衣遊行開諸犯過仏便制戒　若比丘夏三月竟後迦提一月滿在阿蘭
若有疑恐怖處比丘在如是處住三衣中欲留一一衣置村舍內諸比丘有因緣離
衣宿乃至六夜若過者尼薩耆波逸提　此第是戒文有五句一犯人二明非時分齊
時分不犯三在蘭若已下有疑怖處四在如是處下制置舍內六夜一會五若過下結
罪有釋中初句言若比丘者義如上弁第二言夏三月竟者後迦提一月滿亦明
非時分故律云為八月半後也第三言若阿蘭若有疑恐怖處者是極畏處也
故律云有疑者疑賊盜恐怖處者中有恐怖賊盜也第四言比丘在如是處住三衣
中欲留一一衣置村舍內至六夜已来是明制離衣限故律云若有因緣離衣宿
齊六夜得至第七夜明相未出前應會衣又多論云有病得僧羯磨
无過此外難何故定制六夜內因緣直作羯磨不局日限亦何答外難進不不可
得知故須定六內病差不差義在易知故以病差為期不須定限若至七日集
應差不差易知如定言七日恙差之功能七日一變七日內未有瘳患之功依藥勢
力故定七日如祇律說又云寄著可疑俗人家五分云上二衣中隨所重者離寄一衣
不得寄下衣以隨身故礼拜入寺乞食不得單著但得寄一衣善見云若防堅牢不
須壽衣無者得寄六夜一看見衣已還蘭若所第五言若過者尼薩耆波逸
提是過限結罪文制通也前離衣戒局說不犯中律云寄六夜至第七夜明相未
出前若到衣所若捨衣若奪衣等四想若道路險難不通不捨不至衣所一切不犯
迴僧入己戒卅　制意者出家之事理尊少欲知足之為須州他居士許欲施僧方便勸
化迴来入己内長貪結外惱施主又復損僧福所不應是故聖制别緣有四一是許
僧物二作許想三迴入己四領受便犯已下正明戒本此戒因跋難陀起過仏為制戒
若比丘知是僧物自求入己者尼薩耆波逸提　此第是戒文有四句一犯人二若知
三許僧物四迴向彼便犯廣解中初句可知第二言知者律云若不知是許僧迴者
非犯第三言是僧物者律云有三種僧物一已許僧為僧故作二未許僧為僧故
作如俗家為僧作床褥器具供僧之物三已以僧者已許僧已捨与僧此三句之物迴
有輕重初物犯捨迴第二物犯吉迴第三物犯重第四言求入己尼薩耆波逸
提者是犯罪句捨懺之法也言何處果報多答言施僧若言何處持戒清淨
答言□□已戒不清淨□□□□□

桯

三許僧物迴向彼便犯夷解中初句可知第二三言知者律云若不知是許僧迴者
非犯第三言是僧物者律云有三種僧物一已許僧為僧故作二未許僧為僧故
作如俗家為僧作床褥器具供僧之物三已以僧者已許僧已捨与僧此三句之物迴
有輕重初物犯捨迴第二物犯吉羅第三物犯重第四言求入己尼薩耆波逸
提者是犯罪句捨懺之法也問何處果報多答言施僧若言何處持戒清淨
答云僧犯戒不清淨若言我已施僧今施尊者得施无罪若言此物置何
處所我常見受用答某甲坐禪誦經持戒若施彼者長見受用四分律中
明四對八句謂迴不入己故犯輕罪一以僧相對二四方現前相對三僧尼兩眾相對四
料簡上同類迴此与彼故言許異處故律云若物許僧轉与塔許四方僧迴現前
僧許比丘僧迴与尼僧許異處乃至許處異迴与此處一切吉羅並謂未決定若
決別施隨前犯僧祇迴此彼畜生物赴心悔但還物之中四五十中三律捨竟自用
不須還僧以不定屬僧故祇律五數具迴僧對僧捨入僧已隨僧作何用等多見
兩論捨竟還僧還不犯重了論迴僧所應得施入己應捨還大眾故十誦多論云
若體熟施此自恣僧物迴与彼自恣僧者物應還此比丘作者悔若不還此僧計
錢成重乃至此彼一人物迴亦成重準此定屬僧𣳾迴与他人成重不犯中律云若不知
若已許作不許想若許惡勸与好若許少勸与多若許一人勸与多人若謨若戲
若錯說者並皆不犯　諸大德我已說卅尼薩耆波逸提法今問諸大德是
中清淨不三說　諸大德是中清淨嘿然故是事如是持
此戒結前卅捨隨亦通問諸戒中清淨法猶嘿然知清淨故言是事如是持

四分戒疏卷第二

若餘說者吉不犯　諸大德我已說卅尼薩耆波逸提法今問諸大德是

中清淨不　三說　諸大德是中清淨默然故是事如是持

此戒結前卅捨墮示通問諸戒中清淨法猶默然知清淨故言是事如是持

四分戒疏卷第二

BD14048 號背　現代護首

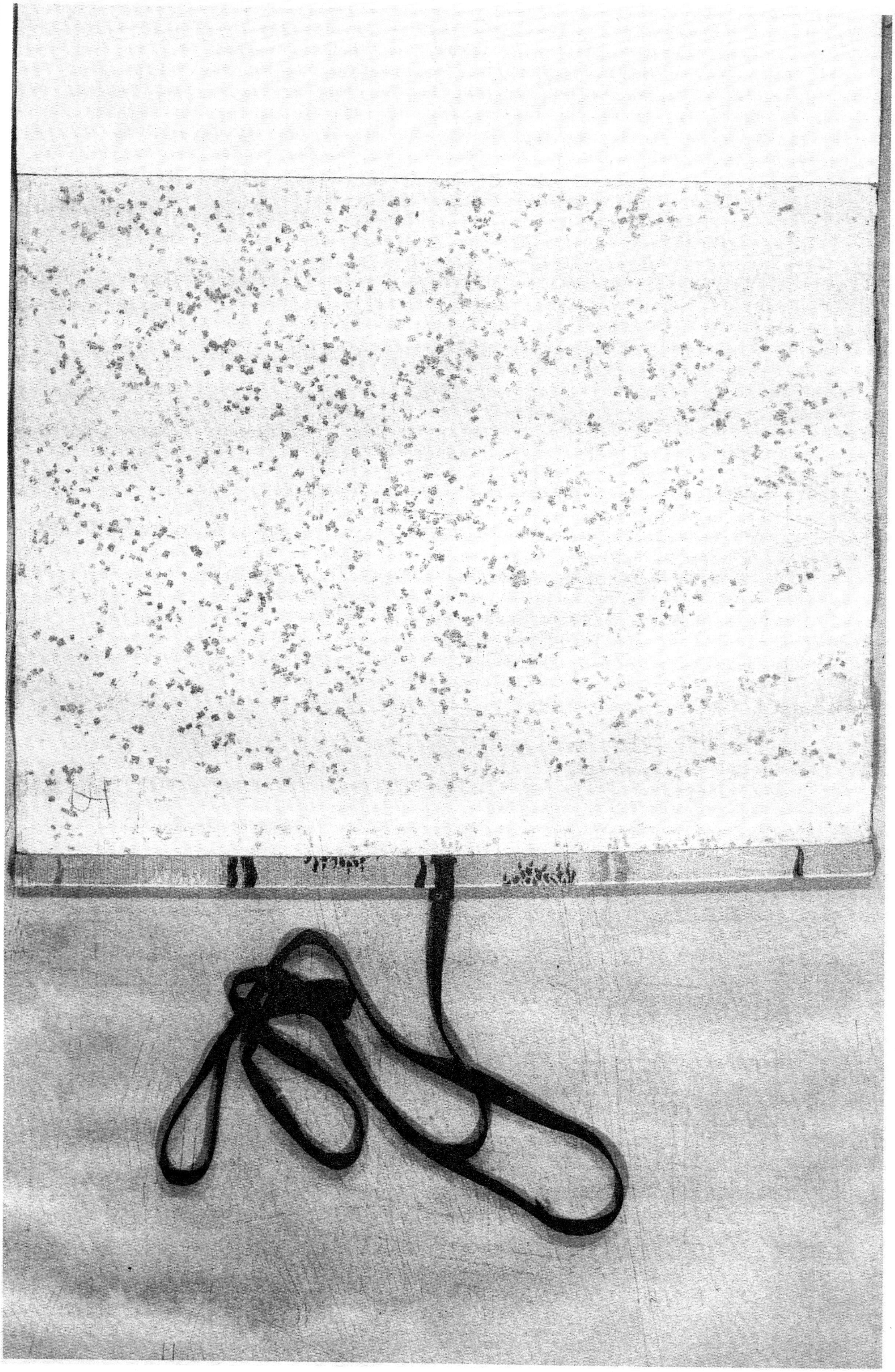

BD14048號　四分戒本疏卷二

（17–1）

四分戒本疏卷第二　　沙門慧述

諸大德是十三僧伽婆尸沙法半月半月說戒經中來　此明第二篇初標

戒本後問清淨此白是其標也且就總相九門分別後乃別相各各四

相者一起由三業二配於身口三自作教人四辯麁性五初犯種類六持犯等軌七

二部同異八違制不同九下衆任運言起由三業者初有七戒因三事起貪滲

戒次有二戒嗔心起戒次有二戒嗔麁起戒二配於身口者依以為四初房身次

二麁語二譏四謗等八口為正犯身有助戒次二房戒身為正犯口是助業次媒嫁

一戒身口正犯三自作教人者後分為三一有五戒自作戒重教人同不同謂二麁語

媒嫁二房自作定殘教人或同不同若教人作五於已有閡故同犯殘若說教人

於已无閡但可犯蘭二謗有二戒自作教人一向同犯謂二謗戒自作教人為己擯

處奇暢思不殊故彼我同犯三有六戒自作犯殘教但輕謂漏失摩觸自作

犯殘教人偷蘭以无閡己故下四諫戒自違正犯教人違諫亦德輕罪若僧未諫教

言莫捨但德吉羅以无僧命衆法可違過輕緣故若僧諫時教言莫捨即結

蘭罪以違僧命情過重故四性遮者媒及二房是其遮惡餘之十戒體是不善

故是性惡第五種類者見論分為四位初有五戒盛是愛滲初戒氣分媱之

種類二三房兩戒是盜種類三汙家惡行是鈍種類四餘之戒等妄語種類第

六持犯是中二房具二持犯然前房半非除過量故自餘十一止持作犯亦可

止持作犯通十三戒作持止犯前房少分第二房全是別階降已如上辨七二部

蘭罪[illegible]違僧命[illegible]

故是性惡。第五種類者，見論分為四位。初有五戒，盛是愛染，初戒氣分姪之

種類。二、二房兩戒，是盜種類。三、汙家惡行，是殺種類。四、餘六戒等，妄語種類。第

六，持犯。是中二房具二持犯。然前房半非，除過量故，自餘十一，止持作犯。亦前

止持作犯。通十三戒作持止犯。前房少分，第七房全，是別階降，已如上弁。七、二部

同異者：媒嫁、二謗、四違諫，等此七同犯。而四諫戒得罪雖齊，對境翻到，謂各

違眾諫故。媒謗三戒，境罪俱等。自餘六戒，僧尼不同。漏失，僧重尼提，多

云女人煩惱深重，難拘難制，若制與重罪，惱眾生。又女人要在私屏多緣多力

若乃盈流，故輕。男子不尔，隨事能出，故重。又可染患內外不同，故有輕重。比丘

摩觸，力能自固，以限分制，但得僧殘。尼則煩惱厚重，既受摩身，恐成陵逼

深防中制，故結夷罪。有四不同，故罪階降。一死活，二大小，三染心有輕重，尼擯陵

逼故須活及大等僧。極染患不簡死及大小等，麁惡語，僧重尼輕，以希數

故。又尼有麁重方便故，德蘭罪。僧無八事相資，故德僧殘。二房戒者，大僧

犯殘，尼作犯蘭。若就過量，大僧得獨行，宿喜獨造房，故制僧殘。尼須伴

擾。若共造房，自無過義。故律言：多人住屋不犯，見曰二人造房不犯。設令獨

造希，故蘭罪。若尔，覆屋過三，何故同犯？荅：此擾尺量分齊，故之不犯。下

過三節，宜弁權壞招譏，不簡大小，故同僧提。問：尼就有伴假獨義，希即

得蘭者，若尔，尼是有伴假獨義希，屏露二坐不應同犯。荅：此就損業

殺則輕。又設獨造希，而不數，故得輕罪。坐等就譏事數，齊招譏過，僧尼

同犯。若論不處分者，尼無蘭若，制居聚落，僧僧無房，故宜須造，設不處

分，情過輕微，但結蘭罪。比丘丈夫，得在蘭若樹下露坐，安身進業，今在聚落

營構私房，故須重遮，懲其後犯。八違制不同者，前之九戒違仏制，得罪

後四諫戒，違僧制，招懲此僧。制者，即是仏制，但僧若不秉，即無違諫之殘之

由違僧，故此四戒違僧制犯。九任運有無。七戒容有任運。二邊麁兩房

二謗媒嫁，得有遣人為已作義，所教事成，三性之中，犯七僧殘，餘無教人，故無

任運。就十三中，初之九戒，若持讓眾行法違明壞眾行法。後之四戒，若奉順

僧命，息過為不顯眾法，成就有拔時之益，名護眾義法，違明壞眾法。前中

復三：初五内染，以明壞眾行法；次二兩房事和，以明壞眾行法；次二兩謗，情和以明壞眾行

法。前五復三：初一壞眾壞行法不壞，於時次三壞眾壞行壞；時次一壞行義，微壞眾壞

時故。

故漏失戒第一　此戒人之喜犯，故在初也。制意欲是惡法，正是生死之本

鄣道之本，理應禁斷，令梵行清淨。多論云：三義故仏制此戒：一令正法久住故，二欲

[illegible]
僧命息過為不顯衆法成就有於時之益名護衆教法遠明壞衆法前中
復三初五內深以明壞衆行法次二兩房事和以明壞衆行
法前五復三初一壞衆壞行法不壞於時次三壞衆壞行壞時次一壞行義教壞衆壞
時故
故漏失戒第一　此戒人之喜犯故在初也一制意欲是惡法正是生死之本
鄣道之本理應禁斷令梵行清淨多論云三義故佛制此戒一令正法久住故二欲
止謗故三欲生天龍善神信敬心故四部律中佛並呵嘖言云何以此不淨
手受人信施　二釋名者方便動轉標心究竟名之為故體分流溢名為漏
失故曰漏失戒也　三具緣者通緣如上別緣有三一作究竟意二方便動轉三
失即犯　四闕緣闕初二无犯闕三或重輕蘭已下區明戒本文有三段一略制二隨
開三滿制言略制者最初因迦留陀夷比丘起過便佛略制此戒後因餘比丘夢中
失不淨佛因集僧本无心故開除夢中是名隨開言滿足戒本者　若比丘故弄陰
失精除夢中僧伽婆尸沙　此滿足戒本四句料簡初略標次廣釋言略標者一犯人
二人三開四結罪言廣釋者若比丘八比丘第八白四羯磨如法得受所比丘是之名若故
義所言故弄陰失精者出其境界先列內外色不名二次第解言不名者律云實心故
作出不淨意前境有不若於內色外色若水若風若空隨任方便若出則犯言內
色者謂衆生身分心上法領納苦樂故名受色言外色者謂非衆生色以无心法領
納不受色所言水風空者比類可知水中逆水順水風中自空動身乃至餘境所言除
夢中者律云亂意睡眠有五過失一者惡夢二者諸天不護三者心不入法四
者不思惟明相五者於夢中失精善意睡眠有五功德即反上句也若欲
睡時手捉而睡意令夢中漏失若睡中若失即犯究竟非開限若本无
心意不欲出夢中若出不在犯限故曰除夢中所言僧伽婆尸沙者此是罪名律云
僧伽者名衆婆尸沙者有餘已行法不絕為名也若比丘如上於此六種境作方便出精意
後遂本心得皆殘罪如目連罪報經云若比丘无慚愧心輕慢佛語犯僧伽婆尸沙
罪如不憍樂天壽八千歲於人間數二百卌億卌千歲墮泥犁中所言不犯者律云
若夢中失覺以惡汙身衣故以弊物及手捺棄若欲想出若見好色觸而出若
行時自觸兩髀而失若觸衣而失若搭時失若手揩摩而失如是一切不作出精
意而自出者无犯　摩觸女人戒二　一制意多論云六義故制此戒一出家人
颰然无依正令制此戒与之作伴有所依故二為息鬪諍此是淨覺根本故三為息
疑謗不但謂捉而已謂作大惡故四為斷大惡之原禁微防著故五為護正念
若觸女人必失正念故六比丘出罪家理應韜絕塵染栖心累外為世軌則若觸女人

行時自觸兩腨而失若觸衣而失若裕時失若半指摩而失如是一切不作出精
意而自出者无犯　摩觸女人戒二　一制意多論六義故制此戒一出家人
飈熱无依止令制此戒与之作伴有所依故二為息鬪諍此是淨覓根本故三為息
疑謗不但謂捉而已謂作大惡故四為斷大患二京恭敬防著故五為護正念
若觸女人必失正念故六比丘出罪家理應韜絕塵染栖心罪外為世軌則若觸女人
則生世人宗敬心故　二釋名身相捫摸為摩二境交對日觸故日摩觸戒　三具緣
通緣如上別緣有五一人女簡非天与畜女異男等女中不簡死活大小輕重等又
通道俗親疎廣說可知二人女想三染心四相觸五受樂便犯　四闕緣若闕初緣有
一蘭人境差中有三句初句欲捉人女前境變為人男得前心蘭或人男來替
處作人女想亦蘭第二或變為二形或二形替三或變作男黃門或門替處
非畜各四類前可知故合十一闕第二緣有卅二蘭相疑雙闕各執一闕第三无罪　若比丘懷意
二俱有衣五十四吉羅衣末有无九十偷蘭闕第五蘭已下正明戒本
斷簡初略弁後廣釋略中一犯人二丙有染心三所犯境四身相觸五若觸
與女人身相觸若捉手若捉髮若觸一一身分者僧伽婆尸沙　此備足戒本五句
二一下結犯令廣釋言比丘者義如上弁言婬欲意者愛染汚心所言女人
者如上婬戒中說為欲通収覺与不覺見等四種境故不以有智未命中終釋
女直　言如上所言身者從髮至足見之若髮抓相身身蘭以无覺故所言相
身者若捉手至身分已來九種摩業初句下二釋言身者若捉摩重摩
或牽或推逆摩順摩或下或捉或捺若餘身方便也所言若捉摩者摩身
前後舉者舉前推者推却逆摩者從下至上順摩者從上至下舉者捉
舉者上下者若立捉令坐捉者若捉前捉後捉乱捉髀捺前捺後若乳捺
髀是皆摩業所言僧伽婆尸沙者是第五結犯句於中有五種罪相初若相身
二俱无衣情濃故著便僧殘女觸比丘動身同犯若不動身但吉第二若相身
手有衣情淡著便偷蘭第三若相觸俱有衣情最輕微著便犯俱无衣中若
心境相應犯殘若心不當境疑故輕如於覺境有此階降睡死少分壞三境頗
亦可知故律云比丘往身无衣覺女睡眠齊死少分壞者但使往身著不問
受樂不受樂皆犯殘罪若女來身比丘不必須搖心而比丘要須動身受樂
者犯殘若不動身而受樂者吉若先有染心雖不動身而受樂者有身
意故犯蘭動則犯殘若与二形身相身偷蘭十誦伽論云意在女者殘在
男者蘭善見云若以髮髮相身身相身悉皆偷蘭以无覺能身故根互壞相
身者皆蘭若身身畜生女者一切吉羅僧祇意謂男子

受樂不受樂皆犯殘罪若女來觸比丘不必須媱心而比丘要須動身受樂
者犯殘若不動身而受樂者吉若先有染心雖不動身而受樂者有觸
意故犯蘭動則犯殘若與二形身相觸偷蘭十誦伽論云意在女者殘在
男者蘭善見云若以髮〻相觸毛〻相觸皆偷蘭以无覺能觸故根又壞捐
觸者皆蘭若觸畜生女者一切吉羅僧祇意謂男子黃門而是女人觸者
僧殘謂前有方便心後稱本境祇一時觸多女人一殘一〻觸多殘比丘知法多作
捉女共臥竟夜不移者一殘若以欲心觸男子身或衣鉢坐具皆吉問媱戒犯同
此階不同者何答良以患興於內觸境思雜正道暢適就著清淨不簡彼此摩
觸非无內染情恍在懷〻殊人畜形別男女情即濃淺故有階降不犯律云若有所
取與相觸或戲笑若相[illegible]時相觸一切不犯非不犯餘罪僧殘〻若共女人捉
物呪願捉器行食捉繩頭尾捉杖竹木皆非威儀有欲心者犯吉羅欲心動物
又以器繩或潰水著女皆偷蘭若女等近親久別相見抱捉比丘者當正念住不犯
十誦若女姊妹為病患及水火刀兵漂流惡獸難救者无犯但无染心若為水所漂
聞比丘手雖捉心起但捉一處莫放到岸不應故觸〻得殘若女人溺水捉比丘手水
流不斷於女生媱心偷蘭　僧祇若戶門道迮逢女人闇要待希已便過若女人有所
須令淨人與无者持著机上語言取之　若物重不舉請比丘者倚无淨人比丘為舉
著高處令自擔之若乞食時有端正女人持食來比丘若起媱心者放鉢著地令
餘人授受〻已准此若就女人取針綫瓶蓋等物恐手觸者當語置地然後比丘自取
餘並例知十誦四分開處猶多若據僧祇水溺難緣至死不開須知急緩〻意過積集增
莫不由此　與女人麁惡語戒十三　自下二戒制意同前乃媱欲之事其勢鄙
纖故名麁惡今說其狀表彰在口故曰麁惡語通緣如上別緣七有一人女二人女相三有染
心四麁惡語五麁惡語相六〻言章了〻七前人知解　闕緣准觸戒說此中但明比丘
染心向女麁語若前女人向比丘麁語若染心領解亦應犯殘類同前觸文略
不弁五分具有此緣至向麁惡語同犯已下正明戒本此戒亦因迦留陁夷聞佛已制
前二便於女說麁惡語比丘舉過佛因制戒　若比丘媱欲意與女人麁惡媱欲語
隨麁媱欲語僧伽婆尸沙　此滿足戒本文有五句初列後釋〻言五句者一犯人二
內有染心三人女出境界四對說麁惡語五隨已不結犯次釋言若比丘者義如上
言女人者有知命根不斷言麁惡者非梵行也所言媱欲語者稱說二道好惡
也初列麁惡語有八若求若教他求若問若答若解若說若教若罵者求者
者與我二道作如是事若復作餘語言教他求者若天若梵天水神摩醯首羅祐助
[illegible]

此有[illegible]心三人女出境界四[illegible]說麁惡語五隨已[illegible]如上
言女人者有知命根不斷言麁惡者非梵行也所言讃歎語者稱說二道好惡
也初列麁惡語有八若求若教他求若問若答若解若說若教若罵若求者
者与我二道作如是之事若復作餘語言教他求者若天若梵天神摩醯首羅栴助
我共作如是如是事所言問者汝大小便道何似汝云何与夫主共事云何復与外道人共通
言答者汝大小便道如是所言說者亦如是所言教者我教汝如是治二道使可令夫主外人歡
發所言罵者若言汝破壞腐爛燋燒墮落与驢作如是此復作餘語罵言若復作餘語者
除二道已外說餘支支節及得表麁惡語之言以日若復作餘語如消蘇等類本五隨已下
結犯者是僧殘罪於中輕重有四一就本境麁惡語隨語多少一一僧殘罪二若前人不了者一反
麁語一偷蘭隨語多少說不了之一一皆蘭三除二道說餘處支節亦蘭四与非
人女黄門二形麁語知者蘭不知吉羅畜生及男子亦吉若与指印遣書作相令彼女
知者如前不知亦尒不犯者律云為女說不淨惡露觀大律當知此身九瘡九孔漏
九流九孔者二眼二耳二鼻口大小便道當說此不淨時彼女人謂說麁惡語若說毗尼
時言次及此彼謂麁惡語若從受經若二人同受若彼問若同誦戲笑語若獨
語若疾語若夢中語欲說此錯說彼但无欲心一切无犯　向女嘆身索供養
戒第四　言多巧爲美已之善招誘其情說媱欲事以用自適故言嘆身
索供養戒　別緣有七一人女二人女相三染心四嘆身說麁惡語五麁惡語想六
言辭了了七女人知解此戒闕緣准觸戒說已下正明戒本此戒因迦留陁夷聞
佛已制前三戒遂向女人嘆身索供養比丘舉過仏乃制戒若比丘媱欲意於女人
前自嘆身言大妹我脩梵行持戒精進脩善法可持是媱欲法供養我如是
供養第一最僧伽婆尸沙　今弁備足本文有五句初列後釋言列者一犯人
二染心三境界人女四自索歎供養五結犯言釋者前三句可知第四自嘆索供
養句中有二自嘆身有五句二可持已下索供養言自嘆五句者一自嘆身
二言脩梵行三持戒四精進五脩善法釋此五句以為四段一釋嘆身有二一色身
豊美二嘆種姓律云嘆身端正顔好色我是剎帝利長者居士婆羅門大姓
種二解梵行以精進解梵行故日勤脩離穢濁三解持戒治犯戒方便之心名不缺
治根本犯戒之罪名不穿離後眷屬日不染汙一戒具三諸戒同尒故律云持戒精
進者不缺不穿漏无染汙四釋善治謂十二頭陁及諸善業同故律云脩善法者
樂閑靜處時到乞食著糞掃衣不作餘食法一坐食一揣食冢間坐露坐地常坐
隨坐持三衣唄匿多聞能說法持毗尼坐禪是也二可持已下解索供養是第
三義第五結犯者是僧伽婆尸沙此是一結罪句輕重有三一若作如上自譽已供養

種二解梵行以精進解梵行故日勤修離穢濁三解梵行治犯方便言以名為
治根本犯戒之罪名不穿離後眷屬日不染汙一戒具三諸戒同示故律云持戒精
進者不缺不穿漏无染汙四釋善治謂十二頭陀及諸善業同故律云脩善法者
樂閑靜處時到乞食著糞掃衣不作餘食法一坐食一摶食冢間坐露坐地常坐
隨坐持三衣唄匿多聞能說法持毗尼坐禪是也二可持已下解索供養是第
一之義第五結犯者是僧伽婆尸沙此是之結罪句輕重有三一若作如上自譽已供養
我來即犯殘罪雖嘆如上事不說據欲者犯蘭若在人女前一自嘆譽身一僧伽婆尸
沙隨自嘆身了了者一一僧殘言不了了者偷蘭若手印若書信若遣使若現知
相令彼知者殘不知者蘭除二道索餘處供養蘭非人女蘭不了吉畜生吉
境想如上不犯中律云若比丘語女人言此妙尊最上此比丘精進持戒脩善法
汝等應以身口意業供養於彼若女意謂為我嘆身若尼言汝及此彼謂歎身若
犍說者並不犯　媒嫁戒五　一制意者媒娶之犯和合生死正遠出離出家所為特
乖法或又綜務媒脩相招識醜不免世訶是以聖制二釋名為男女往彼返評謀以成媒
犯故日媒嫁戒　三具緣如上別緣有六一人男女簡非畜而於人中貴賤親疎並是犯
限伽論云稍假媒嫁犯蘭二人男女想三為媒嫁事四媒嫁想五頭事了了六受語等還
報四闕緣比說可知已下正明戒本此戒因羅比丘數過化便制戒若比丘往來彼此媒嫁
持男意語女持女意語男若為成婦事若為私通事乃至須臾頃僧伽婆尸沙此滿
足戒本文有五句初列後釋言列者一犯人二往來三彼此所媒嫁境界四正作媒嫁事五結
罪所言釋者初句可知言往來者可得和合是言彼此謂所媒境界男女互為彼此先舉數
列名女有廿種母護父護父母護兄護姊護兄姊護自護法護姓護宗親護自樂婢互
衣婢與財婢同作業婢水所漂婢不輸稅婢放去婢客作婢他護婢邊方得婢是也
此釋名義母護者母所保父護者父所保父母護兄護兄護姊護兄姊護亦如是自護
者身得自在法護者脩梵行姓護者不與畀下姓宗親護者為宗親所保自樂為
婢者樂為他作婢與衣者與衣為價與財者乃至與一錢為價同業者同共作
業水所漂者水中救得不輸稅放去婢者若買得若家生客作者雇錢使他護者受
他筆驛為要邊方得者抄劫得後結是為廿種男名如是第四句正作媒嫁事者文
有二初媒筆亦成婦等是所傳之意二乃至須臾頃者謂暫時交會亦得僧殘廿念為一
瞬頃廿瞬頃為一彈指頃為一羅預廿羅預為一須臾日極長十八須臾晝短十二須臾言僧殘
者是結犯句輕重有三初使義具三犯殘二自受語往彼不報具二闕一犯蘭三受語不
往彼具一闕二犯吉故律云若初受語吉羅往彼不報蘭偷若還報者僧殘若使書
信印現相媒多少殘而了了隨其往反一一僧殘若不了者偷蘭五示受男語吉語彼不許還

[illegible]
有二初媒業亦戒婦等是所傳之意二乃至須臾頃者謂暫時交會亦得僧殘廿念為一
瞬頃廿瞬頃為一彈指頃為一羅預廿羅預為一須臾日極長十八須臾晝短十二須臾言僧殘
者是結犯句輕重有三初使義具三犯殘二自受語往彼不報具二兩一犯蘭三受語不
往彼具一闕二犯吉故律云若初受語吉羅往說不報蘭偷若還報者僧殘若使書
指印現相媒多少說而了了隨其往反一一僧殘若不了者偷蘭五分受男語吉語彼不許還
報蘭許還報殘不同四分但具三時殘一受語二往彼陳三還報除二道已媒餘身分者蘭若
諸比丘自二羯磨差人媒嫁一切僧殘令知事白僧媒娶淨人供給眾女具問僧同和僧殘
若用僧物俱犯重十誦伽論云若指腹為媒及自媒者偷蘭若能不男女道合一道女石女
等一切偷蘭若媒人畜生等並吉羅僧祇為他求好馬種和合故偷蘭餘畜吉羅不犯中律
云若男女先已通後離別還和合者開不犯又云不得為白衣作使不得持他書往而不
看若為報恩生善滅惡及佛法僧事一切看書持往不犯无主自為過量僧不處分造
房戒六　一開制意初弁制意後明開意言制意者然上行之士報力資強堪耐
惱緣不獲已循是以大聖制依冢間樹下省緣修道不畜房舍而中下之輩資報力劣
不堪寒苦制同上士交房正循乃是彼人壞道緣故開畜小房比丘田開庶作營構致務
妨脩長貪結壞知足行遠法造房損過不輕隨開還制　二釋名事任自由不蒙指示
名僧不處分不依限稱為過量故曰僧不處分過量造房戒　三具緣通緣
如上別緣有六一无主二為己三自乞求四過量五不處分六想六房戒
使犯四闕緣若闕初緣犯後戒戒三戒二戒一罪若作房全可无罪若闕第二為他
作非法房戒二蘭二吉戒三二戒可无罪若闕第三緣不自乞求即无過量容有
有餘三乃至无罪若闕第四作不過量處分則全无罪容得四蘭謂實不過
量作過量想偷蘭疑亦偷蘭實處分作不處分想蘭疑亦偷蘭上若闕第
五亦得四蘭實過量作不過量想蘭疑亦偷蘭不處分作處分想蘭疑亦偷蘭若闕
第六緣未後二團泥未竟已還盡輕蘭一團泥在重蘭已下正明戒本此戒曰曠野
比丘作大房乞求煩多煩乱居士故制此戒　若比丘自求作屋无主自為己當應
量作是中量者長佛十二搩手內廣七搩手當將餘比丘指授處所无難處无妨
處若比丘有難處妨處自求作屋无主自為己不將餘比丘指受處所若過量作者
僧伽婆尸沙　此滿足戒本文有三句初列後釋言列者一犯人二自求已下正教比丘房
量大小指授方軌三若比丘下若違教作者結犯言釋者初句義如上弁第二句文
有七一自乞求有檀施主得過量罪若其自物則无過量二作室除作餘物則无過量
不處分五分房者於中可得行立坐臥行四威儀三无主者以其有主无過量四自為
己既為也[illegible]

僧伽婆尸沙　此滿足戒本文有三句初列後釋言列者一犯人二自求已下正教比丘房
量大小指授方軌三若比丘下若違教作者結犯言釋者初句義如上弁第二句文
有七一自乞求有檀越主得過量罪若其自物則无過量二作室除作餘物則无過量
不處分五分房者於中可得行立坐卧行四威儀三无主者以其有主无過量四自爲
已歷爲他作於已无閏不犯殘罪五弁房之尺量佛搩手者諸文不定一搩手祇二尺
（寸五分二尺且依五分長十二搩手者爲二丈四尺）
四廣七搩手者一丈四尺此據屋内祇去之縱廣六量里屋内六當將已下教房主比丘乞
處分方法文如律中廣弁問作大小房須乞處分見論云長六搩手廣四搩手作如是
房不須處分律並成文小容身屋不犯非謂開无過量後房本无過量何以開中
除小容身若過六搩手四搩手已上无問過量不過量咸須處分法如律（大德比丘下教僧處分）
廣說第三結罪句中有四種罪二殘二吉有无互說可知此下雜明如上諸文四
分律文若作此房先知无難妨已然後來僧中脫革屣偏露右臂禮上座
足右膝著地合掌乞處分法尒時僧中觀此比丘若可信者即聽使作若不
可信衆僧往看若僧不去應遣僧中可信者看若有妨難不應處分難者
諸虎狼師子諸惡獸者下至蟻子言妨者乃至不容車迴轉處見云是人
四圍或惡家賊處尸陀林處王諍議處四周不通十二梯橙間有橙一肘者十誦是
舍四邊一尋地内有塔地官地居士外道比丘尼地若大石流水大樹深坑等是妨處明
了論或樹空山巖石險等得行住坐卧如作房舍所攝解云如上處等欲於中
住必須隔斷若不依量用功財多若有妨難自損損他故律云若於妨難之地
輒造房舍得二吉罪過量不乞得二殘罪互過即犯不得俱也爲他作房但得蘭
罪律不犯中減量无妨難爲仏齒講堂爲僧多人住房草菴小容身屋者
有主僧不處分造房戒七　以有主故不弁足量与前有異餘咸大同別緣
有六一有主二爲已作三長六搩手廣四搩手已上房四不處分五不處分想六房
成已下正明戒本此戒因闡陀比丘造屋斫路中神樹俗人呵責比丘舉過白仏便制戒
若比丘欲作大房有主爲已作當將餘比丘往指授處所彼比丘應指授當與
處所无難處无妨處若比丘有難處妨處作大房有主爲已作不將餘比丘
往指授處所者僧伽婆尸沙此滿足戒本句亦有三一犯人二作房軌則三違教結罪
犯人者如上作房五法文亦有七一欲作大房者大者多用財作房者屋也言有主者反
上无主是也爲已作至指授已來僧中乞法義如上彼應指授處所者僧應觀察若有
信有智慧即信彼而与白二若不信者衆僧往看若僧不去應遣僧中可信者
看若有妨難不應處分无者應与作法僧祇律云若僧中无能羯磨者
一切僧說戒[illegible]

往於彼處所者僧伽婆尸沙此攝足戒本包亦有三一犯人二作房輒用三違教結罪
犯人者如人作房五法文亦有七一欲作大房者大者多用財作房者屋也言有主者受
上无主是也為己作至指授已來僧中乞法義如上彼應指授處所者僧應觀察若有
信有智慧即信彼而彼白二若不信者衆僧往看若僧不去應遣僧中可信者
看若有妨難不應處分无者應与作法僧祇律云若僧中无能羯磨者
一切僧就彼　作處一人唱言一切僧為某比丘指授房三說亦得无難无妨處者
義如上說第三句結罪文如前戒可知唯少過量為異　无根謗戒第八　一制意
然出家同住理應和審迭相將護許不相惱卑今乃懷嗔橫構重事誣人自懷心
行損增長生死以滅正法又復壓坐良善黜在衆外惱他一生廢脩正業欺同事深故
須聖制　二釋名　內无三實曰无根重事加誣名之為謗故曰无根謗戒　三具緣　通緣如上
別緣有八　一是大比丘及尼除下三衆　二大比丘尼足想　三內有嗔心　四无三根　五重事加誣　六下至
對比丘七言辭了了　八前人知解　四闕緣　若初緣以餘五衆闕境變即有十蘭　闕嗔心全（闕第二疑想各五）
无謗罪若有三根但非法舉若輕事加他或有根吉闕餘緣等輕蘭重蘭　已下正明
戒本　此戒因慈地比丘得惡房舍又得惡食便令妹尼重事加誣佛因制戒　若比丘嗔恚
所覆故非波羅夷比丘以无根波羅夷法謗欲壞彼清淨行若於異時若問若不問知此
事无根說我嗔恚故作是語若比丘作是語者僧伽婆尸沙　此備足戒本文有七句初
列後釋言列者一犯人二嗔心三所謗境界四无三根五以波羅夷下重事加誣六謗時
七若比丘下結犯　言釋者初句若比丘義如上弁第二句嗔恚所覆故律云有十惡法
因緣故嗔隨十事中以一一事而生嗔十惡法者祇三世九惱通非情處起嗔是名十惡法因
緣廣說可知第三句非波羅夷比丘律云淨清无犯名非波羅夷比丘第四句以无根
夷法謗者欲解无根先解有根言根者生後之名根義不同若標三別謂見根聞根
疑根觀赤青等稱之為見納響飡聲名之為聞見聞之後猶豫不決心无定執号
之為疑此之三種咸生舉語故齊名根故四分律云見根者見犯梵行見偷五錢見斷
人命若他見從彼聞是謂見根聞（根者聞犯）梵行聞偷五錢聞斷人命聞自言得上人法若
彼說從彼聞是謂聞根疑根二種從見生者見与婦女入林出林无衣裸形不
淨汙身捉刀血汙惡人為伴是也從聞生者若在闇地聞動床聲轉側聲若共
語聲若聞我犯非梵行聲乃至若聞我得上人法聲除此三根已更以餘法
謗者是无根也第五句波羅夷法謗者重事加誣言犯之法此要說初
篇即是麁鄙言欲壞彼清淨行此是顯己謗意律云謂言衆僧滅
擯比人我得安樂住第六句若於異時至作是說已來是自言非即謗
時故曰異時雪彼清淨顯己謗情故曰我嗔恚故作是說律云若不問
若不問者[illegible]

自稱若聞我犯非梵行聲乃至若聞我得上人法聲除此三根已更以餘法
謗者是无根也第五句波羅夷法謗者重事加謗言犯之法比丘要說初
篇即是麁鄙言欲壞彼清淨行此是顯已謗意律云謂言衆僧滅
儐此人我得安樂住第六句若於異時至作是說已來是自言非即謗
時故曰異時雪彼清淨顯已謗情故曰我嗔恚故作是說律云若不問
若不問者仏勅比丘問緣謗者此事實不若以无根謗他構大重罪自陳謗
意言沓婆清淨人無如是事由前次得惡房惡食懷嗔恚根故便謗彼耳第七
白若比丘作是謗者僧伽婆尸沙此文爲結犯輕重有三一謗比丘二謗尼三謗
下衆就比丘文中三初句若以无根四重法謗比丘但使内无三根莫問有實不
實自作遣使尔皆成謗罪若不了得偷蘭第二以非比丘法十三雜事内无根
謗實比丘了了得殘不了偷蘭若實十三難人雖无三根實伏說著作比丘相故
但得蘭罪不同四重謗人斷是汙戒比丘故也若於十三中比丘犯五逆邊罪謗
名僧殘以教從理同合儐故若十律云出而破僧此二謗人得蘭餘者吉羅以名輕
故即是彼律以理從教第三若以餘篇謗殘提兩罪第一謗尼者亦同比丘十律
謗尼但得吉羅罪五分僧謗比丘殘謗尼衆吉尼謗尼殘謗比丘提第三謗下
衆者皆得吉羅不犯中律云見聞疑三根說實實有五種一真實二想實
三事實如餘王還道餘王四三根不互實五四戒不互實若反此五謗他犯殘十誦四
重五篇成謗四分亦同　假根謗戒第九　此戒要假異事上有見根取彼事
見以謗此人見雖相當事不相當名為假根如見言聞等即是无根前戒中攝
意犯緣悉同前戒唯假根為異文除聖制故曰前聞以无根法謗欲明今
是有根故作是語　若比丘以嗔恚故於異分事中取片非波羅夷比丘以无根
波羅夷法謗欲壞彼清淨行彼於異時若問若不問知是以分事中取片
是比丘自言我嗔恚故作是語者僧伽婆尸沙此滿足本文有七句一犯人二嗔
心三假異分上根四所謗境界清淨五以无根重謗六自言七結罪廣解中初二句可知
第三句言於異分事中取片者所言異分者律說五種異分一異趣異分如楷羊事
為人二異罪異分如不犯波羅夷言犯波羅夷以異分无根夷法謗僧殘若比丘不犯
夷謂犯殘以異分无根夷謗殘不犯夷彼見犯提乃至吉以異分事无根夷法謗殘
若犯殘彼言犯夷以異分无根夷法謗僧殘若犯殘彼謂犯提乃至吉以異分事无根夷法謗
殘乃至吉言第三異人異分不清淨人清淨人相似名同姓同相同以此人事謗彼以異分无根夷法謗
第四異時異分若見在家時犯四重便言我出家比丘犯初篇以異分无根四事法謗第五異
聲異分若聞自稱犯四事取自響聲以異分无根四事謗第四句言非波羅夷比丘者

言犯戒以異分無根表謗殘不犯表彼見犯提乃至吉以異分事無根表法謗殘
若犯殘彼言犯夷以此異分無根表法謗僧殘若犯殘彼謂犯提乃至吉以異分事無根表法謗
殘乃至吉第三異人異分不清淨人清淨人相似名同姓同相同以此人事謗彼以異分無根表法謗
第四異時異分若見在家時犯四重便言我言比丘犯初篇以異分無根四事法謗第五異
聲異分若聞自稱犯四事耶自響聲以異分無根四事第四句言非波羅夷比丘者
見彼淨清第五句無根夷法謗者不見聞疑彼犯四重誣他犯重言欲懷彼清淨行
者彰其謗意謂言衆僧滅儐此人我得安樂第六句若於異時不問作是語未已
發覺或因檢問或不因檢問自言由前滑惡房惡食瞋恨故便謗彼可
第七句若比丘下結犯犯相輕重如前戒　破僧違諫戒十一制意衆和
法同義無乖諍理應詳遵猶如水乳今友倚僧聖教説相似語惑亂群
情壞僧斷法墜塪無辜為惡過甚是故聖制　二釋名邪法敗真分衆異執
稱為破僧固執不捨名曰違諫戒　三具緣通緣如上別緣有五一立邪三寶
謂是諫所為事故二行化於時若不行化即無設諫違諫等罪故尓三如法設
諫如法蘭非法設諫蘭不設諫故四固執已心不肯從勸已若從諫不成重故五三
羯磨竟以若未竟但結輕罪故須言立見四關緣若闕初緣亦是闕於第二
不行邪化即破僧心息便闕下四單有立邪三寶方便小吉若闕第三若不設
諫即無遠諫容遠屏諫犯於小罪復得前二緣破方便罪若僧諫不成者
亦無遠諫正有破僧方便竟之罪若作如法之心拒得蘭罪闕第四緣若未
白前捨無違闕諫罪有違屏諫若白竟見捨一蘭乃至第三未竟捨四蘭闕
第五緣類前可知已下正明戒本此戒曰提婆達破僧故制此戒　若比丘欲壞和合僧
方便受壞和合僧法堅持不舍彼比丘應諫是比丘言大德莫壞和合僧方便
壞和合僧莫受壞僧法持堅不舍大德應与僧和合和合歡喜不諍同一師學
如水乳合於仏法中有增益安樂住是比丘如是諫時堅持不捨彼比丘應三諫
捨此事故乃至三諫捨者善不捨者僧伽婆尸沙　此滿足戒文有五句初略
明後廣并言略者一明諫所為事二彼比丘下諸善比丘屏處勸三令捨五不捨僧
諫所為事欲壞者牒前始心方便已下牒前立邪三寶者是五邪法堅持不捨者牒
者下結成遠諫初白文云若比丘者出犯人即是所諫之者二欲壞已下正明破僧
前行化謂以五法行化於時誘諸新學屏諫文二初舉上呵諫中初三句勸捨故曰
彼比丘應諫乃至莫方便莫呈大德應与下舉上呵中二四勸同水乳等然諸
大德行雖有別所稟師同學法無二理應和合而無異相稱如水乳和合相得故曰同一
師學如水乳合亦可水与水合乳与乳合故曰如水乳合第三句是比丘者謂諸善比丘如

BD14048號　四分戒本疏卷二

（17–13）

前行化謂以五法行化於時諸諸新學弟子屏諫丈二初舉上呵諫中初三句勸捨故曰
彼比丘應諫乃至莫方便等呈大德應巳下舉上呵中二四勸同水乳等然諸
大德行雖有別所稟師同學法无二理應和合而无異相猶如水乳和合相得故曰同一
師學如水乳合亦可水与水合乳与乳合故曰如水乳合第三句是比丘者謂諸善比丘如
是諫時者謂嫌前諸善比丘屏諫之時堅持不捨者謂凋達比丘執心拒勸第四句三諫
捨者善聞時從順心不僧破一无違諫僧殘二无破僧蘭罪離斯二過捨者善問
其實白四師言應三諫乃至三蘭捨者善已下謂取白及二羯磨故曰三除第四諫所禁
者並犯不犯分前三未犯殘說第三竟犯殘二輕重別前三犯蘭第三得殘故言三諫諫捨
者善以未犯殘故釋其道理實是之白四文乃至律文言犯三法應捨者謂過三法不捨者
入重位故第五句罪自下廣解戒本五句之文所言若比丘者義如上釋三言欲壞者以
十八法欲壞和合僧所言和合者一羯磨同說戒所言僧者四比丘若五若十乃至无數言方
便欲壞和合僧法堅持不捨者謂住十八法而破僧也今弁十八法是法非法律非律犯不犯若
輕若重有殘无殘麁惡非麁惡常所行非常所行制非制說非說法非法者八正直直
能軌生正解是泥洹之近因名法凋達說為非法五邪不能軌生真解是非法說以為法
律非律者互說亦尓犯不犯者夫言騃凡仏制前犯而令凋達謂騃凡有命若不制前
說為不犯如心念作惡理雖有違凡夫未制名為不犯輕者遮過凋達見壞樹葉墮長
壽龍中便言殺一切草木其罪最重初篇業重一形永障以見須提初作不得重
罪即言一切盜婬悉皆是輕有殘者犯下四篇非是永障是其殘說為无殘无殘者
犯下四篇非是永障是其殘說謂犯初篇永遮道牙字曰无殘說為有殘麁惡
麁惡者初二篇方便若口无慚愧心犯濁重偷蘭名為麁惡說為非麁惡褆業
巳下及餘蘭等皆非麁惡說為麁惡常所行者八正五法互說制者謂五篇禁戒
金口吐宣名之為制說為非制非制者即五法非仏金口名為非制說以為制說
者四禁是重餘篇是輕此是正教名之為說以為非說重輕到說此非仏教名
為非說而說以為說第二屏諫勸不破僧次勸和合蓋欲律文應語言彼可捨此事以用[illegible]者
善是不用語後令餘比丘乃至王大臣用語為應來諫是名屏諫第三句以於不諫者者
拒屏諫問屏諫竟得何罪答此但吉羅以无衆法故又一所諫人破事未成遠諫未滿要待
事成覓吉成擯本四句衆諫以前文第五四文小捨者下結罪於中輕重為三一自作遠諫
輕重二教人輕重白遠諫中復二初未作諫前但為遠方便吉羅未二作諫時三羯磨義
犯於白二羯磨竟捨犯三蘭白一竟捨二蘭白竟捨一蘭問第三竟時得殘者為攬白成
果不答如五分揩前方便業惡勢分相資令後心之業次第增着得僧殘時猶有蘭吉別

BD14048號　四分戒本疏卷二

（17–14）

拒屏諫。問：屏諫竟得何罪？答：此但吉羅，作以无衆法故。又所諫人破事未成，違諫未滿，要待

事成覆吉成提。第四句衆諫，如前文。第五又不捨者下結罪，於中輕重有三：一白作違諫

輕重，二教人輕重。白違諫中復二：初未作諫前但方違，方便吉羅；二作諫時三羯磨竟

犯殘。白二羯磨竟捨犯三蘭，白一竟捨二蘭，白竟捨一蘭。問：第三竟得殘者，為攬因成

果，不答如五分。舊前方便業惡勢分相沿，負今後心之業，次第增着，得僧殘時猶有蘭吉別

須懺悔，以其業思輕重不同，感果有異故。亦相感。西分律明但使作惡事之有罪，如生福文

證善事之有福。又多論知欲盜事之蘭，今所言三羯磨竟三偷蘭明同中有罪，然得果之時攬因

成果。故律云：白未竟有其吉羅，作白竟直結偷蘭，不言別有吉羅可懺，乃至三羯磨竟成殘

時不言別有三蘭須懺，故知同雖有罪，以同成果。第二教人文三：一比丘教，二居教，三下衆教

不犯中律云：初語時捨，通開三種，謂不犯吉羅蘭殘等三罪。文若破惡友惡知識及二

人三人欲作非法羯磨，或謂僧塔和上闍梨知識親友等作損減作无住處，若破是人者不犯

助破違諫戒十一。●制意同衆作法諫，調達時四伴影響，助成破僧之尋，設諫拒而不受

故曰破違諫戒。別緣有五：一調達作破僧事，二如法設諫，三遮僧設諫助成破僧，四僧衆如法

諫此景助，五拒而不從，其羯磨竟即犯。闕緣非說可知。已下正明戒本。此戒曰提婆達故執五

法，衆僧諫時伴儻比丘助破諫僧，佛因制戒。○若比丘有餘伴儻，若一若二若三乃至无數，彼比丘

語是比丘言：大得莫諫此比丘，此比丘是法語比丘、律語比丘，此比丘所說我等憙樂，此比丘所說

我等忍可。彼比丘言：大得莫作是說，言此比丘是法語比丘、律語比丘，此比丘所說我等憙樂，此比丘所說我等忍可。大得莫壞和合僧，

汝等當樂欲和合僧。大得與僧和合歡喜不諍，同一師學，如水乳合，於佛法中有增益安

樂住。是比丘如是諫時，堅持不捨，彼比丘應三諫，捨是事故，乃至三諫，捨者善，不捨者

僧伽婆尸沙。　此滿足戒本五句成犯：一諫，二僧為事，三彼比丘下並諫方法，三是

比丘下拒諫，四僧衆諫，五不捨者結罪。初諫爲事文三：一惣明其人助破僧

事；二伴儻下數；三正明助破文兩。二勸僧莫諫調達，二此比丘下釋所勸意所

以我今勸僧莫諫者，以人如法是故。初二句人如法，提婆發言有執，故稱法語，復能

滅惡生善，故曰律語；次二句法是故然，今我等憙過所聞，故曰喜樂，稱合道理，安心

從順，是故忍可。二屏諫文四：一領前諫辭，遮其影助；二然此已下人法俱非，顯影助理；三

大德莫欲已下是非相對，勸其捨樂；已是諫辭，所謂諫捨助順，勸崇水乳；四大德

勸和合有益，釋其勸意。第三句是比丘者，謂諸善比丘。如是諫時者，諫條前諸善比

丘屏諫之時。堅持不捨者，謂助比丘執心拒勸。第四句三諫者，捨者善，聞即從順，亦不助

破僧，无違諫僧殘僧蘭離斯二過，故曰捨者善。第五句結罪可知。此下復釋初句

三一人若比丘時破僧人之伴儻之數，四人若過有二順逆，順從无共與堪名為伴儻

故曰破遠諫戒別緣有五一謂達作破僧事二如法設諫三處僧設諫助成破僧四僧衆如法
諫此黨助五拒而不從六稱廣竟即犯闕緣比說可知已下正明戒本此戒因提婆達故執五
法衆僧諫時伴儻比丘助破諫僧佛因制戒 若比丘有餘伴儻若一若二若三乃至無數彼比丘
語是比丘言大德莫諫此比丘此比丘是法語比丘律語比丘此比丘所說我等喜樂此比丘所說
我等忍可彼比丘言大德莫作是說言此比丘是法語比丘律語比丘大德莫壞和合僧
汝等當樂欲和合僧大德與僧和合歡喜不諍同一師學如水乳合於佛法中有增益安
樂住是比丘如是諫時堅持不捨彼比丘應三諫捨是事故乃至三諫捨者善不捨者
僧伽婆尸沙 此滿足戒本五句成犯一諫語為事二彼比丘下并諫方法三是
比丘下拒諫四僧衆諫五不捨者結罪初諫語為事文三一總明其人助破僧
事二伴儻數三正明助破文二一勸僧莫諫二謂違二比丘下釋衆僧意所
以我今勸僧莫諫者以人如法是故初二句人如此提婆莫言有執故稱法語復能
滅惡生善故曰律語次二句法是故然今我等處遇所聞故曰喜樂稱合道理故心
從順是故忍可二屏諫文四一領前諫辭違其黨助二然此已下人法俱非顯黨助理三
大德莫欲已下是非相對勸其捨樂正是諫辭所謂諫捨助順勸崇水乳四大德
勸和合有益釋其勸意第三句是比丘者謂諸善比丘如是諫時者諫喻前諸善比
丘屏諫之時堅持不捨者謂助破比丘執心拒勸第四句三諫者捨者善聞即從順心不助
破僧無違諫僧殘僧蘭離斯二過故曰捨者善第五句結罪可知此下不復釋初句
三一人若比丘時破僧人二伴儻之數四人若過有二順從順從無苦與其名為伴儻
要四人已上始成邪僧若作成群侶名助伴儻此二伴儻皆須設諫餘義如上所明
比類可知 謗僧違諫戒十二 一制意衆僧白理諫彼是非理而因執拒勸
三諫不捨故結罪二釋名倚傍六人同作四人不治跡涉愛增故名曰謗固執不捨名
曰為諫故曰也三具緣通緣如上別緣有五一作汙家惡行二心無改悔三作法治擯
四非理謗僧五如法設諫六拒而不從七三稱磨竟便犯四闕緣若闕初緣全無輕重
若闕第二直有汙家等罪闕三闕四同於闕二闕五謂作七非容得七偷蘭然當位
中闕緣戒一三三蘭諸諫闕如法諫緣唯闕六七同五已下正明戒本此戒因阿濕婆
等於黠連聚落起過故佛制戒 若比丘依聚落若城邑住汙他家行惡行汙他
家亦見亦聞行惡行亦見亦聞諸比丘當語是比丘言大德汙他家行惡行汙他家
亦見亦聞行惡行亦見亦聞大德汝汙他家行惡行今可遠此聚落去不須住此是比
丘語彼比丘作是語大德諸比丘有愛有恚有怖有癡有如是同罪比丘有驅者
有不驅者諸比丘報言大德莫作是語有愛有恚有怖有癡有如是同罪

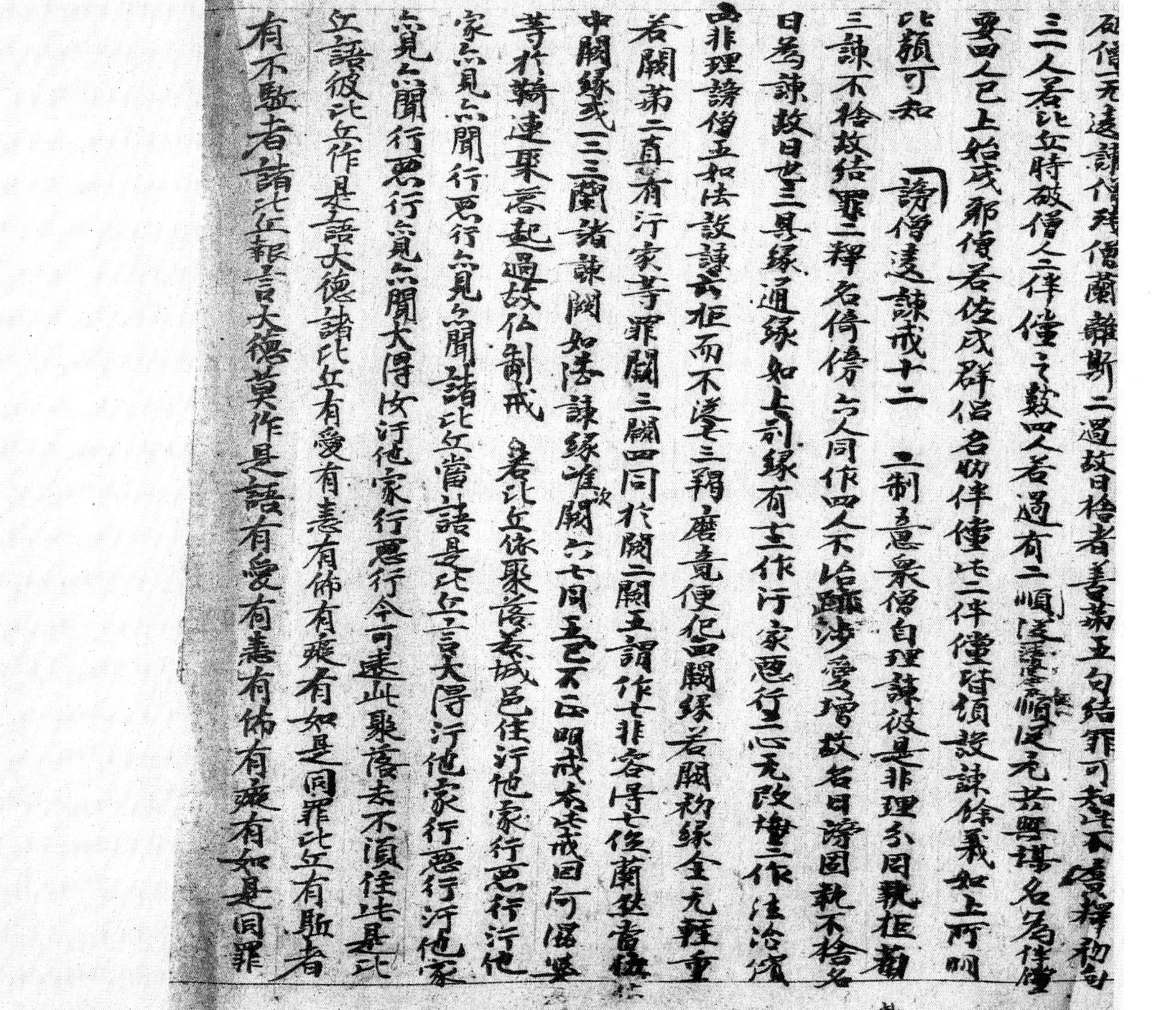

破僧二元遠諫僧殘僧蘭離斷二過故曰捨者善萮五句結罪可知不億釋初句

三二人若比丘時破僧人三伴僮之數四人若過有二順逆順逆元若異揭名爲伴僮

要四人已上始成邪僧若佐成群侶名助伴僮比三伴僮皆須設諫餘義如上所明

比類可知　謗僧違諫戒十二　一制意衆僧自理諫彼是非理亦同執在覊

三諫不捨故結罪二釋名倚傍六人同作四人不怡涉受增故名曰謗固執不捨名

日爲諫故日也三具緣通緣如上別緣有十三作汙家惡行二心无改悔三作法治儐

四非理謗僧五如法設諫六拒而不從七三羯磨竟便犯四闕緣若闕初緣全无罪重

若闕第二直有汙家等罪闕三闕四同於闕二闕五謂作七非容得七偸蘭然當

中闕緣或三三蘭諸諫闕如法諫緣唯次闕六七同五已不正明戒本此戒因何屈竪

等於騎連聚落起過故仏制戒　若比丘依聚落若城邑住汙他家行惡行汙他

家亦見亦聞行惡行亦見亦聞諸比丘當語是比丘言大德汙他家行惡行汙他家

亦見亦聞行惡行亦見亦聞大德汝汙他家行惡行今可遠此聚落去不須住此是比

丘語彼比丘作是語大德諸比丘有愛有恚有怖有癡有如是同罪比丘有駈者

有不駈者諸比丘報言大德莫作是語有愛有恚有怖有癡有如是同罪

BD14048號　四分戒本疏卷二　　（17–17）

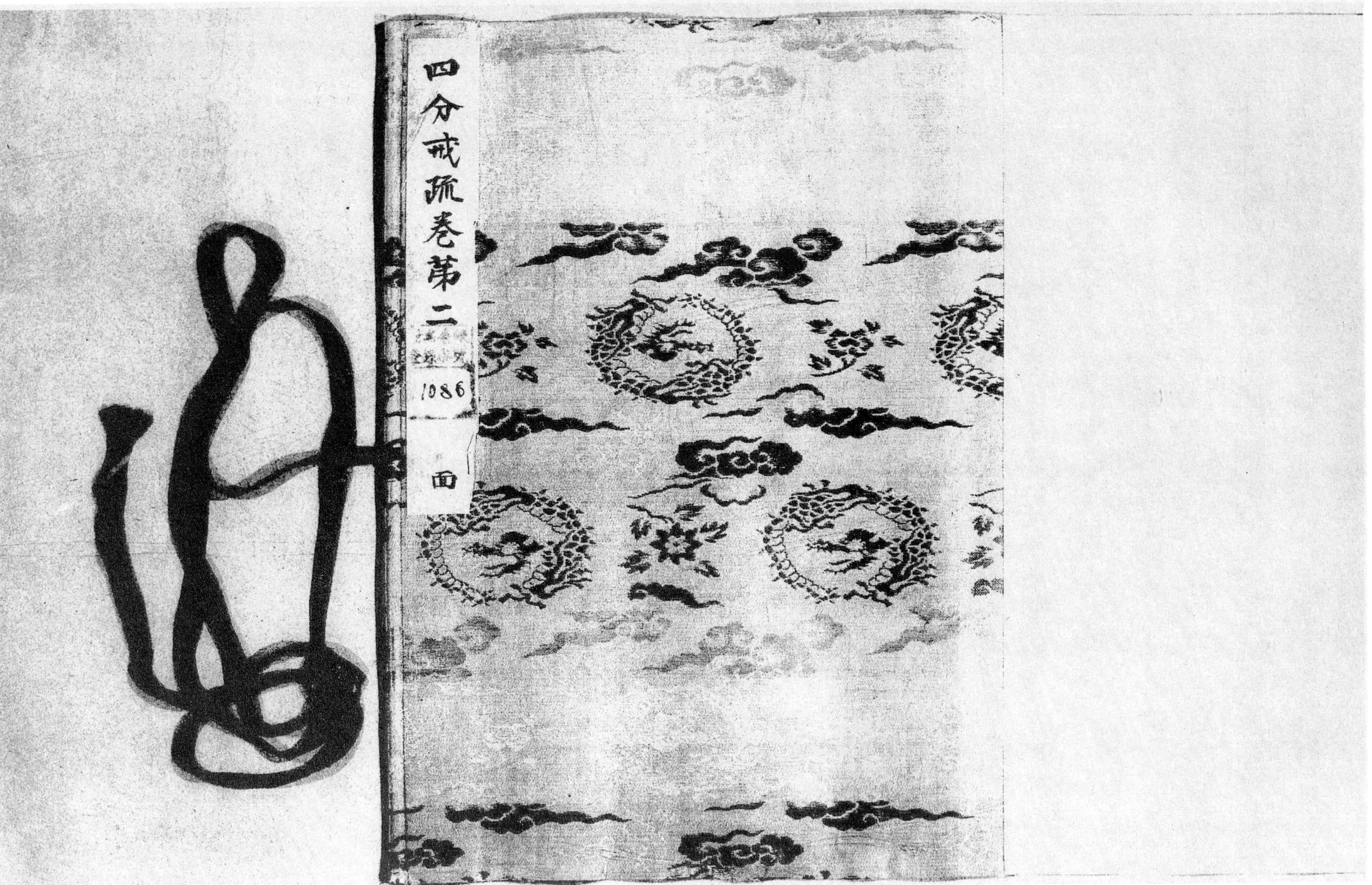

BD14049 號背　現代護首　（1–1）

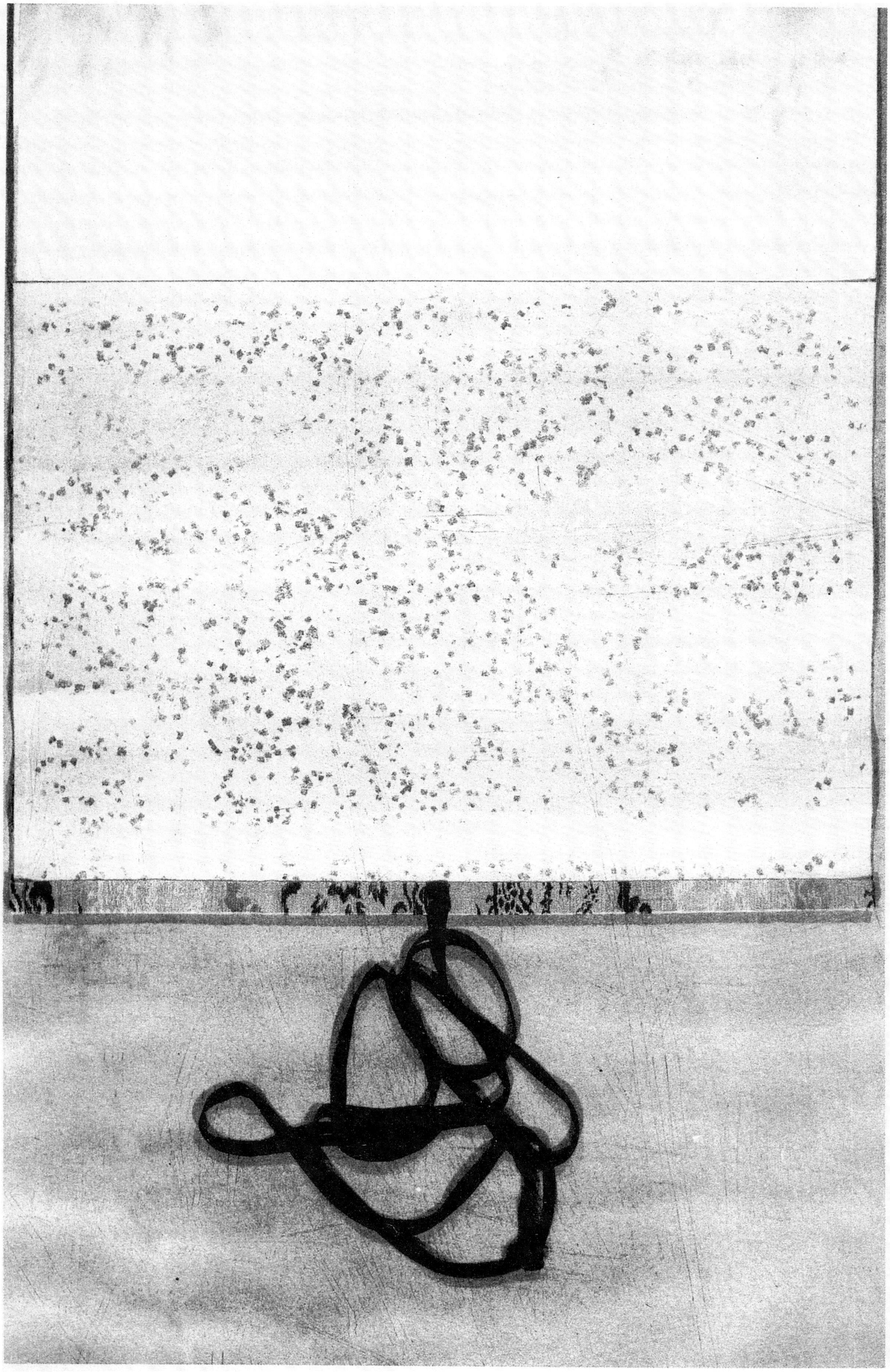

（29–1）

比丘有駈者有不駈者而諸比丘不愛不恚不怖不癡大德汙他家行惡行汙他家
亦見亦聞行惡行亦見亦聞是比丘如是諫時堅持不捨彼比丘應再三諫捨此事故乃
至三諫捨者善不捨者僧伽婆尸沙 此僧殘是戒文有五句一非理謗僧據所爲事
二從諸比丘下自理屏諫三是比丘下拒屏諫四彼比丘下僧諫五若不捨下結違諫罪初
文有四一犯人二依聚落下正明起過自他俱壞三諸比丘下牒過駈擯四是比丘下非理謗僧
謗僧諍者謂不隨逆路者名有愛攝於去者名有怖謂僧嗔我二人名有嗔恚 此三非
辭心所爲不達治罰之方名有癡如是同罪下顯已謗意二屏諫文三諫
莫作是語等三諸比丘而得僧自雪已心故曰而諸比丘不愛等明證已无罪可治名不愛恚
人不現復不德治名不怖汝等二人進不懺悔退不逃走身過俱現理須合罰名不恚善
達治儐故名不癡三大德已下推過屬彼故曰大德汙他家等三是比丘者爲諸善比丘如
是諫時者謂牒前諸善比丘屏諫之時堅持不捨者謂能諍比丘執心拒勸四三諫
捨者善聞則從順心不謗僧離斯重過故曰捨者善五結罪自下廣釋文義言善比
丘者義如上釋言聚落者村有四種如上若城邑者屬王處也言汙他家者有男有
女名之曰家汙家有四一總舉四數二列釋三總結言總舉者汙家有四依家汙家一家
得物又與一家所得物處聞之不喜言與物處思當報恩即作是言有與我者我當報
之若不與我我何故與二依利養汙家如法得利及鉢中餘或與一居士得者生念當報
其恩若不與我我何故與三者依親友汙家若比丘依王大臣或爲一居士或不爲一居士

女名二曰家汙家有四一揔舉四數二列釋三揔結言揔舉者汙家有四依家汙家一家
得物又与一家所得物處聞之不喜所与物處思當報是即作是言有与我者我當報
之若不与我〻何故与之二依利養汙家如法得利及中餘或与一居士得者生念當報
其恩若不与我〻何故与之三者依親友汙家若比丘依王大臣或為一居士或不為一居士
便生念上言其為我者我當供養不与我者我不供養四者依僧伽藍汙家若比
丘取僧華菓与一居士不与一居士彼有得者思當供養若不与者我不供養以此四事故汙
家名汙他家言行惡行者彼比丘作如是等非法行也自種華樹自溉灌自摘華自作鬘
以線貫繫自持与人若復教人作如上事村有婦女同床坐起同器飲食言語戲
笑或自歌舞倡伎或他作己唱和或作俳戲或彈鼓簧吹貝作衆鳥鳴或走陽跛行或
嘯或自作弄身或受雇戲笑是〻名行惡行言汙家行惡行亦見亦聞者律云時有比丘彼村
止宿著衣持鉢入村乞食法服齊整行步庠序低目而行既不顧視亦不言笑不相問接善
言問訊我等不應与其飲食不如阿濕婆等与人問接善言問訊我等不應与其飲食不如
阿濕婆等与人問接又上所應与供養時彼与食因乃得之往至佛所具白佛言佛令比丘往村
駈出此前是依聚落起過自他俱損也下明憍過即駈擯文從諸比丘當語至不須住此也来
是駈擯文已下非理謗僧律從是比丘語彼有駈不駈者其謗僧意倚傍六群同往識云三闍
達多摩醯沙達多走至王道聚落迦留陁夷闡陁逆路懺悔此四不治跡涉愛憎起故謗謂
不治逆路者名有愛懼於走者有怖謂憎嗔我之名有畏此三皆非解也所為不
達治罰之方名有癡顯已謗意故曰有駈者有不駈者自下明屏諫文所言大得
莫作是語者諫莫謗僧故曰莫作是語乃至有駈者有不駈者已下明僧自責已
心故曰諸比丘不愛不恚不怖不癡逆路懺已无罪可治名曰不愛走人不現復不得治名曰
不怖汝等二人進不懺悔退不逃走身過俱現理合治罰名不恚善達治擯故名不癡已下推
過屬彼故曰大得汙他家行乃至亦見亦聞是已下明謗人拒諫不從故文言是比丘如是諫時堅
持不捨下明僧諫文云彼比丘應三諫捨此事故乃至三諫捨者善應初諫言欲作白僧
法當捨若捨唯得吉若不捨作白已即得偷蘭復應諫言大德作白已餘有三羯磨
在可捨此事莫為僧呵便犯重罪乃至初羯磨第二第三已来應如是諫故文言
捨者善隨捨罪輕故曰善已下明拒勸不捨而結殘罪故文云若不捨者僧伽婆尸
沙已下明不犯律云若得衣食与父母病人与小兒与任身人与卒獄繫人与寺客作不犯
汙家若種樹花菓乃至教人貫花為三寶故不名惡行若度河濟渠施跳躑
者不犯若同伴在後還顧不見而嘯喚者不犯若為父母若病人若為信心檀越乃
至三寶事持書往反皆不犯惡性拒僧違諫戒十三　二制意人非性知義无獨善
要賴善友互相近道方能離過脩善有出道之益而今闡陁違心造非不自見過

擯者善隨擯罪輕故曰善已下明拒勸不捨而結殘罪故文云若不捨者僧伽婆尸
沙已下明不犯律云若得衣食与父母病人与小兒与任身婦人与牢獄繫人已寺客作不為
汙家若種樹花菓乃至教人毋貴苑為三寶故不名惡行若度河溝渠塊跳蹦
者不犯若同伴在後還顧不見而嘯喚者不犯若為父母若病人若為信心檀越乃
至三寶事持書往反皆不犯惡性拒僧違諫戒十三 一制意人非性知義无獨善
要賴善友互相近道方能離過備善有出道之益而今闡陀違心造非不自見過
他如法諫理宜從順方須倚傍勝人尊家甚已堅人師教又欲走衆非分自露情過
深辱是故聖制二解名可知三罰緣有六一自身不能離惡時所作罪二諸善比丘如法
勸諫三不受勸導恃己陵物堅人師教四如法諫設五拒而不捨六三羯磨竟四闕緣
比類可知此戒因闡陀比丘惡性拒諫故起過仏便制戒 若比丘惡性不受人語於戒法
中諸比丘如法諫已自身作不受諫語於戒法中諸比丘如法諫已便言大德莫向我說
若好若惡我亦不向諸大德說若好若惡諸大德且止莫諫我彼比丘諫是比丘言大德
莫自身不受諫語大德自身當受諫語大德如法諫諸比丘亦如法諫大德如是仏弟
子衆得增益展轉相諫展轉相教展轉懺悔是比丘如是諫時堅持不捨彼比丘應三諫
捨者善不捨者僧伽婆尸沙 此滿足戒文有五句 一初至莫諫我明諫所為事
二彼比丘下比丘屏諫勸相受語三是比丘下拒諫四彼比丘下僧諫五不捨下結違諫罪
初諫所為事文三 一出能拒人惡性不受語二於戒律中下諸善比丘如法呵諫自身已下
受諷道堅人師教文四一不受勸導二言諸大德下從莫語我三我亦不語汝四說
大德下出不受道理謂恃己陵物又引契經但自觀身行等故言且止也
屏諫文二 一先諫前人互相受語二如是以下明諫利益相受語故道備日進
故稱增益為前惡諫令亦依相稱相諫未備諸善方便令生已興諸善備增
增廣故曰教已報更業方便除遣故曰懺悔各彼此互為咸稱展轉諫
言大德以前必作二持所以成者良由善知識等互相道導如何大德不相受語
問經中仏說但自觀身行諦觀善不善云何法中展轉相教等 答云
隨制教言無賴合不相違若見前人必有愛憎被言有損故云但自觀身若見前
人內有慈心發言有益故言展轉相教文見前人多聞无智出言无補故言但自觀身行次
若多聞有智言成有益故云展轉相教下三句可知已下廣釋文句言若比丘者義
如上言惡性不受人語者不忍不受人教悔所言於戒法中者於戒律如法授有七犯聚
波羅夷乃至惡說諸比丘如法諫者如法如律如仏所教言自身不受諫甚莫諫我
已來是諫所為事下四句准前可知未犯中律云初諫便捨若非法諫非法非律非仏所
教者若為无智人呵諫時語彼言汝和上阿闍梨所行亦亦汝可便學問誦經若其事

若多聞有智亦成有益故云展轉相教下三句可知已下廣釋文句言若比丘者義
如上言惡性不受人語者不忍不受人教悔所言於戒法中者以戒律如法教有七犯聚
波羅夷乃至惡說諸比丘如法諫者如法如律如佛所教言自身不受諫甚莫諫我
已來是諫所為事下四句准前可知不犯中律云初諫便捨若非法呵諫非法非律非佛所
教者若為無智人呵諫時語彼言汝和上阿闍梨所行亦爾汝可便學問誦經若其事
實亦若錯說者一切不犯　諸大德我已說十三僧伽婆尸沙法九初犯四至三諫　○此結前
十三戒就中有二初九後四諫不諫別故云九初作犯四至三諫今釋諫不諫意若語屏諫
一切皆須故文云展轉相諫不受諫中心虛結提心實第五乃至遠此中諫之事亦須設諫故文中盡
莫為僧所呵更犯重罪故知語諫通於一切言僧諫者具四義者有不具者無言四義者一
性惡二是顯露三謂惱僧四者倚傍上之三義可知言倚傍者前之九戒條然是非更無兩
濫倚傍聖教是非既分過顯易識何須設諫開示其人此四戒等皆有倚傍言說相似濫理
行二教是非交雜真偽難分須僧設諫開示是非曉悟其懷冀彼改迷棄惡就善捨邪
從正故須設諫如初二諫戒倚傍如來四依之教唱說相似執乞食等名同故曰倚傍
汙家謗僧者執六人同作而僧不儐濫第四戒倚傍釋種輕陵諸比丘倚傍之義此
應廣說為如斯義須僧設諫闕者無諫令問有無不問九殘所以不諫蓋闕生罪
之緣以可僧殘罪有下四因諫而生前九作便即結此謂一切事中具四義者須諫
（餘无倚傍不假僧諫但以事重直作即犯雖可諫不諫罪殘）
遠而結殘侵同故是以共篇　若比丘犯一一法知而覆藏應強與波利婆沙
行波利婆沙竟增上與六夜摩那埵行摩那埵已應與出罪應廿僧中出是比丘
罪若少一人不滿廿眾出是比丘罪不得除諸比丘亦可呵此是時　○此明攬
僧殘法略有其三　初治覆藏情過謂波利婆沙此方云別住母云若犯此罪隨
覆藏日行別住法別在一房不得與僧同處共宿雖入僧中不得談論亦不得答故言
別住復心不欲行強遍令行故文言若比丘犯一一法知而覆藏應強與波利婆沙　○第
二明治罪法故文云行波利婆沙竟增上與六夜摩那埵摩那埵者此云悅眾由行別住如法
令僧歡喜故言悅眾亦云意喜前雖自意歡喜亦生慙愧亦使眾僧歡喜由前
喜故與其少日曰少日故始得喜名眾僧致言此人曰此改悔更不起惱成清淨人　○第
三與出罪法故文言行摩那埵已餘有出罪法猶有勝[illegible]曰改心懺悔大眾隨喜
即為出罪令彼清淨　○就出罪重文分為二　一者如法此罪是重要假廿清淨眾方得拔
濟彼人故文言若少一人不滿廿眾出是比丘罪不得除眾既不滿出罪不成勞而無功
名長第四句言不淨施德畜十日者是開限律云佛曰阿難畜十日第五結罪
句者是尼薩耆波逸提犯有二種一者過犯二者染犯故律云百日得衣畜如是二日

三句出罪法故文言行摩那埵已餘有出罪法猶有勝法曰改心懺悔大衆隨喜
即為出罪令彼清淨　○就出罪重文分為二。一者如法比罪是重要假廿清淨衆方得拔
濟彼人故文言若少一人不滿廿衆出是比丘罪不得除衆既不滿出罪不成勞而无功

名長第四句言不淨施德畜十日者是之開限律云仏曰阿難畜十日第五結罪
句者是尼薩耆波逸提犯有二種一者過犯二者染犯故律云十日得衣畜如是二日
乃至十日或日日得或中間有得不得至十一日明相出已於十日內隨所得衣一切犯長初
日衣是過犯過十日故下九日衣隨得者是染未過十日由初日衣犯長故染下九日內所
得衣者亦合犯長此尼薩耆依有其四一須捨財二須懺悔罪三須還財四不還結
罪如律廣說不犯中若淨施若与人若失若壞若非衣若作親厚意悉不
說淨若四想生不說淨若受寄衣人命終若遠出休道若不說淨皆不犯

離衣宿戒二　●一制意三衣者乃是三世諸仏應法之服資身長道單
為要用理宜隨身如鳥二翼而无暫離今留衣在比身居異處寒暑卒起緣
須難得又闕守護容或失脫廢資身用事惱不輕是故聖制二名釋人衣異
處名離逕夜日宿久即事惱促即起惱限期一日過即便犯故曰離衣宿戒三具緣
通緣如上別緣有六一有衣是三衣二加受持法三人衣異界四不捨念五无因緣六明相
出即犯四闕緣比說可知已下正明戒文亦有三初因六群留衣異處自往人間曰比
起過仏為略制不聽離衣次曰有病比丘衣重不能持行仏聽作法開離无過後
乃廣制　●若比丘衣已竟迦絺那衣已出三衣中離一一衣異處宿除僧羯磨尼
薩耆波逸提　此滿足戒文句有六一若比丘者人亦者五除下開法亦者六尼薩
者下結罪分者次下廣弁文句二言若比丘者義如上釋第二句言衣已竟等者
除不犯時節况五謂一夜六夜一月九月五月比五重中六夜雜明餘之四重合開比戒但一夜
者唯制非開一月等三事開通制第三句言三衣中者明所離衣初弁畜三衣意
二釋三衣不如義多論云現未曾有法故聽畜三衣智論云仏聖弟子住於中（三衣為除慚愧）
道故畜三衣多論云一衣不能除寒三衣能除熱寒一衣不能除慚愧一衣不中入聚
落三衣足故堪入聚落一衣不能生善三衣能發前人歡喜之心一衣威儀不具三
衣能令威儀清淨以此義故聽畜三衣次明三衣如不如一者体如二者作如三者量
如四者色如要四法方可成受有離宿過其言体如者麻毛蠶綿是正衣体餘並
不堪言作如者於中有四一須如法割截二須條數如法三重數多少四刺作如法
具足四種名作如言量如者長五肘廣三肘若增減不成受持言色如者謂青
黑木蘭餘色之衣不堪受持除重標衣第四句言離一一衣異處宿者明互
離失戒物須離衣乃一入衣異界曰離至夜明宿此中離者謂離處寺衣上

衣能令威儀清淨，以此義故，聽畜三衣。次明三衣如不如：一者體如，二者作如，三者量
如，四者色如。要四法如，方可成受。有離宿過。言體如者，麻毛絲綿是正衣體，餘並
不堪。言作如者，於中有四：一須如法割截，二須條數如法，三重數多少，四判作如法
具足。四種名作如。言量如者，長五肘，廣三肘，若增減不成受持。言色如者，謂青
黑木蘭，餘色之衣不堪受持，除畜重褋衣。第四句言離下衣異處宿者，明互
離失義。初明離衣之法，人衣異界曰離，經夜曰宿。此中離者，謂離受持衣。若
離餘衣，但得小罪。問：三衣六物同是資身，所以離三衣失而犯提，離餘衣等輕？
答：三衣正制，受通三品，今若離者，違制罪重，而失受法。餘衣物等開於中下，
為資道不足，今若離者，對開有違，唯得吉羅，而不失受，並非失衣分齊。讓
衣之界有其二種：一者自然，二作法界。自然之界多少不定，諸部通說，總有十
五：一者僧伽藍界，藍有四種。二者村界，亦有四種，謂周帀垣牆、柵籬、牆不周、四有屋等。
三樹界，若樹葉相連，普與人等，足蔭覆加趺坐。十誦取日正中時蔭覆處，水不
及處，是衣界。四場界，律云治五穀處也，謂村外空靜處。五車界，六船界，並俱在陸地。
律云若車，車十誦行車者，前車向中車杖所及處，中車向前後車杖所及處，後車向中車
杖所及處，若不及者，是名異界。七舍界，謂村外。祇云若樓閣梯橙道外廿五村名衣界。八堂戒者，
律云多敞覆。九庫界，積藏諸物。十倉界，儲積穀米處。十一阿蘭若界，律云蘭若者無界，
謂迥在空野，無別諸戒，假以樹量大小，八樹中間一樹七弓，長四肘，通計五十八步四尺六寸，其勢分之。
十有餘。十二道行界，十誦比丘與師持衣道中行，後卌九尋內不失。多論從廣亦得卌九尋為
讓衣界。十三洲界，善見云十四肘內不失衣。十四水界，見云蘭若處坐禪，天欲曉，患睡，脫衣置
岸，入洗浴，明相出，把檢。祇云水中道行界者廿五肘，若船戒者入水則異，勿云著衣岸上，一
腳入水，一腳在岸，不名異界。十五井界，僧祇道行露地井蘭傍宿，置衣在廿五肘內名
讓衣。戒所言作法戒者，依僧戒結。律云不失衣者，藍有一界；失衣者，藍有若干界。四分地
部相成有四種，即染、隔、情、界，三尋上三，三尋通界，並有若論界尋，彼此不通，故文云失衣
者，僧伽藍裏有若干界，謂上三尋在伽藍院內，故衣則有多界。不失衣者，僧伽藍裏有一
界，無上三尋也。言染尋者，律云藍內有女人來往，衣須隨身，若女人在中，人依彼此，即名異界。
所言隔尋者，律云水陸道斷，與衣不會者是。祇云衣在房內，人在於外，不相戶鑰，又無梯
橙，名之為尋。言情尋，多論王來界內大小行處近王，左右並非衣界，及以作幻作樂人等皆
名情尋。祇云兄弟分齊之處，亦名情尋。所言界尋者，如上所明，若有若干界，即須身衣
同處，若不爾即名失衣，乃至蘭若戒亦復如是。准四分律，加於勢分，諸部並無言勢分
者。藍外人擲石所及衣處，是名界分，乃至倉庫界亦如是。善見論中人擲石不達不嚴，
人盡力擲至落處，以量有十五部，此但通自然，不通作法，必須入界方乃會衣。第五句開

名情界祇云見第亦齊之處亦名情界所言界界者如上所明若有若干界即須身衣
同處若不爾即名失衣乃至蘭若戒亦復如是准四分律加於勢分諸部並無言勢分
者蘭外人博石所及衣處是名界亦乃至倉庫界亦如是善見論中人擲石不捷不羸
人盡力擲至落處以量有十五部此但通自然不通作法必須入界方可會衣第五句開
離亦齊言除僧羯磨者律云時有比丘病患因緣三衣極重意欲遊行佛聽開與羯
磨離衣九月多論四義故開離衣一有緣眾生應受化故二冥遊行令病損故三求行道
所冥故四求降者降之已者令發善故開中有成不成一要須衣重病人方成餘三句
互有俱無並作法不成多論假使衣人互不如法前人妄語得罪作法得成已羯磨
防離衣宿不防病等故五分律云前安居人九月後安居人八月四分云留僧伽梨
梨祇五二律但留欝多羅僧餘二不許十多二文二衣之中俱有離義但離一衣不
得離二第六句言尼薩耆者波逸提者明結罪分齊於中有四一捨所犯之衣二懺所
犯之罪三却還本衣四不還結罪義如律廣說不犯者於中有五一作羯磨賞

五

受不失不犯二會故不犯三捨故不犯四想等失受故不犯五若水陸諸難故不失而不犯
並須明相未出之前有此四故方可不犯水陸諸難不犯失受者心知衣在恒作領受之意
為是不失故律云不犯者僧作羯磨明相未出若會衣若作失相若水陸道斷
有此諸難悉皆不犯　月望衣戒三　一制意衣為資身隨時受用雖先有衣故
爛壞但任受持不堪著用今得少財為作三衣以換故者而少不足為待滿故要
開一月過畜長貪遠妨道故所以制也　二釋名可知　三別緣有三若是新衣現
堪受用餘財不開故衣方開故第一緣故壞三衣衣須故換得財若是非受不開故第二
緣得少財不足若不擬作三衣但犯前戒不開一月明須第三為作三衣替故者四不說淨
作三衣五無因緣六過限便犯闕緣非說此戒曰但三衣比丘開一月為限若畜長衣者
得即說淨不須此戒　四若比丘衣已竟迦絺那衣已出若比丘得非時衣欲須便受已疾
疾成衣若足者善若不足者得畜一月為滿足故若過畜者尼薩耆波逸提
此滿足戒本文有六句一犯人二除開緣出犯長時節三若比丘下所得衣顯四受已疾
下足顯不開五若不足者已下如其不足開齊一月六若過已下隨遠結犯已下別
解言若比丘者義如上衣已竟迦絺那衣已出者明出犯長時若自恣後一月若五月
中是不犯時節所言得非時衣者明所得衣顯言非時者謂過自恣　限時第四若
言受已疾疾成衣者明犯限若善者中同衣足者剋截說淨受持若不者乃至十日隨衣
多少並犯捨墮第五句言若不足者得畜一月為滿足故明第犯若同衣不足
至十一日應作衣浣染作淨已受持若恐不竟見應行急竟受持後更細刺即免

中是不犯時節所言得非時衣者明所得衣與言非時者謂過一月 限時第四句所
言受足疾成者明犯限若五日中同衣足者割截說淨受持若不者至十日隨衣
多少並犯捨隨第五句言若不足者得畜一月為滿足故明第二犯若同衣不足
至十一日應作衣浣染作淨已受持若恐不竟受持後更細剌即免
長過故遠者至十一日隨衣多少並犯乃至廿九日亦如是若至卅日足与不足衣同
不同衣即日應割截染持恐不成者餘人相助免有犯過此戒開限有三初十日以通
常開緣全是未犯次十日已後至廿九日已來隨何日得足者即應當日作說淨三第
三十日若足不足若同不同一向不開第六句言過畜者尼薩耆波逸提遠結犯中
有四一捨所犯之衣二識所犯之罪三却還本衣四不還結罪不犯中載如長衣開
取非親尼衣戒四 初意有三種過一者凡為下敬上仰奉情懃所有財物
思欲捨施許无遠境大僧非親多不等量得便受之令他財物竭盡豈不文
男女形別理无參涉財物既交思情偏親因交起染容壞梵行臨危事
陰可擺之跡涉世譏致招誹謗清白難分莫能自拔以利諸過是故聖
制之釋名可知三别緣有五一是比丘尼除下二衆系衹下二衆衣不犯多論下与
尼同犯二非親理除去親里不犯三是應量五衣多論衣者是應量衣堪畜塵心
送与謂乞得貿易不犯五領受屬己即犯四闕緣比說已下正明戒本此戒因乞
食比丘從蓮華色尼受貴價僧伽梨衣故仏便制戒 若比丘從非親里比丘
三不如法故文云諸比丘亦可呵為出罪闕緣法事不成故得結罪所言如此時者應
順仏教名此是時 今問諸大德是中清淨不三 諸大德是中清淨默然故是
事如是持 謂於此篇得結清淨不由衆默然知清淨故若實有罪三問不答共六
法故但得一罪若不實不罪為默然故衆法成就 諸大德是二不定法半月半月說戒
經中來 此初標說儀式欲令攝耳聽故若也通論有妨非義故直稱為戒
令此二法有種无楷准字曰不定上言四法者一犯不定謂或犯殘或犯提或並犯三或
復犯二多少差殊故二舉不定之犯既不定之可信稱事而舉故名不定三自言不定
舉既多少自言引罪寧容一准或可自言不犯四治罪不定若自言承減須治之
若自犯殘别住治之等乃至若不自言引罪一一處所治故曰治罪不定此不定犯謂
於屏露兩處起故言二不定法又十律云何名不定可信女人不知犯不犯不知犯何
處起不知犯名字但言我見女人是處來去坐立亦見比丘來去坐立不見作婬
棄人命觸女鼓草過中食飲酒如是前事不決定故名不定簡可信舉罪通許
二三五七何故置在殘下提上有答一釋上收於戒下攝威儀故也又釋為欲堤防不犯

BD14049號　四分戒本疏卷二　（29–9）

於屏露雨處起故言二不定法又十律云何名不定可信女人不知犯不犯不知犯何
處起不知犯名字但言我見女人是處來去坐立亦見比丘來去坐立不見作婬
棄人命觸女歎草過中食飲酒如是前事不決定故名不定問可信舉罪通許
二三五七何故置在殘下提上者答一釋上收於戒下攝威儀故也又釋為欲深防不犯
袁殘故屏露獨坐能犯袁殘如緣即是為護二戒故置於此非是欲攝提等下亦
攝故問此二戒无者何答有伴故設令无伴希而不難數又可女人要弱言不宣
必豈可与丈夫對事故无者尔　屏處不定戒　一制意多論云為止誹謗故二
為除鬪諍故三為增上仏法故出家之人理宜蹤絶塵染為人天所宗以道軌物而与
女人屏說非法上違聖旨下失宗敬之心四為斷鄣道惡法次第故五釋名可信聖僧
未定名別僧亦未得定結其罪故曰不定三具緣別緣有五一屏處二人女三无第三人
四於四威儀說非法語覓竟事五可信告僧事未決當具此五不入定治攝四闕
緣比說可知　若比丘共女人獨在屏處覆處鄣處可作婬處坐說非法語
有住信優婆夷於三法中以一一法說若波羅夷若僧伽婆尸沙若波逸提是坐比
丘自言我是罪於三法中應一一法治若波羅夷若僧伽婆尸沙若波逸提如住信
優婆夷所說應如法治是比丘是名不定法　此戒文有四句上至非法語犯不定二有住
信下舉不定三是坐比丘下自言不定四如住信下治罪不定次下牒釋文句初文云
句一一牒釋若比丘者義如上言女人者人女有智未命終也祇女若母女姉妹親疏老
少在家出家者是所言獨者一比丘一女人言屏處者屏有二種一者見屏若塵若霧
若黑若闇中不相見也二聞屏者乃至常語不聞聲處言覆處者上有物作蓋也遮
鄣令人不見言鄣處者若樹若墻若籬若衣及餘物鄣也言可作婬處坐者
得行容婬處也說非法語者說婬欲法上六句明犯罪不定從住信優婆夷已下解
第二舉罪不定犯既不定可信隨罪而舉舉亦不定故言若波羅夷若殘若提此中且就
廣相以三罪為言理通五犯言信者謂德四不壞信不為身命作妄語等十惡
之罪是坐比丘已下解第三自言不定犯既不定自言亦无楷准隨引輕重如比丘所說
治故文云我犯是罪已下解第四治罪不定治罪有二一者舉已引罪二者舉已不引罪者
如比丘所說治不引罪者如可信語治之此即引罪文者舉已不引罪引罪者如比丘所
說治不引罪者如可信語治之當如比丘所說治之自犯言衰宜從咸償若言
犯殘別住治之若言犯提令對手悔隨引而治若不引罪文云如住信優婆夷所說應如
法治故律云說自言作者應如比丘所說治不自言作者應如信語治之今此不自言作故
如優婆夷所說治也不同十誦比丘言我有是罪而不往隨比丘語治之若言往不犯是
罪亦如比丘治若言不往无罪隨可信治治五象若於三事一一法中諸上坐不應語不行婬不若

說治不引罪者如可信語治之此所犯衆事也當如比丘所說治之自犯若衆戒宜從減償若言
犯殘別住治之若言犯提令對手悔隨引而治若不引罪文云如住信優婆私所說應如
法治故律云說自言作者應如比丘所說治不自言作者應如信語治之今此不自言作故
如優婆私所說治也不同十誦比丘言我有是罪而不往隨比丘語治若言往不犯是
罪亦如比丘治若言不往无罪隨可信治五分若於三事一一法中諸上坐不（應問是比丘汝住坐不若言往未應治）處語不行婬不若
言不上座下坐應切問汝實語莫妄語如優婆私說不若言如優婆私說然後
方可隨說治若言不如比丘治所以不依可信語者善見論云見聞或不審故所言
是名不定法者結也此雖是戒而无有罪但於屏處与女說非法語招世譏謗
可信白佛故曰此可信舉戒　　露處不定戒　　制意釋名具緣闕緣由
義同前但屏露爲異餘義皆同已下明戒本　●若比丘共女人在露現處不可作
婬處坐作麁惡語有住信優婆私於二法中以一一法說若僧伽婆尸沙若波逸提
是坐比丘自言我犯是事於二法中應一一治若僧伽婆尸沙若波逸提如住信
優婆私所說應如法治是比丘是名不定法　●此戒句同前亦四不名麁惡語犯不
定二有住下信舉不定三是比丘下自言不定四如信住下治罪不定但罪二三同餘義
皆善前戒故不重釋已下廣弁文句前文亦五一一牒釋若比丘者同前女人者亦同露
現處者謂无墻壁障也不可作婬處者不容行婬處也作麁惡語者說婬欲不淨
行讚嘆二道好惡此上六句皆是犯不定已下諸句文義同上　諸大德我已說二不
定法今問諸大德是中清淨不三說　諸大德是中清淨默然故是事如是持　●此文准
前解釋　　諸大德是世尼薩耆波逸提法半月半月說戒經中來　●今明第三篇卅九
十雖同一篇然捨不捨異故戒本中分爲二　●問所以先明卅後說九十者良以卅於
此財物取濟失方廣生罪累若欲洗心懺悔要須對僧捨物及捨相續貪心
心事既捨罪方除滅作法不易欲使僧尼先識於難次及於易故列在初九十
事中雖有因財生罪皆不須捨但斷犯心即得懺悔作法易故留在後說言尼薩
耆者此方名捨捨有三種一捨財物二捨貪心三捨於罪言波逸提者此名墮墮
在燒煮覆鄣者故曰捨墮今就卅物別兩釋先物總後別就總略弁八門一對下
九十捨不捨異凡卅捨咸具三義一者屬已之財二財體見在受用有罪三者捨已
婦主受用无德具此三義制令入捨九十中廿五戒正因財事不入捨者三義中闕不得入
捨一由食生罪有十四戒未食无罪可捨食食方生罪後无可捨闕第二義故屬九十如
潰展別足勸非殘受美藥酒虫水等是二食中過三外財淨施此二闕於初義雖屬他
物故不入捨三十戒闕於第三故不入捨如脫腳著覆无其捨法白色三衣猶自不得著如
牀須褥牙角杼破貯衣撓故不入捨第二自作教他若論自作唯犯廿七除二浣與縷

婦主受用无德具此三義制令入捨九十中廿五戒亦因財事不入捨者三義中闕不得入
捨 一西食生罪有十四戒未食无罪可捨食方生罪復无可捨闕第二義故屬九十如
潰屎別足勸非殘受美藥酒垂水等是二食中過三外財淨施此二闕於初義躰屬他
物故不入捨三十戒闕於第三故不入捨如脫脚著履无其捨法白色三衣猶自不得著如
牀須截牙角杅破貯床挽故不入捨 第二自作教他若論自作唯犯廿七除二浣綿々縷々
但吉二浣无犯以佛不制故令言一人盡犯卅者通自作使人故尒 第三身口分別此卅中擅用
二局身餘通身口 第四性遮分別迴僧之物性惡氣分餘悉是遮 第五重不重犯者有
四戒謂擅用二浣此物現在容可更求故得重犯如使尼二浣染等兩衣數用擅毛敷
過以其過不異前浣衣擗毛等浣上犯染々打々亦尒故言使等浣染打者三尼薩耆
自餘諸戒咸不得重 第六捨懺方法綿褥獨捨餘悉對人對中道俗二實對俗餘
戒對道々中通局僧餘道多少 第七持犯有八戒通持犯五過離減六年等自餘諸
戒唯持止作犯 第八任運有十四戒五過除藥此四戒日滿任運即犯受寶棄衣二浣乞
縷此戒但使事成三性之中任運亦犯餘无任運已下別釋 畜長衣過限戒
一制意多論三因開畜長貪於俗利壞道功德之財二比丘積貯与俗无別失信敬
之心三違佛四衣之教即非節儉知足之行故使不加淨法制与捨墮 二釋名貯用
屬已名之爲畜限分之餘稱長越於期限限故曰過十日犯所通舉故曰畜長衣過十日戒
三具緣通緣如上別緣有六一已長衣謂三衣之外財其三衣三世諸佛同應法之服躰
无長過故不犯雖是已長若受此財亦復无罪是故第二知屬已物々雖屬已若不應
量畜過无罪是故第三應量々之財々雖應量要說淨无罪故須第四不說淨若有
一月及起四想被奪留難因緣亦是不犯故須第五无因緣多諦初日得衣即被三嚫未解
來乃至命盡不犯雖无因緣畜未過限亦不得罪故須第六十一日明相出犯 四闕緣
比說可知已下正明戒初略制二隨制隨開後廣制言略制者不聽畜長六群多積
長衣因此起過佛便制戒言隨制者因所難得一長衣欲奉迦葉佛隨開限十日言廣
制者 若比丘衣已竟迦絺那衣已出畜長衣不淨施得若過十日尼薩耆波逸
提 此備足戒本文有五句一犯人二犯時三所畜財躰四開限五結犯此五句文初略弁
後廣釋言略弁者若比丘是犯人衣已竟迦絺那衣已出是犯時三畜長衣是所畜財
躰四得畜十日即是開限若過已下遠教得罪是結犯句次下廣釋言若比丘者
義如上弁衣已竟者見云三衣具足竟明其未具无長故文言謂迦提月竟未竟作三衣月
不犯所言迦絺那衣已出者捨也捨方犯故律云謂出功德衣外時也第三句言畜
長衣謂所畜長衣及財三衣之外皆名爲長於中有二一弁衣躰二明衣量今言
衣躰者律云有十種衣皆以麻絲毛綿爲衣躰言長衣量者律云長如來八指廣

躰四得畜古即是開限若五過已下遠教得罪是結犯句次下廣釋言若比丘者
義如上并衣已竟者見云三衣具足竟興共未具无長故文言謂迦提月竟未竟（作三衣月）
不犯所言迦絺那衣已出者捨也捨方犯故律云謂出功德衣外時也第三句畜
長衣謂所畜長衣及非三衣之外皆名為長於中有二并衣躰二明尺量分齊言
衣躰者律云有十種衣皆以麻絲毛綿為衣躰言長衣量者律云長如來八指廣
四指是名長衣律云長二肘廣一肘見論長■二搩手廣一搩手四分律尺六八寸是之
尼取衣除貿易尼薩耆波逸提此滿足戒本文有五句一犯人二非親里尼三取
衣四除貿易五結犯已下廣弁若比丘者義如上釋非親里者非父母親及七
世上是親論云所言親里者父母七世骨血之親今論明四種親一父〻親二
又母親三母父親四母〻親此四親尼邊取之非犯所言取衣者衣有十種如上所明
多論多比丘取一尼衣多人犯一比丘多尼邊取一衣許尼多犯故律中仏責尼言婦
人著上好衣猶尚不能發前人敬心何況弊故隨聽畜五衣故知衣本為資身
今以施人即得无衣之罪破戒行檀事不應法故不聽取若五衣外隨意施
者得受若僧得尼施時應檢問前人知彼五衣不具即不得受五衣具者得受
无罪十律若先請若別房中住故与若為說法故与不犯五分若无心求自布施
知彼有長乃取不犯問尼取僧衣但得吉羅者何答大僧上尊与尼義希尼
受不數故但犯吉問若尓大僧与希能与應輕所以提罪答僧与尼衣譏過中
制生患義深〻故得提罪所言除貿易者律云二部僧得衣共分錯得餘衣仏
開互貿貿言貿易者以已貿衣非衣貿衣乃至一丸藥貿衣者是所言尼薩耆波
逸提者是第五結罪句於中有四必須捨衣亡應識悔三受者却還四不与得罪不
犯者從親邊取若貿易得若為僧為仏圖取者不犯

使尼浣故衣戒五

六制意上尊使下事順常數下情敬上裁抑是難多不籌量有无容致惱廢業
檢覓不輕豈生除患隣涉世譏致招誹謗情自難分莫知自救以利諸過是故聖
制問浣染打等所以合制者何答一使尼處同二俱由故衣三容一衣相由致犯垢汙須
浣失色即染中歸故打三釋名可知三具緣通緣如上列有五一是比丘尼二非親理三
是故衣四使浣染打多論若使書信吉羅祇有四句自与使受等三至二俱浣等並犯
五无同緣故律中開若病浣染打若借他衣浣染打不犯除此等緣故亡六浣染打竟
即犯四闕緣比說已下正明戒本此戒因迦留陀夷使偷蘭難陀尼浣安多會衣故
仏制此戒　若比丘令非親里比丘尼浣故衣若染若打尼薩耆波逸提　此備五戒文
有五句一人二非親里尼三所浣故衣四使浣染打五結罪言比丘者如上非親里者亦如上
言故衣者下至一經身著衣者十種衣若新衣浣者得吉言若染若打者是所作

三无尼緣故得中開若病浣染打若作他衣浣染打不犯除此等緣故六浣染打竟
即犯四闕緣比説已下正明戒本此戒因迦留陀夷使偷蘭難陀尼浣故衣多會衣故
仏制此戒　若比丘令非親里比丘尼浣故衣若染若打尼薩耆波逸提　具滿足戒文
有五句一人非親里尼三所浣故衣四使浣染打五結罪言比丘者如上非親里者亦如上
言故衣者下至一經身著衣者十種衣若新衣浣者得吉羅言若染若打者是所作
業言尼薩耆波逸提者是犯罪若使浣染打尼具作得三提作二得二提作一得一提善
見云令出家婦浣染亦犯吉羅令非親尼浣而親尼浣如是互作五句皆隨若浣染
尼師壇亦犯隨牛誦若犯捨隨衣与浣犯小犯罪若浣竟比丘復言未淨還使尼浣
比丘尼薩耆吉羅得二罪若使尼浣染打尼不浣不染不打得三吉餘互作不作准比
可知問使下二衆何以得吉若非具是弟子使希故輕有非具戒不廢正循故輕若衣
多論下二衆同尼犯提問新衣何以輕答新衣浣希有无緣惡故得小罪未犯者
律云若病若為仏法僧使浣染等无罪　從非親里居士乞衣戒六　允此
家人宜應知足今三衣具備長道緣无方廣乞求增貪物惱招世譏過損不懷輕
是故聖制別緣有六一三衣具足无因緣二非親里居士四為己乞應量衣五彼与六
領入手便犯闕緣比知已下正明戒本此戒因跋難陀從居士强索衣故諸人譏嫌
仏便制戒　若比丘從非親里居士若居士婦乞衣除餘時尼薩耆波逸提餘
時者若奪衣失衣燒衣漂衣是謂餘時此滿足戒文三一初略制二聽制隨開
三廣制句有其五一犯人二非親里居士三乞衣四除開緣五結犯餘時者已下誦
前四句下弁五句文若比丘者義如上弁非親里者非七世親里言乞衣乞有十種十
誦僧祇乞得四時已上犯若自乞使人乞作寒暑相若方便説法得者皆犯若乞
少物施主与衣財者得取无犯若本有方便心但索小者式叉得大犯捨言除餘
時者開索律云若被賊劫衣裸形當以軟草樹葉覆形應往寺邊若取長衣
若知友邊取若无者僧中問取可分衣若僧衣卧具若不与者自開庫
著若著敷褥被褥解取截作衣出外乞衣若得已應還浣染縫治安著本處
若不還本處如法治言尼薩耆者波逸提者是違制罪於中亦四如上所明言餘時者
是失奪等四緣不犯中律云若奪失三衣從非親里乞若多開衣壞時得乞通前
五緣又云或為他乞他為己乞或不求而得若從親里乞若從出家人乞一切不犯
過知足受衣戒七　六制意出家之人遇四因緣失奪三衣為信開乞竭貪施
理應隨施而受輒已內有慳貪外不惱物今三衣已足過分更受內長貪結外
乖施心殊所不應是故聖制別緣有六一比丘失奪三衣二非親里居士三為失故施若
不為失隨時受取无罪四知為失故施五過知足取應量衣六領受入手即犯闕緣可
知已下正明戒本此戒因失衣比丘種越送衣比丘不受又為六群故取仏便制戒　若比丘

過知足受衣戒廿七　二意[illegible]

理應隨施而受彰已內有塵節之心外不惱物今二衣已足過分更受內長貪結外

乖施心殊所不應是故聖制別緣有六一是比丘失奪三衣二非親里居士士女為失故施若

不為失隨時受取无罪四知為失故施五過知足取應量衣六領受入手即犯　闕緣可

知　已下正明戒本　此戒何失衣比丘檀越送衣比丘不受為六群故取仏便制戒　○若比丘

失衣奪衣燒衣漂衣若非親里居士居士婦自恣請多与衣是比丘當知足受衣若

過者尼薩耆波逸提　此備足戒文有六句一犯人二過四因緣此謂施衣緣三非親

里居士施衣人四自恣請下為失故施衣五是比丘下教知足受六過下過受結犯前

三句文可知第四所言自恣多与者若檀越多与衣比丘失一衣於中有應取有不

應取若失一衣不應取若失二衣餘直衣重數若二若三若四應擿作餘二衣若

都失取上下衣餘一衣別處取若檀越多与薄細若不牢應取作二三四重安

緣肩上應安鉤紐餘有殘物語檀越言此餘殘裁作何等若彼言我不与失

衣故与我曹自与大德耳若欲受者便應受所言當知足受衣者知足之

有二在家人知足二出家知足言在家知足者隨白衣所与衣受者為諸白衣謂失

故施本為失三今還受三即是知足然此知足順出家之軌故曰出家人知足比

謂失三受三順三知足故言若過尼薩耆波逸提者此第六句過受結罪律言失一受二

失二受三失三受四等並是足而更受違二知足故名為過知受者即犯捨隨此衣應

捨与僧若一人若多人不得別衆捨若捨不成捨已應懺罪然後彼應還衣若不還

衣得罪不犯中律言若知足取若減知足取居衣鲜細薄不牢重作故取不犯

勸讚一居士增衣價戒八　二制意篤信居士標心捨價限已定理宜隨施而受

不虧道法今反嫌少過分更索長己貪求壞彼信敬是故聖制別緣有六一非親居士處

心辦衣價二情期限定三知施心有限而嫌少四勸增五彼為僧價增錢六領受便犯

已下正明戒本　此戒因跋難陀起過仏制此戒　○若比丘居士居士婦為比丘辦衣價買

如是衣与某甲比丘是比丘先不受自恣請到居士家作是如言善哉居士為我買如

是衣与我為好故若得衣者尼薩耆波逸提　此備足戒文有四句一犯人二施衣限

定三是比丘下嫌少勸增四若得衣下得而結罪上二句可知第三言為比丘至与我

好故已來明嫌少勸義衣價者若錢若瓔珞等是居士問比丘須何等衣仏聽索不

如者今乃居士為辦結衣若勸買細即犯故十誦云勸增色亦犯此戒為施心有限嫌少

更求乃至增一錢十六分之一分若增縷亦犯多論勸增色量價三種隨一一言[illegible]得衣尼

薩耆波逸提者是第四結罪句捨懺還不還義如上并犯中律言先受自恣而往

好故已来明據少勸義衣價者若錢若瓔等是居士問比丘須何等衣似聽索不
如者今乃居士為辦絹衣若勸買細即犯故十誦云勸增色亦犯此戒為心有限嫌少
更求乃至增一錢十六分之一亦犯若增縷亦犯多論勸增色量價三種隨一一吉羅借衣居
薩者波逸提者是第四結罪句捨懺還不還義如上第弃犯中律云先受自恣而往
求知足於求中減少作若從親里求若從出家人求或他為求若不求自得不犯　勸
二居士增衣價戒九　制意犯緣如前无異唯以二居士合作為別閒勸增一縷即犯
何故乞衣得一條方犯答本无心及至乞時往彼籌量一惱義是嶮故一條方犯辨
中施主先有虛心施限以受不荷其恩嫌少更索惱物情深一縷即犯已下正明戒
本　若比丘居士居士婦与比丘辨衣價持如是衣價買如是衣与某甲比丘是
比丘先不受自恣請到二居士家作如是語善哉居士為我辦如是衣價与我共作
一衣為好故若得衣者尼薩耆波逸提此戒句亦有四犯今二施衣限定三是比丘嫌
少勸增若而得下得而結罪釋句之義如前戒五分乃至勸夫婦合作一衣亦犯於中
知足者与細言我是蘭若頭陀住人索麁者皆犯已口自述德故爾所以先勸二居士
者何答勸二容損勸三惱嶮故无問若亦勸三居士弃布造細豈无損義若是乞衣
戒攝今此增者要就本縁上增方犯此戒故所已闕通並如前戒　過限切索
衣價戒第十　一制意然寶物世情所重長貪貝妨道生患處深非是比丘之所宜
畜今施主信心奉施以為衣價懼犯畜寶无冝自受故付俗人令作淨物言索急切情
无容豫迭相摧促遍惱前人彼故作限制三索六嘿然今過索惱境結罪。別緣有
五是施主遣寶二為貿衣受用三付彼淨人轉貿衣物四過分齊索五得衣便犯
已下正明戒本此戒曰緣雖施制　若比丘若王若大臣若婆羅門若居士居士婦遣
使為比丘送衣價持如是衣價与某甲比丘彼使至比丘所語比丘言大德今為汝
故送是衣價受取是比丘語彼使如是言我不應受此衣價我若須衣合時清
淨當受彼使語比丘言大德有執事人不須衣比丘應語言有若僧伽藍人若憂
婆塞此是比丘執事人常為諸比丘執事時彼便往執事人所与衣價已還到
比丘所如是言大德所示某甲執事人我已与衣價大德知時往彼當得衣須衣比丘
當往執事人所若二反三反為作憶念得衣者善若不得衣四反五反六反在前嘿
然立若四反五反六反在前嘿然住得衣者善若不得衣過是求得衣者尼薩耆
波逸提若不得衣從所得衣價處若自往若遣使往應言汝先遣使持衣價
与某甲比丘是比丘竟不得衣汝還取莫使失此是時　此備足戒文有其六二初過
索結犯若不得衣已下明不得進不前文有六立犯今一若王已下正明施主遣使奉
寶為作衣價二是比丘應語已下明犯畜寶自不敢受而彼使語比丘下正明使

BD14049號　四分戒本疏卷二

（29–16）

然立若四反五反六反在前嘿然住得衣者善若不得衣過是求得衣者尼薩耆
波逸提若不得衣從所得衣價處若自往若遣使往應言汝先遣使持衣價
与某甲比丘是比丘竟不得衣汝還取莫使失此是時 此備足戒文有其六 一初過
索結犯 二若不得衣已下明不得進不前文有立犯全若王已下正明施主遣使奉
寶為作衣價 三是比丘應語已下明犯畜寶自不蓄受而彼使語比丘下正明使
冝送寶付俗令貨淨物 五須衣比丘已下正開三語六嘿索衣方法若不得衣
下過索分齊得衣結罪然此六文依束為三 立犯全 二所犯事 三得衣結罪犯今文
可知所犯之事文有其四 一重者立法謂送寶不受付淨生已索之法 式 第四付淨
生文讀有其四 一簡淨生 二須衣比丘者釋淨人處 三送付 四反報比丘 第五索法見論
純語往索齊六不犯過六方犯純嘿十二未犯十三反犯語嘿相參九反未犯十反方
犯如是類知五語二嘿七反未犯四語四嘿八反未犯三語六嘿九反未犯二語八嘿十反未
犯一語十嘿十一未犯全嘿十二未犯十三始犯 第二不得中文三 一明往遣使到施主所 二陳
已不得 三還本施主 已下廣辨前文 若比丘者義如上釋 若王者得自在无所屬 若大者
臣在王左右 若婆羅門婆羅門者生婆羅門也 若居士者除王大臣婆羅門諸在家者
是居士婦者在家婦也 遣使送衣至付比丘已來是送寶之儀 從是比丘語使至言
受已來不受之法 彼使語比丘有執事人不是問淨主之法 須比丘至執事已來是報
淨主之處 彼使至与衣價已來是付寶法 還到至所得衣已來是釋比丘法已下明
索衣方法文略易顯 不犯者若遣使告知 若彼言我今不須即相布施 是比丘以時軟
語方便索衣 若為作波利加羅故与 以時索 若方便索得者 一切不犯 雜野蠶
綿作臥具戒十一 所以制者良以貴物難得損生招譏長貪妨道過中之大是以聖
制別緣有五 一是憍奢耶 二自乞求 三作臥具 四為己 五作時乞犯 多論憍奢耶者綿
名已下正明制戒 此戒因六群往蠶家索綿居士譏嫌比丘舉過仏便制戒 若
比丘雜野蠶綿作新臥具尼薩耆波逸提 此備足戒文有三 亘犯全 二所犯事 三所
為罪 言若比丘者義如上釋 言雜野蠶綿蠶者西方无家蠶用野蠶作綿成其三衣
外國作衣凡有二種 一細擗布貯如作梅法 二綿作縷織成衣 善見云乃至雜一毛便
犯憍奢耶者綿中微者蠶口初出名也 五分云蠶家施綿受已施僧不得自入故知所
制意重 野蠶尚犯何況家蠶 雜綿尚犯何況純作 言尼薩耆波逸提者是犯名
多論若无蠶家乞爾自作綿无罪為貴故有垂者 言作不應量衣及數具 言
作教他成者犯 隨不成者吉羅 犯尼薩耆衣應捨 若斧若斤挫斬和泥以塗壁等用不
得更著 若受用餘得羅不犯 中律云若得已成 若乞成時衣 若壞者 一切不犯
黑羊毛作臥具戒十二 所以不聽者以毛貴物无宜下用 虛損施物 作无用之費 絲

[illegible]

制意重野蠶尚犯，何況家蠶雜綿尚犯，何況純作。言尼薩耆波逸提者，是犯名。
多論若無蠶家乞綿自作綿無罪，為貴故。有垂者，言作不應量衣及敷具，言自
作教他成者犯，隨不成者吉羅。犯尼薩耆衣應捨。若斧若斤，搥斲和泥以塗壁等用，不
得更著。若受用鋪，得罪。不犯中，律云若得已成，若乞成，貯衣若垂壞者，一切不犯。

黑羊毛作臥具戒十二　所以不聽者，此毛貴物，無宜下用，虛損施物，作無用之費，經營
妨道，復招譏醜，是故須制。通緣如上，別緣有四：一純黑羊毛，貴好出四大國，貴而難得，三作
臥具，四為己，五作成便犯。已下正明戒本。此戒因六群比丘見諸梨車子作黑毛氈被，譏
嫌比丘，舉過，佛便制戒。若比丘以新純黑糯羊毛作新臥具者，尼薩耆波逸提。此滿足
戒文有三句：一犯人，二毛作臥具，三結犯。若比丘者義如上。言純黑毛者，若生黑、若染黑。尼薩耆
波逸提者，是犯名。犯相如前戒。不犯者，律云若得已成，若割截壞，若細薄疊作兩重，若小坐具，若
作褥，若作帽，作袜，作攝熱巾，或作裹革屣巾，並非被服之物，故開不犯。　白毛臥具戒十三

制意同前。十律此非純白，善是二毛參作不犯，二中增黑毛一兩犯墮，增白一兩犯吉羅。
故增尨不犯，減一兩方犯。別緣有五：一三毛相參，二作，三作臥具，四為己，五增好減惡下
至一兩，五作成便犯。已下正明戒本。此戒因六群作純白臥具，多居士譏嫌，佛制參作，故立此戒。
若比丘作新臥具，應用二分純黑羊毛，三分白，四分尨。若比丘不用二分黑，三分白，四分尨，作
新臥具者，尼薩耆波逸提。此滿足戒本文有三句：一犯人，二教比丘三毛作法，三若比丘
下不參結罪。言若比丘者義如上。言作新臥具者，三衣白黑二毛各有兩種，一生白，二染白。
言尨毛者，是頭上毛、耳上毛、腳上毛，若餘處麁毛並曰尨毛。言應分作者，若欲作三十
鉢羅臥具，廿鉢羅黑，十鉢羅白，十鉢羅尨，乃至廿鉢羅臥具，准上可知。若增若減犯罪
輕重如上釋。言若比丘不如作者，得捨墮罪，就捨墮文有四種，如前所明。不犯者，若應量
作，若得已成，若割截壞，作帽作袜作攝熱巾，或作裹革屣巾，一切不犯。　減六年臥

具戒十四　制意者，先有故具，臥未滿六年，足得資身長道，便罷不捨故者，更復
造新，長貪妨道，招世譏過，故聖制。別緣有六：一有故臥具，二減六年，三不捨故者與人，
三僧不聽許，四更作新者，五為己，六作成便犯。已下正明戒本。此戒因六群比丘常營新
臥具，故佛制戒。就中有三：一略制，二僧隨開，三廣制。今明廣制戒本：若比丘作新臥具，
持至六年，若減六年，不捨故而更作新者，除僧羯磨，尼薩耆波逸提。此滿足戒本
文有三句：一犯人，二制限六年，三若限已下造新結罪。初句可知。言除僧羯磨者，明開
意。律云有比丘得乾痟病，臥具甚重，不堪持行，佛聽僧乞法，作新者僧當白二聽
作餘新。僧祇云：前未滿，若無老病因緣，六年不滿不得更作新臥具。若身不羸
瘦，顏色不惡，白二聽作羯磨，眾一不成。言尼薩耆波逸提者，是減作故犯罪。捨懺如上。
不犯者，律云僧白二聽，及滿六年，若減六年捨更作新，若已成者，若無，若他與作，一切不犯。

意律云有比丘得乾痟病卧具甚重不堪持行仏從僧乞法作新者僧當白二羯
作餘新僧衹云若年不滿若无老病因緣六年不滿不得更作新卧具若身不羸
瘦顏色不悪白二羯作羯磨衆(?)不應(?)言尼薩耆波逸提者是滅作故犯罪捨懺如上
不犯者律云僧白二聽及滿六年若減六年捨更作新若已成者若无若他与作一切不犯
不揲尼師壇戒十五　已有故坐具障身便衆(?)令嫌故造新處損信施長貪坊
道是以制揲為令息貪長道物有受之用益令更造新不以故揲遠犯聖教故制德
隨別緣有五有故尼師壇二更作新者三為已四不以故揲五作成便犯問尼師不揲而
復過量得一罪二罪答一解二罪捨時先截去量外然後懺悔若尓不揲者揲已懺悔何
須入捨答不揲尼師舉體有過令雖更揲猶有本過故須入捨量過者量外有過
若截去已過内无過何須入捨又復還呈无受用義故要須截若故物作但有過量
无不揲之愆　已下正明戒大意可(?)六群遠制故結罪　若比丘作新坐具當取故者縱廣
一揲手揲新者上以壊色故若作新坐具不取故者縱廣一揲手揲新者用壊色者
尼薩耆波逸提　此辯(?)是戒本文有三句五(?)犯今(?)制其揲法(?)三若比丘已下不揲結罪言
若比丘者義如釋言新坐具故者揲一揲手是制揲　本法律云造新坐具時若故者未壊
未有穿孔當取浣染治之牽挽令舒裁取方一揲手揲着新者上若揲邊若中央以壊
色故僧衹律云若自无故者不得從(?)少聞犯戒者无聞者住壊房不治者惡名人遠離
二師者不善諮問人不別魔事人邊取者罰及上多論若无故一揲手根(?)本应用善見云
故者下至一經坐不須揲言若作新坐具至波逸提已來為不揲故結犯就犯句有四義
一須捨物二須懺罪三應還物四不与得罪不犯者律云若揲若自无得處不揲若他為作
若得已成若純故者作不犯　擔羊毛過三由旬戒十六　然出家之人躬擔羊毛順
路而行路同犯凡碎動誠威儀招譏損道故制不聽所以復開三由旬者待有之利无以存
濟復開三過擔結罪別緣有四貴羊毛除賤故律云頭頂足毛不犯衹云駝毛猪毛等並
三是己物三自持衹云二人共有各持齊九由旬重擔者俱犯四過三由旬便犯即已下正明
戒本此戒因跋難陀起過便制(?)此戒　若比丘道路行得羊毛若无人持得自持乃至
三由旬若无人持自持過三由旬尼薩耆波逸提　滿足戒本文有三句五(?)犯今(?)開三由旬三
持過結罪初句可知第二句持三由旬者若道行若往處得羊毛須者應取无人持自持得至
三由旬若有人者識我有此物當助我持若彼持復於此中間比丘不得助持若持犯吉非(?)
全自持過三故令尼四衆持過者吉羅除羊毛持餘衣若麻等犯吉若擔餘物杖頭上
吉言過限持尼薩耆波逸提者是結犯句犯相如上不犯者律云若不持至三由旬若
減三由旬有人擔持中間不助使尼四衆齊三由旬若擔氈繩若擔頭上毛作帽諸
中者並不犯　使尼浣擗羊毛戒十七　制意悪犯緣同浣衣戒但此新故俱犯除

BD14049號　四分戒本疏卷二　（29–19）

三由旬若有人者語我有此物當助我持若彼持後於此中間比丘不得助持若持犯吉羅
全自持過三故令尼四衆持過者吉羅除羊毛持餘物若麻等犯吉若擔餘物杖頭上
吉言過限持尼薩耆波逸提者是結犯句犯相如上不犯者律云若持至三由旬若
減三由旬有人語持中間不助使尼四衆齊三由旬若擔毛繩若擔頭上毛作帽諸
巾者並不犯　使尼浣擗羊毛戒十七　制意犯緣同浣衣戒但此新故俱犯獲
功廢業中制故尓已下正明戒本此戒因六群比丘使尼等擗浣染羊毛故起過仏便制戒
若比丘使非親里比丘尼浣染擗羊毛者尼薩耆波逸提此備是戒本句亦有五
犯人二非親里尼三所染毛四使染擗五結罪初二兩句可知言浣染擗羊毛者擗者下
至以水一漬染者下至一入染汁擗者下至擗一斤餘義皆如浣故衣戒同所以不弁　畜
寶戒第十八　一制意寶貨利重長貪妨道妻生諍競招世譏嫌是故聖制
不聽受畜然資貝惡故開付俗作淨物受之故多論与比丘結戒者有三益故一為止非
謗故二為滅鬪諍三為成聖種知足行故二釋名財用廉名已之為畜情所珍貴稱
之為寶故曰畜寶戒三具緣通緣如上別緣有四一是錢寶二知是錢寶三為己畜受
取便犯四闕緣若闕初緣犯吉為寶者金銀錢是餘雜寶畜犯小罪若闕第二緣犯
吉為想疑故若闕第三第四无罪已下正明戒本此戒因跋難陀比丘趣過居士共婦
仏便制戒　若比丘自手捉錢若金銀若教人捉若置地受尼薩耆波逸提
此備是戒本文有三句一犯人二所捉之寶三自他二業捉而犯比丘者如上若手捉
錢者多論明五種受俱犯一以手捉取二以衣從他取三器從他取四若言著是中五
若言与是淨人並成捉寶罪言錢者上有文像言金銀者生色似色兩種皆
名金銀多論若捉金薄金像皆名捉罪所言教人捉若置地受尼薩耆波逸提
者是結罪句故律云若教人捉同自捉犯是以律仏告大臣日月有四患不令明照一者
脩羅二者烟雲三者塵四者霧沙門亦有四種過中不令威儀清淨一者不捨飲酒二
者不捨婬欲三者不捨手持金銀四者不捨邪命自活故經說言酒為放逸本婬是
生死原金銀生患重邪命壞善根以此義故仏自說言若見沙門以我為師而捉金
銀我說此人非是沙門智度論云出家弃守護戒故不畜錢物以戒功德勝於布施
涅槃經云弃持讚戒以性戒无差別言尼薩耆者是其捨法若比丘欲捨錢寶向信
樂優婆塞語此是我所不應汝當知之若彼取還与比丘者當為彼人物故受令淨
人掌若得淨衣鉢應易受持若彼取不還者令餘比丘語還還者當自
往語仏論淨故遣与汝若令与僧塔乃至本主為不欲使失彼信施故不犯者如向所說
貿寶戒第十九　制意者以其寶物更互相貿為求息利長貪妨道招世譏過故
須聖制別緣有五一是寶物二互相貿易三決價四為己五領受即犯已下正明戒本此戒因

與優婆塞說此是衣所不應汝當知之若彼取還与比丘者皆為彼人物故受令淨
人掌若得淨衣轉應易受持若彼取不還者令餘比丘語還還餘比丘不語者當自
往語仏為淨故遣与汝若今与僧塔乃至本主為不欲使失信施故不犯者如向所說
貿寶戒第十九 制意者以其寶物更互相貿為求息利長貪妨道招世譏過故
須聖制別緣有五一是寶物二互相貿易三決價四為己五領受即犯已下正明戒本此戒因
跋難陀比丘往市易錢居士譏仏制戒 若比丘種種買賣者尼薩耆波逸提此滿足
戒文有三句一犯人二互相貿易三結犯初句可知言種種買賣者解其第二句律云若以成
金易未成金已成未成金此三種相貿易銀易三種錢雖一種此七種之文互相易錢者八種金
銀銅鐵白鑞鉛錫木錢胡膠八種錢皆名為錢言尼薩耆者是犯句犯相如前捉寶
戒同不犯者律云若以錢貿瓔珞具以錢易錢為三寶不犯 販賣戒第廿
制意者凡出家之人理息緣務靜坐脩道何得私自販博馳騁市肆動越威儀
招世譏醜財物既交或容犯重臨危險行非高節以斯諸過聖制不許多論四
義故仏制此戒一為仏法增上故二為止鬪諍故三為成聖種故四為長信敬不誹謗故
別緣有五一在家二眾外道六種二共相貿易三決價四為己五自貨易六領受即犯
已下正明戒本此因跋難陀以生薑易食故起過又共外道博衣悔而不得遂乃譏嫌
仏便制此戒 若比丘種種販賣者尼薩耆波逸提此滿足戒本文有三句一犯人二明賣
買三結犯初句可知言種種販賣者律有五種物相易非時以時易七日以時易盡
形以時易衣乃至衣易衣皆如是相互各五句所言販者賣謂價直一錢數數上下
增賣三價直一錢言直三錢重增賣者價直一錢言直五錢買亦有三種一買二增
買三重增買言尼薩耆波逸提者是所犯之罪律云衣藥更貨淨價高下數上下
皆犯多論此販賣隨一切隨中最重寧作屠兒何以故屠兒正害一生販賣一切俱害
不問道俗賢愚持戒毀戒无往不欺常懷惡心設若居穀恒希天下荒饑霜雹災
疫若居鹽精貯恒願四邊反乱王路隔塞多有此過故此販賣物作塔像不得向
亂又云但仏意亂之設与僧作食及四方僧房一切不得作中持戒比丘不應受用得罪
以過多故若食販賣食咽咽隨作衣著隨作卧具隨轉轉隨重於餘隨僧祇若自問
價作不淨語諍價高下皆然得物隨若物直五十而索百錢比丘以五十知之如是
求者不名為下價若前人欲買此物比丘不得抄市當問言汝正未若報
云我休者比丘方云我以是價知是物好不比丘自貨抄市者越若自舉物
價前人信之貴取故犯盜罪多論如販賣戒中物或方便有罪果頭无
罪如為利居鹽穀後得好心即施僧作福或果頭有罪如為福糴米不賣後
見利便賣以利自入即是方便无罪或俱有罪俱无罪類知不犯者律云聽

求者不名為下價若前人欲買此物比丘不得抄市當問言汝心未著報
云我休者比丘方云我以是價知是物好不比丘自貨抄市者故若自舉物
價前人信之貴取故犯盜罪多論如販賣戒中物或方便有罪果頭无
罪如為利居塩鼓後得好心即施僧作福或果頭有罪如為福余米不賣後
見利便賣以利自入即是方便无罪或俱有罪俱无罪類知不犯者律云聽
五衆出家人共交易應自審定不應共相高下如市道法不得與餘人貨易
令淨人貨易若悔聽還若油蘇相易者无犯開供養燈明故　畜長鉢過限
戒卅一　制意者然鉢為應供之器資身是用今過貯畜長妨道招譏醜累損壞
不輕是以聖制然以物憂无恒容有失集資身要用事不可廢施時不受後
則難求故開十日說淨而畜違過聖教過則結犯釋名者五分有比丘得二鉢以
佛不聽長故施他已鉢破佛問幾後破答十日因開十日四分因請遂亦開十日故日畜
鉢過十日戒別緣有五一先有持鉢二更得鉢三如法鉢非法不犯謂具三如四不淨
施五過十日便犯爾緣比說可知已下正明戒本此戒因六群比丘多求好鉢居士譏
嫌比丘舉過佛便制戒　○若比丘畜長鉢不淨施齊十日過者尼薩耆波逸提　此
滿足戒本文有四句一犯人二所畜長鉢三開十日畜四為結犯初句可知言畜長
鉢者律云鉢有六種鐵鉢黑鉢赤鉢摩羅國鉢烏伽羅國鉢憂伽賒國
鉢大要有二一者鐵鉢二泥鉢此二種鉢要具三如方堪受持三者鉢如但唯泥鐵二者
量如大者三斗小者升半三是色如見論鐵鉢五熏泥鉢二熏已上方是色如具
此三如方可加說淨言不淨施者是犯緣犯有二種一者過犯二者染相對八門如長
衣戒不異所言齊十日是開限故律云難陀得鉢欲奉迦葉以常用故十日當還迦
犯捨隨以事白佛開至十日所言過者尼薩耆波逸提此是限後結犯捐犯用通如長
衣戒　乞鉢戒第廿二　制意者然鉢減五綴不漏堪資身用今乃處處隨非
親乞長貪妨道惱亂施主於理不可故須聖禁別緣有六一先有受持鉢二減
五綴不漏三隨非親里乞四為已五乞如法鉢六領受便犯已下正明戒本此戒因跋
難陀鉢破遂於多居士乞多鉢便被譏護比丘舉過佛因制戒　○若比丘畜鉢減五
綴不漏更求新鉢為好故尼薩耆波逸提彼比丘應往僧中捨展轉取最下鉢
與之令持乃至破應持此是時　此滿足本通有兩段先明乞鉢制犯次明持還
方軌初段戒文三一犯人二舊鉢未漏三更求結罪初文可知第二文言鉢減五綴不
漏者律云相去兩指間一綴也尼薩耆波逸提者是第三結罪句從彼比丘已下至此
是時明捨還方軌則於中文二初往應僧中者明捨鉢二展轉以下共為一句總論
還鉢文言此是時者謂是用舊持新時乃至破式持然下還中四段廣如律明一
捨鉢方法二懺悔之儀三還鉢四不還得結罪防捨鉢者有四一等法主當四下覓

与之令持乃至破應持此是時。此偏是本通有兩眼先明乞鉢制犯次明持還
方軌初段戒文三犯今三舊鉢未漏三更求結罪初文可知第二文言鉢減五綴不
漏者律云相去兩指間一綴也尼薩耆波逸提者是第三結罪句從彼比丘已下至此
是時明捨還方軌則於中文二初往應僧中者明捨鉢二展轉以下共為一句總論
還鉢文言此是時者謂是用舊持新時乃至破戒持然下還中四段廣如律明一
捨鉢方法二懺悔之儀三還鉢四不還得結罪初捨鉢者有四一持鉢往僧二下境
三威儀四作捨詞句第二懺悔罪如上所弁第三還鉢文亦有四一貴者奪留宜
還下鉢二僧應作白與下鉢令持三四對彼比丘令持新用舊四令守護恐壞故用
新故律云僧以下鉢白二与彼應守護不得著凡石落處倚杖刀下著懸物下道中石
上果樹下及不平地不得一手捉兩鉢除指隔中央一手捉兩鉢不得開戶除用心乃至
不應故壞故失非鉢用此之四文並是取彼好鉢僧中次行取衆取下惡鉢与彼令持
息貪過故第四還鉢文二有緣轉還无緣經宿羯磨直還祇律若鉢貴者應取十
鉢直九鉢在八淨廚一鉢直還主若乞得二鉢直者一鉢入僧一鉢還主如是隨得多少
限一直還主鉢直入僧廚第四不還得罪者律云僧鉢竟不還者犯吉教莫還亦吉
不犯中律云若五綴漏求新若從親索若從出家人索若為他〻為已不求而得若施
此得若自有價買畜者一切不犯 乞縷使非親織戒廿三。制意者然三衣具足
得資令乃自乞縷綫以憑勢貴強逼織師織作三衣長貪多歡損惱織師及招譏謗
是故聖制別緣有四一自乞縷綫二是非親里俗人織師三持勢遣織不与價直四成便犯
已下正明戒本 此戒跋難陀起過故仏制戒 ○若比丘自乞縷綫使非親里織師織作衣
者尼薩耆波逸提 ○法滿足戒文有四句一犯令三自乞縷綫若居士縷犯後戒故須自乞
縷設若不自乞縷應輕三持勢逼織以理求得无罪与價亦不犯四結犯已下廣釋上三句可
知使非親織師織作衣者多論織師非親有三句此戒正犯正損織師犯捨非親乞縷吉
織師親非親合有三句織師親里有土句濫事第三俱親无罪是以但有八句正損織師犯
提兼損縷主犯一犯通收重輕故但言犯尼薩耆波逸提者是第四結罪多者捨懺方軌
如廣律明 不犯中律云二俱親里若自織作鉢囊革屣囊針筒禪帶腰帶緶
𥠖師犯提兼損縷主犯一犯通收重輕故但言犯尼薩耆波逸提者是第四結
罪多者
勸讚織師增織衣戒廿四 制意者篤信居士虛心辯縷為比丘故織
作三衣宜應稱施而受彰己内有慶節之心外不惱施主令乃勸讚織師自与價直植
他縷主自壞心行彼我无益是故聖制 別緣有五一居士自心辯縷遣織師織二情
期有限三知有限四与價勸織五彼為增縷六領受便犯已下正明戒本此戒因跋難陀往
居士家擇取縷与織師又許与價居士譏嫌比丘舉過仏便制戒 ○若比丘居士居士

罪多者　勸織師增縷衣戒廿四　制意者萬信居士虛心義錢為比丘故織
作三衣望應稱施而受彙已而有廣節之心外不撓施主令乃勸讚織師自與價直稍
他縷主自壞心行彼我无益是故聖制　別緣有三居士自心辯縷遣織師織二情
斷有限三知有限四與價勸織主彼為增縷五領受便犯已下正明戒本此戒日跋難陀往
居士家釋取縷與織師又許與價居士譏嫌比丘舉過仏便制戒　若比丘居士居士
婦使織師為比丘織作衣比丘先不受自恣請便往織師所語言此衣為我作與我極
好織令廣大堅緻我當少多與汝價是比丘與價乃至一食直若得衣者尼薩耆
波逸提　此戒有三初略二開三滿足句四犯人五縷主遣織三衣三彼比丘下乃至食
直勸織師自雇價直四若得下結犯上三句可知言比丘先不受自恣請者是
開文律云仏不聽往作衣家去後有居士請比丘與衣比丘疑不敢往仏曰聽隨意
往取少欲知足索不如者餘句文顯可知問此與前戒織師何別答有異同一前犯損
織師不損縷主以乞得故此損縷主不損織師二前戒由損織師不與價犯此損縷主
與價故犯三前非親犯親則不犯此親非親犯四前是已縷織成即犯此是他縷領
受方犯律云不犯者先受請往求知足減少求若從親里索從出家人索或為他
索他為已索或不索而得者一切不犯　奪比丘衣戒廿五　制意者先與
他衣規欲共行彼若不去理應和勝而索本自无過嗔心強奪共相逼惱特非
所宜故須聖制別緣有五大比丘觀沙彌不犯非行類故二先與衣規欲共行三不定
與前人不定取多生惱故四句中二句初受與俱決定與而受者不定奪取犯重若與
受俱不定者吉四嗔心強奪奪五得物屬已便犯已下正明戒本此戒因難陀起過仏制是
戒　若比丘先與比丘衣後嗔恚若自奪若教人奪還我衣來不與汝彼應還衣若
取衣者尼薩耆波逸提　此滿足戒本文有三句五犯人二先與衣三後嗔心奪而結罪
初句可知第二句大本規同行故與衣後彼不肯因便卻取故曰先與比丘衣第三句奪者
律云若嗔心自奪及教人奪二藏者犯謂對面見在奪若奪不藏者吉羅事未分 [illegible]
制未成犯藏而方犯若著樹上架上床上及餘著處離處犯者故戒本云若取衣
者尼薩耆波逸提捨懺方軌如律所明不犯者律云不嗔言我悔不與還我衣來彼
知心悔可即還衣若餘人言此比丘欲悔還他衣若借他衣著无道理還奪不犯若恐
失恐壞若彼人破戒破威儀破見若被舉滅擯應擯若為此事命梵難一切奪取
不藏舉者皆不犯　畜藥過七日戒廿六　制意者凡夫之輩以四大為驅身
求快初節氣交競四大轉改諸病即生既有病惱妨廢脩道大聖慈念方便開
聽畜服諸藥以療病苦趣令安身進脩道業四聖開聽廣貯眾藥長貪壞行
違教招譏過是不輕故制提罪二釋名者貯用屬已名之為畜療患稱藥越

失怨讓若彼人所開所度供所見若有舉病俱應僧若爲此事命梵難一切棄取
不識舉者皆不犯
畜藥過七日戒廿六　一制意者凡夫之軰以四大爲驅畏
未秋初節氣交競見四大轉改諸病即生既有病惱妨癈脩道大聖慈念方便開
聽畜服諸藥以療病苦詐令如身進脩道業曰聖開聽廣貯衆藥長貪懷行
違教招譏過是不輕故制提罪二釋名者貯用屬己名之爲畜療患稱藥越
於期分過七日故曰畜藥過七日戒三具緣通緣如上別緣有四是七日藥二加手口三
受三不說淨四畜七日藥便犯四闕緣頗知已下正明戒本此同畢陵伽弟子起過故仏
制戒
若比丘有病殘藥蘓油生蘓蜜石蜜齊七日得服若過七日服者尼薩耆
波逸提此滿足戒文有五句有病者犯今三有病者畜藥之緣三殘藥已下所畜藥躰四開
齊七日五過服結罪下釋中初句可知第二句言有病者律云秋月風病動形躰枯
燥又生惡創等是畜藥之緣第三言殘藥蘓油生蘓蜜石蜜者是所畜藥躰第四
言齊七日得服者是其開限八門句義如長衣戒說第五言若過七日服者尼薩耆
波逸提是過限結罪律云一日得藥乃至七日得藥至第八日初日藥過捨下六日隨藥
多少相与俱犯故言盡尼薩耆同門下六日藥被捨犯時失受以不解有二種今且一釋說
淨犯下之六日今未說淨同是長佉故爲初捨以受之法爲防宿觧不防於長既防不同
日限未滿故初日藥不能捨下並令失受是以律云至第七日藥与諸比丘食若當失受
即有宿觧等生何故聽食故知不失若尔餘五日應還至食所以還令達足然燈
善賣不失受但經貯畜有彼情過藥貿義挾罪不聽服以息情過非藥不淨不
同於衣貿身義寬得歸本主還作衣用餘句類知律云此藥應捨与僧已白
識除罪竟還彼藥第七日藥捨与比丘彼應服過七日藥蘓油塗与守園人滅者二還
之比丘當取塗脚然燈不犯者如上
過前求雨衣過前用戒廿七　此雨衣戒今制依多論　名過前求過前用二俱尼薩耆所以不聽過前求用者然此雨衣貿
身要用是以開聽時中乞用今時既未至預乞先用長已貪積遠返聖教是以聖
制過前求別緣有五是雨衣二是過前求爲三已四彼与五領受便犯過前用戒
別緣具四已雨衣二非時中德三前時受持四過前用犯此二戒同是雨衣義容相由生罪
是以合制已下正明戒本此戒同六群比丘常求雨衣仏便制戒　若比丘春殘一月在當
求雨浴衣半月應用浴衣比丘過一月前求浴衣過半月前用浴尼薩耆波逸提此滿
足戒文有三句犯全三過前求用遠教結罪廣解中初句可知第二句言春
殘一月在求雨浴衣者春者西方法謂從十二月十六日後至四月十五日已還名春文至分
半名夏又至十二月半名冬今言春殘一月在者謂三月十六日應求雨衣者比丘用
雨中浴言半月應用浴者律云四月一日應用浴第三句言若過一月前求過半月前用
尼薩耆波逸提是遠教結罪文言過一月前求者爲三月十五前求乙言過半月前

BD14049號　四分戒本疏卷二　（29–25）

求雨浴衣半月應用浴若比丘過一月前求浴衣過半月前用浴尼薩耆波逸提 此隋
是戒文有三句犯全一用時節二過前求用違教結罪廣解中初句可知第二句言春
殘一月在求雨浴衣者春者西方法謂從十二月十六日後至四月十五日已還名春又至八月
半名夏又至十二月半名冬今言春殘一月在者謂三月十六日應求雨衣者比丘用
雨中浴言半月應用浴者律云四月一日應用浴第三句言若過一月前求過半月前用
尼薩耆波逸提是違教結罪文言過一月前求者為三月十五前求也言過半月前
用者謂三月盡日言尼薩耆者是捨也言波逸提是罪也下雜明文義多論雨衣
二益若天雨時若天熱時皆得鄣身洗浴覆閏（注三月前三月十六日不應求後三月十六日求不犯）者无罪若閏四月前十六日安居
者即日受雨衣用乃至七月十五日百廿日用以夏多雨濕熱故求有所惱故不得含閏
前求用无貪惱故聽含閏不得衣利多有長貪過故但五月雨衣利少用開含閏
祇中後四月十六日乃至八月衆中捨言大德僧聽今日衆僧捨雨浴衣如是三說餘用不犯
五分若過限不作餘衣受持淨施不施人者十誦律云若捨作餘用若著而浴若燒若
舉者並皆不犯
過前受急施衣過後畜戒廿八 此二戒共為一戒若過前受
或過後畜俱犯捨墮同由急施衣生是以須合若非急施安居未竟仏不聽受得吉
羅五分戒文仏既制竟後日梨師大臣請僧安居忽命征罰捨物施僧如安居法諸比丘
以安居未竟不能輒受仏為利益施主及濟比丘聽時前十日內受不犯吉羅自聖開
故知是急施過前而受仏為利益施主及濟比丘聽時前十日內受犯吉羅自聖開故
知是急施過前而受違逐雨教貪長受澤故得捨墮過前受罰緣具三一是急施
二過十日前而无因緣主領受便犯過後畜五緣成一是急施二知三十日內受而不作淨五
過限已下正明戒本此日六群比丘常乞衣受衣文跋難陁異受安居異受衣文大
臣為安居施仏因開而制戒 若比丘十日未竟夏三月諸比丘得急施衣比丘知是
急施衣當受受竟乃至衣時應畜若過畜者尼薩耆波逸提 此隋是戒文
有五句犯全一受衣時限故日未竟夏三月非急不聽故此第二句諸比丘下是急聽
受而受衣已下開時畜无罪三若過下結過後畜提下廣釋中初句可知第二
言十日未竟夏三月者律云謂七月六日已後十五日已前是受衣時限第三句言諸比丘得
急施衣當受受者是急聽受故律云若受便得不受便失故名急也衣者十種
第四言受竟乃至衣時應畜者是開時畜无罪故律云衣時者自恣竟不受
迦絺那衣一月受衣五月若自恣十日在得急施衣受已至一月五月畜乃至明日自恣
應受一月五日外更增九日第五言若過時畜尼薩耆波逸提者是結過後畜提
故律云得急施衣若過前若過後並犯捨墮已下雜明 問況尔長衣十日不說截十
日明相出便犯此急施衣七月六日受者十日无罪八十六日明相應犯何故乃言一月五

第四言受竟乃至衣時應畜者是開時畜无罪故律云衣時者自恣竟不受
迦絺那衣一月受衣五月若自恣十日在得急施衣受已至一月五月畜乃至明日自恣
應受一月五日外更增九日第五言若過時畜尼薩耆波逸提者是結過後畜提
故律云得急施衣若過前若過後並犯捨墮已下難明問況尔長衣十日不說哉十
日明相出便犯此急施衣七月六日受者十日无罪八十六日明相應犯何故乃言一月五
月應畜不犯　答長衣不与時尔相接者但有前開无其後開是以便犯此急施
衣十日受者是其前開八十六日後是後開相接越此尔許是以无罪不犯者律云不
過前受不過後畜若為賊奪衣失衣燒衣漂衣過前受不犯若作失等四想有險難
道路不通乃至何水大張若彼受比丘式死式行出等難故過後畜一切不犯
有難蘭若離衣六宿戒廿九　此戒同異如前已弁但前戒聚落請衣一宿即
犯此蘭若險怖過六夜犯前是常流人有德衣開此是有難又爲勝行不受德衣但
有迦提以非作故此二開限別緣有七一受持三衣二冬分非時故律云夏三月竟迦提月
滿三有極怖處四置衣在聚落五不捨會六无因緣七第七日明相出便犯已下正明戒
本此因六群比丘寄衣遊行同徒舉過仏便制戒　若比丘夏三月竟後迦提一月滿在阿
蘭若有疑恐懼處比丘在如是處住三衣中欲留一一衣置村舍內諸比丘有因緣離衣
宿乃至六夜若過者尼薩耆波逸提　此滿足戒本文有五句一者犯人二明非時分頭去
時分不犯三在蘭若已下有極怖處在如是處下開置舍內六夜一會五者若過下結
罪廣釋中初句言若比丘者義如上弁第二言夏三月竟後迦提一月滿者明非時
分故律云爲八月半後也第三言阿蘭若有疑者疑賊盜恐怖處者是有恐怖
是極畏處也故律云有疑者疑賊盜恐怖處者中有恐怖賊盜也第四言比丘
在如是處住三衣中欲留一一衣置村舍內乃至六夜已來是明開離衣限故律云若
有因緣離衣宿齊六夜得至第七夜明相未出前應會衣又多論云有病得僧
羯磨爲无過問外難何故定開六夜內因緣直作羯磨不局日限者何答外難進
否不可得知故須定六夜內病差否義在易知故以病差爲期不須定限若尔七日藥名
應差否易知而定言七答藥之功能七日一變七日內未有療患之功依藥勢力故定
七日如祇律說文寄著可疑俗人家五尔上三衣中隨所重者聽寄一衣不得寄下衣以
隨身敬礼拜入寺乞食不得單著但得寄一衣善見若防堅牢不須寄衣无者得寄
六夜一看見衣已還蘭若第五言若過者尼薩耆波逸提是過限結罪文開通如前離
衣戒說不犯中律云已寄六夜至第七夜明相未出前若到衣所若舍衣若奪等四相以若
道路險難不通不捨不至衣所不切不犯　迴僧物入已戒卅　制意者出家之士理遵

BD14049號　四分戒本疏卷二

（29–27）

否不可得知故須定六內病差否兼有易知故以病差為其不須定[illegible]
應差否易知而定言七日藥之切能七日一變七日內未有療患之切依藥勢力故定
七日如祇律說文云奇著可疑俗人家五分上三衣中隨所重者聽奇一衣不得奇下衣以
隨身故礼拜入寺乞食不得單著但得奇一衣善見若防堅牢不須奇衣无者得奇
六夜一看見衣已還蘭若所第五言若過者尼薩耆波逸提是過限結罪文開通如前離
衣戒說不犯中律云已奇六夜至第七夜明相未出前若到衣所若舍衣若棄等四相若
道路險難不通不捨不至衣所不切不犯　迴僧物入已戒卅　制意者出家之士理遵
少欲知足為雖聞他居士許欲施僧方便勸化迴來入已內長貪結外惱施主又復損僧
殊所不應是故聖制別緣有四一是許僧物二作許相三迴入已四領受便犯已下正明戒
本此戒因跋難陀起過似為制戒　若比丘知是僧物自求入已者尼薩耆波逸提
此滿足戒本文有四句一犯人二若知三許僧物四迴向彼便犯廣解中初句可知第二言知
者律云若不知是許僧迴者非犯第三言是僧物者律云有三種僧物一已許僧為僧故
作二未未許僧為僧故作如俗家為僧作床蓐器具供僧之物三已与僧者已許僧已
捨迴僧此三句之物迴有輕重初物犯捨迴第二物犯吉迴第三物犯重第四言求入已尼薩
耆波逸提者是犯罪句捨懺之法如上言何處果報多答言施僧若言倚者指戒清淨答言
无僧犯戒不清淨若言我已施僧令施尊者得受无罪若言此物置何處使我常見受
用答某甲比丘坐禪誦經持戒若施彼者長見受用四分律中明四對八句謂迴不入已故犯輕罪
二塔二僧相對二四方現前相對三僧尼兩眾相對四轉蘭上同類迴此与彼故言許異處故律
至若物許僧轉与塔許四方僧迴与現在僧許比丘僧迴与尼僧許異處乃至許異處迴与此
處一切吉羅並謂未決定若決別施随一前犯僧祇迴此彼畜生物越心悔但還物之中四
五十三律捨竟自用不須還僧以不定屬僧故祇律五數具迴僧對僧捨入僧已随
僧作何等用多見兩論捨竟還僧不還犯重了論迴僧所應得施入已應捨還大
眾故十誦多論云若擅越施此自恣僧物迴与彼自恣僧者物應還此比丘作吉悔
若還此僧計錢成重乃至此彼一人物迴亦成重准此定屬僧次迴与他人成重不犯中律
云若不知若已許作不許想若与惡勸与好若与少勸与多若許一人勸与多人若
悞若戲若錯說者並皆不犯　諸大德我已說卅尼薩耆波逸提法今問
諸大德是中清淨不　三說　諸大德是中清淨嘿然故是事如是持　此戒
結前卅捨墮亦通問諸戒中清淨法猶嘿然知清淨故言是事如是
持

四分戒疏卷第二

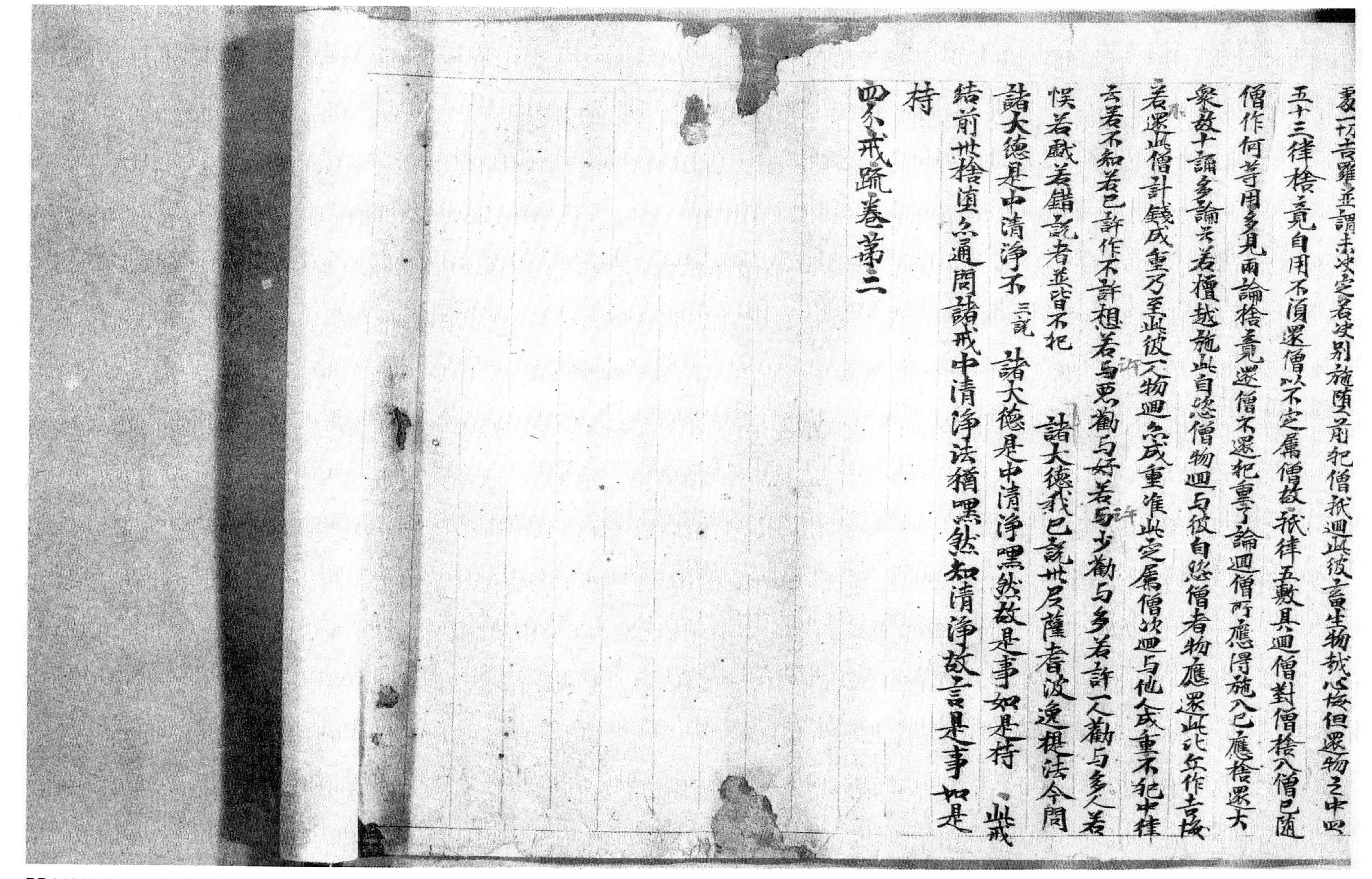

處一切吉羅並謂未決定者決別施隨前犯僧祇迴與彼畜生物越心悔但還物之中四
五十三律捨竟自用不須還僧以不定屬僧故祇律五數具迴僧對僧捨入僧已隨
僧作何等用多見兩論捨竟還僧不還犯重了論迴僧所應得施入已應捨還大
衆故十誦多論云若檀越施此自恣僧物迴與彼自恣僧者物應還此比丘作吉悔
若還此僧計錢成重乃至此彼人物迴亦成重准此定屬僧次迴與他人成重不犯中律
云若不知若已許作不許想若與更勸與好若與少勸與多若許一人勸與多人若
悮若戲若錯說者並皆不犯　諸大德我已說卅尼薩耆波逸提法今問
諸大德是中清淨不 三說　諸大德是中清淨默然故是事如是持　此戒
結前卅捨墮亦通問諸戒中清淨法猶默然知清淨故言是事如是
持

四分戒疏卷第二

BD14050號背　現代護首　（1–1）

BD14050號　四分戒本疏卷三

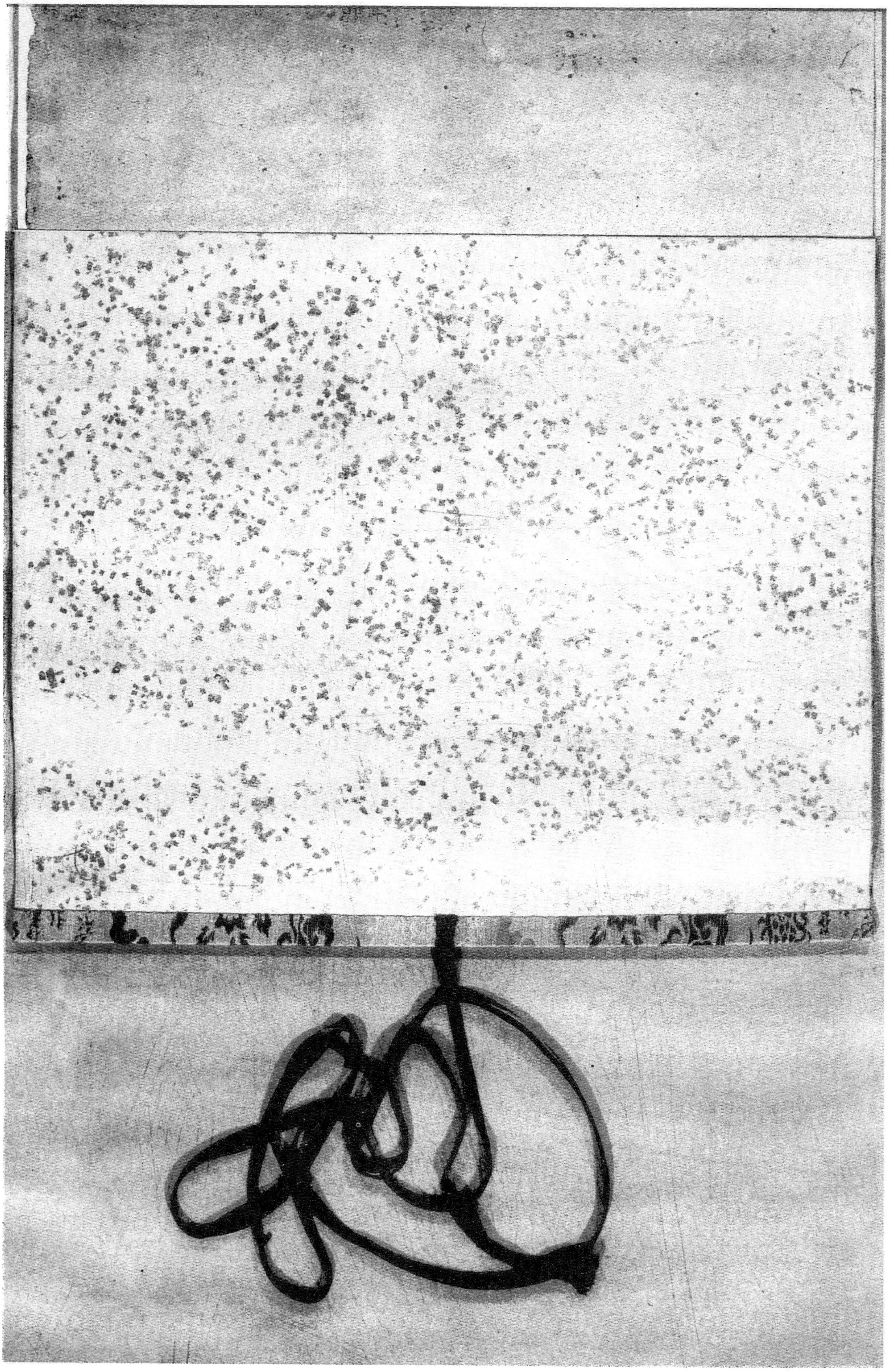

（41–1）

四分戒本疏卷第三

四分戒本疏卷第三　沙門慧述

諸大德是九十波逸提法半月半月說戒經中來　此明第三篇初標說儀次陳本戒後問清淨此是標又也　初約總相七門分別後乃別隨文解釋言總相者一約身口分別二約自他兩業三約遮性弁釋四就持犯五隨違制不同六約二部同異七就下衆任運　初身口者位有其三一有廿戒口業成犯二有卅一戒身業成犯三有卅九戒身口合犯口業者謂妄語毀呰兩舌同誦說麁實得道說法過五六語嫌罵輒教譏教十日暮恐怖疑惱發淨說欲不障拒勸學毀毗尼同羯磨悔与欲已悔无根謗等是　身業卅一戒者二宿殘數坐脫著覆為尼作衣尼坐過受別衆三鉢十非時殘宿不受外道食藥請三坐前二軍陳十刈非時食唱〻者豈非通名身業此一戒不餘類可知第三軍陣飲酒水戲過洗擊歷白色三衣二隨打搏突入一等是身口合犯卅九者位以為三第一有兩戒身口正作業並身犯謂屏露二數具若自教身作業若教人數口作業去時不自舉身正業不教人舉口正業出門界犯豈非共身犯第二有七戒口家正業共身犯謂覆藏麁罪見論身心犯見開作犯此是通名身業未即成罪若發露无過由口正不發露坂心地覆藏逕夜依犯是名假正業共身犯餘有六戒皆有口業作法本自无過由口正坂身作前事知

人敎口作業去時不自舉身正業不敎人舉口正業出門界犯豈非共身犯
第二有七戒口家正業共身犯謂覆藏麁罪見論身心犯見聞作犯此是
通名身業未即成罪若發露無過由口正不發露故心地覆藏逕夜係犯是
名假正業共身犯餘有六戒皆有口業作法本自無過由口正故身作前事即
得其罪謂背請別食二入聚輒著不與欲是等假口正業共身犯第三有業
口作共身犯於內位四一有十九戒自口作業假他身是中若論自作唯身心犯且
約敎人邊說如敎壞鬼神地言雖了了未即犯提要假前人身業壞地敎者方犯是名
自口作業假他身犯餘皆類然敎人壞生掘地牽他出房用虫水無事然火藏
他衣鉢然畜生驗他出聚飲虫水遣使持乞衣與尼提寶高床下次第七戒
此等戒是第二有四戒自身假他口謂讚食減年受戒不攝耳聽屏聽此等
戒知尚得提假羯磨竟餘者可知第三有五戒自口身假他身如四期索美食
第四有兩戒自身口假他口假異語嘿惱身口兩業假僧作白又須問故假他口
不受屏諫所作之事通於七聚豈非身口要假他諫作方得犯故　第二自作敎
他兩業者勸足一戒唯敎他業足食一戒唯自作業自他兩業不為二戒有廿一戒
有敎人同犯而不別互自他之異既知斯義位約為四一唯敎人謂勸足是第二
有十一戒自他俱犯謂掘地壞生二虫水然火藏衣鉢然畜生無根謗
提寶於中掘壞捉寶此三大護佛法故餘物境重故但使敎人一切同犯第三
有一戒敎人同不同謂屏露二敷持衣與尼高床下七敎人作此犯之有盡是同
犯若直敎人犯之無益但得輕罪第四餘有六十八中六十七戒自重敎輕足食戒但
自作業　第三遮性分別者卅是性餘悉輕遮其卅者謂妄毀兩麁異嫌殘棄
用虫驗諫恐然飲疑覆起說隨擯毀同欲悔聽打搏謗此等性罪餘並遮[illegible]
業四持犯者有十三戒具六二持犯謂五雙三隻如得羯磨一雙既為敎誡尼受
功德衣復有一雙不犯背別屬受入聚落作餘食法得無足食勸足足盡
戒作口法受不犯殘宿不受淨施問主無其輒罪如麁覆露僧事與欲此隻
使命三戒由聖制聽作其口法若順聖教作敎作口法受作此十三而無罪過名為
作持止不作法而身作事有違名為止犯據作事邊復名作犯此上止作二犯業異體一而
名異別若止法止事名為止持作持止持名體各別並可作法作事望作法邊即
是作持以作法故縱作前事而無作犯及卻作犯豈非止持此名體一名異餘一十七
單持犯中不攝耳作持止犯餘止持作犯如釋時不攝耳唯作持止犯十三少分作

僕舍十三戒由聖制聽作其六口法若順聖教作教作口法亦名作與十三而无罪過名為
作持止不作法而身作事有違名為止犯據作事邊復名作犯此上止作二犯業思體一而
名是別若止法止事名為止持作持止持名體各別各可作法作事望作法邊即
是作持以作法故縱作前事而无作犯及却作犯豈非止持此名體一名異餘十七
單持犯中不攝耳一作持止犯餘止持作犯如釋時不攝耳一唯作持止犯十三少分作
持止犯餘十七十七及十三少分通論八十九止持作犯七持品別也如上并　第五違制不
同者異語說欲及以二隨此違僧制餘違佛制通而言之並是佛制但諸羯磨
要須僧秉若不作此羯磨法作无所違故言違僧制得罪　第六二部同異者
三種不同一有三戒有无不同謂輒教日暮獨教戒師大僧則有尼无可知有十三戒
輕重不同謂食三衣五坐一行三牙角鍼筒大僧彼重尼飛戒輕多以大僧數故
彼重尼希故輕謂讚食勸足索美食三与尼衣作衣三過重是衣五三有五
戒犯同緣異謂背請足食犯同而制緣不同各可離合不同与外道食犯雖是
同与緣不同一藏年處戒緣同不過重浴衣坐犯緣兩緣不同各可名字不同
此等俱得提罪名為犯同緣有異故下尼律云別制不同之義全文中解餘以
同故全尼法中直列戒本此住言於中細論如覆藏僧覓尼狹或有壞界翻到隨
義有異如兩舌鬪諍二宿過五六語等反說可知　第七任運者前自他四住第
二第三教人犯中廿一戒除屏露二數餘十九戒容有任運餘未可知也下隨文解
釋　故妄語戒第一　一制意者然出家之人理宜稱實寧喪身命終无虛
謀今反違心背想欺誑前人化虛解自失正利過患之甚是以聖制　二釋名者言
不稱實所以名妄彰之在口曰語无心不犯故曰故妄語戒　三具緣通緣如上別
緣有六一人二作人想三違想說四知違想語說五口言了了六前人聞知四辯緣比
說可知多論妄語兩舌惡口惡作四句或有是妄語非兩舌非惡口傳他語時
不實故是妄語不亦離心非兩舌綺語說故非惡口第二是妄語是兩舌非惡口
不實故是妄亦離心故是兩舌綺語說故非惡口第三是妄是惡口非兩舌第四
具有三下鬪諍兩舌作法名有四句類說可知也下正明戒本此戒因烏力比丘善能
談論与外道議前後語異梵志譏嫌比丘舉過佛便制戒若比丘知而妄
語者彼逸提此諸足戒本文有三句一者犯人二故妄語三違制結犯初句可知第二
言知而妄語者於中文三一明妄語境二弃誑人犯義三前後方便多少言妄語境者
有其八種一見言不見二聞言不聞三觸言不觸四知言不知餘四反上可知此是妄
語境言第二犯義者眼見者識能見知者乃至意能知不見者除眼識餘

謗論与外道諍前後語異梵志譏嫌比丘舉過佛便制戒若比丘知而妄
語者波逸提　此諸是戒本文有三句一者犯人二妄語三違制結犯初句可知第二
言知而妄語者於中文三一明妄語境二辨諸人犯義三前後方便多少言妄語境者
有其八種一見言不見二聞言不聞三觸言不觸四知言不知餘四反上可知此是妄
語境言第二犯義者眼見者識能見知者乃至意能知不見者除眼識餘
五識是類反言第三方便多少者於中有四初三時有心本作妄語念時憶是
妄語〻〻知是妄語第二第三名有兩句二時有心一時无心第四一句三時无心第三
言波逸提者犯名若三時有心妄語者皆得根本提罪次有兩句二時有心一時
无心者未句根本有心前後无心此四並提前後有心根本无心前一有心後二无
後一有心前二无心此三得吉如律廣說第四一句三時无心悉皆不犯又律云所見
異所忍異所欲異所觸異所想異所心異如此諸事皆是妄語言所見異者
行心之中見於常狼言見佛像是言所忍異者領納違境妄心皆受名之為忍
對他樂受異本所忍故曰所忍異言所欲異者緣於財色悕須名欲即言欲
得聞法故曰所欲異言所觸異者坐禪行中實得參觸言得熟觸是名所觸
異言所想異者无生異想言有親想故曰也言所心異者行心緣此若言緣
彼故云所心異皆得異皆得提罪又律云說戒時乃至三問憶念有罪而不發露
者犯墮妄吉羅　僧祇屠兒等逐畜生問言見不不得妄語不得不處應別餘
事乃至看自指甲應方便引接令畜生遠去如是方便无犯十誦若語高佳
人云是下佳者犯墮若語兩眼人云汝一眼得妄語提又輕慢比丘故提若語一
眼人云汝是瞎眼人得輕慢他罪又明五種妄語從東至吉是今約此戒曰果三種若起心欲
誑前人得責心吉若發言前人未解得對首吉若言了前人解即得提罪不
犯中律云但稱想說見言見不見言不見乃至知等八種皆不若意有見想
便說者皆不犯　毀呰戒第二　一制意者然夫人之法宜出善言遍相讚嘆令彼
歡喜勇進修道反以下賤之言形呰前人令彼慚愧廢脩正業傷切人心甚於
刻割惱處不輕故所以聖制　別緣有六一天比丘十誦五分毀下四眾皆吉二是毀呰
語三知是毀呰語四作折辱意五言彰了六前人聞知此毀語並有四句比前
而說也下正明戒本此戒曰六群比丘斷事種類罵彼惡夫前後慚愧不語比丘
舉過佛引古來以譬畜生得毀不堪進力等便制此戒　若比丘種類毀呰語
者波逸提　此滿足戒本文有三句一犯人二毀語三結犯初句可知言種類毀呰者
於中有二初引六惡法次明所罵事言六惡者如律中說種類一種卑二姓卑三業
卑四相根卑五犯過卑六結使卑言種卑者汝是卑家生言姓卑者汝是下賤人

舉過，仏引古昔以譬畜生，得毀不堪進力等，須制此戒。若比丘種類毀呰語
者波逸提　此滿足戒本文有三句：一犯人，二毀語，三結犯。初句可知。二言種類毀呰者，
於中有二：初引六惡法，次明所罵事。言六惡者，如律中說種類：一種卑，二姓卑，三業
卑，四相很卑，五犯過卑，六結使卑。言種卑者，汝是卑家生。言姓卑者，汝是下姓人。
言業卑者，汝是伎術工巧人。言相很卑者，汝是盲瞎等人。言犯過卑者，汝是犯
過人。言結使卑者，汝是多結使人。第二所罵事者有三：一若面罵，二喻罵，三自比罵。
言面罵者，汝是除糞家生等。是言喻罵者，汝似除糞種等。言自比罵者，
我非除糞種，乃栽非販賣、煞牛羊、跛躃人等。文作善法罵忽三種面罵者，
汝是阿蘭若、坐禪等人，餘二例知。第三句言波逸提者，是結罪文。犯輕重有二異：
種惡法罵比丘者，皆得提罪；二以善法三種罵者，並犯吉羅。就惡法罵中，若
罵比丘及父母者，得提罪；若罵和上、闍梨，得蘭；若罵親罵親友同學等，吉羅。
云比罵外天加是中有如是人，忽犯，謂小姓比丘與大姓者同住，云此中有小姓比丘。
不犯者，律云：若為相利故說，為法故說，為教授故說，為親友故說，戲笑說，或
因語次說，或失口說，或獨處說，或誤說，皆不犯。　兩舌語戒第三　制意，夫出家同
住，无心生別，專精私屏，傳於彼此，令僧未有淨事而生，已有淨事不可除滅，亂
僧衆，損壞處重，是故聖制。別緣有六：一善大比丘，除餘衆及破僧助伴等；二說
鄙惡事；三傳於彼此；四作離意；五言章了；六前人聞知。論云鬪亂大比丘，提；餘衆
罪輕，以鬪比丘容有別部破僧事起，為斯故重。忽有四句，比前以說。已下正明戒本。
此戒因六群傳他彼此，令衆鬪淨不能除滅，比丘舉過，仏引野干鬪淨二獸，況復
於人，須為制戒。若比丘兩舌語者波逸提　此滿足戒本文有三句：一犯人，二兩舌，三
結罪。初句可知。二言兩舌語者，鬪亂兩頭，令他破也。故律云：鬪亂十衆，出家五衆、
在家，忽不。三言波逸提者，是結犯文。律云：若鬪亂比丘者，犯提；餘九並稚，祇云並
法吉。言某甲說汝是，无有上下法，欲令他離，若彼離不離，皆隨多論說以
不說，隨若不傳彼此語，但兩邊說合離散者，一切吉羅。不犯中，律云：若破惡知識、
惡伴黨、和上同師親友知識，於僧塔廟作无利欲方便，作无義破，如是人者，一切
无犯。　共女人同室宿戒第四　制意者，男女形殊，理无同居，接界交涉，容生穢
染，又致譏醜，莫能自拔，出累不輕，是故聖制。別緣有五：是人女，二室相成就，三共同
室宿，四知共宿，五隨臥轉側結罪。言人女者，四五二律局取人女，人間餘女前果，男等
但是人女，不問道俗、親疏、大小，乃至初生，且除死女也。祇十三律通三趣女，謂祇
中云母女姊妹、大小道俗，咸是犯境。十律云三趣女共宿並犯，若駝馬牛羊，若卧若立

染又致譏醜莫能自袪患累不輕是故聖制別緣有五一是人女二室相成就三共同
室宿四知共宿五隨卧轉側結罪言人女者四五二律局取人女人間餘女畜果男等
但是人女不問道俗親疏大小五分乃至初生具除死女也祇十二律通三趣女謂祇
中云母女姊妹大小道俗咸是犯境十律云三趣女共宿並犯若駝馬牛羊若卧若立
等鵝鴈孔雀鴿等若一腳五分乃至頂上即名宿犯乃至他舍有女人容猫子處
宿無犯四知共同宿者但宿即犯不同二行要須共期方犯五分若母女姊妹近親
病若有知男自伴不卧皆不犯此律下開自病不犯對病開之應五緣已下正明
戒本此戒因阿那律行路至婬女舍宿被女娆尊者昇在虛空中彼慚愧懺悔讚
得道比丘舉過仏須制戒若比丘與女人同室宿者波逸提此滿足戒本文有四句一犯
人二女人三同室宿四結犯初句可知第二言與女人者律云人女有知命根不斷三言同
室宿者室有四種一四周障上有覆即同在一堂內中有隔者准論不合二前敞
無壁即長行房簷下而敞有障三雖覆而不遍即周匝同院一門上通覆開
央四雖覆遍而有開處謂通覆障上少開明孔言宿者此等四室比丘與女人同宿
或女人後至或比丘後至或二人俱至若再卧隨脇轉側一一皆犯四言波逸提者是犯句於
中有二若與女人同室宿隨轉側一一犯提若與女人畜生若人黃門二根人同宿吉羅
若比丘晝日卧女人立者吉羅女人若坐犯屏墮多善二論若郡集堂同郭內淺
堂中有諸小房房雖各別以堂同故猶是一房若多房共一房並犯乃至畫一戶決
皆犯十誦若在堂中通夜坐者不犯必應多共處有明不瞑者祇云一房別戶有隔無
犯若大會通夜說法露地風雨寒雪欲入房內應端身直坐若老病不能坐者當
施隔不得用疎物高齊肩眼下至地不得容猫兒過若無隔者女人可信應語女人言
汝先眠我坐比丘欲眠語令起我欲眠汝莫眠若眠者汝無福德多論與十女宿得
十墮一一轉各各得十墮若白衣舍與女人並房不閉户吉羅不犯中律云若先不知室
內有女宿若不成室相若行若坐若病若為強力所捉若為人所縛若命梵等並
無犯與未受具人同室宿過限戒第五　制意者凡道俗路乖情事相反焼習未
閑事多相挍近則生爆乱道癈業故宜別處存道益敬為是故須制然出家
之人栖止無定事有遊行投人止宿存形濟命又沙弥雜俗弟蔭在此處無所依
須眷接是以開聽限期二宿然禁則防其過開則通其益開制之宜理所應然別
緣具五一未受具人男子謂去女人以仏不聽與女人同室本不開二夜何有過三言
故伽論云以二夜共沙弥宿第三夜共女人宿得二提罪二室相成就三共同室四知
同室五隨過三夜犯提已下正明戒本此戒文三初句略制二緣制隨開二夜三夜後廣

之人栖止无定事有遊行援人止宿存形濟命又沙弥雜俗菩薩在此處无所坐事
須眷接是以開聽限期二宿然禁則防其過開則通其益開制之宜理所應然別
緣具五一未受具人男子同去女人以仏不聽与女人同室本不開二夜何有過三二者
故伽論云以二夜共沙弥宿第三夜共女人宿得二提罪二室相成就三共同室四知
同室五隨過三夜犯提已下正明戒本此戒文三初句略制二釋制隨開二夜三夜後廣
制言略制者因六群共長者同室宿中有比丘亂心睡眠形露為彼調弄仏制不聽共宿
言緣隨開者依因羅云開聽二三問仏故不聽与未具人宿驅出羅云是順教何以呵言
癡人无慈不護我意養夫為弟子有事之時理須諮啓仏因事開聽不駈出非弟子
之儀无慈之甚是以仏呵癡人无慈親是仏子尚不慈念豈況餘人寧有慈愍
五分仏呵癡人云何野干駈逐師子讚嘆持戒因聽共未受具人二宿言第三盡料
者下所弁是　若比丘与未受具戒人共宿過二宿至三宿波逸提　此滿足戒本
文有四句一犯人二未受具人三宿過限四結罪　初句可知二言未受具人者除比丘比
丘尼餘未受大戒人是三共宿者律云同室宿有四種如前所明於中四句差別
一人一室異二室一人異三人室俱四人室俱異此等並是共宿中攝言過二宿至三宿
者是開限律云共宿至三夜明相未出應起避去若至第四宿若自去若使彼
去若不避明相似應明相出至第四日且即犯一提若避明相且時未犯於第四夜隨宿
轉側一一提罪今戒本中直對不避明相違法邊而結故言過二宿至三宿提若避
明相過三未犯第四夜祇若三夜犯竟未懺悔无二夜開隨宿宿結罪若懺竟得開
二夜十誦通夜坐若病得与沙弥過宿病人臥者開餘不病比丘不應臥四言波逸提
者是犯名母論云若至第三夜比丘无去處者不應臥坐至明相現若至第四宿
又无去處明相欲現時若自去若遣彼去若不尓者皆犯提罪若与非人畜生男
共過三宿一切吉羅餘不犯緣並同前戒　共未受具人同誦戒第六　制意者多
論四種義故仏制此戒一為異外道故二為師与弟子位別故三為分別言語明了
故四為依實義不貴音聲故　別緣有五一是仏所說法二字句味三未受具人四音聲
同誦五言說了了須犯　已下戒本此戒因六群比丘与諸長者在講堂高聲同誦
經語擾亂坐禪比丘仏須制戒　若比丘与未受具戒人同誦者波逸提　此滿足戒本
文有四句一犯人二未受具人三同誦四結罪前二句可知三言同誦法者誦謂名文齊
不後同時而誦或抄前抄後二誦皆名同誦所言法者仏所說聲聞所說仙人所說
諸天所說皆是正法四言波逸提者是遠犯罪故律云若聲聞弟子餘人等說
為仏印可即名為法此法若抄前抄後而說皆犯提罪故律云共誦者謂誦句

……未受具戒人同誦者波逸提　此滿足戒本

又有四句一犯人二未受具人三同誦四結罪前二句可知三言同誦法者誦謂名句字前

不後同時而誦式抄前抄後二誦皆名同誦所言法者佛所說聲聞所說仙人所說

諸天所說皆是正法四言波逸提者是遠犯罪故律云若聲聞弟子餘人等說

為佛所可即名為法此法若抄前抄後而說皆犯提罪故律云共誦者謂誦句

義句味字義非句義而名不言句義者二人齊誦聲同句表行理閑為句義犯

提十誦云齊聲句異者羅言非句義者前人說諸惡莫作未竟後人抄前言諸

惡莫作決前人言教表正行不圓故曰非句義名犯提罪以同聲相棲故言句

味者句表无常理閑有資神之益名曰句味抄棄前言表理不閑无資神之用

故曰非句義言字義者齊聲同誦表名體理圓名為字義抄棄前言名體

不圓故曰非字義見論云一切律藏阿毗曇修多羅是佛所說後五百羅漢結集

此法同誦並犯提罪十誦隨一品一章一段各得提罪若自以己意撰集文字乃至

俗書非佛所說故无罪不犯中律云應言我說竟汝說若一人誦竟一人書若三

人同業同誦若錯說彼此皆不犯　向未受具人說他麁罪戒第七　制意者出家僧

衆理宜清顯善名外彰生人信敬以比丘麁惡之事向俗人說前人聞之於彼僧

寶情生薄賤失其敬信崇重之意損壞處深故須聖制　別緣有七一是比丘

尼二犯初二篇罪三知犯麁罪四无僧法開五向未受具人說六言辭了了七人前聞知已下

正明戒本此戒因六群比丘向白衣說犯僧殘比丘過彼犯者聞聲慚恥乃餘比丘白佛佛制

戒若比丘知他比丘犯麁惡罪向未受大戒人說除僧羯磨波逸提　此滿足戒本者

有五句一犯人二知麁罪三未受人說四除僧羯磨五結罪初句可知第二句言知他犯

麁罪者律云犯初二兩篇名為麁惡罪第三句言向未受戒人說者律云除比丘

比丘尼餘人是第四句言除僧羯磨者是開限又第五句言波逸提者是遠犯罪

故多論云寧破塔壞像不說他麁罪若破佛塔其罪有限說他麁罪破壞法身

罪同五逆故律云不問前人有罪无罪衆僧不作羯磨向一人說一一皆墮五分尼

向白衣說僧伽不小小罪過皆墮僧祇若人問言某甲比丘犯婬飲酒答云彼自當

知除上二篇說餘罪一一犯吉又若說名字若種姓若衣服若房舍若相貌皆犯

提罪說下三篇得吉若自說罪麁不犯吉羅不犯者若不知若僧差若非麁罪

若白衣先已聞皆不犯非不有小罪　實得道向未受具戒人說第八　論云二義制

一為大人法故理宜功德覆藏諸惡發露今自說德行須匿罪過非大人之法二

自顯聖德則賢愚有異前人之聞偏心尊敬失於平等淨善之心是故聖制

別緣有五一內有實德蠲去增上慢人憶虎不犯二自言已有三向未受具人說四

提罪說下三篇得吉若自說罪應名犯吉羅不犯者若不知若增差若非應相
若自表先已聞皆不犯非不有小罪　實得道向未受具戒人說第八論云二義解
一為大人法故理宜切德覆藏諸惡發露今自說德行濫匿罪過非大人之法二
自顯聖德則賢愚有異前人之聞徧心尊敬失於平等淨善之心是故聖制
別緣有五一內有實德翻去增上慢人懷虛不犯二自言已有三向未受具人說四
言辭了了五前人聞知然後此戒不別有緣舉大妄語中或有實得者以制斯
戒此聖人制意不護反犯謂是制聖遮凡若比丘向未受大戒人說過人法
言我見是我知是實者波逸提此戒文有四句一人二前境三說已所得四結罪言
若比丘者義如上弁言未受具戒者除比丘比丘尼餘人是言過人法者是聖
所證法是言波逸提者是遠犯罪故十律云比丘實是四果四向或得四禪四空
或成就慈悲喜舍不淨阿那等說者皆犯提罪或見實諸天龍鬼來至
我所說者名提問說已得罪別更提所以現通但有吉羅答若論說義通凡聖
前虛實虛則過重實則德峻故別更提神通聖能天元有濫但得吉羅
問更境所對說七眾犯實除二具現神足唯二俗犯所以不同　答咸據過有
增微故此皆降然後此戒不別有緣舉大妄語中　與女人說法過五六語戒第
九制意者凡說法生善事須應時不請而說理無強授本無信敬情壞蒙謗
脫因斯次致興過非不免世呵又女人形身禍緣難過若全不說無由生善於法
長隔水論者海故復聽說五六語過則制犯別緣有六一是人女二知是人女三不請
四無有智俗人男子五言辭了了六過五六語便犯已下正明戒本此戒曰迦留陀夷結
前與見婦耳語說法便起譏謗佛便制斷後因請說故聽齊五六語及有智男
證聞過限說　若比丘與女人說法過五六語除有智男子波逸提此滿足戒
本文有五句一犯人二所為女人三說過限四除開五結罪初二兩句可知三言說法
過五六語者法者謂是如來親所宣說及諸天等所說皆名為法言過五六語者五
謂五蘊言色是無常受想行識亦復無我六謂六根言眼是無常乃至意亦無
常謂五至六過六至七故名過五六語四言除有智男子者是開緣律云智男子
者知麤惡不麤惡事多論解人情語可作證明故名有智男子中邊不同者
不聽必須俗人出家不得以事同故若盲若聾亦無二當人若眠亦名無人若識
亡歲若過不解好惡義味亦名無人知男子及上可是五言波逸提者是遠犯罪
律云若過已外說聲相接不斷一罪若句句斷絕說句句提罪五分為說五六義往
坐起去更有因緣還坐為說不犯若五六語義為後女人說如是相因為無量
女人說不犯及上[illegible]

者知麁惡不麁惡事多論解人情語可作證明故名有智男子中邊不同者
不聽必須俗人出家不得以事同故若盲若聾瘂與二當人若眠無名無人若減
七歲若過不解好惡義味無名無人知男子及上可是五言波逸提者是遠犯罪
律云若過已外說聲相接不斷一一罪若句句斷絶說句句提罪五分為說五六義從
坐起去更有因緣還坐為說不犯若五六語竟為後女人說如是相因為無量
女人說不犯及上即犯若辭句不了了犯吉若向非人畜生說無者不犯者律云若緣限說
若知男子前過說若無男子請麁廣說若受五戒說五戒法受八關齋法乃至其人
聡明持生疑問隨問廣說皆得無犯　掘地戒第十　多論三種益故不聽掘地壞生
一為不惱衆生故出家慚愧宜然物命二為正誹謗故三為大護佛法故若佛
不制此二戒者國王大臣役使比丘由佛制故王臣自止不復役使得令靜緣脩
道發智斷惑是名大護　別緣有五一是生地二作生地想三自掘四使人掘時不
作知淨語五隨傷損犯也下正明戒本此戒因六群為脩治講堂故自掘地壘
譏嫌比丘舉過佛為制戒　若比丘自手掘地若教人掘者波逸提　此滿足戒本文有
三節一自掘故略制二教人掘時不行知淨前制非圍天復續結三滿足戒本文有
五句一犯人二自作業三所傷地四教人業五結罪　初句可知第二言自手掘者律云
若用鋤钁或椎打刀刺指掐抓傷　第三言地者律云若已掘地已掘者經四月雨
漬還如本見論生地無有砂石瓦礫純土是名生地若四分砂一分土此非生地自掘
無過　祇云地有二種一生二作生者大地作者有二基作者露地壁二上作者重
閣上露土是皆名所傷之地第四言若教掘者律云若不教言看是知是犯緣第
五言波逸提者是遠犯罪律云若比丘如上所傷之地若以用鋤钁乃至指抓損傷
及地上然火但使地作地想一切皆墮若使掘時不教看是知是犯吉羅　祇云若轉石
掃地驗牛欲使地平意傷如致脚一切犯提土塊一人不勝破者犯提畫地作字無提
若大小便時水手磨地犯墮若瓶器物木博瓦等在露地經雨已不得自取犯提
若純砂無罪　單沙得者　多論使淨人掘地作知淨語犯提教下三衆淨人掘不
作知淨語吉若三衆不為三寶利益因緣自壞土木吉羅　五分云又問若無淨人
聽比丘以水澆地摶草布上踐使成泥取用　祇云覆處地得自掘不犯者律云若
語言知是看是若曳木材若扶籬正及摶石取牛屎取崩岸地若鼠壞土
除經行處土及屋內土若來往掃地不故掘意一切不犯　壞生種戒第十一
制意如上犯緣無同此戒不別有緣舉前房戒緣中比丘自斫樹以為緣起
若比丘壞鬼神林者波逸提　此滿足戒本文有五句一犯人二壞業三鬼神四所傷

聽比丘以水澆地擲草布上踐泥成泥取用。祇云覆處地得自在不犯。者律云若
語言知是看是，若曳木材，若挾籬正反塼石，取牛屎，取崩岸地，若鼠壤土，
除經行處土及屋內土，若來往掃地不故掘，意一切不犯。　壞生種戒第十一
制意如上。犯緣亦同此戒，不別有緣。舉前房戒緣中比丘自斫樹以為緣起。
若比丘壞鬼神林者，波逸提。此滿足戒本文有五句：一犯人，二壞業，三鬼神，四所傷
之境，五結犯。初句可知。二言壞者，律云若斫若截若墮若落，並名為壞。三言鬼神
者，律云非人是也。四言村者，一切草木是鬼所依，名村。十云村者，蚊蝱蛺蝶蟻子諸蟲
之為舍。律云村有五種：一謂根種，二謂枝種，三謂節種，四謂覆羅種，五子種。
生種雖有五，合則是三：第一種根生，二種枝生，三種子生。又根種不假節生作根
種之名，根中假節生者作覆羅種之。又枝種亦二，枝中不假節生者作枝種之
名，假節生者作節生之。曰子子種中當體立一，始終差別離成有五，合即是
三。此等皆名所傷之境。五言波逸提者，是遠犯罪句。故律云若此五生種，就地離
地，以刀刃并餘物壞者，皆名壞村而得提罪。祇云掘地壞草，衆曰不正者，一提。若草
間息，一一提也。又曰自壞、教地壞，俱墮。若打杙著生草樹上，若以火燃，並墮。若壞
多分生草木者墮，壞半乾半生吉。若不言知是看是，亦吉。因明淨生種法，祇云
根莖種以刀中破淨，節種者亦以刀破，又搯却牙自淨。心種者謂羅勒蓼等，柔
揣淨。子種者十七種穀脫皮火淨。通五種。又五果中，裏核種如棗杏之屬，命
淨去核食，火淨合食。火淨者謂生熟二棗合核。膚果種者，火淨合食，火畢鉢
棗椹梨柰之屬，若熟時落地傷如蚊腳者名瘡淨，去子食。穀裏種者，火
淨，椰子胡桃石榴之屬。檜裏種者，香菜蘿蔆之屬，未有子火淨。角裏種者，淨
法如檜裏，沙火小豆等也。准此，蒿中含子之草，應得火淨，但令相著即得淨法。
不坂律云：若以五生種擲著池井水中，火小依中，爽掃中者若飛犯提，若草中行欲令
死吉。傷如蚊腳提。問：打杙樹上隨打多少一一提罪，斂畜何不隨所得提，要待斷
命耶？答：草木有多生相，故隨壞處皆障，一分生不起，是以隨壞得罪。畜生報者
一假名命，要斷方犯。律云不犯者，若言看是知是，若斷乾枯草木，若於生草木
上曳材曳竹，正籬障，若撥墼石，若取牛屎，若生草覆道以杖披遮令開，若記
石按之而斷傷草木，若除經行地土，若掃經行地，若以杖築地而誤撥生草木斷
者，並皆不犯。　異語惱僧戒第十二　制意者，凡身口業得威而離，制過不至重。惱衆
非輕事，須衆僧作法呵制，仍作不止，遠法惱僧，其過不淺，故隨得罪。別緣有五：
一身口業，二數惱不止，三作白呵制，四僧法如喚，以五天作依犯。乙下正明戒本。此戒条
作制前未有僧命衆法[illegible]

石種之而斷傷草木若除經行地土若掃經行地若以杖築地而摸撥生草木跡
者並皆不犯異語惱僧戒第十二制意者凡身口業侍嫌而離制過不至重惱衆
非輕事須衆僧作法訶制勿作不正違法惱僧其過不淺故隨得罪別緣有五
一身口業二鼓惱不止三作白訶制四僧法如喚不五更作便犯之下正明戒本此戒未
作制前未有僧命衆法可違但犯小罪制後違者方犯提罪口業侍者作異語之名
身業侍者作惱觸惱之稱雖前後二結違制處同合為一戒口餘三過妄毀兩
舌惱壞事重直作即提此之侍者事似輕微惱衆不少故制方犯提如闡
陀比丘犯罪餘比丘問以別事答佛訶責作餘語白後訶惱僧喚來不來乃至
不應語而語又佛訶責作觸惱白因此制戒若比丘妄作異語惱他者波逸提此一戒
本文有三節初略制次隨結後滿足制持此滿足戒本句有三一犯人二惱業三結罪
初句可知二言妄作餘語惱他者於中分二初僧未白前妄作餘語者律云餘語
者汝向誰說為說何事為論何理為我說為餘人說我不見此罪如是語者犯
吉羅僧白已如是語者犯提二惱他者如律中說僧喚來不來乃至不應語而語
未作白前如是惱者得吉羅若白已作者犯提三言波逸提者是違犯之罪
律云如上惱僧者一一犯提若上座喚來不來者突吉羅不犯者重聽不解前語有
參錯便言汝向誰說為論何事乃至我不見此罪若欲作非法無利羯磨不與和合
喚來不來不犯若為非法羯磨若不欲知教言莫來便來不犯若一坐食若
不作餘食法食若病喚起不起不犯若命難梵難教莫起便起不犯若惡心
問不與說若非作法事便語者若小語錯誤一切不犯又見云具成聞僧罪無者得
嫌罵戒第十三　制意者凡僧務事廣處之不易故簡倫德之人如法料理宜應
讚歎令彼勤營反壞慈與敦言嫌罵令彼主惱廢營僧事損壞不輕是故須
制次釋名者見而不聞處說有愛恚名嫌聞不見處名罵雖前後二結同惱
知事合為一戒次辨具緣通緣如上別緣有六一是羯磨所差二知是所差
人三如法經營無愛恚等四說嫌罵語五言詞了了六前人見而不聞聞而不見便犯
制緣比說可知已下正明戒本此戒因慈地比丘於沓婆比丘所有根故齊眼見處
譏嫌餘比丘白佛佛訶制戒後又於聞處罵比事白佛乘前重制此戒故律云初
次隨後廣制若比丘嫌罵者波逸提此滿足戒本文有三句一犯人二罵業三結犯
初句可知二言嫌罵者律云嫌者謂面見不聞處謗言有愛有恚有怖有癡等
是言罵者背面耳聞不見處說罵三言波逸提者是違犯罪向此罵戒何別答前
非知事人此是知事人又前戒實不實犯此戒實不犯虛律云為處嫌罵者隨嫌隨
罵一一隨若不更上坐教嫌罵者吉羅律云不犯若實有其事恐後有[illegible][illegible]

者比丘嫌罵者彼遮提此滿足戒本文有三句一犯人二罵業三結犯
初句可知二言嫌罵者律云嫌者謂面見不聞處謗言有愛有恚有怖有癡等
是言罵者皆面耳聞不見處設罵三言彼遮提者是遠於罪问此罵戒何別前
非知事人此是知事人又前戒無實不無實犯此戒實不犯虛律云若虛嫌罵者隨嫌隨
罵一一墮若不受上坐教嫌罵者吉羅律云不犯者實有其事恐後悔恨謗令捨
義露僧言有愛恚等若戲若錯說者並皆不犯　露處敷僧卧具戒第十四
制意者多論云三義故制此戒一卧具是四方僧物皆是篤信擅越所施供僧受
用利益事應理宜賞護資身行道得安樂故二既施主之物詳心愛惜業存
愛用為令增長信敬之心三用助發舉俗僧物壞令受用功德及資施主善根
就彼為茲三益是以聖制　別緣有六一四方僧卧具二是僧物三露處自敷使
人敷為己受用五去時不舉自不教人舉六出門依犯十三出門卅九步犯五時乃
犯已下正明戒本此戒因六群比丘敷僧坐具忘去不收風塵所汙佛俟制戒
若比丘取僧繩牀木牀若卧具坐褥露地敷若教人敷捨去不自舉不教人舉彼
逸提此滿足戒本文有四句一犯人二是僧物三露己下正明受用四捨去己下結不舉
之罪一言若比丘者義如上弁二言取僧物者律云僧者謂四方現前僧二言物者繩
床有五旋脚直脚曲脚入梐无脚木床亦有五種如上所說卧具或用坐或用卧坐褥
者擬常用坐此等四種皆是僧物三言露地敷若教人敷是其露地受用四言捨
不自舉不教人舉彼逸提者是不舉之罪律云若比丘敷僧物已而不收舉出寺
時不囑知事者出門依犯隨若方便還悔者吉羅若二人同坐下座收不者犯罪
上坐犯一提若俱不收二俱墮彼論云上座與下座同一牀座下牀謂上座收置上座不
收下座犯提及吉上座意謂下坐當收下坐義不收上座犯提二人不前不後俱不
收二俱得提若露敷僧物而入房思惟吉五分見僧卧具在露地以不自敷不使
人敷故而不舉亦墮到尼寺敷尼僧卧具不舉亦提又俗人家會借僧卧具食
訖比丘不舉亦墮祇云若行路中換乱草坐已去時衆己當去多云露地敷已不
囑人遊行諸房去不犯者律云若取僧物露地敷去時語知事人令知若无僧當
舉著屏處若无屏處必知不失當持無者覆好者上若即時還依應隨雨
中疾及時還應往彼次第作是方便應去若不爾者初出門即犯提罪　屏處敷
僧卧具戒第十五　制意同前六緣成犯一是僧物二知是僧物三屏處四為己敷
用五去時不舉六過限依犯已下正明戒本此戒因客比丘在邊房敷卧具宿去
時不語知事卧具爛壞蟲齧色變佛俟制戒若比丘於僧房中敷僧卧具若自敷若
教人敷若坐若卧去時不自舉不教[illegible]

中疾及時還應往彼次第作是方便應去若不作者初出門即犯提罪　屏處敷
僧臥具戒第十五　制意同前六緣成犯一是僧物二知是僧物三屏處四為己敷
用五去時不舉六過限次犯也下正明戒本此戒因客比丘在邊房敷臥具宿去
時不語知事臥具爛壞虫噉色變佛依制戒　若比丘於僧房中敷僧臥具若自敷若
教人敷若坐若臥去時不自舉不教人舉波逸提　此滿足戒本文有五句一犯人二
屏處三用僧物四為己受用五去時也下結不舉罪比丘義如上僧房者屏處僧
臥具者謂繩床木床上褥蓐坐具下至臥褥四云若自敷若教人敷者為己受
用故五云去時不自舉不教人舉波逸提者不舉之罪律云彼去時應語舊住
云與我牢舉若无人不畏失當移床離壁高枝床腳持褥蓐臥具置累以
餘重覆若恐壞敗取臥具等置衣架上豎床而去若不作如是出界犯隨欲去還
悔去羅若即日還不久聽二宿界外第三宿明相未出若自至房中若遣使至語知事
人囑護不者明相出犯不犯者作如上方便或水陸道斷命梵等緣者開鍵
數臥具戒第十六　制意者然物有限事局彼此情同則我為彼有意偪則次進遣
然知先得住處者不等量輒依於中強敷臥具共相逼迫非出家之式故佛所制
別緣有六一先得住處安止也定二知他先住三作從彼意四強敷臥具五无因緣謂无
親舊人及病與二難等緣六隨臥犯提也下正明戒本此戒因六群比丘物十七群比丘
故佛制斯式　若比丘知先比丘住處後來強於中間敷臥具止宿念言彼若嫌迮
者自當避我去作如是因緣非餘非威儀波逸提　此滿足戒本文有四句一犯人二他知
先得住處三後來下強敷相惱四作是下結非威儀罪初二兩句可知三云強於中
間敷臥具者中間者若頭邊若腳邊若兩脇邊是敷臥具者若草敷葉敷下
至地敷臥氈四云作如是因緣者謂作故惱因緣云非餘者非病等諸緣故云
非威儀者數顯其過云波逸提者是犯罪如律所云知他先得住處後來強於
中間敷臥具止宿隨轉側脇著牀結犯　十五若為惱他故開戶然火藏火若唄咒
願讀經說法隨他不樂事作一一隨不犯者律云若先不知若語已住先與開異
間寬不相妨惱若親舊教言但敷我自語主若倒地若病轉側墮上若命梵
等難一切不犯　牽他出房戒第十七　制意者然四方僧房眾人共有理无偏廉
先耕理安止也定後來之徒宜共受用瞋心牽出自壞惱他淨覺之本損處
不輕是以須制　別緣有六一四方僧春冬房二先至安止也定三作惱亂彼意四
瞋心牽出五无因緣為舉等不犯故六隨出門次犯也下正明戒本此因六群比丘
共十七群道行至小住處十七群先入寺掃灑房舍令淨六群知彼得好住處逐
牽出房比丘舉[illegible]

究料理安正也室後來之徒宜共受用瞋心牽出自壞恐他諍競之本損處
不輕是以須制　別緣有六一四方僧春冬房二先至安正也室三作恐亂彼意四
瞋心牽出五無因緣為舉等不犯故六隨出門便犯也下正明戒本此因六群比丘
共十七群道行至小住處十七群先入寺掃灑房舍令淨六群知彼淨好住處遂
牽出房比丘舉過以制戒　若比丘瞋他比丘不喜僧房舍中若自牽出教
人牽出波逸提此滿足戒本文有四句一犯人二內心瞋恚三是僧房私房不犯四若
自也下牽出結罪前三句可知第四言自牽出至波逸提也來是違犯罪故律
云隨所牽多少一一皆犯若牽多人出一戶多提若牽一人出多戶提若遣一人出
戶一提若牽多人出多戶多提五分若後屋牽至前屋前屋牽至戶外戶外牽
至庭中庭中牽至庭外一一犯提若持他物擲著戶外閉他戶外並吉羅云牽他出時
若抱柱捉戶倚壁一一提若可以隨語一一離一一提若嗔蛇鼠驅出越若云此無
益物驅出無罪十五若喜斷眠應去經行不能經行應起屏處不應恐他五分
若降伏弟子而牽出者不犯若將不喜人來欲令自出之不出吉羅牽下四衆
多善律云不犯者無嗔恨心隨次出共宿過限遣未受具人出若破戒見威儀為
他舉及擯應因此故有命梵難驅出並皆不犯　問前房制親不簡淨穢此戒局
淨不除親者答前是他物屬先住者親則無強非僧住處故不簡淨此是僧房
淨有共住不淨無共驅出無犯　重屋上坐脫腳牀戒第十六制意者凡事宜
審危險須慎重屋薄覆脫腳之牀放身坐臥容有墜墮傷於下人恐處不
輕是故聖制別緣有四一重屋二薄覆三脫腳牀四放身坐臥也下正明戒本此戒
因因房重屋比丘起過制此戒　若比丘若房若重閣上脫腳繩牀木牀若坐若臥
波逸提此滿足戒本文有四句一犯人二重屋三脫腳床四坐臥結犯初句可知二若房
者謂僧私兩種房重閣者謂立頭不至上三言脫腳牀者律云脫腳者謂腳入
梐四言若坐若臥律云隨脇著牀隨轉側一一言波逸提者是違犯罪律云比丘如上坐臥
者隨轉側一一犯提除脫腳牀外坐獨牀或一板牀浴牀一切吉羅不犯者律云若重屋
板覆頰木作花覆若厚覆若板牀坐若脫腳坐若腳安細並不犯　用虫水戒第
十九制意者菩薩濟物命道之正要知水有虫而故受用將損物命違甚菩道為存
自業所為無理事是非輕故所以制別緣有四一是虫水二知有虫水三不作濾法四隨用
犯也下正明戒本此戒因闡陀比丘起過屋虫水和泥居士譏嫌佛使制戒若比丘知水
有虫若澆泥若澆草若教人者波逸提此滿足戒本文有三句一犯人二犯業三犯罪
比丘者義如上釋也下二句可知故律云若不知水有虫無罪知即犯提一言虫水者濾囊

自費不為無理事是非輕故不以制別緣有四一是蟲水二知有蟲水三不作漉法四隨用
犯也下正明戒本此戒因闡陀比丘起過屋蟲水和泥居士譏嫌佛依制戒若比丘知水
有蟲若澆泥若澆草若教人者波逸提此滿足戒本文有三句一犯人二犯業三犯罪
比丘者義如上釋也下二句可知故律云若不知水有蟲無罪知即犯提一云蟲水者漉囊
所漉肉眼所見十云眼所見漉囊所漉若用此水隨蟲多少一一犯提 祇云用未一息一
提隨息多少一一得提四分云若以草土擲蟲水中若蟲酪漿清酪若清麥漿若
酢有蟲以澆泥草若以草土擲中一切皆隨一教人亦同五分云隨用蟲一一墮律云若草
土擲蟲水中隨河池中魚蟲一一提大集云畜生身細猶如微塵十分之一及生大者百千
萬由旬 祇云細故應作三重漉猶有者捨去故多云若作注處究應看水用之漉羅
著器中向日細意諦看若故有蟲者應二三重作漉羅若故有蟲此處不應住四
分雜法揵度中云無漉囊不得半由旬行若無漉囊應用衣角漉水律云不犯
若不知有蟲若作無蟲想若大以手動水令蟲去若漉水用若教人漉用不犯
覆屋過三節戒第廿制意者凡物有限事式為要貪不知量重覆不止令屋
崩倒損壞切業譏過不輕是以聖制別緣有四一自為己作屋二使人覆三重三節未
竟不離見聞處四第三節竟即犯也下正明戒本此戒因闡陀比丘起房重覆不止
便摧居士嫌言施者雖無厭受者應知足佛隨制戒 若比丘作大房舍戶扉窗
牖及餘莊飾具指授覆苫齊二三節若過者波逸提此滿足戒本文有四句一犯人
二作房法式三指授也下明限四過結罪一云比丘義如上弁二云作大房者多用財物
及餘莊飾者剎鏤彩畫三云指授覆苫者覆有二種一者縱覆二者橫覆二云齊
二三節者是明限律云齊三節未竟指授無犯四云若過波逸提者是過限之罪故
律云若比丘指授三節未竟自不見不聞處若不至不見聞處者即犯提罪若五雜
見聞處犯吉見云若過三節竟無邊看隨用草犯一一犯提律云不犯者如上指授過
覆第三節若水陸道斷賊難惡獸難令梵難故不避第三節無犯輒教受具戒第
廿一制意者有三一尼須教授意者尼是女弱闇於進方諮稟未聞迷於理行二教其
若夜遊故須教授曲示行儀大僧丈夫形無鄙号豪乙諮承故不列教授二須差意
者教授事難須俗德行故委任衆量之簡選有德意心訓誨開曉心壞全去解行深
登道益故須差遣三誡罪意者今不被僧差輒往教授濫行風教乖於現道之方
失於風靡之化輕法自尊損處不輕故得提罪次釋名專任自由不豪僧令稱之為
輕宣傳行德開曉未闡名為教授故曰輕教授尼又明具緣通緣如上別緣有五一有少
德行為尼聞全無德者不無教授之義理不合差故無輒教尼罪少謂鄙五以增五
說有五法得教誡尼謂十德中初二九十等見律[illegible]

失於匡廉之化，雖法自尊損處不輕，故得提罪。次釋名，事任自由，不象僧令，據爲
雖宣傳行德開曉未聞，名爲教授。教授日雖教授，尼又明具緣通緣，如上列緣有五：一有少
德行爲前，全無德者，永無教授之義，理不合差，故無輒教尼罪。少謂通五，如增五
說有五法得教誡尼，謂十德中初二八九十等是。雖備上德，爲被僧差，本自無過，故
次第二僧不差。雖不被差，不作衆法，雖教誡，雖亦無自犯，故次第三集尼衆。尼衆
集爲說八敬，重過義嚴，但得小罪，故須第四說法除八敬。第五隨所說法，言言結犯。
也。下正明戒本。此戒因愛道尼未請教授，佛令差往，僧次縣施往彼說法，六群次往，爲證
論愛道白佛，佛令羯磨而差，因制戒。若比丘僧不差，教授比丘尼者，波逸提。此滿足
戒本文有四句：一犯人，二僧不差，三輒往教授，四結。僧不差說法言言罪，言比丘義如上。二爲
僧不差者，律云僧中白二羯磨不差，要具十德方作，成差。少謂通五，如增五中說。三
言輒往教授者，律云說八可不遠法，如律廣說。四言波逸提者，是僧不差，說法言言罪
也。爲僧差爲隨尼請，彼比丘剋時到，尼又剋時迎，若遠俱犯吉羅。若聞來去，當
出界由旬迎，供給所須，不者吉羅。若僧不差，非教授日與說八敬法，若不差與說法者，
若說餘法，即得提罪。若說八敬尼不肯問，故但得吉羅。律云若於說戒時上座小
隨爲僧病不和合，衆不滿，應遣人禮拜問訊。尼衆病等亦遣禮拜問訊，若不者吉羅。
律云非日者，前三後三不應往也。前三者說戒後三日，後三者去後說戒二日。雖復僧差，
此五日中不應往也。此謂往尼寺教誡。不犯者，若爲僧差，若爲時往，若尼爲水陸道斷諸難緣
不得迎乞拜問訊者，並不犯。說法至日暮戒第廿二　一判意者，凡男女有別，若不同處，
僧衆舉動須避譏嫌，生人宗致，日沒群衆致外情疑，容自壞行過損不輕，故聖制
別緣有六：一是僧差，頭去不差，二集尼衆，三教授說，四日暮，五日暮想，六說法不正從
犯也。下正明戒本。此戒因差難陀教授尼至日暮，不第本寺，爲路所譏，佛制戒。
若比丘爲僧差教授比丘尼，乃至暮者，波逸提。此滿足戒本文。有二句：一犯人，二爲僧
所差，三教授下說法過時結罪。言爲比丘者如上。二言僧差者，白二羯磨差，令教授。
三言教授至日暮提者，是結罪可輕重文。四一爲至日暮教授提，五不云日沒語之。
提爲餘教授外授經爲誦經等，犯吉。三爲爲餘女授經等，乃暮一切吉羅。四境
想，五吉。律云不犯者，爲教授至日未暮，依休除婦女也。爲餘人爲船濟處說法，
尼自聽，若與治遺夜說法，若尼寺中爲因人請值說，依聽者一切不犯。此戒就大
僧寺教授有日暮罪，尼寺不犯。准此就僧尼二寺俱得教尼。
譏呵教授師戒第廿三　一判意者，然僧德之人，慕僧差遣，盡心教授，情存爲法，
不希飲食，而見他得利，內生嫉妬，發言譏呵，擾亂賢善，事絕兼益，損處不輕，是

尼自聽為與[illegible]僧夜說法為尼寺中為醫人請直說法聽者一切不犯此戒 就大
僧寺教授有日暮罪尼寺不犯准此就僧尼二寺俱得教尼
謗訶教授師戒第廿三 制意者然僧德之人蒙僧差遣盡心教授情存為法
不悕飲食而見他得利內生嫉妒發言謗訶枉亂賢善事復兼益損處不輕是
故聖制 別緣有六 一是僧差 二情存為法不悕飲食 三嫉妒心 四發謗訶 五言辭
了了 六前人聞知 犯之下正明戒 此戒因尼迎教授師供給六群生嫉妒意言彼無實
但為飲食故教授尼 比丘白佛佛訶制戒 若比丘語諸比丘作如是語諸比丘為飲食
故教授比丘尼波逸提 此滿足戒本文有三句 一犯人 二謗訶 三結犯 初句可知 二言謗
訶者見他得利心生熱惱故起謗訶 三言波逸提者是犯句 律云若如上謗訶說
了了提不了者羅 不犯者其事實尓為飲食供養故教授為戲為錯說並[illegible]
犯與非親尼衣戒第廿四 制意者凡男女形殊理無交雜無緣取與事招外
譏因交致染容壞梵行損敗不輕是故聖制 別緣有四 一是比丘尼 二非親里 三[illegible]
心與衣 四彼尼領受便犯 之下正明戒 此戒因乞食比丘與尼衣後因嫌責數
向人說 比丘白佛佛訶制戒 若比丘與非親里比丘尼衣除貿易波逸提 此滿足戒
本文有五句 一犯人 二非親里尼 三所與衣 四除貿易 五結罪 上三可知 第三言衣者有
十種如上多論 應量不應量衣提 不應量吉 鉢亦犯提 非應量鉢揵鎡等吉 四言貿
易者義如上 上至藥草一斤相易得 五言波逸提者結犯 律云若二比丘共與一
尼衣或一衣與二尼並犯提 多論云犯吉此律但言與尼提 與下眾吉 若依多論
尼三眾俱犯提 義無應然不同 說衣癈業多少中制 又有希數 又律云尼與大僧吉
羅 若就希數大僧與希應犯輕罪 尼與義數尼是下眾奉於上尊生敬義
嫌故 所以輕 不犯者五分律云若為料理佛業事若為說法若為多誦經戒與衣作衣
並不犯 此律與親尼衣共相貿易若與塔與佛與僧無犯 與非親尼作衣戒
第廿五 制意同前 但作衣為異 別緣有五 一是比丘尼 二非親里 三自送衣遣並
作 四無因緣 律云若為浣染持還主無犯 五隨所作便犯 之下正明戒本 此戒因
迦留陀夷為尼作衣裁作婬像 成已付尼令在眾著 居士譏笑 佛訶制戒
若比丘與非親里比丘尼作衣者波逸提 此滿足戒本文有四句 一犯人 二非親尼 三
作衣 四結犯 上三句可知 言波逸提者是遠犯罪 故律云彼比丘隨刀裁多少隨一
縫一鍼皆墮 以所以不待作成而隨針針得罪者何 答是中多過故尓 大僧上尊為
下人作衣多生染患 又招外譏 癈損正業 容作非法之衣具 斯諸過故隨縫隨
針得罪 如居造塔 博博得罪 此並過多 故尓 若復被看幸挽裂浣以手摩打為
捉角頭挽方正安緣 條綫一切 表准不犯者 與親尼作 為與僧作為塔[illegible]

BD14050號　四分戒本疏卷三　　（41–19）

[illegible]比丘隨[illegible]
縫一鍼皆墮以亦以不待作成而隨針針得罪若何答是中多過故尒大僧上尊為
下人作衣多生染患又招外譏廢脩正業容作非法之衣具斯諸過故隨縫隨
針針得罪如尼造塔博得罪此並過多故尒為復被看牽挽觸污手摩抓為
捉角頭換方正安緣縷線一切未准不犯者与親尼作為与僧作為塔為僧著
浣染治還主並開不犯　獨与尼屏露坐戒第廿六　此戒過与女人同室宿无異
屏坐為別別緣有四一是尼二无第三人三在屏露二處四共坐便犯已下正明戒本
此戒因迦留陀夷与偷蘭難陀尼顏貌端正互有欲意在門外坐居士共譏嫌罵奪
為譏比丘舉過仏訶制若比丘与比丘尼在屏處坐者波逸提此滿足戒本　文
有四句一犯人二尼三處四罪初二兩句可知三言屏處坐者律云屏有二種一見屏
為塵為霧烟雲黑闇不明見二聞屏處乃至不聞常語聲言坐者一尼一僧无餘
人故名屏處坐四言波逸提者是遠犯句律云比丘与尼屏露坐无第三人為證
故犯提多論或比丘坐尼起已更坐隨坐多少一一得提比丘起而更坐一一得罪若
二人俱坐一一正犯一罪十誦云屏坐相去一丈提丈五吉二丈不犯祇云共一尼屏坐或尼請
食已尼益食益食去時一一提比丘應起不得嘿起使尼疑應語言我欲起不不尼
起若尼去者不犯多論屏處者无慚愧處可作婬處是名屏律云證人若
聾若盲不成證得提盲而不聾聾而不盲者准若俱是淫者吉准尼犯吉准小
尼亦以雖老若上尊共坐盡容教授去不自由情過是微故不以輕律云不犯者若
比丘有伴若有知人有二不盲不聾若行過倒地若病若力勢所持命梵等難並
開不犯　与尼同道行戒第廿七　此過不異前以行為別別緣有六一是尼二衆五
余三衆俱犯理然應然譏染不殊故尒前戒同此例二共期除遇逢者不離見
聞處行多論小罪故須除之三同一道行戲去異路為无其過四不離見聞處行
多論俱離无過五離者准俱不離犯提五无因緣除白衣大伴行有怖因緣等
不犯故尒六隨所度界一一提罪多論水陸二路同行若屬此戒故比丘与尼各別乘
船同水路行越界得罪亦屬此戒同乘一船落在後戒已下正明此戒此因六群比丘
与六群尼人間遊行居士譏嫌比丘舉過仏制若比丘与比丘尼期同一道行從
一村乃至一村除異時波逸提異時者与估客行若疑畏怖時是謂異時此滿
足戒本文有五句一犯人二共期三同行四除緣五犯初二兩句可知三言期者期共至
某處三言同一道行至一村者是同道若村間有木齊行處是四言除異時者
開緣不犯五言波逸提者越界結犯句律云隨村者齊衆多衆多少一一犯提无
衆多界者謂無多村界非村阿蘭若空處行乃至十里提若減一村若減十里得吉

一村乃至一村除異時波逸提異時者與估客行為疑畏怖時是謂異時此滿
足戒本文有五句一犯人二共期三同行四除緣五犯初二兩句可知三共期者期至
其處三言同一道行至一村者是同道者村間有為齋行處是四言除異時者
開緣不犯五言波逸提者趣界結犯句律云隨村為齋眾多眾多少一犯提
眾多界者謂眾多村界非村落空處行乃至十里提若減一村若減十里得吉
若多村間同一界行亦吉方便共期不行亦吉尼亦吉僱是女人弱要須丈夫
以為伴援情過是疑五分云從此聚落到彼聚落及無聚落處半由旬犯提
律云不犯者若不共期一大估客伴行二疑處疑有賊盜三恐怖處怖有盜賊
四若往彼得安隱五若勢力所持令梵等難並開不犯十誦開為尼過嶮路
與尼期同乘船戒第廿八 譏過同前所以船為異別緣有六一是尼二共期
三同乘一船除異船一犯此戒四作順流上下意除為直渡船失濟不犯五因無
緣難去命難力勢所持或彼岸不得安隱六雙腳入船便犯已下所明戒本無
緣如前 若比丘與比丘尼共期同乘一船上水下水除直渡者波逸提 此滿足
戒本文有五句一犯人二與尼共期三言同乘一船上水下水者舉乘船之意以其
相隨欲得久住故四言除直渡者是開限以其渡非久故無過五言波逸提者
是違犯結罪律云共期已雙腳入船提一腳入吉多論若船有多白衣期無罪
或船有一比丘多尼或多比丘一尼隨壞業多少犯尔所提 從有俗人為第二也
犯以其將同久處譏損非輕故不同坐行是暫故開有鼻邊人不犯若期別船並
去及車乘同道行隨聚落界為齋十里犯若期與俗女人同船亦是犯提略
不載下房舍又共女人上船疑訟言騬直渡故知上下明亦同犯衹十多三又並
言越界方犯不同此律不犯者除期直渡岸若入船已船師失濟上下若往彼
岸不得安隱乃至難緣如上所說並皆不犯 食尼歎食戒第廿九 有四種過
故制一者遣尼歎已德行相美求利長已貪結壞於正命知足心故二論心曲諂情
損辱將拒致外譏損處不輕三令施主隨言供養無德之人即是損從施主勸奉
福田攝反報之益四毀呰好人令他施主於勝福不生殷重又是切亂賢善真斷
多過是故聖制別緣有四一是尼歎德教化食二知歎三受得四食足咽咽犯提
已下所明戒本此戒因居士請舍利佛等偷蘭難陀尼言言所請並是下賤若請者盧
清調達等龍中之龍食還具說如律制戒 若比丘知比丘尼讚歎教化因緣得食除檀
越先有意者波逸提此滿足戒本文有六句一犯人二知三讚嘆四得食五開緣六結
罪初句可知二言知者律云若不知食無犯三言尼讚嘆教化律云讚言謂閑

[illegible]尼讚歎教化食二稱歎三受得四食足四之犯提
也下正明戒本此戒因居士請舍利佛等偷蘭難陀尼言言不清並是下賤若清者盧
清調達等龍中之龍食還具說作法制戒若比丘知比丘尼讚歎教化因緣得食除檀
越先有意者波逸提此滿足戒本又有六句一犯人二知三讚歎四得食五開緣結
罪初句可知二言知者律云若不知食无犯三言尼讚歎教化律云讚言謂陳
若乞食人乃至持三衣嘆多聞法師律師坐禪四言得食者從且至中得食五言
除擅越先有意者律云彼有施心故開不犯六言波逸提者是犯句律云云
若食不嘆食者回之犯提除飲食得飲襯衣燈油犯吉祇云除舊擅越乃至本
食之昌等洪時天有餘比丘來尼言天有比丘施主言善哉者不犯若尼言此諸
隨者隨意言多与食平等与不犯若通讚一舉衆一切不犯提若其中衆主精進
為是比丘故通清廿人一人名讚嘆餘者不犯若歎食不得捨去當展轉貿食若
比坐垢穢不淨不喜与貿者乃當念此鉢中食是某甲比丘我當食不犯吉言若
先不知臨時言好与比丘食者不犯以不以得襯衣燈油犯吉者若肨物利重情著
難捨又是別屬无通用勸捨義希致受不數是以犯輕食无獨食勸辨義易發受
義數是故制重燈油外用莫勸多希是以制輕又大僧嘆尼義希致不受數故尼犯輕
言不犯者若不知若先有意若无教化想若尼自作若擅越令尼經營若不教結
乞食与者並開不犯　与女人期同道行第卅　制意同前准俗女為異別緣有六
一是人女二共期三同一道行四不離見聞處行五无難等緣六隨所越界各齊結犯
但決共期不以弟三人多少皆犯以非同法不類於尼開多伴行也下正明戒本此戒因緣
律被打為緣起若比丘与女人共期同一道行乃至一村間波逸提此滿足戒本文有五
句一犯人二同行媄三共期四同一道行五結犯初句可知二言婦女者如上三言共期者律
言共至某村城国土同一道行至村間者律云有分齊行處是言波逸提者律云
若村內一界行一墮多村內界行多墮一條文如前与尼同行說不犯者先不知若不
共期須往彼得安若力勢所將若難等皆開不犯　施一食處過受戒弟卅一　制意者
萬償居士剋捨家珍送至住處標心一食俟施僧衆宜量其分稱施而受節儉
內有廉節之心外不從施主令久住不去過受他食長貪慳物敗善增過損不在輕
故聖制　別緣有五一非親居士限施一食二知限一食三无病及不請住因緣四過受食
五食則係犯也下正戒本此戒因六群比丘起過故制　若比丘施一食處无病比丘應一
食若過受者波逸提此滿足戒本又有五句一施一食處二无病者及舉開緣三言比丘者
犯四應一食者食之分齊五若過下結犯言施一食處者律云有中一宿也食者謂時
食除餘三藥輕故二言无病者及舉開緣者律云病比丘以難故[illegible]

故聖制 別緣有五一非親居士限施一食二知限一食三無病及不請住因緣四過受食
五食則犯也下正戒本此戒因六群比丘起過故制 若比丘施一食處無病比丘應一
食若過受者波逸提此滿足戒本 又有五句一施一食受二無病者及舉開緣三病者
於四處一食者食之不齊五若過下結犯一言施一食受者律云有中一宿也食者謂時
食除餘三藥難故二言無病者及舉開緣律云病者離彼村增劇者是三言比丘應一
食於人言應一食者明食之不齊五言若過受波逸提者律云無病比丘一宿受過食
旧々住宿若受餘佩身衣及燈油於吉川所以食重衣輕者食資益身人重過受
又復受用體壞損施主故所以重施主遠立福令安佩身衣聽一夜受用不聽特去
過受義希雖過受用衣體不壞損屬施主損物義微故所以輕燈油塗足雖體
盡壞身外受用過度義希是故於輕問別食七緣此獨開病者答然病人若
物去則成損任則有益施主體知不生譏嫌是故聖開別眾食中施主請與其
無損此戒一食復無施心若六緣開俱成損惱故無餘六律云不犯者一宿受食若
病過受若居士請住與食若次第清食若水陸道斷等緣並開不犯
展轉食戒第卅二 制意者然篤信居士供辦美食延請眾僧擬存用受而今
許而後違復他欲食椎設而言無供僧之益損惱施主其過非輕所以聖制釋名者
受前請之後受後請並皆彼此釋為展轉故曰展轉食戒具緣如上別緣有
五一先受前家五正食請二食體請淨堪飽足三天異受受五正食請四無因緣
謂除有病及施衣時捨請因緣不犯五隨食咽咽犯以初二緣前對第三後請可
為三對四句一前後俱正提中二豈互次一俱不正下三皆是准須足為四初前後俱
足皆犯提非須三差互等並一得是准須淨為四俱淨前淨此二皆提餘二皆吉
也下正明戒本此戒因開食粥後受正食擅越譏嫌比丘舉過佛制戒若比丘
展轉食除餘時波逸提餘時者病時施衣時是謂時 此滿足戒本文有四句一犯
人二所犯事三開緣四結罪 時者也下誦前第三初句可知二言展轉食者律云
請食也請有二種一僧次二別請食謂五正食飯麨乾飯等三言除時者是開緣
之如下說四言波逸提者犯句言開緣中病時者為病比丘不能一坐好食令足故聽無
犯言施衣時者有二一月衣時為迦提月五月衣為功德衣月故律云自恣竟無功德
衣一月若有衣五月不復有餘施食及衣聽受皆請問所以開疾者疾人若惱若
不開所宜形命難立又施主體知不生譏嫌故皆無罪非情所於十二月常開不局
時限施衣開者有二義故一為益比丘有侍侍形微衣資養若施時不受後須難
得望無理求多生實累二者為利家施主依衣食二施獲得兩種交報之福為斯

於言施衣時者有二一月衣時為迦提月五月衣為功德衣月故律云自恣竟无功德
衣一月若有衣五月不復有餘施食及衣聽受皆請問所以開病者病人苦切若
不開所宜形命難立又施主體知不生譏嫌故皆无罪非情所祈十二月常開不局
時限施衣開者有二義故一為益比丘有待之形假衣資養若施時不受後須難
得理无理求多生患累二者為利家施主得衣食二施獲得兩種及報之福為斯
二益故聖制許衣利既重我長貪諸故以時開之非一切時故文言一月五月律者有餘
施食及衣聽受者前言一月是時提時望衣食衣食是時家之餘單時无開要親
施食及衣故言有請後衣請取衣无於還前家食不食遠滾故言三前家食請
後無食請皆於提罪衣作頭無有三句一前衣食請後無衣食請聽皆无罪以衣
後我多及勝二前家食請後單衣請如前三前家衣食後准食請於提被律云
若到俗家言今我家食弟名請受作食未熟欲往他家應白而起不白去者至
彼得正食於二提罪一不白故二背前請故四分律云若得多請應捨前請而受一請
不者咽咽於墮若不捨後請食前請咽咽吉若一日受十請食一家後犯一提咽咽吉其
初一是前餘八是後若背後九得九吉羅若食中間此說可知伽論云若受前請往至請
家坐上未食若天有異家送食若食後家食於背請食前請也取生食後
後食无犯律云不犯者若病時施衣時一日得多請自受一請餘者迴施与人若請非
正食或不足食或无請受隨食不犯或一受再復五正施主一坂無无背請一開不犯
別衆食戒第卅三　制意有二意一白衣坂並損食有限事難普周人少易供多
則煩惱生惱損重故制別食二為攝難調人故以自慈別衆竊處以壞衆務
不聽別食次釋名者能別之人食受戒衆以衆別他不共同味故曰別衆食戒
次解具緣通緣如上別緣有七一有施主二別請別乞三五正食體清淨在時四食
受戒衆五知界內不盡集六无因緣七食除於七下正明戒本此戒因提婆達与五
比丘家家乞食故仏制戒　若比丘別衆食除餘時後逸提餘時者病時作衣時
施衣時道行時乘船時大衆集時沙門施食時此是時　此㵅是戒本文有四句第
一於人二別衆食三除開緣四結於罪下言餘時謂前第三句一言若比丘者義如上釋二言別
衆食律云若四人若過四人名衆食者飯麨乾飯等三四兩句可知一言餘時者謂前
第三開緣言病時作衣時施衣時此三緣如前戒說第四言道行時者律云下至
由旬內有來去者仏聽別食第五言乘船時者下至半由旬乘上下者是第六言大
衆集時八人乃至上名為大衆食无儲供又是難得開決不犯乃下小衆食雖難得容
有兼濟故亦不開又言大衆者四人乃上名為大衆故律云食足四人長一人為患乃至
百人長一人為患此是兩家乘食東家限白[illegible]

第三開緣云病時作衣時施衣時此三緣如前戒說第四云道行時者律云下至半
由旬內有來去者佛聽別食第五云船乘時者下至半由旬乘上下者是第六云大
眾集時八人已上名為大眾食不得供又是難得開供不犯已下小眾食雖難得容
有兼濟故亦不開又云大眾者四人已上名為大眾故律云食足四人長一人為患乃至
百人長一人為患此是兩家乘落東家限与四人西家局与一人彼此二家施心限局各
不相融餘處乞食復是難得若不開者西家一人与東四人作患由是患故制緣不
犯此謂舉患以開不患如是乃至百人長一人為患者但供食難得患皆不犯
故云大眾集時第七云沙門施食時者律云諸外道中出家者是名沙門施食緣
如律中廣說准此而云比丘施食不開別眾稱律云比丘無別眾食緣當云我於
此別眾食無緣應求出若二三人隨意食若四人應作二部若五人食律云為攝難
調人故制不聽別眾食若依多論界內不集名別眾若作四羯有客比丘來應
不聽入名是別眾若不依僧次差往者名別眾若就別請後不遮入聽別名次餘義
廣如大疏說律云不犯者如上七緣開食無罪多論若四人各自乞食共在一處無有過
以非一家故善見云人各別乞至同一處一時受皆犯二各已去一時受各處受食犯小罪
三各去各受各食不犯四若一人受鉢不食待餘三人食竟後一人食不犯多論三比丘狂
心三人在內一在界外三是大僧一是沙彌患皆一犯不成別眾不相足數故又有四句一食並
是一處集無過二食一處二彼此乃異處故一犯三食別處一前後食故不犯四食別處
別彼此二眾互清一人不犯善見五種足四不犯一不請足四施主別請四人一人不去捉如見
沙彌中見一比丘即喚來与食請無聞別故名僧次二乞食足四三以別請一人不去聽
乞食比丘至彼依次与食三沙彌足四四鉢盖足四別請四人三人身至一人請五疾人
足四糧等之病並非別眾食皆不犯　取歸婦價客道糧過三鉢第卅四
制意者然歸婦價客旅已塗糧施諸比丘理宜將護依限而取今乃過取三鉢
令食整竭長貪違教損物不捨故所以制別緣且六五一歸婦食價客道糧二知是
三無因緣除有病緣不犯四取過三鉢五出門外犯也下正明戒本此戒因乞比丘從彼
歸婦取塗糧又從商客數乞因起過失佛訶制戒若比丘至白衣家請与比丘
餅麨飯若比丘須者當二三鉢受還至僧伽藍中應分與比丘食若比丘無病
過而三鉢受持還僧伽藍中不分与比丘食者波逸提此滿足戒本文有三句一
犯人二開受分齊食之方軌三若無病已上過取違教結罪初句可知第二句中文有
三第初施塗糧二若比丘下教受分齊所以開齊三者為令施主獲反報之福生
令比丘資身長道三還僧伽藍下教食方法第三句反上第二開受等文

過兩三鉢受持還僧伽藍中不分與比丘食者波逸提此滿足戒本文有三句一
犯人二開處分齊食之方軌三爲无病過上過取遠教結罪初句可知第二句中文有
三第初施塗糧二爲比丘下教處分齊所以開齊三者爲令施主獲反報之福之
令比丘資身長道三還僧伽藍下教食方法第三句文上第二開處等文
并相中初句可知如上二句中言白衣家者律云有男有女故曰言与餅麨飯者是正
食言二三鉢處者是教處分齊多論云若上鉢取一鉢无罪取兩鉢於中鉢取二不犯
三乃依於下鉢取三不犯四鉢方犯文云過三鉢者就下鉢爲言第二言无病者是
開緣律云爲不能一坐好食飽足故聽不犯言過處犯提者是第三結犯句律云若
人取過三鉢前三人不犯以不過限故後一人犯以前三人語莫持來而往取過在後一
出彼門限即犯提罪若方便悔者吉羅五分云過處不分比丘食俱犯提罪四分
過處犯提不分故者祇云女及僮容者後不犯律云不犯者若兩三鉢處若病過
處若問已共分若彼自送僧寺若送尼寺俱處不犯　足食戒弟卅五　制意者
凡食以充軀爲用過則長貪少復不足事須弟量但只身力報有羸弱故聖
將稱有四種之差於於一揣終已作餘食法咸是弟量隨根之法令弟子不作殘
法再食五正長貪妨道違教然深故所以制別緣有五一是足食二足食但三捨
威儀四无因緣除有病及作殘法因緣不犯五天食隨犯也下正明戒本此因貪
饕不知是食比丘起過故制斯戒若比丘足食竟或時受請不作食餘法而食
者波逸提此滿足戒本文有三句一犯人二食足之三違犯結罪初句可知二足食中文二初食竟
者律云謂足緣有五一知是飯善知五正食犯足非正犯足二知持來知彼爲我持來
境多是足三知遮五正食聖制不聽一日兩時飽食故曰知遮即知前坐食多堪飽鄣
於日少食不鄣故曰知遮四知威儀知行住坐卧四儀隨壞亡犯足故五知捨威儀是坐麻
而食前境堪足忽伍頭取與後者雖味之例故曰捨威儀具此五緣即名食竟
言或時處請者五謂處擅越食五處成足故弟三句言不作餘食法者此違
開緣律云若比丘食未足應持食對前比丘言我足食已大德知是看是我作殘
食法彼應取少食已當語彼言我正欲取食之言而食者波逸提是犯違結罪
故律云足食已捨威儀不作餘食法復若食正不正因亡犯隨五分云不作殘食以語已
犯提律云不犯者食作非食想不受作餘食法非食不作若病不作法病人殘不作
法若已作餘食法一切不犯　勸足食戒弟卅六　制意者然出家之人理須益物遂
相近尊勸循衆善令乃惡心勸彼令他得罪已自招愆人我俱損理所不應是故
聖制別緣有五一他足食竟二知他足食三惡心勸彼飲令他犯四不作餘食法五前

故律云足食已捉威儀不作餘食法後若食正不正因已犯墮五分云不作殘食法已
犯提律云不犯者食作非食想不受作餘食法非食不作若病不作法病人殘不作
法若已作餘食法一切不犯　勸足食戒第卅六　制意者然出家之人理須無務逸
相近尊勸循衆善令乃惡心勸彼令他得罪己自招愆人我俱損理亦不應是故
聖制別緣有五一他足食竟二知他足食三惡心勸彼欲令他犯四不作餘食法五前
人食依犯已下正明戒本此戒因兄弟同作比丘一者貪餮者食不知足餘非不餘
食得而食之以彼呵責此心懷恚見彼食已惡心強勸食以便制戒若比丘知他比丘足
食已若請不作餘食法殷勤請与食長老取是食以是因緣非餘欲令他犯者波
逸提此滿足戒本文有四句一能勸犯人二知三他已二種食竟四不作餘食法下勸足請食
是因緣者明能勸之意弁相中初句可知四釋勸意者欲使他犯故勸令食云非餘者
謂非不犯及供養意等律云彼若食者二俱犯提前人不食若作法而食者勸者
吉羅若持病兒殘食欲令犯勸者犯吉此由惡心故制同僧律云不犯者勸令作法
謂不犯故及供養意故勸食者悉皆不犯　非時食戒第卅七　凡食有時節數則致
患事須限約執尅合宜是以始從平旦竟終至日午事順應法名之為時過則非宜
長貪妨道招世譏過事不應法廣生衆累名為非時故毗羅三昧經云平旦諸
天食日中應法食日西畜生食日暮鬼神食出家應仏法故制同天法二種食
名時多論云四義故仏制中前食一旅從日出乃至日中其明轉盛名之為時聽食
無過從中後乃至夜其明轉沒故日非時而不聽食二從旦至中是作食時節
乞不生惱故聽而食從中後乃至後夜俗人讌會遊戲若乞生惱故制不聽三
從旦至中俗人事務煩惱未發乞不生譏故聽乞食從中已後事務休息煩擾戲言
笑入村乞食多被譏謗受諸恥辱故不聽食四從旦至中正是乞時為濟身命故聽
乞食從中已後宜應靜緣修道端坐念誦持禪非是往來時節是故聖制不
聽入乞犯緣有四一非時二非時想三時食四咽之犯已下正明戒本此戒因難陀跋難
陀及迦留陀夷起過故制斯戒　若比丘非時受食之波逸提　此滿足戒本文
有四句一犯人二非時三食四結罪初句可知二言非時者從日中乃至明相未出三言
食者律云食有二種佉闍尼食及蒲闍尼食僧祇云一五正食二雜正食枝葉
花菓細末磨等名佉闍尼善見云佉闍尼食者米麦作飯麨等是蒲闍尼
者一切菓是四言波逸提者是遠犯侯罪句故律云若非時食咽之墮若非時
漿明相出若七日藥過七日皆犯已食過時故藥過限失受故若盡形藥无緣服故
犯吉羅律云不犯者作黑石蜜和米作法若有病藥時過者莫麦令皮不破漉

……蒲闍尼食僧祇云一五正食二雜正食枝葉
花菓細末磨等名佉闍尼善見云佉闍尼食者米麦作飯麨等是蒲闍尼
者一切菓是四云波逸提者是遠非法罪句故律云若非時食咽咽墮若非時
漿明相出若七日藥過七日皆犯之食過時故藥過限失受故若盡形藥无緣服故
犯吉羅律云不犯者作黑石蜜和米作法若有病藥時過煮麦令皮不破漉
汁飲若淮中唄出還咽不犯五六病人不及食腹中空悶瞑以麺塗身故不差
麺塗身猶故不差麺和麨塗又差以湯洗若不差无感宍汁中如是等足
以至晓一切得食食殘宿食戒第卅八　制意者凡飲食繁擬近則長貪令人
不節又辨飄度盡義无貯畜故宜別受理无共宿是故聖制　別緣有三一是
殘宿食二知是殘三食即犯釋名者今日所食是時日之餘殘經夜日宿故名殘
宿食之下正明戒本此戒因迦羅比丘坐禪思惟疲苦食先得者以因制戒
若比丘殘宿食食者波逸提　此滿足戒本文有三句一犯人二宿殘食三今依法
犯初句知二言殘宿食者律云今日受乃至明日於一切沙門釋子受大戒者皆不清淨
食有二種一正食二非正食食者飯等五正是非正食者根菓食及至細末食等
三云食波逸提者律云若食宿食咽咽犯墮　問殘之与宿為一為異　答有四不同
一殘而非宿且受四藥不加口法過中若食犯吉二宿而非殘謂未受食共內宿食
犯吉不宿无犯三亦殘亦宿若食犯提四非殘非宿食无罪殘宿內宿亦作四句一
是殘宿非內宿今日受食安界外不共宿非內宿若食得提二內宿非殘三四俱句
類知善見云多比丘一沙弥共行比丘各自擔食至時各各自分之沙弥語比丘云我
持之分与大德易之得之復与第二比丘易乃至下座若沙弥不解者比丘自
持分与教共易得无犯以无殘宿西編等過及至持米行沙弥小比丘得作
飯淮不得然火若佛不得吹挠吉羅熱之如上分展轉易者得五分比丘殘果与
淨人之不作還意淨人還与比丘以言雜手之名淨食无犯衹云莫問時非時受
若過非時如貽胸若食得提停過須臾復得停食之之提謂且起受食之之中
過中之去限一須臾若過二時名曰非時十云沙弥持不淨鉢与師以言若无急事
不應使持鉢若使持應從受若洗鉢之不得磨拭食時當攤淨手若摩頭
口手相揩者即須却洗若捉袈裟衣之應須洗律云不犯者若宿受食与父母
若塔作人計價与後乞食无犯若鉢盂有孔罅食入中如法洗餘不出者得食故
律云若鉢缺餘差若燧用三意洗故職用食不犯若宿食薀油灌鼻若隨唾出
并餘不犯　不受食戒第卅九　多云五義故制不聽自取食一為斷盜竊因緣故二
為作證明故從非人受食得戒受不成證明……

口手相授若却須却洗若捉袈裟衣亦應須洗律云不犯者若宿受食与父母
若塔作人計價与汝乞食无犯若鉢盂有孔罅食入中如法洗餘不出者得食故
律云若鉢鈌餘是器極用三意洗故藏用食不犯若宿食蘊油灌鼻若道諍出
并餘不犯　不受食戒第卅九　多云五義故制不聽自取食一為斷盜竊因緣故二
為作證明故從非人受食得成受不成證明謂在曠野非人之所為是開聽若在人中
非畜无知小兒邊不成受三為止誹謗故四為成少欲知足故五為生他信敬心故為
令外道得益故不別緣具四一是食二不受三受知不四食即犯也下正明戒本此戒因
頭陀乞食比丘塚間自取食之居士共嫌比丘舉過佛呵制　若比丘不受食若藥
著口中除水及楊枝波逸提　此滿足戒本又有五句一犯人二不受三食具辦四制緣五
結犯并相者初句可知二言不受者律云他不与未受者是受有五種一手与手受二
手与持物受三持物与手受四持物与持物受五遥過物与者受者俱知中間无
所礙得墮手中是復有五種一身与受二衣与衣受三曲肘与受四器与器
受五若有因緣置地与是為五　三言食者明所受食體律云法開足食根細末磨
及五正食等是為食體　四言除水及楊枝者此明開緣祇云若楊枝咽汁者須受水
濁者受雪雹亦受五分若水性醎不著鹽聽不受飲又水性苦者自飲无罪
五言波逸提者是結犯句律云若不受如上等食隨咽犯　了論云若破戒被擯別
住十三難三舉滅擯應滅擯學悔等人所受食清淨者若取食不成受五分云從
人受成若從非人畜生受者不成若在曠野无淨人受聽自洗洗器安水淨
人安未自授若熱從他受祇云曠野中行牛上受食長袋連絡百一繫米置牛上人宗
得編之至時比丘引繩比丘受取口云受受等　十云飛鳥來啄一口吉但弃啄處
餘殘得食見云天人鬼神畜生飛鳥皆成又若塵土落鉢中可除者去之餘者
不犯細者天受若病急緣大小便灰土得自取　十云聽擔食行不見人若食當
下道取一搦不受而食此是无人受若有人受自擔糧從他易淨食又曠野受无人
者日中不得往返應七日自作先來取　祇云曰有熱氣生瘡須咽楊枝汁應受若噗
咽不犯若淨人行果鹽菜應語懸放果墮草上即去者不名受小淳者名受若淨人難
得自乞食受抱受而行若淨人舉不離地亦名受而非威儀　律云若正不正食不
与自取著口中因之墮非時七日限過亦墮盡形无緣不受食犯吉不犯者取淨水
楊枝若不受蘊油灌鼻与唾俱出餘不犯若乞食時鳥銜食若風吹墮鉢中除去
此食及如一指爪可除者不犯　索美食戒第卌　制意者出家之士宜應少欲令足
著美味求索好食長之貪惜壞亂施主招世譏過是故聖制別緣有五一是

揚枝若不受蘓油灌鼻与唾俱出餘不犯若乞食時烏銜食若風吹墮在鉢中除去
此食及至一指爪可除者不犯　索美食戒第卅　制意者出家之持宜應節令
著美味求索好食長之貪結惣亂施主招世譏過是故聖制別緣有五一是
美食乳酪魚肉等二隨非親乞三無病四無因緣爲病一坐間不堪食飽者五食
即犯之下正明戒本此戒因跋難陀從檀越索雜食被譏訶責比丘舉過因制此戒
若比丘得好美食蘓酪魚肉若比丘如此美食無病爲身索者波逸提此滿足
戒本文有四句一犯人二食體三無緣四爲之結犯罪　弁相者可知祇云不得從屠家
乳酪家乞得招譏過蠶家乞綿亦同此例　問律結尼吉者何尼是女弱求索
美食女人所嫌爲之義希故犯吉大僧丈夫身報力強喜乞美食資身數故
是以犯提律云不犯者病人自乞爲病人乞我自他乞乞不求自得並皆不犯　與外道食戒第
卅一　制意者三種過故制不与食一異學情反恒懷嫌外難与理親難復曲施
不荷其恩反生譏謗二取見赤宗非真福田令以施主之食接与外道損他施主
不得勝田獲反報之福三躬自持食接与外道容生惑倒謂外道是勝比丘不如以
斯過故不許自手与食別緣有六一是出家外道歎去在家外道白衣犯輕故不言也
是出家外道不知犯輕三非親若与父母外道恩重故聽四是食與衣義希故犯吉
罪五自手与除置地遣人与不犯六彼手受即犯之下正明戒本此戒因阿難与殘食与
乞人故外道得食反謗故佛制斯戒　若比丘外道男外道女自食与食波逸提
此滿足戒本文有四句一犯人二所与處三與業四結罪言比丘者義如上釋言外道男
女者裸形異學人此衆外出家者是言自手与食者若正非正食乃至蘓油等
不置地不使人与者名自手与言波逸提是遠句律云彼若受与者提若不受吉
五分云持之食示一比丘別著使自取不得持僧食与若乞兒猪鳥等應量之食令
多少然後滅不得持示外与云外道問求長短与食不名汙家多云与時人見者
自与不犯若僧與与僧食無過唯不得自手律云不犯者若置地若使人与若
与父母外道若作佛塔僧房人計價与若勢力強奪並皆不犯　先受前請
後食至他家不囑戒卅二　三制過故一者凡俗里多務爲善事難援其家業専崇
福會之許受請行詣他家脱若事善物受不種二既有食受宜自係猶道無事
遊散妨廢所習三共衆受請背入聚落令他施主見僧不集義不成稱田大衆
俠不得飽滿惣衆殊深故聖禁制　別緣有五一先受他請以不受故佛開不囑
入村二食前後三不囑授四向白衣家除詣伽藍又除病作衣等緣五入犯之下
正明戒本此戒因跋難陀故令僧食時不得食好菓故制斯戒　若比丘先受

遊散妨廢所習三共衆受請皆入聚落令他施主見僧不集衆不設福田大衆
決不得飽滿物衆殊深故聖禁制　別緣有五一先受他請以不受故佛開不囑
入村二食前後三不囑授四向白衣家除僧伽藍又除病作衣等緣五入村已下
正明戒本此戒因跋難陀故令僧食時不得食好棄故制斯戒　若比丘先受
請已前食後食詣餘家不囑授餘比丘除餘時波逸提時者病時作衣時施衣
時是謂餘時此戒文有三段初略制次隨制後廣制為前食故初略結為後食故
隨結為請喚故廣制就廣戒本句有其五一正明是比丘先受他請二食前食
後至他家三不囑授四除開緣五結犯除時者已下誦前第四句并相具釋初
句可知二言前食後食者從明相出至食時名前食從食時至日中名後食三
言不囑餘比丘者律云若同房同住同界者應令知受請受四言除餘時者是開
緣於中有三一病二作衣三施衣義如別衆食戒說五言波逸提者是違犯結
罪句律云若受請已欲至餘家不囑同界同受請者若去入門決犯不同展轉
食戒囑異六為囑同界者容有覓義故律云若囑授詣村而中道還若至餘
家或至寺內庫藏受及聚落邊房若尼寺若至彼白衣家還出並吉前
囑授天當囑他若不爾者入即犯律云不犯者如戒本開緣及无比丘可囑
至餘庫藏及尼寺若家家多數坐具請比丘成一會隨至皆是請受是故不犯
若為食不足若不正餘受來不犯多云擅越明日沒供比丘今日往犯提除喚不
犯食家強坐戒卌三　制意者凡在家俗人婚會无時久坐不去妨彼邪心連相
遏斤理非所宜人復出家離穢受淨之所事須防遠容自壞心行外涉譏醜故
所以制別緣有四一是食家數去斷婬欲家及二俱受齋不犯二夫婦俱在屏處三
无第四人四申手不及戶處坐便犯　此戒因迦留陀夷起過佛便制戒　若比丘在
食家中有寶強安坐者波逸提　此滿足戒本文有三句一犯二食家有寶
三強坐結犯并相中初句可知二言食家有寶者律云男以女為食女以男為食
故名食家寶者七寶夫妻相重如寶故名中有寶五分云男女情相共食名食
家十云斷婬欲家及俱受齋戒名非食家三言強安坐者律云若當舒手不
及戶處坐以妨其事故名強安坐三言波逸提者律云若比丘在食家夫婦俱
不受齋坐犯提若五二句犯吉若俱受齋不犯祇云見色愛者故名食也此食為
四食之中是觸食以眼根對色故名觸食五分云若知妨其事者犯十云此食多
人出入不犯多云二言有寶者以著寶衣莊明妻欲故四分云第四人若盲聾
俱有無提互有吉羅一盲一聾共成一人不犯比丘立而不坐吉羅不犯者若食家有

[illegible]
四食之中是觸食以眼根對色故名觸食五分云為知妨其事者犯吉云此食多
人出入不犯多云云有寶者以著寶衣莊明嚴欲故四分云第四人為盲聾
俱有盲提五有吉羅一盲一聾共戒一人不犯比丘立而不坐吉羅不犯者為食家有
寶餅手及戶受坐為有二比丘為伴有識別人為作人在一處或從前逢過不住
為病發倒地為力勢所持或被繫縛或命梵難不犯　屏與女人坐戒卌四
制意同前唯元第三人為異別緣有四一是俗女二是屏處三元第三人四申手不及
戶處坐犯　已下正明戒本此戒因同前戒　若比丘食家中有寶在屏處坐者波
逸提　文有四句一犯人二食家有寶三屏處四結犯　并相文中前二後一可知三云屏
處者為樹墻壁籬𥫱為衣及餘物障故名屏處　此中犯者謂夫主不在獨與
其妻屏坐故犯提　多論云制戶元淨人提開戶外有淨人吉戶內有淨人不犯　祇云
為母姊妹為大小淨人眠睡癡狂嬰兒雖有是人名獨不堪為證故同犯　注為淨
人作務來往不斷為閣上閣下淨人看見者不犯　緣如前戒　獨與俗女露坐戒
卌五　制意同前別緣有四一是俗人二是露處三第三人　此是離見聞屏而非重物鄣
故攝露故与前戒差別　第三人四在申手內坐犯　為申手外吉　已下正明戒本此戒
犯緣与前戒同　若比丘獨与女人露地坐者波逸提　此滿足戒本文有四句一犯人
二犯境三犯處四結罪　初句可知二云獨者一女人一比丘第二云女人者是犯境律云
人女有知命根不斷　第三云露地者是犯處謂在見聞屏處相去申手內坐故
律云相去一丈犯　第四云波逸提者是謂違犯句　故律云獨与女坐元第三人為證隨
起還坐隨尔數隨相去一尋內犯提一尋半犯吉二尋已外元犯　十云相去一丈提丈五吉三
丈不犯　辨相開緣並同前戒不犯　驅他出聚落戒卌六　制意者凡出家之人理據
貞實忠信自居先許他家食而矣不与惡心驅出時限已過使他一日不得食以元[illegible]
從受至重故所以制　別緣有六一是大比丘二先許三不与食四元因緣謂有舉殯命
梵等難不犯故尔五惡心驅出六相離見聞處彼去已去故已下正明戒本此戒因
跋難陀令餘比丘乞食時驅不得食佛須制戒　若比丘語餘比丘如是言大德共至聚
落當与汝等食彼比丘竟不教與是比丘食語言汝去我与汝一處若坐若語不
樂我獨坐獨語樂以此因緣非餘方便遣他去波逸提此滿足戒本文有三句犯
人二語餘下之与汝食正明將至聚落許与彼食三彼比丘竟不已下不与彼食遣
去語罪以此因緣者謂是[illegible]乱因緣非餘者非餘不犯等緣如元威儀等并相為
句可知云聚落者有四種如上言与食者謂是五正明律云方便見處至聞
[illegible]

亦嘗一好美食彼比丘羨不教與是比丘食語言汝去我与汝一處若坐若語不
樂我獨坐獨語樂以此因緣非餘方便遣他去波逸提此滿足戒本文有三句犯
人二語餘下至与汝食正明将至聚落許与彼食三彼比丘羨不之下不与彼食遣
去語罪以此因緣者謂是狂亂因緣非餘者非餘不犯等緣如无威儀等并損益
句可知言无聚落者有四種村如上言无与食者謂是五正明律云方便擯見受至聞
受犯者五作五吉見聞俱離犯提律云不犯者与食遣去若病若无威儀人見不
喜自遣食与若破戒破見等故若命梵等難若无嗔恨急无嫌心悉皆不犯
過受四月藥請戒卌七　制意者然篤信主供藥送清僧衆慶心供養
施主有限宜應將護稱施而受今過受他藥長貪惱物敗善增罪損受不種
故今聖制別緣具六一是藥請二施心限定三知期限言四過限而受五无因緣
六食咽咽犯也下正明戒本此戒因六群比丘起過故制　請比丘四月与藥无病
比丘應受若過受除常請更請分請盡形壽請波逸提　此滿足戒本文
有六句一犯人二藥請三无病下教齋四月受五制緣六過受結犯并相中比丘者如
上釋二四月請与藥者律云四月者夏四月也秋云春夏冬三時俱犯三言无病
比丘應受者教齋四月受也此是受藥方法四言若過受者此明過四月受律
云若夜藥有分齊夏四月應受若夜无分齊隨施時應受不論藥分齊五
言除常請者明制受緣律云常請者施主作如是言我常与藥更請者新
也後復更請与藥分請者持藥至伽藍中分与盡形壽請者施主言我常
盡形与藥次前四句通違制緣第六言波逸提者是違犯句律云四藥之中
過受三藥俱犯提罪故伽論過受時藥五犯提罪七日盡形如律下文鑿所救
服藥故知是犯如施一食過受尚犯豈況過四月受寧不犯提故十律云過四月
也復蘇蘊等七日藥及終身中樹薑華鈴鹽等犯提若藥毗醯勒等三吉
罹非時藥賤又療患義殺受義希故小罪　問施一食中過受蘊油犯提此受蘊
何以俱重答彼攝身外塗足然燈既是外用過受義希故彼犯輕此施內資過
受義數故得提罪又善論若禮敷四月与油蘊音罹故知蘊藥罪輕過受
俱重所以尔者解言施主先有好心四月与藥期限之滿供養心息過受致惱損
毀交深又復乘前供養人喜過受故過受重若蘊藥者以其居主先无施心乞
任彼量積從義嫌又以施主先无心故乞希故輕与衣不同衣資義寬与乞過受
二俱是數故希犯提罪律云不犯者如戒本四緣是　觀軍陣戒卌八制意者凡軍
陣出陰丘以刃交競兇毁則傾敗戰尓獻俟令心蕩逸招諍積道深過極云交遠衰
然反不聽觀別緣有四一是軍陣二故往觀三无因緣四故文軍陣集象大塵

既受洗又復乘前供養人喜過度故過受重為索藥者八 其八居士先无施心乞
任彼量積從義彼又以施主先无心故乞希故輕与衣不同衣資義寬与乞過受
二俱是數故希犯提罪律云不犯者戒本四緣是 觀軍陣戒卅八制意者凡軍
陣之陰丘八刃交競冤害則須服飾尔獻係令心蕩逸招譏損道懷深過極交遠意
然故不聽觀別緣有四一是軍陣二故往觀三无因緣謂被及軍陣後至水陸
險難等不犯故四往見係犯也下正明戒本 此戒因六群觀陣彼斯遙見心甚不
悅仏依制戒 若比丘往觀軍陣除時因緣波逸提 此滿足戒本文有四句犯三
觀陣三制緣四結罪并相中初句可知二言軍陣者於中有三一釋名車幕屯衆
稱軍行列相對名陣二舉數者律云軍有四種謂象馬車步等若雜二種以律廣
說都有廿六軍三弁相者祇云象力最大四人從之成一象軍馬力次弱八人從之成一
馬軍車軍次弱十六人從成一車軍卅二人帶仗成一步軍所言陣者行列相對或方或圓
或半月形或張鉤或咸陣等為鬪為向戰三言除是因緣者律云若自有事須
往若彼請喚乃至勢力將去及餘種々不自在緣四言波逸提者是遠犯結罪句
云彼比丘往觀軍陣從道至道從道至非道乃至從下至高去若見者犯提不見
吉羅若方便莊嚴欲觀而不去者吉若比丘先在道行軍陣後至應避下道
若不避者吉乃至下戒文尔若見犯提不見吉羅 祇云若逢軍不作意見者无犯若作
意舉頭窺望見提若天王出作意看者越乃至看畜生鬪及看人諍口皆越諸
為作无常觀故雖觀不犯如前所說 有緣至軍過限宿戒卅九 別緣有五一有
因緣至軍中宿二曾還二宿三第三宿不離見聞處四无因緣謂二道斷命梵難
不去无罪五過三夜明相出犯也下正明戒本此戒因六群有緣至軍中宿居士譏嫌
比丘舉過仏制戒 若比丘有因緣聽至軍中二宿三宿過者波逸提 此戒滿足戒
本文有三句一犯人二制緣三遠犯罪初句可知二言有因緣者律云有請喚乃自事等
緣多論制往者為修八果故長養仏法故長信敬心故又道俗相須成就仏法故聽
往有益至三宿三言過者波逸提是遠犯結罪律云若至第三宿明相未出應離
見聞處若不離明相出犯提見聞五不離犯吉若第四夜往受初夜即犯不待明
相律之不犯者得二宿至第三宿明相未出離見聞處若水陸道斷賊等難並
不犯々有緣至軍二宿觀軍陣合戰戒四十 過不異前既有因緣聽至軍中宜應並住
復方便往觀過同於初故所制別緣有五一先有緣在軍中宿二軍陣合戰三方便往
觀四見係犯也下正明戒本此戒因六群有緣在軍觀諸鬪力中有人為箭射居士擔
債比丘白仏因斯制戒 若比丘二宿三宿軍中住或觀軍陣鬪戰若遊軍象馬

不犯有緣至軍二宿觀軍陣合戰戒五十　過不異六前既有因緣聽至軍中宜應至住
復方便往觀過同於初故所以制　別緣有五一先有緣在軍中宿二軍陣合戰三方便往
觀四見便犯已下同明戒本此戒因六群有緣在軍觀諸鬪力中有人爲箭射著呈旅
債比丘白佛因斯制戒　若比丘二宿三宿軍中住或觀軍陣鬪戰若遊軍象馬
力勢者波逸提　此滿足戒本文有五句一者犯人二有緣先在軍中三或觀者心明觀業
四軍陣已下所觀之境於中有四一軍二陣三鬪戰四勢力五者結罪并相中初句可解第
二句如前戒所制第三云觀軍陣者是觀業四云軍陣等者軍陣如前所明鬪戰
相扶爲戲鬪爲真鬪云勢力者第一象力馬力車力步力等五云波逸提者是遠
犯句輕重不同若比丘往觀見者犯提不見犯吉餘如前戒不犯者若有請喚及勢力
等難命梵之難離不離不犯　飲酒戒五十一　制意者酒爲毒水飲則成患令人去佳
倡狂廣興諸過妨脩廢業損道招譏生患之本寧容不禁是故聖制　別緣有
三一是酒二无重病三飲即犯已下同明戒本此戒因娑伽陀比丘起過故制斯戒
若比丘飲酒者波逸提　滿足戒本文有三句一犯人二所飲之酒三飲而結罪并相中
初句可知二云飲酒者於中有二初列五種酒如律所明一木酒二粇米酒三餘米酒四
麦酒五有餘法作酒者二就木酒編舉斠簡律云木酒者有六一梨汁酒二閻浮菓
酒三甘蔗酒四舍樓伽菓酒五蕤汁酒六蒲桃酒梨酒者若以蜜石蜜雜作乃至
蒲桃酒亦如是三云波逸提者是結罪又律云但使是酒乃至草木作者无酒色
香味爲非酒而有酒色香味並不合飲若酒初和飲皆犯提甜酢酒食麴酒糟
一切吉羅十云若飲似酒酢酒糟麴若麴能醉人咽咽犯皆墮多云酒酒想疑酒无
酒想一切墮罪无酒有酒想酒疑皆吉莫非東埃犯謂前有方便又不得強勸飲
酒前人若飲勸者犯提不飲吉羅祇云一切果漿令人醉者若麴飲相和食者提
善見云若酒有藥故有酒香味犯吉无者得飲四分云以我爲師者不得以草木
内酒中濞口五分以降龍故得酒醉衣盋縱横乃至佛說偈昔日故仏今不能故皆
伏毒龍今不能降蝦蟆多云此戒極重能作四逆除一破僧又亦能破諸戒律行而
及餘作衆作業故律重制律云不犯者若有病餘藥持不差以酒爲藥若
以酒塗瘡一切不犯五分云若先習酒人不酒者氣絶欲死飲食不消聽以酒器
若不差者以酒著麴粥中令食不差者以酒與飲漸漸斷　水中嬉戲戒五十二
多論四義故制一仏法尊重理宜表敬令入水遊戲損壞乖違二理宜威儀庠序
外長賓敬入水遊戲動越威儀招世譏過三宜自脩道入水遊戲妨廢正業四宜
脩正念入水戲謔令心散亂失正念故是以聖制　別緣有三一是水二无緣三戲弄

爲不善者以酒著糜粥中令食不善者以酒与飲漸漸斷　水中嬉戲戒五十二
多論四義故制一仏法尊重理宜表致今入水遊戲損壞非過二理宜威儀庠序
外長信敬入水遊戲動越威儀招世譏過三宜自循道入水遊戲妨癈正業四宜
循正念入水戲謔令心散乱失正念故是以聖制　別緣有三一是水二元緣三戲即犯
此戒因十七群河中遊戲波斯匿王遥見譏嫌仏便制　若比丘水中嬉戲者波逸提
戒本有三句一犯二水戲三結罪并相中初句可知二三云水中戲者律云放意自恣
從此至彼逆流順流此沒彼出手畫水相澆乃至以鉢盛水戲弄者是三云波逸提
者遠於名律云比丘水中如上所戲悉犯提罪除水者爲酪漿爲酒麦汁器中
弄戲皆犯吉羅祇云水陸平浣濯越俱水中者提五分摶雪及草頭露弄者
吉戲皆伽云乃至水滴地悉吉大雲經說王見遊戲說偈夫人云吾因諸比丘久已離
塵羇戲慕泥水中云何爲人師諸比丘遊戲者足之人之知心遂以神力靡行而去
夫人見而向王說吾家諸比丘久已離塵羇沙弥尚如是何况釋迦師王因生信律云不
犯者爲道行渡水或水中牽竹木捋順流上下爲失物沉入水底此沒彼出或從
此岸渡至彼岸或學知浮法而擢臂水中澆水者一切不犯　擊攊比丘戒五十三
事雖是輕過容至重人人喜爲特宜須禁故所以制別緣有五一大比比二作控亂意
三手脚十指四元緣五眠睡令覺行來誤觸等不犯故五觸著即犯此戒因六群
中一人擊攊十七群中一人乃至令命終比丘舉過仏便制　若比丘以指相擊攊者
波逸提　戒本三句一犯人二擊攊三結罪并於中初句可知二三云以指擊攊者律
云指者手脚廿指三云波逸提者遠於罪名四分以手脚相擊攊一切提罪　祇云指
除手脚也爲杖爲拂柄及户鑰餘一切物擊攊者吉指比丘尼提五指五提乃至害
會以指甚甲吉吉者尼提五分云爲擊攊沙弥乃至畜生悉吉律云不犯者爲不故
作爲睡觸令覺爲出入行來爲掃地誤以杖頭觸不犯　不受諫戒五十四　制意者
凡出家之人理宜離惡爲宗然迷情特欲作過他以理諫復不從順苟且爲非
違損處重故須聖制　別緣有五一自所作非法事二他如法設諫三知自所作非前
人諫者是四拒諫不受五隨所作犯根本不從語波逸提　此下正明戒本此戒因
闡陀比丘犯戒餘比丘諫言莫作此意不應爾不從他諫即犯罪諸比丘白仏
仏呵制戒　若比丘不受諫者波逸提　此戒又有三句一犯人二不受諫三結罪
并相中初句可知二三云不受諫者自知作非他觀莫作極而不從故曰不受諫
三云波逸提者是遠於罪名釋云但使知自爲非前諫者是故違情重是以得
提罪謂自所作是前諫者非過輕微故得吉羅隨所作吉是[illegible]

仏呵制戒　若比丘不受諫者波逸提　此戒文有三句一犯人二不受諫三結罪
弁相中初句可知二言不受諫者自知作非他觀莫作拒而不從故曰不受諫
三言波逸提者是遠犯罪名釋云但使知已為非前諫者是故違情重是以得
提若謂已所作是前諫者非過輕微故得吉羅隨所作事邊得識事故作突
知得脫指犯根本罪此違一人諫不隨前事結罪輕重但就心弁虛故罪重心實
故輕文中先結心實云吉次結心虛提是以律云若他諫言莫作此事然故犯根本
不從語吉若自知所作非然故作犯根本不從語提　多云欲作前不受諫犯吉
後作以根本外別得提罪　問違僧諫中諫竟即犯不諫作事此中所以諫竟未犯
要待作事此戒既是一人沒諫无有僧命衆法可違是以諫竟未犯要待作
事違諫義成是以不類若尒下拒勸學戒亦是一人所諫而无衆命可違何
以諫竟即犯与此相違答彼諫正犯先是不學正犯之人發言拒諫道已不學
即是正犯表違已成故所以犯此諫作犯雖言拒諫道我作者仍指未作違未
就要待作事違諫義成亦非一類律云不犯者前人无智報言可問汝師乃至
以諫法者為諫當用為戲語獨語夢語錯說等一切不犯
恐怖比丘戒五十五　制意者凡出家人宜須將護不相怖惱今以六塵等事逸
相恐怖令彼惶懼癡癲正業事過殊深故須制斷　別緣有五一是比丘二作恐
怖意三以六塵等事一一說示四言辞了了五前人見聞解知依犯之下正明戒本
此戒因鹿迦波羅夜披拘執衣欲怖仏令還入房仏法呵責制戒　若比丘恐怖
他比丘者波逸提　此滿足戒本文有三句一犯人二恐怖三結罪弁相中初句可知
二言以恐怖者律明恐業先列名後隨釋言列名者彼以色聲香味觸法六
事亦示言色恐怖者或作鳥形乃至鬼及獸形以如是色恐怖前人若聲
恐怖者或貝聲鼓聲等以如是聲恐怖前人乃至以法恐怖語前人我見如是
相汝當死若失衣鉢及汝和上亦尒汝父母得病若死等以此法恐怖者三言
波逸提者是遠犯句律云若以六事隨一一是令彼見聞等為恐怖若不恐怖
皆得提罪若不了前人不知等一一吉羅律云不犯者或闇地坐无燈火或大小
便處遥見謂言惡獸乃至行聲咏聲角聲而恐怖者或以色等示人不作
恐怖意或實有是見夢當死失衣乃至父母重病若死語彼令發
誤一切不犯　過半月洗浴戒五十六　十律云洗浴有五利一除垢穢二身清淨三除
身中寒冷病四除風五得安隱故温室經云浴除七病故　凡身多不淨事須澡除
但取業過常令身光澤亂著色身无心欺背正違出離故須限約半月一洗

[illegible]是則夢當死失衣乃至父母重病為死語彼令發
誤一切不犯　過半月洗浴戒五十六　十律云洗浴有五利一除垢穢二身清淨三除
身中寒冷病四除風五得安隱故溫室經云浴除七病故　凡身多不淨事須澡除
但貪著過常令身光澤亂著色身无心散謂近遠出離故須限約半月一洗
為過限犯　別緣有五一曾前洗浴二未滿月三无洗浴四无因緣五洗身半犯之下
正明戒本此戒因瓶沙王聽諸比丘於竹園池中常浴六群浴泳王与采女皆池
相值王衣不浴大臣譏嫌比丘白佛佛可制戒　若比丘半月洗浴无病比丘應受
不得過除餘時彼逸提餘時者熱時病時作時風時雨時道行時此是時
此滿足戒本又有四句一犯人二明半月一洗不得過三除開緣四結罪餘時者下論
前第三句并相中初句可知二三云半月洗浴者明半月一浴不得過半月洗謂
於半月内不得再洗故日不得過　祇云應隨浴日數要滿十五日乃應[illegible]洗三
先言除餘時者明開緣言除熱時律云春殘卌五日夏初一月是熱時天竺熱
早故從三月初至五月十五日此兩月半聽洗无罪隨國土早晚熱用此限洗又此
兩月半時日滿後足是名熱時言病時四分云下至身體臭穢是謂病時言
作時者下至掃屋前地十云乃至掃僧房內地五尺多云五六尺　五分乃至掃
屋內地三言風雨時者下至一旋風一渧雨著身言道行者下至半由旬為來
為往者是四言彼逸提是過洗結罪句律云若過洗一遍洗身一彼逸提若
洗半身亦犯提若方便欲洗不者吉羅五分云若共白衣同室浴身偷蘭多云露
不應共浴若在室中須白衣善而无口過者聽共浴比丘揩白衣吉為自揩不用他
揩者善要著僧祇支一當有慚愧二不生他欲因洗羅漢身軟有凡見後起
深失根乃至還悔得本男身律云不犯者如上六緣開數洗不犯及被力勢所持
強令者　无事露地然火戒五十七　制意者凡夫往[illegible]穢事變无恒容有燒壞
不可不禁又復然火群聚多著浴話廢循正業是以聖制別緣有四一是无因
緣輒去因緣亦不犯雖无因緣為在覆處受生虫義數是不犯故須有三
少文是露地三然草木等輒去然炭生過義殺但犯小罪四燒便犯此中但
制无事然火罪不言壞故湯五生種罪上之制意故尔此戒因六群
露地然火枯枝内有蛇得火氣出遂驚擲火燒佛講堂比丘舉過佛制斯戒
為比丘无病自為炙故在露地然火若教人然除時因緣彼逸提戒本三句
犯人二病除三為己然火結犯并相中初句可知二三云自為己除病不開三云彼逸
提者是遠犯結罪故律云彼於露地若然草木枝葉干毫糠等一切然者突吉
提罪若以火置草木乃至糠糞中亦犯提罪五分為炙然火炭高四指者隨

露地然火枯枝内有蛇得火氣出遂驚擲火燒仏講堂比丘舉過仏制斯戒
為比丘无疾自為笑故在露地然火為教人然除時因緣波逸提戒本三句
犯人二疾除三為已然火結犯并相中初句可知二三无自為已除病不用三三无波逸
提者是遠犯結罪故律云彼於露地為然草木枝葉并糞穢等一切然者隨犯
提罪若以火置草木乃至糞數中者犯提罪五不為笑然火若高四指者墮事
論為他已然後隨作何事皆墮祇云旋火作輪或火中有草火樓聚一切墮若
壞生二罪一壞生二然火若在生地裡有一墮被燒半燋一擲火中者吉然炭火吉
不語前人知是看是吉律云不犯者語前人知是看是為疾人自然教人然有緣
看病人為病者煮糜粥羹飯等在死土及石并餘物上作火用不犯若在廚
屋中浴室中若熏鉢煮染然燈一切无犯 藏他衣鉢戒五十八制意者一調戲諠
煩因事相惱藏他衣鉢貝不時得令彼惶怖損失乖離二容生盜心賊危
事險可懼之甚三假无盜心致彼言謗請白難多草能自救以斯諸過故須聖
制別緣有四一是大比丘衣鉢事等二作驚動彼意三无因緣或物主撈藏急二
難等不犯四取藏舉便犯此戒因六群十七群衣鉢等諸比丘白仏仏制斯戒為比丘
藏他比丘衣鉢坐具鍼筒若自藏若教人藏下至戲笑者波逸提此滿足戒本
文有三句一犯人二所藏物三自他藏而結罪并相中三句可知律云上至惱他下至笑
戲皆犯提罪故云戲笑尚犯況為故惱多云若五大色衣及不淨衣吉羅重
鉢鏈鎝衣鉢不作淨畜者皆墮律云不犯者若知彼人物相體而舉若在露地
風雨漂漬舉之若物主為性撈藏衣物狼藉為誡勅之若借他衣而彼不收故
舉若因此衣鉢有命梵等緣故藏一切不犯 真實淨施不問主取戒五十九制意
者凡淨施之法為去貪著之情遠同大行事既付彼取用之時須諮問報取理遠
聖教又復前人既不見物謂或失奪惱他不輕是故聖制釋名者捨與前人不
虛稱為真實此物不復染心名為淨施故日真實淨施輙取戒 別緣有
四是已物二作真實施淨施法三不語主令知四取用便犯此戒因六群真實施親厚比
丘衣已後輙著比丘白仏呵制戒若比丘與比丘比丘尼式叉摩那沙弥沙弥尼衣
還取著者波逸提此滿足戒本文有三句一犯人二作淨施法三輙取結罪并相中
初句可知二三无与衣者律云淨施有二一真實二展轉二展轉者如長衣戒說三
无波逸提者是輙取還犯句故律云若作真實淨施應問主然後取著不尒
者犯提此淨主文通五衆人解不定有說此是同戒通僧尼二衆合說豈有
比丘尼從比丘取衣也各對同類僧二尼三作法又說依文通五衆為主任心所樂問
沙弥邊作淨受已云何答稱无歲比丘問彼物應淚淨答曰衣藥等資

還取著者波逸提滿足戒本久有三句一犯人二作淨施法三輒取結罪弁相中
初句可知二三亦与衣者律云淨施有二一真實二展轉者如長衣戒說三
云波逸提者是輒取還犯句故律云若作真實淨施應問主然後取著不爾
者犯提然此淨主久通五衆人解不定有說此是同戒通僧尼二衆合說豈有
比丘尼取衣也各對同類僧二尼三作法又說依久通五衆為主任心所樂門
沙弥邊作淨爰也云何名攝尤甚比丘問幾物應說淨答謂衣藥鉢寶
等問衣物尺量如何答衣尺六八寸故律云長如來八指廣四指是為五及金
減並未不說尤罪鉢量可知藥尤其量謂取七日加口法者餘未非也寶尤
多少但金銀錢　問幾種人開心念說淨答十律開五種人作七種心念法律云
不犯者若真實施語主取展轉者隨意取　白色三衣戒六十　制意者凡
壞色染衣道服標式內遣著情外長信敬今不染畜著非是沙門道服
之標內長貪著外招譏嫌過是不輕故須聖制　別緣有四一是三衣二是七
物三不染壞四著便犯此戒因六群著白色衣居士譏嫌比丘白佛佛呵制戒
若比丘得新衣應三種壞色一一色中隨意壞若青若黑若木蘭若比丘不
以三種壞色若青若黑若木蘭著餘新衣者波逸提　滿足戒本久有三句
一犯人二得新衣已下教染壞方法三若比丘以下不壞故違違聖教畜著結
罪弁相中初句可知二三亦得新衣應三種壞者律云新衣者若新若初從得
俱名新衣十誦云得他故衣初得亦名新衣亦云三種壞色若青黑木蘭三云不
以三種壞著新衣波逸提者是違違聖教結罪句律云彼得衣不作三種
壞色著若直若重衣若輕衣不作淨若非衣鉢囊及諸巾
不作淨畜者吉羅謂點色作淨一切緣身所受用物皆須作淨而畜若未染衣
寄白衣家者吉羅准此云淨者謂以成色衣或餘物以點著名淨而並須
染壞非謂三衣須條餘者但淨而已若律准文一切不染皆提一切不淨皆吉
五分所以作淨者異外道故令与俗別作三種記故失則易覓多論云五大色衣不
成若麤量不應量不得著若點著者吉羅此律犯頌要三色相現壞
色衣畜者元罪純色者犯祇云純色不點壞提著白色衣輕點淨者不得並作
戒三三五七九為點極大齊四指極小如豌豆善見如麻子大若均四分著白色衣提
不點犯輕三色之中以一一色壞則成沙門衣重衣不作淨吉不得如花形作院
熱衣有泥汙烏呉汗即為名淨若新大衣趣一角作乃至一切衣新細襟生
亦為衆多碎衣一更合補者一更作別者亦作淨律云不犯者若得白衣染

壞色著者隨是重衣為輕衣不作淨而畜者吉羅若非衣鉢囊及諸巾
不作淨畜者吉羅謂點色作淨一切緣身所受用物皆須作淨而畜若未染衣
寄白衣家者吉羅准此言淨者謂以成色衣或餘物以點著名淨而並須
染壞非謂三衣須染餘者但淨而已若律准文一切不染皆提一切不淨皆吉
五系所以作淨者異外道彼令与俗別作三種記彼失則易覓多論云五大色衣不
成受若麁量不麁量不得著若點著者吉羅此律犯隨一要三色相現成壞
色衣畜者元罪純色甚犯祇云純色不點壞提著白色衣輕點淨者不得並作
或三五七九為點極大齊四指極小如豌豆善見如麻子大若約四分著白色衣提
不點犯輕三色之中以之一色壞則成沙門衣重衣不作淨吉不得如花形作院
執衣有泥汙鳥屎汙即為名淨若新大衣趣一角作乃至一切衣新細揲坐
尔若衆多碎衣一處合補者一處作別者亦作淨律云不犯者若得白衣染
作三種色餘輕重乃至兩作淨者不犯

戒疏卷第三

BD14051 號背　現代護首　（1–1）

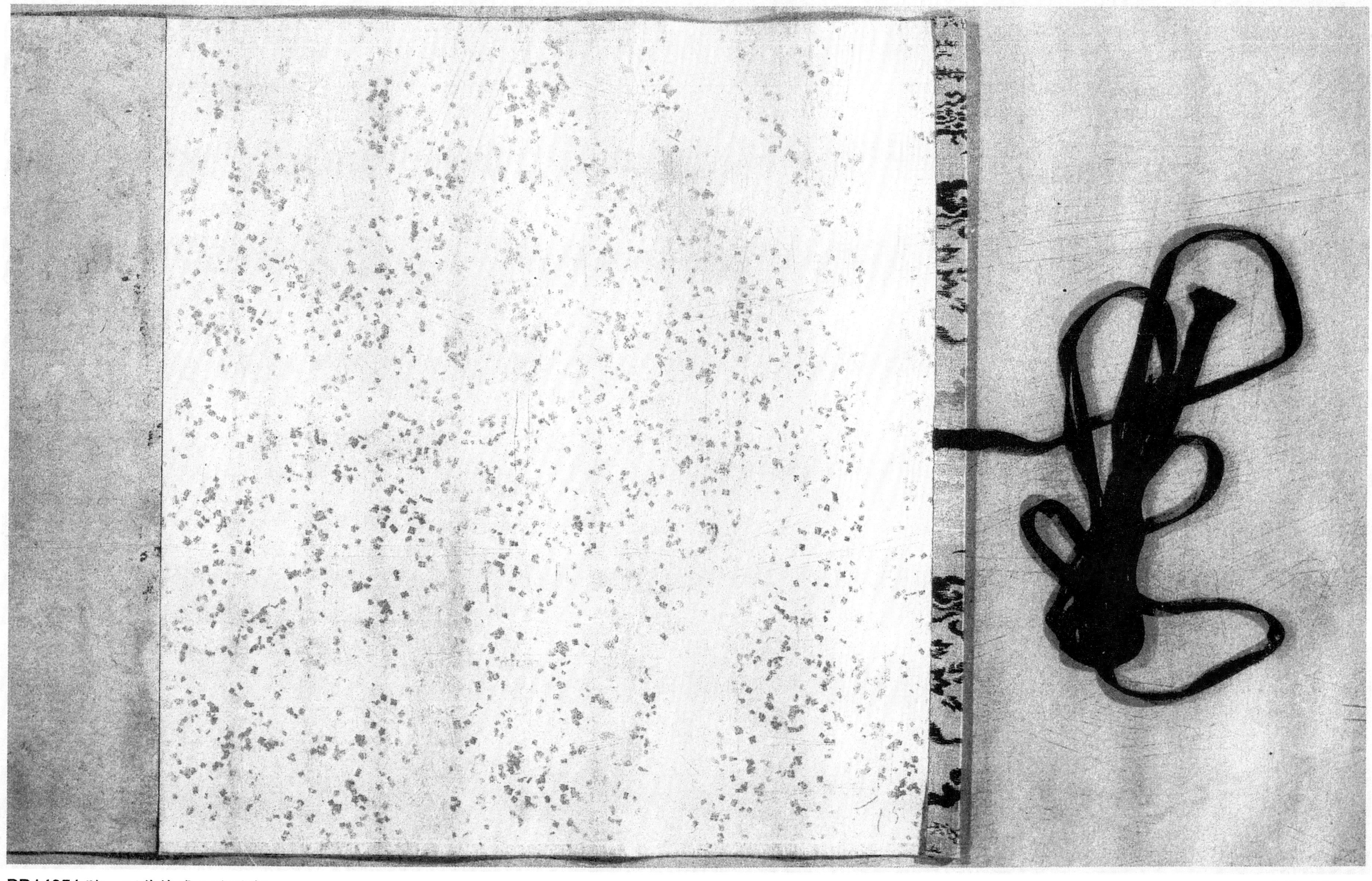

BD14051號　四分律戒心疏並序　　（50–1）

四分律戒心疏

主

四分律戒心疏 并序

蓋聞我慈氏真門啓進修之路大雄法海流
浩汗无邊其義也則冲深罕測恭惟三世得道之
源莫不尊遵奉律儀堅持戒範方證正覺乃坐菩
貽傳見葉流囑晙曦光於暗室灑甘露於禪林賑
醍液鵜八邪之惠鋭破三毒之慈刀崇之則曼脫樊籠毀之則漂淪
苦浪翔復辭塵去俗落髮披衣必當潔矩尸羅凝心軌則但以毗
尼經律傳敵恢弘全開五部文都合三百餘卷或處處創名羣子饒
預繼倫未堤防懼化城之路遠遂使心猿失繫意馬亡羈躑躅昏
衢奔騰險路今乃纂緝勝義鳩集要章苞括五篇兖含七聚
然而事無不斷理亦圓周庶幾新學後聞見約而能漸進夫
婬聲敗德智者之所不行欲相違神聖人之所皆離是以周幽
亡國信褒姒之僭晉獻亡家實驪姬之罪獨角山上不彈騎
頸之羞迷婆膺囊豈悟樊身之苦皆爲欲界衆生未循觀
解繫地煩惱不能斷伏且自地水火風誰爲宰主身受心法本
性空虛薄皮骨内不淨生藏熟藏織于流盈六塵[illegible]

婬聲敗德智者之所不行欲相違神聖人之所皆離是以周幽
亡國信褒姒之僣晉獻亡家實驪姬之罪獨角山上不彈騎
頸之羞迷婆膺裏豈悟樊身之苦皆爲欲界衆生未循觀
解繫地煩惱不能斷伏且自地水火風誰爲宰主身受心法本
性空虛薄皮厚皮周帀不淨生藏熟藏撒汙流溢六塵惡賊
無相觸惱五陰旃陁難可親近常欲牽人向三惡道是以菩薩
大士恒循觀行知五欲性无有歡樂如人持火逆風而行如炭毒
虵夢中所見亦如叚宍衆鳥競依又如菓樹多人所擲觀欲如是
多諸過患是以菩薩若有因緣應生欲覺默然不受且復於
辟鄣外聞環釧聲若起着心猶名犯戒豈況凡夫顛倒縱山
貪迷无智惠明未能省察但見殊姿艷逸嬌態閑華皓齒
丹脣長眉高鬐所以洛川雜珮能稅駕於陳王漢曲下珠遂
留情於交甫至山臺上託雲雨以去來館娃水邊寄泉流而
還往或復臨波浣錦映麗色而增研憩石浣紗帶春光而彌
艷或桑間濮上之音抑揚斷絕鄭郢蠻絲之曲褭亮淒清便
能感動性情駘荒愛着遂使燃香之氣迴襲韓壽之衣彈
琴之曲懸領相知之意或因鳶挑而成親或藉掛冠而爲密豈
知形如聚沫質似浮雲内外俱空斯須散滅舉身不淨合體
无常方棄灘瀬以免蠖衆苦无始已來至于今日或自教他
見作隨喜婬因婬法婬業婬緣凡於衆生有此邪行乘梵天
道鄣菩提業爲四趣因感三塗果臣所以輙課虚鄙抽誠奠勸捨

稽首過現未　正覺諸導師　離惣清淨法　一切應真僧　毗尼法寶藏
聖賢所稱舉　我今說少分　諸賢一心聽　毗尼之法綖　連持功德聚
毗尼之法將　道諸求道者　毗尼之法鎧　能防生死敵　毗尼之法地
能生種慧牙　毗尼深要義　刼壽說不盡　今如是略說　爲樂持戒人
爲令法久住　自利利群生　凡夫樂知見　我慢自欺假　不慎毗尼法
是名滅法人　若人不護戒　放恣身口意　現在惡名流　何況生善道
若有明慧人　欲作世依救　當護持佛戒　如天奉帝釋

能生禪慧方　毗尼深要義　劫壽說不盡　今如是略說　為樂持戒人
為令法久住　自利利群生　凡夫樂知見　我慢自欺假　不慎毗尼法
是名滅法人　若人不護戒　放恣身口意　現在惡名流　何況生善道
若有明慧人　欲作世依救　當護持佛戒　如天奉帝釋
凡欲發起先知教主歸三藏之中何藏所攝將釋次戒略以六
門分別一明三藏所歸二明傳法結集主三弁法教差別四彰
四分得名五釋發戒緣起六釋篇聚方軌　第一言歸藏
者藏有二種一約所詮二約所被謂以教法攝所詮理攝所化生
名為藏故初依所詮立為三藏一素怛攬藏詮於定學亦名
脩多羅脩姤路等皆梵言訛此云契經謂以妙定及所起教
契理合機故名為契復以此教貫所詮理攝所化生故名為經
故佛地云以佛聖教貫穿攝持所應說義及所化生故名契
經通於持業依主二釋即能契教是即能攝契經即藏是
持業釋二毗柰耶藏詮於戒學或名毗尼毗那耶等梵言訛
略直名翻滅謂三業惡焚現善因燒當樂果義同皆然戒
能止滅又發定惠證於滅理得滅果故今譯調伏謂由戒故調
和控御身語意業制伏除滅諸惡行故即隨所詮立此藏
名通於依主有財二釋三阿毗達磨詮於惠學或名阿毗
曇梵言訛略直翻无比法謂无分別智分別法相无法比故
今謂對法謂即淨惠對向涅槃對觀四諦故名對法或以妙
智簡擇法相如對面見亦名對法對与法別是相違釋亦
隨所詮立此藏名亦通依主有財二釋或名伏法釋法數法通
法大法如餘處說今此戒者即毗尼藏攝藏者攝也隨攝
三乘解脫於戒學而稱益故　釋第二傳法主者
佛在世時大師導世真風廣扇法雨遐霑共稟慈尊別
无師範大士據通不二法門小乘尊途混一知見並无異轍
咸稟通達及至覺歸真邪魔乳熾群生失諭正教陵
夷遂使一味之法分成諸見之宗三藏微言湮滅群迷之
口競申別趣各擅師資互起憎嫌更相黨援始分部執
戒月七之名終亦流行但聞四五之說所言四者即西域各有

无師執大士壞通不二法門小乘尊金混一知見並无異轍
咸稟通達及至覺歸真那魔乳熾羣生失御正教陵
夷遂使一味之法分成諸見之宗三藏後言澡滅羣迷之
口競申別趣各擅師資互起憎嫌更相黨援始分部執
咸開廿之名終文流行但聞四五之說所言四者即西域各有
三藏咸行四宗一上座部二說有部三大衆部四正量部言五
部者即是東方但就律宗說有五部一者薩婆多即十
誦律漢地似行二曇无德即四分律漢地咸行三彌沙塞即五
分律漢地少行四摩訶僧祇即僧祇律漢地不用五迦攝毗
耶空傳律名但有戒本東方五部從西域來西域四部咸
傳本有皆稱佛說並号聖言今者須明有之始末部執
初興即廿別及傳永久唯四五存先開廿之名所因後配四五數
之同異言廿部者文殊經云　十八及本二　皆從大衆出
无是亦无非　我說未來起
所言本二有其兩種佛涅槃後十有二年大迦攝波恩集法藏
擊妙高山普告之日諸聖者等勿入涅槃集王舍城當有法事
是時四洲聖衆咸皆雲集未生怨王盛興供養過七日已大迦攝
波恐人衆多難成法事正簡取五百无學聖僧精持三藏具
多聞者於七葉窟中而坐安居雨前三月集成三藏一素怛攬
藏二毗奈耶三阿毗達磨餘衆亦有通三藏人既被簡退共悲歎
日如來在日同一師學法王缺滅簡異我等欲報佛恩宜集法藏
於其窟外空閑林中坐雨安居集成五藏前三更加呪藏雜藏初
以迦攝僧中上坐名上坐部後以凡聖大衆同居名大衆部此即是
其第一重本既結集已於二法藏隨樂受持不相非斥至佛滅
後百有餘年去聖時淹如日久沒摩揭陀國俱蘇摩城王号无憂
統攝贍部感一白蓋化洽人神是時佛法大衆初破謂因四衆共
議大天五事不同分成兩部言四部者一龍象衆二邊鄙衆三多
聞衆四大德衆言大天者末兔羅國有一商人婚娶幼妻生一兒子
顏貌端正字曰大天商人貿遷久滯他國子既年壯母逼行烝後

紇擯瞻部感一自蓋化治人神是時佛法大衆初破謂因四衆共
議大天五事不同分成兩部言四部者一龍象衆二邊鄙衆三多
聞衆四大德衆言大天者末兔羅國有一商人婚娶幼妻生一兒子
顏貌端正字曰大天商人貿遷久滯他國子既年壯母遂行烝後
聞父還心懷怖懼与母設計遂殺之恐事漸彰共竄他國逃難
展轉至波吒釐城遇逢門師羅漢恐泄家事矯請殺之母
後他非其子遇見悔恨交集遂又殺之雖造三逆不斷善根
憂悔罪深何緣當滅傳聞沙門有滅罪法遂至鷄園伽藍
門外見一苾芻誦伽他曰　若人造重罪　脩善能滅除
彼能照世間　如日出雲翳　大天聞偈踊躍知歸因請
出家有僧遂度性識聡敏三藏遍通詞論既清善於化
導彼波吒釐人无不歸仰既貪名利悪見乃生矯言我得阿
羅漢果五悪見事從此而生既稱得聖人或聖凡貴王頻請
說法供養見諸宮女不正思惟於夢寐中漏失不淨浣衣苐
子恠而問言豈阿羅漢有斯漏失大天矯荅魔嬈使然以漏
失因有其二種煩惱漏失羅漢即无不淨漏失无學未免羅漢
豈无便痢涕唾然諸天魔常嫉佛法見行善者便往壞之
縱阿羅漢亦被嬈乱故我漏失是彼所為汝今不應有所疑恠
又彼大天欲令苐子益生歡喜親附情殷次苐矯受四沙門果
苐子懷疑咸來白曰阿羅漢等應各證知如何我等都不自
覺大天告曰諸阿羅漢亦有无知勿自不信諸无知亦有二種
一者染汙羅漢即无二不染汙无學猶有由斯汝輩不能自知
又於一時苐子啓白曾聞聖者已度諸疑如何我等尚疑諦寶
大天又告諸阿羅漢亦未免疑疑之有二種故隨眠性疑羅漢
已无處非處疑无學猶有獨覺於此而尚有之況汝聲聞能
无疑或後諸苐子披讀諸經因自師言經說无學有聖慧眼
我於解脫應證知如何但由師言悟入彼即荅言有阿羅漢但
由他入不能自知如舍利子智慧苐一佛若不記猶自知況汝等
輩非由他入是故汝等不應自輕然彼大天雖造衆罪不起邪

已无處非處疑无學猶有獨覺於此而尚有之況汝聲聞能
无疑惑後諸弟子披讀諸經因自師言經說无學有聖慧眼
我於解脫應證知如何但由師言悟入彼即答言有阿羅漢但
由他入不能自知如舍利子智慧第一佛若不記猶不自知況汝等
輩非由他入是故汝等不應自輕然彼大天雖造衆罪不起邪
見不斷善根後於夜中懷罪重當於何處受諸劇苦憂惶
所逼數唱苦哉近住弟子驚怪來問彼便告言我呼聖道
謂有聖道若不至誠稱苦命嗟終不現前故我昨夜唱苦哉
矣大天於後集先所說五惡見事而作頌曰

餘所誘无知　猶豫他令入　道因聲故起　是名真佛教

十五日夜布灑陁時次當大天昇座誦戒彼便自誦所造伽他尒
時衆中有學无學多聞持戒脩靜慮者聞彼所說无不驚
呵咄哉愚人寧作是說此於三藏曾所未聞咸即翻彼所說頌云

餘所誘无知　猶豫他令入　道因聲故起　汝言非佛教

於是竟夜鬪諍紛然乃至崇朝朋儻轉盛城中仕庶乃至大臣
相次來和皆不止息王聞見已亦復生疑遂乃令僧兩朋別住賢
聖朋內耆年雖多而僧數少大天朋內耆年雖少而衆數多
王遂從多依大天語訶伏餘衆事畢還宮時諸聖賢知衆
乖違欲往他所青王聞已白令日宜載破舡中流墮溺臨驗其
聖凡時諸聖衆遂運神通又接同志諸凡夫衆處種種形陵
空而去王聞悲悔遣人追尋王躬國迎僧皆辭命王遂總捨迦
濕彌羅造僧伽藍安置聖衆於後大天相者見之竊記七日定
當命盡弟子聞已憂惶白師便矯答言吾久知矣遣人散告涅
槃之期王庶悲哀香薪焚葬火至便滅竟不能燃占相者云
不消厚葬宜猶糞汁而洒穢之便依其言火遂焚焚蕩覆
盡飄散无遺由是乖諍僧成兩部大天朋黨取結集時大衆為
名大衆部諸賢聖衆取結集時上座為名名上座部此即本部第
二重分是十八部之根本也大衆部中既无賢聖二百年初因有乖
諍前後四破流出八部初第一破流出三部一者說世出世法皆是假

不消厚葬宜犒重汁而洒穢之使依其言火遂焚共棄潑穫
盡飄散无遺由是乖諍僧成兩部大天朋黨取結集時大衆爲
名大衆部諸賢衆取結集時上座爲名ゝ上座部此即本部第
二重分是十八部之根本也大衆部中既无賢聖二百年初因有乖
諍前後四破流出八部初第一破流出三部一者說世出世法皆是假
說名一說部二者世法顛倒則不名實ゝ說出世法實ゝ名說出世部
三者上古有仙染鷄生子部主姓氏名鷄胤部第二破者又因乖
諍流出一部此師學廣玄悟佛經勝過本部多聞部第三破
者又有一師說世出世亦有少假不同一說及說出世名說假部
第四破者二百年滿有一外道捨邪歸正亦名大天重詳五事分出
三部一者此人所居山似靈廟即依本處名制多山部二者又有一
類与此乖違住制多山西名西山部又有一類乖前二見住制多山
北山住部故大衆部四破別分本末別說有其九部其上座部
賢聖住持經亦所時一味和合三百年後四百年末本末七破爲
十一部第一破者有一大德造智論令後學者研究竟深宗其諸
上座先唯習定既遭詰難自恥无智避諸論者移居雪山轉
立別名ゝ雪轉部其學論者說一切法皆有實體性名說一切有
部又說有爲因亦名說因部第二破者於有部中流出一部上
古有仙染牛生子是部主姓名犢子部第三破者從犢子部流
出四部一謂部主有法可上法在人上名法上部二賢部主姓賢是
善賢ゝ聖苗裔名賢ゝ胄部三顯部主善立法義刊定无邪其
量分正名正量部四謂部主所居近山林木蓊欝繁而且密名
密林山部第四破者復從有部流出一部謂此部主身雖出
家本國王名化地部第五破者從化地部流出一部ゝ主葉弘含
容正法如藏之密名法藏部第六破者三百年末復從有
部流出一部ゝ主上代有仙身真金色飲弊餘光名飲光部
第七破者四百年末復從有部流出一部自稱我以慶喜爲師依
經立量名經量部說有種子能從前世轉至後世名說轉部如
是上座本末重破兼本共成十一部計通前九部爲廿部爲

密正法如藏之密名法藏部第六破者三百年末復從有
部流出一部〻主上代有仙身真金色飲弊餘光名飲光部
第七破者四百年末復從有部流出一部自稱我以慶喜為師依
經立量名經量部說有種子能從前世轉至後世名說轉部如
是上座本末重破兼本共成十一部計通前九部為廿部為
一大衆部二說部三說出世部四鷄胤部五說假部六多聞部
七制多山部八西山住部九北山住部十上坐部十一說一切有部十二
犢子部十三法上部十四賢胄部十五正量部十六密林山部十七化
地部十八法藏部十九飲光部廿經量部已明廿部因由竟以四五
部相配屬者漢地所明五部名中薩婆多者即四部中說一
切有部當廿中第十一部曇无德者唐言法藏中部中无即廿中
第十八部弥沙塞者唐言化地部四部无是廿中第十七部摩
訶僧祇四部中大衆即廿中第一部也迦葉毗耶唐飲光即廿中
第十九部其四部中一上座部五部中无即廿中第十部四中正
量五部中无是廿廿中第十五如是東西共行六部一上座部二
說有部三大衆部四正量部五化地部六法藏部餘十四部兩處
不行其化地部本出印度〻〻已滅于闐盛行其法藏部本出
西方〻不行冬夏廣開化地有部漢地似行上座正量印度盛
行餘方不見 初分部時廿具足去聖漸遠法教淪沒住持人无
都計即滅住持人在部計不滅不以諸部有是有非而其
部執有存有沒不以一法有用不用而於諸部論正論邪如
拆金杖彼此俱金但依脩行皆得四果如有毀謗並墮三塗
清見不乖皆是一法知見實者即相是非識解寬者乃彼此无
迷情執見則有增毀過生若達士通情豈有嫌謗正法以斯
辭釋用蕩羣疑顯審詳条无迷一法
然佛在世親自宣演一大毗尼臨涅槃時以律藏付囑優波離〻〻
滅度付囑摩訶迦葉〻〻滅度付囑阿難〻〻滅度付囑商那和脩
滅度付囑優波毱多已上五大師法味无差皆同一見 第三
法教差別者至第五主有五弟子一名薩婆多即十誦律二名
曇無德即四分律三名弥沙塞即五分律四婆麁富那即僧祇

BD14051號　四分律戒心疏並序　（50–9）

然佛在世親自宣演一大毗尼臨涅槃時以律藏付囑優波〻離〻
滅度付囑摩〻訶迦〻葉〻滅度付囑阿〻難〻滅度付囑商那和脩
滅度付囑優波毱多已上五大師法味无差皆同一見 苐三
法教差別者至苐五主有五苐子一名薩婆多即十誦律 二名
曇無德即四分律三名弥沙塞即五分律四婆麁那即僧祇
律五迦葉惟亦名迦葉毗律〻本未被東土此上五人各執一見
以爲搯准不然均融齊一於是離分遂爲五典如破金杖並
爲金用揔別之教咸可受持依而脩行信登解脫今四分律
主曇无德部也此是梵語唐云法正刊定無於世故立名也 四分
四分得名者四者數也分者段也位也世尊在四度昇座說此律
終故名四分又梵夾四夾故名四分此四分律通其六釋今具明
二四分即律〻是帶數釋律即四分是依主釋也今依律本從
初至大僧戒未名爲初分至尼戒終名苐二分兼受說二揵
度苐二分攝從安居揵度至房舍揵度已前名苐三分從
房舍揵度至律本終名苐四分此毗尼藏因得名之爲四分也
五發戒緣起者然機感非一故中發受有曽雖緣起不同
解脫唯一今約能受分爲十種一自然得戒唯佛自悟不
解不他成此唯爲佛不通餘類二自誓得戒唯大迦葉
三見諦得戒五俱輪等四上法得戒謂耶舍等及如來一
代善來所度者即發具足五三語得戒謂未制羯磨已前
諸羅漢所度者乃受三歸即得具足戒 六問荅得戒謂
須陁耶沙弥年始七歲佛問其義一〻荅佛稱可聖心便發
具足七八敬得戒爲大愛道聞八敬已歡喜頂受便發具足
八遣使得戒爲半迦尸尼類容端正若出伽藍即有懷行留
難聖開許傳受得戒若有此類者亦准此小〻類容不得
九羯磨得戒爲十僧作法得發其戒 十邊地五人亦得發
戒已前九種唯爲佛在日羯磨一法教通凡聖被及僧尼
諸羅現未須知作法成已不成故依諸部廣明
六釋篇聚方軌者就此門中曲分爲二初釋篇聚名相次

難聖開許傳受得戒若有此類者亦准此小小類容不得
九羯磨得戒爲十僧作法得發其戒十邊地五人亦得發
戒已前九種唯局佛在日羯磨一法教通凡聖祇及僧尼
說羅現未須知作法成已不成故依諸部廣明
六釋篇聚方軌者就此門中曲分爲二初釋篇聚名相次
弁持犯方軌就初門中復分爲二一弁篇相二釋聚義
即初也言弁篇者略有五種一波羅夷篇此云無餘亦他
勝處亦極惡也二僧殘篇所類僧分故名僧殘三波逸提
篇此云捨墮若犯此戒墮落三塗燒煮覆障故曰墮也四
波羅提提舍尼此云向彼悔若犯此戒事可呵容聽發露對
首懺除故云向彼悔也五式叉迦羅尼篇此云應當學威儀
練行勤習方成故曰應當學也篇者類也別也故以名之
二釋聚義者略有七種爲前篇中雜釋諸戒分義但當類
局論今聚門中通解法位輕重兼說通局不同故篇聚別
言七聚者一波羅夷聚二僧伽婆尸沙聚三偷蘭遮聚此云麤
惡罪有四種一五逆偷蘭遮二初篇方便偷蘭八僧中悔三
第二篇方便當於四僧中悔四獨偷蘭三人前悔善見論云偷
蘭言大遮言鄣善道名爲大鄣道也四波逸提聚五波
羅提提舍尼聚六突吉羅聚七惡說聚就次門中復分二種
一身業犯者名惡作口業犯者名惡說此後三聚若故犯者
對首懺悔若悞犯者應責心悔此七皆稱聚者衆戒集聚聚故也
次釋持犯方軌然佛世尊初成正覺十二年中五部弟子
純唯清淨具足梵行少欲少事無有染污亦未違犯未曾
制戒惟依三聚淨戒一切惡莫作當奉行諸善自淨其志
意是名諸佛教更無諸結十二年末十三年中爲諸開法弟
子受利養故有漏便生多行毀犯隨敎檳過廣制戒律非
無因緣不制見有十種利益五種無利何名五種无利
一不具慚愧 二放逸 三不恭敬 四愚癡 五失念 何名十種利益
一者攝取於僧二者令僧歡喜三者令僧安樂四者未信者令信五
者已信令增長六難調順者令調順七慚愧者得安樂八斷現在

無因緣不制見有十種利益五種無利何名五種无利
一不具慚愧 二放逸 三不恭敬 四愚癡 五失念　何名種利益
一者攝取於僧二者令僧歡喜三者令僧安樂四者未信者令信五
者已信令增長六難調順者令調順七慚愧者得安樂八斷現在
有漏九斷未來有漏十者令正法得久住　何名攝取於僧
若下坐持戒則為知之衆接在數中二者令僧歡喜若中
坐持戒有所施為悅可衆心三令僧安樂若上坐持戒光
飾衆儀又能蔭蓋徒衆四未信者令信戒得內備外則發
人信敬堪為師範導之以濟世以未出家者信樂出家從其
受戒五已信者令增長既度弟子復能教授令其護持增
進心行六難調順者令調順徒衆之中若有惡性麁獷違教
犯禁不順威儀者復能如法治罰摧伏令改七慚愧者得安
樂徒衆之中若有道心失意犯罪懷愧懼改往修來求洗
過復救拔作歸依處八斷現在有漏已生惡既除身心清淨
是應布薩行无缺漏九斷未來有漏未生惡永不令起十
者令正法得久住持戒之人自行清淨復能化持戒經緯理要
速衆益時化化相乘隨而更舉之此十利之中前三依衆求
解脫中六行成自他兼益一則能興隆三寶唯持戒之人得此
十利也又有一釋此十利之中三段之義前三句明於衆法中得
利也中六句明於行法中得利也初衆法有三者第一明外凡
假名僧為律教所攝得在衆例故一者攝於僧也第二明
內凡和合僧同心奉律和順為本二者令僧歡喜三明聖位
真實僧依律而行不相違惱故曰三者令僧安樂也今明外
凡比丘若能持戒見聞清淨得入於此三種僧中同其布薩
羯磨犍此衆法利也次明行法有六句者初二句明不成熟
謂信行法行僧內凡學人利也次二句明中成熟謂見道修道聖僧學人利也後二句
明上成熟
謂盡智無生智無學聖果功德利也第十句教法釋明他
成熟說法化人興益於世紹隆真軌永使不絕故曰十者
令正法得久住也原如來制戒之意本非直正欲惡而已

明上成就

謂盡智無生智無學聖果功德利也第十句教法種明他
戌熟說法化人興益於世紹隆真軌永使不絕故曰十者
令正法得久住也原如來制戒之意本非直正欲惡而已
乃欲遠開涅槃之正路為令比丘知法脩行剋獲道證同
佛所得無上常住永寂休息法也故云為諸比丘集十句
義諸佛之教戒法矣
四分律尒時世尊在毗舍離城迦蘭陁聚村時須提那子家
饒財寶篤信堅固捨妻出家學道世儉難乞子念聚村
將諸比丘与親族作福時母見子曰汝父已亡无子繼嗣終
後恐汝祖父財物散失入官汝當捨道為俗至三勸已寧
為留子子不捨道義母取婦本嫁嚴具信其出時相語
便安後會屏處三染蘭鬼處胎十月滿足生男字為種
子長大出家得羅漢果神通變化无不具知那子憂愁比
丘呵責於如來清淨法中与故二共行不淨於欲无欲於猪
无猪能斷渴愛破壞巢窟除衆結縛愛盡涅槃汝今云何
与故二共行不淨行告諸比丘比丘白佛佛言知而故問須提那
汝犯如是不淨行耶答言實爾世尊以此因緣集比丘僧以无數
方便呵責須提那子汝所為非非威儀非沙門法非淨行非
隨順行所不應為寧可持男根着毒口不持著女根中
不以此緣墮於惡道若犯女人墮三惡道斷法斷於欲相滅
欲念除欲熱越度愛結說如火把草炬亦如樹菓又如
假借如枯骨聚如段宍如夢所見如履鋒刃如新瓦器盛
不淨著中如毒虵頭如轉輪刃如在尖撅如利戟刺甚可
穢惡時有比丘曾為摩伽陀國法欲制戒故先問言國有
幾種大罪答言國有四種大罪一者犯他婦女二者盜人五錢
三者斷人命四者出虛誑語犯此四者必死无疑佛因此制戒
故此四者並波羅夷罪　一國境差別毗舍離　二有滿差別須提那
三惱差別貪欲　四過失差別不淨行　五制罪差別男女
若比丘者初人許无犯　佛言須提那子夫出者遠離家

故此四者並波羅夷罪　一國境差別取舍離　二有漏差別須提那
三者惱差別貪欲　四過失差別不淨行　五制罪差別男女
若比丘者初人許无犯　佛言須提那子夫出者遠離家
舍以乞自濟辟採寶皆入海死者全多達者一二今此法門亦
復知是皆因犯此戒墮落三塗　釋曰比丘義者一曰
名字　二者賊住　三者乞士　四者破結使　五者得處所　名字
者俗稱僧名是故曰名字　賊住者如外道偷法假稱比丘
故賊住　何名乞士婆羅門俗士長行乞食不受戒律亦
名比丘何名破結使從預流果至阿羅漢名破結使比丘何
名知法自四羯磨成就得處所住故名比丘共比丘同戒者同
有三種一者戒同二者學同三者同別解脫從一夏至百夏皆
皆同此戒故〻名同戒　同學者學此戒故〻名同學同解
脫者諸比丘皆同此戒故〻解脫若不還戒者若有比丘不
樂梵行聽捨戒還戒時有扶闍子比丘暫制愁心投佛出
家不經多時愁懺滅憔悴乃至喪命佛言聽說法還戒
聽行无犯捨戒者若向顛狂心乱痛惱聲瘂中相解方
捨戒戲咲天龍夜叉餓睡眠死人不自語前人不解如是
等不名捨戒若言我捨佛捨法捨僧捨和尚戒律是名
捨戒　言戒羸不自悔者說有四種斷簡亦捨亦羸不
捨不羸何名捨不羸本心無捨忽然瞋怒便云我捨三寶
捨師僧和尚捨三藏戒律者我造五无簡我作沙弥
居士我賊住外道如上等事若於前人領會名捨何名
羸不捨心生悔恨持戒脩梵行難頭陀苦行難不如學
世俗法心思不說名羸不捨何名亦羸亦捨心口相應故名
亦捨羸亦捨何名不捨不羸清淨比丘不捨不羸如是
往來聽七返比丘尼只得一度再不得來故言若不還戒
又釋戒羸者不樂梵行歎比丘法數往婬女寡婦家數
往二家是為戒羸佛言以男根內毒蛇口中不於女人處

往來聽七返比丘尼只得一度再不得來故言若不還戒
又犍戒羸者不樂梵行歎比丘法數往婬女寡婦家數
往二家是為戒羸佛言以男根內毒蛇口中不於女人處
行不淨行蛇有三過謂見觸嚙女人亦尒壞人善法又言
女人甚於毒蛇毒蛇有其七種一者毒蛇所害只害一身女
人所害害無數身二者毒蛇所害即色身女人所害害於法
身三者毒蛇所害害五色身女人所害害六色身四者毒蛇所
害得与衆同事女人所害乖棄羯磨五者毒蛇所害得
生天上女人所害墮三惡道六者毒蛇所害得沙門果女人
所害害八正道七者毒蛇所害不被擯弃女人所害被衆
擯弃犯不淨行者障循梵行名不淨行除蔭和合名不
行乃至共畜生者時有比丘住於林中娥獲邊行不淨行
云佛制女人不制畜生畜生邊行婬因此制佛言波羅夷是
比丘波羅夷不共住者波羅夷魯言他勝處魔強能壞比
丘故名他勝不共住者有其二種一不同男二不同一百羯磨
猶同死尸即驅出尒時世尊在王舍城王子無畏男根有病
令女人含之後得差也即於此當女人口中行婬此女人憂愁不樂
便作是念若王瓶沙王來時覆頭露形在王前立若王問
我言汝狂耶何故乃作如是我當答言不是狂是王子所
須故我今覆護何以故王子常於我口中行婬是故覆護
有如是病當於女人口中行婬得差若為治病故波羅夷天
女人女阿脩羅女鬼神人非人等中乃至畜生比丘勒起婬心犯
護持吉羅決定去犯悔過突吉羅受樂波羅夷不受樂
偷蘭遮若於三竅中行婬並波羅夷乃至自身亦波羅夷胃
聞及諸無情物犯偷蘭遮三竅壞者偷蘭遮不壞者波羅
夷女形過男根波羅夷若行婬時方便趣皆偷蘭遮受
樂色波羅夷因緣四種堪忍不壞過男根受樂波羅夷不具六
偷蘭遮尒時世尊在舍衛國有比丘晝日不閉户睡男根起

衆女所過男根波羅夷若行婬時方便進趣皆偷蘭遮受
樂已波羅夷因緣四種堪忍不懷過男根受樂波羅夷不具六
偷蘭遮尒時世尊在舍衛國有比丘晝日不閇戶睡男根起
時有衆多女人詣僧房觀看至彼屋見比丘仰卧眠男根
起見已慚愧疾疾而出諸女人中有賊女共行入屋於比丘形
上行婬婬已持華鬘繫男根上而去彼比丘睡不覺覺已見
不淨汙身男根有華鬘便作是念乃有不淨汙身男
根華鬘將无有女人於我行婬耶疑問佛佛言汝覺不
答言不覺佛言无犯不應晝日不閇戶而睡突吉羅時
蓮色比丘尼晝日不閇戶睡賊入屋行婬婬已去彼睡不覺覺
已見不淨汙身彼作是念我身有不淨汙將无有人婬犯我耶
彼比丘尼疑問佛佛言汝覺不不覺不犯比丘尼不應晝日不
閇門戶而睡突吉羅有比丘見木女像端正可愛生貪著心即
捉彼女根欲作婬女根即開尋生疑怖畏佛言若舉身
受樂犯波羅夷根不開偷蘭遮知木女金銀七寶膠漆布
石女乃至溪土亦知是若道非道想若疑非道道想並波羅
夷若非道道想疑偷蘭遮比丘尼波羅夷式叉摩那沙弥沙
弥尼突吉羅是為犯不犯者若睡眠無所知覺不受樂
一切无有婬意不犯不犯者最初未制戒癡狂心亂痛惱
所纏 一前境女人 二興染心 三起方便 四与境合便犯 四緣成犯
問狂者不犯戒云何答有五因緣故名為狂一失財二失親三
四大不調四為非人所惱五宿業報是名五種狂若假作犯
戒事自知是比丘隨事犯不知者不犯云何心亂不犯答有
五因緣心亂謂見非人怖散亂心非人奪其精氣四大不調宿
業報鄣及非人打是名五犯不犯如前云何痛惱不犯戒有
五因緣一風發二冷發三熱發四和合發五時發是五犯不犯如
前如上已說初婬戒竟　盜戒第二
四分律佛在王舍城耆闍崛山時有比丘名檀尼迦先是瓦
師受佛出家樂住閑靜處自造草庵已比丘入村乞食後

五因緣一風發二冷發三熱發四和合發五時發是五犯不犯如
前知上已說初篇戒竟
盜戒第二
四分律佛在王舍城耆闍崛山時有比丘名檀尼迦先是瓦
師投佛出家樂住閑淨塚間自造草菴住彼比丘入村乞食後
被採薪人破其草菴念言我自有伎能可和泥造全成瓦
屋取柴薪牛糞燒之屋成色赤如火佛從耆闍崛山下來
遥見此屋知而故問阿難具如前答佛勅大衆令打破彼比
丘責諸大衆我有何過而破我屋荅曰汝無過亦不增汝佛
勅教我破汝屋比丘聞已念我自造好木屋便往摩伽陀國阿
闍世王有守材人與檀尼迦比丘少小親厚便詐傳王命令索
好材木割截猪造舍後王要大材鎮國從守材人索荅云
檀尼迦云王許不敢不与便喚比丘對何得不与取比丘荅言王
先許我以取之王言我不憶荅王初登位時我境內草木
一切隨意沙門婆羅門脩梵行者聽用王言許无主物據大
德不与取罪當合死我剎利澆頭王種云何以少材而斷出家
人命是所不應勅令大臣高聲王意不平合死之罪呵責而
放諸世人聞大生譏嫌云何比丘不与而取曰即見佛之便制戒
順王國法若盜五錢若物直五錢本主不捨以盜心取方便
藏舉未離本處一一偷蘭離本處已波羅夷若方便欲取
偷蘭或依親厚強力事牽挽言辭辯說誑惑而取皆波羅
夷於曠野田中或有金銀七寶衣物雖有主而不在前方便
埋藏舉離本處皆波羅夷輸稅比丘无輸法若尒合輸稅比
丘以盜心爲他過物若擲門外若埋藏若雜詞言說誑惑若
以呪術將過國至方便皆偷蘭若受他寄付擎在道行以盜
心從左移右從右移左雖在身上但離本處皆偷蘭遮盜水
者大小盆器香藥但直五錢皆波羅夷揚枝者若一莖一把一擔
但直五錢皆波羅夷若入園中取他草木叢林花菓菜茹但
直五錢皆波羅夷若有主物疑偷蘭遮无主物作有主想偷
蘭无主物疑偷蘭有主物不滿五錢有主想偷蘭遮尒時世

[illegible]直五錢皆波羅夷積材者若一莖一把積
但直五錢皆波羅夷若入園中取他草木藂林花菓菜茹但
直五錢皆波羅夷若有主物疑偷蘭遮无主物作有主想偷
蘭无主物疑偷蘭有主物不滿五錢有主想偷蘭遮尒時世
集諸比丘種種呵責檀尼迦汝所非威儀非淨行非隨順行所
不應爲云何癡人多種有漏處家初犯戒從今已去若比丘
盜人五錢犯重因此制戒　國境差別王舍城　有漏差別檀尼迦
若惱差別受取　過失差別盜　制罪差別財物　若比丘者如上
若在村落者村有四種一者四周帀墻二者柵籬三者籬墻不
周四者四周屋　若閑淨處者即村外閑淨也不與者三種人
不與男子女人二形盜心取者賊心取也隨不與取法彼若無
捨心種盜心取也取者婆羅門國內取一錢銀亦爲四分內取一
分即成盜罪餘方隨制　若爲王者王有二種一者信心王心意
調柔二不信敬王心不調柔若殺若縛若駈出國作如是呵
責知比丘犯重　捉者害命縛者繫縛駈出國者遮出國境
若信敬王之言汝是賊汝无所知如是呵責即犯重　汝是賊者
不知現過汝癡不識來果樂汝无所知不識因果是比丘波羅
夷不共住　盜有四種無自想無親近想無暫時想怨餘人
知盜心取五種具犯重　翻此五種不成犯　又盜有四種自盜
現前盜遣使盜　方便盜　自盜者自手盜現前盜者對主盜
遣使盜者令人使往取方便盜者較衬斷名方便盜　因緣具
種　起心設計他人不捨是他物想價數足離處所六緣具犯
波羅夷不具偷蘭遮　盜鬼神禽獸物偷蘭遮　不足突吉羅
初起盜心犯護持突吉羅　決定起犯過突吉羅　其物離處所
波羅夷　地上麦埿架上衣　若染師擔磔物在窖中物或馱上
若车地中未過瀨濶犯偷蘭遮　若過波羅夷　麦埿過鞍埿過
窖埿波羅夷　不過偷蘭遮　若在市取種種色衣如皂好過
自者重未過輕　比丘道人物有三種時号處所　時者作期時
未到期所犯偷蘭遮　到已波羅夷　号者或手号衣号見
号之時波羅夷　不見輕　處所者到期處犯波羅夷　未到

窖堤波羅夷 不過偷蘭遮 若在承取種々色衣如是好過
自者重未過輕 比丘道人物有三種時 号處所 時者作期時
未到期所犯偷蘭遮 到已波羅夷 号者或手号衣号見
号之時波羅夷 不見輕 處所者到期處犯波羅夷 未到
偷蘭遮 若盜畜生有二種 趂出羣 如打驅出令主不見犯波羅
夷 如主不見輕 何名縱着 令不隨羣使主不見犯重見則輕
比丘轉賊物 或畜生物犯重 自不取 持弃水中犯偷蘭遮 若盜
獵師覆網并畜獸物犯重 不取 損壞羂網輕 慈悲心放犯突吉
羅 比丘春夏之時澆灌田苗 ㄙ外水令已苗善熟犯波羅夷
不足輕 若有流水畏損已苗 開着人田中損他田苗 價數和合犯
波羅夷 不足吉羅 比丘渡磧渡江海 有馱乘若盜人喫 永價數
足波羅夷 不足吉羅 若盜畜生永喫犯重 田地蘭宅有二種 共
論假彊眸知不屬已 彊言稱屬於官 申論得理犯波羅夷 共
俗論事未了中宜移司 每一度犯一々偷蘭遮 斷々犯波羅夷
阿名彊假眸 損彼益此 未得偷蘭遮 得波羅夷 咒師盜物
營法犯突吉羅 持咒之時犯偷蘭 咒法成就 其物現前波羅
夷 比丘盜船 捉盛索時突吉羅 曳時偷蘭遮 過岸犯波羅夷
逆船度口犯波羅夷 不過偷蘭遮 弟子盜和尚衣物不見犯波
羅夷 見偷蘭遮 比丘盜菓子打一顆落一波逸 盜一顆偷蘭遮
有主作主想犯重 无主有主想疑偷蘭遮 比丘尼波羅夷式
叉摩那沙弥沙弥尼突吉羅 釋曰辨五種常住用皆波羅
釋曰辨五種常住物 十方常住 現前常々住 如此常住方用皆波
羅夷 十方常住為家人畜乘莊園 一切體屬十方衆僧 輒亦用者
犯波羅夷 若磨々亦檢校用物不當皆波羅夷 現前常住者
為打鍾之時食 一切合ㄙ物 鍾聲亦斷屬現前僧 或曰打鍾過時
而食者 現前僧所食隨有五錢皆波羅夷 若打鍾不開寺門外
有客僧來入不得 內所食僧皆波羅夷 若言僧物若施主ㄙ
物主不在前時 亦不打鍾及不開門 所ㄙ物隨直五錢皆波羅
夷 常住菓子 若施主本栽時云无礙者聽食无罪 若本栽時
言只共養佛不言僧皆食隨直

不客僧來入不得内所食僧皆波羅夷　若言僧物若施主多
物主不在前時亦不打鍾及不開門所多物隨直五錢皆波羅
夷　常住菓子若施主本栽時云无礙者聽食无罪若本栽時
言只供養佛不言僧者食隨直五錢波羅夷　三寶物若有
物入清淨三寶〻者衆僧无多輒用者波羅夷　聖僧物除莊嚴
聖僧外餘一切不通用〻者波羅夷　盜佛像物者亦隨直五錢
波羅夷　盜贖隨直五錢波羅夷　東寺奴客畜生不得食西寺
飯食草踏輒与者磨〻准波羅夷　如檢挍常住乘騎鞍馬輒
往私家勾當隨直五錢皆波羅夷　若文提物分用者波羅夷
薩婆多云閻浮提一切國法以王舍城為正阿闍世王於王中第一故
佛在王舍城同王法制戒　此國五錢已上入重罪如閻浮提内有
佛法處皆依此斷　若國不用錢准五錢直成罪　若偷錢時從
此處少〻輕偷蘭　選約三錢亦輕偷蘭　若四錢重偷蘭　若遣使
取他物當教時得輕偷蘭　若物離本處二俱波羅夷　若受
使比丘取物時狂心亂心病壞心受使比丘不得罪　遣使得罪
遣取金錯取銀以異教故偷蘭　受使比丘夷　去時少〻輕偷蘭
教他比丘无罪　若偷僧物五錢已上重四錢已下輕偷蘭而報罪
甚深　若曳不離僧地輕偷蘭　若比丘所住處重　若舍屬一主物
不離主未離家界中間少〻偷蘭　入女婦妹奴婢兄弟兒房中
偷蘭遮　出至地相波羅夷　有主水中鳥盜心取夷　選擇時偷
蘭遮　流令水底偷蘭　離本處波羅夷　若流水中捉物任令後
永過前夷　若離本處夷　无主水中无主鳥及鵞離本處夷
欲入王界一比丘言彼國稅重便却還　若實者二俱无過　若虛
教他比丘得重偷蘭　受教者无罪　若入王界報言稅實重
二俱无罪　若虛者教他比丘夷　受教者无罪　若瓶中有寶
合瓶將去隨近隨遠偷蘭　出離瓶波羅夷　取非人鬼神五錢已
上夷　四錢已下輕偷蘭　天及畜生盡名非人　无主物者有二
國界中間各曰封相中間空地若有物名无主物　有一王征伐
異國彼王若死若走後王未統攝此國　尒時地上有物名无

合瓶将去随近随遠偷蘭出離瓶波羅夷取非人鬼神五錢已
上夷四錢已下輕偷蘭天及畜生盡名非人无主物者有二
國界中間各自封相中間空地若有物名无主物有一王征伐
異國彼王若死若走後王未統攝此國尒時地上有物名无
主物有主想輕偷蘭有主物无主想吉羅比丘未出家時一切
盡捨不屬比丘耶若先不捨去故屬比丘若國罰負比丘先失
物還取本物无罪已物外更取他物成罪若先心已捨物還使
已物亦不得取還者計錢成罪若王人還使出家出國既无死
罪亦无罰負王直不聽盜心將出國得遠教寃吉羅比丘尼
夷式叉摩那沙弥沙弥尼寃吉羅凡是三寶物他寄自物自為
衣服莊嚴供養父母除服一切無犯是為不犯不著(犯)衆初未
制戒癡狂心乱痛惱所纏　具六緣成犯　一有主物　二有主想
三有盜心　四重物　五興方便　六離本處便犯已說第二盜戒竟
煞戒第三　　四分律佛在毗耶離猕猴江邊婆求薗中
為諸比丘說不淨觀々身无常觀身不淨即无數方便習
不淨觀從定覺已厭患身命如死人死稍繫頸深生厭惡
愁憂不樂欲求刀自煞便歎死讚死遂淮投水飲毒
而死有一比丘不能自死往行諸比丘先是獵師名物力迦難提
手執刀語言大德斷我命來我已衣鉢与汝彼即受雇得
衣鉢已便斷其命於彼江邊洗刀心生悔恨我今無利非善
德比丘无過而我受雇斷他命根時有一天魔知彼比丘心念即
以神足而來在難提前於水上立而不沒讚言善哉善哉
善男子汝今獲大功德度未度者時難提比丘聞魔讚已悔
恨即滅便作是念我獲大功德復持刀入薗中而問言誰未度
者我今度之未離欲者身毛皆豎愛欲盡者心不怖懼難
提比丘或日煞一二乃至千十盡皆煞之彼薗中死屍狼藉臭穢不
淨狀如塚間時有居士礼拜至此薗中以皆共譏嫌沙門釋子
无有慈愍方求煞害自稱我修正法如是何有正法諸比丘猶
自相煞況於餘人我今復供養　尒時世尊以此因緣集在一處

者和合度至於爾谷者身毛皆竪愛名盡者心不怖懼蕢
提比丘或日煞一二乃至千十盡皆煞之彼蘭中死屍狼藉臭穢不
淨狀如塚間時有居士礼拜至此蘭中以皆共譏嫌沙門釋子
无有慈愍方求煞害自稱我循正法如是何有正法諸比丘猶
自相煞況於餘人我今復供養　尒時世尊以小因緣集在一處
觀諸衆咸少知而故問阿難諸名聞大德今何所在皆不
見耶以先因緣白佛言世尊以无數方便說不淨觀諸比丘歡
惠身命求刀自斷其命是以少耳唯願世尊與諸比丘方便
說諸法使心開解永无疑惑時世尊即詣講堂在衆而
坐告諸比丘有𣬉𣬉三昧寂然快樂不善法生即能滅之永
使不生譬如秋雨無塵穢又如大雨能正猛風向難𣬉𣬉三
昧亦復如是尒時集諸比丘无數方便呵責難提汝所為
非非威儀非淨行非隨順行所不應為云何癡人多種有
漏處最初犯因此制戒　圀境差別毗舍離　有漏差別迦難提
苦惱差別不能忍　過失差別起煞想　制罪差別是人　若比丘義
如前　故自手斷人命者從初識至後識而斷其命皆波羅
夷　歎譽死恐勸死有三種與戒相應不與相應離病患者
戒相應者汝功德大具戒律捨此質礙身得安樂者不與戒相
應者汝所作衆罪增長一切不善之法不如早死離病患者汝
久病患苦惱可假勸令早死如是等讚歎彼人死波羅夷不死
犯偷蘭遮　咄男子用此惡活為寧死不生勸死之義作如心思
惟種種方便思有三種　假觸求名　或因色煞　或因財物　不因三
事亦不勸死種種方便者或手腳或以小指刀杖弓箭抗擩毒
藥呪術蹹煞推著水火中或推著谷底惡獸蚖蛇及餘種
種煞者皆波羅夷　方便不煞偷蘭遮　或往來使者遣使展轉
若百若千往斷命者皆波羅夷　方便不煞偷蘭遮　或現身相
或現口相應煞皆波羅夷　因緣五種是人餘人煞心成就種種方便
令前人死五緣是重不具偷蘭　比丘見人死不救者偷蘭遮
煞人錯煞別人並偷蘭遮　煞有四種　一自手斷命　二方便　三
教化　四讚歎　方便自手斷命者有六　一者病煞　二者外道煞

……波羅夷　方便不殺偷蘭遮　或現身相
或現口相應殺皆波羅夷　因緣五種是人餘人殺心成就種〻方便
令前人死五緣具是重不具偷蘭　比丘見人死不救者偷蘭遮
殺人錯殺別人並偷蘭遮　殺有四種　一自手斷命　二方便　三
教化　四讚歎　方便自手斷命者有六　一者病殺　二者外道殺
三者毒藥殺　四道行殺　五呪殺　六因陷殺
第一看病殺者爲看病比丘殺病比丘　二外道殺者曰佛說无
常觀外道殺僧等　此有二別明殺次曰教戒者佛言從今
以後勿須散身作安肥者但善住心不散亂行正受攝諸根除
三毒六煩惱繫心在息因次相殺是名教戒殺　毒藥殺者於
中有三　一者生毒二者作毒毒藥三蠱毒藥生毒藥者曰隨
國土地生者名生毒作毒者和合是蠱者如外道合諸虵猫
鼠稱共氐藥与人時或吐或下或狂是名毒藥殺与人藥
時越毗尼受苦偷蘭遮死巳波羅夷　道行殺者有三
初劫殺　二毒殺　三坑陷　五呪殺者爲諸外道毒呪等　六因
困殺者爲有比丘打外道子〻乘困生悔求藥塗瘡去後被刖
比丘殺前比丘偷蘭遮後比丘波羅夷是名因困殺　自下明勸死
者有四　一看病勸　二說相勸　三大白勸　四稱因勸　初看病勸
者看人次自死看病殺　二說相殺者有七　初相身　二相參
三相怯及面　四相年歲　五相星　六相字　七相性　爲殺心故說相
前人不納受越毗尼取語不死者偷蘭遮　昔有父子二人俱
是比丘父年老捉行齋時至恐失時其子〻隨後扶侍令遂倒地
而死其子恐將犯重遂白佛〻言不犯爲无殺心故不犯　又有
比丘造俗室展轉擲執〻不牢固瓿遂落打比丘頭破因而致
死恐犯重白佛〻言不犯无殺心故　又有比丘造暖堂擲杖木上
舍失手擲一木遮死恐犯重白佛〻言不犯比丘如是循造夏日
即早餉作冬日晚早餉作若不如是犯突吉羅　若畜生有
解人語者若復能變形者方便求殺者偷蘭遮　方便不死
突吉　畜生變形若殺波逸提　方便不殺突吉羅　賓人〻
想殺波羅夷　人疑偷蘭遮　人非人想偷蘭遮　非人疑偷蘭遮

即早餉作冬日晚早餉作若不知是犯突吉羅　若畜生有
解人語者若復能變形者方便求煞者偷蘭遮　方便不死
突吉　畜生變形若煞波逸提　方便不煞突吉羅　實人亡
想煞波羅夷　人疑偷蘭遮　人非人想偷蘭遮　非人疑偷蘭遮
比丘尼波羅夷式叉摩那沙弥沙弥尼突吉羅　此是犯　不犯者
若擲刀杖瓦石著彼身死者不犯　病人扶起若扶臥洛地時
服藥時從涼處至熱處出房入房向廁往反一切無害心而死
者不犯　別緣具五　一是人　二人想　三無煞心　四起方便　五
斷命根波羅夷　又有七方便不犯　第一關緣　二境强　三境
差　四緣差　五相心　六疑心　七息心　是七方便不成犯
不犯者最初未制癡狂心亂痛惱所纏　已上略說第三煞戒竟
大妄語戒第四　四分律佛在毗耶離獼猴江邊高閣
講堂時世穀貴人飢餓乞食難得尒時世尊告諸比丘汝等
當知今時穀貴人民飢餓乞食難汝等諸同和尚同學隨厚
知識各共相次毗舍離左右安居我亦在此處安居何以故飲食
難得令衆生苦時諸比丘聞世尊教已即各隨好師親友知識於
毗舍離左右安居世尊於城內安居時五百魚師於婆求河
邊僧伽藍中安居者作是念而今乞食難我等作何方便所以
飲食爲苦尋即念言當至諸居士家語言我得上人法我得
阿羅漢得禪定得神通得他心智時有信心樂居士所有飲
食不敢自噉不与妻子當留持供養五百魚師顔色先淨氣力充
足諸比丘顔色憔悴形體枯燥衣服敝壞安居竟攝持衣鉢往
世尊所頭面礼足却住一面時世尊慰問諸比丘汝等住止和合安樂
否不以飲食爲苦耶諸比丘白佛言我等住止和合安樂不以飲食
爲苦佛問言今世饑難乞　汝等以何方便不以飲食爲若諸比丘
即以上因緣自世尊世尊問諸比丘汝有實否　答言或有實或
无實　佛言癡人有實尚不應向人說况復無實而向人說世有
二賊　一者實非淨行自稱淨行　二者爲口腹故盗妄語飲食已無
欲方更呵責已尒時世尊以爲若日　門義反段盤

即以上因緣白世尊世尊問諸比丘汝有實不答言或有實或
无實佛言癡人有實尚不應向人說況復無實而向人說世有
二賊一者實非淨行自稱淨行二者為口腹故盜妄語飲食已無
數方便呵責已尒時世尊以偈荅曰　　利衰及毀譽
稱讚若苦樂　八法常相尋　往復若迴轉　八法不牢固
磨滅變化法　所為聖弟子　諦觀世八法　俄頃不暫停
於彼四利樂　未曾有傾動　若遭譏謗毀　憂感不經心
若離世八法　是名智惠乘　尒時世尊說此偈已告諸比丘
我於昔時曾作鸜鵒袱褓猴兒棄其供養我作鸜鵒而
此偈　諸比丘汝等所為非々威儀非淨行非隨順行所不應
為云何癡人多種有漏處最初犯戒因此制戒故
國境差別毗舍離　有漏差別五百魚師　若惱差別讚名譽
過失差別說上人法　制罪差別求尊貴　比丘義如上
尒時比丘乃至證果佛言不但今日說往昔時負人失實而澄
海求實無所知者不閑諸法故无智故未了故自稱我得
上人法為我有知見為五欲六趣六諍根七使八邪世法七慢九
惱十善行迹十惡行迹等如諸天子以偈問佛
何等人善趣　何等人生天　何等人晝夜　長養是功德偈言
曠野作好井　種植園菓施　橋舩渡人民　智惠捨慳貪
功德日夜增　常生天人中　　是為人法又人法者孝順父母
沙門及諸尊長脩梵行者是為人法　　實無所知者
不識世道　不識出世道　實無所知不識解脫隨順相應行　不
識隨從隨不相應行　　自稱譽者稱說有從戒施聞智惠辯
才我得上法者五蓋所覆名人　離五蓋名上人法　五蓋者
貪欲　嗔恚　睡眠　掉舉　疑是名五蓋　我已入聖智知勝法
者　約八事說　預流向預流果　不還向不還果　不來向不來果
阿羅漢向阿羅漢果　是名八事　我知是者知十智　苦法智
隨苦法智　集法智　隨集法智　滅法智　隨滅法智　道法智
隨道法智　盡智　无生智　是名十智　我見是者　約八忍說
苦法忍　集法忍［随集法忍］滅法忍　隨滅法忍　道法忍　隨道法忍　是名八忍

BD14051號　四分律戒心疏並序

貪欲 嗔恚 睡眠 掉悔 疑 是名五蓋 我已入聖智知勝法
者 約八事說 預流向預流果 不還向不還果 不來向不來果
阿羅漢向阿羅漢果 是名八事 我知是者知十智 苦法智
隨苦法智 集法智 隨集法智 滅法智 隨滅法智 道法智
隨道法智 盡智 无生智 是名十智 我見是者 約八忍說
苦法忍 集法忍 隨集法忍 滅法忍 隨滅法忍 道法忍 隨道法忍 是名八忍
彼於八果時 說廾想 无常苦想 苦无我想 不受想 不同食想
不同一切世間想 猒逆食想 捨想 離貪欲想 滅想 不愛想
青想 黑想 胞脹想 壞想 噉想 赤想 散想 骨想 為觀空想
是名廾想 八正道 正思惟 正語 正業 正命 正情進 正念
正定 六通者 身通 天耳通 天眼通 宿命通 他心通
漏盡通 是名六通 八沙門果如上 四禪 觀念安樂謂之四禪
四滅盡定者 空處 識處 不用處 非想非非想處 是名滅
盡定 四无量者 慈无量 悲无量 喜无量 捨无量 是名
四无量 若問若不問 問時云見言不見 若不問時欲求清
淨者 故作如是說 我實不知不見言知言見 不知者 不見者
天見龍八部 言知十智 言見天龍八部 虛誑妄語者 本
實名虛 諂曲為誑 除增上慢者 往昔有衆比丘山間坐
禪斷得妄念 語人言我得道 被打後時精進不解 懃求方便
證衆上法 彼作是念 世尊与諸比丘結界 實无所知犯生疑
白佛 佛言 在定之時 為无想念不犯 是比丘波羅夷 不共住 坐
因緣四種 人褒作上法已 為向人語 令前會四緣具足犯重
聖智勝法者 所謂佛及聖弟子所有 不見 或自稱斷惑 稱我
得天眼 与人受記 於汝家內有如此事 汝得幾年活 汝死生彼
我有天耳 所聞非人聲 聖人聲 遠外人聲 天上人聲 地獄聲
天來龍來共我語 我識宿命殊勝法 比丘自言得者 皆波羅
夷 見精魅鬼神等 犯偷蘭遮 比丘隱藏識道 餘人見犯偷
蘭遮 比丘藏意識 不見言見 見言不見 不聞言聞 聞言不
聞 犯重 若在閑靜處 去得上人法 得禪味 得自在 實无
所得 作如是說 犯偷蘭遮 若有比丘不得禪定 言〻且〻來上

天耒龍耒共我語我識宿命殊勝法比丘自言得者皆波羅
夷　見精魅鬼神等犯偷蘭遮　比丘隱藏識道餘人見犯偷
蘭遮　比丘藏意識不見言見〻言不見不聞言聞〻言不
聞犯重　若在閑靜處去得上人法得禪味得自在賓无
所得作如是說犯偷蘭遮　若有比丘不得禪定於其床上
閉眼而坐有諸循行人礼敬禪師比丘知而不言偷蘭遮
時有比丘作諸呪術術於光變現諸循行人輩言是賢僧
或言菩薩比丘不言我不者波羅夷　若在山間樹下坐禽獸
音妄言得羅漢果作如是想犯偷蘭遮　婆羅門内賢聖
同坐有諸白衣言諸賢聖諦聽比丘自知不得默然而坐犯偷
蘭遮　有羅漢常往來處有凡僧妄言我亦來者犯偷
蘭遮　預流向由在學地凡僧持誦亦稱同在學地偷蘭遮
阿羅漢无學比丘不持誦云我亦同无學犯偷蘭遮　若比丘
三衣外作无物想云我同无色界犯偷蘭遮　比丘在木上
石上畫言羅漢堪供養又言不是犯偷蘭遮　有施主特物供
比丘施主言若是羅漢則取不是勿取嘿然取者犯偷蘭遮
所說妄語前人領會者波羅夷　說而不知者犯偷蘭遮　若遣
手印若遣使共書若作知相知者波羅夷　不知者偷蘭遮
靜處作不靜想口說言我得上人法波羅夷　不靜處作靜想
口說言我得上人法偷蘭遮　向處亦畜生邊說知者偷蘭遮
不知者突吉羅　向不處亦者說突吉羅　若實向不同意說突
吉羅　非人疑偷蘭遮　比丘尼波羅夷式叉摩那沙弥沙弥尼
突吉羅是爲犯不犯者不自稱歎〻喉疾〻說屏處夢中欲說
此錯說彼不犯不犯者最初未制戒癡狂心乱痛惱所纏
別緣具八成犯　一前境是人　二人想　三事虛　四知是事虛　五有
誑他心　六自言已得　七言辭了〻　八前人知解
諸大德我已說四波羅夷法若比丘犯一〻波羅夷法不得与諸比
丘共住如前後亦如是〻比丘波羅夷不共住　今問諸大德是中
清淨不（三說）　諸大德是中清淨嘿然故是事如是持

誑他心　六自言已得　七言辭了了　八前人知解
諸大德我已説四波羅夷法若比丘犯一一波羅夷法不得与諸比
丘共住如前後亦如是是比丘波羅夷不共住　今問諸大德是中
清淨不三説　諸大德是中清淨嘿然故是事如是持
曰有比丘爲稚稱譽謂已得聖虚招名利佛因制之次後隨開
增上慢者　問波羅夷初後等不答具三均齊故得他勝之号
舉此義釋初後等焉　三均齊者一名均二體均三究竟均初
篇具有三均齊下餘四篇唯得名均餘二不具三業主助義
類可知已略説四波羅夷竟

次明第二篇僧殘戒初
四分律十誦同心云尒時世尊在舍衛城迦留陁夷欲意熾盛作
種種方便弄失不淨顔色光擇諸比丘見問口決實尒不荅言
尒自佛因則制戒　國境差別舍衛城　有漏差別迦留夷
煩惱差別貪欲　過失差別出精　制罪差別手弄　比丘義如上
時有比丘亂意睡眠於夢中漏失諸比丘白佛佛言亂意睡眠有
五過失　一者惡夢　二者諸天不護　三者心不入法　四者不思明
相　五者於夢中漏失　善意睡眠有五功德　不見惡夢
諸天衛護　心入法　繫意在明相・五者於夢中而無失
佛言若於夢中漏失不犯不淨有七種青色轉輪王黃色輪王
子赤色梵過多負重人白色輪王大臣黑色須陁洹酪色斯陁含酪
漿色外道呪術滿彼謂得生天比丘學此法皆得僧殘若爲藥
故試出故爲福德故爲祠天故爲生天故爲施故爲種子故爲
自娛恣故爲顔色故如是一切皆僧殘若故心弄未滿開心偷蘭遮
已滿僧殘若教比丘弄滿失偷蘭遮不滿突吉羅比丘尼波逸提餘
三衆突吉羅不犯者夢中行時衣觸時涅槃僧大小便時洗浴塗藥
浴時手揩作時一切不作意自出者不犯不犯者最初未制戒
癡狂心乱痛惱所纏　摩觸戒第二
四分律十誦並同佛在舍衛城時迦留陁夷聞佛制前戒手執
户鈎手執鑰在門外立伺諸女人來已遂作摩觸有諸慚愧者

三突吉羅不犯者夢中行時衣觸時涅槃僧大不便時洗浴塗藥
浴時手揩作時一切不作意自出者不犯不犯者㝡初未制戒
癡狂心乱痛惱所纏　摩觸戒第二
四分律十誦並同佛在舍衛城時迦留陁夷聞佛制前戒手執
户鑰手執鏁在門外立伺諸女人來已遂作摩觸有諸慚愧者
便生嗔恚罵詈而出諸比丘比丘白佛因則制戒犯者僧殘若
被他觸亦殘疑者偷蘭遮若觸衣瓔珞觸比丘身染心者偷蘭
遮以身觸彼衣及瓔珞突吉羅若故觸時能變形者相觸偷
蘭遮畜生不能變形者突吉羅染心男子相觸突吉羅二形
偷蘭遮女人作礼誤觸不動身突吉羅女人女人想殘人女非人
女想偷蘭遮非人女疑偷蘭遮比丘尼波羅夷餘二吉不犯者取
与時戲咲相觸是為不犯不犯者㝡初未制戒癡狂心乱痛惱
所纏　麁惡語戒第三
四分律十誦並同佛在舍衛國時迦留陁夷催諸女人入寺來者便
以麁語説媱欲事有諸具慚者大生嗔恚一如前戒諸比丘舉過
白佛便則制戒隨一一語皆僧殘若説不了了女人不聽不聞偷蘭
遮曰説法次説麁語無染心不犯　勸供養戒第四
准前問佛在舍衛城時迦留陁夷聞佛結前戒遂往諸女人家語
諸女人我於僧衆持戒第一汝等可持此法供養我時諸女人有
慚愧者生嗔恚一如前戒時有比丘從女乞衣女人云且待我作
衣比丘言汝即是衣答曰已辯得偷蘭遮有比丘從居士婦乞蒲
闍尼答曰且出我當為作比丘言汝即是答言已辯得偷蘭遮此
三戒比丘得殘比丘尼偷蘭遮餘三並突吉羅不犯者㝡初未制戒
癡狂心乱痛惱所纏　媒嫁戒第五
四分在羅閱城人同十誦云在舍衛城者人同佛在毗耶尼時有比
丘名曰迦羅好与俗家知識交往入舍衛城到一田家其家深敬數
具今座比丘言此兒何不与索婦又已平章否云擬取其家女
其家數言若兒与我家中作女婿無兒者可与其女由此事故所

癡狂心乱痛惱所纏　媒嫁戒第五

四分在羅悅城人同十誦云在舍衛城者人同佛在毗耶尼時有比
丘名曰迦羅好与俗家知識交往入舍衛城對一田家其家深敬歎
具令座比丘言此兒何不与索婦又已平章否云擬取其家女
其家邀言若兒与我家中作女聟無兒者可与其女由此事故所
以不索比丘言我与汝道即往女家語其母言此女何故不嫁
荅云有男無与我作兒者當与此女比丘言未曾嫁兒就女母
云和尚欲者當隨意与即兩家和合已後田家辛苦女後悔
惱田家復言何用此無手足人曰是兩家啾唧争競並怨比丘因此
制戒乃至秘通者僧婆尸沙　格文者無父母女無親里女無父
女無母女自立女依立女依親女依兄弟女同產女姑舅女姨
後母婦離夫者王賊女賊主取女續緣女賓婦無男無子女負
餓女穀買女輸女不長住女扔得女弃女依姑女外道出家
女難皆貴者婦財未滿女兒病女病者法師勸嫁若比丘受
他者越毗尼往々道者偷蘭遮卸來報者僧殘夫妻相争
比丘勸諫卸和偷蘭遮夫妻因福事相争不和比丘勸和不
犯有人有草馬無駒比丘与覓父馬者偷蘭遮和合黃門
偷蘭遮男子畜生越毗尼時有二比丘名摩訶羅各捨其妻
出家一有小兒一有小女後並年歲兒女並大兩人平章共為
親姻佛知是以種々呵責說往昔塵巨買等别緣具四
第一是人　第二媒嫁　第三許可　第四利報便成是犯

房舍戒第六　四分在羅悅祇聰諸比丘造私房舍有
曠野十誦在阿羅毗國制人同五百比丘廣造房舍乞索而作惱乱村
舍皆猒惡怕見三寶舍利弗知已具白世尊因此制戒欲作房者
當依戒量即說往昔因緣昔有栖鳥乱比丘禪乃至龍珠等仏
言被人猒惡有十事　一者不相習近　二者數數習　三者為利習近
四者受者不受　五者不受者受　六者誹言不受　七者好務他事
八者實無威德而欲陵物　九者好屏私語　十者多所求欲是為
十事　釋日無主者無施主本心自為已者欲令安隱香華求
乞他人是名自求作屋應量者依佛搩手者二尺四寸十二搩手

四者受者不受　五者不受者受　六者誦言不受　七者好務他事
八者寶無威德而欲陵物　九者好屏私語　十者多所求欲是為
十事　　釋曰無主者無施主本心自為已者欲令安隱受華求
乞他人是名自求作屋應量者依佛聖教手者二尺四寸十二搩手
計縱二丈八尺八寸橫一丈四尺四寸為七搩手是為量高一丈二尺將餘
比丘指示處所者恐有難處比丘無知彼造舍招世譏嫌難處者多
垂處蟻窟有菓樹處近道近王宮近市酒肆屠魁鮑處河間凡
作房時四面須容十二梯橕指示處所者是比丘應往僧中作求聽
羯磨然後乞羯磨　　釋曰不請指受者僧前受用時得越毗尼隨
一一比丘亦得罪不成指受者異界僧指授先年指受若水中作沙
地被燒地不應指受若作淨房及諸色房不應迴作諸色迴者越
毗尼若不依前戒作房隨上一塼一墼一瓦皆得越毗尼户牖成竟
餘未了者偷蘭遮了已僧殘知有一墼一把草間未了未犯若房主
作房已後未成中間被他人成者偷蘭遮若於難處等作及此
越毗尼房主比丘於難處過過作房房主不捨戒不犯與僧若
有別比丘於此房坐卧受用無罪不犯者家初未制戒癡狂心亂
痛惱纏

第二房舍戒第七

四分云佛在俱睒國十誦俱舍彌國人同五百比丘作私房了亦
時闡陀比丘見王親友問尊者我欲為作一室隨意所好任意
及像馬車乘所止宿處眾人見伐大生譏謗白佛佛曰制戒別
部云王闡陀諸人眾僧盡作房和尚有人作否　答曰我无福
德寶无人作主人曰莫恨我當與汝作即與五百金錢令作辦
真比丘得已便即安置大房盡乃兩度與錢猶稱不足主人惡
蔑語比丘言用千金錢而作一房云何不足更不價數比丘憂惱
不樂有婆羅林樹便伐作房尒時林中有鬼神依止語比丘言
我小弱在此慎莫伐樹比丘嗔怒語鬼言去即伐之鬼神大哭
来白世尊世尊種種說法令不啼哭指授好處曰此制戒大呵
闡陀說往昔事過去有城名波羅奈國王無子息生一子無眼
鼻生子七日設大會求師立字時王法曰福相曰星相曰父母与兒

……作房尒時林中有鬼神依止語比丘言
我小弱在此慎莫伐樹比丘嗔怒語鬼言去即伐之鬼神大哭
來白世尊世尊種種說法令不啼哭指授好處因此制戒大呵
闡陁說往昔事過去有城名波羅奈國王無子息生一子無眼
鼻生子七日設大會求師立字時王法因福相因星相因父母与兒
立字有一婆門見子面平無眼鼻處便与立字名為鏡面王甚敬
重孩子置四乳母後得為王生無目而有天眼四國聞之皆盡怪異
尒時大臣試王見否裝束獼猴詐作功近往立王前尒時大王便
知是誑即說偈言　觀此衆生類　睞睞面皺皺　枯槁性輕躁
成事彼能壞　何堪起宮殿　不中親近人　急送歸野林　尒時鏡面
王者佛是也　獼猴者闡陁比丘是也因乃制戒勑令就僧乞作指
受除依量分一依前戒斷　釋曰難處者蛇蠍鼠穴妨處者
舍四邊一尋內有塔地若王地居士地外道地比丘尼地大石流水
池水大樹深坑是為妨處作相羯磨已比丘不辦作房有餘比
丘要作不要請指授但先比丘許即得房主比丘作房已主遠
行若死絕不還者臨行隨意處分若以三寶若隨親友若与
白衣若自賣取直任隨心作賣房不得賣地衆僧處制得
罪若房主比丘不自處分者去後屬四方僧地不得作塔不得
為佛法及自為種植若僧和合聽僧房內不得起塔作
像近人臭穢不淨故　初無根謗戒第八
四分云在羅閱城踏婆羅以證上果自念言此身不堅以
何方便求牢固法即言以方便力供養分僧卧具差及僧
次十誦王舍城因彌多羅杖摩制佛在舍衛城有比丘名
踏婆羅摩子善能撿校主知九事其子小指化出燈明供
給衆僧皆盡安隱乃至聖衆亦復如是咸稱大善時有比
丘名日慈地与六群衆來索房舍摩羅子言當往下房次
當与汝時六群等見其下房供給麁惡各相謂言踏羅子
是我怨家何名梵行我等求活不得當以波羅夷罪法謗
高聲唱言踏摩羅子犯波羅夷世尊知已種種呵責慈地
已因茲制戒若故謗者得僧殘罪　格日不見實貫相恨心

當与汝時六群等見其下房供給麁惡各相謂言踏羅子
是我怨家何名梵行我等求活不得當留以波羅夷罪法謗
高聲唱言踏摩羅子犯波羅夷世尊知已種種呵責慈地
已因茲制戒若故謗者得僧殘罪　格日不見實相恨心
謗者僧殘若餘事若五錢若無人大妄語隨一一謗得僧殘
若以僧殘謗波逸提逸提謗突吉羅　別釋具六三
一謗比丘　二波羅夷　三衆人聞便犯
異分事謗戒第九　四分云在羅悅祇十誦人處
同前制上戒已慚摩羅子梵行不得心恨者甚各謂言
此人久居梵行不得心恨者慚他不得求活實難又云行住
坐臥須共負事過後於一時有諸尼衆礼佛時摩羅子
在佛前坐尼等依次礼摩羅子摩羅子有姉妹尼礼次
衣被風吹墮摩羅子膝上尋以手却六群見已便言前者
無根今正是實行波羅夷法諸比丘聞已白佛佛知虛故答言
有根及至細問乃知是謗佛言此是異分事曰即制戒一如
前戒
三諫破僧戒第十
四分弥尼迦文國十誦云王舍城因提婆達多制佛在時調達
執持破僧法於五篇中不制者制制者開於九部經別作
異文自誦習教他誦習是諸比丘共相諫言大德莫作破僧
破僧者不善乃至三諫不捨惡邪即以白佛佛言汝等以三處三
諫廣說因果若不捨者當以僧中三諫不正犯僧殘罪
佛言往昔之時以作是事不受他諫昔有一人買義井施諸
諸行路人水有諸野干日暮來飲殘水唯野干王飲灌中水
飲已便撲灌破諸野干二諫都不取語後被灌主以木灌捉
得時野干王調達是群野干者諸比丘是不受要語自噎已
身不久當墮惡道長夜受苦　別緣具六三　作破僧者越
毗尼屏處三諫一一越毗尼多人中三諫一一越毗尼僧中三諫初
未竟越毗尼竟偷蘭遮第二諫未竟越毗尼竟偷蘭遮第
三諫未竟偷蘭遮竟僧殘得僧殘已一切盡合成罪

[illegible]
得時野干王調達是群野干者諸比丘是不受更語自言已
身不久當墮惡道長夜受苦　別緣具三　作破僧者越
毗尼屏處三諫一一越毗尼多人中三諫一一越毗尼僧中三諫初
未竟越毗尼竟偷蘭遮第二諫未竟越毗尼竟偷蘭遮第
三諫未竟偷蘭遮竟僧殘得僧殘已一切盡合成罪
讃諫戒第十一　四分在羅悅祇為摽婆達十誦王舍城
為衆制作羯磨初无遮者至第三調達同六群衆看何
不得為我住於衆持而坐看之時六群等即起作是言長老
是比丘好人是法語善何須要持作是語時羯磨不成即具說
三諫不捨即以白佛々々種々可責已依前令三諫佛言昔時有
國名波羅奈有五百獼猴遊行林中到一尼俱律樹下有一井
々中有月影謂言月墮井世當黑闇我須救取時獼猴王把樹
迭相把尾入井救月獼猴既多樹枝折盡墮在井中而死樹神
說偈　是等獼猴獸　癡衆共相隨　坐自生苦惱　何能救世月
時獼猴者即六群是自治不得何能救他因即制戒若比丘在
僧三諫初一受諫時一度善勸乃至僧三諫已僧殘前輕合為一
三諫反謗戒第十二　十誦律舍衛國因馬宿滿宿制四分
處同為阿濕婆娑婆媞作惡行汚他家罪皆見皆聞與女一床
座一盤一器食飲酒中後食不受殘宿作種々伎樂觀花採花等
者種々鬪亂衆見生不喜心後因阿難入城乞食不得問衆俗言
我比丘有何過乞食不得与十誦云馬宿等作如是事四分云阿濕
於迦尸黑山聚落作諸非威儀三業皆善種々戲咲時諸比丘俗
流來就礼拜問法見已生不喜心即自言大德沙門之法豈知此耶
阿濕婆即生嗔恚報言我合諫汝々可諫我即此非師資之礼
反理之事大生嗔々恚作三業害暴似如狂人諸俗流見此真沙門
不令復与施亦不放入門時比丘衆乞求不得即作三邪命時諸
俗人因王舍城作使自世尊々々知已即勅阿難往彼作驅出羯
磨時阿難怕不敢去即遣卅衆遂往又有卅衆隨阿難看作羯
[illegible]

及理之事大生嗔恚作三業害累但如於人諸俗流見此嗔沙門
不令復与施亦不放入門時比丘衆乞求不得即作三邪命時諸
俗人曰王舍城作役自世尊世尊知已即勅阿難往彼作駈出羯
磨時阿難怕不敢去即遣卅衆遂往又有卅衆隨阿難看作羯
磨時闡陁及迦留陁夷往王道聚落迎此大衆求哀悔懺又有闡
陁達多摩醯沙達𨀢一由旬外迎時阿難衆受迦留陁夷等懺悔
已至尸黑山處為作駈出羯磨竟阿濕婆比丘言阿難有愛有恚
如何迦留陁夷等共我罪何不同駈諸比丘言莫作是語迦留等已
投懺悔僧已許汝莫非理謗僧阿難為諸俗人種々方便說法却至
舍衛國具白世尊佛言當却往彼与作諫法三處三諫是阿難却
至兩處三諫不止即作求聽羯磨猶自不止亦不捨諸比丘白佛
々自嗔阿濕婆比丘呵責令作三諫羯磨由自不止佛言非但今日往
昔亦曾非理謗他　　昔有國名波羅奈有王々有二猶繫在家後
曰群猶驚王頭痛遂令捉趂諸猶恨言一種是猶王二猶何不趂當
知是王有愛有恚有駈者有不駈者尒時二猶者迦留闡陁是時
群猶者阿濕婆是王者佛是尒時彼衆被調伏已却來歸往差闡
陁檢挍僧事阿難不肯諸比丘問佛其何如佛言非但今世往昔
以如是　　往昔雪山南陽山中有衆鳥共推立一王鴿鶵亦不得又云
鵄嫌曲又立孔雀云無慚愧即立角鵄夜中守我不瞻時驚鵶不肯
以偈白衆時　若從我意者　不用角鵄王　歡喜時看面　常令衆鳥怖
尒時世尊即集衆結戒若非理謗僧三諫不捨者得僧殘此戒有
八越毗尼三偷蘭遮合成一殘
惡性不受人諫戒第十三
十誦在俱舍國制人同四分在俱睒弥國時闡陁比丘惡性不受人
諫語餘人言莫諫我隨佛從初出家至成佛已來盡是我
家事今不要汝勸我若諫不得即已自佛々言三處三諫不
捨者僧殘佛言昔時為長者奴名阿摩為性兇惡打他
同伴奴及從者被打者各告其主諸人盡出呵之由不受語
諸比丘自佛々言云何闡陁恃佛陵他佛言非但今日昔時亦

承事今不要汝勸我若諫不得即已白佛〻言三處三諫不
捨者僧殘佛言昔時為長者奴名阿摩為性咒惡打他
同伴奴及從者被打者各告其主諸人盡共呵之由不受語
諸比丘白佛〻言云何闡陀恃佛陵他佛言非但今日昔時亦
曾恃我陵他昔有波羅奈國有婆羅門名栴盧沙為國
大師學徒五百家生一奴名加羅訶後於一時逃走他國詐自
稱為栴盧沙兒名耶若達取彼國師婆羅門女為妻尒時栴
盧沙者我是奴迦羅訶者闡陀比丘是今復如是恃我陵他因
茲制戒三處三諫結罪如前凡諫者須具六德 一者慈心 二要
語 三知時 四實事 五饒益 六不求他過是為知法諫已不犯者
家未制戒癡狂心亂痛惱所纏已前略說十三僧伽婆尸沙戒竟
二不定初屏處戒 十誦同四分云佛在舍衛國時迦
留陀夷比丘同聚落知識一女新嫁到夫家乍住不樂遣使報父
母及嫂比丘其父自不去令比丘去比丘去已到女舍与女同屏掩
户而坐私語時毗舍佉母因往撿按乃聞是事即已白諸比丘比丘
白佛〻以種〻呵責因此制戒 釋曰女若屏處唯坐者說麁
惡語等知優婆夷所說者住信人於三法中一一語依持何名
不定若但屏處坐不語波逸提麁語得僧殘婬波羅夷事
待臨時故名不定四分云迦留陀夷親友婦名曰齋優婆夷兩
人各相繫意於一時中屏處同床而坐說非法語毗舍佉母見
白世尊佛知以集比丘僧種〻呵責已因此制戒時迦留陀夷又与女
人前優婆夷家二人俱露現處坐時毗舍佉母見亦如前戒
二不定露現處戒 罽十誦同時迦留陀夷即往露
處与女人麁語毗舍佉母即往比丘所語言此非沙門法比丘
嗔已反謗毗舍佉母〻云佛不制我即以是事白佛〻以種〻
呵責已因即制戒与前戒同說 問曰何故前戒治三法
後言二 答言前為屏處或怒行婬後為現中只堪麁語
是以有二已說二不定竟
第三篇捨墮畜仗衣戒第一

呵責已因即制戒与前戒同說　問曰何故前戒治三法
後言二　若言前為屏處或恐行婬後為現中只堪麤語
是以有二已說二不定竟
第三篇捨墮畜仗衣戒第一
十誦同四分佛在舍衛城時六群比丘廣廣畜長衣經營莊嚴
日三時衣諸比丘見已譏嫌六群比丘白佛因即制戒畜長衣者
尼薩祇如是結已時阿難陁得一貴價衣欲上大迦葉其迦
葉不在即往白佛佛問阿難迦葉幾日當迴答十日因茲開戒畜
長衣許十日過者犯捨　釋曰衣已竟者為三衣了迦絺羅
衣已出者為賞勞衣長衣者三衣外數從一日至十日不說
淨充非至十一日明相出皆尼薩耆若比丘一日得衣三
日得衣四日得如是乃至十日得至十一日明相出九日得衣盡
尼薩耆如中間七六五四三二皆如此犯若捨已將犯捨衣更貿
餘衣物一捨一吉犯已應捨若多若一不得別衆若別衆不成
捨突吉羅捨衣竟當懺悔一如常懺悔已作白二羯磨却還
本衣不還者吉羅有人言不還衣亦吉若作淨施若与人若
持作三衣若故若燒若非衣若數數着壞者突吉羅比丘尼
同捨墮餘三吉所犯者若轉淨施若与人賊奪燒漂取着
若他与着若令衆若遠出去休道惡獸大水賊所脫皆不犯
離衣戒第二　　十誦四分同佛在舍衛城六群比
丘將三衣寄付親友從行人間去後親友曬眼此衣諸比丘
見已嫌責六群比丘即往白佛因即制戒衣竟出已離三衣者
犯捨結已時有一比丘病患羸弱擎衣不得欲遊人間即
往白佛從乞聽作白二羯磨得離衣戒云除僧羯磨　釋
曰僧伽藍多界內若有別界若樹若場若車若船若村
若舍若堂若庫藏若倉如中間有別界亦得捨墮若
無界處共衣同宿明相出時若不手捉若不擲在明相出
已皆尼薩耆犯捨墮已應捨与僧若多若少一如前戒懺悔
比丘尼同此罪餘皆吉羅敵劫奪若失若水斷道路盜賊

若舍若堂若庫藏若倉如中間有別界亦得捨墮若
無界處共衣同宿明相出時若不手捉若不擲在明相出
已皆尼薩耆犯捨墮已應捨与僧若多若少一如前戒懺悔
比丘尼同此罪餘皆吉羅被劫奪若失若水斷道路險賊
難及惡獸逸心狂力者所執若繫縛若命難若梵行難不犯
不會衣不犯　月望衣戒第三
十誦四分同佛在舍衛城時有比丘僧伽離衣壞欲求物造十
日內不足因則白佛佛開至衣足為限時六群比丘聞此語已三
衣及餘衣不足者即以糞掃衣寄著親友比丘邊往人間遊
行諸比丘見已白佛因則制戒得非時衣受已疾疾成如不足
者得畜一月若過者犯捨如一月內衣足有餘衣不作淨至十
日明相出尼薩耆犯此者如前懺悔不還者亦依前戒比丘尼
同餘三吉若棄失燒漂依前戒不犯
取非親里比丘尼衣戒第四
十誦舍衛國為六群制四分云佛在羅閱城時有女人名蓮華色
嫁与欝單國人後經兩度与女同夫遂即懊惱投佛出家佛
為說法得法眼淨得沙門果在林中端坐禪有賊同在林中
見蓮華色威儀不捨即發善心即以白㲲多裹豬肉懸在樹
上作是意一切大德須者供養時蓮華色天耳聞聲遣諸弟
子取來煑喫時有一比丘著弊故衣來蓮華色見已發哀愍
心脫一貴價僧伽梨衣与取彼弊衣自著後於異時著此弊
衣礼世尊世尊怪問具白前事佛言不應如此應畜五衣
皆須堅牢不同比丘佛種種呵責比丘已因則制戒制戒已諸比
丘不敢從親里邊取衣佛言聽於親里邊取後者洹中二部僧
得施衣共分時比丘錯得比丘尼衣顛倒貨易不敢白佛佛言
聽一切衣藥往返便貨易若犯已一如前戒懺悔衆僧不還衣
亦如前戒比丘尼同餘三吉羅若從親里貨易為僧佛塔事
比丘尼為福德有剩衣或聽法情生欽重或暫用著無犯
浣衣戒第五　十誦同四分佛在舍衛城時為迦留

聽一切衣藥任逐便貨易若犯已一如前戒懺悔衆僧不還衣
亦如前戒比丘尼同餘三吉羅若從親里貨易為僧佛塔事
比丘尼為福德有剩衣或聽法情生欽重或暫用著無犯
浣衣戒第五　　十誦同四分佛在舍衛城時為迦留
陁夷与偷蘭難陁尼相繫意見相顧視目則失精汙裙与偷
蘭難陁尼令浣彼持不淨內産門及口中便即有娠諸比丘白
佛回即制戒使尼浣衣者犯捨後為廢正業故開親里与
浣衣親里者內外七世祖父母已來親浣故衣者為曾受持
著體者是若病无力比丘尼恭敬等重情槃為浣及是門徒
並是無犯浣氈褥得惡作罪下至一瀝即名為浣染者乃至一入
染汁打者一打一拍皆捨罪此犯者亦同前捨不犯者親里老年
病患無力比丘尼敬重若是門徒弟子等皆開无犯
從居士乞衣戒第六　　四分云佛在舍衛國時跋難陁
比丘善能說法諸俗男女深生敬信有一居士許施衣未送中間居
士至祇薗中礼拜跋難陁言汝先許我衣今正是時居士言待明
日相送比丘不肯要取居士身上衣居士言我不惜衣容我到
舍比丘不肯居士遂脫身上衣絲著与比丘空著一衣乘車歸
舍至城門見守門人問居士言衣在何處荅言我遭賊其守門人
即執持刀杖欲往祇洹中居士言不賊沙門乞將諸居士聞已皆
共譏嫌諸比丘聞白佛回即制戒諸比丘有親里居士乞与衣皆不敢
取佛言若親里居士聽又有衆多比丘在俱薩羅國發意來礼世
尊避熱夜行失道值賊〻見大嗔你是捉我來耶比丘言无我失
道乃示其賊不信一切衣裳盡揔奪將打捧垂死諸比丘露形至祇
洹門諸比丘見以問言汝是尼乾子比丘言我不是尼乾我是沙門被
賊乃尔優波離言汝等可權借衣与著莫令露形見佛諸比丘借衣
著礼拜世尊慰勞問訊諸比丘具說前事佛大呵責何故露形
而行若露形行者聽從非親里居士乞衣若無此事輙乞者犯捨
懺悔一依前離衣戒等同說比丘尼同餘三吉羅若從親里或同出

著礼拜世尊慰勞問訊諸比丘具以諸前事佛大呵責何故露形
而行若露形行者聽從非親里居士乞衣若無此事輙乞者犯捨
懺悔一依前離衣戒等同說比丘尼同餘三吉羅若從親里或同出
家或為他乞為已乞不求而得各无犯
乞衣過度戒第七　　四分佛在舍衛城時衆多比丘遇賊失
衣來祇洹精舍時優婆塞聞已多持好衣來布施諸比丘言我自
有三衣不用汝等時六群比丘言何不取轉与我等失衣比丘即依
此語索衣轉施諸比丘知已白佛〻〻種〻呵責因此制戒若過度受衣
不知是犯捨罪犯捨者懺悔一如前戒所施者衣細薄不牢聽重
作殘衣語居士言如何若居士言我但与大德不為失衣聽受无
犯
知居士居婦施衣價買衣戒第八
佛在衛城時有一居士夫婦平章与跋難陀檡子買衣有一
乞食比丘聞便私報跋難陀〻〻即往居家問言審
言与我買衣耶欲与我衣〻与我新好堅緻中我受
持居士私言我屏處平章如何得知天生識嫌時乞食比
丘即往僧〻具已是事說向諸僧〻聞已白佛〻因即制戒〻制戒
已有居士自請比丘欲須何衣比丘疑懼不吝佛言聽諸比丘
知足索不如法者若廣求不得実羅[吉]比丘尼尼薩耆者
懺悔如前戒比丘尼同餘三吉不犯者若先對面受請求
索知足減少索從親里求從出家人求為他家他為已求
二居士辨衣價戒第九
不求自得受取無犯
四分佛在舍衛城時有二居士夫婦平章為跋難陀檡子共買
一衣有一乞食比丘聞說向跋難陀〻〻知已即往二居士
家問言審与我作衣耶若作者共作一好衣使廣大堅緻中
我受持時二居士言我屏處平章如何得知即共譏嫌乞食
比丘以此因緣向諸比丘說諸比丘白佛因即制戒〻制戒已後有居
士告諸比丘欲須何衣比丘疑懼不吝佛言應從取衣若不受

家問言審與我作衣耶若作者共作一好衣使廣大堅緻中
我受持時二居士言我屏處平章知何得知即共譏嫌乞食
比丘以此因緣向諸比丘說諸比丘白佛因即制戒制戒已後有居
士告諸比丘欲須何衣比丘疑懼不答佛言應從取衣若不受
對面請輙往索者犯捨懺悔一如前戒索而不得突吉羅得
隨比丘尼同三衆吉不犯者若先對面請於貴價中索賤價衣
若從親里求索從出家人求他為已求已為他求自得並皆無犯

王及大臣送衣價戒第十

佛在舍衛國時羅閱城中有一大臣與跋難陀釋子遣使送衣
價時彼使謂比丘言大臣遣我送此衣價來比丘即將此使入舍
衛城指一居家語言為我掌此衣價後時大臣恠比丘不著衣
遣使報言若不須者遣使却還衣價來時跋難陀聞已即往
長者家催急與我買衣居士言少待我有大會制限不到
罰錢五百我今暫赴之比丘不肯去我見須時長者先與比丘作
衣然後赴會會已罷被罰錢五百時衆多居士大生譏嫌皆言自
今已後不堪親近諸比丘聞已白佛因即制戒若須衣時二返三返
語言我須衣若不得衣五返六返在前默然住至七返得衣者
犯捨五六返內若語索衣者亦捨若受寄人忘却問言何所須
比丘應言汝自知為索不犯捨者懺悔一如前戒比丘尼同餘三吉
羅不得者三返語六返語不語若更語索方便索皆不犯

野蠶臥具戒第十一

四分佛在毗舍離國六群比丘自作野蠶綿臥具或索以成綿未
成綿或索以染未染或索新故至養蠶家云我須綿報言
未熟時來六群在蠶邊住待看彼抱蠶蛹作聲衆人共
見譏作譏嫌沙門無慚害衆生命佛言若此者犯捨與僧不
聽本主用　釋曰憍賒耶者蠶所作是臥具者氈褥是新
者始成也義心作方便作成犯捨不成吉羅使人作成偷蘭
不成吉雜者若毛毲若劫貝若麻等用雜和蠶綿成臥
具成不成吉使他作成不成准前三衣並吉得已成他施
[illegible]用無犯

[illegible]黑羊毛戒第十二

見爲作識嫌沙門……

聽本主用　釋曰憍賒耶者蠶所作是卧具者氈褥是新
者始成也蓋心作方便作成犯捨不成吉羅使人作成偷蘭
不成吉雜者若毛毹若劫貝若麻等用雜和蠶綿成卧
具成不成吉使他作成不成准前三衣並吉得已成他施
並開无犯　純黑羊毛戒第十二
四分佛在舍衛國獼猴江諸離車用純黑羊毛作服飾六群亦
効其取純黑糯羊毛作卧具諸離車見語比丘言我等在於
愛欲爲婬欲故作汝等云何効我諸比丘聞白佛因即制戒
釋曰黑者本黑若染成便犯捨不成吉勸他成不成准上爲
他成不成並吉比丘若捨餘三衆並吉羅罪
三分羊毛衣戒第十三
四分舍衛國制諸比丘不得純黑作衣便少白少下色者和
作諸比丘嗔責言何不着便白佛佛便制戒　釋曰比丘義
准上本白或染雜者頭毛耳毛脚毛黑者本黑或染若不
依數作成者着不成者吉爲他作成不成並吉餘三亦吉
六年戒第十四　四分云舍衛國諸比丘念言佛聽許畜
三衣或有嫌重嫌輕嫌薄嫌厚不捨故作新處處藏廣多
常營求癈行道俗人識嫌白佛佛言作者應畜六年若減成
者犯捨後因一比丘卧具重來白佛佛言衣重聽從僧乞羯
磨得捿輕者持犯知前若作非卧具一切吉餘三亦不犯者
僧聽滿六年捨故作新或先无若得以成者无犯
坐具戒第十五　四分佛在舍衛國諸比丘聞佛聽畜坐
具便廣多作處處狼藉俗士識嫌佛便制戒令取故者一磔手
帖新者上不犯捨持犯同前作新不取故帖者成者不成吉
還他亦尒爲他成不成吉若僧中捨坐具不還者吉交不還
者亦吉羅　擔羊毛戒第十六
四分佛在舍衛國跋難陁道路行多得羊毛杖貫擔行居士見
識嫌沙門釋子云何販賣羊毛即前問言羊毛賣不諸人識

BD14051號　四分律戒心疏並序　（50–42）

遣他亦尔為他成不成吉若僧中捨呵異不還者吉文不說

者亦吉羅　　擔羊毛戒第十六

四分佛在舍衛國跋難陀道路行多得羊毛杖貫擔行居士見
譏嫌沙門釋子云何販賣羊毛即前問言羊毛賣不諸人譏
嫌因即制戒　　釋曰比丘義如上在道行若在住處得羊毛
須者應取得自持至三由旬過者犯若有人持應語言助我
持此物中間助持吉餘三衆持亦吉杖頭著餘物擔行亦吉不
犯者三由旬內若有人持中間不助若擔麁毛若中若草叓
不犯

擘毛戒第十七

四分佛在釋翅搜迦維羅衛尼俱律薗六群使尼擘毛波闍波
提尼為擘揀染染色惡手因往佛所佛見手惡何故汝手猶
如染師荅言六群使我因即制戒佛言使非親尼揀染擘毛
者三衆尼薩耆使親不犯使非親式叉尼沙弥尼揀染擘者
並吉不犯者使親病人為衆為佛塔並開无犯

手把金銀戒第十八

四分佛在羅閱城有大臣與跋難陀久為親舊是於異時
廣得豬肉留使語婦人命留分與難陀時城中世人節會
作樂竟夜不眠大臣兒亦在中飢乏歸家問母言我飢
有留分否云無唯有難陀分兒語母言我有錢更市買留與
母即取錢後難陀來索留具上荅難陀云得錢亦得更持
錢與自持向諸人見譏嫌釋子不捨珎寶及錢得自捉耶我
聞沙門佛制不許捉金銀錢寶亦捨珠瓔若捉者非沙門諸
比丘聞白佛因即制戒佛言沙門釋子若以我為師而捉金銀若
錢寶珎及受五欲受樂定知非沙門釋子若為作屋故求材
木以草樹皮得受不自為身日月有悪不朗不淨不能所照
亦無威神云何為四脩羅煙霧塵照了不多朗比丘亦如是飲
酒行欲事自手捉金銀邪命自活身是四能令沙門婆羅門
不明不淨不能有所照亦无威神　　釋曰比丘義如前者
有文象自捉交人及置地受者此應捨法捨法者若彼信樂
言此比丘我所須應受當知之為比丘隨隨用比丘若不作知是

亦無威神云何為四脩羅煙霧塵照了不〻明比丘亦如是飲
酒行欲事自手捉金銀邪命自活身是四能令沙門婆羅門
不明不淨不能有所照亦无威神　釋曰比丘義如前者
有文象自捉交人及置地受者此應捨法捨法者若彼信樂
語言此是我所不應汝當知之為比丘種〻用比丘若不作知是
暑是語者吉比丘尼者餘三衆吉不犯者作知是語若与
僧与塔与和尚阿闍梨皆无犯

買賣戒第十九

四分佛在羅閱城跋難陀往市肆以錢易錢俗見譏嫌言門
以錢易錢善能買賣諸比丘聞白佛〻因此制戒　釋曰
但用寶作交易者犯捨法者對僧自二羯磨僧弃却應
送水中坑中火中曠野中不應記處不許再犯若使淨人与
僧買衣物食等聽本者不應在中取分尼亦如是因緣
難陀在市買賣犯錢寶賊見於夜就蘭若劫僧種〻考
打索物衆僧盡無金銀錢寶其衣物盡被劫將諸比丘言
難陀畜寶累及我等因此廣制戒

販賣戒第廿

四分佛在舍衛國跋難陀好行販
賣道路行至村持薑易食〻以去舍利弗亦向憍薩羅國
去至無住處村入村乞食至賣飯食家嘿然住食主問言
何所須報言須食〻主言持價來報言勿作此語我等所
不應彼人言難陀以生薑易食〻已去何故不應舍利弗聞
慚愧无言後有一外道得一貴價衣自念此言貴價衣可易
餘衣我當何貿易即云釋子憘著好衣即持衣往僧伽藍
中我欲貿易此衣誰欲跋難陀見易語言汝明日來當
与汝易跋難陀善能洗浣故互持打光澤如新衣外道
來便共貿易外道得已持示徒伴其中有智者汝為他所
欺是時外道便生悔心於難陀處即索本物難陀不肯
因此噉唧俗人譏嫌諸衆白佛〻因即制戒不許販賣
釋曰比丘義如上販賣者以時易時以時易非時以時易七

中我欲貿易[illegible]
与汝易跋難陁善能洗浣故立持打光澤如新衣外道
來便共貿易外道得已指示徒伴其中有智者汝為他所
欺是時外道便生悔心於難陁處即索本物難陁不肯
因此嗽唧俗人譏嫌諸衆白佛因即制戒不許販賣
釋曰比丘義如上販賣者以時易時以時易非時以時易七
日盡形如是買賣加一錢上下隨得尔所去物入手者尼者
餘三衆吉不犯者与五衆貿易自審定不相高下不
与餘人若悔還不犯
畜長鉢戒第廿一　四分佛在舍衛國六群比丘
畜長鉢好者持不好者置如是常營覓好鉢癈脩
道業俗見譏嫌因即制戒佛言不得畜長鉢時阿難得
一貴價鉢意欲与迦葉迦葉不在不知云何便白佛我此
鉢欲与迦葉迦葉不在世尊制戒不許畜長云何問佛阿
難迦葉幾日當還荅十日當還佛言聽開十日後有一比丘有
兩鉢不敢用坴日鉢破白佛ミ言過十日聽淨施鉢者西方
有六種餘方惟二鐵瓦大者三升小者升半此為量如是應
持應淨餘緣同長衣戒若与人失壞非鉢親厚意取忘
尼薩耆犯捨易餘鉢餘物一者一吉羅尼者餘衆吉不
犯者淨施与人劫奪相失想破想漂想皆无犯
減五綴鉢戒第廿二　四分佛在舍衛國跋難陁鉢
破從居士乞因一鉢破而乞多鉢有從一估客乞鉢時估客与
衆作期楯与比丘買鉢須臾失期罸金錢五百估客大生苦
惱諸衆白佛因即制戒佛言鉢五綴不得更乞如得鉢犯
捨此鉢應僧中捨展轉取最下鉢持　釋曰五綴者相去
兩指間一綴鉢破若滿五綴更求新者鉢護持服不得著几石
上欲墮處倚杖刀下懸物下道中菓樹下不平地並不得著
亦不得一手捉兩鉢亦不得一手捉兩鉢開門閉門不得立洗鉢
如邊者尼薩耆尼者餘三衆吉不犯者五綴漏減五綴亦
漏從親里索從索人索自為他ミ為己不求得者不犯

悋諸衆白佛[illegible]
捨此鉢應僧中捨展轉取最下鉢持　釋曰五綴者相去
兩指間一綴鉢破若滿五綴更求新者鉢護持服不得著几石
上欲處倚杖刀下懸物下道中菓樹下不平地並不得著
亦不得一手捉兩鉢亦不得一手捉兩鉢開閇門不得立洗鉢
如邊者尼薩耆尼耆餘三衆吉不犯者五綴漏減五綴亦
漏從親里索從家人索自爲他〻爲已不求得者不犯
自乞縷戒第廿三　四分在舍衛國跋難陁釋子欲
縫僧伽梨從居士乞線居士復處〻乞遂即多便念言衣
服難得可持此線使織師織作三衣織師怕不敢織遂生
苦惱國人譏嫌衆聞白佛〻即制戒　釋曰自有處〻乞
縷線有十種如上織師非親織師犯或親或非親者犯自
乞線使織師織衣成者犯捨者織自織催盡吉尼同餘
三衆吉不犯者織師親与線者親作鉢囊鉢氈禪滞署
滞冒袜巾不犯　居士爲比丘織衣戒第廿四
四分佛在舍衛國有居士爲跋難陁比丘雇非親織師衣
是織師往僧伽藍中報跋難陁言大德揔是福德汝何
故知我是福德答言毋居士持線与我令与大德織衣問
言虛實答言是實若不者与我廣大揔好堅緻織任我
受持我當少多与汝貲織師云線不足如何難陁云但織
我當求線時難陁往居士語居士婦言居士先持線与織
師与我織衣令線不足如何婦即持線猪置前任取多少
便恣意擇取好者持往後居士迴問婦言難陁衣成不答婦
言成問言何故揔好婦具答〻居士大生譏嫌諸比丘知以
白佛〻即制戒如是制戒已諸居士自恣請与衣比丘疑不敢取
佛言答自恣請應取又有居士与貴價衣少欲比丘欲得
下者疑不敢索佛言聽索下者　釋曰比丘義如上居士
婦如上十種衣如上求有二種如上比丘先不受自恣請求得衣
者着不得衣者從親里乞丈親里織不犯文五衆織及自織
言〻子織眞爲我不言与價並吉不犯者先請知足少求

自佛々即制戒如是制戒已諸居士自恣請与衣比丘疑不敢取
佛言各自恣請應取又有居士与貴價衣少欲取比丘欲得
下者疑不敢索佛言聽索下者　　釋曰比丘義如上居士
婦如上十種衣如上求有二種如上比丘先不受自恣請求得衣
者者不得衣者從親里乞丈親里織不犯文五衆織及自織
吉莫好織莫為我不言与價並吉不犯者先請知足少求
從親從出家人自為他為索不犯
棄衣戒第廿五　　四分佛在舍衛國跋難陀有弟
子名達摩善能勸化便与衣許共相隨遊行後不肯去難
陀嗔即却棄取衣弟子啼哭白佛々見已即制戒　　釋曰自
棄使人棄及得者犯捨若破戒破見破威儀舉滅殯命梵
行難不犯　　七日藥戒第廿六
四分佛在舍衛國時秋月比丘風病發有惡瘡佛自念言我
今寧可使諸比丘得服衆藥々有五種油生蘇蜜石蜜聽
時服佛後見比丘如是有病聽非時服曰此貯聚或拋弃
狼藉嗚鳥争食佛聞嗚鳥閙問阿難言衆烏鳥争食所
嗚喚曰此佛即制戒後畢伽婆蹉弟子多有知識大供養
蘇油石蜜弟子受已貯聚藏舉溢出流滿房舍臭穢長
者來見皆共譏嫌曰此制戒　　釋曰比丘義如上病衣交服
所種藥蘇油生蘇石蜜等過七日服者犯捨犯捨藥燃燈塗
用持犯緣同文衣戒如前
雨浴衣戒第廿七　　四分佛在舍衛國時毗舍佉母請佛
及僧供養使婢往逢天大雨衆僧就雨中浴婢見比丘倮形將
是外道便却迴報毗舍佉言我到祇洹唯見倮形外道不見
智惠即知衆僧路形浴及時至佛及衆僧到王宮末利供養
已便從乞八願佛問夫人何緣相求如是願具知前說佛便許
之八願者雨浴衣足水衣隨病者看病食客比丘食遠行食
僧粥乞是願已佛皆許々之時六群比丘因茲廣畜曰即制戒
春有一月在許求雨浴衣八月半須捨若過者犯捨許淨

見久〻違傍去迴新田[illegible]
智慧即知眾僧路所浴及時至佛及眾僧到王宮末利供養
已便從乞八願佛問夫人何緣相求如是願具如前說佛便許
乞八願者雨浴衣病者看病食客比丘食遠行食
僧粥乞是願已佛皆許之時六群比丘因茲廣畜因即制戒
春有一月在許求雨浴衣八月半須捨若過者犯捨許淨
施迴作別衣雨浴衣者比丘用雨中浴三月十六日求四月一日用八月
半須捨若過者犯捨許淨施迴作別衣雨浴衣者比丘用雨
中浴三月十六日求四月一日用若三月十六日前求四月一日前用犯
捨尼等四眾並吉羅不犯者依日求依日用若捨更作餘用
无犯

急施衣戒第廿八

四分佛在毗蘭若有婆羅門請佛供養供養已施佛及僧
衣諸比丘不受云佛未聽受夏衣諸比丘白佛佛便聽受六群
比丘聞聽受夏衣春夏冬一切時常乞安居未竟亦乞亦受
跋難陀聞諸比丘大德利養即彼安居處問諸人言汝得安
居衣分未分耶答言持來我與汝分如是處處與分衣皆
自取分持來歸祇洹眾僧見具如實答眾便白佛佛即呵
責六群及跋難陀因此制戒後因國內有人反散王遣二大臣
往征二大臣言當遠征未知迴還我當供養眾僧及施衣服
便將飲食衣服供養諸比丘言但施食不須施衣何以故佛未
聽我受夏衣因此白佛佛為聽此大臣故開受急施衣釋
日急施者受便得不受便失臨產病重征戰是為急急施衣時
者自恣竟若比丘得急施衣過前過後皆墮尼同餘三眾吉
不犯者不過前後賊棄失燒漂皆不犯
四分佛在舍衛國諸比丘下安居

離衣戒第廿九

竟後迦提一月滿在蘭若多有劫賊棄比丘衣物及打捧
諸比丘並投祇洹佛問阿難諸眾何以來此阿難具如前
說佛即告言於今已後聽諸比丘有如是難聽離衣六
群聞聽許即便留衣置村舍內囑親友比丘已出行後親
友恐衣損壞日中曬諸眾見佛唯許畜三衣不得長此

BD14051號　四分律戒心疏並序

居衣ゝ未ゝ耶荅言持来我与汝ゝ如是處ゝ与ゝ衣皆
自取ゝ持来歸祇洹眾僧見具如實荅眾便白佛ゝ即呵
責六群及跋難陁因此制戒後因國內有人反教王遣二大臣
往征二大臣言當遠征未知迴還我當供養眾僧及施衣服
便持飲食衣服供養諸比丘言但施食不須施衣何以云佛未
聽我受夏衣因此白佛ゝ為聽此大臣故開受急施衣　釋
日急施者受便得不受便失臨產病重征戰是為急施衣時
者自恣竟若比丘得急施衣過前過後皆墮尼同餘三眾吉
不犯者不過前後賊奪失燒漂皆不犯
離衣戒第廿九　四分佛在舍衛國諸比丘下安居
竟後迦提一月滿在蘭若多有劫賊奪比丘衣物及打棒
諸比丘並投祇洹佛問阿難諸眾何以来此阿難具如前
說佛即告言於今已後聽諸比丘有如是難聽離衣六
群聞聽許即便留衣置村舍內囑親友比丘已出行後親
友恐衣損壞日中曬諸眾見佛唯許畜三衣不得長此
是誰衣便具實荅因此白佛ゝ呵責六群便即制戒又云
西方八月時祠天煞人祠之世人皆惣誓被祠日垂至覓人
不得即往蘭若中捉比丘比丘欲走避去佛制不得離三衣
是以不去因即被煞諸比丘白佛ゝ言聽三月末八月時寄一ゝ衣
白衣家離宿無罪近眾聚落无恐處不得寄衣十日一看
有緣聽離六夜若過者犯捨事訖不還者吉不得寄五
條為身故犯ゝ者吉　迴僧物入己第卅
四分佛在舍衛國時跋難陁先有一居士恒存惠施意欲惠
佛飯及僧并布施衣跋難陁聞即往居士家問審實不居
居士言實尒難陁言眾僧有大善利大威力眾僧多汝今
施者可施我一人居言可尒時長者便不与僧辦供養具
眾到居士家問如何此具如實荅眾僧聞已便即白佛ゝ
呵責跋難言云何新眾利而自入己因此制戒　釋日許僧
物入己犯捨与別人入俗四部等皆吉羅諸色用者吉尼同
余三眾並吉不犯者若不知若許作不許想許少勸令

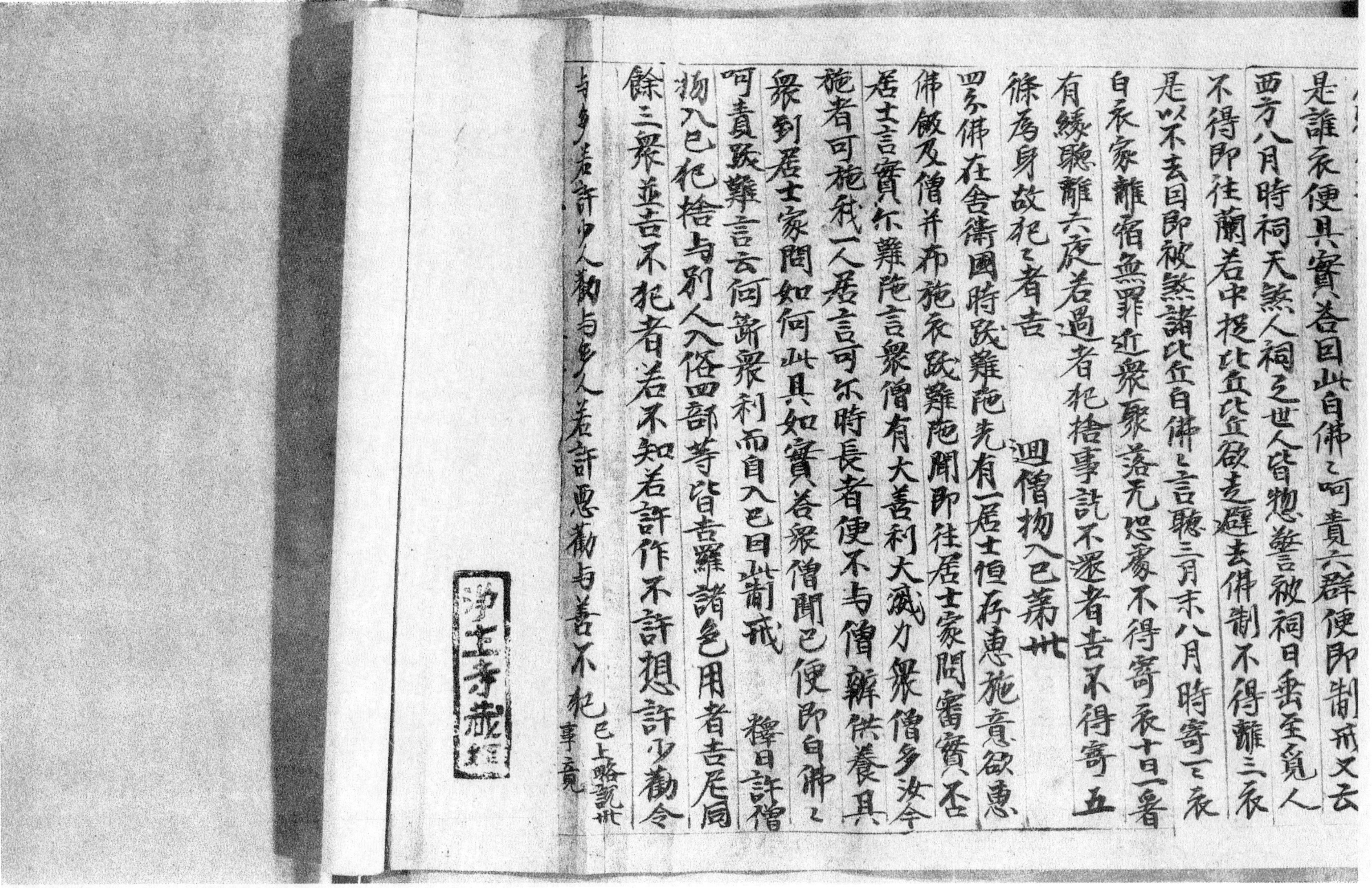

是誰衣便具實答曰此自佛佛呵責六群便即制戒又云
西方八月時祠天煞人祠之世人皆惣著言被祠日垂至覓人
不得即往蘭若中捉比丘比丘欲走避去佛制不得離三衣
是以不去因即被煞諸比丘白佛佛言聽三月未八月時寄衣
白衣家離宿無罪近聚聚落先恐奪不得寄衣十日一番
有緣聽離六夜若過者犯捨事訖不還者吉不得寄五
條為身故犯犯者吉
廻僧物入己第卅
四分佛在舍衛國時跋難陁先有一居士恒存惠施意欲惠
佛飯及僧并布施衣跋難陁聞即往居士家問審實不居
士言實尔難陁言衆僧有大善利大威力衆僧多汝今
施者可施我一人居士言可尔時長者便不与僧辦供養具
衆到居士家問如何此具如實答衆僧聞已便即白佛佛
呵責跋難言云何斷衆利而自入已因此制戒　釋曰許僧
物入已犯捨与別人入俗四部等皆吉羅諸色用者吉尼同
餘三衆並吉不犯者若不知若許作不許想許少勸令
与多若許少人勸与多人若許惡勸与善不犯　已上略說卅事竟

BD14052 號背　現代護首　　（1–1）

BD14052 號　大佛頂如來密因修證了義諸菩薩萬行首楞嚴經卷二　　（22–1）

大佛頂如來密因修證了義諸菩薩萬行首楞嚴經卷二
一名中印度那蘭陀大道
場經於灌頂部録出别行
尒時阿難及諸大衆聞佛示誨身心泰然念
无始来失却本心妄認緣塵分别影事今日
開悟如失乳兒忽遇慈母合掌禮佛願聞如
來顯出身心真妄虚實現前生滅與不
生滅二發明性
波斯匿王起立白佛我昔未承諸佛誨勅見
迦旃延毗羅胝子咸言此身死後斷滅名為
涅槃我雖值佛今猶狐疑云何發揮證知
此心不生滅地今此大衆諸有漏者咸皆願
聞佛告大王汝身現存今復問汝汝此肉身
為同金剛常住不朽為復變壞世尊我今

BD14052號　大佛頂如來密因修證了義諸菩薩萬行首楞嚴經卷二　（22-2）

迦旃延毗羅胝子咸言此身死後斷滅名為
涅槃我雖值佛今猶狐疑云何發揮證知
此心不生滅地今此大衆諸有漏者咸皆願
聞佛告大王汝身現存今復問汝汝此肉身
為同金剛常住不朽為復變壞世尊我今
此身終從變滅
佛言大王汝未曾滅云何知滅世尊我此无
常變壞之身雖未曾滅我觀現前念念遷
謝新新不住如火成灰漸漸銷殞亡滅不
息決知此身當從滅盡
佛言如是大王汝今生齡已從衰老顔貌何
如童子之時世尊我昔孩孺膚腠潤澤年至
長成血氣充滿而今頹齡迫於衰
耄形色枯悴精神昏昧髮白面皺逮將不
久如何見比充盛之時
佛言大王汝之形容應不頓朽王言世尊變
化密移我誠不覺寒暑遷流漸至於此何
故我年二十雖号年少顔貌已老初十年時
卅之年又衰廿年今六十又過于二觀五十時
宛然強壯世尊我見密移雖此殂落其間流
易且限十年若復令我微細思惟其變寧
唯一紀二紀實為年變豈唯年變亦兼月化
何直月化兼又日遷沈思諦觀剎那剎那念
念之間不得停住故知我身終從變滅
佛言大王汝見變化遷改不停悟知汝滅亦於
滅時知汝身中有不滅耶波斯匿王合掌白

BD14052號　大佛頂如來密因修證了義諸菩薩萬行首楞嚴經卷二　（22-3）

唯一紀二紀實爲年變豈唯年變亦兼月化
何直月化兼又日遷沉思諦觀剎那剎那念
念之間不得停住故知我身終從變滅
佛言大王汝見變化遷改不停悟知汝滅亦於
滅時知汝身中有不滅耶波斯匿王合掌白
佛我實不知佛言我今示汝不生滅性大王
汝年幾時見恒河水王言我生三歲慈母攜
我謁耆婆天經過此流尒時即知是恒河
水佛言大王如汝所說二十之時衰於十歲乃
至六十日月歲時念念遷變則汝三歲見此
河時至年十三其水云何王言如三歲時宛
然無異乃至于今年六十二亦無有異佛言
汝今自傷髮白面皺其面必定皺於童年則
汝今時觀此恒河與昔童時觀河之見有童
耄不王言不也世尊佛言大王汝面雖皺而
此見精性未曾皺皺者爲變不皺不變變者
受滅彼不變者元無生滅云何於中受汝生死
而猶引彼末伽梨等都言此身死後全滅王
聞是言信知身後捨生趣生與諸大衆踊躍
歡喜得未曾有
阿難即從座起礼佛合掌長跪白佛世尊若
此見聞必不生滅云何世尊名我等輩遺失
真性顛倒行事願興慈悲洗我塵垢即
時如來垂金色臂輪手下指示阿難言汝
今見我母陁羅手爲正爲倒阿難言世間衆
生以此爲倒而我不知誰正誰倒佛告阿難若

BD14052 號　大佛頂如來密因修證了義諸菩薩萬行首楞嚴經卷二　（22-4）

此見聞必不生滅云何世尊名我等輩遺失
真性顛倒行事願興慈悲洗我塵垢即
時如來垂金色臂輪手下指示阿難言汝
今見我母陁羅手爲正爲倒阿難言世間衆
生以此爲倒而我不知誰正誰倒佛告阿難若
世間人以此爲倒即世間人將何爲正阿難言
如來竪臂兜羅綿手上指於空則名爲正佛
即竪臂告阿難言若此顛倒首尾相換諸世
間人一倍瞻視則知汝身與諸如來清淨法身
比類發明如來之身名正遍知汝等之身号
性顛倒隨汝諦觀汝身佛身稱顛倒者名
字何處号爲顛倒
于時阿難與諸大衆瞪瞢瞻佛目精不瞬不
知身心顛倒所在佛興慈悲哀愍阿難及
諸大衆發海潮音遍告同會諸善男子我常
說言色心諸緣及心所使諸所緣法唯心所現
汝身汝心皆是妙明真精妙心中所現物云何
汝等遺失本妙圓妙明心寶明妙性認悟中
迷途晦昧爲空空晦暗中結暗爲色色雜
妄想想相爲身聚緣內搖趣外奔逸昬擾擾
相以爲心性一迷爲心決定惑爲色身之內不
知色身外泊山河虛空大地咸是妙明真心
中物譬如澄清百千大海棄之唯認一浮漚
體目爲全潮窮盡瀛渤汝等即是迷中倍
人如我垂手等無差別如來說爲可憐愍者
阿難承佛悲救深誨垂泣叉手而白佛言我

BD14052 號　大佛頂如來密因修證了義諸菩薩萬行首楞嚴經卷二　（22-5）

知色身外洎山河虛空大地咸是妙明真心
中物譬如澄清百千大海弃之唯認一浮漚
體目為全潮窮盡瀛渤汝等即是迷中倍
人如我垂手等无差別如來說為可憐愍者
阿難承佛悲救深誨垂泣叉手而白佛言我
雖承佛如是妙音悟妙明心元所圓滿常住
心地而我悟佛現說法音現以緣心允所瞻
仰徒獲此心未敢認為本元心地願佛哀愍
宣示圓音拔我疑根歸无上道
佛告阿難汝等尚以緣心聽法此法亦緣非得
法性如人以手指月示人彼人因指當應看月
若復觀指以為月體此人豈唯亡失月輪亦
亡其指何以故以所標指為明月故豈唯亡指
亦復不識明之與暗何以故即以指體為月
明性明暗二性无所了故汝亦如是若以分
別我說法音為汝心者此心自應離分別音
有分別性譬如有客寄宿旅亭暫止便去
終不常住而掌亭人都无所去名為亭主
此亦如是若真汝心則无所去云何離聲无
分別性斯則豈唯聲分別心分別我容離
諸色相无分別性如是乃至分別都无非色
非空拘舍離等昧為冥諦離諸法緣无分
別性則汝心性各有所還云何為主
阿難言若我心性各有所還則如來說妙明
元心云何无還唯垂哀愍為我宣說
此精明心如第二月非是月影汝應諦聽今當

別性則汝心性各有所還云何為主
阿難言若我心性各有所還則如來說妙明
元心云何无還唯垂哀愍為我宣說
此精明心如第二月非是月影汝應諦聽今當
示汝无所還地阿難此大講堂洞開東方日輪
昇天則有明耀中夜黑月雲霧晦暝則復
昏暗戶牖之隙則復見通墻宇之間則復
觀擁分別之處則復見緣頑虛之中遍是
空性鬱㶿之象則紆昏塵澄霽斂氛又觀清
淨阿難汝咸看此諸變化相吾今各還本所
因處云何本因阿難此諸變化明還日輪何以
故无日不明明因屬日是故還日暗還黑月
通還戶牖擁還墻宇緣還分別頑虛還空
鬱㶿還塵清明還霽則諸世間一切所有不出
斯類汝見八種見精明性當欲誰還何以故
若還於明則不明時无復見暗雖明暗等種種
差別見无差別諸可還者自然非汝不汝還
者非汝而誰則知汝心本妙明淨汝自迷悶
喪本受輪於生死中常被漂溺是故如來名
可憐愍
阿難言我雖識此見性无還云何得知是
我真性
佛告阿難吾今問汝今汝未得无漏清淨承
佛神力見於初禪得无障礙而阿那律見閻
浮提如觀掌中菴摩羅菓諸菩薩等見百千

我真性
佛告阿難吾今問汝今汝未得无漏清淨承
佛神力見於初禪得无障礙而阿那律見閻
浮提如觀掌中菴摩羅菓諸菩薩等見百千
界十方如来窮盡微塵清淨國土无所不矚
衆生洞視不過分寸阿難且吾與汝觀四天
王所住宮殿中間遍覽水陸空行雖有昏
明種種形像无非前塵分別留礙汝應於此
分別自他今吾將汝擇於見中誰是我體誰
為物象阿難極汝見源從日月宮是物非汝
至七金山周遍諦觀雖種種光亦物非汝漸漸更
觀雲騰鳥飛風動塵起樹木山川草芥人畜
咸物非汝阿難是諸近遠諸有物性雖復差
殊同汝見精清淨所矚則諸物類自有差別
見性无殊此精妙明誠汝見性若見是物則汝
亦可見吾之見若同見者名為見吾吾不
見時何不見吾不見之處若見不見自然
非彼不見之相若不見吾不見之地自然非物
云何非汝又則汝今見物之時汝既見物物
亦見汝體性紛雜則汝與我并諸世間不成
安立阿難若汝見時是汝非我見性周遍非
汝而誰云何自疑汝之真性性汝不真取我
求實
阿難白佛言世尊若此見性必我非餘我與
如来觀四天王勝藏寶居及日月宮此見周
遍娑婆國土退歸精舍祇見伽藍清心戶

求實
阿難白佛言世尊若此見性必我非餘我與
如来觀四天王勝藏寶居及日月宮此見周
遍娑婆國土退歸精舍祇見伽藍清心戶
堂但矚簷廡世尊此見如是其體本来
周遍一界今在室中唯滿一室為復此見
縮大為小為當墻宇夾令斷絕我今不
知斯義所在願垂弘慈為我敷演
佛告阿難一切世間大小內外諸所事業各
屬前塵不應說言見有舒縮譬如方器中
見方空吾復問汝此方器中所見方空為
復定方為不定方若定方者別安圓器空應
不圓若不定者在方器中應无方空汝言不
知斯義所在義性如是云何為在阿難若復
欲令入无方圓但除器方空體无方不應說言
更除虛空方相所在若如汝問入室之時縮見
令小仰觀日時汝豈挽見齊於日面若築墻
宇能夾見斷穿為小竇寧无竇跡是義
不然一切衆生從无始来迷己為物失於本
心為物所轉故於是中觀大觀小若能轉物
則同如来身心圓明不動道場於一毛端遍
能含受十方國土
阿難白佛言世尊若此見精必我妙性今此
妙性見在我前見必我真我今身心復是
何物而今身心分別有實彼見无分別辯
我身若實我心令我今見見是實我而身

阿難白佛言世尊若此見精必我妙性今此
妙性見在我前見必我真我今身心復是
何物而今身心分别有實彼見无分别辯
我身若實我心令我今見見性實我而身
非我何殊如来先所難言物見我唯垂大慈
開發未悟
佛告阿難今汝所言見在汝前是義非實若
實汝前汝實見者則此見精既有方所非无
指示且今與汝坐祇陁林遍觀林渠及與殿
堂上至日月前對恒河汝今於我師子座前
舉手指陳是種種相陰者是林明者是日礙
者是壁通者是空如是乃至草樹纖毫大小
雖殊但可有形无不指著若必其見現在汝
前汝應以手確實指陳何者是見阿難當
知若空是見既已成見何者是空若物是見
既已是見何者為物汝可微細披剝萬像
析出精明清妙見元指陳示我同彼諸
物分明无惑
阿難言我今於此重閣講堂遠洎恒河上
觀日月舉手所指縱目所觀指皆是物无是見
世尊如佛所說況我有漏初學聲聞乃至
菩薩亦不能於萬物象前剖出精見離一
切物别有自性佛言如是如是
佛復告阿難如汝所言无有精見離一切物
别有自性則汝所指是物之中无是見者今
復告汝汝與如来坐祇陁林更觀林苑乃至

菩薩亦不能於萬物象前剖出精見離一
切物别有自性佛言如是如是
佛復告阿難如汝所言无有精見離一切物
别有自性則汝所指是物之中无是見者今
復告汝汝與如来坐祇陁林更觀林苑乃至
日月種種象殊必无見精受汝所指汝又
發明此諸物中何者非見阿難言我實遍
見此祇陁林不知是中何者非見何以故若
樹非見云何見樹若樹即見復云何樹如是
乃至若空非見云何見空若空即見復
云何空我有思惟是万象中微細發明
无非見者佛言如是如是
於是大衆非无學者聞佛此言茫然不知是
義終始一時惶悚失其所守如来知其䰟慮
變慴心生憐愍安慰阿難及諸大衆諸善
男子无上法王是真實語如所如說不誑
不妄非末伽梨四種不死矯亂論議汝諦
思惟无忝哀慕
是時文殊師利法王子愍諸四衆在大衆中
即從座起頂禮佛足合掌恭敬而白佛言
世尊此諸大衆不悟如来發明二種精見色空
是非是義世尊若此前緣色空等象若是
見者應有所指若非見者應无所矚而今
不知是義所歸故有驚怖非是疇昔善根
輕尠唯願如来大慈發明此諸物象與此
見精元是何物於其中間无是是非

見者應有所指若非見者應无所矚而今
不知是義所歸故有驚怖非是疇昔善根
輕尠唯願如來大慈發明此諸物象與此
見精元是何物於其中間无是是非
佛告文殊及諸大衆十方如來及大菩薩
於其自住三摩地中見與見緣并所想相如虛
空花本无所有此見及緣元是菩提妙淨
明體云何於中有是非是文殊吾今問汝如
汝文殊更有文殊是文殊者為无文殊如是
世尊我真文殊无是文殊何以故若有是者
則二文殊然我今日非无文殊於中實无是
非二種佛言此相見妙明與諸空塵亦復如是
本是妙明无上菩提淨圓真心妄為色空及
與聞見如苐二月誰為是月又誰非月文殊
但一月真中間自无是月非月是以汝今觀
見與塵種種發明名為妄想不能於中出
是非是由是精真妙覺明性故能令汝出
指非指阿難白佛言世尊誠如法王所說覺
緣遍十方界湛然常住性非生滅與先梵志
娑毗迦羅所談冥諦及投灰等諸外道種說
有真我遍滿十方有何差別世尊亦曾於楞伽
山為大慧等敷演斯義彼外道等常說自然
我說因緣非彼境界我今觀此覺性自然非
生非滅遠離一切虛妄顛倒似非因緣與彼自然
云何開示不入群邪獲真實心妙覺明性
佛告阿難我今如是開示方便真實告汝汝

BD14052號　大佛頂如來密因修證了義諸菩薩萬行首楞嚴經卷二　（22–12）

我說因緣非彼境界我今觀此覺性自然非
生非滅遠離一切虛妄顛倒似非因緣與彼自然
云何開示不入群邪獲真實心妙覺明性
佛告阿難我今如是開示方便真實告汝汝
猶未悟惑為自然阿難若必自然自須甄明
有自然體汝且觀此妙明見中以何為自此見
為復以明為自以暗為自以空為自以塞為自
阿難若明為自應不見暗若復以空為自體
者應不見塞如是乃至諸暗等相以為自者
則於明時見性斷滅云何見暗
阿難言必此妙見性非自然我今發明是因緣
生心猶未明諮詢如來是義云何合因緣性
佛言汝言因緣吾復問汝汝今同見見性現
前此見為復因明有見因暗有見因空有見
因塞有見阿難若因明有應不見暗如因暗
有應不見明如是乃至因空因塞同於明暗復
次阿難此見又復緣明有見緣暗有見緣
空有見緣塞有見阿難若緣空有應不見
塞若緣塞有應不見空如是乃至緣明緣
暗同於空塞當知如是精覺妙明非因非緣
亦非自然无非不自然无非不非无是非是離
一切相即一切法汝今云何於中措心以諸世間
戲論名相而得分別如以手掌撮摩虛空
秖益自勞虛空云何隨汝執捉
阿難白佛言世尊必覺妙性非因非緣世尊
云何常與比丘宣說見性具四種緣所謂

BD14052號　大佛頂如來密因修證了義諸菩薩萬行首楞嚴經卷二　（22–13）

一切相即一切法汝今云何於中措心以諸世間
戲論名相而得分別如以手掌撮摩虛空
秖益自勞虛空云何隨汝執捉
阿難白佛言世尊必覺妙性非因非緣世尊
云何常與比丘宣說見性具四種緣所謂
因空因明因心因眼是義云何
佛言阿難我說世間諸因緣相非第一義阿
難吾復問汝諸世間人說我能見云何名見
云何不見阿難言世人因於日月燈光見種種
相名之為見若復无此三種光明則不能見阿
難若无明時名不見者應不見暗若必見
暗此但无明云何无見阿難若在暗時不見
明故名為不見今在明時不見暗相還名
不見如是二相俱名不見若復二相自相陵奪
非汝見性於中暫无如是則知二俱名見云何
不見是故阿難汝今當知見明之時見非
是明見暗之時見非是暗見空之時見非
是空見塞之時見非是塞四義成就汝復
應知見見之時見非是見見猶離見見不能
及云何復說因緣自然及和合相汝等聲聞
狹劣无識不能通達清淨實相吾今誨汝
當善思惟无得疲怠妙菩提路
阿難白佛言世尊如佛世尊為我等輩宣說
因緣及與自然諸和合相與不和合心猶未
開而今更聞見見非見重增迷悶伏願弘慈
施大慧目開示我等覺心明淨作是語已悲

當善思惟无得疲怠妙菩提路
阿難白佛言世尊如佛世尊為我等輩宣說
因緣及與自然諸和合相與不和合心猶未
開而今更聞見見非見重增迷悶伏願弘慈
施大慧目開示我等覺心明淨作是語已悲
淚頂礼承受聖旨
尒時世尊憐愍阿難及諸大眾將欲敷演大
陁羅尼諸三摩提妙脩行路告阿難言汝雖
彊記但益多聞於奢摩他微密觀照心猶
未了汝今諦聽吾當為汝分別開示亦令將
來諸有漏者獲菩提果阿難一切眾生輪迴
世間由二顛倒分別見妄當處發生當業輪
轉云何二見一者眾生別業妄見二者眾
生同分妄見
云何名為別業妄見阿難如世間人目有
赤眚夜見燈光別有圓影五色重疊於意云
何此夜燈明所現圓光為是燈色為當見
色阿難此若燈色則非眚人何不同見而此
圓影唯眚之觀若是見色見已成色則彼
眚人見圓影者名為何等復次阿難若此圓
影離燈別有則合傍觀屏帳几筵有圓影
出離見別有應非眼矚云何眚人目見圓影
是故當知色實在燈見病為影影見俱眚見
眚非病終不應言是燈是見於是中有非燈非見
如第二月非體非影何以故第二之觀揑所成故
諸有智者不應說言此揑根元是形非形離

是故當知色實在燈見病為影影見俱眚見
眚非病終不應言燈是見於是中有非燈非見
如第二月非體非影何以故第二之觀捏所成故
諸有智者不應說言此捏根元是形非形離
見非見此亦如是目眚所成今欲名誰是燈
是見何況分別非燈非見
云何名為同分妄見阿難此閻浮提除大海
水中間平陸有三千洲正中大洲東西括量
大國凡有二千三百其餘小洲在諸海中其間
或有三兩百國或一或二至于卅卌五十阿難
若復此中有一小洲秖有兩國唯一國人同感惡
緣則彼小洲當土衆生覩諸一切不祥境
界或見二日或見兩月其中乃至暈適珮
玦彗勃飛流負耳虹蜺種種惡相但此
國見彼國衆生本所不見亦復不聞阿難吾
今為汝以此二事進退合明阿難如彼衆生所
別業妄見矚燈光中所現圓影雖現似境終
彼見者目眚所成眚即見勞非色所造然
見眚者終無見咎例汝今日以目觀見山河國
土及諸衆生皆是無始見病所成見與見緣
似現前境元我覺明見所緣眚覺見即眚
本覺明心覺緣非眚覺所覺眚覺非眚中
此實見見云何復名覺聞知見是故汝今見
我及汝并諸世間十類衆生皆即見眚非見眚
者彼見真精性非眚者故不名見阿難如彼
衆生同分妄見例彼妄見別業一人一病目人

BD14052號　大佛頂如來密因修證了義諸菩薩萬行首楞嚴經卷二　（22–16）

此實見見云何復名覺聞知見是故汝今見
我及汝并諸世間十類衆生皆即見眚非見眚
者彼見真精性非眚者故不名見阿難如彼
衆生同分妄見例彼妄見別業一人一病目人
同彼一國彼見圓影眚妄所生此衆同分所現
不祥同見業中瘴惡所起俱是無始見妄所
生例閻浮提三千洲中兼四大海娑婆世界并
洎十方諸有漏國及諸衆生同是覺明無漏
妙心見聞覺知虛妄病緣和合妄生和合妄
死若能遠離諸和合緣及不和合則復滅除
諸生死因圓滿菩提不生滅性清淨本心本
覺常住
阿難汝雖先悟本覺妙明性非因緣非自然性
而猶未明如是覺元非和合生及不和合
阿難吾今復以前塵問汝汝今猶以一切世間
妄想和合諸因緣性而自疑惑證菩提心和合
起者則汝今者妙淨見精為與明和為與
闇和為與通和為與塞和若明和者且汝觀
明當明現前何處雜見見相可辯雜何形
像若非見者云何見明若即見者云何見見
必見圓滿何處和合
見圓滿何處和明若明圓滿不合見和見
必異明雜則失彼性明名字雜失明性和明
非義彼暗與通及諸群塞亦復如是
復次阿難又汝今者妙淨見精為與明合為

BD14052號　大佛頂如來密因修證了義諸菩薩萬行首楞嚴經卷二　（22–17）

必見圓滿何處和合
見圓滿何處和明若明圓滿不合見和見
必異明雜則失彼性明名字雜失明性知明
非義彼暗與通及諸群塞亦復如是
復次阿難又汝今者妙淨見精為與明合為
與暗合為與通合為與塞合為若明合者
至於暗時明相已滅此見即不與諸暗合云
何見暗若見暗時不與暗合與明合者應非
見明既不見明云何明合了明非暗彼暗與
通及諸群塞亦復如是
阿難白佛言世尊如我思惟此妙覺元與諸
緣塵及心念慮非和合耶佛言汝今又言覺
非和合吾復問汝此妙見精非和合者為非
明和為非暗和為非通和為非塞和若非明
和則見與明必有邊畔汝且諦觀何處是明何
處是見在見在明自何為畔阿難若明際中必
无見者則不相及自不知其明相所在畔云何
成彼暗與通及諸群塞亦復如是又妙見精
非和合者為非明合為非暗合為非通合
為非塞合若非明合則見與明性相乖角如
見與明了不相觸見且不知明相所在云何
甄明合非合理彼暗與通及諸群塞亦復
如是
阿難汝猶未明一切浮塵諸幻化相當處出
生隨處滅盡幻妄稱相其性真為妙覺

BD14052號　大佛頂如來密因修證了義諸菩薩萬行首楞嚴經卷二　（22–18）

如是
阿難汝猶未明一切浮塵諸幻化相當處出
生隨處滅盡幻妄稱相其性真為妙覺
明體如是乃至五陰六入從十二處至十八界
因緣和合虛妄有生因緣別離虛妄名滅殊
不能知生滅去來本如來藏常住妙明不動
周圓妙真如性性真常中求於去來迷悟
死生了无所得
阿難云何五陰本來如來藏妙真如性阿難
譬如有人以清淨目觀晴明空唯一精虛迥
无所有其人无故不動目睛瞪以發勞則於
虛空別見狂花復有一切狂亂非相色陰
當知亦復如是阿難是諸狂花非從空來非
從目出如是阿難若空來者既從空來還從
空入若有出入即非虛空空若非空自不容其
花相起滅如阿難體不容阿難若目出者既
從目出還從目入即此花性從見出故當合
有見若有見者去既花空旋合見眼若无
見者出既翳空旋當翳眼又見花時目
應无翳云何晴空号清明眼是故當知色
陰虛妄本非因緣非自然性
阿難譬如有人手足宴安百骸調適忽如
忘生性无違順其人无故以二手掌於空相摩
於二手中妄生澀滑冷熱諸相受陰當知
亦復如是阿難是諸幻觸不從空來不從

BD14052號　大佛頂如來密因修證了義諸菩薩萬行首楞嚴經卷二　（22–19）

阿難譬如有人手足宴安百體調適忽如
忘生性无違順其人无故以二手掌於空相摩
於二手中妄生澁滑冷熱諸相受陰當知
亦復如是阿難是諸幻觸不從空来不從
掌出如是阿難若空来者既能觸掌何不
觸身不應虛空選擇来觸若從掌出應
非待合又掌出故合則掌知離即觸入臂腕
骨髓應亦覺知入時蹤跡必有覺必知出知
入自有一物身中往来何待合知要名為觸
是故當知受陰虛妄本非因緣非自然性
阿難譬如有人談說酢梅口中水出思蹋懸崖
足心酸澁想陰當知亦復如是阿難如是酢
說不從梅生非從口入如是阿難若梅生者梅
合自談何待人說若從口入自合口聞何須待
耳若獨耳聞此水何不耳中而出想蹋懸崖
與說相類是故當知想陰虛妄本非因緣
非自然性
阿難譬如暴流波浪相續前際後際不相踰
越行陰當知亦復如是阿難如是流性不因
空生不因水有亦非水性非離空水如是阿
難若因空生則諸十方无盡虛空成无盡流
世界自然俱受淪溺若因水有則此暴流
性應非水有所有相今應見在若即水
性則澄清時應非水體若離空水空非有外
水外无流是故當知行陰虛妄本非因緣非
自然性

阿難譬如有人談說酢梅口中水出思蹋懸崖
足心酸澁想陰當知亦復如是阿難如是酢
說不從梅生非從口入如是阿難若梅生者梅
合自談何待人說若從口入自合口聞何須待
耳若獨耳聞此水何不耳中而出想蹋懸崖
與說相類是故當知想陰虛妄本非因緣
非自然性
阿難譬如暴流波浪相續前際後際不相踰
越行陰當知亦復如是阿難如是流性不因
空生不因水有亦非水性非離空水如是阿
難若因空生則諸十方无盡虛空成无盡流
世界自然俱受淪溺若因水有則此暴流
性應非水有所有相今應見在若即水
性則澄清時應非水體若離空水空非有外
水外无流是故當知行陰虛妄本非因緣非
自然性
阿難譬如有人取頻伽瓶塞其兩孔滿中擎
空乎千里遠行用餉他國識陰當知亦復如是
阿難如是虛空非彼方来非此方入如是阿
難若彼方来則本瓶中既貯空去於本瓶地
應少虛空若此方入開孔倒瓶應見空出是
故當知識陰虛妄本非因緣非自然性

大佛頂經卷第二

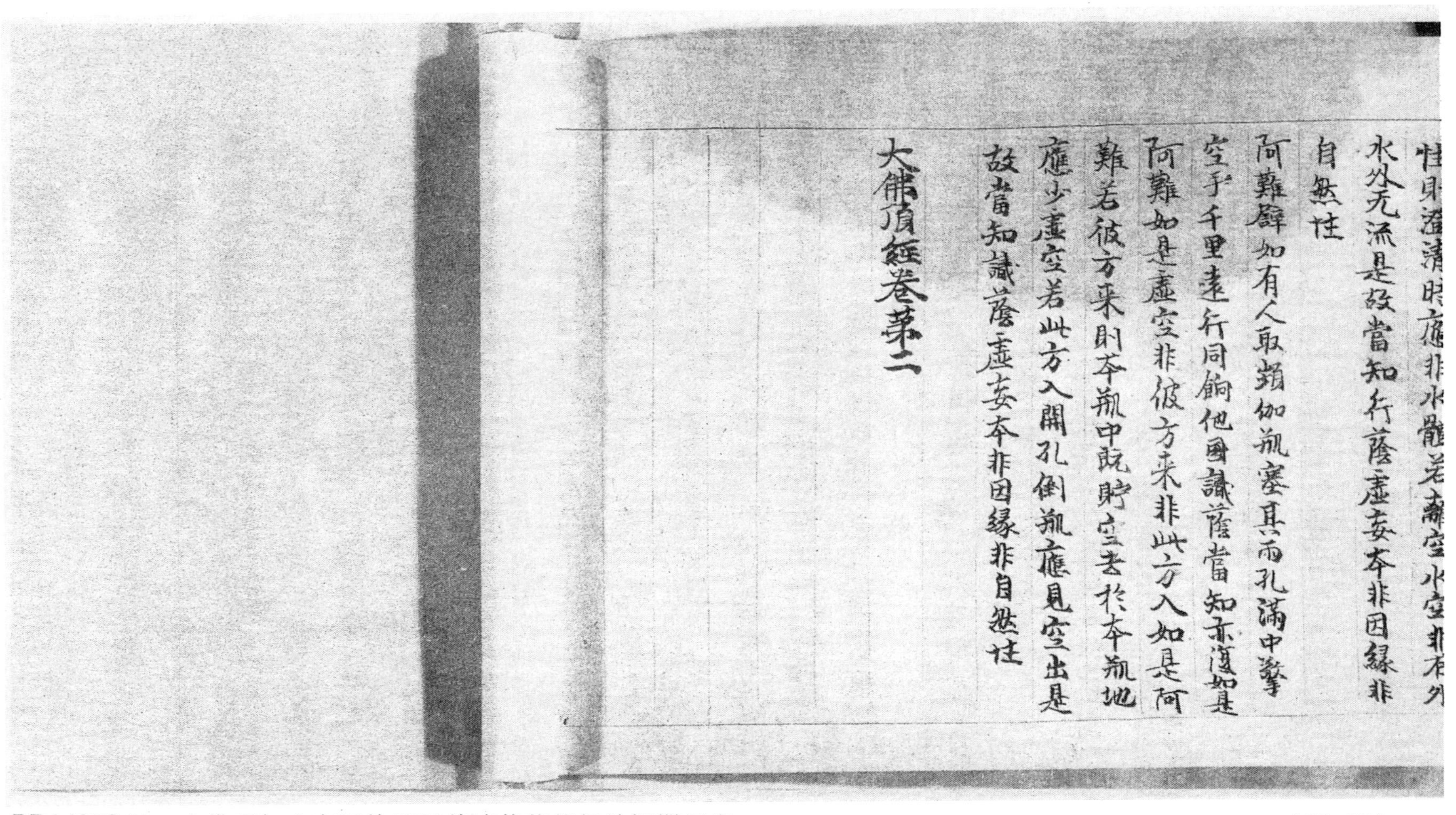

性則澄清時應非水體若離空水空非在外
水外无流是故當知行蔭虛妄本非因緣非
自然性
阿難譬如有人取頻伽瓶塞其兩孔滿中擎
空千里遠行用餉他國識蔭當知亦復如是
阿難如是虛空非彼方來非此方入如是阿
難若彼方來則本瓶中既貯空去於本瓶地
應少虛空若此方入開孔倒瓶應見空出是
故當知識蔭虛妄本非因緣非自然性

大佛頂經卷第二

BD14052 號　大佛頂如來密因修證了義諸菩薩萬行首楞嚴經卷二　（22–22）

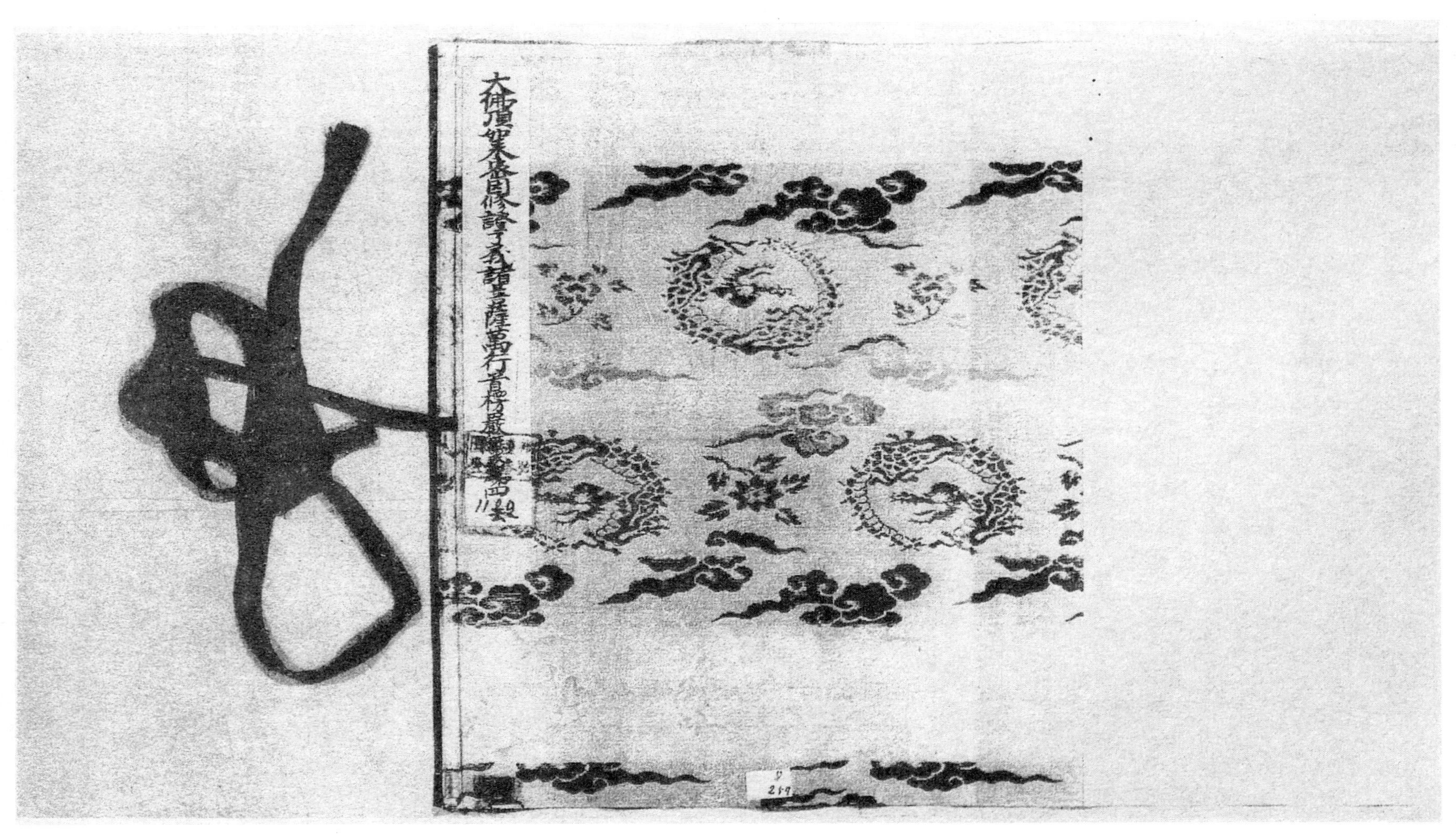

BD14053 號背　現代護首　（1–1）

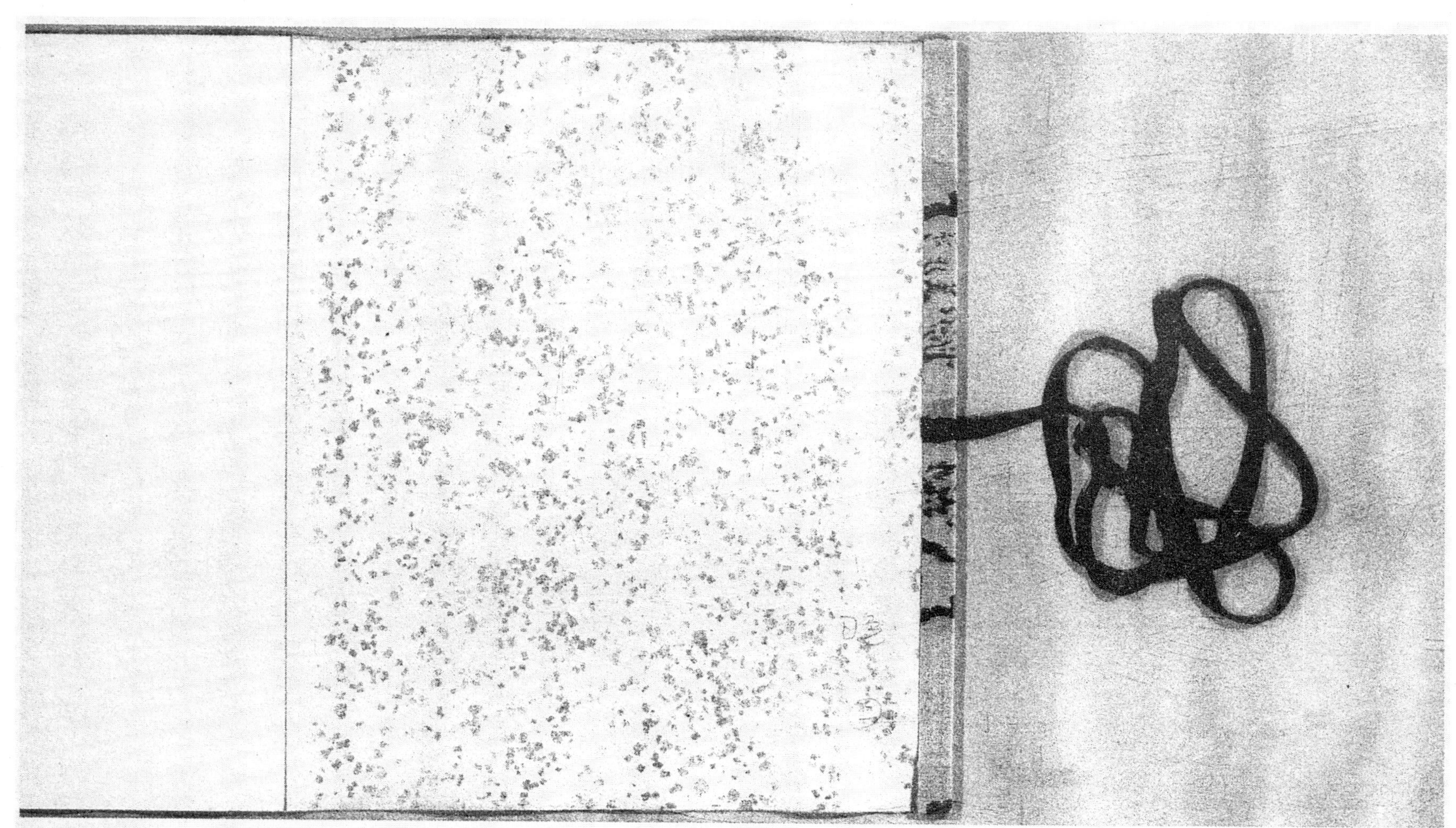

BD14053 號　大佛頂如來密因修證了義諸菩薩萬行首楞嚴經卷四　（21–1）

大佛頂如來密因修證了義諸菩薩萬行首楞嚴經卷第四
一名中印度那蘭陁大道
場經於灌頂部録出別行
尒時富樓那彌多羅尼子在大衆中即從坐
起偏袒右肩右膝著地合掌恭敬而白佛言
大威德世尊善為衆生敷演如來第一義諦
世尊常推說法人中我為第一今聞如來微妙
法音猶如聾人逾百步外聆於蚊蚋本所不見
何況得聞佛雖宣明令我除惑今猶未詳
斯義究竟无疑惑地世尊如阿難輩雖則
開悟習漏未除我等會中登无漏者雖盡諸
漏今聞如來所說法音尚紆疑悔世尊若復
世間一切根塵陰處界等皆如來藏清淨本
然云何忽生山河大地諸有為相次第遷流

BD14053 號　大佛頂如來密因修證了義諸菩薩萬行首楞嚴經卷四　（21–2）

開悟習漏未除我等會中登无漏者雖盡諸
漏今聞如來所說法音尚紆疑悔世尊若復
世間一切根塵陰處界等皆如來藏清淨本
然云何忽生山河大地諸有為相次第遷流
終而復始又如來說地水火風本性圓融周
遍法界湛然常住世尊若地性遍云何容水
水性周遍火則不生復云何明水火二性俱
遍虛空不相陵滅世尊地性障礙空性遍通
云何二俱周遍法界而我不知是義攸往唯
願如來宣流大慈開我迷雲及諸大眾作是
語已五體投地欽渴如來无上慈誨
尒時世尊告富樓那及諸會中漏盡无學諸
阿羅漢如來今日普為此會宣勝義中真勝
義性令汝會中定性聲聞及諸一切未得二
空迴向上乘阿羅漢等皆獲一乘寂滅場地
真阿練若正修行處汝今諦聽當為汝說富
樓那等欽佛法音默然承聽
佛言富樓那如汝所言清淨本然云何忽生
山河大地汝常不聞如來宣說性覺妙明本
覺明妙富樓那言唯然世尊我聞佛宣說
斯義佛言汝稱覺明為復性明稱名為覺為
覺不明稱為明覺富樓那言若此不明名為
覺者則无无明佛言若无所明則无明覺有
所非覺无所非明无明又非覺湛明性性覺
必明妄為明覺覺非所明因明立所所既妄
立生汝妄能无同異中熾然成異異彼所異因

BD14053號　大佛頂如來密因修證了義諸菩薩萬行首楞嚴經卷四　（21–3）

覺者則无无明佛言若无所明則无明覺有
所非覺无所非明无明又非覺湛明性性覺
必明妄為明覺覺非所明因明立所所既妄
立生汝妄能无同異中熾然成異異彼所異因
異立同同異發明因此復立无同无異如是
擾亂相待生勞勞久發塵自相渾濁由是
引起塵勞煩惱起為世界靜成虛空虛空為同
世界為異彼无同異真有為法覺明空昧
相待成搖故有風輪執持世界因空生搖堅
明立礙彼金寶者明覺立堅故有金輪保持
國土堅覺寶成搖明風出風金相摩故有火
光為變化性寶明生潤火光上蒸故有水輪
含十方界火騰水降交發立堅濕為巨海乾
為洲潬以是義故彼大海中火光常起彼洲
潬中江河常注水勢劣火結為高山是故山
石擊則成炎融則成水土勢劣水抽為草木
是故林藪遇燒成土因絞成水交妄發生遞
相為種以是因緣世界相續
復次富樓那明妄非他覺明為咎所妄既立
明理不踰以是因緣聽不出聲見不超色色
香味觸六妄成就由是分別見覺聞知同業
相纏合離成化見明色發明見想成異見成
憎同相成愛流愛為種納想為胎交遘發生
吸引同業故有因緣生羯羅藍遏蒱曇等胎
卵濕化隨其所應卵唯想生胎因情有濕以
合感化以離應情想合離更相變易所有受

BD14053號　大佛頂如來密因修證了義諸菩薩萬行首楞嚴經卷四　（21–4）

憎同相成愛流愛為種納想為胎交遘發生
吸引同業故有因緣生羯羅藍遏蒲曇等胎
卵濕化隨其所應卵唯想生胎因情有濕以
合感化以離應情想合離更相變易所有受
業逐其飛沉以是因緣衆生相續
富樓那想愛同結愛不能離則諸世間父母
子孫相生不斷是等則以欲貪為本貪愛同
滋貪不能止則諸世間卵化濕胎隨力強弱
遞相吞食是等則以殺貪為本以人食羊羊
死為人人死為羊如是乃至十生之類死死
生生互來相噉惡業俱生窮未來際是等
則以盜貪為本汝負我命我還債汝以是因緣
經百千劫常在生死汝愛我心我憐汝色以
是因緣經百千劫常在纏縛唯殺盜婬三為
根本以是因緣業果相續富樓那如是三種
顛倒相續皆是覺明明了知性因了發相從
妄見生山河大地諸有為相次第遷流因此
虛妄終而復始
富樓那言若此妙覺本妙覺明與如來心不
增不減无狀忽生山河大地諸有為相如來
今得妙空明覺山河大地有為習漏何當復
生佛告富樓那譬如迷人於一聚落惑南為
北此迷為復因迷而有因悟所出富樓那言
如是迷人亦不因迷又不因悟何以故迷本无
根云何因迷悟非生迷云何因悟佛言彼
之迷人正在迷時倏有悟人指示令悟富樓

BD14053號　大佛頂如來密因修證了義諸菩薩萬行首楞嚴經卷四　（21–5）

北此迷為復因迷而有因悟所出富樓那言
如是迷人亦不因迷又不因悟何以故迷本无
根云何因迷悟非生迷云何因悟佛言彼
之迷人正在迷時倏有悟人指示令悟富樓
那於意云何此人縱迷於此聚落更生迷不
不也世尊富樓那十方如來亦復如是此迷
无本性畢竟空昔本无迷似有迷覺覺迷
迷滅覺不生迷亦如翳人見空中花翳病若
除花於空滅忽有愚人於彼空花所滅空地待
花更生汝觀是人為愚為慧富樓那言空元
无花妄見生滅見花滅空以是顛倒勑令更
出斯實狂癡云何更名如是狂人為愚為慧
佛言如汝所解云何問言諸佛如來妙覺明
空何當更出山河大地又如金鑛雜於精金
其金一純更不成雜如木成灰不重為木
諸佛如來菩提涅槃亦復如是
富樓那又汝問言地水火風本性圓融周遍
法界疑水火性不相凌滅又徵虛空及諸大
地俱遍法界不合相容富樓那譬如虛空體
非群相而不拒彼諸相發揮所以者何富樓
那彼太虛空日照則明雲屯則暗風搖則動
霽澄則清氣凝則濁土積成霾水(澄)成暎於
意云何如是殊方諸有為相為因彼生為彼
空有若彼所生富樓那且日照時既是日明
十方世界同為日色云何空中更見圓日若是
空明空應自照云何中宵雲霧之時不生光
耀當知是明非日非空不異空日觀相元妄

BD14053號　大佛頂如來密因修證了義諸菩薩萬行首楞嚴經卷四　（21–6）

意云何如是殊方諸有為相[illegible]
空有若彼所生富樓那且日照時既是日明
十方世界同為日色云何空中更見圓日若是
空明空應自照云何中宵雲霧之時不生光
耀當知是明非日非空不異空日觀相元妄
无可指陳猶邀空花結為空菓云何詰其相
淩滅義觀性元真唯妙覺明妙覺明心先非
水火云何復問不相容者真妙覺明亦復如
是汝以空明則有空現地水火風各各發明
則各各現若俱發明則有俱現云何俱現富
樓那如一水中現於日影兩人同觀水中之
日東西各行則各有日隨二人去一東一西
先无准的不應難言此日是一云何各行各
日既雙云何現一宛轉虛妄无可憑據富樓
那汝以色空相傾相奪於如來藏而如來藏
隨為色空周遍法界是故於中風動空澄日
明雲暗衆生迷悶背覺合塵故發塵勞有世
間相我以妙明不滅不生合如來藏而如來
藏唯妙覺明圓照法界是故於中一為无量
无量為一小中現大大中現小不動道場
遍十方界身含十方无盡虛空於一毛端
現寶王剎坐微塵裏轉大法輪滅塵合覺
故發真如妙覺明性而如來藏本妙圓心非心
非空非地非水非風非火非眼非耳鼻舌身
意非色非聲香味觸法非眼識界如是乃至
非意識界非明无明明无明盡如是乃至非
老非死非老死盡非苦非集非滅非道非智

故發真如妙覺明性而如來藏本妙圓心非心
非空非地非水非風非火非眼非耳鼻舌身
意非色非聲香味觸法非眼識界如是乃至
非意識界非明无明明无明盡如是乃至非
老非死非老死盡非苦非集非滅非道非智
非得非檀那非尸羅非毗梨耶非羼提非禪那
非鉢剌若非波羅蜜多如是乃至非怛闥阿
竭非阿羅訶三耶三菩提大涅槃非常非樂非
我非淨以是俱非世出世故即如來藏元
明心妙即心即空即地即水即風即火即
眼即耳鼻舌身意即色聲香味觸法即眼
識界如是乃至即意識界即明无明明无明盡
如是乃至即老即死即老死盡即苦即集
即滅即道即智即得即檀那即尸羅即毗
梨耶即羼提即禪那即鉢剌若即波羅蜜多
如是乃至即怛闥阿竭即阿羅訶三耶三菩提
即大涅槃即常即樂即我即淨以是即俱世
出世故即如來藏妙明心元離即離非是即
非即如何世間三有衆生及出世間聲聞緣覺
以所知心測度如來无上菩提用世語言入佛
知見譬如琴瑟箜篌琵琶雖有妙音若无妙
指終不能發汝與衆生亦復如是寶覺真心
各各圓滿如我按指海印發光汝暫舉心塵勞
先起由不勤求无上覺道愛念小乘得少為
足富樓那言我與如來寶覺圓明真妙淨心
无二圓滿而我昔遭无始妄想久在輪迴今
得聖乘猶未究竟世尊諸有一切圓滅獨妙

先起由不勤求无上覺道愛念小乘得少為
足富樓那言我與如來寶覺圓明真妙淨心
无二圓滿而我昔遭无始妄想久在輪迴今
得聖乘猶未究竟世尊諸妄一切圓滅獨妙
真常敢問如來一切衆生何因有妄自蔽妙
明受此淪溺佛告富樓那汝雖除疑餘惑未
盡吾以世間現前諸事今復問汝汝豈不聞
室羅城中演若達多忽於晨朝以鏡照面愛
鏡中頭眉目可見嗔責己頭不見面目以為
魑魅无狀狂走於意云何此人何因无故狂走
富樓那言是人心狂更无他故佛言妙覺明圓
本圓明妙既稱為妄云何有因若有所因云
何名妄自諸妄想展轉相因從迷積迷以歷
塵劫雖佛發明猶不能返如是迷因因迷自有
識迷无因妄无所依尚无有生欲何為滅得菩
提者如寤時人說夢中事心縱精明欲何因
緣取夢中物況復无因本无所有如彼城中
演若達多豈有因緣自怖頭走忽然狂歇頭
非外得縱未歇狂亦何遺失富樓那妄性如
是因何為在汝但不隨分別世間業果衆生
三種相續三緣斷故三因不生則汝心中演
若達多狂性自歇歇即菩提勝淨明心本周
法界不從人得何藉劬勞肯綮脩證譬如有
人於自衣中繫如意珠不自覺知窮露他方
乞食馳走雖實貧窮珠不曾失忽有智者指
示其珠所願從心致大饒富方悟神珠非從

BD14053號　大佛頂如來密因修證了義諸菩薩萬行首楞嚴經卷四　（21–9）

若達多狂性自歇歇即菩提勝淨明心本周
法界不從人得何藉劬勞肯綮脩證譬如有
人於自衣中繫如意珠不自覺知窮露他方
乞食馳走雖實貧窮珠不曾失忽有智者指
示其珠所願從心致大饒富方悟神珠非從
外得
即時阿難在大衆中頂禮佛足起立白佛世
尊現說殺盜婬業三緣斷故三因不生心中
達多狂性自歇歇即菩提不從人得斯則因
緣皎然明白云何如來頓棄因緣我從因緣
心得開悟世尊此義何獨我等年少有學聲
聞今此會中大目揵連及舍利弗須菩提等
從老梵志聞佛因緣發心開悟得成无漏今
說菩提不從因緣則王舍城拘舍梨等所說
自然成第一義唯垂大悲開發迷悶
佛告阿難即如城中演若達多狂性因緣若
得滅除則不狂性自然而出因緣自然理窮
於是阿難演若達多頭本自然本自其然无
然非自何因緣故怖頭狂走若自然頭因緣故
狂何不自然因緣故失本頭不失狂怖妄出
曾无變易何藉因緣本狂自然本有狂怖
未狂之際狂何所潛不狂自然頭本无妄何
為狂走若悟本頭識知狂走因緣自然俱為
戲論是故我言三緣斷故即菩提心菩提心
生生滅心滅此但生滅滅生俱盡无功用道若
有自然如是則明自然心生生滅心滅此亦生
滅生滅无者名為自然猶如世間諸相雜

BD14053號　大佛頂如來密因修證了義諸菩薩萬行首楞嚴經卷四　（21–10）

戲論是故我言三緣斷故即菩提心
生生滅心滅此但生滅滅生俱盡无功用道若
有自然如是則明自然心生生滅心滅此亦生
滅生滅无者名為自然猶如世間諸相雜
和成一體者名和合性非和合者稱本然性
本然非然和合非合合然俱離離合俱非此
句方名无戲論法菩提涅槃尚在遙遠非汝
歷劫辛勤修證雖復憶持十方如來十二部
經清淨妙理如恒河沙秖益戲論汝雖談說
因緣自然決定明了人間稱汝多聞第一以此
積劫多聞薰習不能免離摩登伽難何待
我佛頂神呪摩登伽心婬火頓歇得阿那含
於我法中成精進林愛河乾枯令汝解脫是
故阿難汝雖歷劫憶持如來秘密妙嚴不如
一日修无漏業遠離世間憎愛二苦如摩登
伽宿為婬女由神呪力銷其愛欲於我法中今
名性比丘尼與羅睺羅母耶輸陁羅同悟宿因知
歷世因貪愛為苦一念薰修无漏善故或得
出纏或蒙授記如何自欺尚留觀聽
阿難及諸大衆聞佛示誨疑惑銷除心悟實
相身意輕安得未曾有重復悲淚頂禮佛足
長跪合掌而白佛言无上大悲清淨寶王善
開我心能以如是種種因緣方便提獎引諸
沉冥出於苦海世尊今雖承如是法音知
如來藏妙覺明心遍十方界含育如來十方
國土清淨寶嚴妙覺王剎如來復責多聞

BD14053 號　大佛頂如來密因修證了義諸菩薩萬行首楞嚴經卷四　（21–11）

沉冥出於苦海世尊今雖承如是法音知
如來藏妙覺明心遍十方界含育如來十方
國土清淨寶嚴妙覺王剎如來復責多聞
无功不逮修習我今猶如旅泊之人忽蒙天王
賜以華屋雖獲大宅要因門入唯願如來
不捨大悲示我在會諸蒙暗者捐捨小乘畢獲
如來无餘涅槃本發心路令有學者從何攝
伏疇昔攀緣得陁羅尼入佛知見作是語已
五體投地在會一心佇佛慈旨
尒時世尊哀愍會中緣覺聲聞於菩提心未
自在者及為當來佛滅度後末法衆生發菩
薩心開无上乘妙修行路宣示阿難及諸大
衆汝等決定發菩提心於佛如來妙三摩提
不生疲惓應當先明發覺初心二決定義云
何初心二義決定阿難第一義者汝等若欲
捐捨聲聞修菩薩乘入佛知見應當審觀因
地發心與果地覺為同為異阿難若於因地
以生滅心為本修因而求佛乘不生不滅无
有是處以是義故汝當照明諸器世間可作
之法皆從變滅阿難汝觀世間可作之法誰
為不壞然終不聞爛壞虛空何以故空非可
作由是始終无壞滅故則汝身中堅相為地
潤濕為水煖觸為火動搖為風由此四纏分
汝湛圓妙覺明心為視為聽為覺為察從始
入終五疊渾濁云何為濁阿難譬如清水清
潔本然如彼塵土灰沙之倫本質留礙二體

BD14053 號　大佛頂如來密因修證了義諸菩薩萬行首楞嚴經卷四　（21–12）

潤濕為水煖觸為火動搖為風由此四纏分
汝湛圓妙覺明心為視為聽為覺為察從始
入終五疊渾濁云何為濁阿難辟如清水清
絜本然即彼塵土灰沙之倫本質留礙二體
法尒性不相循有世間人取彼土塵投於淨
水土失留礙水亡清絜容貌汩然名之為濁
汝濁五重亦復如是阿難汝見虛空遍十方
界空見不分有空无體有見无覺相織妄成
是第一重名為劫濁汝身現摶四大為體見聞
覺知壅令留礙水火風土旋令覺知相織妄成
是第二重名為見濁又汝心中憶識誦習性發知
見容現六塵離塵无相離覺无性相織妄成
是第三重名煩惱濁又汝朝夕生滅不停知
見每欲留於世間業運每常遷於國土相織
妄成是第四重名為衆生濁汝等見聞元无
異性衆塵隔越无狀異生性中相知用中相背
同異失准相織妄成是第五重名為命濁阿難
汝今欲令見聞覺知遠契如來常樂我淨應
當先擇死生根本依不生滅圓湛性成以湛
旋其虛妄滅生伏還元覺得元明覺无生
滅性為因地心然後圓成果地脩證如澄濁水
貯於淨器靜深不動沙土自沉清水現前名
為初伏客塵煩惱去泥純水名為永斷根本
无明明相精純一切變現不為煩惱皆合涅
槃清淨妙德
第二義者汝等必欲發菩提心於菩薩乘生

BD14053號　大佛頂如來密因修證了義諸菩薩萬行首楞嚴經卷四　（21–13）

為初伏客塵煩惱去泥純水名為永斷根本
无明明相精純一切變現不為煩惱皆合涅
槃清淨妙德
第二義者汝等必欲發菩提心於菩薩乘生
大勇猛決定棄捐諸有為相應當審詳煩
惱根本此无始來發業潤生誰作誰受阿難
汝脩菩提若不審觀煩惱根本則不能知虛妄
根塵何處顛倒處尚不知云何降伏取如來
位阿難汝觀世間解結之人不見所結云何
知解不聞虛空被汝隳裂何以故空无相形
无結解故則汝現前眼耳鼻舌及與身心六
為賊媒自劫家寶由此无始衆生世界生纏
縛故於器世間不能超越阿難云何名為衆
生世界世為遷流界為方位汝今當知東西
南北東南西南東北西北上下為界過去未
來現在為世位方有十流數有三一切衆生
織妄相成身中貿遷世界相涉而此界性設
雖十方定位可明世間秖目東西南北上下
无位中无定方四數必明與世相涉三四四
三宛轉十二流變三疊一十百千惣括始終
六根之中各各功德有千二百阿難汝復於
中克定優劣如眼觀見後暗前明前方全明
後方全暗左右傍觀三分之一統論所作功
德不全三分言功一分无德當知眼唯八百
功德如耳周聽十方无遺動若邇遙靜无邊
際當知耳根圓滿一千二百功德如鼻嗅聞

BD14053號　大佛頂如來密因修證了義諸菩薩萬行首楞嚴經卷四　（21–14）

後方全暗左右傍觀三分之一統論所作功
德不全三分言功一分无德當知眼唯八百
功德如耳周聽十方无遺動若迩遥静无邊
際當知耳根圓滿一千二百功德如鼻嗅聞
通出入息有出有入而闕中交驗於鼻根三
分闕一當知鼻唯八百功德如舌宣揚盡諸
世間出世間智言有方分理无窮盡當知舌
根圓滿一千二百功德如身覺觸識於違順
合時能覺離中不知離一合雙驗於身根三
分闕一當知身唯八百功德如意默容十方
三世一切世間出世間世法唯聖與凡无不包
容盡其涯際當知意根圓滿一千二百功德
阿難汝今欲逆生死欲流返窮流根至不生
滅當驗此等六受用根誰合誰離誰深誰
淺誰為圓通誰不圓滿若能於此悟圓通根
逆彼无始織妄業流得循圓通與不圓根日劫
相倍我今備顯六湛圓明本所功德數量如
是隨汝詳擇其可入者吾當發明令汝增進
十方如來於十八界一一脩行皆得圓滿无
上菩提於其中間亦无優劣但汝下劣未能
於中圓自在慧故我宣揚令汝但於一門深
入入一无妄彼六知根一時清淨
阿難白佛言世尊云何逆流深入一門能令
六根一時清淨
佛告阿難汝今已得須陁洹果已滅三界衆
生世間見所斷惑然猶未知根中積生无始

阿難白佛言世尊云何逆流深入一門能令
六根一時清淨
佛告阿難汝今已得須陁洹果已滅三界衆
生世間見所斷惑然猶未知根中積生无始
虗習彼習要因脩所斷得何況此中生住異
滅分劑頭數今汝且觀現前六根為一為六
阿難若言一者耳何不見目何不聞頭奚不
履足奚无語若此六根決定成六如我今會
與汝宣揚微妙法門汝之六根誰來領受阿
難言我用耳聞佛言汝耳自聞何關身口口
來問義身起欽承是故應知非一終六非六
終一終不汝根元一元六阿難當知是根非
一非六由无始來顛倒淪替故於圓湛一六
義生汝須陁洹雖得六銷猶未亡一如太虗
空參合群器由器形異名之異空除器觀空
說空為一彼太虗空云何為汝成同不同何況
更名是一非一則汝了知六受用根亦復如
是由明暗等二種相形於妙圓中粘湛發
見見精暎色結色成根根元目為清淨四大
因名眼體如蒲萄朵浮根四塵流逸奔色由
動靜等二種相擊於妙圓中粘湛發聽聽精
暎聲卷聲成根根元目為清淨四大因名耳
體如新卷葉浮根四塵流逸奔聲由通塞等
二種相發於妙圓中粘湛發嗅嗅精暎香納
香成根根元目為清淨四大因名鼻體如雙
垂爪浮根四根流逸奔香由恬變等二種相
參於妙圓中粘湛發嘗嘗精暎味絞味成根

二種相發於妙圓中粘湛發嗅嗅精映香納
香成根根元目為清淨四大因名鼻體如雙
垂爪浮根四根流逸奔香由恬變等二種相
參於妙圓中粘湛發嘗嘗精映味絞味成根
根元目為清淨四大因名舌體如初偃月浮
根四塵流逸奔味由離合等二種相摩於妙
圓中粘湛發覺覺精映觸摶觸成根根元目
為清淨四大因名身體如腰鼓顙浮根四根
流逸奔觸由生滅等二種相續於妙圓中粘
湛發知知精映法覽法成根根元目為清淨
四大因名意思如幽室見浮根四塵流逸奔
法阿難如是六根由彼覺明有明明覺失彼
精了粘妄發光是以汝今離暗離明无有見
體離動離靜元无聽質无通无塞嗅性不
生非變非恬嘗无所出不離不合覺觸本无
无滅无生了知安寄汝但不循動靜合離恬
變通塞生滅暗明如是十二諸有為相隨拔
一根脫粘內伏伏歸元真發本明耀耀性發
眼諸餘五粘應拔圓脫不由前塵所起知見
明不循根寄根明發由是六根互相為用阿
難汝豈不知今此會中阿那律陀无目而見
跋難陀龍无耳而聽殑伽神女非鼻聞香驕
梵鉢提異舌知味舜若多神无身有觸如來
光中映令暫現既為風質其體元无諸滅盡
定得寂聲聞如此會中摩訶迦葉久滅意
根圓明了知不因心念阿難今汝諸根若圓拔

BD14053號　大佛頂如來密因修證了義諸菩薩萬行首楞嚴經卷四　（21–17）

梵鉢提異舌知味舜若多神无身有觸如來
光中映令暫現既為風質其體元无諸滅盡
定得寂聲聞如此會中摩訶迦葉久滅意
根圓明了知不因心念阿難今汝諸根若圓拔
已內瑩發光如是浮塵及器世間諸變化相
如湯銷冰應化成无[念]上知覺阿難如彼世
人聚見於眼若令急合暗相現前六根黯然
頭足相類彼人以手循體外繞彼雖不見頭
足一辨知覺是同緣見因明暗成无見不明
自發則諸暗相永不能昏根塵既銷云何覺
明不成圓妙
阿難白佛言世尊如佛說言因地覺心欲求
常住要與果位名目相應世尊如果位中菩
提涅槃真如佛性菴摩羅識空如來藏大
圓鏡智是七種名稱謂雖別清淨圓滿體性堅
凝如金剛王常住不壞若此見聽離於暗明
動靜通塞畢竟无體猶如念心離於前塵本
无所有云何將此畢竟斷滅以為修因欲獲
如來七常住果世尊若離明暗見畢竟空如
无前塵念自性滅進退循環微細推求本无
我心及我心所將誰立因求无上覺如來先
說湛精圓常違越誠言終成戲論云何如來
真實語者唯垂大慈開我蒙悋
佛告阿難汝學多聞未盡諸漏心中徒知顛
倒所因真倒現前實未能識恐汝誠心猶未
信伏吾今試將塵俗諸事當除汝疑即時如

BD14053號　大佛頂如來密因修證了義諸菩薩萬行首楞嚴經卷四　（21–18）

真實語者唯垂大慈開我蒙悋
佛告阿難汝學多聞未盡諸漏心中徒知顛
倒所因真倒現前實未能識恐汝誠心猶未
信伏吾今試將塵俗諸事當除汝疑即時如
來勅羅睺羅擊鍾一聲問阿難言汝今聞不
阿難大眾俱言我聞鍾歇无聲佛又問言汝
今聞不阿難大眾俱言不聞時羅睺羅又擊
一聲佛又問言汝今聞不阿難大眾又言俱
聞佛問阿難汝云何聞云何不聞阿難大眾俱
白佛言鍾聲若擊則我得聞擊久聲銷音
響雙絕則名无聞如來又勅羅睺擊鍾問
阿難言尒今聲不阿難言聲少選聲銷佛又問
言尒今聲不阿難大眾荅言无聲有頃羅睺
更來撞鍾佛又問言尒今聲不阿難大眾俱
言有聲佛問阿難汝云何聲云何无聲阿難
大眾俱白佛言鍾聲若擊則名有聲擊久聲
銷音響雙絕則名无聲佛語阿難及諸大眾
汝今云何自語矯亂大眾阿難俱時問佛我今
云何名為矯亂佛言我問汝聞汝則言聞
又問汝聲汝則言聲唯聞與聲報荅无定如
是云何不名矯亂阿難聲銷无響汝說无聞
若實无聞聞性已滅同于枯木鍾聲更擊汝
云何知知有知无自是聲塵或无或有豈彼
聞性為汝有无聞實云无誰知无者是故阿
難聲於聞中自有生滅非為汝聞聲生聲滅
令汝聞性為有為无汝尚顛倒惑聲為聞何
恠昏迷以常為斷終不應言離諸動靜閉塞

言尒今聲不阿難大眾荅言无聲有頃羅睺
更來撞鍾佛又問言尒今聲不阿難大眾俱
言有聲佛問阿難汝云何聲云何无聲阿難
大眾俱白佛言鍾聲若擊則名有聲擊久聲
銷音響雙絕則名无聲佛語阿難及諸大眾
汝今云何自語矯亂大眾阿難俱時問佛我今
云何名為矯亂佛言我問汝聞汝則言聞
又問汝聲汝則言聲唯聞與聲報荅无定如
是云何不名矯亂阿難聲銷无響汝說无聞
若實无聞聞性已滅同于枯木鍾聲更擊汝
云何知知有知无自是聲塵或无或有豈彼
聞性為汝有无聞實云无誰知无者是故阿
難聲於聞中自有生滅非為汝聞聲生聲滅
令汝聞性為有為无汝尚顛倒惑聲為聞何
恠昏迷以常為斷終不應言離諸動靜閉塞
開通說聞无性如重睡人眠熟牀枕其家有
人於彼睡時擣練舂米其人夢中聞舂擣聲
別作他物或為擊鼓或復撞鍾即於夢時自
恠其鍾為木石響於時忽寤遄知杵音自告
家人我正夢時惑此舂音將為鼓響阿難是
人夢中豈憶靜搖開閉通塞其形雖寐聞性
不昏縱汝形銷命光遷謝此性云何為汝銷
滅以諸眾生從无始來循諸色聲逐念流轉
曾不開悟性淨妙常不循所常逐諸生滅由
是生生雜染流轉若棄生滅守於真常常光
現前塵根識心應時銷落想相為塵識情為
垢二俱遠離則汝法眼應時清明云何不成

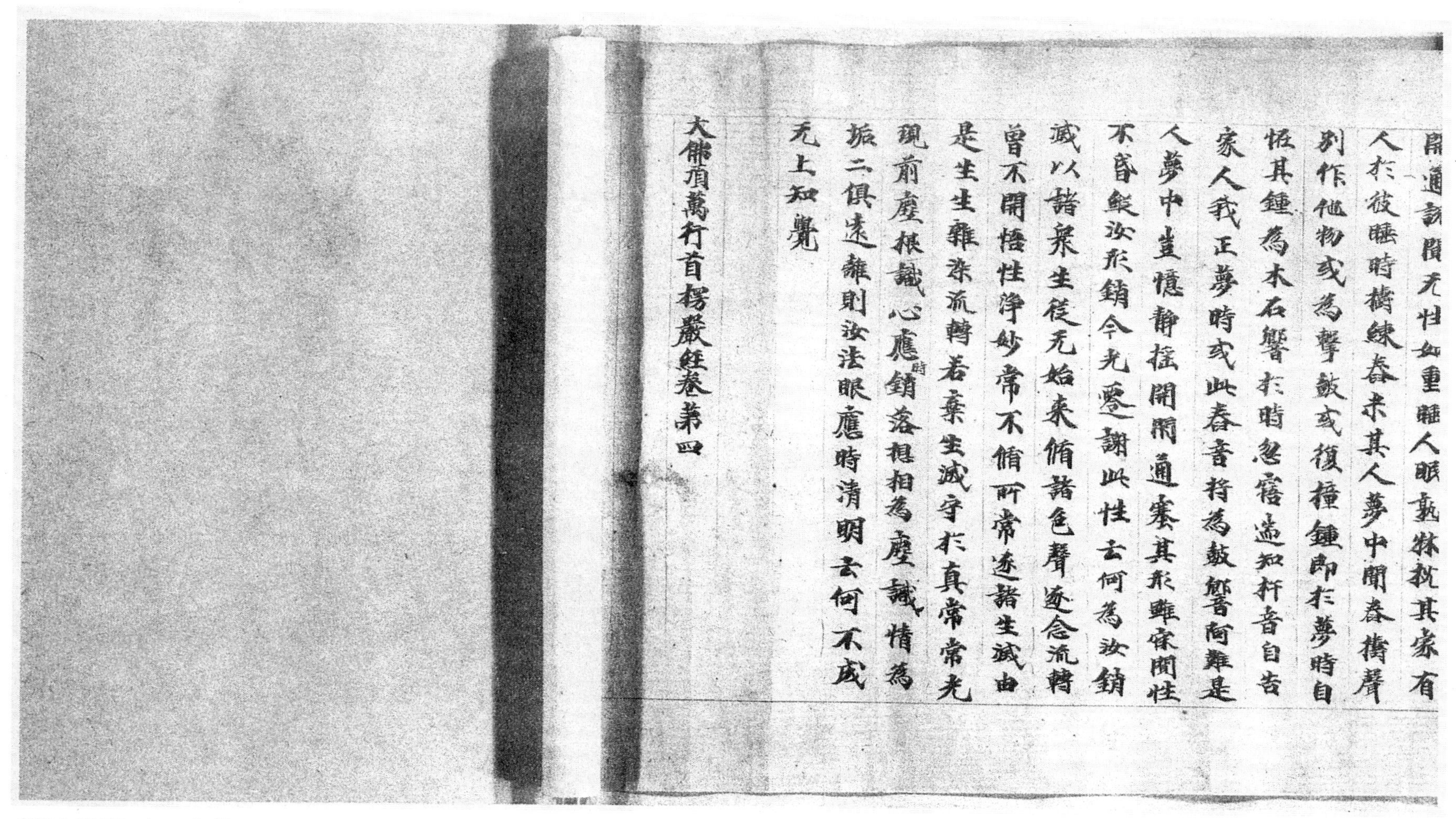

聞通該聞无性如重睡人眠熟牀枕其家有
人於彼睡時擣練舂米其人夢中聞舂擣聲
別作他物或為擊鼓或復撞鐘即於夢時自
怪其鐘為木石響於時忽寤遄知杵音自告
家人我正夢時惑此舂音將為鼓響阿難是
人夢中豈憶靜搖開閉通塞其形雖寐聞性
不昏縱汝形銷命光遷謝此性云何為汝銷
滅以諸衆生從无始來循諸色聲逐念流轉
曾不開悟性淨妙常不循所常逐諸生滅由
是生生雜染流轉若棄生滅守於真常常光
現前塵根識心應時銷落想相為塵識情為
垢二俱遠離則汝法眼應時清明云何不成
无上知覺
大佛頂萬行首楞嚴經卷第四

BD14053 號　大佛頂如來密因修證了義諸菩薩萬行首楞嚴經卷四　（21–21）

大佛頂如來密因修證了義諸菩薩萬行首楞嚴經卷第四

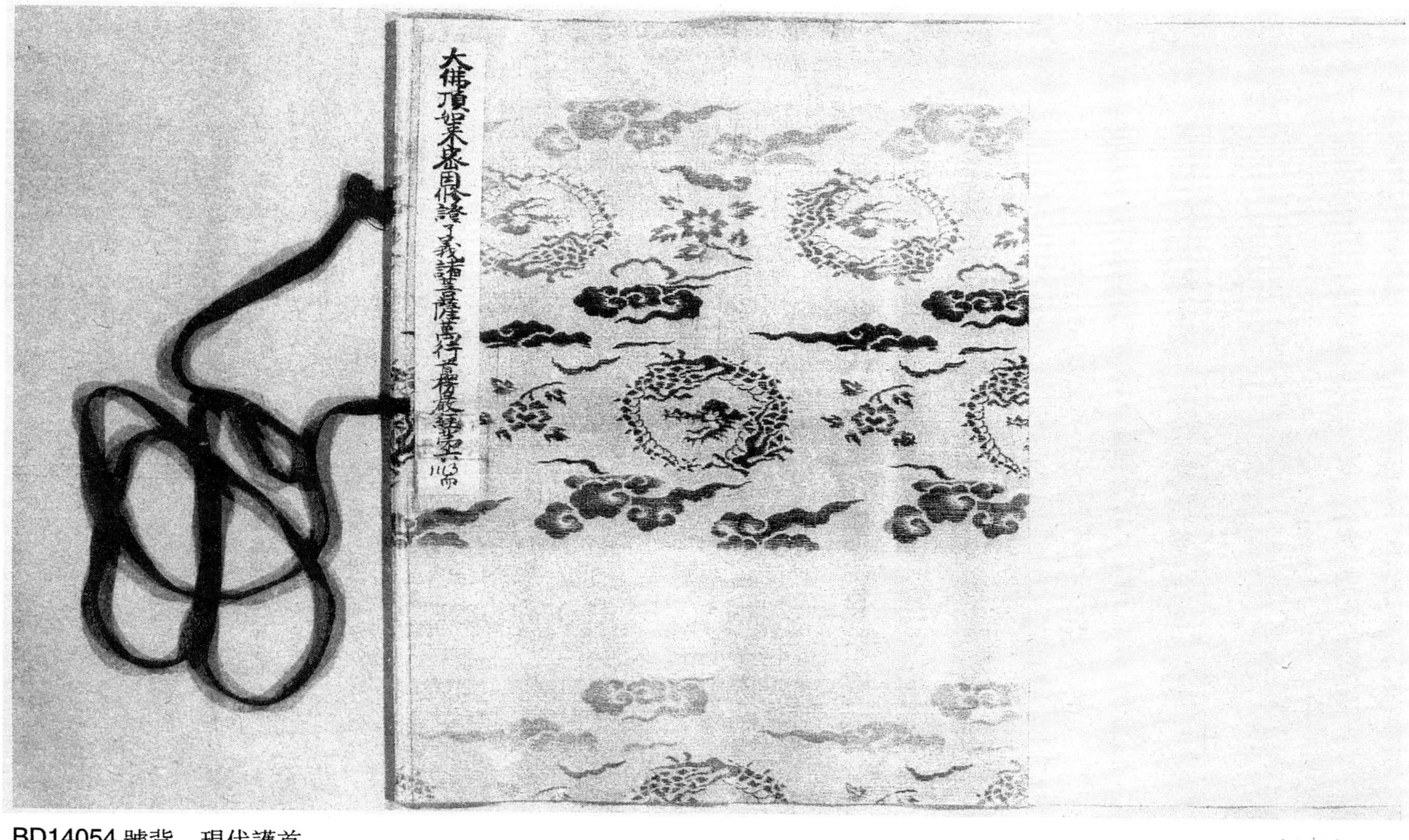

BD14054 號背　現代護首　（1–1）

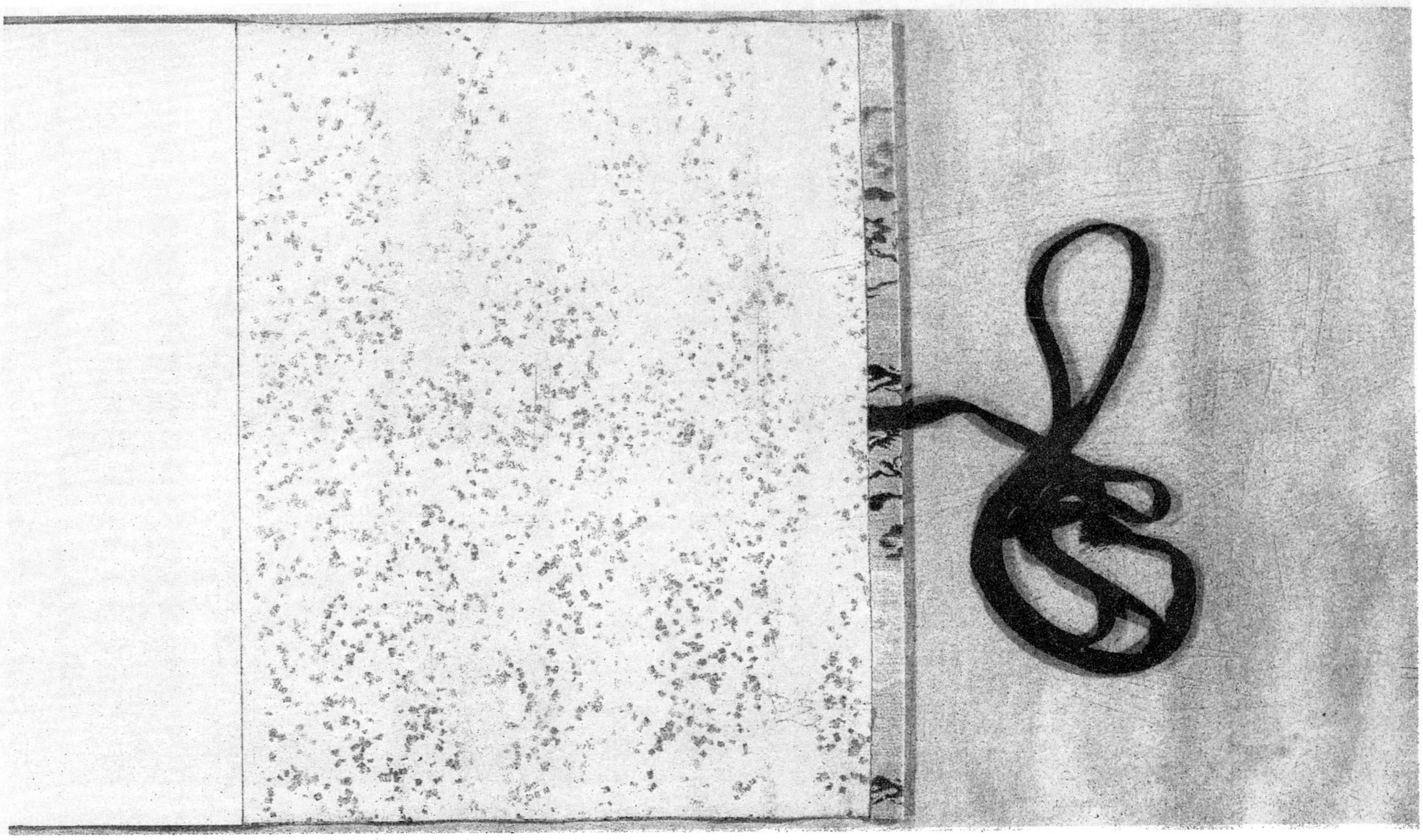

BD14054號　大佛頂如來密因修證了義諸菩薩萬行首楞嚴經卷六　（18–1）

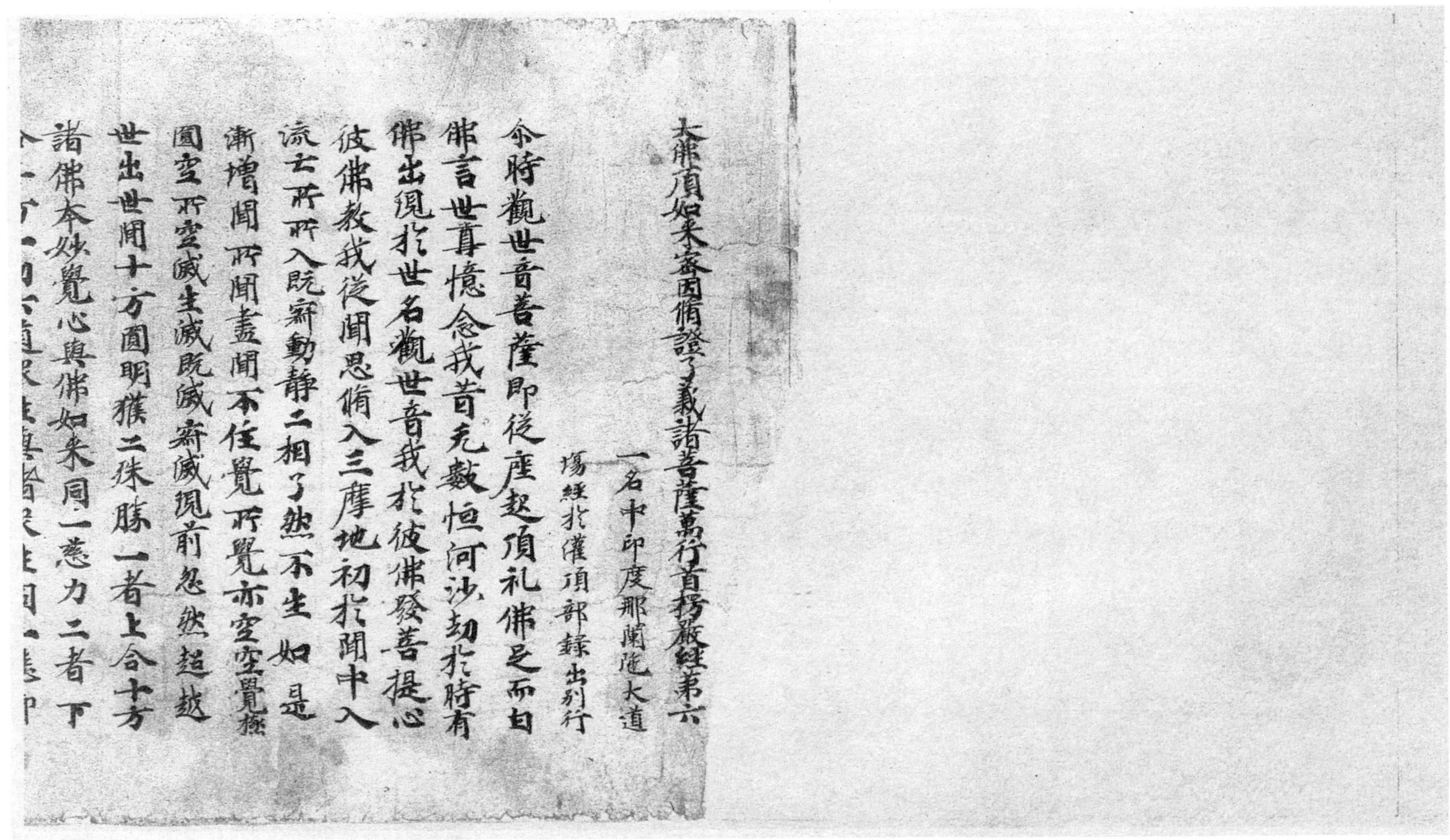

大佛頂如來密因脩證了義諸菩薩萬行首楞嚴經第六
一名中印度那蘭陀大道
塲經於灌頂部録出別行
尒時觀世音菩薩即從座起頂礼佛足而白
佛言世尊憶念我昔无數恒河沙劫於時有
佛出現於世名觀世音我於彼佛發菩提心
彼佛教我從聞思脩入三摩地初於聞中入
流亡所所入既寂動靜二相了然不生如是
漸增聞所聞盡聞不住覺所覺空空覺極
圓空所空滅生滅既滅寂滅現前忽然超越
世出世間十方圓明獲二殊勝一者上合十方
諸佛本妙覺心與佛如來同一慈力二者下
合十方一切六道衆生與諸衆生同一悲仰

BD14054號　大佛頂如來密因修證了義諸菩薩萬行首楞嚴經卷六　（18–2）

漸增聞所聞盡聞不住覺所覺空空覺極
圓空所空滅生滅既滅寂滅現前忽然超越
世出世間十方圓明獲二殊勝一者上合十方
諸佛本妙覺心與佛如来同一慈力二者下
合十方一切六道衆生與諸衆生同一悲仰
世尊由我供養觀音如来蒙彼如来授我如
幻聞薰聞脩金剛三昧與佛如来同慈力故
令我身成卅二應入諸國土世尊若諸菩薩
入三摩地進脩无漏勝解現圓我現佛身而
為說法令其解脱若諸有學寂靜妙明勝妙
現圓我於彼前現獨覺身而為說法令其解
脱若諸有學斷十二緣緣斷勝性勝妙現圓
我於彼前現緣覺身而為說法令其解脱若
諸有學得四諦空脩道入滅勝性現圓我於
彼前現聲聞身而為說法令其解脱若諸衆
生欲心明悟不犯欲塵欲身清淨我於彼前
現梵王身而為說法令其解脱若諸衆生
欲為天主統領諸天我於彼前現帝釋身而
為說法令其成就若諸衆生欲身自在遊行
十方我於彼前現自在天身而為說法令其
成就若諸衆生欲身自在飛行虛空我於彼
前現大自在天身而為說法令其成就若諸衆
生愛統鬼神救護國土我於彼前現天大将
軍身而為說法令其成就若諸衆生愛統世
界保護衆生我於彼前現四天王身而為說
法令其成就若諸衆生愛生天宮駈使鬼神

BD14054 號　大佛頂如來密因修證了義諸菩薩萬行首楞嚴經卷六　（18–3）

生愛統鬼神救護國土我於彼前現天大将
軍身而為說法令其成就若諸衆生愛統世
界保護衆生我於彼前現四天王身而為說
法令其成就若諸衆生愛生天宮駈使鬼神
我於彼前現四天王國太子身而為說法令
其成就若諸衆生樂為人主我於彼前現人
王身而為說法令其成就若諸衆生愛主族
姓世間推讓我於彼前現長者身而為說法
令其成就若諸衆生愛談名言清淨其居我
於彼前現居士身而為說法令其成就若諸
衆生愛治國土剖斷邦邑我於彼前現宰官
身而為說法令其成就若諸衆生愛諸數術
攝衛自居我於彼前現婆羅門身而為說法
令其成就若有男子好學出家持諸戒律
我於彼前現比丘身而為說法令其成就若有
女子好學出家持諸禁戒我於彼前現比丘
尼身而為說法令其成就若有男子樂持五
戒我於彼前現優婆塞身而為說法令其成
就若復女子五戒自居我於彼前現優婆夷
身而為說法令其成就若有女人內政立身以
脩家國我於彼前現女主身及國夫人命婦
大家而為說法令其成就若有衆生不壞男
根我於彼前現童男身而為說法令其成就
若有處女愛樂處身不求侵暴我於彼前
現童女身而為說法令其成就若有諸天樂

BD14054 號　大佛頂如來密因修證了義諸菩薩萬行首楞嚴經卷六　（18–4）

脩家國我於彼前現女主身及國夫人命婦
大家而為說法令其成就若有衆生不壞男
根我於彼前現童男身而為說法令其成就
若有處女愛樂處身不求侵暴我於彼前
現童女身而為說法令其成就若有諸天樂
出天倫我現天身而為說法令其成就若有
諸龍樂出龍倫我現龍身而為說法令其成
就若有藥叉樂度本倫我於彼前現藥叉身
而為說法令其成就若乾闥婆樂脫其倫我
於彼前現乾闥婆身而為說法令其成就若
阿脩羅樂脫其倫我於彼前現阿脩羅身而
為說法令其成就若緊陁羅樂脫其倫我於
彼前現緊陁羅身而為說法令其成就若摩
呼羅伽樂脫其倫我於彼前現摩呼羅身而
為說法令其成就若諸衆生樂人脩人我現
人身而為說法令其成就若諸非人有形无
形有想无想樂度其倫我於彼前皆現其身
而為說法令其成就是名妙淨卅二應入國土
身皆以三昧聞熏聞脩无作妙力自在成就
世尊我復以此聞熏聞脩金剛三昧无作妙
力與諸十方三世六道一切衆生同悲仰故
令諸衆生於我身心獲十四種无畏功德一
者由我不自觀音以觀觀者令彼十方苦惱
衆生觀其音聲即得解脫二者知見旋復
令諸衆生設入大火火不能燒三者觀聽旋復
令諸衆生大水所漂水不能溺四者斷滅妄

BD14054號　大佛頂如來密因修證了義諸菩薩萬行首楞嚴經卷六　（18–5）

者由我不自觀音以觀觀者令彼十方苦惱
衆生觀其音聲即得解脫二者知見旋復
令諸衆生設入大火火不能燒三者觀聽旋復
令諸衆生大水所漂水不能溺四者斷滅妄
想心无煞害令諸衆生入諸鬼國鬼不能害
五者熏聞成聞六根銷復同於聲聽能令衆
生臨當被害刀段段壞使其兵戈猶如割水
亦如吹光性无搖動六者聞熏精明明遍法
界則諸幽暗性不能全能令衆生藥叉羅剎
鳩槃茶鬼及毗舍遮富單那等雖近其傍目
不能視七者音性圓銷觀聽返入離諸塵
妄能令衆生禁繫枷鏁所不能著八者滅音
圓聞遍生慈力能令衆生經過嶮路賊不能劫
九者熏聞離塵色所不劫能令一切多婬衆生
遠離貪欲十者純音无塵根境圓融无對
所對能令一切忿恨衆生離諸瞋恚十一者銷
塵旋明法界身心猶如瑠璃朗徹无礙能令
一切昏鈍性鄣諸阿顛迦永離癡暗十二者
融形復聞不動道場涉入世間不壞世界能
遍十方供養微塵諸佛如來各各佛邊為法
王子能令法界无子衆生欲求男者誕生福
德智慧之男十三者六根圓通明照无二含
十方界立大圓鏡空如來藏承順十方微塵
如來秘密法門受領无失能令法界无子衆
生欲求女者誕生端正福德柔順衆人愛敬
有相之女十四者此三千大千世界百億日
月現住世間諸法王子有六十二恒河沙數

BD14054號　大佛頂如來密因修證了義諸菩薩萬行首楞嚴經卷六　（18–6）

如來秘密法門受領无失能令法界无子衆
生欲求女者誕生端正福德柔順衆人愛敬
有相之女十四者此三千大千世界百億日
月現住世間諸法王子有六十二恒河沙數
修法垂範教化衆生隨順衆生方便智慧
各各不同由我所得圓通本根發妙耳門然後
身心微妙含容遍周法界能令衆生持我名
号與彼共持六十二恒河沙諸法王子二人福
德正等无異世尊我一号名與彼衆多名
号无異由我修習得真圓通是名十四施无
畏力福備衆生
世尊我又獲是圓通修證无上道故又能善
獲四不思議无作妙德一者由我初獲妙妙
聞心心精遺聞見聞覺知不能分隔成一圓
融清淨寶覺故我能現衆多妙容能說无
邊秘密神呪其中或現一首三首五首七首九
首十一首如是乃至一百八首千首萬首八
万四千爍迦羅首二臂四臂六臂八臂十臂
十二臂十四十六十八廿至廿四如是乃至一
百八臂千臂万臂八万四千母陁羅臂二目
三目四目九目如是乃至一百八目千目万
目八万四千清淨寶目或慈或威或定或
慧救護衆生得大自在二者由我聞思脫
出六塵如聲度垣不能爲礙故我妙能現一一
形誦一一呪其形其呪能以无畏施諸衆生
是故十方微塵國土皆名我爲施无畏者三

BD14054號　大佛頂如來密因修證了義諸菩薩萬行首楞嚴經卷六　（18–7）

目八万四千清淨寶目或慈或威或定或
慧救護衆生得大自在二者由我聞思脫
出六塵如聲度垣不能爲礙故我妙能現一一
形誦一一呪其形其呪能以无畏施諸衆生
是故十方微塵國土皆名我爲施无畏者三
者由我修習本妙圓通清淨本根所遊世
界皆令衆生捨身珍寶求我哀愍四者我得
佛心證於究竟能以珍寶種種供養十方如
來傍及法界六道衆生求妻得妻求子得子
求三昧得三昧求長壽得長壽如是乃至求
大涅槃得大涅槃佛問圓通我從耳門圓照
三昧緣心自在因入流相得三摩提成就菩
提斯爲第一世尊彼佛如來歎我善得圓通
法門於大會中授記我爲觀世音号由我
觀聽十方圓明故名觀音遍十方界
尒時世尊於師子座從其五體同放寶光遠
灌十方微塵如來及法王子諸菩薩頂彼諸
如來亦於五體同放寶光從微塵方來灌佛
頂并灌會中諸大菩薩及阿羅漢林木池沼
皆演法音交光相羅如寶絲網是諸大衆得
未曾有一切普獲金剛三昧即時天雨百寶
蓮花青黃赤白閒錯紛糅十方虛空成七寶
色此娑婆界大地山河俱時不現唯見十方
微塵國土合成一界梵唄詠歌自然敷奏於
是如來告文殊師利法王子汝今觀此廿
五无學諸大菩薩及阿羅漢各說最初成

BD14054號　大佛頂如來密因修證了義諸菩薩萬行首楞嚴經卷六　（18–8）

色此娑婆界大地山河俱時不現唯見十方
微塵國土合成一界梵唄詠歌自然敷奏於
是如來告文殊師利法王子汝今觀此廿
五无學諸大菩薩及阿羅漢各說最初成
道方便皆言脩習真實圓通彼等脩行實
无優劣前後差別我今欲令阿難開悟廿五行
誰當其根兼我滅後此界衆生入菩薩乘求
无上道何方便門得易成就文殊師利法
王子奉佛慈旨即從座起頂礼佛足承佛威
神說偈對佛
覺海性澄圓 圓澄覺元妙 元明照生所 所立照性亡
迷妄有虛空 依空立世界 想澄成國土 知覺乃衆生
空生大覺中 如海一漚發 有漏微塵國 皆從空所生
漚滅空本无 况復諸三有 歸元性无二 方便有多門
聖性无不通 順逆皆方便 初心入三昧 遲速不同倫
色想結成塵 精了不能徹 如何不明徹 於是獲圓通
音聲雜語言 但伊名句味 一非含一切 云何獲圓通
香以合中知 離則元无有 不恒其所覺 云何獲圓通
味性非本然 要以味時有 其覺不恒一 云何獲圓通
觸以所觸明 无所不明觸 合離性非定 云何獲圓通
法稱為內塵 憑塵必有所 能所非遍涉 云何獲圓通
見性雖洞然 明前不明後 四維虧一半 云何獲圓通
鼻息出入通 現前无交氣 支離匪涉入 云何獲圓通
舌非入无端 因味生覺了 味亡了无有 云何獲圓通
身與所觸同 各非圓覺觀 涯量不冥會 云何獲圓通
知根雜亂思 湛了終无見 想念不可脫 云何獲圓通

見性雖洞然 明前不明後 四維虧一半 云何獲圓通
鼻息出入通 現前无交氣 支離匪涉入 云何獲圓通
舌非入无端 因味生覺了 味亡了无有 云何獲圓通
身與所觸同 各非圓覺觀 涯量不冥會 云何獲圓通
知根雜亂思 湛了終无見 想念不可脫 云何獲圓通
識見雜三和 詰本稱非相 自體先无定 云何獲圓通
心聞洞十方 生于大因力 初心不能入 云何獲圓通
鼻想本權機 秖令攝心住 住成心所住 云何獲圓通
說法弄音文 開悟先成者 名句非无漏 云何獲圓通
持犯但束身 非身无所束 元非遍一切 云何獲圓通
神通本宿因 何關法分別 念緣非離物 云何獲圓通
若以地性觀 堅礙非通達 有為非聖性 云何獲圓通
若以水性觀 想念非真實 如如非覺觀 云何獲圓通
若以火性觀 厭有非真離 非初心方便 云何獲圓通
若以風性觀 動寂非无對 對非无上覺 云何獲圓通
若以空性觀 昏鈍先非覺 无覺異菩提 云何獲圓通
若以識性觀 觀識非常住 存心乃虛妄 云何獲圓通
諸行是无常 念性元生滅 因果今殊感 云何獲圓通
我今白世尊 佛出娑婆界 此方真教體 清淨在音聞
欲取三摩提 實以聞中入 離苦得解脫 良哉觀世音
於恒沙劫中 入微塵佛國 得大自在力 无畏施衆生
妙音觀世音 梵音海潮音 救世悉安寧 出世獲常住
我今啓如來 如觀音所說 譬如人靜居 十方俱擊鼓
十處一時聞 此則圓真實 目非觀障外 口鼻亦復然
身以合方知 心念紛无緒 隔垣聽音響 遐邇俱可聞
五根所不齊 是則通真實 音聲性動靜 聞中為有无

我今啓如來 如觀音所說 譬如人靜居 十方俱擊鼓
十處一時聞 此則圓真實 目非觀障外 口鼻亦復然
身以合方知 心念紛无緒 隔垣聽音響 遐邇俱可聞
五根所不齊 是則通真實 音聲性動靜 聞中為有无
无聲号无聞 非實聞无性 聲无既无滅 聲有亦非生
生滅二圓離 是則常真實 縱令在夢想 不為不思无
覺觀出思惟 身心不能及 今此娑婆國 聲論得宣明
衆生迷本聞 循聲故流轉 阿難縱強記 不免落邪思
豈非隨所淪 旋流獲无妄 阿難汝諦聽 我承佛威力
宣說金剛王 如幻不思議 佛母真三昧 汝聞微塵佛
一切祕密門 欲漏不先除 畜聞成過誤 將聞持佛佛
何不自聞聞 聞非自然生 因聲有名字 旋聞與聲脫
能脫欲誰名 一根既返源 六根成解脫 見聞如幻翳
三界若空花 聞復翳根除 塵銷覺圓淨 淨極光通達
寂照含虛空 却來觀世間 猶如夢中事 摩登伽在夢
誰能留汝形 如世巧幻師 幻作諸男女 雖見諸根動
要以一機抽 息機歸寂然 諸幻成无性 六根亦如是
元依一精明 分成六和合 一處成休復 六用皆不成
塵垢應念銷 成圓明淨妙 餘塵尚諸學 明極即如來
大衆及阿難 旋汝倒聞機 反聞聞自性 性成无上道
圓通實如是 此是微塵佛 一路涅槃門 過去諸如來
斯門已成就 現在諸菩薩 今各入圓明 未來修學人
當依如是法 我亦從中證 非唯觀世音 誠如佛世尊
詢我諸方便 以救諸末劫 求出世間人 成就涅槃心
觀世音為最 自餘諸方便 皆是佛威神 即事捨塵勞
非是長修學 淺深同說法 頂禮如來藏 无漏不思議

BD14054號　大佛頂如來密因修證了義諸菩薩萬行首楞嚴經卷六　（18–11）

當依如是法 我亦從中證 非唯觀世音 誠如佛世尊
詢我諸方便 以救諸末劫 求出世間人 成就涅槃心
觀世音為最 自餘諸方便 皆是佛威神 即事捨塵勞
非是長修學 淺深同說法 頂禮如來藏 无漏不思議
願加被未來 於此門无惑 方便易成就 堪以教阿難
及末劫沈淪 但以此根修 圓通超餘者 真實心如是
於是阿難及諸大衆身心了然得大開示觀
佛菩提及大涅槃猶如有人因事遠遊未得
歸還明了其家所歸道路普會大衆天龍八
部有學二乘及諸一切新發心菩薩其數凡
有十恒河沙皆得本心遠塵離垢獲法眼淨
性比丘尼聞說偈已成阿羅漢无量衆生皆
發无等等阿耨多羅三藐三菩提心
阿難整衣服於大衆中合掌頂禮心跡圓明
悲欣交集欲益未來諸衆生故稽首白佛大
悲世尊我今已悟成佛法門是中修行得无
疑惑常聞如來說如是言自未得度先度人
者菩薩發心自覺已圓能覺他者如來應
世我雖未度願度末劫一切衆生世尊此諸衆
生去佛漸遠邪師說法如恒河沙欲攝其心
入三摩地云何令其安立道場遠諸魔事於
菩提心得无退屈
尒時世尊於大衆中稱讚阿難善哉善哉
如汝所問安立道場救護衆生末劫沈溺汝今
諦聽當為汝說阿難大衆唯然奉教
佛告阿難汝常聞我毗奈耶中宣說修行三

BD14054號　大佛頂如來密因修證了義諸菩薩萬行首楞嚴經卷六　（18–12）

尒時世尊於大衆中稱讚阿難善哉善哉
如汝所問安立道場救護衆生末劫沉溺汝今
諦聽當為汝説阿難大衆唯然奉教
佛告阿難汝常聞我毗柰耶中宣説脩行三
决定義所謂攝心為戒因戒生定因定發慧
是則名為三无漏學阿難云何攝心我名為
戒若諸世界六道衆生其心不婬則不隨其
生死相續汝脩三昧本出塵勞婬心不除塵
不可出縱有多智禪定現前如不斷婬必落
魔道上品魔王中品魔民下品魔女彼等
諸魔亦有徒衆各各自謂成无上道我滅度
後末法之中多此魔民熾盛世間廣行貪婬
為善知識令諸衆生落愛見坑失菩提路
汝教世人脩三摩地先斷心婬是名如來先佛
世尊第一决定清淨明誨是故阿難若不斷婬
脩禪定者如蒸沙石欲其成飯經百千劫秖
名熱沙何以故此非飯本石沙成故汝以婬身
求佛妙果縱得妙悟皆是婬根根本成婬輪
轉三途必不能出如來涅槃何路脩證必使
婬機身心俱斷斷性亦无於佛菩提斯可希
兾如我此説名為佛説不如此説即波旬説
阿難又諸世界六道衆生其心不煞則不隨
其生死相續汝脩三昧本出塵勞煞心不除
塵不可出縱有多智禪慧現前如不斷煞必
落神道上品之人為大力鬼中品為飛行夜
叉諸鬼帥等下品尚為地行羅刹彼諸鬼神

BD14054號　大佛頂如來密因修證了義諸菩薩萬行首楞嚴經卷六　（18–13）

其生死相續汝脩三昧本出塵勞煞心不除
塵不可出縱有多智禪慧現前如不斷煞必
落神道上品之人為大力鬼中品為飛行夜
叉諸鬼帥等下品尚為地行羅刹彼諸鬼神
亦有徒衆各各自謂成无上道我滅度後
末法之中多此神鬼熾盛世間自言食宍得
菩提路阿難我令比丘食五淨宍此宍皆我
神力化生本无命根汝婆羅門地多蒸濕加以
沙石草菜不生我以大悲神力所加因大悲
悲假名為宍汝得其味柰何如來滅度之後
食衆生宍名為釋子汝等當知是食宍人縱
得心開似三摩地皆大羅刹報終必沉生死
苦海非佛弟子如是之人相煞相吞相食未
已云何是人得出三界汝教世人脩三摩地
次斷煞生是名如來先佛世尊第二决定
清淨明誨是故阿難若不斷煞脩禪定者
譬如有人自塞其耳高聲大叫求人不聞此等
名為欲隱彌露清淨比丘及諸菩薩於岐路
行不踏生草況以手拔云何大悲取諸衆
生血宍充食若諸比丘不服東方絲綿絹帛及
是此土靴履裘毳乳酪醍醐如是比丘於世真
脫酬還宿債不遊三界何以故服其身分
皆為彼緣如人食其地中百穀足不離地必
使身心於諸衆生若身身分身心二塗不服不
食我説是人真解脫者如我此説名為佛
説不如此説即波旬説

BD14054號　大佛頂如來密因修證了義諸菩薩萬行首楞嚴經卷六　（18–14）

服酬遠宿[illegible]
皆為彼緣如人食其地中百穀足不離地必
使身心於諸衆生若身身分心二途不服不
食我說是人真解脫者如我此說名為佛
說不如此說即波旬說
阿難又復世界六道衆生其心不偷則不隨
其生死相續汝修三昧本出塵勞偷心不除
塵不可出縱有多智禪定現前如不斷偷必
落邪道上品精靈中品妖魅下品邪人諸魅
所著彼等羣邪亦有徒衆各各自謂成无上
道我滅度後末法之中多此妖邪熾盛世間
潛匿奸欺稱善知識各自謂已上人法誑
惑无識恐令失心所過之處其家耗散我教比
丘修方乞食令其捨貪成菩薩道諸比丘等
不自熟食寄於殘生旅泊三界示一往還去已
无返云何賊人假我衣服裨販如來造種種
業皆言佛法卻非出家具戒比丘為小乘
道由是疑誤无量衆生墮无間獄若我滅
後其有比丘發心決定修三摩提能於如來
形像之前身然一燈燒一指節及於身上爇
一香炷我說是人无始宿債一時酬畢長揖世
間永脫諸漏雖未即明无上覺路是人於法
已決定心若不為此捨身微因縱成无為必
還生人酬其宿債如我馬麥正等无異汝教
世人修三摩地後斷偷盜是名如來先佛世
尊第三決定清淨明誨是故阿難若不斷偷
修禪定者譬如有人水灌漏卮欲求其滿縱

BD14054 號　大佛頂如來密因修證了義諸菩薩萬行首楞嚴經卷六　（18–15）

還生人酬其宿債如我馬麥正等无異汝教
世人修三摩地後斷偷盜是名如來先佛世
尊第三決定清淨明誨是故阿難若不斷偷
修禪定者譬如有人水灌漏卮欲求其滿縱
經塵劫終无平復若諸比丘衣鉢之餘分寸
不畜乞食餘分施餓衆生於大集會合掌
礼衆有人捶詈同於稱讚必使身心二俱捐
捨身肉骨血與衆生共不將如來不了義說
迴為已解以誤初學佛印是人得真三昧如
我所說名為佛說不如此說即波旬說
阿難如是世界六道衆生雖則身心无殺盜
婬三行已圓若大妄語即三摩提不得清淨
成愛見魔失如來種所謂未得謂得未證言
證或求世間尊勝第一謂前人言我今已得
須陁洹果斯陁含果阿那含果阿羅漢道辟
支佛乘十地地前諸位菩薩求彼礼懺貪其
供養是一顛迦銷滅佛種如人以刀斷多羅
木佛記是人永殞善根无復知見沉三苦海
不成三昧我滅度後勅諸菩薩及阿羅漢應
身生彼末法之中作種種形度諸輪轉或作
沙門白衣居士人王宰官童男童女如是乃
至婬女寡婦奸偷屠販與其同事稱歎佛乘
令其身心入三摩地終不自言我真菩薩真
阿羅漢洩佛密因輕言未學唯除命終陰有
遺付云何是人惑亂衆生成大妄語汝教世
人修三摩地後復斷除諸大妄語是名如來

BD14054 號　大佛頂如來密因修證了義諸菩薩萬行首楞嚴經卷六　（18–16）

木佛記是人永殞善根无復知見沉三苦海
不成三昧我滅度後勑諸菩薩及阿羅漢應
身生彼末法之中作種種形度諸輪轉或作
沙門白衣居士人王宰官童男童女如是乃
至婬女寡婦姧偷屠販與其同事稱歎佛乘
令其身心入三摩地終不自言我真菩薩真
阿羅漢泄佛密因輕言未學唯除命終陰有
遺付云何是人惑亂眾生成大妄語汝教世
人脩三摩地後復斷除諸大妄語是名如來
先佛世尊第四決定清淨明誨是故阿難若
不斷其大妄語者如刻人糞為旃檀形欲求香
氣无有是處我教比丘直心道場於四威
儀一切行中尚无虛假云何自稱得上人法
譬如窮人妄号帝王自取誅滅況復法王如
何妄竊因地不直果招紆曲求佛菩提如噬
臍人欲誰成就若諸比丘心如直絃一切真
實入三摩提永无魔事我即是人成就菩
提无上知覺如我是說名為佛說不如此說
即波旬說

大佛頂萬行首楞嚴經卷第六

BD14054 號　大佛頂如來密因修證了義諸菩薩萬行首楞嚴經卷六　（18–17）

譬如窮人妄号帝王自取誅滅況復法王如
何妄竊因地不直果招紆曲求佛菩提如噬
臍人欲誰成就若諸比丘心如直絃一切真
實入三摩提永无魔事我即是人成就菩
提无上知覺如我是說名為佛說不如此說
即波旬說

大佛頂萬行首楞嚴經卷第六

BD14054 號　大佛頂如來密因修證了義諸菩薩萬行首楞嚴經卷六　（18–18）

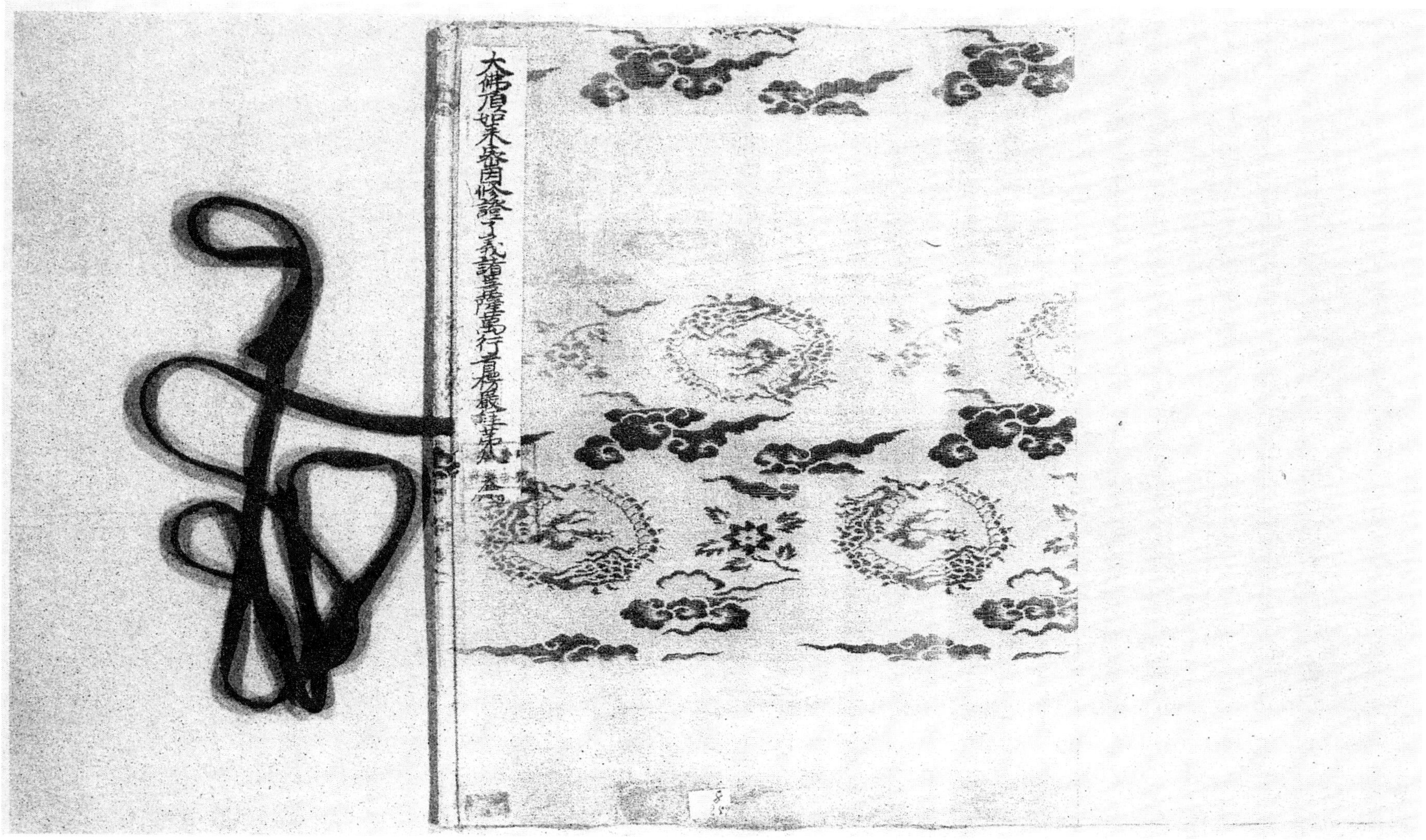

BD14055 號背　現代護首　　（1–1）

BD14055 號　大佛頂如來密因修證了義諸菩薩萬行首楞嚴經卷八　　（20–1）

大佛頂如來密因修證了義諸菩薩萬行首楞嚴經第八
一名中印度那蘭陀大道
場經於灌頂部録出別行
阿難如是衆生一一類中亦各各具十二顛倒猶
如揑目亂花發生顛倒妙圓真淨明心具
足如斯虛妄亂想汝今修證佛三摩提於
是本因先所亂想立三漸次方得除滅如
淨器中除去毒蜜以諸湯水并雜灰香洗
滌其器後貯甘露云何名為三種漸次三者
增進違其現業
云何助因阿難如是世界十二類生不能自
令依四食住所謂段食觸食思食識食是
故佛說一切衆生皆依食住阿難一切衆生

BD14055 號　大佛頂如來密因修證了義諸菩薩萬行首楞嚴經卷八　（20–2）

云何助因阿難如是世界十二類生不能自
令依四食住所謂段食觸食思食識食是
故佛說一切衆生皆依食住阿難一切衆生
食甘故生食毒故死是諸衆生求三摩提
當斷世間五種辛菜是五種辛熟食發婬生
噉增恚如是世界食辛之人縱能宣說十二部
經十方天仙嫌其臭穢咸皆遠離諸餓鬼等因
彼食次舐其脣吻常與鬼住福德日銷長無
利益是食辛人修三摩地菩薩天仙十方善
神不來守護大力魔王得其方便現作佛身
來為說法非毀禁戒讚婬怒癡命終自為魔
王眷屬受魔福盡墮無間獄阿難修菩提
者永斷五辛是則名為第一增進修行漸次云
何正性阿難如是衆生入三摩地要先嚴持
清淨戒律永斷婬心不飡酒肉以火淨食無
淡生氣阿難是修行人若不斷婬及與殺
生出三界者無有是處當觀婬欲猶如毒蛇
如見怨賊先持聲聞四棄八棄執身不動後
行菩薩清淨律儀執心不起禁戒成就則於
世間永無相生相殺之業偷劫不行無相負
累亦於世間不還宿債是清淨人修三摩地
父母肉身不須天眼自然觀見十方世界覩佛
聞法親奉聖旨得大神通遊十方界宿命
清淨得無艱險是則名為第二增進修行漸
次云何現業阿難如是清淨持禁戒人心無
貪婬於外六塵不多流逸因不流逸旋自歸

BD14055 號　大佛頂如來密因修證了義諸菩薩萬行首楞嚴經卷八　（20–3）

[illegible]
清淨得无難險是則名為第二增進修行漸
次云何現業阿難如是清淨持禁戒人心无
貪婬於外六塵不多流逸因不流逸旋自歸
塵既不緣根无所偶反流全一六用不行十
方國土皎徹清淨譬如琉璃內懸明月身心
快然妙圓平等獲大安隱一切如來密圓淨
妙皆現其中是人即獲无生法忍從是漸修
隨所發行安立聖位是則名為第三增
進修行漸次
阿難是善男子欲愛乾枯境不偶現前殘
質不復續生執心虛明純是智惠性明圓
瑩十方界乾有惠名乾惠地欲習初乾未
與如來法流水接即以此心中中流入圓妙開
敷從真妙圓重發真妙妙信常住一切妄想
滅盡无餘中道純真名信心住真信明了
一切圓通陰處界三不能為礙如是乃至過
去未來无數劫中捨身受身一切習氣皆現
在前是善男子皆能憶念得无遺妄名念
心住妙圓純真真精發化无始習氣通一精明
唯以精明進趣真淨名精進心心精現前純
以智惠名惠心住執持智明周遍寂湛寂妙
常凝名定心住定光發明明性深入唯進无
退名不退心心進安然保持不失十方如來氣
分交接名護法心覺明保持能以妙力迴佛慈
光向佛安住猶如雙鏡光明相對其中妙影
重重相入名迴向心心光密迴獲佛常凝无

退名不退心心進安然保持不失十方如來氣
分交接名護法心覺明保持能以妙力迴佛慈
光向佛安住猶如雙鏡光明相對其中妙影
重重相入名迴向心心光密迴獲佛常凝无
上妙淨安住无為得无遺失名戒心住住戒
自在能遊十方所去隨願名願心住
阿難是善男子以真方便發此十心心精發
揮十用涉入圓成一心名發心住心中發明如
淨琉璃內現精金以前妙心履以成地名治
地住心地涉知俱得明了遊履十方得无留
礙名脩行住行與佛同受佛氣分如中陰身
自求父母陰信冥通入如來種名生貴住既
遊道胎親奉覺胤如胎已成人相不缺名
方便具足住容貌如佛心相亦同名正心住身
心合成日益增長名不退住十身靈相一
時具足名童真住形成出胎親為佛子名法
王子住表以成人如國大王以諸國事分委
太子彼刹利王世子長成陳列灌頂名灌
頂住
阿難是善男子成佛子已具足无量如來妙
德十方隨順名歡喜行善能利益一切眾生
名饒益行自覺覺他得无違拒名无瞋恨
行種類出生窮未來際三世平等十方通
達名无盡行一切合同種種法門得无差誤
名離癡亂行則於同中顯羣異一一異相各各
見同名善現行如是乃至十方虛空滿
足微塵一一塵中現十方界現塵現界不相留

[illegible]窮未來際三世平等十方通
達名无盡行一切合同種種法門得无差誤
名離癡亂行則於同中顯群異一一異相各各
見見同名善現行如是乃至十方虛空滿
足微塵一一塵中現十方界現塵現界不相留
礙名无著行種種現前咸是第一波羅蜜多
名尊重行如是圓融能成十方諸佛軌則
名善法行一一皆是清淨无漏一真无為性
本然故名真實行
阿難是善男子滿足神通成佛事已純潔精
真遠諸留患當度衆生滅除度相迴无
為心向涅槃路名救護一切衆生離衆生
相迴向壞其可壞遠離諸離名不壞迴向本覺
湛然覺齊佛覺名等一切佛迴向精真發明
地如佛地名至一切處迴向世界如來互相涉
入得无罣礙名无盡功德藏迴向於同佛地
地中各各生清淨因依因發揮取涅槃道
名隨順平等善根迴向真根既成十方衆
生皆我本性性圓成就不失衆生名隨順等
觀一切衆生迴向即一切法離一切相唯即與離
二无所著名如相迴向真得所如十方无礙名无
縛解脫迴向性德圓成法界量滅名法界无
量迴向
阿難是善男子盡是清淨卌一心次成四種
妙圓加行即以佛覺用為己心若出未出猶
如鑽火欲然其木名為煖地又以己心成佛所
履若依非依如登高山身入虛空下有微礙

BD14055號 大佛頂如來密因修證了義諸菩薩萬行首楞嚴經卷八 （20–6）

阿難是善男子盡是清淨卌一心次成四種
妙圓加行即以佛覺用為己心若出未出猶
如鑽火欲然其木名為煖地又以己心成佛所
履若依非依如登高山身入虛空下有微礙
名為頂地心佛二同善得中道如忍事人非
懷非出名為忍地數量銷滅迷覺中道
二无所目名世第一地
阿難是善男子於大菩提善得通達覺通
如來盡佛境界名歡喜地異性入同同性亦滅
名離垢地淨極明生名發光地明極覺滿
名焰慧地一切同異不能至名難勝地无為
真如性淨明露名現前地盡真如際名遠行
地一真如心名不動地發真如用名善慧地
阿難是諸菩薩從此已往修習畢功功德圓
滿亦目此地名修習位慈陰妙雲覆涅槃海
名法雲地如來逆流如是菩薩順行而至覺
際入交名為等覺阿難從乾慧心至等覺
已是覺始獲金剛心中初乾慧地如是
重重禪複十二方盡妙覺成无上道種種
地皆以金剛觀察如幻十種深喻奢摩他中
用諸如來毗婆舍那清淨修證漸次深入阿
難如是皆以三增進故善能成就五十五位真
菩提路作是觀者名為正觀若他觀者名為邪觀
尒時文殊師利法王子在大衆中即從座起
頂禮佛足而白佛言當何名是經我及衆生
云何奉持佛告文殊師利是經名大佛頂悉
怛多般怛羅无上寶印十方如來清淨海眼

BD14055號 大佛頂如來密因修證了義諸菩薩萬行首楞嚴經卷八 （20–7）

菩提路作是觀者名為正觀若他觀者名為邪觀
尒時文殊師利法王子在大衆中即從座起
頂礼佛足而白佛言當何名是經我及衆生
云何奉持佛告文殊師利是經名大佛頂悉
怛多般怛羅无上寶印十方如來清淨海眼
亦名救護親因度脫阿難及此會中性比丘
尼得菩提心入遍知海亦名如來密因修證
了義亦名大方廣妙蓮華王十方佛母陀羅
尼呪亦名灌頂章句諸菩薩萬行首楞
嚴汝當奉持
說是語已即時阿難及諸大衆得蒙如來
開示密印般怛羅義兼聞此經了義名目頓
悟禪那脩進聖位增上妙理心慮虛凝斷除
三界脩心六品微細煩惱即從座起頂礼佛足
合掌恭敬而白佛言大威德世尊慈音无遮
善開衆生微細沉惑令我今日身意快然
得大饒益世尊若此妙明真淨妙心本來
遍圓如是乃至大地草木蝡動含靈本元真
如即是如來成佛真體佛體真實云何復有
地獄餓鬼畜生脩羅人天等道世尊此道為復
本來自有為是衆生妄習生起世尊如寶蓮
香比丘尼持菩薩戒私行婬欲妄言行婬非煞
非偷无有業報發是語已先於女根生大猛
火後於節節猛火燒然墮无間獄琉璃大王
善星比丘琉璃為誅瞿曇族姓善星妄說一
切法空生身陷入阿鼻地獄此諸地獄為有
定處為復自然彼彼發業各各私受唯垂大

BD14055號　大佛頂如來密因修證了義諸菩薩萬行首楞嚴經卷八　（20-8）

非偷无有業報發是語已先於女根生大猛
火後於節節猛火燒然墮无間獄琉璃大王
善星比丘琉璃為誅瞿曇族姓善星妄說一
切法空生身陷入阿鼻地獄此諸地獄為有
定處為復自然彼彼發業各各私受唯垂大
慈發開童蒙令諸一切持戒衆生聞決定義
歡喜頂戴謹潔无犯
佛告阿難快哉此問令諸衆生不入邪見汝
今諦聽當為汝說阿難一切衆生實本真淨
因彼妄見有妄習生因此分開內分外分阿
難內分即是衆生分內因諸愛染發起妄情
情積不休能生愛水是故衆生心憶珎羞口中
水出心憶前人或憐或恨目中淚盈貪求
財寶心發愛涎舉體光潤心著行婬男女二
根自然流液阿難諸愛雖別流結是同潤
溼不昇自然從墜此名內分
阿難外分即是衆生分外因諸渴仰發明虛想
想積不休能生勝氣是故衆生心持禁戒
舉身輕清心持呪印顧盼雄毅心欲生天
夢想飛舉心存佛國聖境現前事善知識
自輕身命阿難諸想雖別輕舉是同飛動
不沉自然超越此名外分
阿難一切世間生死相續生從順習死從變流
臨命終時未捨煖觸一生善惡俱時頓現死
逆生順二習相交純想即飛必生天上若飛
心中兼福兼慧及與淨願自然心開見十方
佛一切淨土隨願往生情少想多輕舉非遠

BD14055號　大佛頂如來密因修證了義諸菩薩萬行首楞嚴經卷八　（20-9）

臨命終時未捨煖觸一生善惡俱時頓現死
逆生順二習相交純想即飛必生天上若飛
心中兼福兼慧及與淨願自然心開見十方
佛一切淨土隨願往生情少想多輕舉非遠
即為飛仙大力鬼王飛行夜叉地行羅剎遊
於四天所去无礙其中若有善願善心護
持我法或護禁戒隨持戒人或護神呪隨持
呪者或護禪定保綏法忍是等親住如來
坐下情想均等不飛不墮生於人間想明斯
聰情幽斯鈍精多想少流入橫生重為毛群
輕為羽族七情三想沉下水輪王於火際受氣
猛火身為餓鬼常被焚燒水能害己无食
无飲經百千劫九情一想下洞火輪身入風火
二交過地輕生有間重生无間二種地獄純
情即沉入阿鼻獄若沉心中有謗大乘毀佛
禁戒狂妄說法虛貪信施濫膺恭敬五
逆十重更生十方阿鼻地獄循造惡業雖則
自招衆同分中兼有元地
阿難此等皆是彼諸衆生自業所感造十習
因受六交報云何十因阿難一者婬習交接發
於相磨研磨不休如是故有大猛火光於中
發動如人以手自相磨觸煖相現前二習相
然故有鐵床銅柱諸事是故十方一切如來
色目行婬同名欲火菩薩見欲如避火坑二
者貪習交計發於相吸吸攬不止如是故
有積寒堅冰於中凍冽如人以口吸縮風氣有
冷觸生二習相陵故有吒吒波波囉囉青赤白

BD14055號　大佛頂如來密因修證了義諸菩薩萬行首楞嚴經卷八　（20–10）

然故有鐵床銅柱諸事是故十方一切如來
色目行婬同名欲火菩薩見欲如避火坑二
者貪習交計發於相吸吸攬不止如是故
有積寒堅冰於中凍冽如人以口吸縮風氣有
冷觸生二習相陵故有吒吒波波囉囉青赤白
蓮寒冰等事是故十方一切如來色目多求
同名貪水菩薩見貪如避瘴海
三者慢習交陵發於相恃馳流不息如是故
有騰逸奔波積波為水如人口舌自相綿味因
而水發二習相鼓故有血河灰河熱沙毒海
融銅灌吞諸事是故十方一切如來色目我
慢名飲癡水菩薩見慢如避巨溺
四者瞋習交衝發於相忤忤結不息心熱發
火鑄氣為金如是故有刀山鐵橛劍樹劍輪
斧鉞槍鋸如人銜冤殺氣飛動二習相擊故
有宮割斬斫剉刺槌擊諸事是故十方一切
如來色目瞋恚名利刀劍菩薩見瞋如避誅
戮五者詐習交誘發於相調引起不住如是
故有繩木絞校如水浸田草木生長二習相
延故有杻械枷鎖鞭杖檛棒諸事是故十方
一切如來色目姦偽同名讒賊菩薩見詐如
畏豺狼
六者誑習交欺發於相罔誣罔不止飛心造
姦如是故有塵土屎尿穢汙不淨如塵隨風
各无所見二習相加故有沒溺騰擲飛墜
漂淪諸事是故十方一切如來色目欺誑同
名劫殺菩薩見誑如踐蛇虺

BD14055號　大佛頂如來密因修證了義諸菩薩萬行首楞嚴經卷八　（20–11）

六者誑習交欺發於相罔誣罔不止飛心造
姧如是故有塵土屎尿穢汙不淨如塵隨風
各無所見二習相加故有沒溺騰擲飛墜
漂淪諸事是故十方一切如來色目欺誑同
名劫殺菩薩見誑如踐蛇虺
七者怨習交嫌發于銜恨如是故有飛石
投礰匣貯車檻甕盛囊撲如陰毒人懷抱畜
惡二習相吞故有投擲擒捉擊射拋撮諸
事是故十方一切如來色目怨家名違害鬼
菩薩見怨如飲鴆酒
八者見習交明如薩迦耶見戒禁取邪悟諸
業發於違拒出生相返如是故有王使主
吏證執文籍如行路人來往相見二習相交故
有勘問權詐考訊推鞫察訪披究照明善
惡童子手執文簿辭辯諸事是故十方一切
如來色目惡見同名見坑菩薩見諸虛妄
遍執如入毒壑
九者枉習交加發於誣謗如是故有合山合
石碾磑耕磨如讒賊人逼枉良善二習相排
故有押捺搥按蹙漉衡度諸事是故十方
一切如來色目怨謗同名讒虎菩薩見枉
如遭霹靂
十者訟習交諠發於藏覆如是故有鑒見照
燭如於日中不能藏影故有惡友業鏡火珠
披露宿業對驗諸事是故十方一切如來色
目覆藏同名陰賊菩薩觀覆如戴高山履
於巨海

BD14055號　大佛頂如來密因修證了義諸菩薩萬行首楞嚴經卷八　（20–12）

燭如於日中不能藏影故有惡友業鏡火珠
披露宿業對驗諸事是故十方一切如來色
目覆藏同名陰賊菩薩觀覆如戴高山履
於巨海
云何六報阿難一切衆生六識造業所招惡
報從六根出云何惡報從六根出一者見報
招引惡果此見業交則臨終時先見猛火滿
十方界亡者神識飛墜乘煙入無間獄發明
二相一者明見則能遍見種種惡物生無量
畏二者暗見寂然不見生無量恐如是見火
燒聽能為鑊湯洋銅燒息能為黑煙紫焰
燒味能為燋丸鐵糜燒觸能為熱灰爐炭
燒心能生星火迸灑煽鼓空界
二者聞報招引惡果此聞業交則臨終時先
見波濤沒溺天地亡者神識降注乘流入無
間獄發明二相一者開聽聽種種鬧精神瞀
亂二者閉聽寂無所聞幽魄沉沒如是聞波
注聞則能為責為詰注見則能為雷為吼
為惡毒氣注息則能為雨為霧灑諸毒蟲
周滿身體注味則能為膿為血種種雜穢
注觸能為畜為鬼為糞為尿注意則能為
電為雹摧碎心魄
三者齅報招引惡果此齅業交則臨終時先
見毒氣充塞遠近亡者神識從地涌出
入無間獄發明二相一者通聞被諸惡氣熏極
心擾二者塞聞氣掩不通悶絕於地如是齅氣
衝息則能為質為履為衝見則能為火炬為

BD14055號　大佛頂如來密因修證了義諸菩薩萬行首楞嚴經卷八　（20–13）

三者鼻習招引惡果此鼻業交則臨終時先
見毒氣充塞遠近亡者神識從地涌出
入無間獄發明二相一者通聞被諸惡氣熏極
心擾二者塞聞氣掩不通悶絕於地如是齅氣
衝息則能為質為履衝見則能為火為
炬聽則能為沒為溺為洋為沸衝味則能
為餒為爽衝觸則能為綻為爛為大肉山有
百千眼無量咂食衝思則能為灰為瘴為
飛砂礰擊碎身體
四者味報招引惡果此味業交則臨終時先
見鐵網猛炎熾烈周覆世界亡者神識下
透挂網倒懸其頭入無間獄發明二相一者吸
氣結成寒冰凍裂身肉二者吐氣飛為猛
火焦爛骨髓如是嘗味歷嘗則能為承為
忍歷見則能為然金石歷聽則能為利兵刃
歷息則能為大鐵籠彌覆國土歷觸則能為
弓為箭為弩為射歷思則能為飛熱鐵從空下
五者觸報招引惡果此觸業交則臨終時先見
大山四面來合無復出路亡者神識見大鐵
城火蛇火狗虎狼師子牛頭獄卒馬頭羅剎
手執槍矟驅入城門向無間獄發明二相一者
合觸合山逼體骨肉血潰二者離觸刀劍觸
身心肝屠裂如是合觸歷觸則能為道為
觀為廳為案歷見則能為燒為爇歷聽則能
為撞為擊為剚為射歷息則能為括為袋
為考為縛歷嘗則能為耕為鉗為斬為截
歷思則能為墜為飛為煎為炙

觀為廳為案歷見則能為燒為爇歷聽則能
為撞為擊為剚為射歷息則能為括為袋
為考為縛歷嘗則能為耕為鉗為斬為截
歷思則能為墜為飛為煎為炙
六者思報招引惡果此思業交則臨終時先
見惡風吹壞國土亡者神識被吹上空旋落
乘風墮無間獄發明二相一者不覺迷極則
荒奔走不息二者不迷覺知則苦無量煎燒
痛深難忍如是邪思結思則能為方為所結
見則能為鑒為證結聽則能為大合石為冰
為霜為土為霧結息則能為大火車火船
火檻結嘗則能為大叫喚為悔為泣結思則
能為大為小為一日中萬生萬死為偃為仰
阿難是名地獄十因六果皆是眾生迷妄所
造若諸眾生惡業同造入阿鼻獄受無量苦
經無量劫六根各造及彼所作兼境兼根是人
則入八無間獄身口意三作殺盜婬是人則入
十八地獄三業不兼中間或為一殺一盜是人
則入卅六地獄見見一根單犯一業是人則
入一百八地獄由是眾生別作別造於世界
中入同分地妄想發生非本來有
復次阿難是諸眾生非破律儀犯菩薩戒
毀佛涅槃諸餘雜業歷劫燒然後還罪畢
受諸鬼形若於本因貪物為罪是人罪畢
遇物成形名為怪鬼貪色為罪是人罪畢
遇風成形名為魃鬼貪惑為罪是人罪畢
遇畜成形名為魅鬼貪恨為罪是人罪畢

毀佛涅槃諸餘雜業歷劫燒然後還罪畢
受諸鬼形若於本因貪物為罪是人罪畢
遇物成形名為怪鬼貪色為罪是人罪畢
遇風成形名為魃鬼貪惑為罪是人罪畢
遇畜成形名為魅鬼貪恨為罪是人罪畢
遇蟲成形名蠱毒鬼貪憶為罪是人罪畢
遇衰成形名為癘鬼貪傲為罪是人罪畢
遇氣成形名為餓鬼貪罔為罪是人罪畢
遇幽為形名為魘鬼貪明為罪是人罪畢遇
精為形名魍魎鬼貪成為罪是人罪畢遇明
為形名役使鬼貪黨為罪是人罪畢遇人為形
名傳送鬼阿難是人皆以純情墜落業火
燒乾上出為鬼此等皆是自妄想業之所招
引若悟菩提則妙圓明本無所有
復次阿難鬼業既盡則情與想二俱成空方
於世間與元負人怨對相值身為畜生酬其
宿債物怪之鬼物銷報盡生於世間多為梟
類風魃之鬼風銷報盡生於世間多為咎徵
一切異類畜魅之鬼畜死報盡生於世間多
為狐類蟲蠱之鬼蠱滅報盡生於世間多為
毒類衰癘之鬼衰窮報盡生於世間多為
蛔類受氣之鬼氣銷報盡生於世間多為
食類綿幽之鬼幽銷報盡生於世間多為服
類和精之鬼和銷報盡生於世間多為應類明
靈之鬼明滅報盡生於世間多為休徵一切諸類
依人之鬼人亡報盡生於世間多於循類阿難
是等皆以業火乾枯酬其宿債傍為畜生

BD14055號　大佛頂如來密因修證了義諸菩薩萬行首楞嚴經卷八　（20–16）

靈之鬼明滅報盡生於世間多為休徵一切諸類
依人之鬼人亡報盡生於世間多於循類阿難
是等皆以業火乾枯酬其宿債傍為畜生
此等亦皆自虛妄業之所招引若悟菩提則
此妄緣本無所有如汝所言寶蓮香等及瑠
璃王善星比丘如是惡業本自發明非從天
降亦非地出亦非人與自妄所招還自來受
菩提心中皆為浮虛妄想凝結
復次阿難從是畜生酬償先債若彼酬者
分越所酬此等眾生還復為人反徵其剩如彼
有力兼有福德則於人中不捨人身酬還彼
力若無福者還為畜生償彼餘直阿難當知
若用錢物或役其力償足自停如於中間殺
彼身命或食其肉如是乃至經微塵劫相食
相誅猶如轉輪互為高下無有休息除奢摩
他及佛出世不可停寢汝今應知彼梟倫者
酬足復形生人道中參合頑類彼咎徵者酬
足復形生人道中參合愚類彼狐倫者酬足
復形生人道中參於很類彼毒倫者酬足復
生人道中參合痛類彼細倫者酬足復形生人
道中參合微類彼食倫者酬足復形生人道中參
合勞類彼應倫者酬足復形生人道中參於交
類彼休徵者酬足復形生人道中參合明類彼
諸循倫酬足復形生人道中參於達類阿難是
等皆宿債畢酬復形人道皆無始來業計顛倒
相生相殺不遇如來不聞正法於塵勞中法爾

BD14055號　大佛頂如來密因修證了義諸菩薩萬行首楞嚴經卷八　（20–17）

類彼休徵者酬足復形生人道中參合明類彼
諸循倫酬足復形生人道中參於達類阿難是
等皆宿債畢酬復形人道皆无始來業計顛倒
相生相煞不遇如來不聞正法於塵勞中法尒
輪轉此輩名為可憐愍者阿難復有從人不
依正覺脩摩地別脩妄念存相固形遊於山林
人不及處有十仙種阿難彼諸衆生堅固服餌
而不休息食道圓成名地行仙堅固草木而不休
息藥道圓成名飛行仙堅固金石而不休息化
道圓成名遊行仙堅固動止而不休息氣精圓
成名空行仙堅固津液而不休息潤德圓成名
天行仙堅固精色而不休息吸粹圓成名通行
仙堅固呪禁而不休息術法圓成名道行仙
堅固思念而不休息思憶圓成名照行仙堅
變化而不休息覺悟圓成名絕行仙阿難是
等皆於人中鍊心不脩正覺別得生理壽千万
歲休止深山或大海島絕於人境斯亦輪迴
妄想流轉不脩三昧報盡還來散入諸趣阿
難諸世間人不求常住未能捨諸妻妾恩
愛於邪婬中心不流逸澄瑩生明命終之後
憐於日月如是一類名四天王天於己妻房婬
愛微薄於淨居時不得全味命終之後超
日月明居人間頂如是一類名忉利天逢欲暫
交去无思憶於人間世動少靜多命終之後於
虛空中朗然安住日月光明上照不及是諸
人等自有光明如是一類名須燄摩天一切
時靜有應觸來未能違戾命終之後上昇

BD14055 號　大佛頂如來密因修證了義諸菩薩萬行首楞嚴經卷八

（20–18）

等皆於人中鍊心不脩正覺別得生理壽千万
歲休止深山或大海島絕於人境斯亦輪迴
妄想流轉不脩三昧報盡還來散入諸趣阿
難諸世間人不求常住未能捨諸妻妾恩
愛於邪婬中心不流逸澄瑩生明命終之後
憐於日月如是一類名四天王天於己妻房婬
愛微薄於淨居時不得全味命終之後超
日月明居人間頂如是一類名忉利天逢欲暫
交去无思憶於人間世動少靜多命終之後於
虛空中朗然安住日月光明上照不及是諸
人等自有光明如是一類名須燄摩天一切
時靜有應觸來未能違戾命終之後上昇
精微不接下界諸人天境乃至劫壞三災
不及如是一類名兜率陀天我无欲心應汝
行事於橫陳時味如嚼蠟命終之後生越化
地如是一類名樂變化天无世間心同世行
事於行事交了然超越命終之後遍能出
超化无化境如是一類名化自在天阿難如是
六天形雖出動心跡尚交自化已還名為
欲界

大佛頂經卷第八

BD14055 號　大佛頂如來密因修證了義諸菩薩萬行首楞嚴經卷八

（20–19）

行事於橫陳時味如嚼蠟命終之後生越化
地如是一類名樂變化天无世間心同世行
事於行事交了然超越命終之後遍能出
超化无化境如是一類名化自在天阿難如是
六天形雖出動心跡尚交自化已還名為
欲界

大佛頂經卷第八

BD14055 號　大佛頂如來密因修證了義諸菩薩萬行首楞嚴經卷八　（20–20）

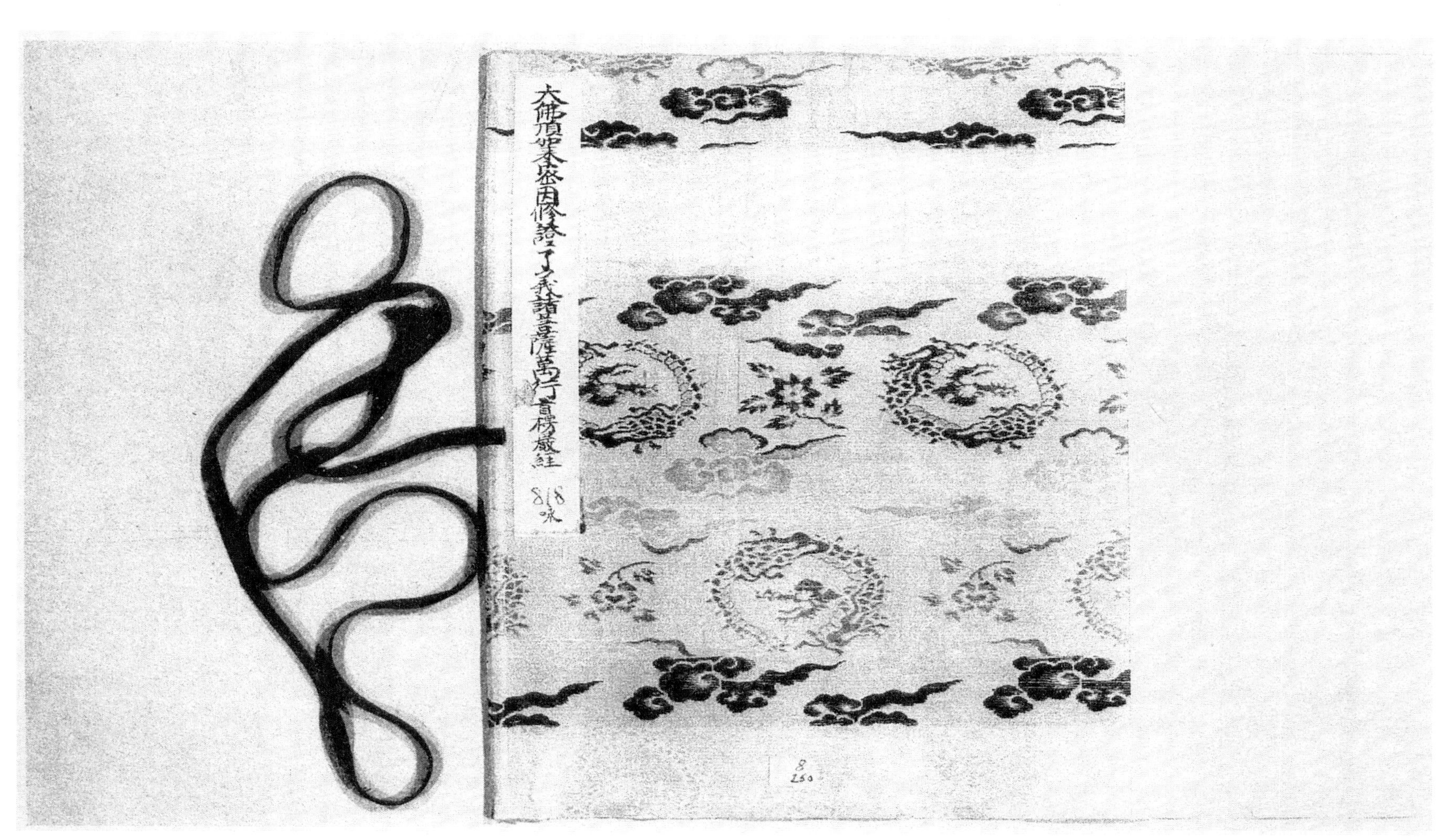

BD14056 號背　現代護首　（1–1）

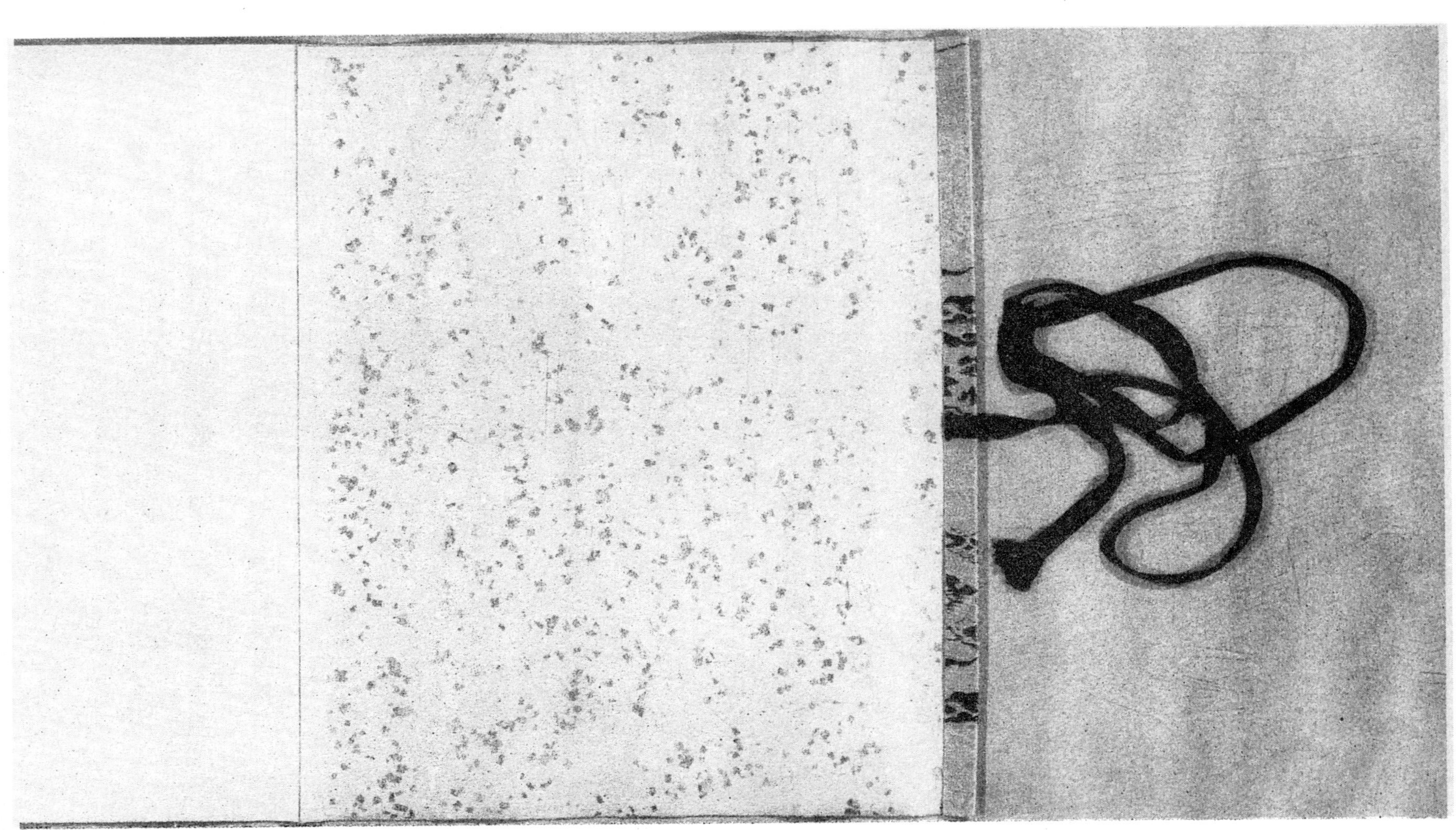

BD14056 號　大佛頂如來密因修證了義諸菩薩萬行首楞嚴經卷八　（20–1）

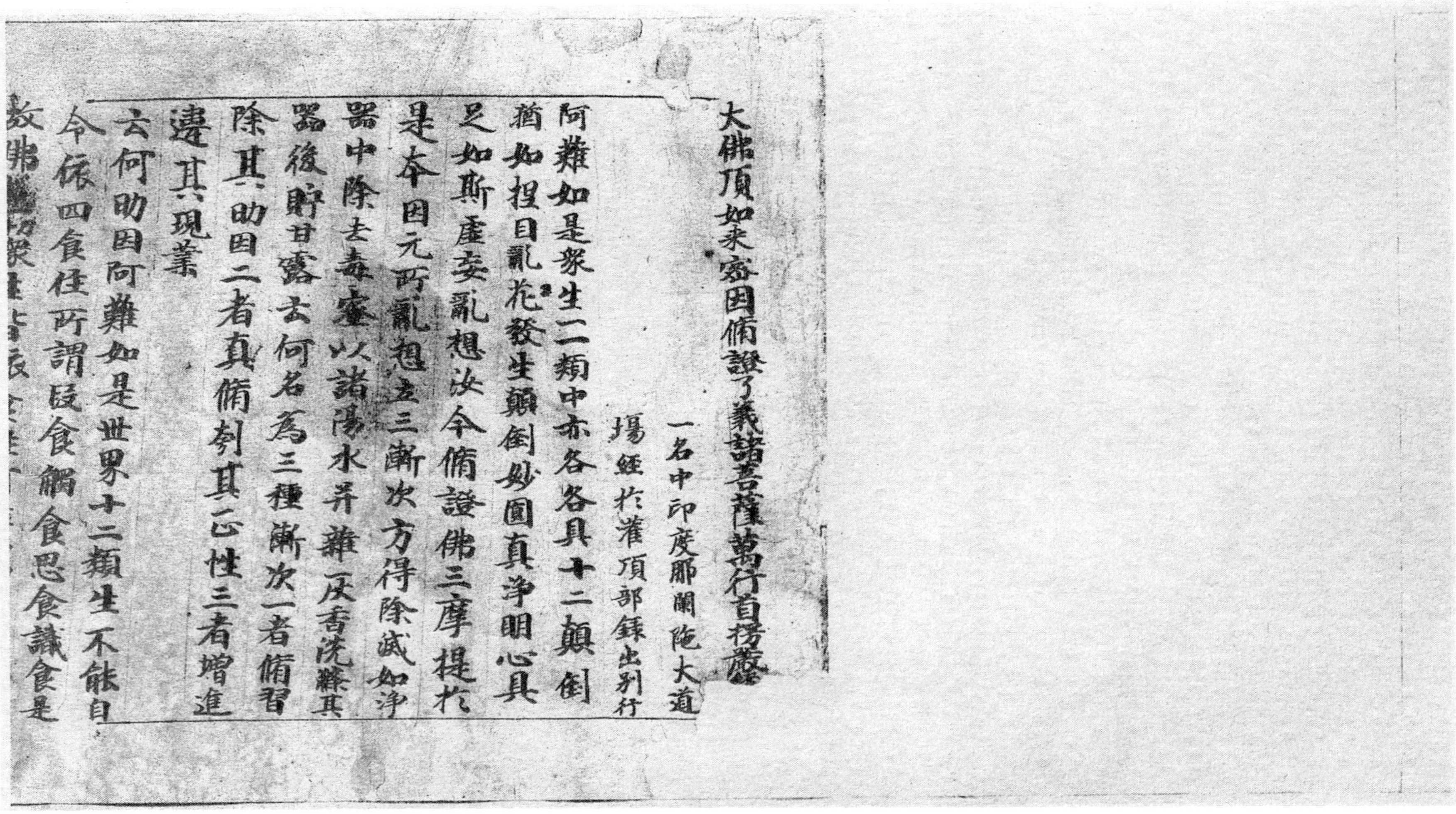

大佛頂如來密因脩證了義諸菩薩萬行首楞嚴

一名中印度那蘭陁大道場經於灌頂部錄出別行

阿難如是衆生二類中亦各各具十二顛倒
猶如捏目亂花發生顛倒妙圓真淨明心具
足如斯虛妄亂想汝今脩證佛三摩提於
是本因元所亂想立三漸次方得除滅如淨
器中除去毒蜜以諸湯水并雜灰香洗滌其
器後貯甘露云何名為三種漸次一者脩習
除其助因二者真脩刳其正性三者增進
違其現業
云何助因阿難如是世界十二類生不能自
全依四食住所謂段食觸食思食識食是
故佛[illegible]

BD14056 號　大佛頂如來密因修證了義諸菩薩萬行首楞嚴經卷八　（20–2）

除其助因二者真脩刳其正性三者增進
違其現業
云何助因阿難如是世界十二類生不能自
令依四食住所謂段食觸食思食識食是
故佛說一切衆生皆依食住阿難一切衆生食
甘故生食毒故死是諸衆生求三摩提當斷
世間五種辛菜是五種辛熟食發婬生啖增
恚如是世界食辛之人縱能宣說十二部經
十方天仙嫌其臭穢咸皆遠離諸餓鬼等因
彼食次䑛其脣吻常與鬼住福德日銷長无
利多是食辛人脩三摩地菩薩天仙十方善
神不來守護大力魔王得其方便現作佛身
來為說法非毀禁戒讚婬怒癡命終自為魔
王眷屬受魔福盡墮无間獄阿難脩菩提
者永斷五辛是則名為第一增進脩行漸次
云何正性阿難如是衆生入三摩地要先嚴
持清淨戒律永斷婬心不飡酒肉以火淨食
无啖生氣阿難是脩行人若不斷婬及與殺
生出三界者无有是處當觀婬欲猶如毒虵
如見怨賊先持聲聞四弃八弃執身不動後
行菩薩清淨律儀執心不起禁戒成就則於
世間永无相生相殺之業偷劫不行无相負
累亦於世間不還宿債是清淨人脩三摩地
父母肉身不須天眼自然觀見十方世界覩
佛聞法親奉聖旨得大神通遊十方界宿命
清淨得无艱險是則名為第二增進脩行漸

BD14056號　大佛頂如來密因修證了義諸菩薩萬行首楞嚴經卷八　（20–3）

世間永无相生相殺之業偷劫不行无相負
累亦於世間不還宿債是清淨人脩三摩地
父母肉身不須天眼自然觀見十方世界覩
佛聞法親奉聖旨得大神通遊十方界宿命
清淨得无艱險是則名為第二增進脩行漸
次
云何現業阿難如是清淨持禁戒人心无貪
婬於外六塵不多流逸因不流逸旋元自歸
塵既不緣根无所偶反流令一六用不行十方
國土皎然清淨譬如瑠璃內懸明月身心快
然妙圓平等獲大安隱一切如來密圓淨
妙皆現其中是人即獲无生法忍從是漸脩
隨所發行安立聖位是則名為第三增進脩
行漸次
阿難是善男子欲愛乾枯根境不偶現前殘
質不復續生執心虛明純是智慧慧性明圓瑩
十方界乾有其慧名乾慧地欲習初乾未
與如來法流水接即以此心中中流入圓妙
開敷從真妙圓重發真妙妙信常住一切妄
想滅盡无餘中道純真名信心住真信明了
一切圓通陰處界三不能為礙如是乃至過
去未來无數劫中捨身受身一切習氣皆現
在前是善男子皆能憶念得无遺忘名念
心住妙圓純真真精發化无始習氣通一精明
唯以精明進趣真淨名精進心心精現前純
以智慧名慧心住執持智明周遍寂湛寂
妙常凝名定心住定光發明明性深入唯進无

BD14056號　大佛頂如來密因修證了義諸菩薩萬行首楞嚴經卷八　（20–4）

心住妙圓純真真精發化无始習氣通一精明
唯以精明進趣真淨名精進心心精現前純
以智慧名慧心住執持智明周遍寂湛寂
妙常凝名定心住定光發明明性深入唯進无
退名不退心心進安然保持不失十方如來
氣分交接名護法心覺明保持能以妙力迴
佛慈光向佛安住猶如雙鏡光明相對其中
妙影重重相入名迴向心心光密迴獲佛常
凝无上妙淨安住无為得无遺失名戒心住住
戒自在能遊十方所去隨願名願心住
阿難是善男子以真方便發此十心心精發
輝十用涉入圓成一心名發心住心中發明
如淨瑠璃內現精金以前妙心履以成地名
治地住心地涉知俱得明了遊履十方得无
留礙名脩行住行與佛同受佛氣分如中陰
身自求父母陰信冥通入如來種名生貴
住既遊道胎親奉覺胤如胎已成人相不缺名
方便具足住容貌如佛心相亦同名正心住
身心合成日益增長名不退住十身靈相一
時具足名童真住形成出胎親為佛子名法
王子住表以成人如國大王以諸國事分委
太子彼剎利王世子長成陳列灌頂名灌頂
住
阿難是善男子成佛子已具足无量如來妙
德十方隨順名歡喜行善能利益一切眾生
名饒益行自覺覺他得无違拒名无瞋恨

太子彼剎利王世子長成陳列灌頂名灌頂
住
阿難是善男子成佛子已具足无量如來妙
德十方隨順名歡喜行善能利益一切眾生
名饒益行自覺覺他得无違拒名无瞋恨
行種類出生窮未來際三世平等十方通達
名无盡行一切合同種種法門得无差誤名
離癡亂行則於同中顯羣異相一一異相各各
見同名善現行如是乃至十方虛空滿足微
塵一一塵中現十方界現塵現界不相留礙
名无著行種種現前咸是第一波羅蜜多名
尊重行如是圓融能成十方諸佛軌則名善
法行一一皆是清淨无漏一真无為性本然
故名真實行
阿難是善男子滿足神通成佛事已純潔
精真遠諸留患當度眾生滅除度相迴无
為心向涅槃路名救護一切眾生離眾生相迴向
壞其可壞遠離諸離名不壞迴向本覺湛
然覺齊佛覺名等一切佛迴向精真發明地
如佛地名至一切處迴向世界如來互相涉入
得无罣礙名无盡功德藏迴向於同佛地地
中各各生清淨因依因發揮取涅槃道名隨
順平等善根迴向真根既成十方眾生皆我
本性性圓成就不失眾生名隨順等觀一切
眾生迴向即一切法離一切相唯即與離二
无所著名如相迴向真得所如十方无礙名

順平等善根迴向真根既成十方衆生皆我
本性性圓成就不失衆生名随順等觀一切
衆生迴向即一切法離一切相唯即與離二
无所著名如相迴向真得所如十方无㝵名
无縛解脱迴向性德圓成法界量滅名法界
无量迴向
阿難是善男子盡是清淨卌一心次成四種
妙圓加行即以佛覺用為已心若出未出
猶如鑽火欲然其木名為煗地又以已心成佛
所履若依非依如登高山身入虚空下有微
㝵名為頂地心佛二同善得中道如忍事人
非懷非出名為忍地數量銷滅迷覺中道二
无所目名世第一地
阿難是善男子於大菩提善得通達覺通
如来盡佛境界名歡喜地異性入同同性亦滅
名離垢地淨極明生名發光地明極覺滿名
焰慧地一切同異所不能至名難勝地无為
真如性淨明露名現前地盡真如際名遠
行地一真如心名不動地發真如用名善慧地
阿難是諸菩薩從此已往脩習畢功功德
圓滿亦目此地名脩習位慈陰妙雲覆涅槃
海名法雲地如来逆流如是菩薩順行而至
覺際入交名為等覺阿難從乾慧心至等
覺已是覺始獲金剛心中初乾慧地如是重重
禪複十二方盡妙覺成无上道是種種地皆
以金剛觀察如幻十種深喻奢摩他中用諸

海名法雲地如来逆流如是菩薩順行而至
覺際入交名為等覺阿難從乾慧心至等
覺已是覺始獲金剛心中初乾慧地如是重重
禪複十二方盡妙覺成无上道是種種地皆
以金剛觀察如幻十種深喻奢摩他中用諸
如来毗婆舍那清淨脩證漸次深入阿難如
是皆以三增進故善能成就五十五位真菩
提路作是觀者名為正觀若他觀者名為
邪觀尒時文殊師利法王子在大衆中即從座起
頂礼佛足而白佛言當何名是經我及衆生
云何奉持佛告文殊師利是經名大佛頂悉
怛多般怛囉无上寶印十方如来清淨海眼
亦名救護親因度脱阿難及此會中性比丘
尼得菩提心入遍知海亦名如来密因脩證
了義亦名大方廣妙蓮華王十方佛母陁羅
尼呪亦名灌頂章句諸菩薩萬行首楞嚴
汝當奉持
說是語已即時阿難及諸大衆得蒙如来開
示密印般怛囉義兼聞此經了義名目頓悟
禪那脩進聖位增上妙理心慮虚凝斷除三
界脩心六品微細煩惱即從座起頂礼佛足
合掌恭敬而白佛言大威德世尊慈音无遮
善開衆生微細沉惑令我今日身意快然得
大饒益世尊若此妙明真淨妙心本来遍圓
如是乃至大地草木蠕動含靈本元真如即
是如来成佛真體佛體真實云何復有地

合掌恭敬而白佛言大威德世尊慈无遮
善開衆生微細沉惑令我今日身意快然得
大饒益世尊若此妙明真淨妙心本來遍圓
如是乃至大地草木蝡動含靈本元真如即
是如來成佛真體佛體真實云何復有地
獄餓鬼畜生脩羅人天等道世尊此道為復
本來自有為是衆生妄習生起世尊如寶蓮
香比丘尼持菩薩戒私行婬欲妄言行婬非殺
非偷无有業報發是語已先於女根生大猛
火後於節節猛火燒然墮无間獄瑠璃大王
善星比丘瑠璃為誅瞿曇族姓善星妄說一
切法空生身陷入阿鼻地獄此諸地獄為有
定處為復自然彼彼發業各各私受惟垂
大慈發開童蒙令諸一切持戒衆生聞決定
義歡喜頂戴謹潔无犯
佛告阿難快哉此問令諸衆生不入邪見汝
今諦聽當為汝說阿難一切衆生實本真淨
因彼妄見有妄習生因此分開內分外分阿
難內分即是衆生分內因諸愛染發起妄情
情積不休能生愛水是故衆生心憶珍羞口中
水出心憶前人或憐或恨目中淚盈貪求財
寶心發愛涎舉體光潤心著行婬男女二根
自然流液阿難諸愛雖別流結是同潤濕不
昇自然從墜此名內分
阿難外分即是衆生分外因諸渴仰發明虛
想想積不休能生勝氣是故衆生心持禁戒

寶心發愛涎舉體光潤心著行婬男女二根
自然流液阿難諸愛雖別流結是同潤濕不
昇自然從墜此名內分
阿難外分即是衆生分外因諸渴仰發明虛
想想積不休能生勝氣是故衆生心持禁戒
舉身輕清心持呪印顧眄雄毅心欲生天夢想
飛舉心存佛國聖境現前事善知識自輕身
命阿難諸想雖別輕舉是同飛動不沉自
然超越此名外分
阿難一切世間生死相續生從順習死從變流
臨命終時未捨煖觸一生善惡俱時頓現死
逆生順二習相交純想即飛必生天上若飛
心中兼福兼慧及與淨願自然心開見十
方佛一切淨土隨願往生情少想多輕舉非
遠即為飛仙大力鬼王飛行夜叉地行羅
剎遊於四天所去无礙其中若有善願善心護
持我法或護禁戒隨持戒人或護神呪隨持
呪者或護禪定保綏法忍是等親住如來座
下情想均等不飛不墜生於人間想明斯聰
情幽斯鈍情多想少流入橫生重為毛群
輕為羽族七情三想沉下水輪生於火際受氣
猛火身為餓鬼常被焚燒水能害己无食
无飲經百千劫九情一想下洞火輪身入風火二
交過地輕生有間重生无間二種地獄純情
即沉入阿鼻獄若沉心中有謗大乘毀佛禁
戒誑妄說法虛貪信施濫膺恭敬五逆十

交過地輕生有間重生无間二種地獄純情
即沉入阿鼻獄若沉心中有謗大乘毀佛禁
戒狂妄説法虛貪信施濫膺恭敬五逆十
重更生十方阿鼻地獄脩造惡業雖則自招
衆同分中兼有元地
阿難此等皆是彼諸衆生自業所感造十習
因受六交報云何十因阿難一者婬習交接發
於相摩研磨不休如是故有大猛火光於中
發動如人以手自相磨觸煖相現前二習相
然故有鐵床銅柱諸事是故十方一切如來
色目行婬同名欲火菩薩見欲如避火坑二
者貪習交計發於相吸吸攬不止如是故
有積寒堅氷於中凍冽如人以口吸縮風氣有
冷觸生二習相陵故有吒吒波波囉囉青赤
白蓮寒氷等事是故十方一切如來色目多
求同名貪水菩薩見貪如避瘴海
三者慢習交陵發於相恃馳流不息如是故
有騰逸奔波積波為水如人口舌自相綿味
因而水發二習相鼓故有血河灰河熱沙毒
海融銅灌吞諸事是故十方一切如來色目
我慢名飲癡水菩薩見慢如避巨溺
四者嗔習交衝發於相忤忤結不息心熱發
火鑄氣為金如是故有刀山鐵橛劍樹劍輪
斧鉞鎗鋸如人銜冤殺氣飛動二習相擊故
有宮割斬斫剉刺搥擊諸事是故十方一切
如來色目嗔恚名利刀劍菩薩見嗔如避誅

BD14056號　大佛頂如來密因修證了義諸菩薩萬行首楞嚴經卷八　（20–11）

火鑄氣為金如是故有刀山鐵橛劍樹劍輪
斧鉞鎗鋸如人銜冤殺氣飛動二習相擊故
有宮割斬斫剉刺搥擊諸事是故十方一切
如來色目嗔恚名利刀劍菩薩見嗔如避誅
戮五者詐習交誘發於相調引起不住如是
故有繩木絞校如水浸田草木生長二習相
延故有杻械枷鎖鞭杖檛棒諸事是故十方
一切如來色目奸偽同名讒賊菩薩見詐如
畏豺狼
六者誑習交欺發於相罔誣罔不心飛心造
奸如是故有塵土屎尿穢汙不淨如塵隨風
各无所見二習相加故有沒溺騰擲飛墜漂
淪諸事是故十方一切如來色目欺誑同名
劫殺菩薩見誑如踐蛇虺
七者怨習交嫌發于銜恨如是故有飛石投礰
匣貯車檻甕盛囊撲如陰毒人懷抱畜惡二
習相吞故有投擲擒捉擊射拋撮諸事是故
十方一切如來色目怨家名違害鬼菩薩見
怨如飲鴆酒
八者見習交明如薩迦耶見戒禁取邪悟諸
業發於違拒出生相返如是故有王使主吏
證執文籍如行路人來往相見二習相交故
有勘問權詐考訊推鞫察訪披究照明善
惡童子手執文簿辭辯諸事是故十方一切如
來色目惡見同名見坑菩薩見諸虛妄遍執
如入毒壑

BD14056號　大佛頂如來密因修證了義諸菩薩萬行首楞嚴經卷八　（20–12）

有勘問權詐考訊推鞫察訪披究照明善
惡童子手執文簿辭辯諸事是故十方一切如
来色目惡見同名見坑菩薩見諸虛妄遍執
如入毒壑
九者枉習交加發於誣謗如是故有合山合
石碾磑耕磨如讒賊人逼枉良善二習相排故
有押捺搥按蹙漉衡度諸事是故十方一
切如来色目怨謗同名讒虎菩薩見枉如遭
霹靂
十者訟習交諠發於藏覆如是故有鑒見照
燭如於日中不能藏影故有惡友業鏡火珠
披露宿業對驗諸事是故十方一切如来色
目覆藏同名陰賊菩薩觀覆如戴高山履
於巨海
云何六報阿難一切衆生六識造業所招惡報
從六根出云何惡報從六根出一者見報招
引惡果此見業交則臨終時先見猛火滿十
方界亡者神識飛墜乘煙入无間獄發明二
相一者明見則能遍見種種惡物生无量畏
二者暗見寂然不見生无量恐如是見火燒
聽能為鑊湯洋銅燒息能為黑煙紫焰燒
味能為焦丸鐵糜燒觸能為熱灰鑪炭燒心
能生星火迸灑煽鼓空界
二者聞報招引惡果此聞業交則臨終時先
見波濤沒溺天地亡者神識降注乘流入无
間獄發明二相一者開聽聽種種鬧精神瞀

味能為焦丸鐵糜燒觸能為熱灰鑪炭燒心
能生星火迸灑煽鼓空界
二者聞報招引惡果此聞業交則臨終時先
見波濤沒溺天地亡者神識降注乘流入无
間獄發明二相一者開聽聽種種鬧精神瞀
亂二者閉聽寂无所聞幽魄沉沒如是聞波
注聞則能為責為詰注見則能為雷為吼
為惡毒氣注息則能為雨為霧灑諸毒蟲周
滿身體注味則能為膿為血種種雜穢注觸
則能為畜為鬼為糞為尿注意則能為電
為雹摧碎心魄
三者齅報招引惡果此齅業交則臨終時先見
毒氣充塞遠近亡者神識從地涌出入无
間獄發明二相一者通聞被諸惡氣熏極心
擾二者塞聞氣掩不通悶絕於地如是齅氣
衝息則能為質為履衝見則能為火為炬衝
聽則能為沒為溺為洋為沸衝味則能為餒
為爽衝觸則能為綻為爛為大肉山有百千
眼无量咂食衝思則能為灰為瘴為飛砂礰
擊碎身體
四者味報招引惡果此味業交則臨終時先
見鐵網猛炎熾烈周覆世界亡者神識下透
挂網倒懸其頭入无間獄發明二相一者吸氣
結成寒冰凍裂身肉二者吐氣飛為猛火燋
爛骨髓如是嘗味歷嘗則能為承為忍歷
見則能為然金石歷聽則能為利兵刃歷息

四者味報招引惡果此味業交則臨終時先
見鐵網猛炎熾裂周覆世界亡者神識下透
挂網倒懸其頭入无間獄發明二相一者吸氣
結成寒冰凍裂身肉二者吐氣飛為猛火焦
爛骨髓如是嘗味歷嘗則能為承為忍歷
見則能為然金石歷聽則能為利兵刃歷息
則能為大鐵籠彌覆國土歷觸則能為弓為
箭為弩為射歷思則能為飛熱鐵從空雨下
五者觸報招引惡果此觸業交則臨終時先見
大山四面來合无復出路亡者神識見大鐵城
火虵火狗虎狼師子牛頭獄卒馬頭羅剎
手執鎗矟驅入城門向无間獄發明二相一
者合觸合山逼體骨肉血潰二者離觸刀劍
觸身心肝屠裂如是合觸歷觸則能為道為
觀為廳為案歷見則能為燒為爇歷聽則
能為撞為擊為剚為射歷息則能為括為
袋為考為縛歷嘗則能為耕為鉗為斬為截
歷思則能為墜為飛為煎為炙
六者思報招引惡果此思業交則臨終時先見
見惡風吹壞國土亡者神識被吹上空旋落
乘風墮无間獄發明二相一者不覺迷極則
荒奔走不息二者不迷覺知則苦无量煎燒
痛深難忍如是邪思結思則能為方為所結
見則能為鑒為證結聽則能為大合石為冰
為霜為土為霧結息則能為大火車火船火
檻結嘗則能為大叫喚為悔為泣結思則能

BD14056號　大佛頂如來密因修證了義諸菩薩萬行首楞嚴經卷八　（20–15）

見則能為鑒為證結聽則能為大合石為冰
為霜為土為霧結息則能為大火車火船火
檻結嘗則能為大叫喚為悔為泣結思則能
為大為小為一日中萬生萬死為偃為仰阿
難是名地獄十因六果皆是衆生迷妄所造
若諸衆生惡業同造入阿鼻獄受无量苦經
无量劫六根各造及彼所作兼境兼根是人
則入八无間獄身口意三作煞盜婬是人則入
十八地獄三業不兼中間或為一煞一盜是人
則入卅六地獄見見一根單犯一業是人則
入一百八地獄由是衆生別作別造於世界
中入同分地忘想發生非本來有
復次阿難是諸衆生非破律儀犯菩薩戒
毀佛涅槃諸餘雜業歷劫燒然後還罪畢
受諸鬼形若於本因貪物為罪是人罪畢遇物
成形名為怪鬼貪色為罪是人罪畢遇風
成形名為魃鬼貪惑為罪是人罪畢遇畜成形
名為魅鬼貪恨為罪是人罪畢遇蟲成形名蠱
毒鬼貪憶為罪是人罪畢遇衰成形名為
癘鬼貪傲為罪是人罪畢遇氣成形名為餓鬼
貪罔為罪是人罪畢遇幽為形名為魘鬼貪
明為罪是人罪畢遇精為形名魍魎鬼貪成
為罪是人罪畢遇明為形名役使鬼貪黨
為罪是人罪畢遇人為形名傳送鬼阿難是
人皆以純情墜落業火燒乾上出為鬼
此等皆是自妄想業之所招引若悟菩提則

BD14056號　大佛頂如來密因修證了義諸菩薩萬行首楞嚴經卷八　（20–16）

爲罪是人罪畢遇明爲形名役使鬼食黨
爲罪是人罪畢遇人爲形名傳送鬼阿難是
人皆以純情墜落業火燒乾上出爲鬼
此等皆是自妄想業之所招引若悟菩提則
妙圓明本无所有復次阿難鬼業既盡則情
與想二俱成空方於世間與元負人怨對相值
身爲畜生酬其宿債物怪之鬼物銷報盡生
於世間多爲梟類風魃之鬼風報銷盡生於
世間多爲咎徵一切異類畜魅之鬼畜死報
盡生於世間多爲狐類蟲蠱之鬼蠱滅
報盡生於世間多爲毒類衰癘之鬼衰
窮報盡生於世間多爲蛔類受氣
之鬼氣銷報盡生於世間多爲食類綿
幽之鬼幽銷報盡生於世間多爲服類
和精之鬼和銷報盡生於世間多爲應類
明靈之鬼明滅報盡生於世間多爲休徵一切
諸類依人之鬼人亡報盡生於世間多於循類
阿難是等皆以業火乾枯酬其宿債傍爲畜
生此等亦皆自虛妄業之所招引若悟菩提
則此妄緣本无所有如汝所言寶蓮香等及
瑠璃王善星比丘如是惡業本自發明非從
天降亦非地出亦非人與自妄所招還自來
受菩提心中皆爲浮妄虛想凝結
復次阿難從是畜生酬償先債若彼酬者分
越所酬此等衆生還復爲人反徵其剩如彼

復次阿難從是畜生酬償先債若彼酬者分
越所酬此等衆生還復爲人反徵其剩如彼
有力兼有福德則於人中不捨人身酬還彼
力若无福者還爲畜生償彼餘直阿難當
知若用錢物或役其力償足自停如於中間
殺彼身命或食其肉如是乃至經微塵劫
相食相誅猶如轉輪互爲高下无有休息除
奢摩他及佛出世不可停寢汝今應知彼梟
倫者酬足復形生人道中參合頑類彼咎徵
者酬足復形生人道中參合愚類彼狐倫者
酬足復形生人道中參於佷類彼毒倫者酬足
復形生人道中參合庸類彼蛔倫者酬足復
形生人道中參合微類彼食倫者酬足復形
生人道中參合柔類彼剩倫者酬足復形生
人道中參合勞類彼應倫者酬足復形生人道
中參於文類彼休徵者酬足復形生人道中
參合明類彼諸循倫酬足復形生人道中參
於達類阿難是等皆以宿債畢酬復形人道
皆无始來業計顛倒相生相殺不遇如來不
聞正法於塵勞中法爾輪轉此輩名爲可憐愍
者阿難復有從人不依正覺脩三摩地別脩
妄念存想固形遊於山林人不及處有十仙
種阿難彼諸衆生堅固服餌而不休息食
道圓成名地行仙堅固草木而不休息藥道
圓成名飛行仙堅固金石而不休息化道圓成
名遊行仙堅固動止而不休息氣精圓成名

妄念存想固形遊於山林人不及處有十
種阿難彼諸衆生堅固服餌而不休息食
道圓成名地行仙堅固草木而不休息藥道
圓成名飛行仙堅固金石而不休息化道圓成
名遊行仙堅固動止而不休息氣精圓成名
空行仙堅固津液而不休息潤德圓成名
天行仙堅固精色而不休息吸粹圓成名通行
仙堅固呪禁而不休息術法圓成名道行仙堅
固思念而不休息思憶圓成名照行仙堅
固交遘而不休息感應圓成名精行仙堅固
變化而不休息覺悟圓成名絕行仙阿難是
等皆於人中鍊心不循正覺別得生理壽千
萬歲休止深山或大海島絕於人境斯亦
輪迴妄想流轉不脩三昧報盡還來散入諸
趣阿難諸世間人不求常住未能捨諸妻妾
恩愛於邪婬中心不流逸澄瑩生明命終之後
鄰於日月如是一類名四天王天於己妻房婬
愛微薄於淨居時不得全味命終之後超
日月明居人間頂如是一類名忉利天逢欲暫
交去无思憶於人間世動少静多命終之
後於虛空中朗然安住日月光明上照不及
是諸人等自有光明如是一類名須燄摩天
一切時静有應觸來未能違戾命終之後上
昇精微不接下界諸人天境乃至劫壞三災
不及如是一類名兜率陀天我无欲心應汝
行事於橫陳時味如嚼蠟命終之後生越化

BD14056號　大佛頂如來密因修證了義諸菩薩萬行首楞嚴經卷八　（20–19）

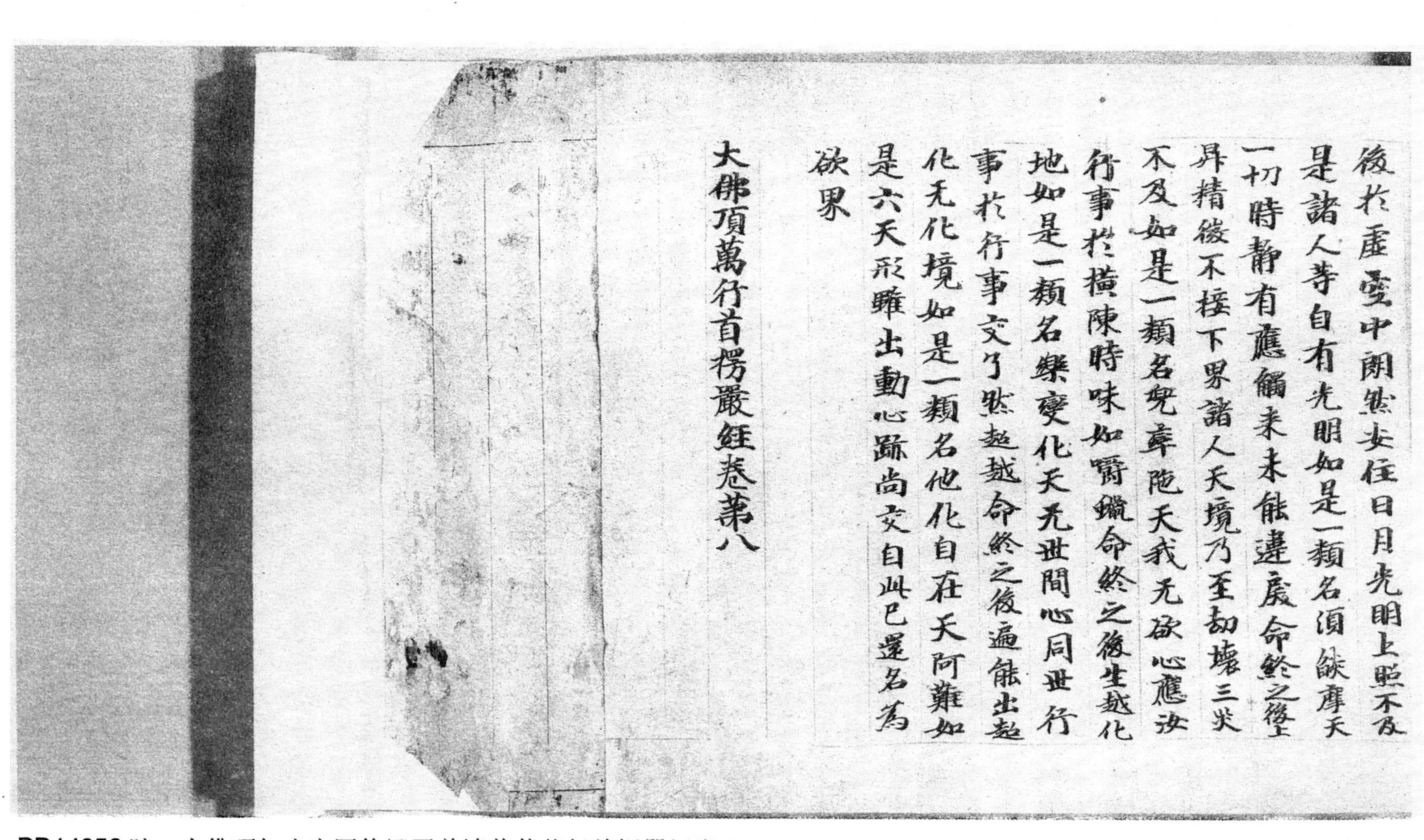
後於虛空中朗然安住日月光明上照不及
是諸人等自有光明如是一類名須燄摩天
一切時静有應觸來未能違戾命終之後上
昇精微不接下界諸人天境乃至劫壞三災
不及如是一類名兜率陀天我无欲心應汝
行事於橫陳時味如嚼蠟命終之後生越化
地如是一類名樂變化天无世間心同世行
事於行事交了然超越命終之後遍能出超
化无化境如是一類名他化自在天阿難如
是六天形雖出動心跡尚交自此已還名為
欲界

大佛頂萬行首楞嚴經卷第八

BD14056號　大佛頂如來密因修證了義諸菩薩萬行首楞嚴經卷八　（20–20）

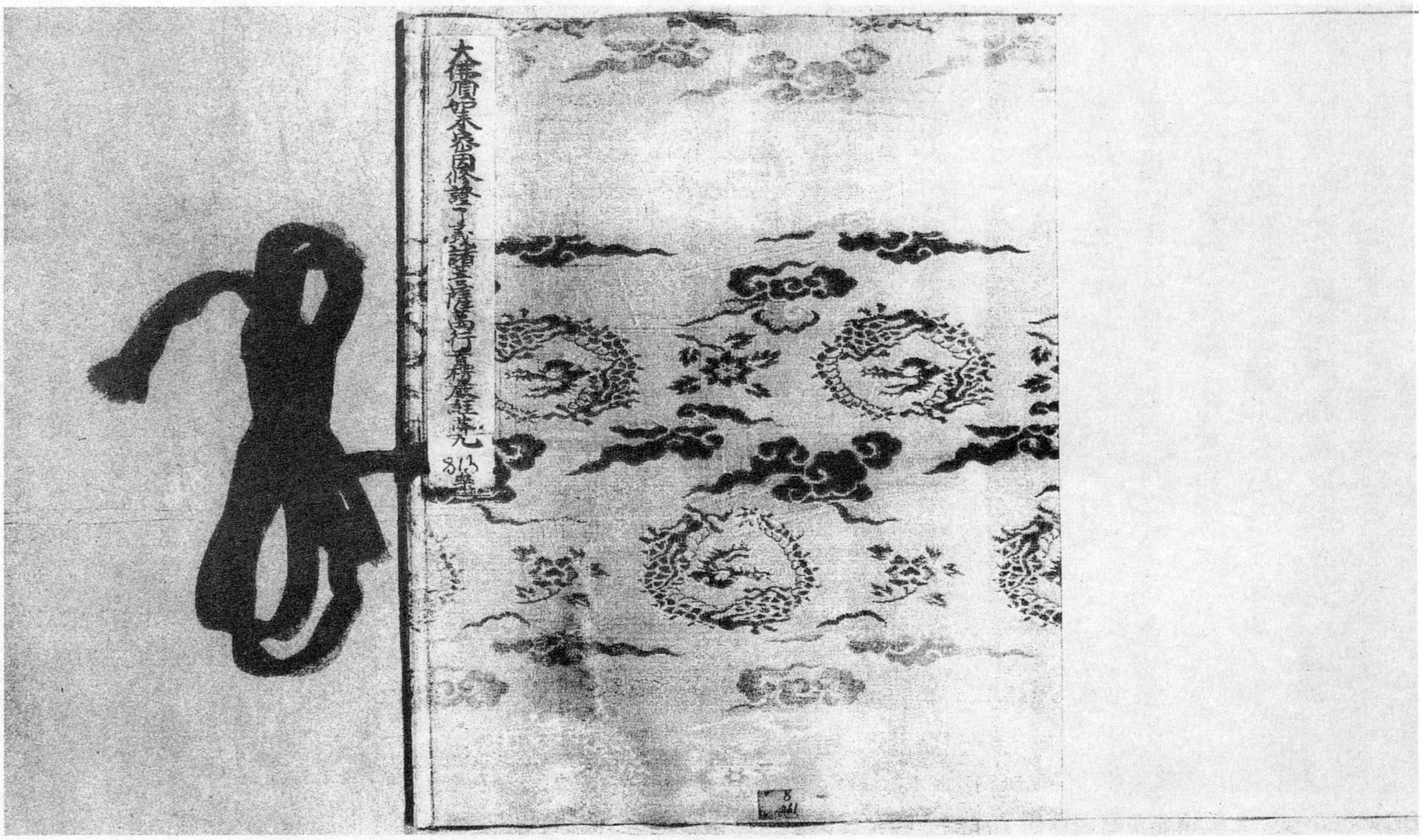

BD14057 號背　現代護首　　(1–1)

BD14057 號　大佛頂如來密因修證了義諸菩薩萬行首楞嚴經卷九　　(24–1)

大佛頂如来密因脩證了義諸菩薩万行首楞嚴經弟九
一名中印度那蘭陁大道
場經於灌頂部錄出別行
阿難世間一切所脩心人不假禪那无有智
慧但能執身不行婬欲若行若坐想念俱无
愛染不生无留欲界是人應念身為梵侶如
是一類名梵衆天欲習既除離欲心現於諸
律儀愛樂隨順是人應時能行梵德如是一
類名梵輔天身心妙圓威儀不缺清淨禁戒
加以明悟是人應時能統梵衆為大梵王如
是一類名大梵天阿難此三勝流一切苦惱
所不能逼雖非正脩真三摩地清淨心中諸

BD14057號　大佛頂如來密因修證了義諸菩薩萬行首楞嚴經卷九　（24–2）

加以明悟是人應時能統梵衆為大梵王如
是一類名大梵天阿難此三勝流一切苦惱
所不能逼雖非正脩真三摩地清淨心中諸
漏不動名為初禪
阿難其次梵天統攝梵人圓滿梵行澄心不
動寂湛生光如是一類名少光天光光相然照
耀無盡映十方界遍成瑠璃如是一類名
無量光天吸持圓光成就教體發化清淨應
用无盡如是一類名光音天阿難此三勝流
一切憂懸所不能逼雖非正脩真三摩地清
淨心中麁漏已伏名為二禪
阿難如是天人圓光成音披音露妙發成精
行通寂滅樂如是一類名少淨天淨空現前引
發无際身心輕安成寂滅樂如是一類名
无量淨天世界身心一切圓淨淨德成就勝
託現前歸寂滅樂如是一類名遍淨天阿難
此三勝流具大隨順身心安隱得无量樂雖
非正得真三摩地安隱心中歡喜畢具名為
三禪
阿難次復天人不逼身心苦因已盡樂非常
住久必壞生苦樂二心俱時頓捨麁重相滅
淨福性生如是一類名福生天捨心圓融勝
解清淨福无遮中得妙隨順窮未來際如是
一類名福愛天阿難從是天中有二歧路若
於先心无量淨光福德圓明脩證而住如是
一類名廣果天若於先心雙厭苦樂精研捨

BD14057號　大佛頂如來密因修證了義諸菩薩萬行首楞嚴經卷九　（24–3）

淨福性生如是一類名福生天捨心圓融勝
解清淨福无遮中得妙隨順窮未來際如是
一類名福愛天阿難從是天中有二歧路若
於先心无量淨光福德圓明修證而住如是
一類名廣果天若於先心雙猒苦樂精研捨
心相續不斷圓窮捨道身心俱滅心慮灰凝
經五百劫是人既以生滅為因不能發明不
生滅性初半劫滅後半劫生如是一類名无
想天阿難此四勝流一切世間諸苦樂境所
不能動雖非无為真不動地有所得心功用
純熟名為四禪
阿難此中復有五不還天於下界中九品習
氣俱時滅盡苦樂雙亡下无卜居故於捨心
衆同分中安立居處阿難苦樂兩滅鬬心不
交如是一類名无煩天機括獨行研交无地
如是一類名无熱天十方世界妙見圓澄更无
塵象一切沉垢如是一類名善見天精見
現前陶鑄无礙如是一類名善現天究竟群
幾窮色性性入无邊際如是一類名色究竟
天阿難此不還天彼諸四禪四位天王獨有欽
聞不能知見如今世間曠野深山聖道場
地皆阿羅漢所住持故世間麁人所不能見
阿難是十八天獨行无交未盡形累自此已
還名為色界
復次阿難從是有頂色邊際中其間復有二
種歧路若於捨心發明智慧慧光圓通便出

阿難是十八天獨行无交未盡形累自此已
還名為色界
復次阿難從是有頂色邊際中其間復有二
種歧路若於捨心發明智慧慧光圓通便出
塵界成阿羅漢入菩薩乘如是一類名為迴
心大阿羅漢若在捨心捨猒成就覺身為导
銷导入空如是一類名為空處諸导既銷无
导无滅其中唯留阿賴耶識全於末那半分
微細如是一類名為識處空色既亡識心都滅
十方寂然迴无攸往如是一類名无所有處
識性不動以滅窮研於无盡中發宣盡性
如存不存若盡非盡如是一類名為非想非
非想處此等窮空不盡空理從不還天聖道
窮者如是一類名不迴心鈍阿羅漢若從无
相諸外道天窮空不歸迷漏无聞便入輪轉
阿難是諸天上各各天人則是凡夫業果酬
荅荅盡入輪彼之天王即是菩薩遊三摩提
漸次增進迴向聖倫所修行路阿難是四空
天身心滅盡定性現前无業果色從此逮終
名無色界此皆不了妙覺明心積妄發生妄
有三界中間妄隨七趣沉溺補特伽羅各從
其類復次阿難是三界中復有四種阿修羅
類若於鬼道以護法力成通入空此阿修羅
從卵而生鬼趣所攝若於天中降德貶墜其
所卜居鄰於日月此阿脩羅從胎而出人趣
所攝有脩羅王執持世界力洞无畏能與梵

非類復次阿難是三界中復有四種阿修羅
類若於鬼道以護法力成通入空此阿修羅
從卵而生鬼趣所攝若於天中降德貶墜其
所卜居隣於日月此阿脩羅從胎而出人趣
所攝有脩羅王執持世界力洞无畏能與梵
王及天帝釋四天爭權此阿脩羅因變化有
天趣所攝阿難別有一分下劣脩羅生大海心
沈水穴口旦遊虛空暮歸水宿此阿脩羅
因濕氣有畜生趣攝
阿難如是地獄餓鬼畜生人及神仙天洎脩
羅精研七趣皆是昏沈諸有為相妄想受生
妄想隨業於妙圓明無作本心皆如空花元
無所着但一虛妄更無根緒阿難此等衆生
不識本心受此輪迴經無量劫不得真淨皆
由隨順煞盜婬故反此三種又則出生無煞
盜婬有名鬼倫無名天趣有无相傾起輪迴
性若得妙發三摩提者則妙常寂有无二无
无二亦滅尚无不煞不偷不婬云何更隨煞
盜婬事阿難不斷三業各各有私因各各私
衆私同分非无定處自妄發生生妄无因无
可尋究汝勗脩行欲得菩提要除三惑不盡
三惑縱得神通皆是世間有為功用習氣不
滅落於魔道雖欲除妄倍加虛偽如來說為
可哀憐者汝妄自造非菩提咎作是說者
名為正說若他說者即魔王說
即時如來將罷法座於師子牀攬七寶机
迴紫金山再來憑倚普告大衆及阿難言汝

滅落於魔道雖欲除妄倍加虛偽如來說為
可哀憐者汝妄自造非菩提咎作是說者
名為正說若他說者即魔王說
即時如來將罷法座於師子牀攬七寶机
迴紫金山再來憑倚普告大衆及阿難言汝
等有學緣覺聲聞今日迴心趣大菩提无上
覺吾今已說真脩行法汝猶未識脩奢摩
他毗婆舍那微細魔事魔境現前汝不能識洗
心非正落於邪見或汝陰魔或復天魔或著
鬼神或遭魑魅心中不明認賊為子又復於
中得少為足如第四禪無聞比丘妄言證聖
天報已畢衰相現前謗阿羅漢身遭後有墮
阿鼻獄汝應諦聽吾今為汝子細分別阿難起
立并其會中同有學者歡喜頂礼伏聽慈誨
佛告阿難及諸大衆汝等當知有漏世界十
二類生本覺妙明覺圓心體與十方佛无二
无別由汝妄想迷理為咎癡愛發生生發遍
迷故有空性化迷不息有世界生則此十方
微塵國土非无漏者皆是迷頑妄想安立當
知虛空生汝心內猶如片雲點太清裏況諸世
界在虛空耶汝等一人發真歸元此十方空
皆悉銷殞云何空中所有國土而不振裂
汝輩脩禪飾三摩地十方菩薩及諸无漏大
阿羅漢心精通溜當處湛然一切魔王及與
鬼神諸凡夫天見其宮殿无故崩裂大地振
坼水陸飛騰无不驚慴凡夫昏暗不覺遷訛

汝輩修禪飾三摩地十方菩薩及諸无漏大
阿羅漢心精通溜當處湛然一切魔王及與
鬼神諸凡夫天見其宮殿无故崩裂大地振
坼水陸飛騰无不驚慴凡夫昏暗不覺遷訛
彼等咸得五種神通唯除漏盡戀此塵勞如
何令汝摧裂其處是故神鬼及諸天魔魍魎
妖精於三昧時僉來惱汝然彼諸魔雖有大
怒彼塵勞內汝妙覺中如風吹光如刀斷水
了不相觸汝如沸湯彼如堅冰煗氣漸隣不
日銷殞徒恃神力但為其客成就破亂由汝
心中五陰主人主人若迷客得其便當處禪
那覺悟无惑則彼魔事无柰汝何陰銷入明
則彼群邪咸受幽氣明能破暗近自銷殞如
何敢留擾亂禪定若不明悟被陰所迷則汝
阿難必為魔子成就魔人如摩登伽殊為眇
劣彼唯咒汝破佛律儀八万行中秖毀一戒
心清淨故尚未淪溺此乃隳寶覺全身如宰
臣家忽逢籍没宛轉零落无可哀救
阿難當知汝坐道場銷落諸念其念若盡
則諸離念一切精明動靜不移憶忘如一當
住此處入三摩提如明目人處大幽暗精性妙
淨心未發光此則名為色陰區宇若目明朗
十方洞開无復幽黯名色陰盡是人則能超
越劫濁觀其所由堅固妄想以為其本
阿難當在此中精研妙明四大不織少選之
間身能出礙此名精明流溢前境斯但功用
蹔得如是非為聖證不作聖心名善境界若

BD14057 號　大佛頂如來密因修證了義諸菩薩萬行首楞嚴經卷九　（24–8）

越劫濁觀其所由堅固妄想以為其本
阿難當在此中精研妙明四大不織少選之
間身能出礙此名精明流溢前境斯但功用
蹔得如是非為聖證不作聖心名善境界若
作聖解即受群邪
阿難復以此心精研妙明其身內徹是人忽
然於其身內拾出蟯蛔身相宛然亦无傷毀
此名精明流溢形體斯但精行蹔得如是非
為聖證不作聖心名善境界若作聖解即受
群邪
又以此心內外精研其時魂魄意志精神除
執受身餘皆涉入若為賓主忽於空中聞說
法聲或聞十方同敷密義此名精魂遞相離
合成就善種蹔得如是非為聖證不作聖心
名善境界若作聖解即受群邪
又以此心澄露皎徹內光發明十方遍作閻浮
檀色一切種類化為如來于時忽見毗盧遮
那踞天光臺千佛圍繞百億國土及與蓮
花俱時出現此名心魂靈悟所染心光研明
照諸世界蹔得如是非為聖證不作聖心名
善境界若作聖解即受群邪
又以此心精研妙明觀察不停抑按降伏制心
超越於時忽然十方虛空成七寶色或百寶
色同時遍滿不相留礙青黃赤白各各純現
此名抑按功力踰分蹔得如是非為聖證不
作聖心名善境界若作聖解即受群邪又以

BD14057 號　大佛頂如來密因修證了義諸菩薩萬行首楞嚴經卷九　（24–9）

超越於時忽然十方虛空成七寶色或百寶
色同時遍滿不相留礙青黃赤白各各純現
此名抑按功力踰分暫得如是非為聖證不
作聖心名善境界若作聖解即受群邪又以
此心研究澄徹精光不亂忽於夜合在暗室
內見種種物不殊白晝而暗室物亦不除滅
此名心細密澄其見所視洞幽暫得如是非
為聖證不作聖心名善境界若作聖解即受
群邪
又以此心圓入虛融四體忽然同於草木火燒
刀斫曾無所覺又則火光不能燒爇縱割
其肉猶如削木此名塵併排四大性一向入
純暫得如是非為聖證不作聖心名善境界
若作聖解即受群邪
又以此心成就清淨淨心功極忽見大地十
方山河皆成佛國具足七寶光明遍滿又見
恒沙諸佛如來遍滿空界樓殿花麗下見地
獄上觀天宮得無障㝵此名欣猒凝想日深
想久化成非為聖證不作聖心名善境界若
作聖解即受群邪
又以此心研究深遠忽於中夜遙見遠方市
井街巷親族眷屬或聞其語此名迫心逼極
飛出故多隔見非為聖證不作聖心名善境界
若作聖解即受群邪
又以此心研究精極見善知識形體變移少選
無端種種遷改此名邪心含受魑魅或遭天

飛出故多隔見非為聖證不作聖心名善境界
若作聖解即受群邪
又以此心研究精極見善知識形體變移少選
無端種種遷改此名邪心含受魑魅或遭天
魔入其心腹無端說法通達妙義非為聖
證不作聖心魔事銷歇若作聖解即受群邪
阿難如是十種禪那現境皆是色陰用心交
手故現斯事眾生頑迷不自忖量逢此因緣
迷不自識謂言登聖大妄語成墮無間獄汝
等當依如來滅後於末法中宣示斯義無令
天魔得其方便保持覆護成無上道
阿難彼善男子脩三摩提奢摩他中色陰盡
者見諸佛心如明鏡中顯現其象若有所得
而未能用猶如厭人手足宛然見聞不惑心
觸客邪而不能動此則名為受陰區宇若厭
咎歇其心離身返觀其面去住自由無復留
㝵名受陰盡是人則能超越見濁觀其所由
虛明妄想以為其本
阿難彼善男子當在此中得大光耀其心發
明內抑過分忽於其處發無窮悲如是乃至
觀見蚊䖟猶如赤子心生憐愍不覺流淚此名
功用抑摧過越悟則無咎非為聖證覺了
不迷久自銷歇若作聖解則有悲魔入其心
府見人則悲啼泣無限失於正受當從淪墜
阿難又彼定中諸善男子見色陰銷受陰明
白勝相現前感激過分忽於其中生無限勇

以爲抑摧過越悟則無咎非爲聖證覺了
不迷久自銷歇若作聖解則有悲魔入其心
府見人則悲啼泣無限失於正受當從淪墜
阿難又彼定中諸善男子見色陰銷受陰明
白勝相現前感激過分忽於其中生无限勇
其心猛利志齊諸佛謂三僧祇一念能越此
名功用淩率過越悟則无咎非爲聖證覺了
不迷久自銷歇若作聖解則有狂魔入其心
府見人則誇我慢無比其心乃至上不見佛下
不見人失於正受當從淪墜
又彼定中諸善男子見色陰銷受陰明白前
无新證歸失故居智力衰微入中隳地迥无所
見心中忽然生大枯渴於一切時沉憶不
散將此以爲勤精進相此名脩心无慧自失
悟則无咎非爲聖證若作聖解則有憶魔入
其心府旦夕撮心懸在一處失於正受當從
淪墜
又彼定中諸善男子見色陰銷受陰明白慧
力過定失於猛利以諸勝性懷於心中自心已
疑是盧舍那得少爲足此名用心亡失恒審
溺於知見悟則无咎非爲聖證若作聖
解則有下劣易知足魔入其心府見人自言
我得无上第一義諦失於正受當從淪墜
又彼定中諸善男子見色陰銷受陰明白新
證未獲故心已亡歷覽二際自生艱險於心忽
然生无盡憂如坐鐵床如飲毒藥心不欲
活常求於人令害其命早取解脫此名修行

BD14057號　大佛頂如來密因修證了義諸菩薩萬行首楞嚴經卷九　（24–12）

又彼定中諸善男子見色陰銷受陰明白新
證未獲故心已亡歷覽二際自生艱險於心忽
然生无盡憂如坐鐵床如飲毒藥心不欲
活常求於人令害其命早取解脫此名修行
失於方便悟則无咎非爲聖證若作聖解則
有一分常憂愁魔入其心府手執刀劍自割
其宍欣其捨壽或常憂愁走入山林不耐見
人失於正受當從淪墜
又彼定中諸善男子見色陰銷受明白處清
淨中心安隱後忽然自有无限喜生心中歡
悅不能自止此名輕安无慧自禁悟則无咎
非爲聖證若作聖解則有一分好喜樂魔
入其心府見人則笑於衢路傍自歌自舞自謂
已得無㝵解脫失於正受當從淪墜
又彼定中諸善男子見色陰銷受陰明白自
謂已足忽有无端大我慢如是乃至慢與過
慢及慢過慢或增上慢或卑劣慢一時俱
發心中尚輕十方如来何況下位聲聞緣覺
此名見勝无慧自救悟則無咎非爲聖證若
作聖解則有一分大我慢魔入其心府不礼
塔廟摧毀經像謂檀越言此是金銅或是土
木經是樹葉或是疊花宍身真常不自恭敬
却崇土木實爲顛倒其深信者從其毀碎埋
弃地中疑誤衆生入無間獄失於正受當從
淪墜
又彼定中諸善男子見色陰銷受陰明白於

BD14057號　大佛頂如來密因修證了義諸菩薩萬行首楞嚴經卷九　（24–13）

却崇土木實爲顛倒其深信者從其毀碎埋
弃地中疑誤衆生入無間獄失於正受當從
淪墜
又彼定中諸善男子見色陰銷受陰明白於
精明中圓悟精理大隨順其心忽生無量
輕安已言成聖得大自在此名因慧獲諸輕
清悟則無咎非爲聖證若作聖解則有一分
好清輕魔入其心府自謂滿足更不求進此
等多作无聞比丘疑謗後生墮阿鼻獄失於
正受當從淪墜
又彼定中諸善男子見色陰銷受陰明白於
明悟中得虚明性其中忽然歸向永滅撥无
因果一向入空空心現前乃至心生長斷滅解
悟則無咎非爲聖證若作聖解則有空魔
入其心府乃謗持戒名爲小乘菩薩悟空有
何持犯其人常於信心檀越飲酒噉宍廣行
婬穢因魔力故攝其前人不生疑謗鬼心久
入或食屎尿與酒宍等一種俱空破佛律儀
誤入人罪失於正受當從淪墜
又彼定中諸善男子見色陰銷受陰明白其
虚明性深入心骨其心忽有无限愛生愛極發
狂便爲貪欲此名定境安順入心无慧自持
誤入諸欲悟則無咎非爲聖證若作聖解則
有欲魔入其心府一向說欲爲菩提道化諸
白衣平等行欲其行婬者名持法子神鬼力
故於末世中攝其凡愚其數至百如是乃至

BD14057號　大佛頂如來密因修證了義諸菩薩萬行首楞嚴經卷九　（24–14）

誤人諸欲悟則無咎非爲聖證若作聖解則
有欲魔入其心府一向說欲爲菩提道化諸
白衣平等行欲其行婬者名持法子神鬼力
故於末世中攝其凡愚其數至百如是乃至
一百二百或五六百多滿千万魔心生猒離
其身體威德既无陷於王難疑誤衆生入
無間獄失於正受當從淪墜
阿難如是十種禪那現境皆是受陰用心交
手故斯事衆生頑迷不自忖量逢此因緣迷
不自識謂言登聖大妄語成墮无間獄汝
等亦當將如來語於我滅後傳示末法遍
令衆生開悟斯義無令天魔得其方便保持
覆護成无上道
阿難彼善男子修三摩提受陰盡者雖未漏
盡心離其形如鳥出籠已能成就從是凡身
上歷菩薩六十聖位得意生身隨往无礙
如有人熟寐寱言是人雖則无別所知其言
已成音韻倫次令不寐者咸悟其語此則名
爲想陰區宇若動念盡浮想銷除於覺明
心如去塵垢一倫死生首尾圓照名想陰盡
是人則能超煩惱濁觀其所由融通妄想以爲其本
阿難彼善男子受陰虚妙不遭邪慮圓定發
明三摩地中心愛圓明銳其精思貪求善巧
尒時天魔候得其便飛精附人口說經法其
人不覺是其魔著自言謂得無上涅槃來彼
求巧善男子處敷坐說法其形斯須或作比

BD14057號　大佛頂如來密因修證了義諸菩薩萬行首楞嚴經卷九　（24–15）

明三摩地中心愛圓明銳其精思貪求善巧
尒時天魔候得其便飛精附人口說經法其
人不覺是其魔著自言謂得無上涅槃來彼
求巧善男子處敷坐說法其形斯須或作比
丘令彼人見或為帝釋或為婦女或比丘尼
或寢暗室身有光明是人愚迷惑為菩薩信
其教化搖蕩其心破佛律儀潛行貪欲口中
好言災祥變異或言如來某處出世或言劫
火或說刀兵恐怖於人令其家資無故耗散
此名怪鬼年老成魔惱亂是人猒足心生去
彼人體弟子與師俱陷王難汝當先覺不入
輪迴迷惑不知墮無間獄
阿難又善男子受陰虛妙不遭邪慮圓定發
明三摩地中心愛遊蕩飛其精思貪求經歷
尒時天魔候得其便飛精附人口說經法其
人亦不覺知魔著亦言自得無上涅槃來彼求
遊善男子處敷坐說法自形無變其聽法
者忽自見身坐寶蓮花全體化成紫金光聚
一眾聽人各各如是得未曾有是人愚迷惑
為菩薩婬逸其心破佛律儀潛行貪欲口中
好言諸佛應世某處某人當是某佛化身來
此某人即是某菩薩等來化人間其人見故
心生傾渴邪見密興種智銷滅此名魃鬼年
老成魔惱亂是人猒足心生去彼人體弟子
與師俱陷王難汝當先覺不入輪迴迷惑不
知墮無間獄

老成魔惱亂是人猒足心生去彼人體弟子
與師俱陷王難汝當先覺不入輪迴迷惑不
知墮無間獄
又善男子受陰虛妙不遭邪慮圓定發明三
摩地中心愛綿湣澄其精思貪求契合尒時
天魔候得其便飛精附人口說經法其人實
不覺知魔著亦言自得無上涅槃來彼求合
善男子處敷坐說法其形及彼聽法之人外
無遷變令其聽者未聞法前心自開悟念念
移易或得宿命或有他心或見地獄或知人
間好惡諸事或口說偈或自誦經各各歡娛
得未曾有是人愚迷惑為菩薩綿愛其心破
佛律儀潛行貪慾口中好言佛有大小某佛
先佛某佛後佛其中亦有真佛假佛男佛女
佛菩薩亦然其人見故洗滌本心易入邪悟
此名魅鬼年老成魔惱亂是人猒足心生去
彼人體弟子與師俱陷王難汝當先覺不入
輪迴迷惑不知墮無間獄
又善男子受陰虛妙不遭邪慮圓定發明三
摩地中心愛根本窮覽物化性之終始精爽其
心貪求辯析尒時天魔候得其便飛精附
人口說經法其人先不覺知魔著亦言自得无
上涅槃來彼求元善男子處敷坐說法身
有威神摧伏求者令其坐下雖未聞法自然
心伏是諸人等將佛涅槃菩提法身即是現
前我肉身上父父子子遞代相生即是法身

有威神摧伏求者令其坐下雖未聞法自然
心伏是諸人等將佛涅槃菩提法身即是現
前我肉身上父父子子遞代相生即是法身
常住不絕都指現在即為佛國無別淨居及
金色相其人信受忘失先心身命歸依得未
曾有是等愚迷惑為菩薩推究其心破佛律
儀潛行貪欲口中好言眼耳鼻舌皆為淨土
男女二根即是菩提涅槃真處彼无知者信
是穢言此名蠱毒魘勝惡鬼年老成魔惱
亂是人猒足心生去彼人體弟子與師俱陷王
難汝當先覺不入輪迴迷惑不知墮无間獄
又善男子受陰虛妙不遭邪慮圓定發明三
摩地中心愛懸應周流精研貪求冥感介時
天魔候得其便飛精附人口說經法其人元
不覺知魔著亦言自得无上涅槃來彼求
應善男子處敷坐說法能令聽衆暫見其
身如百千歲心生愛染不能捨離身為奴僕四事
供養不覺疲勞各各令其坐下人心知是先
師本善知識別生法愛粘如膠漆得未曾有
是人愚迷惑為菩薩親近其心破佛律儀潛
行貪欲口中好言我於前世於某生中先度
某人當時是我妻妾兄弟今來相度與汝相
隨歸某世界供養某佛或言別有大光明天
佛於中住一切如來所休居地彼无知者信是
虛誑遺失本心此名厲鬼年老成魔惱亂
是人猒足心生去彼人體弟子與師俱陷王

BD14057號　大佛頂如來密因修證了義諸菩薩萬行首楞嚴經卷九　（24–18）

某人當時是我妻妾兄弟今來相度與汝相
隨歸某世界供養某佛或言別有大光明天
佛於中住一切如來所休居地彼无知者信是
虛誑遺失本心此名厲鬼年老成魔惱亂
是人猒足心生去彼人體弟子與師俱陷王
難汝當先覺不入輪迴迷惑不知墮无間獄又
善男子受陰虛妙不遭邪慮圓定發明三
摩地中心愛深入克己辛勤樂處陰寂貪求
靜謐介時天魔候得其便飛精附人口說經
法其人本不覺知魔著亦言自得无上涅槃來
彼求陰善男子處敷坐說法令其聽人各
知本業或於其處語一人言汝今未死已作
畜生勑使一人於後踏尾頓令其人起不能
得於是一衆傾心欽伏有人起心已知其肇佛
律儀外重加精苦誹謗比丘罵詈徒衆訐
露人事不避譏嫌口中好言未然禍福及至
其時毫髮无失此大力鬼年老成魔惱亂是
人猒足心生去彼人體弟子與師多陷王難汝
當先覺不入輪迴迷惑不知墮无間獄
又善男子受陰虛妙不遭邪慮圓定發明三
摩地中心愛知見勤苦研尋貪求宿命介時
天魔候得其便飛精附人口說經法其人殊
不覺知魔著亦言自得無上涅槃來彼求知
善男子處敷坐說法是人無端於說法處得
大寶珠其魔或時化為畜生口銜其珠及雜
珎寶簡策符牘諸奇異物先授彼人後著

BD14057號　大佛頂如來密因修證了義諸菩薩萬行首楞嚴經卷九　（24–19）

善男子處敷坐說法是人無端於說法處得
大寶珠其魔或時化為畜生口銜其珠及雜
珍寶簡策符牘諸奇異物先授彼人後著
其體或誘聽人藏於地下有明月珠照耀其處
是諸聽者得未曾有多食藥草不飡嘉膳
或日飡一麻一麦其形肥充魔力持故誹謗
比丘罵詈徒衆不避譏嫌口中好言他方寶
藏十方聖賢潛匿之處隨其後者往往見
有奇異之人此名山林土地城隍川嶽鬼神年
老成魔或有宣婬破佛戒律與承事者潛
行五欲或有精進純食草木无定行事惱亂彼
人猒足心生去彼人體弟子與師多陷王難
汝當先覺不入輪迴迷惑不知墮无間獄
又善男子受陰虛妙不遭邪慮圓定發明三
魔地中心愛神通種種變化研究化元貪取
神力尒時天魔候得其便飛精附人口說經
法其人誠不覺知魔著亦言自得无上涅槃
來彼求通善男子處敷坐說法是人或復手
執火光手撮其光分於所聽四衆頭上是諸
聽人頂上火光皆長數尺亦无熱性曾不焚
燒或上水行如履平地或於空中安坐不動
或入瓶內或處囊中越牖透垣曾無障礙唯
於刀兵不得自在自言是佛身著白衣受比
丘礼誹謗禪律罵詈徒衆訐露人事不避譏
嫌口中常說神通自在或復令人旁見佛土
鬼力或人作有真實讚歎行婬不毀麁行將

BD14057號　大佛頂如來密因修證了義諸菩薩萬行首楞嚴經卷九　（24–20）

於刀兵不得自在自言是佛身著白衣受比
丘礼誹謗禪律罵詈徒衆訐露人事不避譏
嫌口中常說神通自在或復令人旁見佛土
鬼力或人非有真實讚歎行婬不毀麁行將
諸猥媟以為傳法此名天地大力山精海精
風精河精土精一切草樹積劫精魅或復龍
魅或壽終仙再活為魅或仙期終計年應死
其形不化他怪所附年老成魔惱亂是人猒
足心生去彼人體弟子與師多陷王難汝當先
覺不入輪迴迷惑不知墮无間獄
又善男子受陰虛妙不遭邪慮圓定發明三
摩地中心愛入滅研究化性貪求深空尒時
天魔候得其便飛精附人口說經法其人終
不覺知魔著亦言自得无上涅槃來彼求空
善男子處敷坐說法於大衆內其形忽空衆
无所見還從虛空突然而出存沒自在或現
其身洞如瑠璃或垂手足作栴檀氣或大小
便如厚石蜜誹毀戒律輕賤出家口中常說
无因无果一死永滅無復後身及諸凡聖雖
得空寂潛行貪欲受其欲者亦得空心撥无
因果此名日月薄蝕精氣金玉芝草麟鳳龜
鶴經千万年不死為靈出生國土年老成魔
惱亂是人猒足心生去彼人體弟子與師多陷王
難汝當先覺不入輪迴迷惑不知墮无間獄
又善男子受陰虛妙不遭邪慮圓定發明三
摩地中心愛長壽辛苦研幾貪求永歲棄分
段生頓希變易細相常住尒時天魔候得其

BD14057號　大佛頂如來密因修證了義諸菩薩萬行首楞嚴經卷九　（24–21）

難汝當先覺不入輪迴迷惑不知墮无間獄
又善男子受陰虛妙不遭邪慮圓定發明三
摩地中心愛長壽辛苦研幾貪求永歲弃分
段生頓希變易細相常住尒時天魔候得其
便飛精附人口說經法其人竟不覺知魔着
亦言自得无上涅槃来彼求生善男子處敷
坐說法好言他方往還无滯或經万里瞬息
再来皆於彼方取得其物或於一處在一宅
中數步之閒令其從東詣至西壁是人急行
累年不到因此心信疑佛現前口中常說十
方衆生皆是吾子我生諸佛我出世界我是
元佛出世自然不因修得此名住世自在天魔
使其眷屬如遮文荼及四天王毗舍童子未
發心者利其虛明食彼精氣或不因師其
脩行人親自觀見稱執金剛與汝長命現美
女身盛行貪欲未逾年歲肝腦枯竭口兼獨
言聽若魑魅前人未詳多陷王難未及遇刑先
已乾死惱亂彼人以至殂殞汝當先覺不入
輪迴迷惑不知墮无間獄
阿難當知是十種魔於末世時在我法中出
家脩道或附人體或自現形皆言已成正遍
知覺讚歎婬欲破佛律儀先惡魔師與魔弟
子婬婬相傳如是邪精魅其心府近則九生
多踰百世令真脩行揔爲魔眷命終之後畢爲
魔民失正遍知墮无間獄汝今未須先取寂
滅縱得无學留願入彼末法之中起大慈

BD14057號　大佛頂如來密因修證了義諸菩薩萬行首楞嚴經卷九　（24–22）

發心者利其虛明食彼精氣或不因師其
脩行人親自觀見稱執金剛與汝長命現美
女身盛行貪欲未逾年歲肝腦枯竭口兼獨
言聽若魑魅前人未詳多陷王難未及遇刑先
已乾死惱亂彼人以至殂殞汝當先覺不入
輪迴迷惑不知墮无間獄
阿難當知是十種魔於末世時在我法中出
家脩道或附人體或自現形皆言已成正遍
知覺讚歎婬欲破佛律儀先惡魔師與魔弟
子婬婬相傳如是邪精魅其心府近則九生
多踰百世令真脩行揔爲魔眷命終之後畢爲
魔民失正遍知墮无間獄汝今未須先取寂
滅縱得无學留願入彼末法之中起大慈
悲救度正心深信衆生令不着魔得正知
見我今度汝已出生死汝遵佛語名報佛恩
阿難如是十種禪那現境皆是想陰用心交
手故現斯事衆生頑迷不自忖量逢此因緣
迷不自識謂言登聖大妄語成墮无間獄汝
等必須將如來語於我滅後傳示末法遍令
衆生開悟斯義無令天魔行其方便保持覆
護成无上道

大佛頂萬行首楞嚴經卷第九

BD14057號　大佛頂如來密因修證了義諸菩薩萬行首楞嚴經卷九　（24–23）

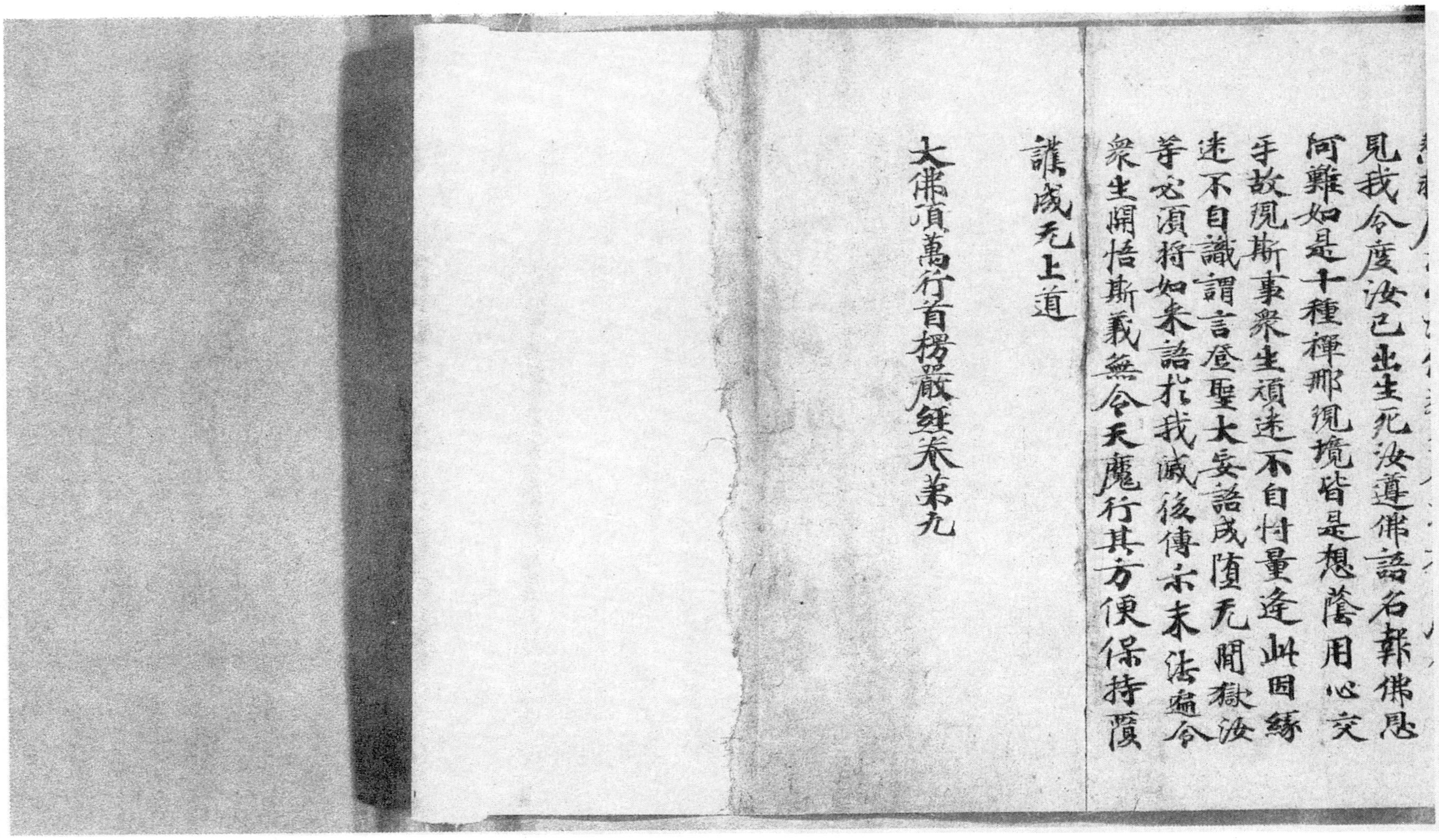

見我令度汝已出生死汝遵佛語名報佛恩
阿難如是十種禪那現境皆是想陰用心交
手故現斯事衆生頑迷不自忖量逢此因緣
迷不自識謂言登聖大妄語成墮无間獄汝
等必須將如來語於我滅後傳示末法遍令
衆生開悟斯義無令天魔行其方便保持覆
護成无上道

大佛頂萬行首楞嚴經卷第九

BD14057 號　大佛頂如來密因修證了義諸菩薩萬行首楞嚴經卷九　（24–24）

BD14058 號背　現代護首　（1–1）

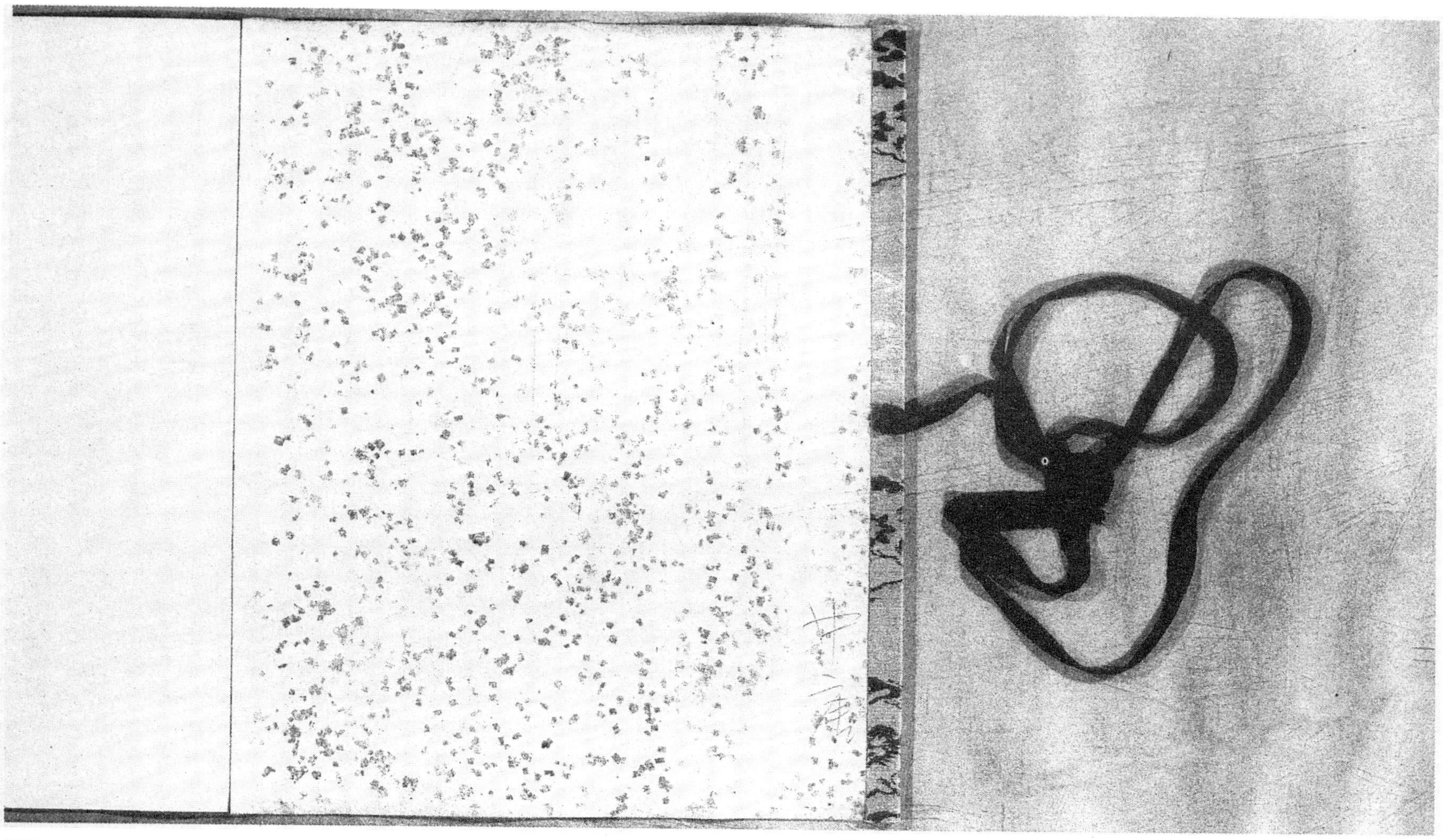

BD14058號　大佛頂如來密因修證了義諸菩薩萬行首楞嚴經卷一〇　（18–1）

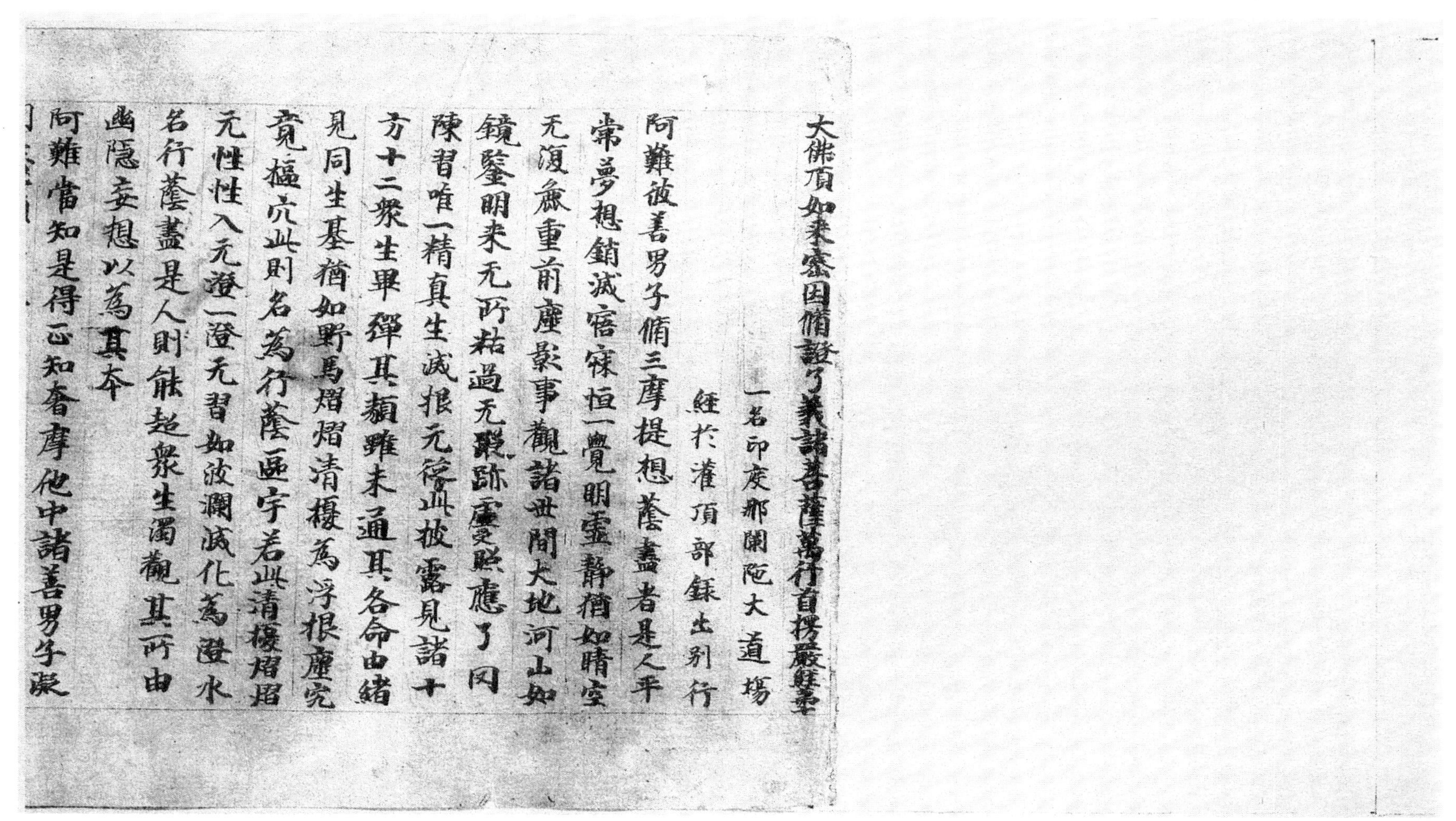
大佛頂如來密因脩證了義諸菩薩萬行首楞嚴經卷十
一名印度那蘭陀大道場
經於灌頂部錄出別行
阿難彼善男子脩三摩提想陰盡者是人平
常夢想銷滅寤寐恒一覺明虛靜猶如晴空
无復麁重前塵影事觀諸世間大地河山如
鏡鑒明來无所粘過无蹤跡虛受照應了罔
陳習唯一精真生滅根元從此披露見諸十
方十二衆生畢殫其類雖未通其各命由緒
見同生基猶如野馬熠熠清擾為浮根塵究
竟樞穴此則名為行陰區宇若此清擾熠熠
元性性入元澄一澄元習如波瀾滅化為澄水
名行陰盡是人則能超衆生濁觀其所由
幽隱妄想以為其本
阿難當知是得正知奢摩他中諸善男子凝

BD14058號　大佛頂如來密因修證了義諸菩薩萬行首楞嚴經卷一〇　（18–2）

竟極穴此則名為行蔭區宇若此清擾熠熠
元性性入元澄一澄元習如波瀾滅化為澄水
名行蔭盡是人則能超衆生濁觀其所由
幽隱妄想以為其本
阿難當知是得正知奢摩他中諸善男子凝
明正心十類天魔不得其便方得精研窮生
類本於本類中生元露者觀彼幽清圓擾動
元於圓元中起計度者是人墜入二无因論
一者是人見本无因何以故是人既得生機全
破乘于眼根八百功德見八万劫所有衆生
業流灣環死此生彼祇見衆生輪迴其處
八万劫外冥无所觀便作是解此等世間十
方衆生八万劫來无因自有由此計度亡正
遍知墮落外道惑菩提性二者是人見末无
因何以故是人於生既見其根知人生人悟
鳥生鳥烏從來黑鵠從來白人天本竪畜生
本橫白非洗成黑非染造從八万劫无復改
移今盡此形亦復如是而我本來不見菩提
云何更有成菩提事當知今日一切物象皆
本无因由此計度亡正遍知墮落外道惑菩
提性是則名為第一外道立无因論
阿難是三摩地中諸善男子凝明正心魔不
得便窮生類本觀彼幽清常擾動元於圓常
中起計度者是人墜入四遍常論一者是人
窮心境性二處无因修習能知二万劫中十
方衆生所有生滅咸皆循環不曾散失計以

BD14058號　大佛頂如來密因修證了義諸菩薩萬行首楞嚴經卷一〇　（18–3）

阿難是三摩地中諸善男子凝明正心魔不
得便窮生類本觀彼幽清常擾動元於圓常
中起計度者是人墜入四遍常論一者是人
窮心境性二處无因修習能知二万劫中十
方衆生所有生滅咸皆循環不曾散失計以
為常二者是人窮四大元四性常住修習能
知四万劫中十方衆生所有生滅咸皆體恒不
曾散失計以為常三者是人窮盡六根
末那執受心意識中本元由處性常恒故修
習能知八万劫中一切衆生循環不失本來
常住窮不失性計以為常四者是人既盡
想元生理更无流止運轉生滅想心今已永滅
理中自然成不生滅因心所度計以為常由
此計常亡正遍知墮落外道惑菩提性是則
名為第二外道立圓常論
又三摩地中諸善男子堅凝正心魔不得便
窮生類本觀彼幽清常擾動元於自他中起
計度者是人墜入四顛倒見一分无常一分
常論一者是人觀妙明心遍十方界湛然以
為究竟神我從是則計我遍十方凝明不動
一切衆生於我心中自生自死則我心性名
之為常彼生滅者真无常性二者是人不觀
其心遍觀十方恒沙國土見劫壞處名為究
竟无常種性劫不壞處名究竟常三者是人
別觀我心精細微密猶如微塵流轉十方性无
移改能令此身即生即滅其不壞性名我
性常一切死生從我流出名无常性

BD14058號　大佛頂如來密因修證了義諸菩薩萬行首楞嚴經卷一〇　（18–4）

竟无常種性刧不壞處名究竟常三者是人
別觀我心精細微密猶如微塵流轉十方性无
移改能令此身即生即滅其不壞性名我
性常一切死生從我流出名无常性四者是人
知想蔭盡見行蔭流行蔭常流計爲常性
色受想等今已滅盡名爲无常由此計度一
分无常一分常故墮落外道惑菩提性是則名
爲第三外道一分常論
又三摩地中諸善男子堅凝正心魔不得便
窮生類本觀彼幽清常擾動元於分位中生
計度者是人墜入四有邊論一者是人心計
生元流用不息計過未者名爲有邊計相
續心名爲无邊二者是人觀八万刧則見衆生
八万刧前寂无聞見无聞見處名爲无邊有
衆生處名爲有邊三者是人計我遍知得无
邊性彼一切人現我知中我曾不知彼之知性
名彼不得无邊之心但有邊性四者是人窮
行蔭空以其所見心路籌度一切衆生一身
之中計其咸皆半生半滅明其世界一切
所有一半有邊一半无邊由此計度有邊无
邊墮落外道惑菩提性是則名爲第四外道
立有邊論
又三摩地中諸善男子堅凝正心魔不得便窮
生類本觀彼幽清常擾動元於知見中生
計度者是人墜入四種顛倒不死矯乱遍計

又三摩地中諸善男子堅凝正心魔不得便窮
生類本觀彼幽清常擾動元於知見中生
計度者是人墜入四種顛倒不死矯乱遍計
虛論一者是人觀變化元見遷流處名之爲
變見相續處名之爲恒見所見處名之爲生
不見見處名之爲滅相續之因性不斷處名
之爲增正相續中中所離處名之爲滅各各
生處名之爲有互互亡處名之爲无以理都觀
用心別見有求法人來問其義荅言我今亦
生亦滅亦有亦无亦增亦減於一切時皆亂
其語令彼前人遺失章句二者是人諦觀其
心互互无處因无得證有人來問唯荅一字
但言其无除无之餘无所言說三者是人諦
觀其心各各有處因有得證有人來問唯荅
一字但言其是除是之餘无所言說四者是
人有无俱見其境枝故其心亦乱有人來問
荅言亦有即是亦无亦无之中不是亦有一
切矯亂无容窮詰由此計度矯乱虛无墮落
外道惑菩提性是則名爲第五外道四顛倒
性不死矯乱遍計虛論
又三摩地中諸善男子堅凝正心魔不得便
窮生類本觀彼幽清常擾之元於无盡流生
計度者是人墜入死後有相發心顛倒或自固
身云色是我或見我圓含遍國土云我有色
或彼前緣隨我迴復云色屬我或復我依行
中相續云我在色皆計度言死後有相如是

窮生類本觀彼幽清常擾動元於无盡流生
計度者是人墜入死後有相發心顛倒或自固
身云色是我或見我圓含遍國土云我有色
或彼前緣隨我迴復云色屬我或復我依行
中相續云我在色皆計度言死後有相如是
循環有十六相從此或計畢竟煩惱畢竟菩
提兩性並驅各不相觸由此計度死後有故
墮落外道惑菩提性是則名為第六外道立
五陰中死後有相心顛倒論
又三摩地中諸善男子堅凝正心魔不得便
窮生類本觀彼幽清常擾動元於先除滅色
受想中生計度者是人墜入死後无相發心
顛倒見其色滅形无所因觀其相滅心无所
繫知其受滅无復連綴陰性銷散縱有生
而无受想與草木同此質現前猶不可得死
後云何更有諸相因之勘校死後相无如是
循環有八无相從此或計涅槃因果一切皆空
徒有名字究竟斷滅由此計度死後无故
墮落外道惑菩提性是則名為第七外道立
五陰中死後无相心顛倒論
又三摩地中諸善男子堅凝正心魔不得便
窮生類本觀彼幽清常擾動元於行存中
兼受想滅雙計有无自體相破是人墜入死
後俱非起顛倒論色受想中見有非有行遷
流內觀无不无如是循環窮盡陰界八俱非相
隨得一緣皆言死後有相无相又計諸行性
遷訛故心發通悟有无俱非虛實失措由此

BD14058號　大佛頂如來密因修證了義諸菩薩萬行首楞嚴經卷一〇　（18–7）

後俱非起顛倒論色受想中見有非有行遷
流內觀无不无如是循環窮盡陰界八俱非相
隨得一緣皆言死後有相无相又計諸行性
遷訛故心發通悟有无俱非虛實失措由此
計度死後俱非後際昏瞢无可道故墮落外
道惑菩提性是則名為第八外道立五陰中
死後俱非心顛倒論
又三摩地中諸善男子堅凝正心魔不得便
窮生類本觀彼幽清常擾動元於後後无
生計度者是人墜入七斷滅論或計身滅或欲
盡滅或苦盡滅或極樂滅或極捨滅如是循
環窮盡七際現前銷滅滅已无復由此計度
死後斷滅墮落外道惑菩提性是則名為第
九外道立五陰中死後斷滅心顛倒論
又三摩地中諸善男子堅凝正心魔不得便窮
窮生類本觀彼幽清常擾動元於後後有生
計度者是人墜入五涅槃論或以欲界為正轉
轉依觀見圓明生愛慕故或以初禪性无憂
故或以二禪心无苦故或以三禪極悅隨故或
以四禪苦樂二亡不受輪迴生滅性故迷有漏
天作无為解五處安隱為勝淨依如是循
環五處究竟由此計度五現涅槃墮落外道
惑菩提性是則名為第十外道立五陰中
五現涅槃心顛倒論
阿難如是十種禪那狂解皆是行陰用心交
互故現斯悟眾生頑迷不自忖量逢此現前

BD14058號　大佛頂如來密因修證了義諸菩薩萬行首楞嚴經卷一〇　（18–8）

環五處究竟由此計度五現涅槃墮落外道
惑菩提性是則名為第十外道立五陰中
五現涅槃心顛倒論
阿難如是十種禪那狂解皆是行陰用心交
互故現斯悟衆生頑迷不自忖量逢此現前
以迷為解自言登聖大妄語成墮无間獄汝
等必須將如來心於我滅後傳示末法遍令
衆生覺了斯義无令心魔自起沉孽保持覆
護消息邪見教其身心開覺真義於无上道
不遭枝岐勿令心祈得少為足作大覺王清
淨標指
阿難彼善男子修三摩提行陰盡者諸世間性
幽清擾動同分生機倏然隳裂沉細綱紐補
特伽羅酬業深脉感應懸絕於涅槃天將大
明悟如雞後鳴瞻顧東方已有精色六根
虛靜无復馳逸內內湛明入无所入深達十
方十二種類受命元由觀由執元諸類不召
於十方界已獲其同精色不沉發現幽秘此
則名為識陰區宇若於群召已獲同中銷磨
六門合開成就見聞通隣互用清淨十方世
界及與身心如吠瑠璃內外明徹名識陰盡
是人則能超越命濁觀其所由罔象虛无顛
倒妄想以為其本
阿難當知是善男子窮諸行空於識還元已
滅生滅而於寂滅精妙未圓能令己身根隔
合開亦與十方諸類通覺覺知通溜能入圓元

倒妄想以為其本
阿難當知是善男子窮諸行空於識還元已
滅生滅而於寂滅精妙未圓能令己身根隔
合開亦與十方諸類通覺覺知通溜能入圓元
若於所歸立真常因生勝解者是人則墮
因所因執娑毗迦羅所歸冥諦成其伴侶迷
佛菩提亡失知見是名第一立所得心成所
歸果違遠圓通背涅槃城生外道種
阿難又善男子窮諸行空已滅生滅而於寂
滅精妙未圓若於所歸覽為自體盡虛空界
十二類內所有衆生皆我身中一類流出生勝
解者是人則墮能非能執摩醯首羅現无
邊身成其伴侶迷佛菩提亡失知見是名第
二立能為心成能事果違遠圓通背涅槃城
生大慢天我遍圓種
又善男子窮諸行空已滅生滅而於寂滅精
妙未圓若於所歸有所歸依自疑身心從彼
流出十方虛空咸其生起即於都起所宣流
地作真常身无生滅解在生滅中早計常
住既惑不生亦迷生滅安住沉迷生勝解者是
人則墮常非常執計自在天成其伴侶迷佛
菩提亡失知見是名第三立因依心成妄計
果違遠圓通背涅槃城生倒圓種
又善男子窮諸行空已滅生滅而於寂滅精
妙未圓若於所知知遍圓故因知立解十方
草木皆稱有情與人无異圓故因知立解十方

果違遠圓通背涅槃城生倒圓種
又善男子窮諸行空已滅生滅而於寂滅精
妙未圓若於所知知遍圓故因知立解十方
草木皆稱有情與人无異圓故因知立解十方
草木皆稱有情與人无異草木為人人死還
成十方草樹无擇遍知生勝解者是人則墮
知无知執婆吒霰尼執一切覺成其伴侶迷
佛菩提亡失知見是名第四計圓知心成虛
謬果違遠圓通背涅槃城生倒知種
又善男子窮諸行空已滅生滅而於寂滅精
妙未圓若於圓融根互用中已得隨順便於
圓化一切發生求火光明樂水清淨愛風周流
觀塵成就各各崇事以此群塵發作本因
立常住解是人則墮生无生執諸迦葉波并
婆羅門勤心役身事火崇水求出生死成其
伴侶迷佛菩提亡失知見是名第五計著崇
事迷心從物立妄求因求妄冀果違遠圓通
背涅槃城生顛化種
又善男子窮諸行空已滅生滅而於寂滅精
妙未圓若於圓明計明中虛非滅群化以永滅
依為所歸依生勝解者是人則墮歸无歸執
无相天中諸舜若多成其伴侶迷佛菩提亡失
知見是名第六圓虛无心成空亡果違遠圓
通背涅槃城斷生滅種
又善男子窮諸行空已滅生滅而於寂滅精

BD14058號　大佛頂如來密因修證了義諸菩薩萬行首楞嚴經卷一〇　（18-11）

无相天中諸舜若多成其伴侶迷佛菩提亡失
知見是名第六圓虛无心成空亡果違遠圓
通背涅槃城斷生滅種
又善男子窮諸行空已滅生滅而於寂滅精
妙未圓若於圓常固身常住同于精圓長不
傾逝生勝解者是人則墮貪非貪執諸阿斯陁
求長命者成其伴侶迷佛菩提亡失知見是
名第七執著命元立固妄因趣長勞果違遠
圓通背涅槃城生妄延種
又善男子窮諸行空已滅生滅而於寂滅精妙
未圓觀命互通却留塵勞恐其銷盡便於此
際坐蓮花宮廣化七珍多增寶媛縱恣其心
生勝解者是人則墮真无真執吒枳迦羅成
其伴侶迷佛菩提亡失知見是名第八發邪
思因立熾塵果違遠圓通背涅槃城生天魔種
又善男子窮諸行空已滅生滅而於寂滅精
妙未圓於命明中分別精麤疏決真偽因果
相酬唯求感應背清淨道所謂見苦斷集證
滅脩道居滅以休更不前進生勝解者是人
則墮定性聲聞諸无聞僧增上慢者成其伴
侶迷佛菩提亡失知見是名第九圓精應心
成趣寂果違遠圓通背涅槃城生纏空種又
善男子窮諸行空已滅生滅而於寂滅精妙
未圓若於圓融清淨覺明發研深妙即立涅
槃而不前進生勝解者是人則墮定性辟支
諸緣獨倫不迴心者成其伴侶迷佛菩提亡失知

BD14058號　大佛頂如來密因修證了義諸菩薩萬行首楞嚴經卷一〇　（18-12）

善男子窮諸行空已滅生滅而於寂滅精妙
未圓若於圓融清淨覺明發研深妙即立涅
槃而不前進生勝解者是人則墮定性辟支
諸緣獨倫不迴心者成其伴侶迷佛菩提亡失知
見是名第十圓覺淴心成湛明果違遠圓
通背涅槃城生覺圓明不化圓種
阿難如是十種禪那中途成狂因依惑未足中
生滿足證皆是識陰用心交互故生斯位衆生
頑迷不自忖量逢此現前各以所愛先習迷心
而自休息將爲畢竟所歸寧地自言滿足
无上菩提大妄語成外道邪魔所感業終墮
无間獄聲聞緣覺不成增進汝等存心秉
如來道將此法門於我滅後傳示末世普令
衆生覺了斯義无令見魔自作沉孽保綏
哀救消息邪緣令其身心入佛知見從始成就
不遭歧路如是法門先過去世恒沙劫中微塵
如來乘此心開得无上道識陰若盡則汝
現前諸根互用從互用中能入菩薩金剛乾
慧圓明精心於中發化如淨琉璃内含寶月
如是乃超十信十住十行十向四加行心菩
薩所行金剛十地等覺圓明入於如來妙莊
嚴海圓滿菩提歸无所得此是過去先佛世
尊奢摩他中毗婆舍那覺明分析微細魔
事魔境現前汝能諳識心垢洗除不落邪見
陰魔銷滅天魔摧碎大力鬼神褫魄逃逝魑
魅魍魎无復出生直至菩提无諸少乏下劣增

BD14058 號　大佛頂如來密因修證了義諸菩薩萬行首楞嚴經卷一〇　（18–13）

嚴海圓滿菩提歸无所得此是過去先佛世
尊奢摩他中毗婆舍那覺明分析微細魔
事魔境現前汝能諳識心垢洗除不落邪見
陰魔銷滅天魔摧碎大力鬼神褫魄逃逝魑
魅魍魎无復出生直至菩提无諸少乏下劣增
進於大涅槃心不迷悶若諸末世愚鈍衆生
未識禪那不知説法樂修三昧汝恐同邪一
心勸令持我佛頂陀羅尼呪若未能誦寫
於禪堂或帶身上一切諸魔所不能動汝當
恭欽十方如來究竟修進最後垂範
阿難即從坐起聞佛示誨頂礼欽奉憶持无
失於大衆中重復白佛如佛所言五陰相中
五種虛妄爲本想心我等平常未蒙如來
微細開示又此五陰爲併銷除爲次第盡如是
五重詣何爲界唯願如來發宣大慈爲此大
衆清明心目以爲末世一切衆生作將來眼
佛告阿難精真妙明本覺圓淨非留死生及諸
塵垢乃至虛空皆因妄想之所生起斯元本覺
妙明真精妄以發生諸器世間如演若多迷
頭認影妄元无因於妄想中立因緣性迷因
緣者稱爲自然彼虛空性猶實幻生因緣自
然皆是衆生妄心計度阿難知妄所起説
妄因緣若妄元无説妄因緣元无所有何
況不知推自然者是故如來與汝發明五陰
本因同是妄想汝體先因父母想生汝心非
想則不能來想中傳命如我先言心想酢味

BD14058 號　大佛頂如來密因修證了義諸菩薩萬行首楞嚴經卷一〇　（18–14）

妄因緣若二妄无无説妄因緣无无所有何
況不知推自然者是故如来與汝發明五蔭
本因同是妄想汝體先因父母想生汝心非
想則不能来想中傳命如我先言心想酢味
口中涎生心想登高足心酸起懸崖不有酢物
未来海體必非虛妄通倫口水如何因談酢
出是故當知汝現色身名為堅固第一妄
想即此所説臨高想心能令汝形真受酸澁
由因受生能動色體汝今現前順益違損二
現驅馳名為虛明第二妄想由汝念慮使汝
色身身非念倫汝身何因随念所使種種取
像心生形取與念相應寤即想心寐為諸夢
則汝想念搖動妄情名為融通第三妄想化
理不住運遷密移甲長髮生氣銷容皺日夜相
代曾无覺悟阿難此若非汝云何體遷如必
是真汝何无覺則汝諸行念念不停名為幽
隱第四妄想又汝精明湛不搖處名恒常者
於身不出見聞覺知若實精真不容習妄
何因汝等曾於昔年覩一奇物經歷年歲憶
忘俱无於後忽然覆覩前異記憶宛然曾不
遺失則此精了湛不搖中念念受薫有何籌
筭阿難當知此湛非真如急流水望如恬靜流
急不見非是无流若非想元寧受想習非
汝六根互用合開此之妄想无時得滅故汝
現在見聞覺知中串習幾則湛了内罔象虛
无第五顛倒細微精想

BD14058號　大佛頂如來密因修證了義諸菩薩萬行首楞嚴經卷一〇　（18-15）

筭阿難當知此湛非真如急流水望如恬靜流
急不見非是无流若非想元寧受想習非
汝六根互用合開此之妄想无時得滅故汝
現在見聞覺知中串習幾則湛了内罔象虛
无第五顛倒細微精想
阿難是五受蔭五妄想成汝今欲知因界淺
深唯色與空是色邊際唯觸及離是受邊
際唯記與妄是想邊際唯滅與生是行邊際
湛入合湛歸識邊際此五蔭元重疊生起生因
識有滅從色除理則頓悟乘悟併銷事非頓
除因次第盡我已示汝劫波巾結何所不明再
此詢問汝應將此妄想根元心得開通傳示將
来末法之中諸脩行者令識虛妄深厭自生
知有涅槃不戀三界
阿難若復有人遍滿十方所有虛空盈滿七
寶持以奉上微塵諸佛承事供養心无虛度
於意云何是人以此施佛因緣得福多不阿難
荅言虛空无盡珎寶无邊昔有衆生施佛
七錢捨身猶獲轉輪王位況復現前虛空既
窮佛土充遍皆施珎寶窮劫思議尚不能及
是福云何更有邊際
佛告阿難諸佛如来語无虛妄若復有人身
具四重十波羅夷瞬息即經此方他方阿鼻
地獄乃至窮盡十方无間靡不經歷能以一
念將此法門於末劫中開示未學是人罪障
應念銷滅變其所受地獄苦因成安樂國得

BD14058號　大佛頂如來密因修證了義諸菩薩萬行首楞嚴經卷一〇　（18-16）

知有涅槃不戀三界
阿難若復有人遍滿十方所有虛空盈滿七
寶持以奉上微塵諸佛承事供養心无虛度
於意云何是人以此施佛因緣得福多不阿難
答言虛空无盡珎寶无邊昔有眾生施佛
七錢捨身猶獲轉輪王位況復現前虛空既
窮佛土遍皆施珎寶窮劫思議尚不能及
是福云何更有邊際
佛告阿難諸佛如來語无虛妄若復有人身
具四重十波羅夷瞬息即經此方他方阿鼻
地獄乃至窮盡十方无間靡不經歷能以一
念將此法門於末劫中開示未學是人罪障
應念銷滅變其所受地獄苦因成安樂國得
福超越前之施人百倍千倍千万億倍如是
乃至算數譬喻所不能及阿難若有眾生能
誦此經能持此呪如我廣說窮劫不盡依我
教言如教行道直成菩提无復魔業
佛說此經已比丘比丘尼優婆塞優婆夷一
切世間天人阿修羅及諸他方菩薩二乘聖
仙童子并初發心大力鬼神皆大歡喜作
礼而去
大佛頂萬行首楞嚴經卷第十

BD14058號　大佛頂如來密因修證了義諸菩薩萬行首楞嚴經卷一〇　（18–17）

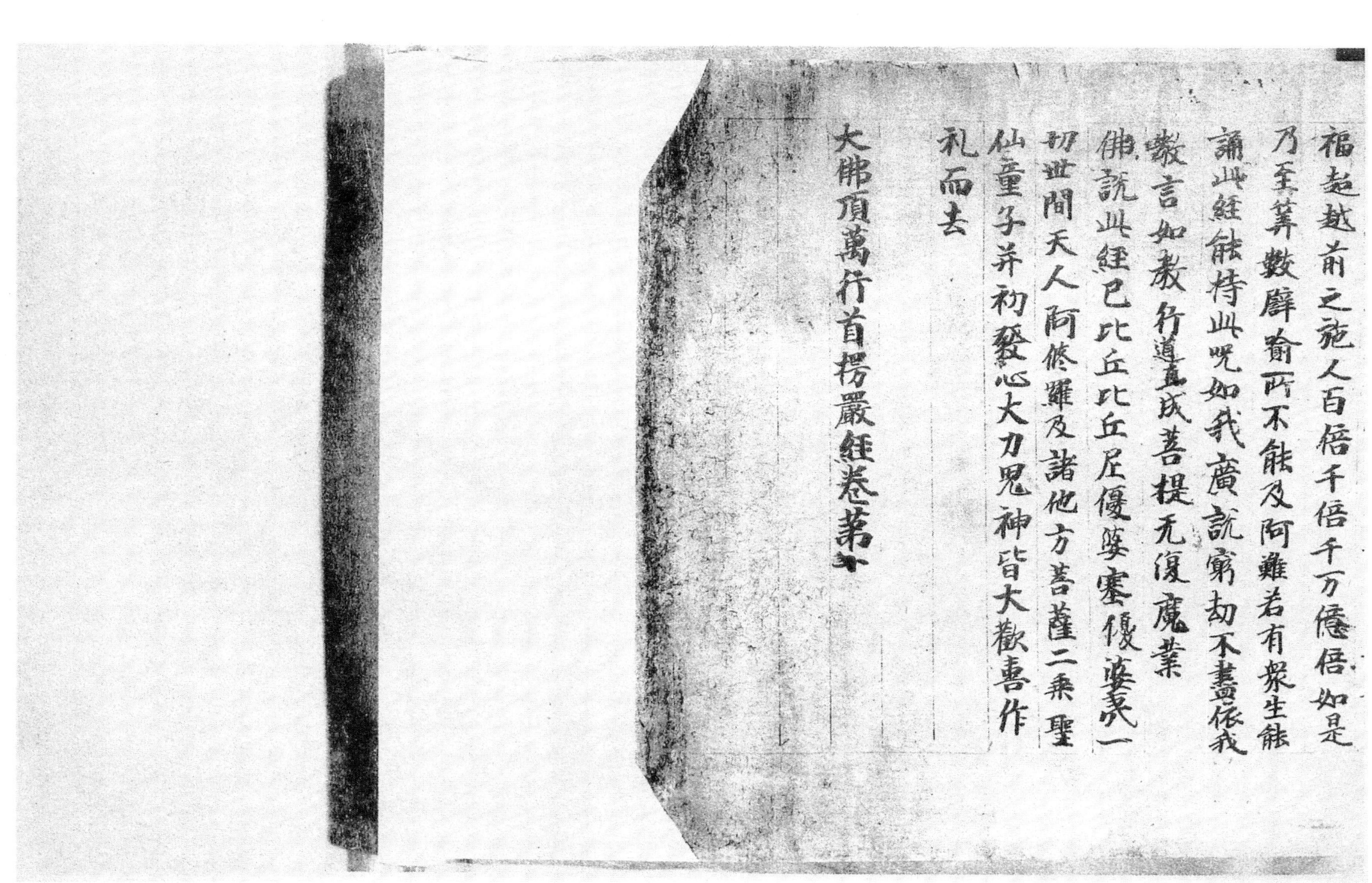
福超越前之施人百倍千倍千万億倍如是
乃至算數譬喻所不能及阿難若有眾生能
誦此經能持此呪如我廣說窮劫不盡依我
教言如教行道直成菩提无復魔業
佛說此經已比丘比丘尼優婆塞優婆夷一
切世間天人阿修羅及諸他方菩薩二乘聖
仙童子并初發心大力鬼神皆大歡喜作
礼而去
大佛頂萬行首楞嚴經卷第十

BD14058號　大佛頂如來密因修證了義諸菩薩萬行首楞嚴經卷一〇　（18–18）

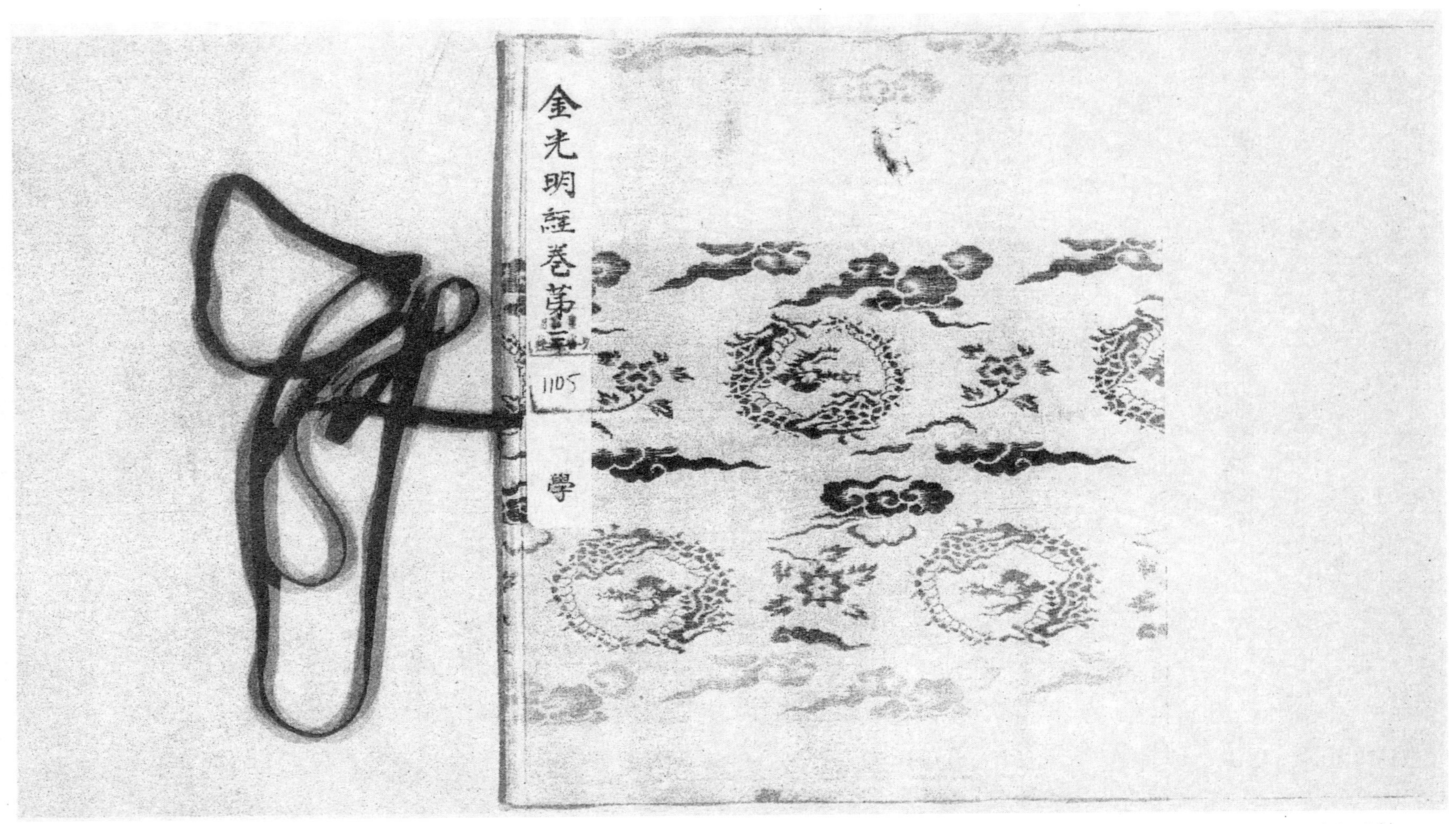

BD14059 號背　現代護首　　（1–1）

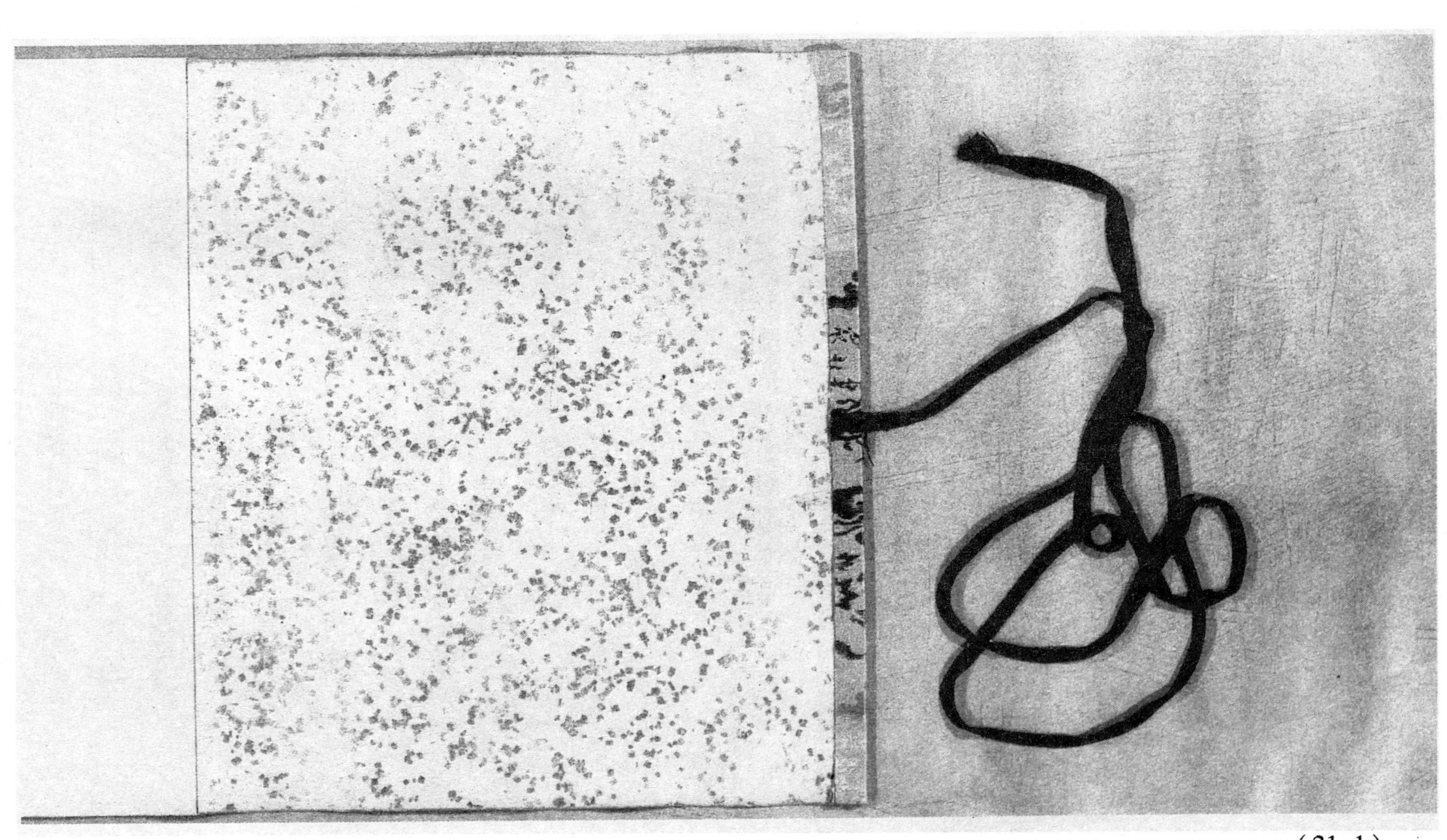

BD14059 號　金光明經卷三　　（21–1）

諸有慧入正憶念
癡厭身受諸惡
以今廣說是經若諸
王於百千佛所種諸善根說法之人為是
閻浮提內廣宣流布是妙經典令不斷
衆生聞是經已當得不可思議智聚
思議功德之聚於未來世无量百
中常受快樂於未來世值遇諸
成阿耨多羅三藐三菩提一切諸
分永滅无餘南无寶華功德海瑠
光照如來應供正遍知南无量无百
千億那由他莊嚴其身釋迦如來應供正遍
知識然如是微妙法炬南无第一威德成就
衆事大功德天南无不可思量智慧功德成
就大辯天

金光明經正論品第十一

尒時佛告地神堅牢過去有王名力尊相其
王有子名曰信相不久當受灌頂之位統領
國土尒時父王告其太子信相世有正論善
治國土我於昔時曾為太子不久亦當紹父

BD14059號　金光明經卷三　（21–2）

尒時佛告地神堅牢過去有王名力尊相其
王有子名曰信相不久當受灌頂之位統領
國土尒時父王告其太子信相世有正論善
治國土我於昔時曾為太子不久亦當紹父
王位尒時父王特是正論亦我說我以是
論於二万歲善治國土未曾一念以非法行
於自眷屬情无愛為何等名為治世正論
神尒時力尊相王為信相太子說是偈言
我今當說　諸王正論　為利衆生　斷諸疑網
一切人王　諸天天王　應當歡喜　合掌諦聽
諸王和合　集金剛山　護世四鎮　起問梵王
大師梵尊　天中自在　能除疑惑　當為我斷
云何是人　得名為天　云何人王　復名天子
生在人中　處王宮殿　正法治世　而名為天
護世四王　問是事已　時梵尊師　即說偈言
汝今雖以　此義問我　我要當為　一切衆生
敷揚宣暢　第一勝論
因集業故　生於人中　王領國土　故稱人王
處在胎中　諸天守護　或先守護　然後入胎
雖在人中　生為人王　以天護故　復稱天子
三十三天　各以己德　分與是人　故稱天子
神力所加　故得自在　遠離惡法　遮令不起
安住善法　脩令增廣　能令衆生　多生天上
半名人王　亦名執樂　羅刹兇膾　能遮諸惡
亦名父母　教誨脩善　示現果報　諸天所護
善惡諸業　現在未來　現受果報　諸天所護

BD14059號　金光明經卷三　（21–3）

安住善法 脩令增廣 能令衆生 多生天上
半名人王 亦名執樂 羅刹魁膾 能遮諸惡
亦名父母 教誨脩善 亦現果報 諸天所護
善惡諸業 現在未來 現受果報 諸天所護
若有惡事 縱而不問 不隨其罪 不以正教
捨遠善法 增長惡聚 故使國中 多諸姧鬪
三十三天 各生瞋恨 由其國王 縱惡不治
壞國惡法 姧詐熾盛 他方怨敵 競來侵掠
自家所有 錢財珍寶 諸惡盜賊 共相劫奪
如法治世 不行是事 若行是者 其國殄滅
譬如狂象 蹋蓮華池
暴風卒起 屢降惡雨 惡星數出 日月无光
五穀菓實 滅不滋茂 由王捨正 使國飢饉
天於宮殿 悲懷愁惱 由王暴虐 不脩善事
是諸天王 各相謂言 是王行惡 與惡爲伴
以造惡故 速得天瞋 以天瞋故 不久國敗
非法兵杖 姧詐鬪訟 疾疫惡病 集其國土
諸天即便 捨離是王 令其國敗 生大愁惱
兄弟姊妹 眷屬妻子 孤迸流離 身亦滅亡
流星數墮 二日並現 他方怨賊 侵掠其土
人民飢餓 多諸疾疫
所重大臣 捨離苑亡 象馬車乘 一念衰滅
諸家財產 國土所有 不相劫奪 刀兵而死
五星諸宿 違失常度 諸惡疾疫 流遍其國
諸受寵祿 所任大臣 及諸群僚 專行非法
如是行惡 偏受恩遇 脩善法者 日日衰滅

諸家財產 國土所有 不相劫奪 刀兵而死
五星諸宿 違失常度 諸惡疾疫 流遍其國
諸受寵祿 所任大臣 及諸群僚 專行非法
如是行惡 偏受恩遇 脩善法者 日日衰滅
於行惡者 而生恭敬 見脩善者 心不頋錄
故使世間 三果並起 星宿失度 降暴風雨
破壞甘露 无上正法 衆生種類 及以地肥
恭敬弊惡 謗諸善人 故天降雹 飢餓疫死
穀米菓實 滋味衰滅 多病衆生 充滿其國
甘美威草 日日損滅 苦澀惡味 隨時增長
本所遊戲 可愛之處 悉皆枯悴 无可樂者
衆生所食 精妙上味 漸漸損減 食无肌膚
顏貌醜陋 氣力衰微 凡所食噉 不知猒足
力精猛勇 悉滅无有 懶惰懈怠 充滿其國
多有病苦 逼切其身 惡星變動 羅刹亂行
若有人王 行於非法 增長惡伴 損人天道
於三有中 多受苦惱 起如是等 无量惡事
皆由人王 愛著眷屬 縱之造惡 捨而不治
若爲諸天 所護生者 如是人王 終不爲是
若行善者 得生天中 行不善者 墮三惡道
三十三天 皆生焦熱 由王縱惡 捨而不治
違逆諸天 及父母勅 不能正法 則非孝子
起諸姧惡 壞國土者 不應縱捨 當正治罪
是故諸天 護持是王 以滅惡法 脩集善根
現世正治 得增王位 應各爲說 善不善業
能示因果 故得爲王 諸天護持 讚王法功

起諸姧惡 壞國土者 不應縱捨 當正治罪
是故諸天 護持是王 以滅惡法 脩集善根
現世正治 得增王位 應各為說 善不善業
能示因果 故得為王 諸天護持 隨王佐助
能自為他 脩正治國 有壞國者 應當正教
為命及國 脩行正法 不應行惡 惡不應縱
所有餘事 不能壞國 要因多姧 然後傾敗
若起多姧 壞於國土 譬如大象 壞蓮華池
怨恨諸天 故天生惱 起諸惡事 彌滿其國
是故應隨 正法治國 以善化國 不順非法
寧捨身命 不愛眷屬 於親非親 心常平等
視親非親 和合為一 正行名稱 流布三界
正法治國 人多行善 常以善心 仰瞻國主
能令天衆 具足充滿 是故正治 名為人王
一切諸天 愛護人王 猶如父母 擁護其子
故令日月 五星諸宿 隨其分齊 不失常度
風雨隨時 无諸災禍 令國豐實 安樂熾盛
增益熾盛 諸天之衆 以是因緣 諸人王等
寧捨身命 不應為惡
不應捨離 正法珎寶 由正法寶 世人安樂
常當親近 脩正法者 聚集功德 莊嚴其身
於自眷屬 常知止足 當遠惡人 脩治正法
安心衆生 於諸善法 教勑防護 令離不善
是故國主 安隱豐樂 是王亦得 威德具足
若諸人民 所行惡法 應當調伏 如法教詔
是王當得 好名善譽 善能攝護 安樂衆生
金光明經善集品第十二

BD14059 號　金光明經卷三

（21–6）

安心衆生 於諸善法 教勑防護 令離不善
是故國主 安隱豐樂 是王亦得 威德具足
若諸人民 所行惡法 應當調伏 如法教詔
是王當得 好名善譽 善能攝護 安樂衆生
金光明經善集品第十二
爾時如來復為地神說往因緣而作偈言
我昔曾為 轉輪聖王 捨四大地 及以大海
又於是時 以四天下 滿中珎寶 奉上諸佛
凡所布施 皆捨所重 不見可愛 而不捨者
於過去世 无數劫中 求正法故 常捨身命
又過去世 不可議劫 有佛世尊 名曰寶勝
其佛世尊 般涅槃後 時有聖王 名曰善集
於四天下 而得自在 治正之勢 盡大海際
其王有城 名水音尊 於其城中 正住治化
夜睡夢中 聞佛功德 及見比丘 名曰寶冥
善能宣暢 如來正法 所謂金光 微妙經典
明如日中 悉能遍照 是轉輪王 夢是事已
即尋覺寤 心善遍身 即出宮殿 至僧坊所
供養恭敬 諸大聖衆 問諸大德 是大衆中
頗有比丘 名曰寶冥 成就一切 諸大德不
爾時寶冥 在一窟中 安坐不動 思惟正法
讀誦如是 金光明經 時有比丘 即將是王
至其所止 到寶冥所 時此寶冥 故在窟中
形貌殊特 威德熾然 即是王言 是窟中者
即是所問 寶冥比丘 能持甚深 諸佛所行
名金光明 諸經之王 時善集王 即尋礼敬
寶冥比丘 作如是言 面如滿月 威德照然

BD14059 號　金光明經卷三

（21–7）

形貌殊特 威德熾然 即是王言 是座中者
即是所問 寶冥比丘 能持甚深 諸佛所行
名金光明 諸經之王 時善集王 即尋礼敬
寶冥比丘 作如是言 面如滿月 威德照然
唯願為我 敷演宣暢 是金光明 諸經之王
時寶冥尊 即受王請 許為宣說 是金光明
三千大千 世界諸天 知當說法 悉生歡喜
於淨微妙 鮮潔之處 種種珎寶 廁填其地
上妙香水 持用灑之 散諸好華 遍滿其處
王於是時 自敷法座 懸繒幡蓋 寶飾交絡
種種微妙 殊特末香 悉以奉散 大法高座
一切諸天 龍及鬼神 摩睺羅伽 緊那羅等
即雨天上 曼陀羅華 遍散法座 雨其處所
不可思議 百千万劫 那由他等 无量諸天
一時俱來 集說法所 是時寶冥 尋從座出
諸天即時 以婆羅華 供養奉散 寶冥比丘
是時寶冥 淨洗身體 著淨妙衣 至法座所
合掌敬礼 是法高座 一切天王 及諸天人
雨曼陀羅 大曼陀華 无量百千 種種伎樂
於虛空中 不鼓自鳴
寶冥比丘 能說法者 尋上高座 結跏趺坐
即念十方 不可思議 无量千億 諸佛世尊
於諸衆生 與大悲心 及善集王 所得王領
盡一日月 所照之處 時說法者 即尋為王
敷暢宣說 是妙經典
是時大王 為聞法故 於比丘前 合掌而立
聞於正法 讚言善哉 其心悲悼 弟淚交流

於諸衆生 與大悲心 及善集王 所得王領
盡一日月 所照之處 時說法者 即尋為王
敷暢宣說 是妙經典
是時大王 為聞法故 於比丘前 合掌而立
聞於正法 讚言善哉 其心悲悼 涕淚交流
尋復踊悅 心意嬉怡 為欲供養 此經典故
尒時即從 如意珠王 為諸衆生 發大誓願
願於今日 此閻浮提 悉滿无量 種種珎異
瓌奇七寶 及妙纓絡 以是因緣 悉令无量
一切衆生 皆受快樂 即於尒時 尋雨七寶
及諸寶飾 天冠耳璫 種種纓絡 甘饌寶座
悉皆充滿 遍四天下 時善集王 即持如是
滿四天下 无量七寶 於寶勝佛 遺法之中
以用布施 供養三寶 尒時為王 說法比丘
於今現在 阿閦佛是 時善集王 聖受法者
今則我身 釋迦文是 我於尒時 捨此大地
滿四天下 珎寶布施 得聞如是 金光明經
聞是經已 一稱善哉 以此善根 業因緣故
身得金色 百福莊嚴 常為无量 百千万億
衆生等類 之所樂見 既得見已 无有猒足
過去九十 九億千劫 常得作於 轉輪聖王
亦於无量 百千劫中 常得王領 諸小国土
不可思議 劫中常作 釋提桓因 及淨梵王
復得值遇 十力世尊 其數无量 不可稱計
所得功德 无量无邊 皆由聞經 及稱善哉
如我所願 成就菩提 正法之身 我今已得

亦於无量 百千劫中 常得王領 諸小國土
不可思議 劫中常作 釋提桓因 及淨梵王
復得値遇 十力世尊 其數无量 不可稱計
所得功德 无量无邊 皆由聞經 及稱善哉
如我所願 成就菩提 正法之身 我今已得

金光明經鬼神品第十三

佛告功天若有善男子善女人欲以不可
思議妙供養具供養過去未來現在諸佛世
尊及欲得知三世諸佛甚深行處是人應當
畢定至心隨有是經流布之處若城邑村落
舍宅空處正念不亂至心聽是微妙經典尒
時世尊欲重宣此義而說偈言
若欲供養 一切諸佛 欲知三世 諸佛行處
應當往彼 城邑聚落 有是經處 至心聽受
是妙經典 不可思議 功德大海 无量无邊
能令一切 衆生解脫 度无量苦 諸有大海
是經甚深 初中後善 不可得說 譬喻爲比
假使恒沙 大地微塵 大海諸水 一切諸山
如是等物 不得爲喻
若入是經 即入法性 如深法性 安住其中
即於是典 金光明中 而得見我 釋迦牟尼
不可思議 阿僧祇劫 生天人中 常受快樂
以能信解 聽是經故 如是无量 不可思議
功德福聚 悉已得之
隨所至處 若百由旬 滿中盛火 應從中過
若至聚落 阿蘭若處 到法會所 至心聽受

不可思議 阿僧祇劫 生天人中 常受快樂
以能信解 聽是經故 如是无量 不可思議
功德福聚 悉已得之
隨所至處 若百由旬 滿中盛火 應從中過
若至聚落 阿蘭若處 到法會所 至心聽受
聽是經故 惡夢蠱道 五星諸宿 變異災禍
一切惡事 消滅无餘 於說法處 蓮華座上
說是經典 書寫讀誦 是說法者 若下法座
尒時大衆 猶見坐處 故有說者 或佛世尊
或見佛像 菩薩色像 普賢菩薩 文殊師利
弥勒大士 及諸形色 見如是等 種種事已
尋復滅盡 如前不異 成就如是 諸功德已
而爲諸佛 之所讃歎 威德相貌 无量无邊
有大名稱 能卻怨家 他方盜賊 能令退散
勇猛多力 能破强敵 惡夢惱心 无量惡業
如是惡事 皆悉寂滅 若入軍陣 常能勝他
名聞流布 遍閻浮提 亦能摧伏 一切怨敵
遠離諸惡 脩集諸善 入陣得勝 心常歡喜
大梵天王 三十三天 護世四王 金剛密迹
鬼神諸王 散脂大將 禪那婆鬼 及緊那王
阿耨達龍 娑竭羅王 阿脩羅王 迦樓羅王
大辯天神 及大功德 如是上首 諸天神等
常當供養 是聽法者 生不思議 法塔之想
衆生見者 恭敬歡喜 諸天王等 亦各思惟
而相謂言 今是衆生 无量威德 皆悉成就
若能來至 是法會所 如是之人 殖上善根

常當供養　是聽法者　生不思議　法塔之想
衆生見者　恭敬歡喜　諸天王等　亦各思惟
而相謂言　今是衆生　无量威德　皆悉成就
若能來至　是法會所　如是之人　成上善根
若有聽是　甚深經典　致嚴出往　法會之處
心生不可　思議正信　供養恭敬　无上法塔
如是大悲　利益衆生　即是无量　深法寶器
能入甚深　无上法性　由以淨心　聽是經典
如是之人　悉以供養　過去无量　百千諸佛
以是善根　无量因緣　應當聽受　是金光明
如是衆生　常爲无量　諸天神王　之所愛護
大辯功德　護世四王　无量鬼神　及諸力士
晝夜精勤　擁護四方
釋提桓因　及日月天　閻摩羅王　風水諸神
違馱天神　及毗紐天　大辯天神　及自在天
火神等神　大力勇猛　常護世間　晝夜不離
大力鬼神　那羅延等　摩醯首羅　二十八部
諸鬼神等　散脂爲首　百千鬼神　神足大力
擁護是等　令不怖畏
金剛密迹　大鬼神王　及其眷屬　五百徒黨
一切皆是　大菩提薩　亦悉擁護　聽是法者
摩尼跋陀　大鬼神王　富那跋陀　及金毗羅
阿羅婆帝　賓頭盧伽　黃頭大神　一一諸神
各有五百　眷屬鬼神　亦常擁護　聽是經者
賓多斯那　阿脩羅王　及乾闥婆　那羅羅闍
祁那沙婆　摩尼乾陀　及尼乾陀　主雨大神

BD14059號　金光明經卷三

(21–12)

阿羅婆帝　賓頭盧伽　黃頭大神　一一諸神
各有五百　眷屬鬼神　亦常擁護　聽是經者
賓多斯那　阿脩羅王　及乾闥婆　那羅羅闍
祁那沙婆　摩尼乾陀　及尼乾陀　主雨大神
大飲食神　摩訶迦吒　金色髮神　半祁鬼神
及半支羅　車鉢羅婆　有大威德　婆那利神
曇摩跋羅　摩竭婆羅　針髮鬼神　繡利蜜多
勒那翅舍　摩訶婆那　及軍陀遮　劍摩舍帝
復有大神　奢羅蜜帝　醯摩跋陀　薩多琦梨
如是等神　皆有无量　神足大力　常勤擁護
聽受如是　微妙典者
阿耨達王　婆伽羅王　目真隣王　伊羅鉢王
難陀龍王　跋難陀王　有如是等　百千龍王
以大神力　常來擁護　聽是經典　晝夜不離
波利羅睺　阿脩羅王　毗摩質多　及以茂脂
睒摩利子　波呵利子　佉羅騫駄　及以違陀
是等皆是　阿脩羅王　有大神力　常來擁護
聽是經者　晝夜不離
阿利帝南　鬼子母等　及五百神　常來擁護
聽是經者　若睡若寤
旃陀旃陀利大鬼神女等鳩羅鳩羅檀提敢
人精氣　如是等神　皆有大力　常勤擁護　十方
世界受持經者
大辯天等　无量天等　功德天等　各與眷屬
地神堅牢　種殖園林　菓實天神　如是諸神
心生歡喜　悉來擁護　愛樂親近　是經典者

BD14059號　金光明經卷三

(21–13)

世界受持經者
大辯天等　无量天等　功德天等　名與眷屬
地神堅牢　種植園林　菓實樹神　如是諸神
心生歡喜　悉來擁護　愛樂親近　是經典者
於諸衆生　增命色力　功德威貌　莊嚴倍常
五星諸宿　變異災怪　皆悉能滅　无有遺餘
夜臥惡夢　寤則憂怖　如是惡事　皆悉滅盡
地神大力　勢分甚深　是經力故　能變其味
如是大地　至金剛際　厚十六万　八千由旬
其中氣味　无不遍有　悉令踊出　潤益衆生
是經力故　能令地味　悉出地上　厚百由旬
亦令諸天　大得精味　充益身力　歡喜快樂
閻浮提內　所有諸神　心生歡喜　受樂无量
是經力故　諸天歡喜　百穀菓實　皆悉滋茂
園苑叢林　其華開敷　香氣芬馥　充溢彌滿
百草樹木　生長端直　其體柔軟　无有邪戾
閻浮提內　所有龍女　其數无量　不可思議
心生歡喜　踊躍无量　在在處處　莊嚴華池
於其池中　生種種華　優鉢羅華　波頭摩華
拘物頭華　分陀利華　於自宮殿　除諸雲霧
令虛空中　无有塵翳　諸方清徹　淨潔明了
日王赫烔　放千光明　歡喜踊躍　照諸暗蔽
閻浮檀金　以為宮殿　心住其中　威德无量
日之天子　及以月天　聞是經故　精氣充實
是日天子　出閻浮提　心生歡喜　放於无量
光明明網　遍照諸方　即於出時　放大網明

BD14059號　金光明經卷三　（21–14）

閻浮檀金　以為宮殿　心住其中　威德无量
日之天子　及以月天　聞是經故　精氣充實
是日天子　出閻浮提　心生歡喜　放於无量
光明明網　遍照諸方　即於出時　放大網明
開敷種種　諸池蓮華
閻浮提內　无量菓實　隨時成熟　飽諸衆生
是時日月　所照殊勝　星宿正行　不失度數
風雨隨時　豐[illegible]成盛　多饒財寶　无所乏少
天人師佛世尊如是次第出現於世凡一万佛
尒時道場菩提樹神名等增益白佛言世尊
是十千天子於忉利宮為聽法故來集此
云何如來便與授記世尊我未曾聞是諸天
子脩行具足六波羅蜜亦未曾聞捨於手足
頭目髓腦所愛妻子財寶穀帛金銀琉璃車
璖馬瑙真珠珊瑚珂貝壁玉甘饍飲食衣服
林卧病瘦醫藥象馬車乘殿堂屋宅園林泉
池奴婢僕使如餘无量百千菩薩以種種資
生供養之具恭敬供養過去无量百千万億
那由他等諸佛世尊如是菩薩於未來世亦
捨无量所重之物頭目髓腦所愛妻子財寶
穀帛乃至僕使次第脩行成就具足六波羅
蜜成就是已俻脩苦行動經无量无邊劫數
然後方得受菩提記世尊是天子等何因何
緣脩行何等勝妙善根從彼天來暫得聞法
便得受記唯願世尊為我解說斷我疑網
尒時佛告樹神善女天皆有因緣有妙善根

BD14059號　金光明經卷三　（21–15）

然後方得受菩提記世尊是天子等何因何
緣脩行何等勝妙善根從彼天來暫得聞法
便得受記唯願世尊為我解說斷我疑網
尒時佛告樹神善女天皆有因緣有妙善根
已隨相脩何以故以是天子於所住處捨五
欲樂故來聽是金光明經既聞法已於是經
中淨心殷重如說脩行復得聞此三大菩薩
受於記別亦以過去本昔發心誓願因緣是
故我今皆與授記於未來世當成阿耨多羅
三藐三菩提

金光明經除病品第十五

佛告道場菩提樹神善女天諦聽諦聽善持
憶念我當為汝演說往昔誓願因緣過去无
量不可思議阿僧祇劫尒時有佛出現於世
名曰寶勝如來應供正遍知明行足善逝世
間解无上士調御丈夫天人師佛世尊善女天
尒時是佛般涅槃後正法滅已於像法中有王
名曰天自在光脩行正法如法治世人民
和順孝養父母是王國中有一長者名曰持
水善知醫方救諸病苦方便巧知四大增損
善女天尒時持水大長者家中後生一子名
曰流水體貌殊勝端正第一形色微妙威德
具足受性聰敏善解諸論種種伎藝書疏筭
計无不通達是時國內天降疫病時有无量
百千諸眾生等皆无免者為諸苦惱之所逼
切善女天尒時流水長者子見是无量百千
眾生受諸苦惱故為是眾生生大悲心作是

BD14059號　金光明經卷三　（21-16）

計无不通達是時國內天降疫病時有无量
百千諸眾生等皆无免者為諸苦惱之所逼
切善女天尒時流水長者子見是无量百千
眾生受諸苦惱故為是眾生生大悲心作是
思惟如是无量百千眾生受諸苦惱我父長
者雖善醫方能救諸苦方便巧知四大增損年
已衰邁老耄枯悴皮緩面皺羸瘦戰掉行來
往反要因机杖困頓疲乏不能至彼城邑聚
落而是无量百千眾生後遇重病无能救者
我今當至大醫父所諮問治病醫方秘法諮
稟知已當至城邑聚落村舍治諸眾生種種
重病悉令得脫无量諸苦時長者子思惟是
已即至父所頭面著地為父作禮叉手却住
以四大增損而問於父即說偈言
云何當知　四大諸根　衰損代謝　而得諸病
云何當知　飲食時節　若食食已　身火不滅
云何當知　治風及熱　水過肺病　及以等分
何時動風　何時動熱　何時動水　以害眾生
時父長者　即以偈頌　解說醫方　而答其子
是金光明　微妙經典　隨所流布　講誦之處
其國土境　即得增益　如上所說　无量功德

金光明經授記品第十四

尒時如來將欲為是信相菩薩及其二子銀
相銀光授阿耨多羅三藐三菩提記是時即
有十千天子威德熾王而為上首俱從忉利
來至佛所頂禮佛足却坐一面尒時佛告信
相菩薩汝於來世過无量无邊百千万億不

BD14059號　金光明經卷三　（21-17）

相銀光授阿耨多羅三藐三菩提記是時所
有十千天子威德熾王而為上首俱從忉利
来至佛所頂礼佛足却坐一面尒時佛告信
相菩薩汝於来世過无量无邊百千万億不
可稱計那由他劫金照世界當成阿耨多羅
三藐三菩提号金寶山王如来應供正遍
知明行足善逝世間解无上士調御丈夫天人
師佛世尊乃至是佛般涅槃後正法像法皆
滅盡已長子銀相當於是界次補佛處世界
尒時轉名淨幢佛名閻浮檀金幢光明照 如
来應供正遍知明行足善逝世間解无上士
調御丈夫天人師佛世尊乃至是金般涅槃後
正法像法悉滅盡已次子銀光復於是後次
補佛處世界名字如本不異佛号曰金光明
如来應供正遍知明行足善逝世間解无上
士調御丈夫天人師佛世尊是十千天子聞
三大士得受記别復聞如是金光明經 聞已
歡喜生殷重心心无垢累如淨流璃清淨无
礙猶如虛空尒時如来知是十千天子善根
成就即便與授菩提道記汝等天子於當来
世過阿僧祇百千万億那由他劫於是世界
當成阿耨多羅三藐三菩提 同共一家 一姓
一名号曰青目優鉢羅華香山如来應供正
遍知明行足善逝世間解无上士調御丈夫
三月是夏 三月是秋 三月是冬 三月是春
是十二月 三三而說 從如是數 一歲四時
若二二說 足滿六時 三三本攝 二二現時
隨時是節 消息飲食 是能益身 醫方所說

BD14059 號　金光明經卷三　（21–18）

遍知明行足善逝世間解无上士調御丈夫
三月是夏 三月是秋 三月是冬 三月是春
是十二月 三三而說 從如是數 一歲四時
若二二說 足滿六時 三三本攝 二二現時
隨時是節 消息飲食 是能益身 醫方所說
隨時歲中 諸根四大 代謝增損 令身得病
有善醫師 隨順四時 三月消養 調和六大
隨病飲食 及以湯藥 多風病者 夏則發動
其熱病者 秋則發動 等分病者 冬則發動
其肺病者 春則增劇 有風病者 夏則應服
肥膩醎酢 及以熱食 有熱病者 秋服冷甜
等分冬服 甜酢肥膩 肺病春服 肥膩辛熱
飽食然後 則發肺病 於食消時 則發熱病
食消已後 則發風病 如是四大 隨三時發
病風羸損 補以蘇膩 熱病下藥 服呵梨勒
等分應服 三種妙藥 所謂甜辛 及以蘇膩
肺病應服 隨能吐藥 若風熱病 肺病等分
違時而發 應當任師 籌量隨病 服食湯藥
善女天尒時流水長者子問其父醫四大增
損因是得子一切醫方時長者子知醫方已
遍至國內城邑聚落在在處處隨有衆生病
苦者所軟言慰喻作如是言我是醫師我是
醫師善知方藥今當為汝療治救濟悉令除
愈善女天尒時衆生聞長者子軟言慰喻許
為治病心生歡喜踊躍无量時有百千无量
衆生遇極重病直聞是言心歡喜故種種所
患即得除差平復如本氣力充實善女天

BD14059 號　金光明經卷三　（21–19）

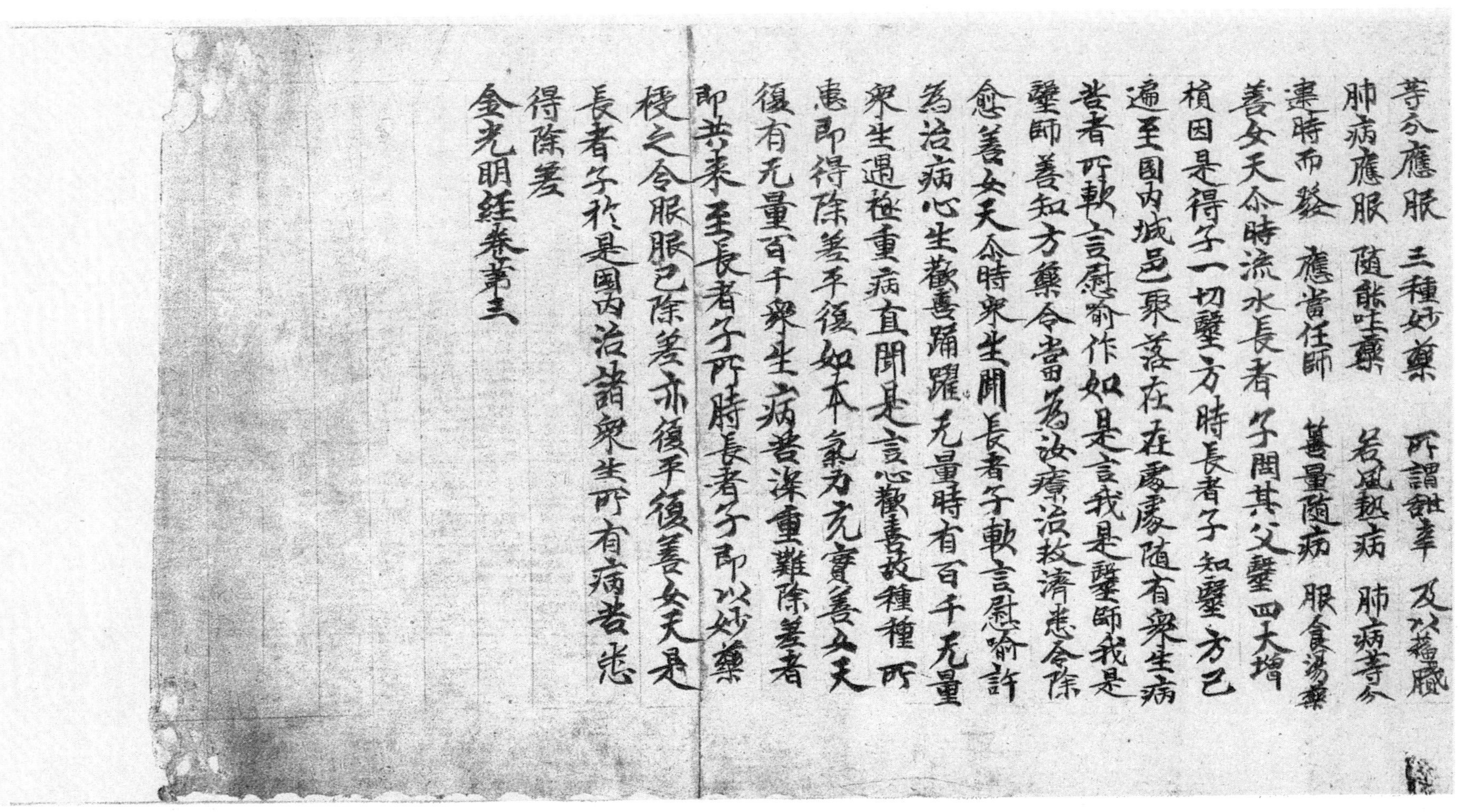

等分應服　三種妙藥　所謂甜辛　及以蘇膩
肺病應服　隨能吐藥　若風熱病　肺病等分
違時而發　應當任師　籌量隨病　服食湯藥
善女天尒時流水長者子問其父醫四大增
損因是得子一切醫方時長者子知醫方已
遍至國內城邑聚落在在處處隨有眾生病
苦者所軟言慰喻作如是言我是醫師我是
醫師善知方藥今當為汝療治救濟悉令除
愈善女天尒時眾生聞長者子軟言慰喻許
為治病心生歡喜踊躍无量時有百千无量
眾生遇極重病直聞是言心歡喜故種種所
患即得除差平復如本氣力充實善女天
復有无量百千眾生病苦深重難除差者
即共來至長者子所時長者子即以妙藥
授之令服服已除差亦復平復善女天是
長者子於是國內治諸眾生所有病苦悉
得除差
金光明經卷第三

BD14059號　金光明經卷三　（21–20）

即共來至長者子所時長者子即以妙藥
授之令服服已除差亦復平復善女天是
長者子於是國內治諸眾生所有病苦悉
得除差
金光明經卷第三

BD14059號　金光明經卷三　（21–21）

金光明經卷第四

BD14060 號背　現代護首

（1–1）

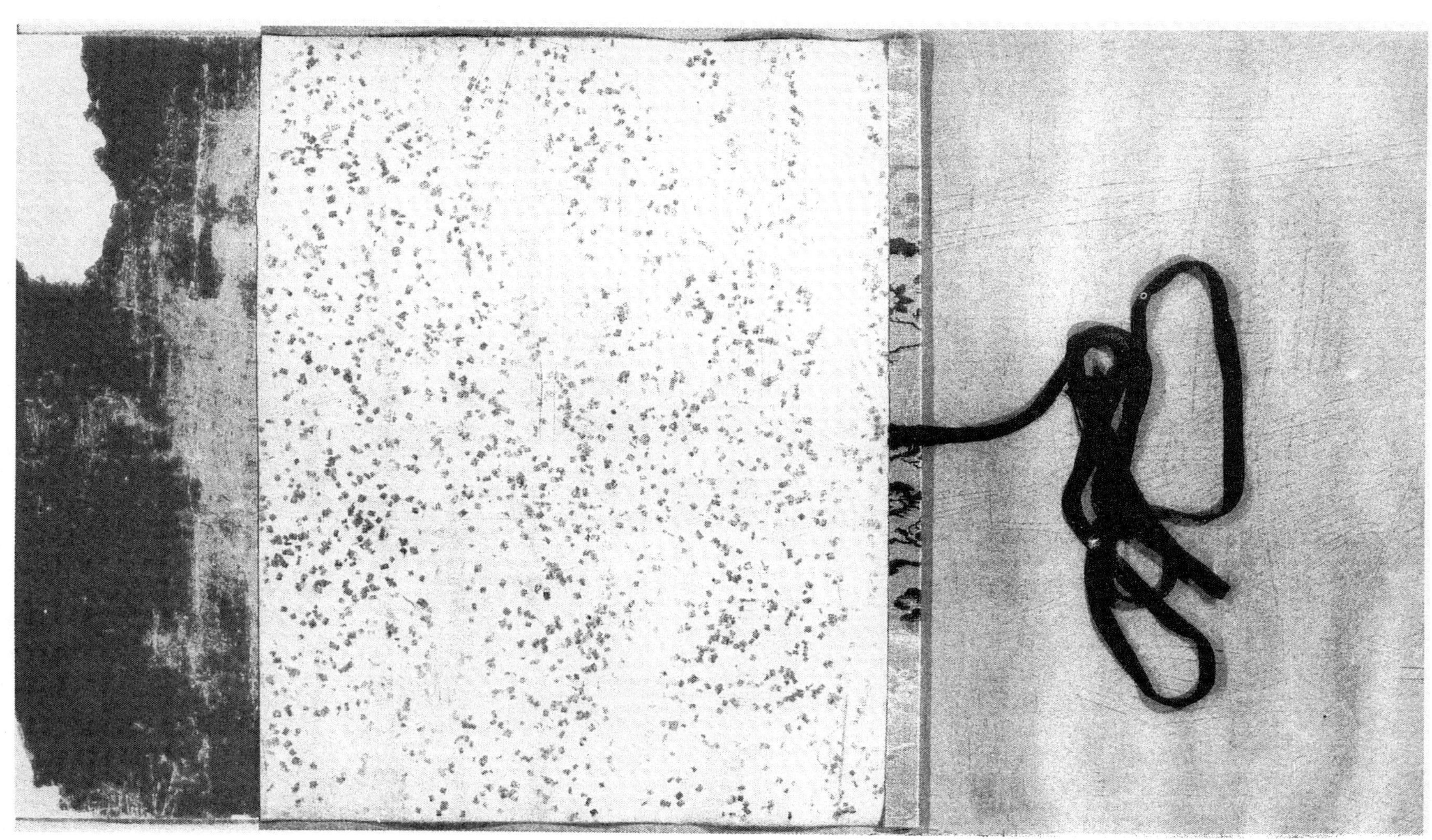

BD14060 號　金光明經卷四

（22–1）

金光明經卷第四

金光明經流水長者子品第六　四
佛告樹神尒時流水長者子於天自在光王
國內治一切衆生無量苦患已令其身體平復
如本受諸快樂以病除故多設福業脩行布
施尊重恭敬是長者子作如是言善哉善
哉長者能大增長福德之事能益衆生無量壽
命汝今真是大醫之王善治衆生無量重病必
是菩薩善解方藥善女天時長者子有妻名
曰水空龍藏而生二子一名水空二名水藏時
長者子將是二子次第遊行城邑聚落㝡
後到一大空澤中見諸虎狼狐犬鳥狩多食
肉血悉皆一向馳奔而去時長者子作是念
言是諸禽狩何因緣故一向馳走我當隨後
逐而觀之時長者子遂便隨逐見有一池其
水枯涸於其池中多有諸魚時長者子見是

BD14060 號　金光明經卷四　（22-2）

肉血悉皆一向馳奔而去時長者子作是念
言是諸禽狩何因緣故一向馳走我當隨後
逐而觀之時長者子遂便隨逐見有一池其
水枯涸於其池中多有諸魚時長者子見是
魚已生大悲心時有樹神示現半身作如是
言善哉善哉大善男子此魚可愍汝可與水
是故号汝名為流水復有二緣名為流水一
能流水二能與水汝今應當隨名定實時長
者子問樹神言汝此魚頭數為有幾所樹神
荅言其數具足滿十千善女天尒時流水聞
是數已倍復增益生大悲心善女天時此空
池為日所曝唯少水在是十千魚將入死門
四向婉轉見是長者心生恃賴隨是長者所
至方面隨逐瞻視目未曾捨是時長者馳趣
四方推求索水了不能得便四顧望見有大
樹尋取枝葉還到池上與作陰涼作陰涼已
復更推求是池中水本從何來即出四向周
遍求覓莫知水處復更疾走遠至餘處見
大河名曰水生尒時復有諸餘惡人為捕此
魚故於上流懸嶮之處决棄其水不令下過
然其决處懸嶮難補計當脩治經九十日百
千人功猶不能成况我一身時長者子速疾
還反至大王所頭面禮拜却坐一面合掌向
王說其因緣作如是言我為大王國土人民
治種種病漸漸遊行至彼空澤見有一池其
水枯涸有十千魚為日所曝今日困厄將死

BD14060 號　金光明經卷四　（22-3）

王説其因緣作如是言我為大王國土人民
治種種病漸漸遊行至彼空澤見有一池其
水枯涸有十千魚為日所曝令日困厄將死
不久唯願大王借二千大象令得負水濟彼
魚命如我與諸病人壽命尒時大王即勑大
臣速疾供給尒時大臣奉王告勑語是長者
善哉大士汝今自可至象廄中隨意選取利
益衆生令得快樂是時流水及其二子將二
千大象從治城人借索皮囊疾至彼河上流
決處盛水象負馳疾奔還至空澤池從象背
上下其囊水瀉置池中水遂弥滿還復如本長
者子於池四邊傍伴而行是魚尒時亦復隨
逐循岸而行時長者子復作是念是魚何
緣隨我而行是魚必為飢火所惱復欲從我
求索飲食我今當與善女天尒時流水長者
子告其二子言汝取一象最大力者速往家中
啓父長者家中所有可食之物乃及是父母飲
噉之分及以妻子奴婢之分一切聚集悉載
象上急速來還尒時二子如父教勑乘最大
象往至家中白其祖父説如上事尒時二子
収取家中可食之物載象背上疾還父所至
空澤池時長者子見其子還心生歡喜踊躍
無量從子邊取食食之物散著池中與魚食
已即自思惟我今已能與此魚食令其飽滿未
來之世當施法食復更思惟曾聞過去空閑
之處有一比丘讀誦大乘方等經典其經中
説若有衆生臨命終時得聞寶勝如來名号

BD14060號　金光明經卷四　（22-4）

無量從子邊取食食之物散著池中與魚食
已即自思惟我今已能與此魚食令其飽滿未
來之世當施法食復更思惟曾聞過去空閑
之處有一比丘讀誦大乘方等經典其經中
説若有衆生臨命終時得聞寶勝如來名号
即生天上我今當為是十千魚解説甚深十
二因緣亦當稱説寶勝佛名時閻浮提中有
二種人一者深信大乘方等二者毀呰不生
信樂時長者子作是思惟我今當入池水之
中為是諸魚説深妙法思惟是已即便入水
作如是言南无過去寶勝如來應供正遍知明
行足善逝世間解无上士調御丈夫天人師
佛世尊寶勝如來本往昔時行菩薩道作是
誓願若有衆生於十方界臨命終時聞我名
者當令是輩即命終已尋得上生三十三天
尒時流水復為是魚解説如是甚深妙法所
謂無明緣行行緣識識緣名色名色緣六入
六入緣觸觸緣受受緣愛愛緣取取緣有有
緣生生緣老死憂悲苦聚善女天尒時流水
長者子及其二子説是法已即共還家是長
者子復於後時賓客聚會醉酒而卧尒時其
地卒大震動時十千魚同日命終即命終已
生忉利天既生天已作是思惟我等以何善
業因緣得生於此忉利天中復相謂言我等
先於閻浮提內墮畜生中受於魚身流水長
者與我等水及以飲食復為我等解説甚
深十二因緣并稱寶勝如來名号以是因緣令

BD14060號　金光明經卷四　（22-5）

業因緣得生於此忉利天中復相謂言我等
先於閻浮提內墮畜生中受於魚身流水長
者與我等水及以飲食復為我等解說甚
深十二因緣并稱寶勝如來名号以是因緣令
我等輩得生此天是故我等今當往至長者
子所報恩供養尒時十千天子從忉利天下
閻浮提至流水長者子大醫王家時長者子
在樓屋上露卧睡眠是十千天子以十千真
珠天妙瓔珞置其頭邊復以十千置其足邊
復以十千置右脅邊復以十千置左脅邊雨
曼陁羅華摩訶曼陁羅華積至于膝種種
天樂出妙音聲閻浮提中有睡眠者皆悉覺
悟流水長者子亦從睡悟是十千天子於上
空中飛騰遊行天自在光王國內處處皆雨天
妙蓮華是諸天子復至本處空澤池所復雨
天華便從此沒還忉利宮隨意自在受天五
欲時閻浮提過是夜已天自在光王問諸大
臣今夜何緣亦現如是淨妙瑞相有大光明
大臣答言大王當知忉利諸天於流水長者
子家雨四十千真珠瓔珞及不可計曼陁羅
華王即告臣卿可往至彼長者家善言誘
喚令使來大臣受勑即至其家宣王教令喚
是長者是時長者尋至王所王問長者何緣
亦現如是瑞相長者子言我必定知是十千
魚其命已終時大王言今可遣人審實是
事尒時流水尋遣其子至彼池所看是諸魚

BD14060號　金光明經卷四　（22–6）

是長者是時長者尋至王所王問長者何緣
亦現如是瑞相長者子言我必定知是十千
魚其命已終時大王言今可遣人審實是
事尒時流水尋遣其子至彼池所看是諸魚
死活定實尒時其子聞是語已向於彼池既至
池已見其池中多有摩訶曼陁羅華積聚成
積其中諸魚悉皆命終見已即還白其父言
彼諸魚等悉已命終尒時流水知是事已復
往王所作如是言是十千魚悉皆命終王聞
是已心生歡喜尒時世尊告道場菩提樹神
善女天欲知尒時流水長者子今我身是長
子水空羅睺羅是次子水藏今阿難是時十
千魚者今十千天子是是故我今為其受阿
耨多羅三藐三菩提記尒時樹神現半身者
今汝身是

金光明經捨身品第十七

尒時道場菩提樹神復白佛言世尊我聞世
尊過去脩行菩薩道時具受無量百千苦行
捐捨身命肉血骨髓唯願世尊少說往昔苦
行因緣為利衆生受諸快樂尒時世尊即現
神足神足力故令此大地六種震動於大講堂
衆會之中有七寶塔從地踊出衆寶羅網
弥滿其上尒時大衆見是事已生希有心尒
時世尊即從坐起礼拜是塔恭敬圍繞還就
本處尒時道場菩提樹神白佛言世尊如來
世雄出現於世常為一切之所恭敬於諸衆

BD14060號　金光明經卷四　（22–7）

時世尊即從坐起礼拜是塔恭敬圍繞還就
本處尒時道場菩提樹神白佛言世尊如來
世雄出現於世常為一切之所恭敬於諸衆
生最勝最尊何因緣故礼拜是塔佛言善女
天我本脩行菩薩道時我身捨利安此是
塔因由是身令我早成阿耨多羅三藐三菩提
尒時佛告尊者阿難汝可開塔取中舍利示
此大衆是舍利者乃是無量六波羅蜜功德
所勳尒時阿難聞佛教勅即往塔所礼拜供
養開其塔户見其塔中有七寶函以手開函
見其舍利色妙紅白而白佛言世尊是中舍
利其色紅白佛告阿難汝可持來此是大士
真身舍利尒時阿難即舉寶函還至佛所持
以上佛尒時佛告一切大衆汝等今可礼是舍
利此舍利者是戒定慧之所勳脩甚難可
得最上福田尒時大衆聞是語已心懷歡喜
即從坐起合掌恭敬頂礼菩薩大士舍利尒
時世尊欲為大衆斷疑網故說是舍利往昔
因緣阿難過去之世有王名曰摩訶羅陁脩行
善法善治國土無有怨敵時有三子端正微
妙形色殊特威德第一第一太子名曰摩
訶波那羅次子名曰摩訶提婆小子名曰摩
訶薩埵是三王子於諸園林遊戲觀看次第
漸到一大竹林憩駕止息第一王子作如是言
我於今日心甚怖懼於是林中将無衰損第
二王子復作是言我於今日不自惜身但離
所愛心憂愁耳第三王子復作是言我於今

漸到一大竹林憩駕止息第一王子作如是言
我於今日心甚怖懼於是林中将無衰損第
二王子復作是言我於今日不自惜身但離
所愛心憂愁耳第三王子復作是言我於今
日獨無怖懼亦無愁惱山中空寂神仙所讚
是處閑靜能令行人安隱受樂時諸王子
說是語已轉復前行見有一虎適產七日而
有七子圍繞周匝飢餓窮悴身體羸損命将
欲絶第一王子見是虎已作如是言怪哉此
虎產來七日七子圍繞不得求食若為飢逼
必還噉子第二王子言此虎經常所食何物
第一王子言此虎唯食雜熱肉血第三王子言
君等誰能與此虎食第二王子言此虎飢
餓身體羸瘦窮困頓乏餘命無幾不容餘處
為其求食設餘求者命必不濟誰能為此不
惜身命第一王子言一切難捨不過己身第
三王子言我等今者以貪惜故於此身命不能
放捨智慧薄少故於是事而生驚怖若諸大
士欲利益他生大悲心為衆生者捨此身命
不足為難時諸王子心大愁憂久住視之目
未曾捨作是觀已尋便離去尒時第三王
子作是念言我今捨身時已到矣何以故我
從昔来多棄是身都無所為亦常愛護處
之屋宅又復供給衣服飲食卧具醫藥象馬
車乘隨時将養令無所乏而不知恩反生怨害
然復不免無常敗壞復次是身不堅無所利

從昔來多棄是身都無所為亦常愛護處
之屋宅又復供給衣服飲食卧具醫藥乌馬
車乘隨時將養令無所乏而不知恩反生怨害
然復不免無常敗壞復次是身不堅無所利
益可惡如賊猶若行廁我於今日當使此身
作无上業於生死海中作大橋梁復次若捨
此身則捨無量癰疽癲疾百千怖畏是身
唯有大小便利是身不堅如水上沫是身不淨
多諸虫户是身不淨筋纏血塗皮骨髓腦共
相連持如是觀察甚可患猒是故我今應當
捨離以求寂滅无上涅槃永離憂患无常變
異生死休息無諸塵累無量禪定智慧功德
具足成就微妙法身百福莊嚴諸佛所讃證
成如是无上法身與諸衆生無量法樂是時
王子勇猛堪任作是大願以上大悲勳脩其
心慮其二兄心懷怖懅或恐固遮為作留難
即便語言兄等今者可與眷屬還其所止
尒時王子摩訶薩埵還至虎所脫身衣裳置
竹枝上作是誓言我今為利諸衆生故證於
冣勝无上道故大悲不動捨難捨故為求菩
提知所讃故欲度三有諸衆生故欲滅生死
怖衆熱惱故是時王子作是誓已即自放身卧
餓虎前是時王子以大悲力故虎無能為王
子復作如是念言虎今羸瘦身無勢力不能
得我身血肉食即起求刀周遍求之了不能
得即以干竹剌頸出血於高山上投身虎前
是時大地六種震動日無精光羅睺羅阿

子復作如是念言虎今羸瘦身無勢力不能
得我身血肉食即起求刀周遍求之了不能
得即以干竹剌頸出血於高山上投身虎前
是時大地六種震動日無精光羅睺羅阿
脩羅王捉持鄣蔽又雨雜華種種妙香時
虛空有諸餘天見是事已心生歡喜嘆未曾
有讃言善哉善哉大士汝今真是行大悲者
為衆生故能捨難捨於諸學人第一勇健汝
已為得諸佛所讃常樂住處不久當證無惱
無熱清淨涅槃是虎尒時見血流出汙王子
身即便舐血噉食其肉唯留餘骨尒時第一
王子見地大動為第二王子而說偈言
震動大地　及以大海　日無精光　如有覆蔽
於上虛空　雨於華香　必是我弟　捨所愛身
第二王為　復說偈言
彼虎産來　已經七日　七子圍繞　窮無飲食
氣力羸損　命不云遠　小弟大悲　知其窮悴
懼不堪任　還食其子　必定捨身　以救彼命
時二王子心大愁怖涕泣悲歎容貌憔悴復
共相將還至虎所見第所著衣服衣裳皆悉
在一竹枝之上骸骨髮爪布散狼藉流血處
處遍汙其地見已悶絶不自勝持投身骨上
良久乃悟即起舉手號天而哭我弟幼稚才
能過人特為父母之所愛念奄忽捨身以飴
餓虎我今還宮父母設問當云何荅我寧在
此併命一處不忍見是骸骨髮爪何心捨離

能過人特為父母之所愛念奄忽捨身以飴
餓虎我今還宮父母設問當云何荅我寧在
此併命一處不忍見是骸骨髮抓何心捨離
還見父母妻子眷屬朋友知識時二王子悲
號懊惱漸捨而去時小王子所將侍從各散
諸方爭相謂言今者我天為何所在尒時王
妃於睡中夢夢乳被割牙齒墮落得三鴿鷂
一為鷹食尒時王妃大地動時即便驚悟心
大悲怖而說偈言
今日何故　大地大水　一切皆動　物不安所
日無精光　如有覆蔽　我心憂苦　目瞤瞤動
如我今者　所見瑞相　必有災異　不祥苦惱
於是王妃說是偈已時有青衣在外已聞王
子消息心驚惶怖尋即入內啓白王妃作如是
言向者在外聞諸徒從推覓王子不知所在
王妃聞已生大憂惱涕泣滿目至大王所我
於向者傳聞外人失我最小所愛之子大王
聞已而復悶絕悲哽苦惱收淚而言如何今
日失我心中所愛重者尒時世尊欲重宣此
義而說偈言
我於往昔　無量劫中　捨所重身　以求菩提
若為國王　及作王子　常捨難捨　以求菩提
我念宿命　有大國王　其王名曰　摩訶陁羅
是王有子　能大布施　其子名曰　摩訶薩埵
復有二兄　長者名曰　大波那羅　次名大天
三人同遊　至一空山　見新產虎　飢窮無食
時勝大王　生大悲心　我今當捨　所重之身

若為國王　及作王子　常捨難捨　以求菩提
我念宿命　有大國王　其王名曰　摩訶陁羅
是王有子　能大布施　其子名曰　摩訶薩埵
復有二兄　長者名曰　大波那羅　次名大天
三人同遊　至一空山　見新產虎　飢窮無食
時勝大王　生大悲心　我今當捨　所重之身
此虎或為　飢餓所逼　儻能還食　自所生子
即上高山　自投虎前　為令虎子　得全性命
是時大地　及諸大山　皆悉震動　驚諸垂狩
虎狼師子　四散馳走　世間皆闇　無有光明
是時二兄　故在竹林　心懷憂惱　愁苦涕泣
漸漸推求　遂至虎所　見虎虎子　血汙其口
又見骸骨　髮毛抓齒　處處迸血　狼藉在地
以灰塵土　自塗坌身　忘失正念　生狂癡心
所將侍從　覩見是事　亦生悲慟　失聲號哭
手以冷水　共相噴灑　然後穌息　失聲號哭
是時王子　當捨身時　正值後宮　妃后綵女
眷屬五百　共相娛樂　王妃是時　兩乳汁出
一切枝節　痛如針刺　心生愁惱　以喪哀子
於是王妃　疾至王所　其聲微細　悲泣而言
大王今當　諦聽諦聽　憂愁盛大　今來燒我
我今二乳　俱時汁出　身體苦切　如被針刺
我見如是　不祥瑞相　恐更不復　見所愛子
今以身命　奉上大王　願速遣人　求覓我子
夢三鴿鷂　在我懷抱　其最小者　可適我心
有鷹飛來　奪我而去　夢是事已　即生憂惱
我今愁怖　恐命不濟　願速遣人　推求我子
時王妃　說是語已　即時悶絕　而復躃地

令以身命　奉上大王　願速遣人　求覓我子
夢三鴿鷂　在我懷抱　其最小者　可適我心
有鷹飛來　奪我而去　夢是事已　即生憂惱
我今愁怖　恐命不濟　願速遣人　推求我子
是時王妃　說是語已　即時悶絕　而復躃地
王聞是語　復生憂惱　以不得見　所愛之子
其王大臣　及諸眷屬　悉皆聚集　在王左右
哀哭悲號　聲動天地　尒時城內　所有人民
聞是聲已　驚愕而出　各相謂言　今是王子
為活來耶　為已死亡　如是大士　常出軟語
為眾所愛　今難可見　已有諸人　入林推求
不久自當　得定消息　諸人尒時　慞惶如是
而復悲號　哀慟神祇
尒時大王　即從坐起　以水灑妃　良久乃穌
還得正念　微聲問王　我子今者　為死活耶
尒時王妃　念其子故　倍復懊惱　心无暫捨
可惜我子　形色端正　如何一旦　捨我終亡
云何我身　不先薨沒　而見如是　諸苦惱事
善男妙色　猶淨蓮華　誰壞汝身　使令分離
將非是我　昔日怨讎　挾本業緣　而煞汝耶
我子面目　淨如滿月　不圖一旦　遇斯禍對
寧使我身　破碎如塵　不令我子　喪失身命
我所見夢　已為得報　值我無情　能堪是苦
如我所夢　牙齒墮落　二乳一時　汁自流出
必定是我　失所愛子　夢三鴿鷂　鷹奪一去
三子之中　必定失一　尒時大王　即告其妃
我今當遣　大臣使者　周遍東西　推求覓子

如我所夢　牙齒墮落　二乳一時　汁自流出
必定是我　失所愛子　夢三鴿鷂　鷹奪一去
三子之中　必定失一　尒時大王　即告其妃
我今當遣　大臣使者　周遍東西　推求覓子
汝今且可　莫大憂愁　大王如是　慰喻妃已
即便嚴駕　出其宮殿　心生愁惱　憂苦所切
雖在大眾　顏貌憔悴　即出其城　覓所愛子
尒時亦有　無量諸人　哀號動地　尋從王後
是時大王　既出城已　四向顧望　求覓其子
煩冤心亂　靡知所在　最後遙見　有一信來
頭蒙塵土　血汙衣衣　灰糞塗身　悲號而至
尒時大王　摩訶羅陁　見是使已　倍生懊惱
舉手號叫　仰天而哭　先所遣臣　尋復來至
既至王所　作如是言　願王莫愁　諸子猶在
不久當至　令王得見　須臾之頃
見王愁苦　顏貌憔悴　身所著衣　垢膩塵坌
大王當知　一子已終　二子雖存　哀悴無賴
第三王子　見虎新產　飢窮七日　恐還食子
見是虎已　深生悲心　發大誓願　當度眾生
於未來世　證成菩提　即上高處　投身餓虎
虎飢所逼　便起噉食　一切血肉　已為都盡
唯有骸骨　狼藉在地　是時大王　聞臣語已
轉復悶絕　失念躃地　憂愁盛火　熾然其身
諸臣眷屬　亦復如是　以水灑王　良久乃穌
復起舉手　號天而哭　復有臣來　而白王言
向於林中　見王二子　愁憂苦毒　悲號涕泣
迷悶失志　自投於地　臣即求水　灑其身上

轉復悶絶　失念躃地　憂愁盛火　熾然其身
諸臣眷屬　亦復如是　以水灑王　良久乃穌
復起舉手　號天而哭　復有臣來　而白王言
向於林中　見王二子　愁憂苦毒　悲號涕泣
迷悶失志　自投於地　臣即求水　灑其身上
良久之頃　乃還穌息　望見四方　大火熾然
扶持暫起　尋復躃地　舉手悲哀　號天而哭
尘復讚嘆　其第功德　是時大王　以離愛子
其心迷悶　氣息惙然　憂惱涕泣　並復思惟
是衆小子　我所愛重　無常大鬼　奄便吞食
其餘二子　今雖存在　而為憂火　之所焚燒
或能為是　喪失命根　我宜速往　至彼林中
迎載諸子　急還宮殿　其母在後　憂苦逼切
心肝分裂　或能失命　若見二子　慰喻其心
可使終保　餘年壽命　尒時大王　駕乘名鳥
與諸侍從　欲至彼林　即於中路　見其二子
號天扣地　稱第名字　時王即前　抱持二子
悲號涕泣　隨路還宮　速令二子　覲見其母
佛告樹神　汝今當知　尒時王子　摩訶薩埵
捨身餧虎　今我身是　尒時大王　摩訶羅陁
於今父王　輸頭檀是　尒時王妃　今摩耶是
第一王子　今弥勒是　第二王子　今調達是
尒時虎者　今瞿夷是　時虎七子　今五比丘
及舍利弗　目揵連是
尒時大王摩訶羅陁及其妃后悲號涕泣悉
皆脫身御服瓔珞與諸大衆往至竹林中收
其舍利即於此處起七寶塔是時王子摩訶

BD14060號　金光明經卷四　（22–16）

及舍利弗　目揵連是
尒時大王摩訶羅陁及其妃后悲號涕泣悉
皆脫身御服瓔珞與諸大衆往至竹林中收
其舍利即於此處起七寶塔是時王子摩訶
薩埵臨捨命時作是誓願我舍利於未來世
是等數劫常為衆生而作佛事說是經時無
量阿僧祇天及人發阿耨多羅三藐三菩提心
樹神是名礼塔往昔因緣尒時佛神力故是
七寶塔即沒不現

金光明經讚佛品第十八

尒時無量百千万億諸菩薩衆從此世界至
金寶蓋山王如來國土到彼土已五體投地為
佛作礼却一面立向佛合掌異口同音而　讚
嘆曰
如來之身　金色微妙　其明照曜　如金山王
身淨柔軟　如金蓮華　无量妙相　以自莊嚴
隨形之好　光飾其體　淨潔無比　如紫金色
圓足無垢　如淨滿月　其音清徹　妙如梵聲
師子吼聲　大雷震聲　六種清淨　微妙音聲
迦陵頻伽　孔雀之聲　清淨無垢　威德具足
百福相好　莊嚴其身　光明遠照　无有齊限
智慧寂滅　無諸愛習　世尊成就　無量功德
譬如大海　須弥寶山　為諸衆生　生憐愍心
於未來世　能與快樂　如來所說　第一深義
能令衆生　寂滅安樂　能與衆生　無量快樂
能演無上　甘露妙法　能開無上　甘露法門
能入一切　無患寂宅　能令衆生　悉得解脫

BD14060號　金光明經卷四　（22–17）

能令衆生 究竟安樂 能與衆生 無量快樂
能演無上 甘露妙法 能開無上 甘露法門
能入一切 無患寂宅 能令衆生 悉得解脫
度於三有 無量苦海 安住正道 無諸憂苦
如來世尊 功德智慧 大慈悲力 精進方便
如是無量 不可稱計 我等今者 不能說喻
諸天世人 於無量劫 盡思度量 不能得知
如來所有 功德智慧 無量大海 一渧少分
我今略讚 如來功德 百千億分 不能宣一
若我功德 得聚集者 迴與衆生 證無上道
尒時信相菩薩即於此會從坐而起偏袒右
肩右膝著地合掌向佛而說讚言
世尊百福 相好微妙 功德千數 莊嚴其身
色淨遠照 視之無猒 如日千光 彌滿虛空
光明熾盛 無量無邊 猶如無數 珍寶大聚
其明五色 青紅赤白 琉璃頗梨 如融真金
光明赫弈 通徹諸山 悉能遠照 無量佛土
能滅衆生 無量苦惱 又與衆生 上妙快樂
諸根清淨 微妙第一 衆生見者 無有猒足
髮紺柔軟 猶孔雀項 如諸蜂王 集在蓮華
清淨大悲 功德莊嚴 無量三昧 及以大慈
如是功德 悉已聚集 相好妙色 嚴飾其身
種種功德 助成菩提
如來悉能 調伏衆生 令心柔軟 受諸快樂
種種深妙 功德莊嚴 亦爲十方 諸佛所讚
其光遠照 遍於諸方 猶如日明 充滿虛空

種種功德 助成菩提
如來悉能 調伏衆生 令心柔軟 受諸快樂
種種深妙 功德莊嚴 亦爲十方 諸佛所讚
其光遠照 遍於諸方 猶如日明 充滿虛空
功德成就 如須彌山 在在示現 於諸世界
齒白齊密 猶如珂雪 其德如日 處空明顯
眉間毫相 右旋婉轉 光明流出 如琉璃珠
其色微妙 如日處空
尒時道場菩提樹神復說讚曰
南无清淨 無上正覺 甚深妙法 隨順覺了
遠離一切 非法非道 獨拔而出 成佛正覺
智有非本 本性清淨
希有希有 如來功德 希有希有 如來大海
希有希有 如須彌山 希有希有 佛無邊行
希有希有 佛出於世 如優曇華 時一現耳
希有如來 無量大悲 釋迦牟尼 爲人中日
爲欲利益 諸衆生故 宣說如是 妙寶經典
善哉如來 諸根寂滅 而復遊入 善寂大城
無垢清淨 甚深三昧 入於諸佛 所行之處
一切聲聞 身皆空寂 所足世尊 行處亦空
如是一切 无量諸法 推本性相 亦皆空寂
一切衆生 性相亦空 狂愚心故 不能覺知
我常念佛 樂見世尊 常作誓願 不離佛日
我常於地 長跪合掌 其心戀慕 欲見於佛
我常脩行 最上大悲 哀泣雨淚 欲見於佛
我常渴仰 欲見於佛 爲是事故 憂火熾然
唯願世尊 賜我慈悲 清冷法水 以滅是火

我常於地　長跪合掌　其心戀慕　欲見於佛
我常脩行　哀上大悲　哀泣雨淚　欲見於佛
我常渴仰　欲見於佛　為是事故　憂火熾然
唯願世尊　賜我慈悲　清冷法水　以滅是火
世尊慈愍　悲心無量　願使我身　常得見佛
世尊常護　一切人天　是故我今　渴仰欲見
聲聞之身　猶如虛空　炎幻響化　如水中月
衆生之性　如夢所見　如來行處　淨如琉璃
入於無上　甘露法處　能與衆生　無量快樂
如來行處　微妙甚深　一切衆生　無能知者
五通神仙　及諸聲聞　一切緣覺　亦不能知
我今不疑　佛所行處　唯願慈悲　為我現身
尒時世尊　從三昧起　以微妙音　而讚嘆言
善哉善哉　樹神善女　汝於今日　快說是言

金光明經囑累品第十九

尒時釋迦牟尼佛從三昧起現大神力以右
手摩諸大菩薩摩訶薩頂與諸天王及龍王
二十八部散脂鬼神大將軍等而作是言我
於無量百千万億恒河沙劫脩集是金光明
微妙經典汝等當受持讀誦廣宣此法復於
閻浮提內無令斷絕若有善男子善女人於
未來世中有受持讀誦此經典者汝等諸天
常當擁護當知是人於未來世無量百千人
天之中常受快樂於未來世值遇諸佛疾得
證成阿耨多羅三藐三菩提
尒時諸大菩薩及天龍王二十八部散脂大
將等即從坐起到於佛前五體投地俱發聲

BD14060號　金光明經卷四　（22-20）

金光明經囑累品第十九
尒時釋迦牟尼佛從三昧起現大神力以右
手摩諸大菩薩摩訶薩頂與諸天王及龍王
二十八部散脂鬼神大將軍等而作是言我
於無量百千万億恒河沙劫脩集是金光明
微妙經典汝等當受持讀誦廣宣此法復於
閻浮提內無令斷絕若有善男子善女人於
未來世中有受持讀誦此經典者汝等諸天
常當擁護當知是人於未來世無量百千人
天之中常受快樂於未來世值遇諸佛疾得
證成阿耨多羅三藐三菩提
尒時諸大菩薩及天龍王二十八部散脂大
將等即從坐起到於佛前五體投地俱發聲
言如世尊勅當具奉行如是三白如世尊勅
當具奉行於是散脂大將軍而白佛言如世
尊若後未來世中有受持是經若自書若使
人書我當與此二十八部諸鬼神等常當隨
侍擁衛隱蔽其身是說法者皆悉消滅諸
惡令得安隱願不有慮
尒時釋迦牟尼佛現大神力十方無量世界
皆六種震動是時諸佛皆大勸喜囑累是經
故讚美持法者現無量神力於是無量無邊
阿僧祇菩薩摩訶薩大衆及信相菩薩金光
金藏常悲法上等及四天大王十千天子與
道場菩提樹神堅牢等及一切世間天人阿
脩羅等聞佛所說皆發無上菩提之道踊
躍歡喜作禮而去

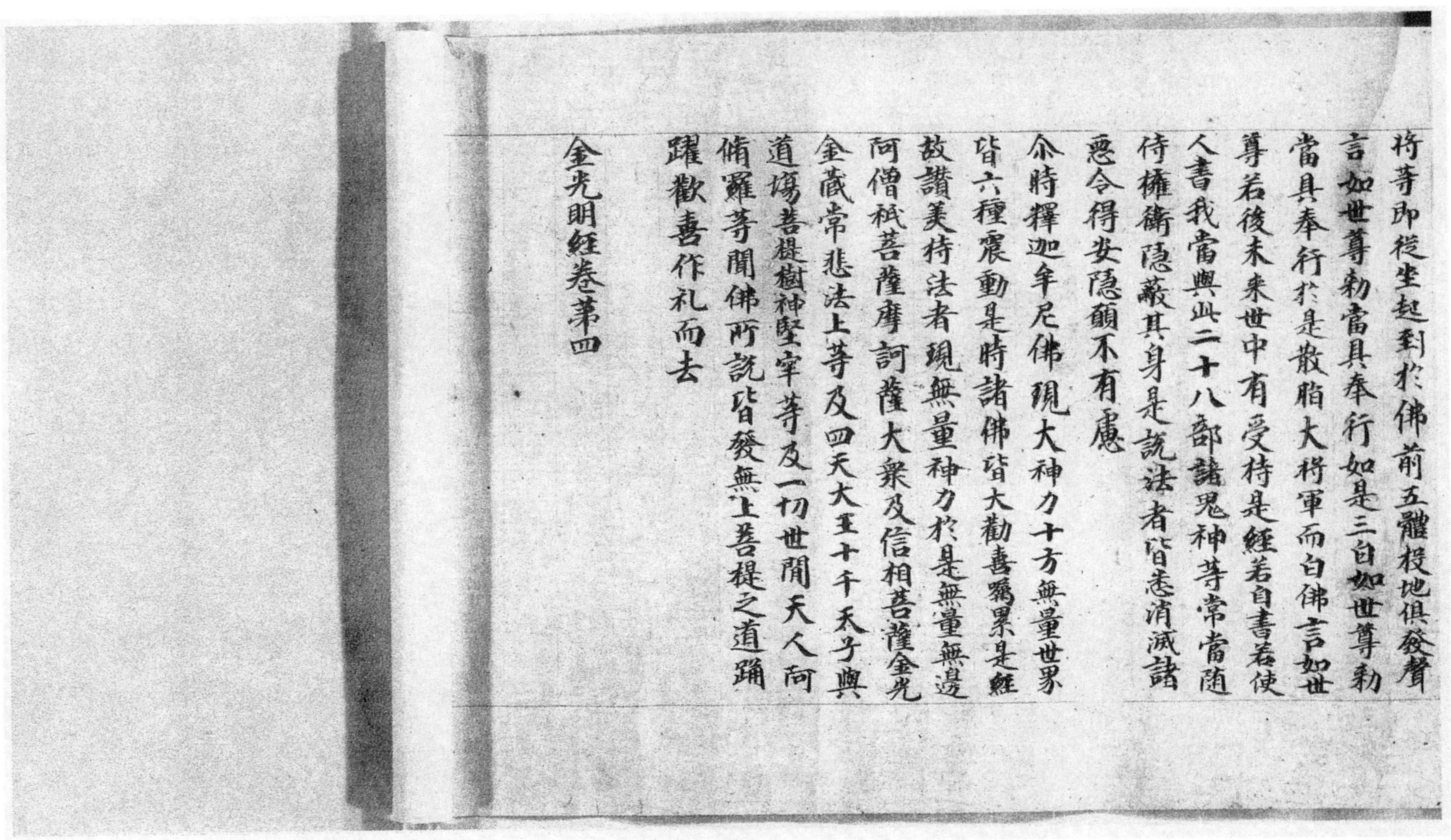

將等即從坐起到於佛前五體投地俱發聲
言如世尊勅當具奉行如是三白如世尊勅
當具奉行於是散脂大將軍而白佛言如世
尊若後未來世中有受持是經若自書若使
人書我當與此二十八部諸鬼神等常當隨
侍擁衛隱蔽其身是說法者皆悉消滅諸
惡令得安隱頗不有慮
尒時釋迦牟尼佛現大神力十方無量世界
皆六種震動是時諸佛皆大勸喜囑累是經
故讚美持法者現無量神力於是無量無邊
阿僧祇菩薩摩訶薩大衆及信相菩薩金光
金藏常悲法上等及四天大王十千天子與
道場菩提樹神堅牢等及一切世間天人阿
脩羅等聞佛所說皆發無上菩提之道踊
躍歡喜作礼而去

金光明經卷第四

BD14060 號　金光明經卷四　（22–22）

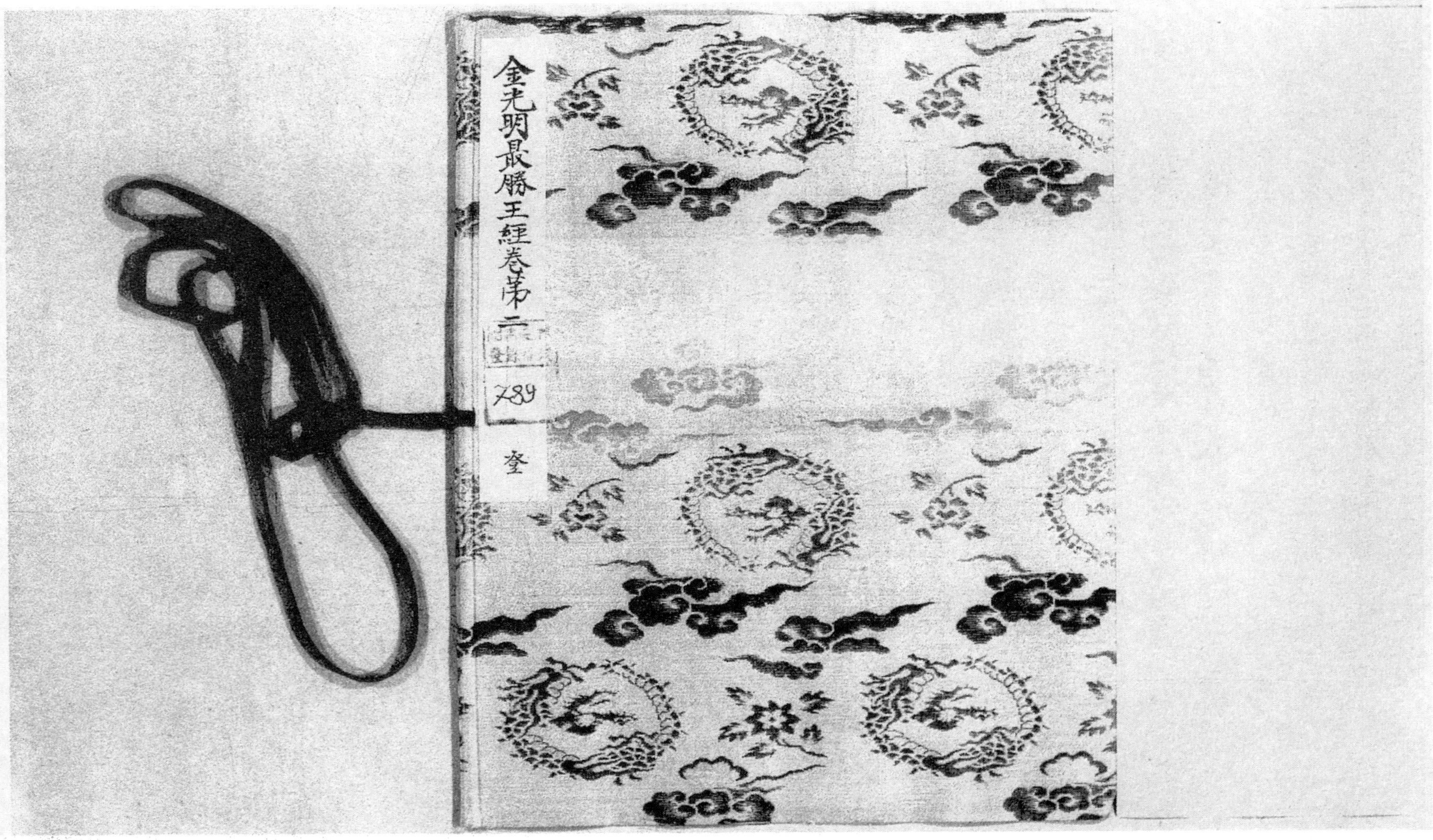

金光明最勝王經卷第二

284

登

BD14061 號背　現代護首　（1–1）

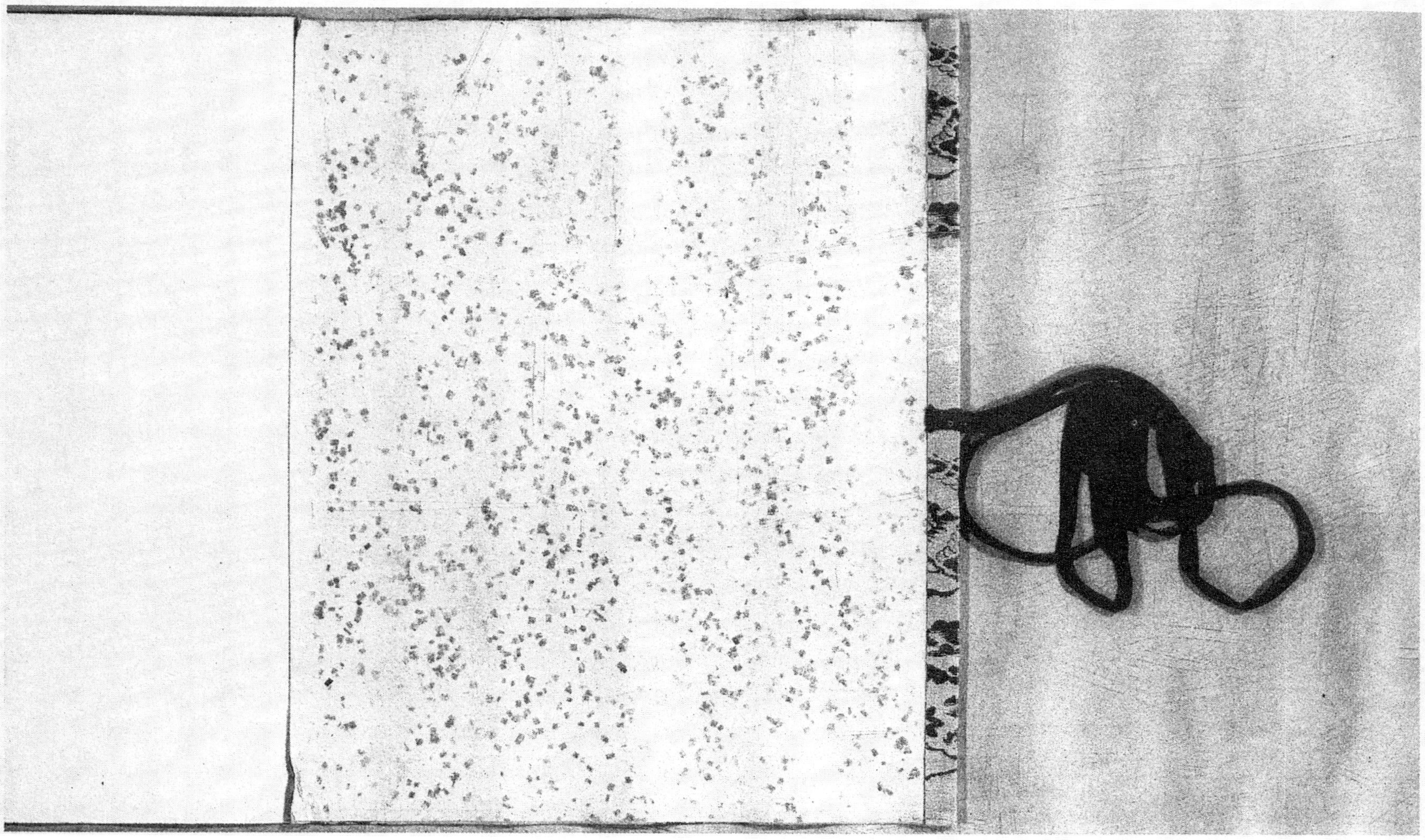

BD14061號　金光明最勝王經卷二

（21–1）

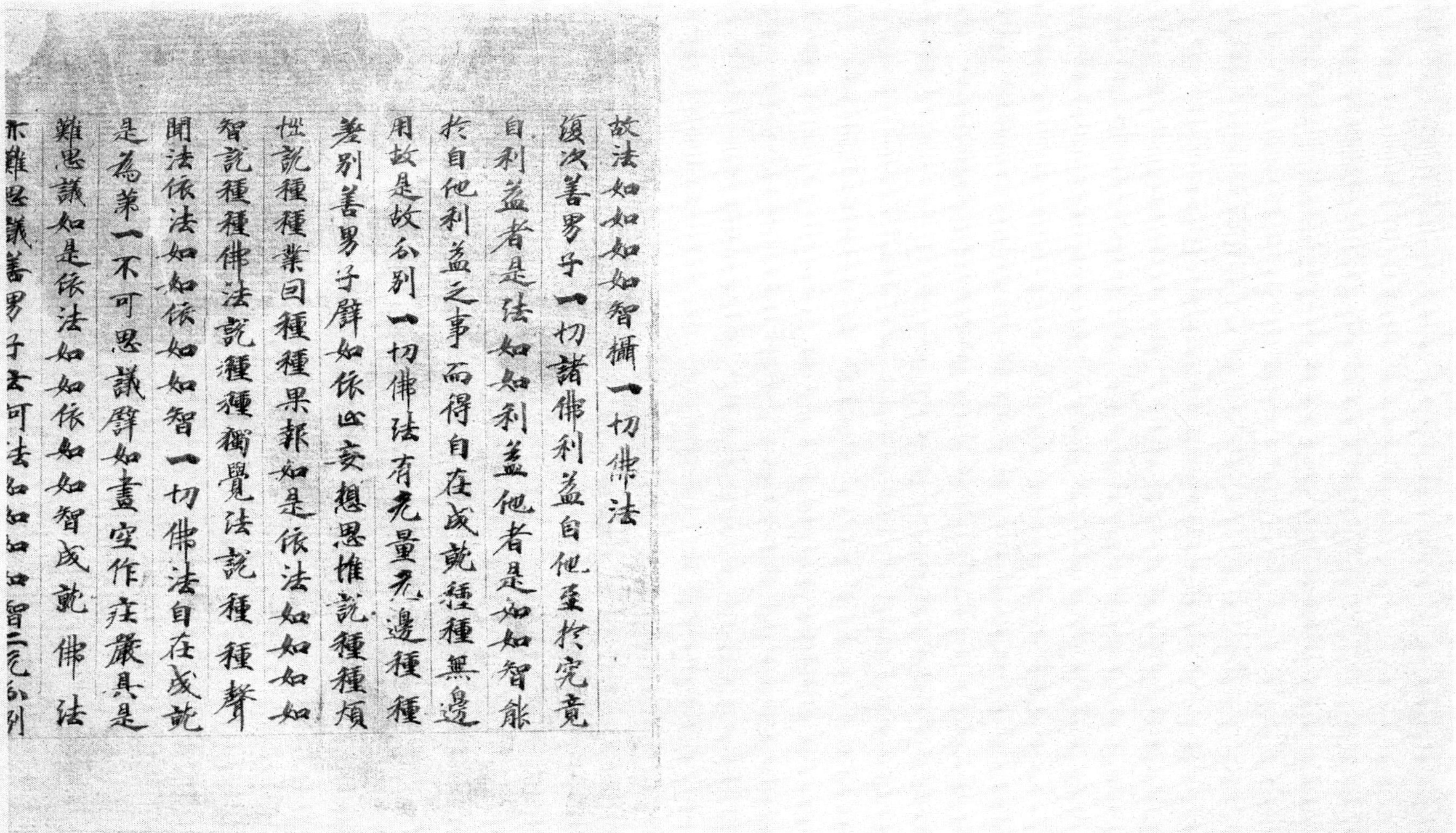

故法如如如如智攝一切佛法
復次善男子一切諸佛利益自他至於究竟
自利益者是法如如利益他者是如如智能
於自他利益之事而得自在成就種種無邊
用故是故分別一切佛法有无量无邊種種
差別善男子譬如依止妄想思惟說種種煩
惱說種種業因種種果報如是依法如如如如
智說種種佛法說種種獨覺法說種種聲
聞法依法如如依如如智一切佛法自在成就
是為第一不可思議譬如畫空作莊嚴具是
難思議如是依法如如依如如智成就佛法
亦難思議善男子云何法如如如如智无分別

BD14061號　金光明最勝王經卷二

（21–2）

聞法依法如如依如如智一切佛法自在成就
是為第一不可思議譬如畫空作莊嚴具是
難思議如是依法如如依如如智成就佛法
亦難思議善男子云何法如如如如智二无分別
而得自在事業成就善男子譬如如如來入
於涅槃願自在故種種事業皆得成就法
如如如如智自在事成亦復如是
復次菩薩摩訶薩入无心定依前願力從禪
定起作衆事業如是二法无有分別自在事
成善男子譬如日月无有分別亦如水鏡無有
分別光明亦无分別三種和合得有影生如
是法如如如如智亦无分別以願自在故衆
生有感現應化身如日月影和合出現復次
善男子譬如无量无邊水鏡依於光故空
影得現種種異相空者即是无相善男子
如是受化諸弟子等是法身影以願力故於
二種身現種種相於法身地无有異相善男
子依此二身一切諸佛說有餘涅槃依此法
身說无餘涅槃何以故一切餘法究竟盡故
依此三身一切諸佛說無住處涅槃為二身故
不住涅槃離於法身无有別佛何故二身不
住涅槃二身假名不實念念生滅不定住故
數數出現以不定故法身不尒是故二身不
住涅槃法身不二是故不住涅槃故依三身說
無住涅槃
善男子一切凡夫為三相故有縛有障遠離

住涅槃法身不二是故不住涅槃故依三身說
無住涅槃
善男子一切凡夫為三相故有縛有障遠離
三身不至三身何者為三一者遍計所執相
二者依他起相三者成就相如是諸相不能
解故不能滅故不能淨故是故不得至於三
身如是三相能解能滅能淨故是故諸佛具
足三身善男子諸凡夫人未能除遣此三心
故遠離三身不能得至何者為三一者起
事心二者依根本心三者根本心依諸伏道
起事心盡依法斷道依根本心盡依寂勝道
根本心盡起事心滅故得現化身依根本心
滅故得顯應身根本心滅故得至法身是故
一切如來具足三身
善男子一切諸佛於第一身與諸佛同事於
第二身與諸佛同意於第三身與諸佛同
體善男子是初佛身隨衆生意有多種故
現種種相是故說多第二佛身弟子一意故
現一相是故說一第三佛身過一切種相非執
相境界是故說名不一不二善男子是第一身
依於應身得顯現故是第二身依於法身
得顯現故是法身者是真實有无依處故
善男子如是三身以有義故而說於常以有
義故說於无常化身者恒轉法輪處處隨緣方
便相續不斷絕故是故說常非是本故具足
大用不顯現故說為无常應身者從无始來相

[illegible]三身以本義故而說於常以有
義故說於无常化身者恒轉法輪處處隨緣方
便相續不斷絕故是故說常非是本故具足
大用不顯現故說為无常應身者從无始來相
續不斷一切諸佛不共之法能攝持故衆生
无盡用亦无盡是故說常非是本故以具足
用不顯現故說為无常法身者非是行法无
有異相是根本故猶如虛空是故說常善男
子離无分別智更无勝智離法如如无勝境
界是法如如是慧如如是二種如如如如不一
不異是故法身慧清淨故滅清淨故是二
清淨是故法身具足清淨
復次善男子分別三身有四種異有化身非
應身有應身非化身有化身亦應身有非化
身亦非應身何者化身非應身謂諸如來般
涅槃後以願自在故隨緣利益是名化身何
者應身非化身是地前身何者化身亦應身
謂住有餘涅槃之身何者非化身非應身謂
是法身善男子是法身者二无所有所顯
現故何者名為二无所有於此法身相及相
處二皆是无非有非无非一非異非數非非
數非明非闇如是如如智不見相及相處不見
非有非无不見非一非異不見非數非非數
不見非明非闇是故當知境界清淨智慧清
淨不可分別无有中間為滅道本故於此
法身能顯如來種種事業
善男子是身因緣境界[illegible]

非有非无不見非一非異不見非數非非數
不見非明非闇是故當知境界清淨智慧清
淨不可分別无有中間為滅道本故於此
法身能顯如來種種事業
善男子是身因緣境界處所果依於本難思
議故若了此義是身即是大乘是如來性是
如來藏依於此身得發初心修行地心而得
顯現不退地心亦皆得現一生補處心金剛之
心如來之心而悉顯現无量无邊如來妙法
皆悉顯現依此法身不可思議摩訶三昧
而得顯現依此法身得現一切大智是故二身
依於三昧依於智慧而得顯現如此法身依
於自體說常說我依大三昧故說於樂依於
大智故說清淨是故如來常住自在安樂清
淨依大三昧一切禪定首楞嚴等一切念處
大法念等大慈大悲一切陀羅尼一切神
通一切自在一切法平等攝受如是佛法悉
皆出現依此大智十力四无所畏四无礙辯
一百八十不共之法一切希有不可思議法
悉皆顯現譬如依如意寶珠无量无邊種種
珎寶悉皆得現如是依大三昧寶依大智慧
寶能出種種无量无邊諸佛妙法善男子
如是法身三昧智慧過一切相不著於相不
可分別非常非斷是名中道雖有分別體
无分別雖有三數而无三體不增不減猶如夢
幻亦无所執亦无能執法體如如是解脫處過
无[illegible]竟[illegible]

70

如是法身三昧智慧遍一切相不著於相不
可分別非常非斷是名中道雖有分別體
无分別雖有三數而无三體不增不減猶如夢
幻亦无所執亦无能執法體如如是解脫處過
死王境越生死闇一切衆生不能修行所不能
至一切諸佛菩薩之所住處善男子譬如
有人願欲得金處處求覓遂得金礦既得
礦已即便碎之擇取精者鑪中銷鍊得清淨
金隨意迴轉作諸鐶釧種種嚴具雖有諸
用金性不改
復次善男子若善男子善女人求勝解脫修
行世善得見如來及弟子衆得親近已白佛
言世尊何者爲善何者不善何者正修得
清淨行諸佛如來及弟子衆見彼問時如是
思惟是善男子善女人欲求清淨欲聽正法
即便爲說令其開悟彼既聞已正念憶持發
心修行得精進力除懶墮障滅一切罪於諸學
處離不尊重息掉悔心入於初地依初地心除
利有情障得入二地於此地中除不逼惱
障入於三地於此地中除心軟淨障入於四
地於此地中除善方便障入於五地於此地
中除見真俗障入於六地於此地中除見行相
障入於七地於此地中除不見滅相障入於
八地於此地中除不見生相障入於无地於
此地中除六通障入於十地於此地中除所
知障除根本心入如來地如來地者由三

BD14061號　金光明最勝王經卷二　（21-7）

中除見真俗障入於六地於此地中除見行相
障入於七地於此地中除不見滅相障入於
八地於此地中除不見生相障入於无地於
此地中除六通障入於十地於此地中除所
知障除根本心入如來地如來地者由三
淨故名極清淨云何爲三一者煩惱淨二者
苦淨三者相淨譬如真金鎔銷治鍊既燒打
已无復塵垢爲顯金性本清淨故金體清淨
非謂无金譬如濁水澄渟清淨无復滓穢
爲顯水性本清淨故非謂无水如是法身與
煩惱雜苦集除已无復餘習爲顯佛性本清
淨故非謂无體譬如虛空烟雲塵霧之所障
蔽若除屏已是空界淨非謂无空如是法身
一切衆苦悉皆盡故說爲清淨非謂无體譬
如有人於睡夢中見大河水漂泛其身運手
動足截流而渡得至彼岸由彼身心不懈退
故從夢覺已不見有水彼此岸別非謂无心
生死妄想既滅盡已是覺清淨非謂无覺如
是法界一切妄想不復生故說爲清淨非是
諸佛无其實體
復次善男子是法身者惑障清淨能現應
身業障清淨能現化身智障清淨能現法
身譬如依空出電依電出光如是依法身故
能現應身依應身故能現化身由性淨故能
現法身智慧清淨能現應身三昧清淨能
現化身此三清淨是法如如不異如如一味如如

BD14061號　金光明最勝王經卷二　（21-8）

身譬如依空出電依電出光如是依法身故
能現應身依應身故能現化身由性淨故能
現法身智慧清淨能現應身三昧清淨能
現化身此三清淨是法如如不異如如一味如如
解脫如如究竟如如是故諸佛體无有異善男
子若有善男子善女人說於如來是我大
師若作如是決定信者此人即應深心解了
如來之身無有別異善男子以是義故於諸
境界不正思惟悉皆除斷即知彼法无有二
相亦无分別聖所修行如如於彼无有二相
正修行故如是如是一切諸障悉皆除滅如如
一切障滅如是如是法如如如如智得最清淨
如如法界正智清淨如是如是一切自在
具足攝受皆得成就一切諸障悉皆除滅一
切諸障得清淨故是名真如正智真實之
相如是見者是名聖見是則名為真實見佛
何以故如實得見法真如故是故諸佛悉能
普見一切如來何以故聲聞獨覺已出三界求
真實境不能知見如是聖人所不知見一切
凡夫皆生疑惑顛倒分別不能得度如兔浮
海必不能過所以者何力微劣故凡夫之人
亦復如是不能通達法如如故然諸如來无
分別心於一切法得大自在具足清淨深智
慧故是自境界不共他故是故諸佛如來於
无量无邊阿僧祇劫不惜身命難行苦行
方得此身最上无比不可思議過言說境是

BD14061號　金光明最勝王經卷二　（21–9）

分別心於一切法得大自在具足清淨深智
慧故是自境界不共他故是故諸佛如來於
无量无邊阿僧祇劫不惜身命難行苦行
方得此身最上无比不可思議過言說境是
妙寂靜離諸怖畏
善男子如是知見法真如者无生老死壽命
无限无有睡眠亦无飢渴心常在定无有散
動若於如來起諍論心是則不能見於如來
諸佛所說皆能利益有聽聞者无不解
脫諸惡禽獸惡人惡鬼不相逢值由聞法故
果報无盡然諸如來无无記事一切境界无欲
知心生死涅槃无有異想如來所說无不決
定諸佛如來四威儀中无非智攝一切諸法无
有不為慈悲所攝无有不為利益安樂諸
眾生者善男子若有善男子善女人於此
金光明經聽聞信解不墮地獄餓鬼傍生阿
蘇羅道常處人天不生下賤恒得親近諸佛
如來聽受正法常生諸佛清淨國土所以者
何由得聞此甚深法故是善男子善女人則
為如來已知已記當得不退阿耨多羅三藐
三菩提若善男子善女人於此甚深微妙之
法一經耳者當知是人不謗如來不毀正法
不輕聖眾一切眾生未種善根令得種故已
種善根令增長成就故一切世界所有眾生
皆勸修行六波羅蜜多
尒時虛空藏菩薩梵釋四王諸天眾等即

BD14061號　金光明最勝王經卷二　（21–10）

不輕聖衆一切衆生未種善根令得種故已
種善根令增長成就故一切世界所有衆生
皆勸脩行六波羅蜜多
尒時虛空藏菩薩梵釋四王諸天衆等即
從座起偏袒右肩合掌恭敬頂礼佛足白佛
言世尊若所在處講說如是金光明王微妙
經典於其國土有四種利益何者為四一者國
王軍衆强盛無諸怨敵離於疾病壽命延
長吉祥安樂正法興顯二者中宮妃后王子
諸臣和悅无諍離於諂佞王所愛重三者沙
門婆羅門及諸國人脩行正法无病安樂无
枉死者於諸福田悉皆脩立四者於三時中
四大調適常為諸天增加守護慈悲平等无
傷害心令諸衆生歸敬三寶皆願脩習菩提
之行是為四種利益之事世尊我等亦常
為弘經故隨逐如是持經之人所在住處為
作利益佛言善哉善哉善男子如是如是汝
等應當勤心流布此妙經王則令正法久住於世

金光明最勝王經夢見懺悔品第四

尒時妙幢菩薩親於佛前聞妙法已歡喜
踊躍一心思惟還至本處於夜夢中見大金
鼓光明晃耀猶如日輪於此光中得見十方
无量諸佛於寶樹下坐瑠璃座无量百千
大衆圍繞而為說法見一婆羅門桴擊金鼓
出大音聲聲中演說微妙伽他明懺悔法妙
幢聞已皆悉憶持繫念而住至天曉已與无量

无量諸佛於寶樹下坐瑠璃座无量百千
大衆圍繞而為說法見一婆羅門桴擊金鼓
出大音聲聲中演說微妙伽他明懺悔法妙
幢聞已皆悉憶持繫念而住至天曉已與无量
百千大衆圍繞持諸供具出王舍城詣鷲峯
山至世尊所礼佛足已布設香華右繞三匝
退坐一面合掌恭敬瞻仰尊顏白佛言世尊
我於夢中見婆羅門以手執桴擊妙金鼓出
大音聲聲中演說微妙伽他明懺悔法我皆
憶持唯願世尊降大慈悲聽我所說即於佛
前而說頌曰

我於昨夜中　夢見大金鼓　其形極姝妙　周遍有金光
猶如盛日輪　光明皆普耀　充滿十方界　咸見於諸佛
在於寶樹下　各處瑠璃座　无量百千衆　恭敬而圍繞
有一婆羅門　以杖擊金鼓　於其鼓聲內　說此妙伽他
金光明鼓出妙聲　遍至三千大千界
能滅三途極重罪　及以人中諸苦厄
由此金鼓聲威力　永滅一切煩惱障
斷除怖畏令安隱　譬如自在牟尼尊
佛於生死大海中　積行脩成一切智
能令衆生覺品具　究竟咸歸功德海
由此金鼓出妙聲　普令聞者獲梵響
證得无上菩提果　常轉清淨妙法輪
住壽不可思議劫　隨機說法利群生
能斷煩惱衆苦流　貪瞋癡等皆除滅
若有衆生處惡趣　大火猛焰周遍身

證得无上菩提果 常轉清淨妙法輪
住壽不可思議劫 隨機說法利群生
能斷煩惱衆苦流 貪瞋癡等皆除滅
若有衆生處惡趣 大火猛焰周遍身
若得聞是妙鼓音 即能離苦歸依佛
皆得成就宿命智 能憶過去百千生
悉皆正念牟尼尊 得聞如來甚深教
由聞金鼓勝妙音 常得親近於諸佛
悉能捨離諸惡業 純修清淨諸善品
一切天人有情類 慇重至誠祈願者
得聞金鼓妙音聲 能令所求皆滿足
衆生墮在無間獄 猛火焚燒苦焚身
無有救護處輪迴 聞者能令苦除滅
人天餓鬼傍生中 所有現受諸苦難
得聞金鼓發妙響 皆蒙離苦得解脫
現在十方界 常住兩足尊 願以大悲心 哀愍憶念我
衆生無歸依 亦無有救護 為如是等類 能作大歸依
我先所作罪 極重諸惡業 今對十力前 至心皆懺悔
我不信諸佛 亦不敬尊親 不務修衆善 常造諸惡業
或自恃尊高 種姓及財位 盛年行放逸 常造諸惡業
心恒起邪念 口陳於惡言 不見於過罪 常造諸惡業
恒作愚夫行 無明闇覆心 隨順不善友 常造諸惡業
或因諸戲樂 或復懷憂惱 為貪瞋所纏 故我造諸惡
親近不善人 及由慳嫉意 貧窮行諂誑 故我造諸惡
雖不樂衆過 由有怖畏故 及不得自在 故我造諸惡
或為躁動心 或因瞋恚恨 及以飢渴惱 故我造諸惡

BD14061號　金光明最勝王經卷二　（21–13）

恒作愚夫行 無明闇覆心 隨順不善友 常造諸惡業
或因諸戲樂 或復懷憂惱 為貪瞋所纏 故我造諸惡
親近不善人 及由慳嫉意 貧窮行諂誑 故我造諸惡
雖不樂衆過 由有怖畏故 及不得自在 故我造諸惡
或為躁動心 或因瞋恚恨 及以飢渴惱 故我造諸惡
由飲食衣服 及貪愛女人 煩惱火所燒 故我造諸惡
於佛法僧衆 不生恭敬心 作如是衆罪 我今悉懺悔
於獨覺菩薩 亦無恭敬心 作如是衆罪 我今悉懺悔
無知謗正法 不孝於父母 作如是衆罪 我今悉懺悔
由愚癡憍慢 及以貪瞋力 作如是衆罪 我今悉懺悔
我於十方界 供養無數佛 當願拔衆生 令離諸苦難
願一切有情 皆令住十地 福智圓滿已 成佛導群迷
我為諸衆生 苦行百千劫 以大智慧力 皆令出苦海
我為諸含識 演說甚深經 最勝金光明 能除諸惡業
若人百千劫 造諸極重罪 暫時能發露 衆惡盡消除
依此金光明 作如是懺悔 由斯能速盡 一切諸苦業
勝定百千種 不思議總持 根力覺道支 修習常無倦
我當至十地 具足珍寶處 圓滿佛功德 濟度生死流
我於諸佛海 甚深功德藏 妙智難思議 皆令得具足
唯願十方佛 觀察護念我 皆以大悲心 哀受我懺悔
我於多劫中 所造諸惡業 由斯生苦惱 哀愍願消除
我造諸惡業 常生憂惱心 於四威儀中 曾無歡樂想
諸佛具大悲 能除衆生怖 願受我懺悔 令得離憂苦
我有煩惱障 及以諸報業 願以大悲水 洗濯令清淨
我先作諸罪 及現造惡業 至心皆發露 咸願得蠲除
未來諸惡業 防護令不起 設令有違者 終不敢覆藏

BD14061號　金光明最勝王經卷二　（21–14）

諸佛具大悲　能除衆生怖　願受我懺悔　令得離憂苦
我有煩惱障　及以諸報業　願以大悲水　洗濯令清淨
我先作諸罪　及現造惡業　至心皆發露　咸願得蠲除
未來諸惡業　防護令不起　設令有違者　終不敢覆藏
身三語四種　意業復有三　繫縛諸有情　無始恒相續
由斯三種行　造作十惡業　如是衆多罪　我今皆懺悔
我造諸惡業　苦報當自受　今於諸佛前　至誠皆懺悔
於此贍部洲　及他方世界　所有諸善業　今我皆隨喜
願離十惡業　修行十善道　安住十地中　常見十方佛
我以身語意　所修福智業　願以此善根　速成无上慧
我今親對十力前　發露衆多苦難事
凡愚迷惑三有難　恒造極重惡業難
我所積集欲邪難　常起貪愛流轉難
於此世間耽著難　一切愚夫煩惱難
狂心散動顛倒難　及以親近惡友難
於生死中貪染難　瞋癡闇鈍造罪難
生八無暇惡處難　未曾積集功德難
我今皆於最勝前　懺悔无邊罪惡業
我今歸依諸善逝　我禮德海無上尊
如大金山照十方　唯願慈悲哀攝受
身色金光淨无垢　目如清淨紺琉璃
吉祥威德名稱尊　大悲慧日除衆闇
佛日光明常普遍　善淨无垢離諸塵
牟尼月照極清涼　能除衆生煩惱熱
三十二相遍莊嚴　八十隨好皆圓滿
福德難思無與等　如日流光照世間

BD14061號　金光明最勝王經卷二　（21–15）

104

佛日光明常普遍　善淨无垢離諸塵
牟尼月照極清涼　能除衆生煩惱熱
三十二相遍莊嚴　八十隨好皆圓滿
福德難思無與等　如日流光照世間
色如琉璃淨无垢　猶如滿月處虛空
妙頗梨網暎金軀　種種光明以嚴飾
於生死苦暴流內　老病憂愁水所漂
如是苦海難堪忍　佛日舒光令永竭
我今稽首一切智　三千世界希有尊
光明晃耀紫金身　種種妙好皆嚴飾
如大海水量難知　大地微塵不可數
如妙高山叵稱量　亦如虛空无有際
諸佛功德亦如是　一切有情不能知
於无量劫諦思惟　无有能知德海岸
盡此大地諸山岳　析如微塵能算知
毛端渧海尚可量　佛之功德无能數
一切有情皆共讚　世尊名稱諸功德
清淨相好妙莊嚴　不可稱量知分齊
我之所有衆善業　願得速成无上尊
廣說正法利群生　悉令解脫於衆苦
降伏大力魔軍衆　當轉无上正法輪
久住劫數難思議　充足衆生甘露味
猶如過去諸最勝　六波羅蜜皆圓滿
滅諸貪欲及瞋癡　降伏煩惱除衆苦
願我常得宿命智　能憶過去百千生
亦常憶念牟尼尊　得聞諸佛甚深法
願我以斯諸善業

BD14061號　金光明最勝王經卷二　（21–16）

猶如過去諸最勝　六波羅蜜皆圓滿
滅諸貪欲及瞋癡　降伏煩惱除衆苦
願我常得宿命智　能憶過去百千生
亦常憶念牟尼尊　得聞諸佛甚深法
願我以斯諸善業　奉事無邊最勝尊
遠離一切不善因　恒得修行真妙法
一切世界諸衆生　悉皆離苦得安樂
所有諸根不具足　令彼身相皆圓滿
若有衆生遭病苦　身形羸瘦无所依
咸令病苦得消除　諸根色力皆充滿
若犯王法當刑戮　衆苦逼迫生憂惱
彼受如斯極苦時　无有歸依能救護
若受鞭杖枷鎖繫　種種苦具切其身
无量百千憂惱時　逼迫身心无蹔樂
皆令得免於繫縛　及以鞭杖苦楚事
將臨刑者得命全　衆苦皆令永除盡
若有衆生飢渴逼　令得種種殊勝味
盲者得視聾者聞　跛者能行瘂能語
貧窮衆生獲寶藏　倉庫盈溢无所乏
皆令得受上妙樂　无一衆生受苦惱
一切人天皆樂見　容儀溫雅甚端嚴
悉皆現受无量樂　受用豐饒福德具
隨彼衆生念伎樂　衆妙音聲皆現前
念水即現清涼池　金色蓮華泛其上
隨彼衆生心所念　飲食衣服及床敷
金銀珎寶妙琉璃　瓔珞莊嚴皆具足

BD14061號　金光明最勝王經卷二　（21–17）

隨彼衆生念伎樂　衆妙音聲皆現前
念水即現清涼池　金色蓮華泛其上
隨彼衆生心所念　飲食衣服及床敷
金銀珎寶妙琉璃　瓔珞莊嚴皆具足
勿令衆生聞惡響　亦復不見有相違
所受容貌悉端嚴　各各慈心相愛樂
世間資生諸樂具　隨心念時皆滿足
所得珎財无悋惜　分布施與諸衆生
燒香末香及塗香　衆妙雜華非一色
每日三時從樹墮　隨心受用生歡喜
普願衆生咸供養　十方一切最勝尊
三乘清淨妙法門　菩薩獨覺聲聞衆
常願勿處於卑賤　不墮无暇八難中
生在有暇人中尊　恒得親承十方佛
願得常生富貴家　財寶倉庫皆盈滿
顏貌名稱无與等　壽命延長經劫數
悉願女人變為男　勇健聰明多智慧
一切常行菩薩道　勤修六度到彼岸
常見十方无量佛　寶王樹下而安處
處妙琉璃師子座　恒得親承轉法輪
若於過去及現在　輪迴三有造諸業
能招可猒不善趣　願得消滅永无餘
一切衆生於有海　生死羂網堅牢縛
願以智劍為斷除　離苦速證菩提處
衆生於此贍部內　或於他方世界中
所作種種勝福因　我今皆悉生隨喜

BD14061號　金光明最勝王經卷二　（21–18）

一切衆生於有海　生死羂網堅牢縛
願以智劒爲斷除　離苦速證菩提處
衆生於此贍部內　或於他方世界中
所作種種勝福因　我今皆悉生隨喜
以此隨喜福德事　及身語意造衆善
願此勝業常增長　速證无上大菩提
所有礼讚佛功德　深心清淨无瑕穢
迴向發願福无邊　當超惡趣六十劫
若有男子及女人　婆羅門等諸勝族
合掌一心讚歎佛　生生常憶宿世事
諸根清淨身圓滿　殊勝功德皆成就
願於未來所生處　常得人天共瞻仰
非於一佛十佛所　脩諸善根今得聞
百千佛所種善根　方得聞斯懺悔法
尒時世尊聞此說已讚妙幢菩薩言善哉
善哉善男子如汝所夢金鼓出聲讚歎
如來真實功德并懺悔法若有聞者獲
福甚多廣利有情滅除罪障汝今應知
此之勝業皆是過去讚歎發願宿習因
緣及由諸佛威力加護此之因緣當爲汝說
時諸大衆聞是法已咸皆歡喜信受奉行

金光明最勝王經卷第二

BD14061號　金光明最勝王經卷二　（21–19）

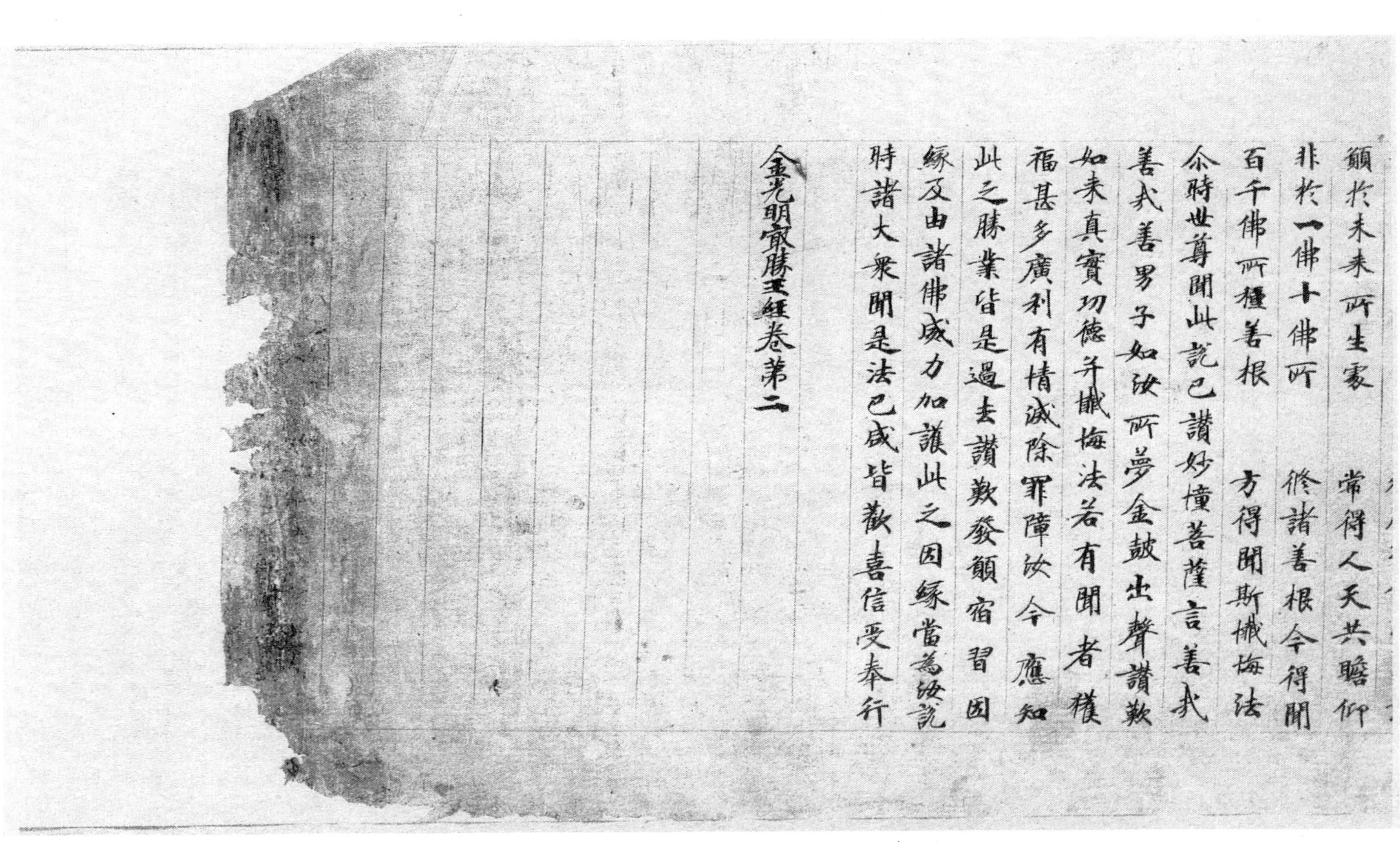
願於未來所生處　常得人天共瞻仰
非於一佛十佛所　脩諸善根今得聞
百千佛所種善根　方得聞斯懺悔法
尒時世尊聞此說已讚妙幢菩薩言善哉
善哉善男子如汝所夢金鼓出聲讚歎
如來真實功德并懺悔法若有聞者獲
福甚多廣利有情滅除罪障汝今應知
此之勝業皆是過去讚歎發願宿習因
緣及由諸佛威力加護此之因緣當爲汝說
時諸大衆聞是法已咸皆歡喜信受奉行

金光明最勝王經卷第二

BD14061號　金光明最勝王經卷二　（21–20）

BD14061 號　金光明最勝王經卷二　　（21–21）

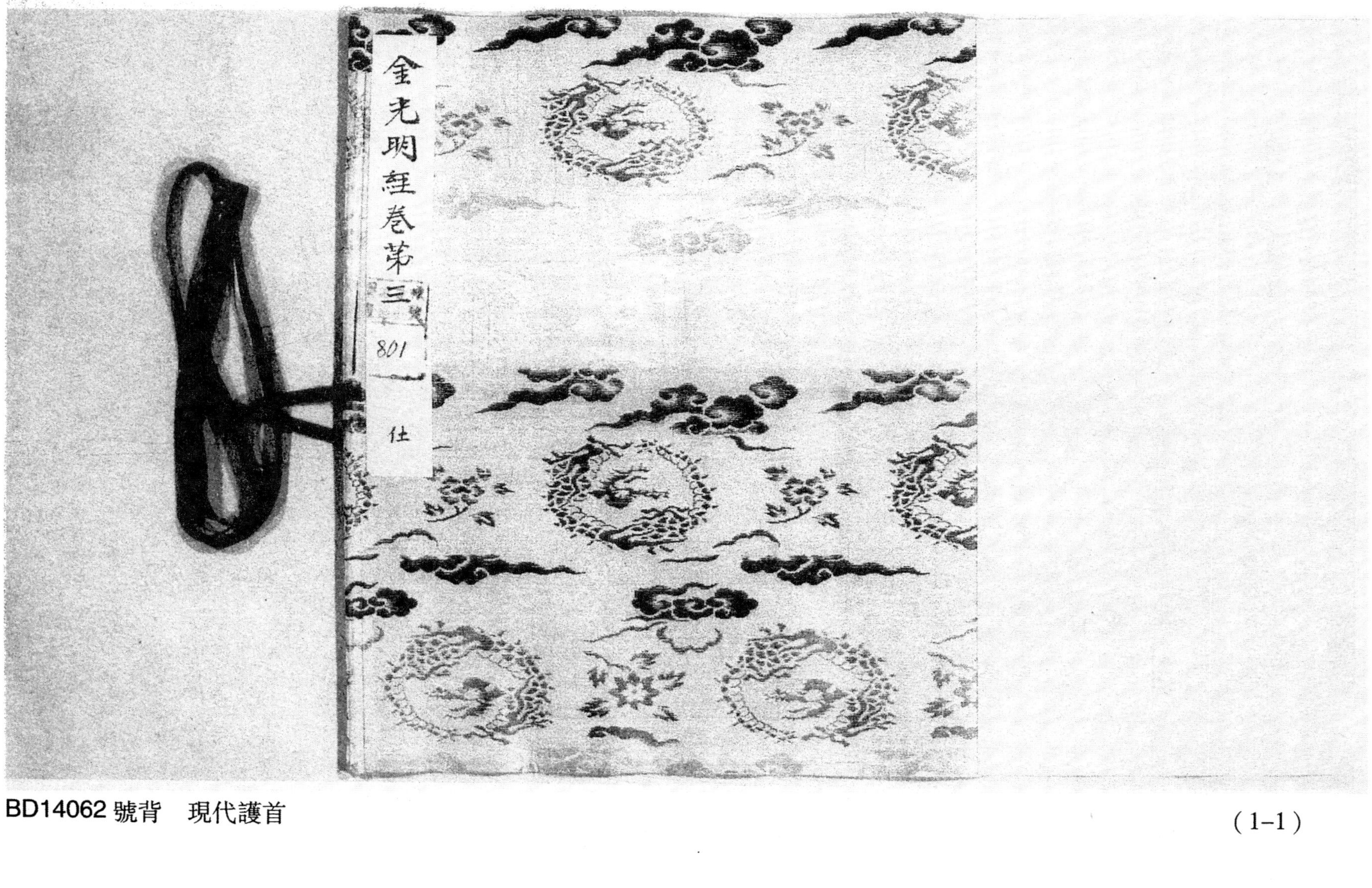

BD14062 號背　現代護首　　（1–1）

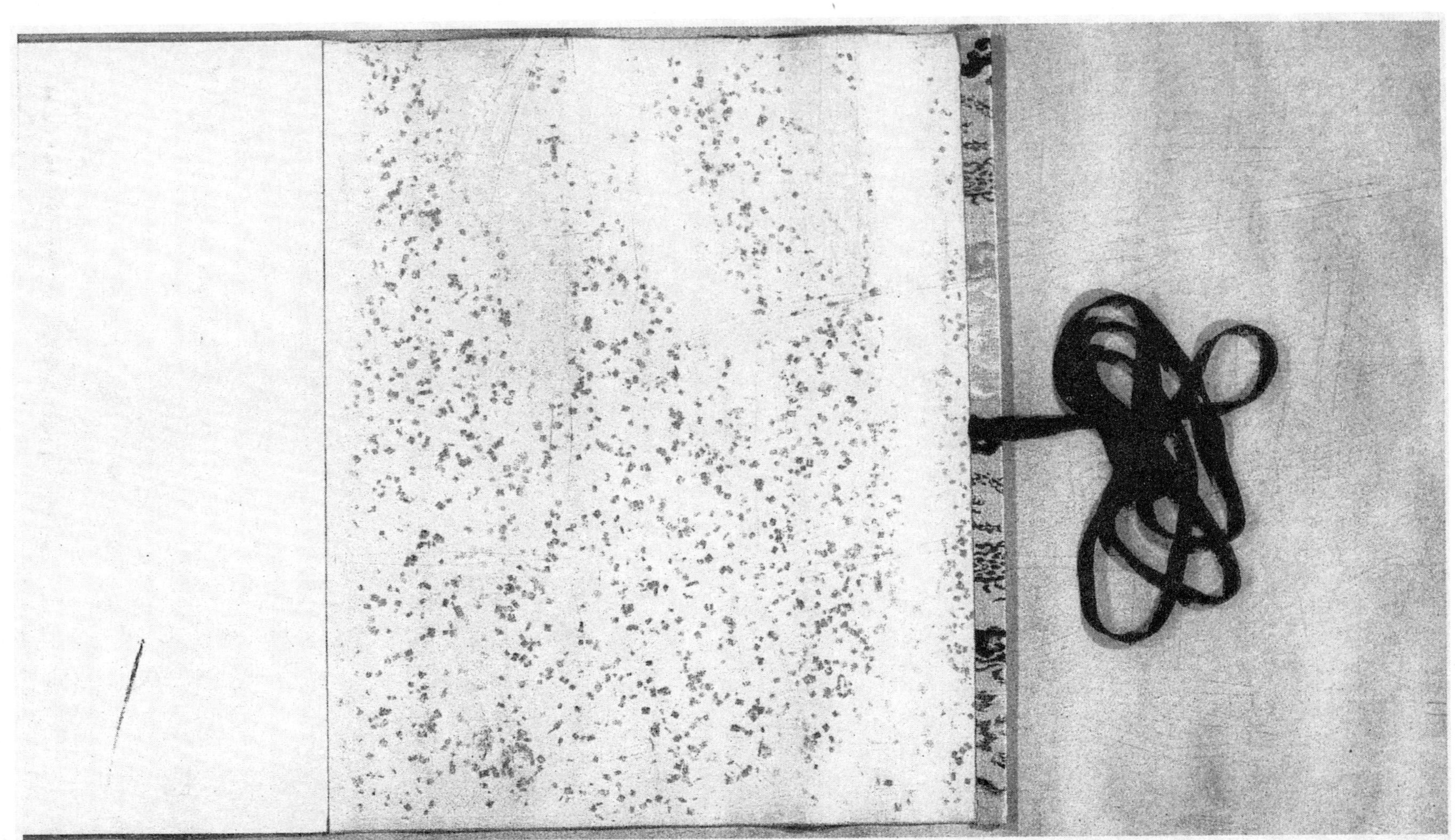

BD14062 號　金光明最勝王經卷三　　（17–1）

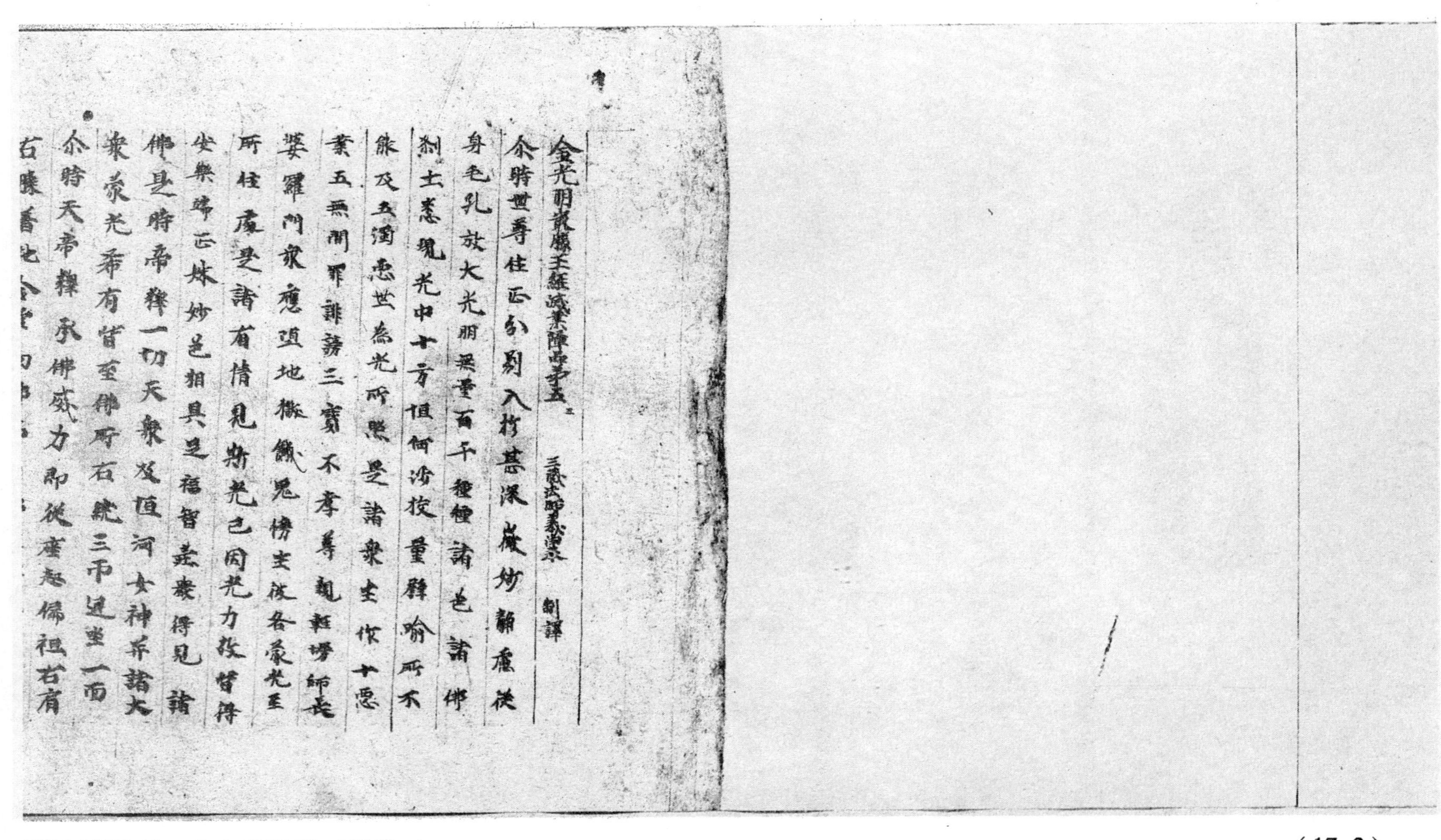

金光明最勝王經滅業障品第五　三藏法師義淨奉　制譯
尒時世尊住正分別入於甚深微妙靜慮從
身毛孔放大光明無量百千種種諸色諸佛
刹土悉現光中十方恒河沙數量難喻所不
能及五濁惡世為光所照是諸衆生作十惡
業五無間罪誹謗三寶不孝尊親輕慢師長
婆羅門衆應墮地獄餓鬼傍生彼各蒙光至
所住處是諸有情見斯光已因光力故皆得
安樂端正姝妙色相具足福智莊嚴得見諸
佛是時帝釋一切天衆及恒河女神并諸大
衆蒙光希有皆至佛所右繞三帀退坐一面
尒時天帝釋承佛威力即從座起偏袒右肩
右膝著地合

BD14062 號　金光明最勝王經卷三　　（17–2）

所住處是諸有情見斯光已因光力故皆得
安樂端正姝妙色相具足福智莊嚴得見諸
佛是時帝釋一切天衆及恒河女神并諸大
衆蒙光希有皆至佛所右繞三帀退坐一面
尒時天帝釋承佛威力即從座起偏袒右肩
右膝著地合掌向佛而白佛言世尊云何善
男子善女人願求阿耨多羅三藐三菩提修
行大乘攝受一切邪倒有情曾所造作業障
罪者云何懺悔當得除滅
佛告天帝釋善哉善哉善男子汝今修行欲
為無量無邊衆生令得清淨解脫安樂哀愍
世間福利一切若有衆生由業障故造諸罪
者應當策勵晝夜六時偏袒右肩右膝著地
合掌恭敬一心專念口自說言歸命頂礼現
在十方一切諸佛已得阿耨多羅三藐三菩
提者轉妙法輪持照法輪雨大法雨擊大法
鼓吹大法螺建大法幢秉大法炬為欲利益
安樂諸衆生故常行法施誘進群迷令得大
果證常樂我如是等諸佛世尊以身語意稽
首歸誠至心礼敬彼諸世尊以真實慧以真
實眼真實證明真實平等悉知悉見一切衆
生善惡之業我從無始生死以來隨惡流轉
共諸衆生造業障罪為貪瞋癡之所纏縛未
識佛時未識法時未識僧時未識善惡由身
語意造無間罪惡心出佛身血誹謗正法破和
合僧殺阿羅漢殺害父母身三語四意三種行
造十惡業自作教他見作隨喜於諸善人橫
生毀謗斗秤欺誑以偽為真不淨飲食施與
一切於六道中所有父母更相惱害或盜窣
覩波物四方僧物現前僧物自在而用世尊

合僧殺阿羅漢殺害父母身三語四意三種行
造十惡業自作教他見作隨喜於諸善人橫
生毀謗斗秤欺誑以偽為真不淨飲食施與
一切於六道中所有父母更相惱害或盜窣
覩波物四方僧物現前僧物自在而用世尊
法律不樂奉行師長教示不相隨順見行聲
聞獨覺大乘行者喜生罵辱令諸行人心生
悔惱見有勝己便懷嫉妬法施財施常生慳
惜無明所覆邪見惑心不修善因令惡增長
於諸佛所而起誹謗法說非法非法說法如
是衆罪佛以真實慧真實眼真實證明真實
平等悉知悉見我今歸命對諸佛前皆悉發
露不敢覆藏未作之罪更不復作已作之罪
今皆懺悔所作業障應墮惡道地獄傍生餓
鬼之中阿蘇羅衆及八難處願我此生所有
業障皆得消滅所有惡報未來不受亦如過
去諸大菩薩修菩提行所有業障悉已懺悔
我之業障今亦懺悔皆悉發露不敢覆藏已
作之罪願得除滅未來之惡更不敢造亦如
未來諸大菩薩修菩提行所有業障悉已懺
悔我諸業障今亦懺悔皆悉發露不敢覆藏
已作之罪願得除滅未來之惡更不敢造亦
如現在十方世界諸大菩薩修菩提行所有
業障悉已懺悔我之業障今亦懺悔皆悉發
露不敢覆藏已作之罪願得除滅未來之惡
更不敢造
善男子以是因緣若有造罪一刹那中不得
覆藏何況一日一夜乃至多時若有犯罪欲
求清淨心懷愧恥信於未來必有惡報生大
恐怖應如是懺如人被火燒頭衣救令速
滅火若未滅心不得安若人犯罪亦復如是

善男子以是因緣若有造罪一剎那中不得
覆藏何況一日一夜乃至多時若有犯罪欲
求清淨心懷慚恥信於未來必有惡報生大
恐怖應如是懺如人被火燒頭衣救令速
滅火若未滅心不得安若人犯罪亦復如是
即應懺悔令速除滅若願生富樂之家多
饒財寶復欲發意修習大乘亦應懺悔滅除
業障欲生豪貴婆羅門種剎帝利家及轉輪
王七寶具足亦應懺悔滅除業障
善男子若有欲生四大眾王三十三天夜摩
天覩史多天樂變化天他化自在天亦應懺
悔滅除業障若欲生梵眾梵輔大梵天少光
無量光極光淨天少淨無量淨遍淨天無雲
福生廣果無煩無熱善現天善見色究竟天
亦應懺悔滅除業障若欲求預流果一來果
不還果阿羅漢果亦應懺悔滅除業障若欲
願求三明六通聲聞獨覺自在菩提至究竟
地求一切智智淨智不思議智不動智三藐
三菩提正遍智者亦應懺悔滅除業障何以
故善男子一切諸法從因緣生如來所說異
相生異相滅因緣異故如是過去諸法皆已
滅盡所有業障無復遺餘是諸行法未得現
生而今得生未來業障更不復起何以故善
男子一切法空如來所說無有我人眾生壽
者亦無生滅亦無行法善男子一切諸法皆
依於本亦不可說何以故過一切相故若有
善男子善女人如是入於微妙真理生信敬
心是名無眾生而有於本以是義故說於懺
悔滅除業障
善男子若人成就四法能除業障永得清淨
云何為四一者不起邪心正念成就二者於

依於本亦不可說何以故過一切相故若有
善男子善女人如是入於微妙真理生信敬
心是名無眾生而有於本以是義故說於懺
悔滅除業障
善男子若人成就四法能除業障永得清淨
云何為四一者不起邪心正念成就二者於
甚深理不生誹謗三者於初行菩薩起一切
智心四者於諸眾生起慈無量是謂為四爾
時世尊而說頌言
專心護三業　不誹謗深法　作一切智想　慈心淨業障
善男子有四業障難可滅除云何為四一者
於菩薩律儀犯極重惡二者於大乘經心生
誹謗三者於自善根不能增長四者貪著三
有無出離心復有四種對治業障云何為四
一者於十方世界一切如來至心親近說一
切罪二者為一切眾生勸請諸佛說深妙法
三者隨喜一切眾生所有功德四者所有一
切功德善根悉皆迴向阿耨多羅三藐三菩
提爾時天帝釋白佛言世尊世間所有男子
女人於大乘行有能行者有不行者云何能
得隨喜一切眾生功德善根佛言善男子若
有眾生雖於大乘未能修習然於晝夜六時
偏袒右肩右膝著地合掌恭敬一心專念作
隨喜時得福無量應作是言十方世界一切
眾生現在修行施戒心慧我今皆悉深生隨
喜由作如是隨喜福故必當獲得尊重殊勝
無上無等最妙之果如是過去未來一切眾
生所有善根皆悉隨喜又於現在初行菩薩
發菩提心所有功德過百大劫行菩薩行有
大功德獲無生忍至不退轉一生補處如是

生所有善根皆悉隨喜又於現在初行菩薩
發菩提心所有功德過百大劫行菩薩行有
大功德獲無生忍至不退轉一生補處如是
一切功德之蘊皆悉至心隨喜讚歎過去未
來一切菩薩所有功德隨喜讚歎亦復如是
復於現在十方世界一切諸佛應正遍知證
妙菩提為度無邊諸衆生故轉無上法輪行
無礙法施擊法鼓吹法螺建法幢雨法雨哀
愍勸化一切衆生咸令信受皆蒙法施悉得
充足無盡安樂又復所有菩薩聲聞獨覺功
德積集善根若有衆生未具如是諸功德者
悉令具足我皆隨喜如是過去未來諸佛菩
薩聲聞獨覺所有功德亦皆至心隨喜讚歎
善男子如是隨喜當得無量功德之聚如恒
河沙三千大千世界所有衆生皆斷煩惱成阿
羅漢若有善男子善女人盡其形壽常以上
妙衣服飲食臥具醫藥而為供養如是功德
不及如前隨喜功德千分之一何以故供養功
德有數有量不攝一切諸功德故隨喜功
德無量無數能攝三世一切功德是故若人
欲求增長勝善根者應修如是隨喜功德若
有女人願轉女身為男子者亦應修習隨喜
功德必得隨心現成男子爾時天帝釋白佛言
世尊已知隨喜功德勸請功德唯願為說欲
令未來一切菩薩當轉法輪現在菩薩正修
行故佛告帝釋若有善男子善女人願求阿
耨多羅三藐三菩提者應當修行聲聞獨覺
大乘之道是人當於晝夜六時如前威儀一
心專念作如是言我今歸依十方一切諸佛
世尊已得阿耨多羅三藐三菩提未轉無上

耨多羅三藐三菩提者應當修行聲聞獨覺
大乘之道是人當於晝夜六時如前威儀一
心專念作如是言我今歸依十方一切諸佛
世尊已得阿耨多羅三藐三菩提未轉無上
法輪欲捨報身入涅槃者我皆至誠頂禮勸
請轉大法輪雨大法雨然大法燈照明理趣
施無礙法莫般涅槃久住於世度脫安樂一
切衆生如前所說乃至無盡安樂我今以此
勸請功德迴向阿耨多羅三藐三菩提如過
去未來現在諸大菩薩勸請功德迴向菩提
我亦如是勸請功德迴向無上正等菩提善
男子假使有人以三千大千世界滿中七寶
供養如來若復有人勸請如來轉大法輪所
得功德其福勝彼何以故彼是財施此是法
施善男子且置三千大千世界七寶布施若
人以滿恒河沙數大千世界七寶供養一切
諸佛勸請功德亦勝於彼由其法施有五勝
利云何為五一者法施兼利自他財施不尒
二者法施能令衆生出於三界財施之福不
出欲界三者法施能淨法身財施但唯增長
於色四者法施無窮財施有盡五者法施能
斷無明財施唯伏貪愛是故善男子勸請功
德無量無邊難可譬喻如我昔行菩薩道時
勸請諸佛轉大法輪由彼善根是故今日一
切帝釋諸梵王等勸請於我轉大法輪善男
子請轉法輪為欲度脫安樂諸衆生故我於
往昔為菩提行勸請如來久住於世莫般涅
槃依此善根我得十力四無所畏四無礙辯
大慈大悲證得無數不共之法我當入於無
餘涅槃我之正法久住於世我法身者清淨

子諸轉法輪為欲度脫安樂諸眾生故我於
往昔為菩提行勸請如來久住於世莫般涅
槃依此善根我得十力四無所畏四無礙辯
大慈大悲證得無數不共之法我當入於無
餘涅槃我之正法久住於世我法身者清淨
無比種種妙相無量智慧無量自在無量功
德難可思議一切眾生皆蒙利益百千萬劫
說不能盡法身攝藏一切諸法一切諸法不
攝法身法身常住不墮常見雖復斷滅亦非
斷見能破眾生種種異見能生眾生種種真
見能解一切眾生之縛無縛可解能植眾生
諸善根本未成熟者令成熟已成熟者令解
脫無作無動遠離諠鬧寂靜無為自在安樂
過於三世能現三世出於聲聞獨覺之境諸
大菩薩之所修行一切如來體無有異此等
皆由勸請功德善根力故如是法身我今已
得是故若有欲得阿耨多羅三藐三菩提者
於諸經中一句一頌為人解說功德善根尚
無限量何況勸請如來轉大法輪久住於世
莫般涅槃
爾時天帝釋復白佛言世尊若善男子善女
人為求阿耨多羅三藐三菩提修三乘道所
有善根云何迴向一切智智佛告天帝善男
子若有眾生欲求菩提修三乘道所有善根
願迴向者當於晝夜六時慇重至心作如是
說我從無始生死以來於三寶所修行成就
所有善根乃至施與傍生一摶之食或以善
言和解諍訟或受三歸及諸學處或復懺悔
勸請隨喜所有善根我今作意悉皆攝取迴
施一切眾生無悔悋心是解脫分善根所攝

BD14062號　金光明最勝王經卷三　（17–9）

說我從無始生死以來於三寶所修行成就
所有善根乃至施與傍生一摶之食或以善
言和解諍訟或受三歸及諸學處或復懺悔
勸請隨喜所有善根我今作意悉皆攝取迴
施一切眾生無悔悋心是解脫分善根所攝
如佛世尊之所知見不可稱量無礙清淨如
是所有功德善根悉以迴施一切眾生不住
相心不捨相心我亦如是功德善根悉以迴
施一切眾生願皆獲得如意之手擊空出寶
滿眾生願富樂無盡智慧無窮妙法辯才悉
皆無滯共諸眾生同證阿耨多羅三藐三菩
提得一切智因此善根更復出生無量善法
亦皆迴向無上菩提又如過去諸大菩薩修
行之時功德善根悉皆迴向一切種智現在
未來亦復如是然我所有功德善根亦皆迴
向阿耨多羅三藐三菩提是諸善根願共一
切眾生俱成正覺如餘諸佛坐於道場菩提
樹下不可思議無礙清淨住於無盡法藏陀
羅尼首楞嚴定破魔波旬無量兵眾應見覺
知應可通達如是一切一剎那中悉皆照了
於後夜中獲甘露法證甘露義我及眾生願
皆同證如是妙覺猶如
無量壽佛　勝光佛　妙光佛　阿閦佛
功德善光佛　師子光明佛　百光明佛　網光明佛
寶相佛　寶焰佛　焰明佛　焰盛光明佛
吉祥上王佛　微妙聲佛　妙莊嚴佛　法幢佛
上勝身佛　可愛色身佛　光明遍照佛　梵淨王佛
上性佛
如是等如來應正遍知過去未來及以現在

BD14062號　金光明最勝王經卷三　（17–10）

寶相佛　寶焰佛　焰明佛　焰盛光明佛
吉祥上王佛　微妙聲佛　妙莊嚴佛　法幢佛
上勝身佛　可愛色身佛　光明遍照佛　梵淨王佛
上性佛
如是等如來應正遍知過去未來及以現在
示現應化得阿耨多羅三藐三菩提轉無上
法輪為度衆生我亦如是廣說如上
善男子若有淨信男子女人於此金光明最
勝經王滅業障品受持讀誦憶念不忘為他
廣說得無量無邊大功德聚譬如三千大千
世界所有衆生一時皆得成就人身得人身
已成獨覺道若有男子女人盡其形壽恭敬
尊重四事供養一一獨覺各施七寶如須彌
山此諸獨覺入涅槃後皆以珍寶起塔供養
其塔高廣十二踰繕那以諸花香寶幢幡蓋
常為供養善男子於意云何是人所獲功德
寧為多不天帝釋言甚多世尊善男子若復
有人於此金光明微妙經典衆經之王滅業
障品受持讀誦憶念不忘為他廣說所獲功
德於前所說供養功德百分不及一百千萬
億分乃至校量譬喻所不能及何以故是善
男子善女人住正行中勸請十方一切諸佛
轉無上法輪皆為諸佛歡喜讚歎善男子如
我所說一切施中法施為勝是故善男子於
三寶所設諸供養不可為比勸受三歸持一
切戒無有毀犯三業不空不可為比一切世

我所說一切施中法施為勝是故善男子於
三寶所設諸供養不可為比勸受三歸持一
切戒無有毀犯三業不空不可為比一切世
界一切衆生隨力隨能隨所願樂於三乘中
勸發菩提心不可為比於三世中一切世界
所有衆生皆得無礙速令成就無量功德不
可為比三世剎土一切衆生令無障礙得三
菩提不可為比三世剎土一切衆生勸令速
出四惡道苦不可為比三世剎土一切衆生
勸令除滅極重惡業不可為比一切苦惱勸
令解脫不可為比一切怖畏苦惱逼切皆令
得解不可為比三世佛前一切衆生所有功
德勸令隨喜發菩提願不可為比勸除惡行
罵辱之業一切功德皆願成就所在生處勸
請供養尊重讚歎一切三寶勸請衆生修
福行成滿菩提不可為比是故當知勸請一
切世界三世三寶勸請滿足六波羅蜜勸請
轉於無上法輪勸請住世經無量劫演說無
量甚深妙法功德甚深無能比者
爾時天帝釋及殑伽河女神無量梵王四大天衆
從座而起偏袒右肩右膝著地合掌頂禮
白佛言世尊我等皆得聞是金光明最勝王
經今悉受持讀誦通利為他廣說依此法住
何以故世尊我等欲求阿耨多羅三藐三菩
提隨順此義種種勝相如法行故爾時梵

白佛言世尊我等皆得聞是金光明最勝王
經今悉受持讀誦通利為他廣說依此法住
何以故世尊我等欲求阿耨多羅三藐三菩
提隨順此義種種勝相如法行故尒時梵
王及天帝釋等於說法處皆以種種曼陀羅
花而散佛上三千大千世界地皆大動一切天
鼓及諸音樂不鼓自鳴放金色光遍滿世界
出妙音聲時天帝釋白佛言世尊此等皆是
金光明經威神之力慈悲普救種種利益種
種增長菩薩善根滅諸業障佛言如是如是
如汝所說何以故善男子我念往昔過无量
百千阿僧祇劫有佛名寶王大光照如來應
正遍知出現於世住世六百八十億劫尒時
寶王大光照如來為欲度脫人天釋梵沙門
婆羅門一切眾生令安樂故當出現時初會
說法度百千億億万眾皆得阿羅漢果諸漏
已盡三明六通自在無礙於第二會復度九
十千億億万眾皆得阿羅漢果諸漏已盡三
明六通自在無礙於第三會復度九十八千
億億万眾皆得阿羅漢果圓滿如上
善男子我於尒時作女人身名福寶光明於
第三會親近世尊受持讀誦是金光明經為
他廣說求阿耨多羅三藐三菩提故時彼世
尊為我授記此福寶光明女於未來世當得
作佛号釋迦牟尼如來應正遍知明行足善
逝世間解无上士調御丈夫天人師佛世尊

BD14062號　金光明最勝王經卷三

(17–13)

他廣說求阿耨多羅三藐三菩提故時彼世
尊為我授記此福寶光明女於未來世當得
作佛号釋迦牟尼如來應正遍知明行足善
逝世間解无上士調御丈夫天人師佛世尊
捨女身後從是以來越四惡道生人天中受
上妙樂八十四百千生作轉輪王至于今日
得成正覺名稱普聞遍滿世界時會大眾忽
然皆見寶王大光照如來轉无上法輪說微
妙法善男子去此索訶世界東方過百千恒
河沙數佛土有世界名寶莊嚴其寶王大光
照如來今現在彼未般涅槃說微妙法廣化
群生汝等見者即是彼佛
善男子若有善男子善女人聞是寶王大光
照如來名号者於菩薩地得不退轉至大涅
槃若有女人聞是佛名者臨命終時得見彼
佛來至其所既見佛已究竟不復更受女身
善男子是金光明微妙經典種種利益種種
增長菩薩善根滅諸業障善男子若有苾芻
苾芻尼鄔波索迦鄔波斯迦隨在何處為人
講說是金光明微妙經典於其國土皆獲四
種福利善根云何為四一者國王无病離諸
灾厄二者壽命長遠无有障礙三者无諸惡
敵兵眾勇健四者安隱豐樂正法流通何以
故如是人王常為釋梵四王藥叉之眾共守
護故
尒時世尊告天眾曰善男子是事實不是時

BD14062號　金光明最勝王經卷三

(17–14)

讎兵衆勇健四者安隱豐樂正法流通何以
故如是人王常為釋梵四王藥叉之衆共守
護故
尒時世尊告天衆曰善男子是事實不是時
无量釋梵四王及藥叉衆俱時同聲荅世尊
言如是如是若有國土講宣讀誦此妙經王
是諸國主我等四王常來擁護行住共俱其
王若有一切災障及諸怨敵我等四王皆使
消殄憂愁疾疫亦令除差增益壽命感應禎
祥所願遂心恒生歡喜我等亦能令其國中
所有軍兵悉皆勇健佛言善哉善哉善男子
如汝所說汝當修行何以故是諸國主如法
行時一切人民隨王修習如法行者汝等皆
蒙益力勝利宮殿光明眷屬強盛時釋梵等
白佛言如是世尊佛言若有講讀此妙經典
流通之處於其國中大臣輔相有四種益云
何為四一者更相親穆尊重愛念二者常為
人王心所愛重亦為沙門婆羅門大國小國之
所遵敬三者輕財重法不求世利嘉名普賚
衆所欽仰四者壽命延長安隱快樂是名四
益若有國土宣說是經沙門婆羅門得四種
勝利云何為四一者衣服飲食卧具醫藥无
所乏少二者皆得安心思惟讀誦三者依於
山林得安樂住四者隨心所願皆得滿足是
名四種勝利若有國土宣說是經一切人
民皆得豐樂无諸疾疫商估往還多獲
貨具足勝福是名種種功德利益
尒時梵釋四天王及諸大衆白佛言世尊如
是經典甚深之義若現在者當知如來三十七
種助菩提法住世未滅若是經典滅盡之時

何為四一者更相親穆尊重愛念二者常為
人王心所愛重亦為沙門婆羅門大國小國之
所遵敬三者輕財重法不求世利嘉名普賚
衆所欽仰四者壽命延長安隱快樂是名四
益若有國土宣說是經沙門婆羅門得四種
勝利云何為四一者衣服飲食卧具醫藥无
所乏少二者皆得安心思惟讀誦三者依於
山林得安樂住四者隨心所願皆得滿足是
名四種勝利若有國土宣說是經一切人
民皆得豐樂无諸疾疫商估往還多獲
貨具足勝福是名種種功德利益
尒時梵釋四天王及諸大衆白佛言世尊如
是經典甚深之義若現在者當知如來三十七
種助菩提法住世未滅若是經典滅盡之時
正法亦滅佛言如是如是善男子是故汝等
於此金光明經一句一頌一品一部皆當一心
正讀誦正聞持正思惟正修習為諸衆生廣
宣流布長夜安樂福利无邊時諸大衆聞佛
說已咸蒙勝益歡喜受持

金光明經卷第三

闠胡對　穆莫六　暨其器

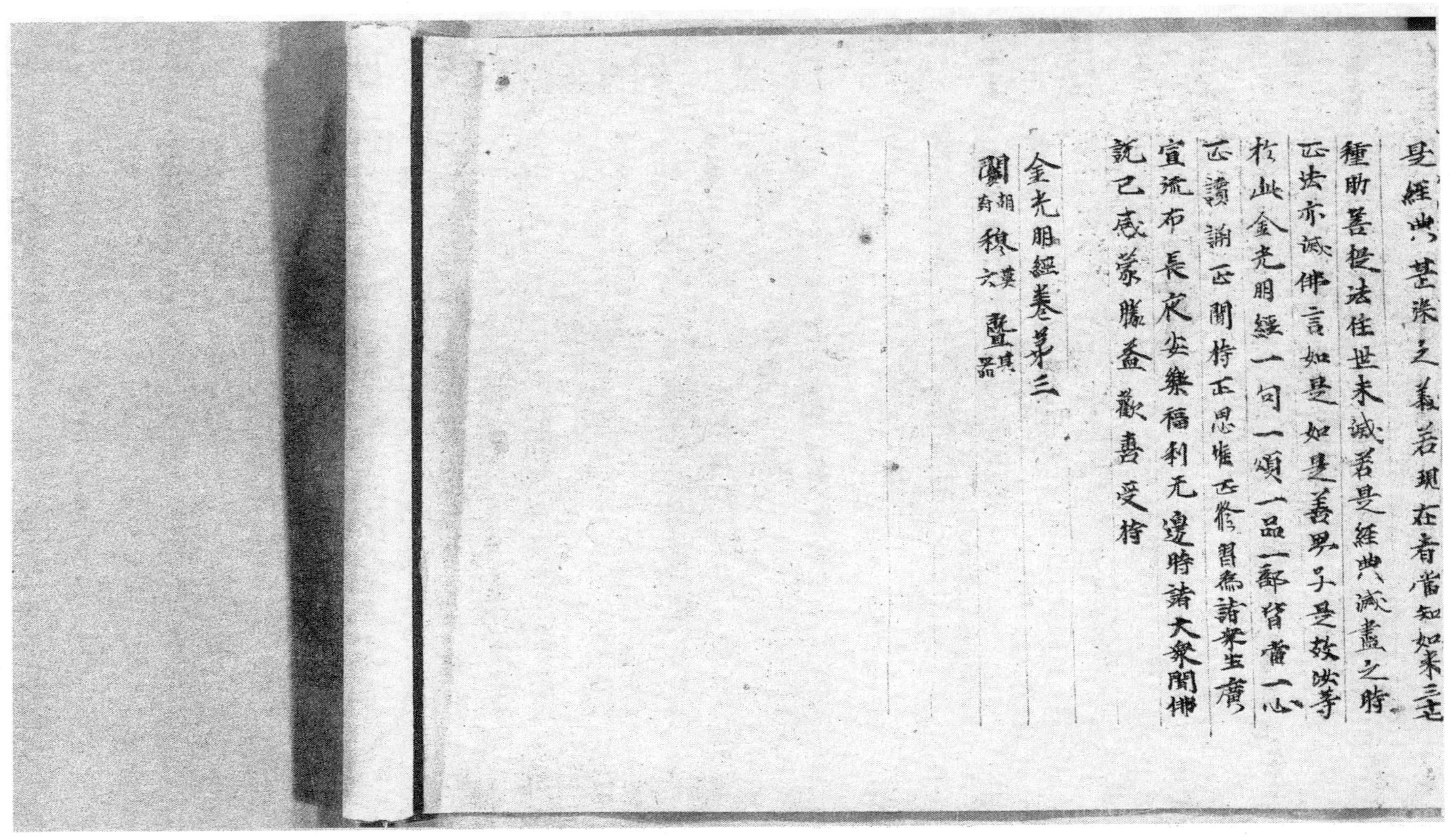
是經典甚深之義若現在者當知如來三
種助菩提法住世未滅若是經典滅盡之時
正法亦滅佛言如是如是善男子是故汝等
於此金光明經一句一頌一品一部皆當一心
正讀誦正聞持正思惟正修習為諸衆生廣
宣流布長夜安樂福利无邊時諸大衆聞佛
說已感蒙勝益歡喜受持

金光明經卷第三

[illegible]

BD14062 號　金光明最勝王經卷三　（17–17）

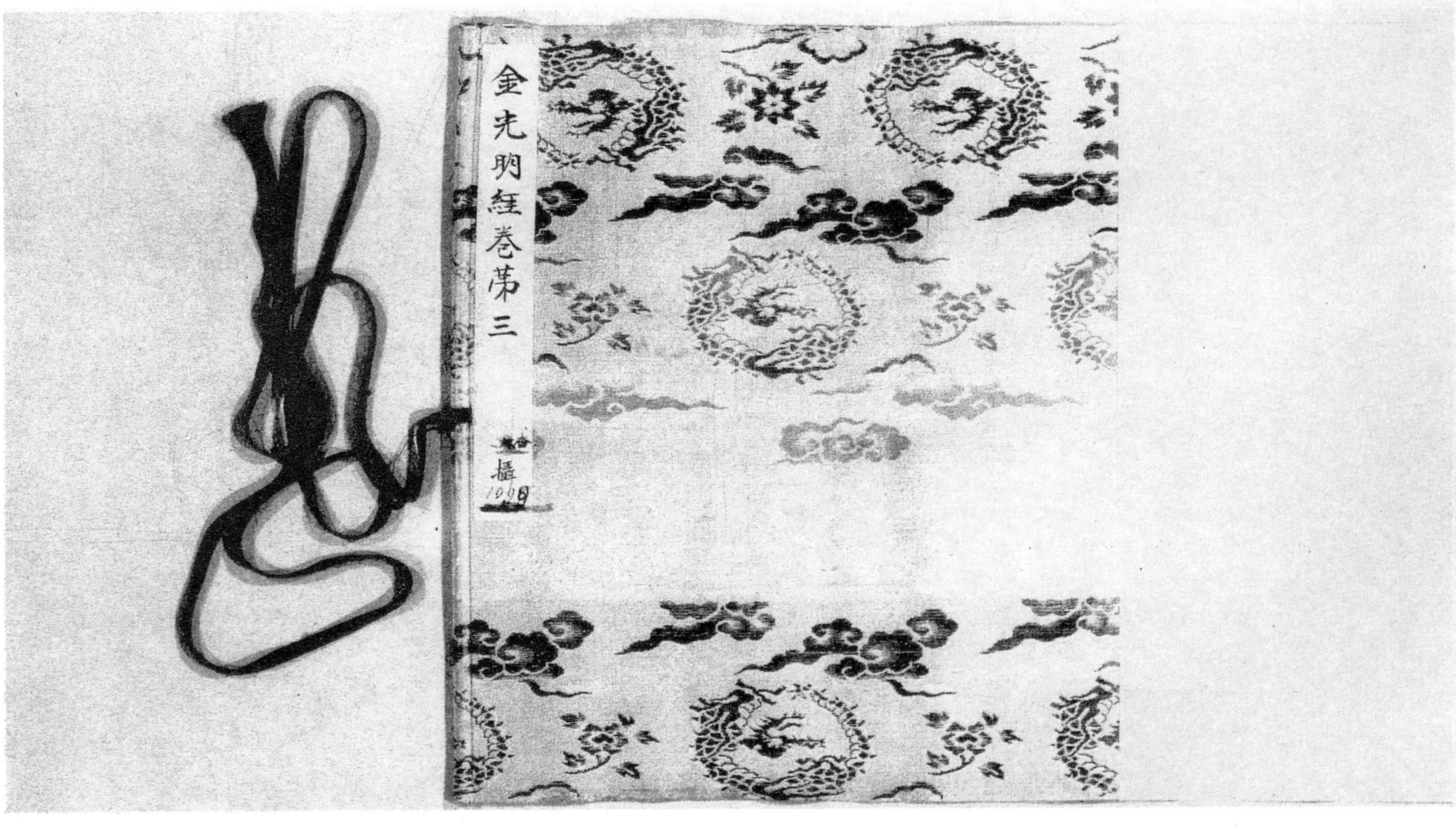

BD14063 號背　現代護首　（1–1）

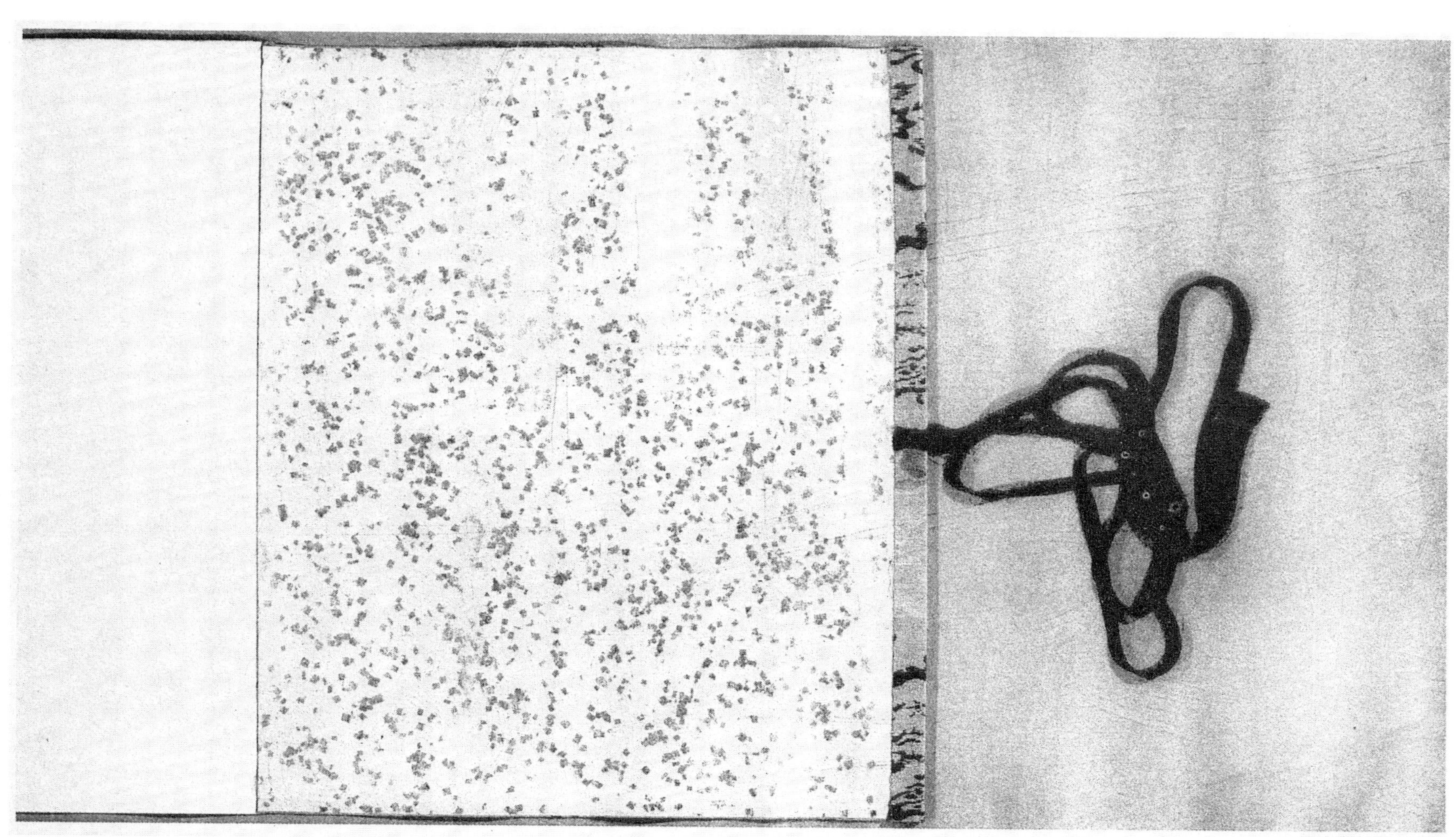

BD14063 號　金光明最勝王經卷三　（17–1）

作所右繞三帀
帝釋承佛威力即從座起
膝著地合掌向佛而白佛言世
子善女人願求阿耨多羅三藐
乘攝受一切邪倒有情曾所造
云何懺悔當得除滅
天帝釋善哉善哉善男子汝
量無邊衆生令得清淨解脫安
世間福利一切若有衆生由業障
心當策勵晝夜六時偏袒右肩
掌恭敬一心專念口自說言歸命頂礼現
在十方一切諸佛已得阿耨多羅三藐三菩提
者轉妙法輪持照法輪雨大法雨擊大法
鼓吹大法螺建大法幢秉大法炬為欲利益
安樂諸衆生故常行法施誘進群迷令得大
果證常樂故如是等諸佛世尊以身語意稽
首歸誠至心礼敬彼諸世尊以真實慧以真
實眼真實證明真實平等悉見一切衆
生善惡之業我從無始生死以來隨惡流轉

BD14063 號　金光明最勝王經卷三　（17–2）

果證常樂故如是等諸佛世尊以身語意稽
首歸誠至心礼敬彼諸世尊以真實慧以真
實眼真實證明真實平等悉見一切衆
生善惡之業我從無始生死以來隨惡流轉
共諸衆生造業障罪為貪瞋癡之所纏縛未
識佛時未識法時未識僧時未識善惡由
身語意造無間罪惡心出佛身血誹謗正法
破和合僧煞阿羅漢煞害父母身三語四意三種
行造十惡業自作教他見作隨喜於諸善人
横生毀謗斗秤欺誑以偽為真不淨飲食施與
一切於六道中所有父母更相惱害或盜窣
覩波物四方僧物現前僧物自在而用世尊
法律不樂奉行師長教示不相隨順見行聲
聞獨覺大乘行者憙生罵辱令諸行人心生
悔惱見有勝己便懷嫉妬法施財施常生慳
悋無明所覆邪見惑心不修善因令惡增長
於諸佛所而起誹謗法説非法非法説法如
是衆罪佛以真實慧真實眼真實證明真實
平等悉知悉見我今歸命對諸佛前皆悉
發露不敢覆藏未作之罪更不復作已作之罪
今皆懺悔所作業障應墮惡道地獄傍生餓
鬼之中阿蘇羅衆及八難處願我此生所有
業障皆得消滅所有惡報未來不受亦如過
去諸大菩薩脩菩提行所有業障悉已懺悔
我之業障今亦懺悔皆悉發露不敢覆藏已
作之罪願得除滅未來之惡更不敢造亦如
未來諸大菩薩修菩提行所有業障悉已懺
悔我之業障今亦懺悔皆悉發露不敢覆藏

去諸大菩薩脩菩提行所有業障悉已懺悔
我之業障今亦懺悔皆悉發露不敢覆藏已
作之罪願得除滅未來之惡更不敢造亦如
未來諸大菩薩修菩提行所有業障悉已懺
悔我之業障今亦懺悔皆悉發露不敢覆藏
已作之罪願得除滅未來之惡更不敢造亦
如現在十方世界諸大菩薩修菩提行所有
業障悉已懺悔我之業障今亦懺悔皆悉發
露不敢覆藏已作之罪願得除滅未來之惡
更不敢造

善男子以是因緣若有造罪一剎那中不得
覆藏何况一日一夜乃至多時若有犯罪
欲求清淨心懷愧恥信於未來必有惡報生
大恐怖應如是懺如人被火燒頭燒衣救令
速滅火若未滅心不得安若人犯罪亦復如
是即應懺悔令速除滅若有願生富樂之家
多饒財寶復欲發意脩習大乘亦應懺悔
滅除業障欲生豪貴婆羅門種剎帝利家及
轉輪王七寶具足亦應懺悔滅除業障

善男子若有欲生四大王衆三十三天夜摩
天覩史多天樂變化天他化自在天亦應懺
悔滅除業障若欲生梵衆梵輔大梵天少
光無量光極光淨天少淨無量淨遍淨天無
雲福生廣果無煩無熱善現天善見色究竟
天亦應懺悔滅除業障若欲求預流果一來果
不還果阿羅漢果亦應懺悔滅除業障若
欲願求三明六通聲聞獨覺自在菩提至究
竟地求一切智智淨智不思議智不動智三藐

天亦應懺悔滅除業障若欲求獨覺果一來果
不還果阿羅漢果亦應懺悔滅除業障若
欲願求三明六通聲聞獨覺自在菩提至究
竟地求一切智智淨智不思議智不動智三藐
三菩提正遍智者亦應懺悔滅除業障何以
故善男子一切諸法從因緣生如來所說異
相生異相滅因緣異故如是過去諸法皆已
滅盡所有業障無復遺餘是諸行法未得現
生而令得生未來業障更不復起何以故善
男子一切法空如來所說無有我人衆生壽
者亦無生滅亦無行法善男子一切諸法皆
依於本亦不可說何以故過一切相故若有
善男子善女人如是入於微妙真理生信敬
心是名無衆生而有於本以是義故說於懺
悔滅除業障
善男子若人成就四法能除業障永得清淨
云何為四一者不起邪心正念成就二者於
甚深理不生誹謗三者於初行菩薩起一切
智心四者於諸衆生起慈無量是謂為四
爾時世尊而說頌言
專心護三業　不誹謗深法　作一切智想　慈心淨業障
善男子有四業障難可滅除云何為四一者
於菩薩律儀犯極重惡二者於大乘經心生
誹謗三者於自善根不能增長四者貪著三
有無出離心復有四種對治業障云何為四
一者於十方世界一切如來至心親近說一切
罪二者為一切衆生勸請諸佛說深妙法
三者隨喜一切衆生所有功德四者所有一

BD14063號　金光明最勝王經卷三　（17–5）

誹謗三者於自善根不能增長四者貪著三
有無出離心復有四種對治業障云何為四
一者於十方世界一切如來至心親近說一切
罪二者為一切衆生勸請諸佛說深妙法
三者隨喜一切衆生所有功德四者所有一
切功德善根悉皆迴向阿耨多羅三藐三菩
提爾時天帝釋白佛言世尊世間所有男子
女人於大乘行有能行者有不行者云何能
得隨喜一切衆生功德善根佛言善男子若
有衆生雖於大乘未能修習然於晝夜六時
偏袒右肩右膝著地合掌恭敬一心專念作
隨喜時得福無量應作是言十方世界一切
衆生現在修行施戒心慧我今皆悉深生隨
喜由作如是隨喜福故必當獲得尊重殊勝
無上無等最妙之果如是過去未來一切衆
生所有善根皆悉隨喜又於現在初行菩薩
發菩提心所有功德過百大劫行菩薩行有
大功德獲無生忍至不退轉一生補處如是
一切功德之蘊皆悉至心隨喜讚歎過去未
來一切菩薩所有功德隨喜讚歎亦復如是
復於現在十方世界一切諸佛應正遍知證
妙菩提為度無邊諸衆生故轉無上法輪行
無礙法施擊法鼓吹法螺建法幢雨法雨哀
愍勸化一切衆生咸令信受皆蒙法施悉得
充足無盡安樂又復所有菩薩聲聞獨覺
功德積集善根若有衆生未具如是諸功德
者悉令具足我皆隨喜如是過去未來諸佛
菩薩聲聞獨覺所有功德亦皆至心隨喜讚

BD14063號　金光明最勝王經卷三　（17–6）

慈勸化一切衆生咸令信受皆蒙法施悉得
充足無盡安樂又復所有菩薩聲聞獨覺
功德積集善根若有衆生未具如是諸功德
者悉令具足我皆隨喜如是過去未來諸佛
菩薩聲聞獨覺所有功德亦皆至心隨喜讚
歎善男子如是隨喜當得無量功德之聚如恒
河沙三千大千世界所有衆生皆斷煩惱成阿
羅漢若有善男子善女人盡其形壽常以上
妙衣服飲食臥具醫藥而為供養如是功德
不及如前隨喜功德千分之一何以故供養
功德有數有量不攝一切諸功德故隨喜功
德無量無數能攝三世一切功德是故若人
欲求增長勝善根者應脩如是隨喜功德若
有女人願轉女身為男子者亦應修習隨喜
功德必得隨心現成男子尒時天帝釋白佛言
世尊已知隨喜功德勸請功德唯願為說欲
令未來一切菩薩當轉法輪現在菩薩正修
行故佛告帝釋若有善男子善女人願求阿
耨多羅三藐三菩提者應當修行聲聞獨覺
大乘之道是人當於晝夜六時如前威儀一
心專念作如是言我今歸依十方一切諸佛
世尊已得阿耨多羅三藐三菩提未轉無上
法輪欲捨報身入涅槃者我皆至誠頂礼勸
請轉大法輪雨大法雨然大法燈照明理趣
施無礙法莫般涅槃久住於世度脫安樂一
切衆生如前所說乃至無盡安樂我今以此
勸請功德迴向阿耨多羅三藐三菩提如過
去未來現在諸大菩薩勸請功德迴向菩提

BD14063號　金光明最勝王經卷三　（17-7）

法輪欲捨報身入涅槃者我皆至誠頂礼勸
請轉大法輪雨大法雨然大法燈照明理趣
施無礙法莫般涅槃久住於世度脫安樂一
切衆生如前所說乃至無盡安樂我今以此
勸請功德迴向阿耨多羅三藐三菩提如過
去未來現在諸大菩薩勸請功德迴向菩提
我亦如是勸請功德迴向無上正等菩提善
男子假使有人以三千大千世界滿中七寶
供養如來若復有人勸請如來轉大法輪
所得功德其福勝彼何以故彼是財施此是法
施善男子且置三千大千世界七寶布施若
人以滿恒河沙數大千世界七寶供養一切
諸佛勸請功德亦勝於彼由其法施有五
勝利云何為五一者法施兼利自他財施不尒
二者法施能令衆生出於三界財施之福不
出欲界三者法施能淨法身財施但唯增長
於色四者法施無窮財施有盡五者法施能
斷無明財施唯伏貪愛是故善男子勸請
功德無量無邊難可譬喻如我昔行菩薩
道時勸請諸佛轉大法輪由彼善根是故今日
一切帝釋諸梵王等勸請於我轉大法輪善
男子請轉法輪為欲度脫安樂諸衆生故我於
往昔為菩提行勸請如來久住於世莫般涅
槃依此善根我得十力四無所畏四無礙辯
大慈大悲證得無數不共之法我當入於無
餘涅槃我之正法久住於世我法身者清淨
無比種種妙相無量智慧無量自在無量功
德難可思議一切衆生皆蒙利益百千萬劫
說不能盡法身攝藏一切諸法一切諸法不

BD14063號　金光明最勝王經卷三　（17-8）

大慈大悲證得無數不共之法我當入於無
餘涅槃我之正法久住於世我法身者清淨
無比種種妙相無量智慧無量自在無量功
德難可思議一切眾生皆蒙利益百千萬劫
說不能盡法身攝藏一切諸法一切諸法不
攝法身法身常住不墮常見雖復斷滅亦非
斷見能破眾生種種異見能生眾生種種真
見能解一切眾生之縛無縛可解能植眾生
諸善根本未成熟者令成熟已成熟者令
解脫無依無動遠離憒鬧寂靜無為自在安
樂過於三世能現三世出於聲聞獨覺之境諸
大菩薩之所修行一切如來體無有異此等
皆由勸請功德善根力故如是法身我今已得
是故若有欲得阿耨多羅三藐三菩提者
於諸經中一句一頌為人解說功德善根尚
無限量何況勸請如來轉大法輪久住於世
莫般涅槃
時天帝釋復白佛言世尊若善男子善女人
為求阿耨多羅三藐三菩提故修三乘道所
有善根云何迴向一切智智佛告天帝善男
子若有眾生欲求菩提修三乘道所有善根
願迴向者當於晝夜六時慇重至心作如是說
我從無始生死以來於三寶所修行成就所
有善根乃至施與傍生一摶之食或以善言
和解諍訟或受三歸及諸學處或復懺悔勸
請隨喜所有善根我今作意悉皆攝取迴
施一切眾生無悔悋心是解脫分善根所攝如
佛世尊之所知見不可稱量無礙清淨如是

有善根乃至施與傍生一摶之食或以善言
和解諍訟或受三歸及諸學處或復懺悔勸
請隨喜所有善根我今作意悉皆攝取迴
施一切眾生無悔悋心是解脫分善根所攝如
佛世尊之所知見不可稱量無礙清淨如是
所有功德善根悉以迴施一切眾生不住相
心不捨相心我亦如是功德善根悉以迴施一
切眾生願皆獲得如意之手搖空出寶滿
眾生願富樂無盡智慧無窮妙法辯才悉
皆無滯共諸眾生同證阿耨多羅三藐三菩
提得一切智因此善根更復出生無量善法
亦皆迴向無上菩提又如過去諸大菩薩修
行之時功德善根悉皆迴向一切種智現在
未來亦復如是然我所有功德善根亦皆迴
向阿耨多羅三藐三菩提是諸善根願共一
切眾生俱成正覺如餘諸佛坐於道場菩提
樹下不可思議無礙清淨住於無盡法藏陀
羅尼首楞嚴定破魔波旬無量兵眾應見
覺知應可通達如是一切一剎那中悉皆照了
於後夜中獲甘露法證甘露義我及眾生願
皆同證如是妙覺猶如
無量壽佛　勝光佛　妙光佛　阿閦佛
功德善光佛　師子光明佛　百光明佛　網光明佛
寶相佛　寶焰佛　焰明佛　焰盛光明佛
吉祥上王佛　微妙聲佛　妙莊嚴佛　法幢佛　上勝身佛
可愛色身佛　光明遍照佛　梵淨王佛　上性佛
如是等如來應正遍知過去未來及以現在
亦現應化得阿耨多羅三藐三菩提轉無上

吉祥上王佛　微妙聲佛　妙莊嚴佛　法幢佛　上勝身佛
可愛色身佛　光明遍照佛　梵淨王佛　上性佛
如是等如來應正遍知過去未來及以現在
亦現應化得阿耨多羅三藐三菩提轉無上
法輪為度衆生我亦如是廣說如上
善男子若有淨信男子女人於此金光明最
勝經王滅業障品受持讀誦憶念不忘為他
廣說得無量無邊大功德聚譬如三千大千
世界所有衆生一時皆得成就人身得人身
已成獨覺道若有男子女人盡其形壽恭敬
尊重四事供養一一獨覺各施七寶如須弥
山此諸獨覺入涅槃後皆以珎寶起塔供養
其塔高廣十二踰繕那以諸花香寶幢幡蓋
常為供養善男子於意云何是人所獲功德
寧為多不天帝釋言甚多世尊善男子若復
有人於此金光明微妙經典衆經之王滅業障
品受持讀誦憶念不忘為他廣說所獲功德
於前所說供養功德百分不及一百千萬億
分乃至校量譬喻所不能及何以故是善男
子善女人住正行中勸請十方一切諸佛轉
無上法輪皆為諸佛歡喜讚歎善男子如
我所說一切施中法施為勝是故善男子於
三寶所設諸供養不可為比勸受三歸持一
切戒無有毀犯三業不空不可為比一切世
界一切衆生隨力隨能隨所願樂於三乘中
勸發菩提心不可為比於三世中一切世界所
有衆生皆得無礙速令成就無量功德不可
為比三世刹土一切衆生令無障[illegible]

BD14063號　金光明最勝王經卷三　（17–11）

切戒無有毀犯三業不空不可為比一切世
界一切衆生隨力隨能隨所願樂於三乘中
勸發菩提心不可為比於三世中一切世界所
有衆生皆得無礙速令成就無量功德不可
為比三世刹土一切衆生令無障礙得三菩
提不可為比三世刹土一切衆生勸令速
出四惡道苦不可為比三世刹土一切衆生
勸令除滅極重惡業不可為比一切苦惱勸
令解脫不可為比一切怖畏苦惱逼切皆令
得解不可為比三世佛前一切衆生所有功
德勸令隨喜發菩提願不可為比勸除惡行
罵辱之業一切功德皆願成就所在生中勸
請供養尊重讚歎一切三寶勸請衆生淨修
福行成滿菩提不可為比是故當知勸請一
切世界三世三寶勸請滿足六波羅蜜勸請
於无上法輪勸請住世經无量劫演說
无量甚深妙法功德甚深无能比者
尒時天帝釋及恒河女神无量梵王四大天
衆從座而起偏袒右肩右膝著地合掌頂禮
白佛言世尊我等皆得聞是金光明最勝王
經今悉受持讀誦通利為他廣說依此法住
何以故世尊我等欲求阿耨多羅三藐三菩提
隨順此義種種勝相如法行故尒時梵王及
天帝釋等於說法處皆以種種曼陀羅花而
散佛上三千大千世界地皆大動一切天鼓
及諸音樂不鼓自鳴放金色光遍世界
出妙音聲時天帝釋白佛言世尊此等皆是

BD14063號　金光明最勝王經卷三　（17–12）

天帝釋等於說法處皆以種種曼陁羅花而
散佛上三千大千世界地皆大動一切天鼓
及諸音樂不鼓自鳴放金色光遍世界
出妙音聲時天帝釋白佛言世尊此等皆是
金光明經威神之力慈悲普救種種利益種
種增長菩薩善根滅諸業障佛言如是如是如
汝所說何以故善男子我念往昔過无量百
千阿僧祇劫有佛名寶王大光照如來應正
遍知出現於世住世六百八十億劫尒時寶
王大光照如來為欲度脫人天釋梵沙門婆
羅門一切衆生令安樂故當出現時初會說
法度百千億億万衆皆得阿羅漢果諸漏已
盡三明六通自在无礙於第二會復度九十
千億億万衆皆得阿羅漢果諸漏已盡三明
六通自在无礙於第三會復度九十八千
千億万衆皆得阿羅漢果圓滿如上
善男子我於尒時作女人身名福寶光明於
第三會親近世尊受持讀誦是金光明經為
他廣說求阿耨多羅三藐三菩提故時彼世
尊為我授記此福寶光明女於未來世當得
作佛号釋迦牟尼如來應正遍知明行足善
逝世間解无上士調御丈夫天人師佛世尊捨
女身後從是以來越四惡道生人天中受上
妙樂八十四百千生作轉輪王至于今日得成
正覺名稱普聞遍滿世界時會大衆忽然
皆見寶王大光照如來轉无上法輪說微妙

BD14063號　金光明最勝王經卷三　（17–13）

逝世間解无上士調御丈夫天人師佛世尊捨
女身後從是以來越四惡道生人天中受上
妙樂八十四百千生作轉輪王至于今日得成
正覺名稱普聞遍滿世界時會大衆忽然
皆見寶王大光照如來轉无上法輪說微妙
法善男子去此索訶世界東方過百千恒河
沙數佛土有世界名寶莊嚴其寶王大光照
如來今現在彼未般涅槃說微妙法廣化群
生汝等見者即是彼佛
善男子若有善男子善女人聞是寶王大光
照如來名号者於菩薩地得不退轉至大涅
槃若有女人聞是佛名者臨命終時得見彼
佛來至其所即見佛已究竟不復更受女身
善男子是金光明微妙經典種種利益種種
增長菩薩善根滅諸業障善男子若有苾
芻苾芻尼鄔波索迦鄔波斯迦隨在何處為
講說是金光明微妙經典於其國土皆獲四
種福利善根云何為四一者國王无病離諸
灾厄二者壽命長遠无有障礙三者无諸怨
敵兵衆勇健四者安隱豐樂正法流通何以故
如是人王常為釋梵四王藥叉之衆共守護故
尒時世尊告天衆曰善男子是事實不是時
无量釋梵四王及藥叉衆俱時同聲荅世尊
言如是如是若有國土講宣讀誦此妙經王
是諸國主我等四王常來擁護行住共俱其
王若有一切灾障及諸怨敵我等四王皆使

BD14063號　金光明最勝王經卷三　（17–14）

尒時世尊告天衆曰善[illegible]
无量釋梵四王及藥叉衆俱時同聲荅世尊
言如是如是若有國土講宣讀誦此妙經王
是諸國主我等四王常来擁護行住共俱其
王若有一切災障及諸怨敵我等四王皆使
消殄憂愁疾疫亦令除差增益壽命感禎
祥所願隨心恒生歡喜我等亦能令其國中
所有軍兵悉皆勇健佛言善哉善哉善男子
如汝所說汝當修行何以故是諸國主如法
行時一切人民隨王修習如法行者汝等皆
蒙色力勝利宮殿光明眷屬强盛時釋梵等
白佛言如是世尊佛言若有講讀此妙經典
流通之處於其國中大臣輔相有四種利益
云何為四一者更相親穆尊重愛念二者常
為人王心所愛重亦為沙門婆羅門大國小
國之所遵敬三者輕財重法不求世利嘉名
普暨衆所欽仰四者壽命延長安隱快樂是
名四益若有國土宣說是經沙門婆羅門得
四種勝利云何為四一者衣服飲食卧具醫藥
无所乏少二者皆得安心思惟讀誦三者依
於山林得安樂住四者隨心所願皆得滿足
是名四種勝利若有國土宣說是經一切人
民皆得豐樂无諸疾病商估往還多獲寶
貨具足勝福是名種種功德利益
尒時釋梵四天王及諸大衆白佛言世尊如
是經典甚深之義若現在者當知如来世七

BD14063號　金光明最勝王經卷三　（17–15）

流通之處於其國中大臣輔相有四種利益
云何為四一者更相親穆尊重愛念二者常
為人王心所愛重亦為沙門婆羅門大國小
國之所遵敬三者輕財重法不求世利嘉名
普暨衆所欽仰四者壽命延長安隱快樂是
名四益若有國土宣說是經沙門婆羅門得
四種勝利云何為四一者衣服飲食卧具醫藥
无所乏少二者皆得安心思惟讀誦三者依
於山林得安樂住四者隨心所願皆得滿足
是名四種勝利若有國土宣說是經一切人
民皆得豐樂无諸疾病商估往還多獲寶
貨具足勝福是名種種功德利益
尒時釋梵四天王及諸大衆白佛言世尊如
是經典甚深之義若現在者當知如来世七
種助菩提法住世未滅若是經典滅盡之時正
法亦滅佛言如是如是善男子是故汝等於
此金光明經一句一頌一品一部皆當一心
正讀誦正聞持正思惟正修習為諸衆生廣
宣流布長夜安樂福利无邊時諸大衆聞
佛說已咸蒙勝益歡喜受持

金光明經卷第三

BD14063號　金光明最勝王經卷三　（17–16）

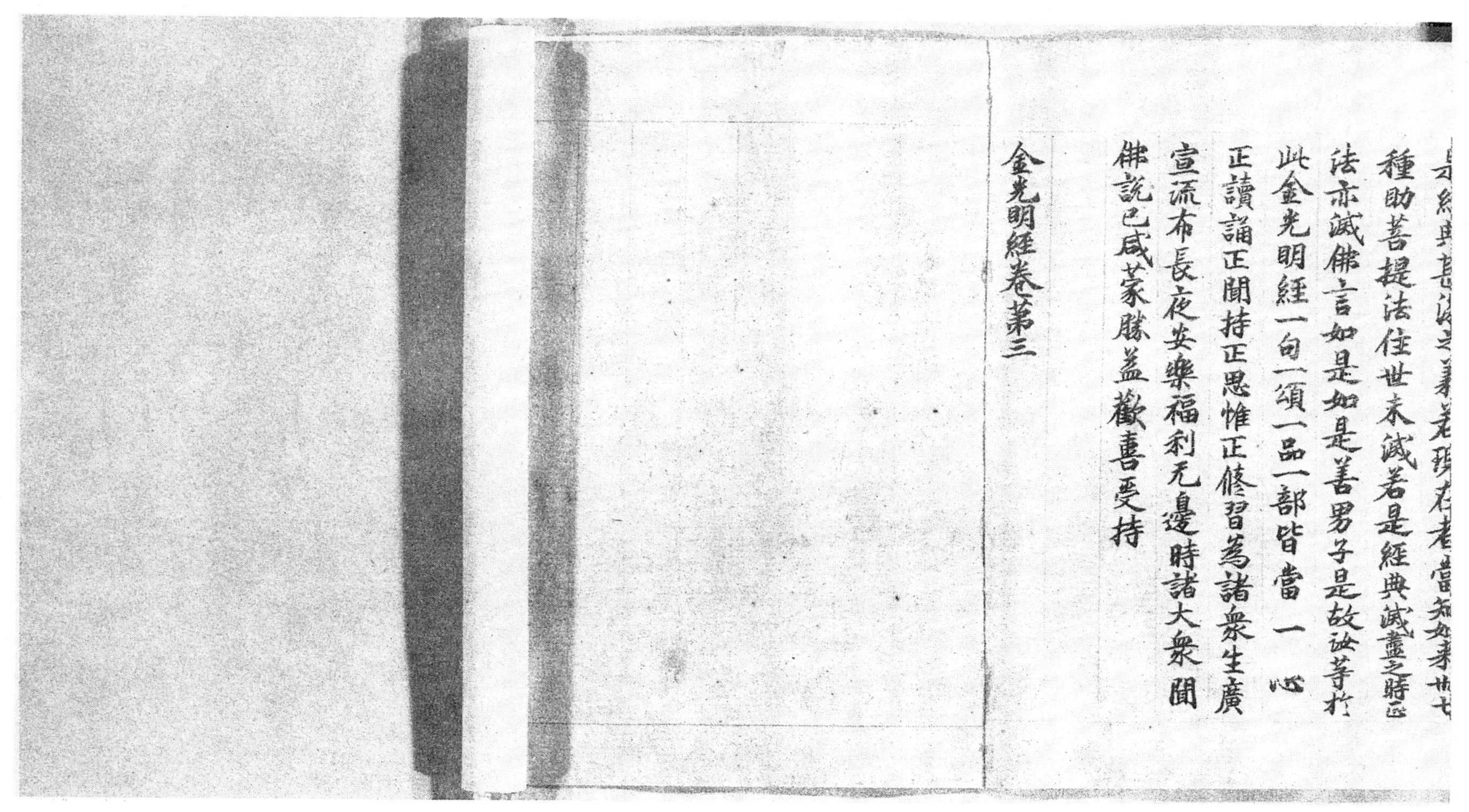

是經典甚深之義若現在者當知如來世尊
種助菩提法住世未滅若是經典滅盡之時正
法亦滅佛言如是如是善男子是故汝等於
此金光明經一句一頌一品一部皆當一心
正讀誦正聞持正思惟正修習為諸衆生廣
宣流布長夜安樂福利无邊時諸大衆聞
佛說已咸蒙勝益歡喜受持

金光明經卷第三

BD14063 號　金光明最勝王經卷三　　（17–17）

BD14064 號背　現代護首　　（1–1）

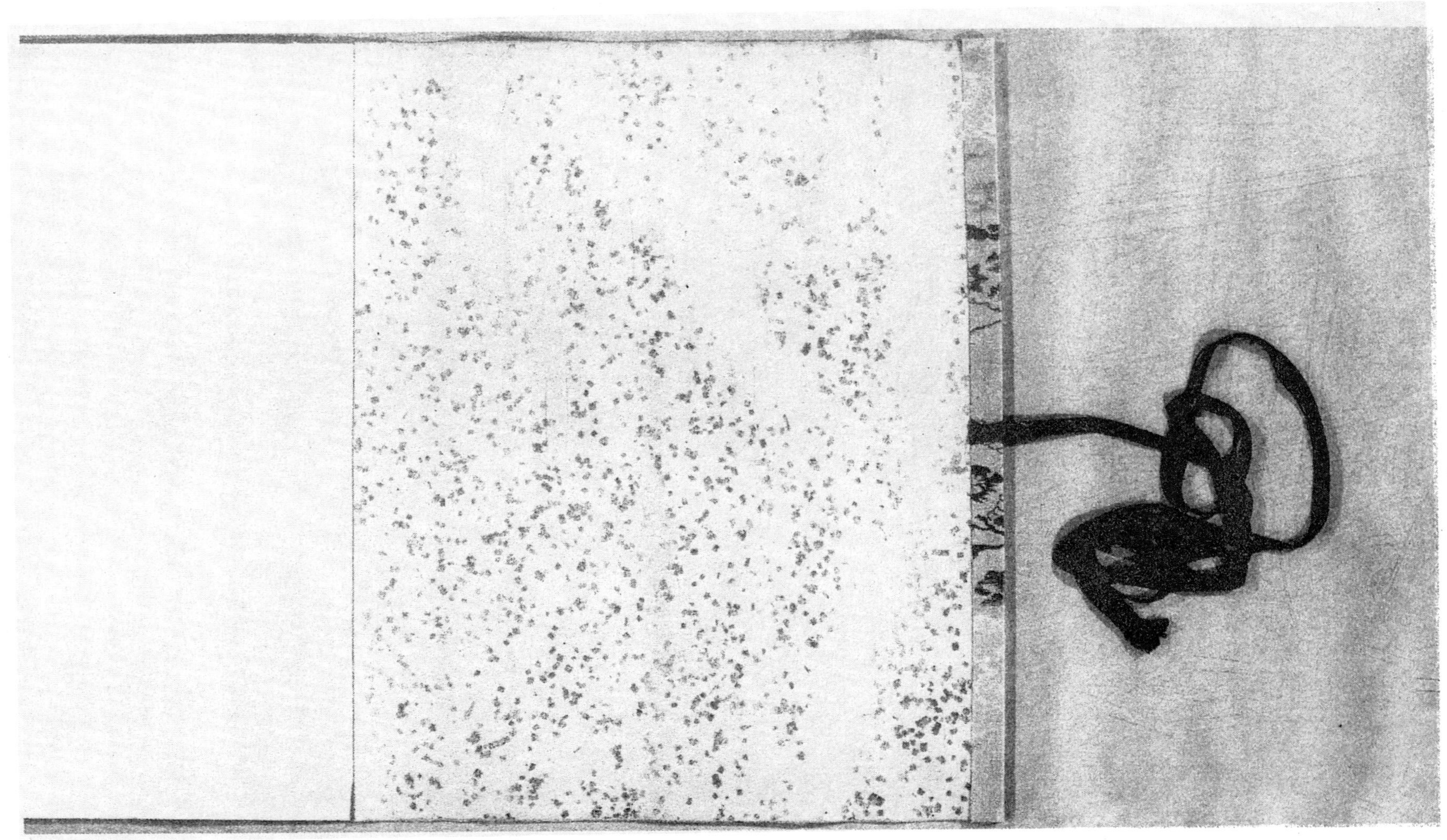

BD14064號　金光明最勝王經卷五　　（21–1）

柔軟　辟如金蓮子
有白毫光　右旋宛轉頗梨色
纖長類初月　其色光耀比蜂王
鼻高脩直如金鋌　淨妙光潤相無虧
一切世間殊妙香　聞時悉知其所在
世尊最勝身金色　一一[illegible]相不殊
紺青柔軟右旋文　微妙光彩難爲喻
初誕身有妙光明　普照一切十方界
能滅三有衆生苦　令彼悉蒙安隱樂
地獄旁生鬼道中　阿蘇羅天及人趣

BD14064號　金光明最勝王經卷五　　（21–2）

初誕身有妙光明　普照一切十方界
能滅三有衆生苦　令彼悉蒙安隱樂
地獄傍生鬼道中　阿蘇羅天及人趣
令彼除滅於衆苦　常受自然安隱樂
身色光明常普照　譬如鎔金妙無比
面貌圓明如滿月　脣色赤好喻頻婆
行步威儀類師子　身光朗耀同初日
臂肘纖長立過膝　狀等垂下娑羅枝
圓光一尋照無邊　赫奕猶如百千日
悉能遍至諸佛剎　隨緣所在覺群迷
淨光明網無倫比　流輝遍滿百千界
普照十方無障礙　一切冥闇悉皆除
善逝慈光能與樂　妙色映徹等金山
流光悉至百千土　衆生遇者皆出離
佛身成就無量福　一切德共莊嚴
超過三界獨稱尊　世間殊勝無與等
所有過去一切佛　數同大地諸微塵
未來現在十方尊　亦如大地微塵衆
我以至誠身語意　稽首歸依三世佛
讚歎無邊功德海　種種香花皆供養
設我口中有千舌　經無量劫讚如來
世尊功德不思議　最勝甚深難可說
假令我舌有百千　讚歎一佛一功德
於中少分尚難知　況諸佛德無邊際
假使大地及諸天　乃至有頂為海水

BD14064 號　金光明最勝王經卷五　（21–3）

世尊功德不思議　最勝甚深難可說
假令我舌有百千　讚歎一佛一功德
於中少分尚難知　況諸佛德無邊際
假使大地及諸天　乃至有頂為海水
可以毛端滴知數　佛一功德甚難量
我以至誠身語意　禮讚諸佛德無邊
所有勝福果難思　迴施衆生速成佛
彼王讚歎如來已　倍復深心發弘願
願我當於未來世　生在無量無數劫
夢中常見大金鼓　得聞顯說懺悔音
讚佛功德喻蓮花　願證無生成正覺
諸佛出世時一現　於百千劫甚難逢
夜夢常聞妙鼓音　晝則隨應而懺悔
我當圓滿脩六度　拔濟衆生出苦海
然後得成無上覺　佛土清淨不思議
以妙金鼓奉如來　并讚諸佛實功德
因斯當見釋迦佛　記我當紹人中尊
金龍金光是我子　過去曾為善知識
世世願生於我家　共受無上菩提記
若有衆生無救護　長夜輪迴受衆苦
我於來世作歸依　令彼常得安隱樂
三有衆苦願除滅　悉得隨心安樂處
於未來世脩菩提　皆如過去成佛者
願此金光懺悔福　永竭苦海罪消除
業障煩惱悉皆亡　令我速招清淨果
福智大海量無邊　清淨離垢深無底

BD14064 號　金光明最勝王經卷五　（21–4）

三有衆苦願除滅　悉得隨心安樂處
於未來世脩菩提　皆知過去成佛者
願此金光懺悔福　永竭苦海罪消除
業障煩惱悉皆已　令我速招清淨果
福智大海量無邊　清淨離垢深無底
願我獲斯功德海　速成無上大菩提
以此金光懺悔力　當獲福德淨光明
既得清淨妙光明　常以智光照一切
願我身光等諸佛　福德智慧亦復然
一切世界獨稱尊　威力自在無倫匹
有漏苦海願超越　無為樂海願常遊
現在福海願恒盈　當來智海願圓滿
願我剎土超三界　殊勝功德量無邊
諸有緣者悉同生　皆得速成清淨智
妙幢汝當知　國王金龍主　曾發如是願　彼即是汝身
往時有二子　金龍及金光　即銀相銀光　當受我所記
大衆聞是說　皆發菩提心　願現在未來　常依此懺悔
金光明最勝王經金勝陀羅尼品第八
尒時世尊復於衆中告善住菩薩摩訶薩善
男子有陀羅尼名曰金勝若有善男子善女
人欲求親見過去未來現在諸佛恭敬供養
者應當受持此陀羅尼何以故此陀羅尼乃
是過現未來諸佛之母是故當知持此陀羅
尼者具大福德已於過去無量佛所殖諸善
本今得受持於戒清淨不毀不缺無有障礙
決定能入甚深法門世尊即為說持呪法先
稱諸佛及菩薩名至心礼敬然後誦呪

BD14064號　金光明最勝王經卷五　（21–5）

是過現未來諸佛之母是故當知持此陀羅
尼者具大福德已於過去無量佛所殖諸善
本今得受持於戒清淨不毀不缺無有障礙
決定能入甚深法門世尊即為說持呪法先
稱諸佛及菩薩名至心礼敬然後誦呪
南謨十方一切諸佛　南謨諸大菩薩摩訶薩
南謨聲聞緣覺一切賢聖
南謨釋迦牟尼佛　南謨東方不動佛
南謨南方寶幢佛　南謨西方阿弥陀佛
南謨北方天鼓音王佛　南謨上方廣衆德佛
南謨下方明德佛　南謨寶藏佛
南謨普光佛　南謨普明佛
南謨香積王佛　南謨蓮花勝佛
南謨平等見佛　南謨寶髻佛
南謨寶上佛　南謨寶光佛
南謨無垢光明佛　南謨辯才莊嚴思惟佛
南謨淨月光稱相王佛　南謨花嚴光佛
南謨光明王佛　南謨善光無垢稱王佛
南謨觀察無畏自在佛　南謨無畏名稱佛
南謨最勝王佛
南謨觀自在菩薩摩訶薩　南謨地藏菩薩摩訶薩
南謨虛空藏菩薩摩訶薩　南謨妙吉祥菩薩摩訶薩
南謨金剛手菩薩摩訶薩　南謨普賢菩薩摩訶薩
南謨無盡意菩薩摩訶薩　南謨大勢至菩薩摩訶薩
南謨慈氏菩薩摩訶薩　南謨善惠菩薩摩訶薩
陀羅尼曰
南謨曷喇怛娜喇怛喇夜也　怛姪他

BD14064號　金光明最勝王經卷五　（21–6）

南謨無盡意菩薩摩訶薩　南謨大勢至菩薩摩訶薩
南謨慈氏菩薩摩訶薩　南謨善惠菩薩摩訶薩
陁羅尼曰
南謨曷喇怛娜怛喇夜也　怛姪他
君睇　君睇　矩折曬　矩折曬
壹窒　哩窒窒哩　莎訶
佛告善住菩薩此陁羅尼是三世佛母若有
善男子善女人持此呪者能生無量無邊
福德之聚即是供養恭敬尊重讚歎無數
諸佛如是諸佛皆與此人授阿耨多羅三藐
三菩提記善住若有人能持此呪者隨其所
欲衣食財寶多聞聰慧無病長壽獲福甚多
隨所願求無不遂意善住持是呪者乃至未證
無上菩提常與金城山菩薩慈氏菩薩大海
菩薩觀自在菩薩妙吉祥菩薩大氷伽羅菩薩
等而共居止為諸菩薩之所攝護善住當知
持此呪時作如是法先應誦持滿一万八遍
為前方便次於闇室莊嚴道場黑月一日清
淨洗浴著鮮潔衣燒香散花種種供養并
諸飲食入道場中先當稱禮如前所說諸佛菩
薩至心慇重懺悔先罪已右膝著地可誦前呪
滿一千八遍端坐思惟念其所願日未出時
於道場中食淨黑食日唯一食至十五日方
出道場能令此人福德威力不可思議隨所
願求無不圓滿若不遂意重入道場既稱心
已常持莫忘

於道場中食淨黑食日唯一食至十五日方
出道場能令此人福德威力不可思議隨所
願求無不圓滿若不遂意重入道場既稱心
已常持莫忘

金光明最勝王經顯空性品第九

爾時世尊說此呪已為欲利益菩薩摩訶薩
人天大眾令得悟解甚深真實第一義故重
明空性而說頌曰

我已於餘甚深經　廣說真空微妙法
今復於此經王內　略說空法不思議
於諸廣大甚深法　有情無智不能解
故我於斯重敷演　令於空法得開悟
大悲哀愍有情故　以善方便勝因緣
我今於此大眾中　演說令彼明空義
當知此身如空聚　六賊依止不相知
六塵諸賊別依根　各不相知亦如是
眼根常觀於色處　耳根聽聲不斷絕
鼻根恒齅於香境　舌根鎮嘗於美味
身根受於輕耎觸　意根了法不知厭
此等六根隨事起　各於自境生分別
識如幻化非真實　依止根處妄貪求
如人奔走空聚中　六識依根亦如是
心遍馳求隨處轉　託根緣境了諸事
常愛色聲香味觸　於法尋思無暫停
隨緣遍行於六根　如鳥飛空無障礙
藉此諸根作依處　方能了別外境

如人奔走空聚中　六識依根亦如是
心遍馳求隨處轉　託根緣境了諸事
常愛色聲香味觸　於法尋思無暫停
隨緣遍行於六根　如鳥飛空無障礙
藉此諸根作依處　方能了別於外境
此身無知無作者　體不堅固託緣成
皆從虛妄分別生　譬如機關由業轉
地水火風共成身　隨彼因緣招異果
同在一處相違害　如四毒蛇居一篋
此四大蛇性各異　雖居一處有昇沉
或上或下遍於身　斯等終歸於滅法
於此四種毒蛇中　地水二蛇多沉下
風火二蛇性輕舉　由此乖違眾病生
心識依止於此身　造作種種善惡業
當往人天三惡趣　隨其業力受身形
遭諸疾病身死後　大小便利悉盈流
膿爛蟲蛆不可樂　棄在屍林如朽木
汝等當觀法如是　云何執有我眾生
一切諸法盡無常　悉從無明緣力起
彼諸大種咸虛妄　本非實有體無生
故說大種性皆空　知此浮虛非實有
無明自性本是無　藉眾緣力和合有
於一切時失正慧　故我說彼為無明
行識為緣有名色　六處及觸受隨生
愛取有緣生老死　憂悲苦惱恒隨逐
眾苦惡業常纏迫　生死輪迴無息時

BD14064號　金光明最勝王經卷五　（21-9）

無明自性本是無　藉眾緣力和合有
於一切時失正慧　故我說彼為無明
行識為緣有名色　六處及觸受隨生
愛取有緣生老死　憂悲苦惱恒隨逐
眾苦惡業常纏迫　生死輪迴無息時
本來非有體是空　由不如理生分別
我斷一切諸煩惱　常以正智現前行
了五蘊宅悉皆空　求證菩提真實處
我開甘露大城門　示現甘露微妙器
既得甘露真實味　常以甘露施群生
我擊最勝大法鼓　我吹最勝大法螺
我然最勝大明燈　我降最勝大法雨
降伏煩惱諸怨結　建立無上大法幢
於生死海濟群迷　我當關閉三惡趣
煩惱熾火燒眾生　無有救護無依止
清涼甘露充足彼　身心熱惱並皆除
由是我於無量劫　恭敬供養諸如來
堅持禁戒趣菩提　求證法身安樂處
施他眼耳及手足　妻子僮僕心無悋
財寶七珍莊嚴具　隨來求者咸供給
忍等諸度皆遍修　十地圓滿成正覺
故我得稱一切智　無有眾生度量者
假使三千大千界　盡此土地生長物
所有叢林諸樹木　稻麻竹葦及枝條
此等諸物皆伐取　並悉細末作微塵
隨處積集量難知　乃至充滿虛空界

BD14064號　金光明最勝王經卷五　（21-10）

假使三千大千界　盡此土地生長物
所有叢林諸樹木　稻麻竹葦及枝條
此等諸物皆伐取　並悉細末作微塵
隨處積集量難知　乃至充滿虛空界
一切十方諸剎土　所有三千大千界
地土皆悉末為塵　此微塵量不可數
假使一切眾生智　以此智慧與一人
如是智者量無邊　容可知彼微塵數
牟尼世尊一念智　令彼智人共度量
於多俱胝劫數中　不能算知其少分
時諸大眾聞佛說此甚深空性有無量眾
生悉能了達四大五蘊體性俱空六根六境妄
生繫縛願捨輪迴正修出離深心慶喜如說
奉持
金光明最勝王經依空滿願品第十
爾時如意寶光耀天女於大眾中聞說深法
歡喜踴躍從座而起偏袒右肩右膝著地
合掌恭敬白佛言世尊唯願為說於甚深理
修行之法而說頌言
我問照世界　兩足最勝尊　菩薩正行法　唯願慈聽許
佛言善女天　若有疑惑者　隨汝意所問　吾當分別說
是時天女請世尊曰
云何諸菩薩　行菩提正行　離生死涅槃　饒益自他故
佛告善女天　依於法界行菩提法　修平等行
云何依於法界行菩提法修平等行　謂於五
蘊能現法界法界即是五蘊五蘊不可說非

云何諸菩薩　行菩提正行　離生死涅槃　饒益自他故
佛告善女天　依於法界行菩提法　修平等行
云何依於法界行菩提法修平等行　謂於五
蘊能現法界法界即是五蘊五蘊不可說非
五蘊亦不可說何以故若法界是五蘊即是
斷見若離五蘊即是常見離於二相不著二
邊不可見過所見無名無相是則名為說於
法界善女天云何五蘊能現法界如是五蘊
不從因緣生何以故若從因緣生者為已生
故生為未生故生若已生生者何用因緣若
未生生者不可得生何以故未生諸法即是
非有無名無相非校量譬喻之所能及非是
因緣之所生故善女天譬如鼓聲依木依皮
及桴手等故得出聲如是鼓聲過去亦空未
來亦空現在亦空何以故是鼓音聲不從木
生不從皮生及桴手生不於三世生是則不
生若不可生則不可滅若不可滅無所從來
若無所從來亦無所去若無所去則非常非
斷若非常非斷則不一不異何以故此若是
一則不異法界若如是者凡夫之人應見真
諦得於無上安樂涅槃既不如是故知不一
若言異者一切諸佛菩薩行相即是執著未
得解脫煩惱繫縛即不證阿耨多羅三藐三
菩提何以故一切聖人於行非行同真實性
是故不異故知五蘊非有非無不從因緣生
非無因緣生是聖所知非餘境故亦非言說

若言異者一切諸佛菩薩行相即是執著者不
得解脫煩惱繫縛即不證阿耨多羅三藐三
菩提何以故一切聖人於行非行同真實性
是故不異故知五蘊非有非無不從因緣生
非無因緣生是聖所知非餘境故亦非言說
之所能及無名無相無因無緣亦無譬喻始
終寂靜本來自空是故五蘊能現法界善女
天若善男子善女人欲求阿耨多羅三藐三菩
提異真異俗難可思量於凡聖境體非一異
不捨於俗不離於真依於法界行菩提行
尒時世尊作是語已時善女天踊躍歡喜即
從座起偏袒右肩右膝著地合掌恭敬一心
頂禮而白佛言世尊如上所說菩提正行我
今當學是時索訶世界主大梵天王於大衆
中問如意寶光耀善女天曰此菩提行難可
脩行汝今云何於菩提行而得自在尒時善
女天答梵王曰大梵王如佛所說實是甚深
一切異生不解其義是聖境界微妙難知若
使我今依於此法得安樂住是實語者願令
一切五濁惡世無量無數無邊衆生皆得金
色卅二相非男非女坐寶蓮花受無量樂雨
天妙花諸天音樂不鼓自鳴一切供養皆悉
具足時善女天說是語已一切五濁惡世所
有衆生皆悉金色具大人相非男非女坐寶
蓮花受無量樂猶如他化自在天宮無諸惡
道寶樹行列七寶蓮花遍滿世界又雨七寶

BD14064號　金光明最勝王經卷五　（21–13）

具足時善女天說是語已一切五濁惡世所
有衆生皆悉金色具大人相非男非女坐寶
蓮花受無量樂猶如他化自在天宮無諸惡
道寶樹行列七寶蓮花遍滿世界又雨七寶
上妙天花作天伎樂如意寶光耀善女天即
轉女身作梵天身時大梵王問如意寶光耀
菩薩言仁者如何行菩提行答言梵王若水
中月行菩提行我亦行菩提行若夢中行菩
提行我亦行菩提行若陽焰行菩提行我亦
行菩提行若谷響行菩提行我亦行菩提行
時大梵王聞此說已白菩薩言仁依何義而
說此語答言梵王無有一法是實相者但由
因緣而得成故梵王言若如是者諸凡夫人
皆悉應得阿耨多羅三藐三菩提答言仁以
何意而作是說愚癡人異智慧人異菩提異
非菩提異解脫異非解脫異梵王如是諸法
平等無異於此法界真如不異無有中間而
可執著無增無減梵王譬如幻師及幻弟子
善解幻術於四衢道取諸沙土草木葉等
聚在一處作諸幻術使人覩見象衆馬衆車
兵等衆七寶之聚種種倉庫若有衆生愚癡無
智不能思惟不知幻本若見若聞作是思惟
我所見聞象馬等衆此是實有餘皆虛妄於
後更不審察思惟有智之人則不如是了於
幻本若見若聞作如是念如我所見象馬等
衆非是真實唯有幻事惑人眼目妄謂象等

BD14064號　金光明最勝王經卷五　（21–14）

智不能思惟不知幻本若見若聞作是思惟
我所見聞象馬等衆此是實有餘皆虛妄於
後更不審察思惟有智之人則不如是了於
幻本若見若聞作如是念如我所見象馬等
衆非是真實唯有幻事惑人眼目妄謂象等
及諸倉庫有名無實如我見聞不執為實後
時思惟知其虛妄是故智者了一切法皆無
實體但隨世俗如見如聞表宣其事思惟諦
理則不知是復由假說顯實義故梵王愚癡
異生未得出世聖慧之眼未知一切諸法真如
不可說故是諸凡愚若見若聞行非行法
如是思惟便生執著謂以為實於第一義不
能了知謂法真如是不可說是諸聖人若見
若聞行非行法隨其力能不生執著以為實有
了知一切無實行法無實非行法但妄思量
行非行相唯有名字無有實體是諸聖人
隨世俗說為欲令他知真實義如是梵王是
諸聖人以聖智見了法真如不可說故行非
行法亦復如是令他證知故說種種世俗名
時大梵王問如意寶光耀菩薩言有幾衆生
能解如是甚深正法答言梵王有衆幻人心
心數法能解如是甚深正法梵王曰此幻化
人體是非有此之心數從何而生答曰若知法
界不有不無如是衆生能解深義
尒時梵王白佛言世尊是如意寶光耀菩薩
不可思議通達如是甚深之義佛言如是如
是梵王如汝所言此如意寶光耀已教汝等

BD14064號　金光明最勝王經卷五　（21-15）

界不有不無如是衆生能解深義
尒時梵王白佛言世尊是如意寶光耀菩薩
不可思議通達如是甚深之義佛言如是如
是梵王如汝所言此如意寶光耀已教汝等
發心修學無生忍法是時大梵天王與諸梵
衆從座而起偏袒右肩合掌恭敬頂礼如意
寶光耀菩薩足作如是言希有希有我等
日幸遇大士得聞正法
尒時世尊告梵王言是如意寶光耀於未來
世當得作佛号寶焰吉祥藏如来應正遍知
明行圓滿善逝世間解無上士調御丈夫天
人師佛世尊說是品時有三千億菩薩於阿
耨多羅三藐三菩提得不退轉八千億天子
無量無數國王臣民遠塵離垢得法眼淨
尒時會中有五十億苾芻行菩薩行欲退菩
提心聞如意光耀菩薩說是法時皆得堅
固不可思議滿足上願更復發起菩提之心
各自脫衣供養菩薩重發無上勝進之心作
如是願願令我等功德善根悉皆不退迴向
阿耨多羅三藐三菩提梵王是諸苾芻依此
功德如說修行過九十大劫當得解悟出離
生死尒時世尊即為授記汝諸苾芻過卅阿
僧祇劫當得作佛劫名難勝光王國名無垢
光同時皆得阿耨多羅三藐三菩提皆同一号
名願莊嚴聞飾王十号具足梵王是金光明
微妙經典若正聞持有大威力假使有人

BD14064號　金光明最勝王經卷五　（21-16）

僧祇劫當得作佛劫名難勝光王國名無垢
光同時皆得阿耨多羅三藐三菩提皆同一号
名願莊嚴聞飾王十号具足梵王是金光明
微妙經典若正聞持有大威力假使有人
於百千大劫行六波羅蜜無有方便若有善
男子善女人書寫如是金光明經半月半月
專心讀誦是功德聚於前功德百分不及一
乃至算數譬喻所不能及梵王是故我今令
汝修學憶念受持為他廣說何以故我於往
昔行菩薩道時猶如勇士入於戰陣不惜身
命流通如是微妙經王受持讀誦為他解說
梵王譬如轉輪聖王若王在世七寶不滅王
若命終所有七寶自然滅盡梵王是金光明
微妙經王若現在世無上法寶悉皆不滅若
無是經隨處隱沒是故應當於此經王專心
聽聞受持讀誦為他解說勸令書寫行精進
波羅蜜不惜身命不憚疲勞功德中勝我諸
弟子應當如是精勤修學
尒時大梵天王與無量梵衆帝釋四王及諸
藥叉俱從座起偏袒右肩膝著地合掌恭
敬而白佛言世尊我等皆願守護流通是金
光明微妙經典及說法師若有諸難我當除
遣令具衆善色力充足辯才無礙身意泰然
時會聽者皆受安樂所在國土若有飢饉怨
賊非人為惱害者我等天衆皆為擁護使其
人民安隱豐樂無諸枉橫皆是我等天衆

BD14064號　金光明最勝王經卷五　（21–17）

時會聽者皆受安樂所在國土若有飢饉怨
賊非人為惱害者我等天衆皆為擁護使其
人民安隱豐樂無諸枉橫皆是我等天衆
之力若有供養是經典者我等亦當恭敬供
養如佛不異
尒時佛告大梵天王及諸梵衆乃至四王諸藥
叉等善哉善哉汝等得聞甚深妙法復能
於此微妙經王發心擁護及持經者當獲無
邊殊勝之福速成無上正等菩提時梵王等
聞佛語已歡喜頂受
金光明最勝王經四天王觀察人天品第十一
尒時多聞天王持國天王增長天王廣目天
王俱從座起偏袒右肩右膝著地合掌向佛
禮佛足已白言世尊是金光明最勝王經一
切諸佛常念觀察一切菩薩之所恭敬一切
天龍常所供養及諸天衆常生歡喜一切護
世稱揚讚歎聲聞獨覺皆共受持悉能明照
諸天宮殿能與一切衆生殊勝安樂止息地獄
餓鬼傍生諸趣苦惱一切怖畏悉能除殄
所有怨敵尋即退散飢饉惡時能令豐稔
疾疫病苦皆令蠲愈一切災變百千苦惱咸悉
消滅世尊是金光明最勝王經能為如是安
隱利樂饒益我等唯願世尊於大衆中廣為
宣說我等四王并諸眷屬聞此甘露無上法
味氣力充實增益威光精進勇猛神通倍勝
世尊我等四王修行正法常說正法以法化世

BD14064號　金光明最勝王經卷五　（21–18）

清滅世尊是金光明最勝王經能為如是安
隱利樂饒益我等唯願世尊於大衆中廣為
宣說我等四王并諸眷屬聞此甘露無上法
味氣力充實增益威光精進勇猛神通倍勝
世尊我等四王修行正法常說正法以法化世
我等令彼天龍藥叉健闥婆阿蘇羅揭路
茶俱槃茶緊那羅莫呼羅伽及諸人王常以
正法而化於世遮去諸惡所有鬼神吸人精
氣無慈悲者悉令遠去世尊我等四王與二十
八部藥叉大將并與無量百千藥叉以淨天
眼過於世人觀察擁護此贍部洲世尊以此
因緣我等諸王名護世者又復於此洲中
若有國王被他怨賊常來侵擾及多飢饉疾
疫流行無量百千災厄之事世尊我等四王
於此金光明最勝王經恭敬供養若有苾芻
法師受持讀誦我等四王共往覺悟勸請其
人時彼法師由我神通覺悟力故往彼國界
廣宣流布是金光明微妙經典由經力故令
彼無量百千衰惱災厄之事悉皆除遣世尊
若諸人王於其國內有持是經苾芻法師至
彼國時當知此經亦至其國世尊時彼國王
應往法師處聽其所說聞已歡喜於彼法師
恭敬供養深心擁護令無憂惱演說此經利
益一切世尊以是緣故我等四王皆共一心護
是人王及國人民令離災患常得安隱世
尊若有苾芻苾芻尼鄔波索迦鄔波斯迦持

BD14064 號　金光明最勝王經卷五　（21–19）

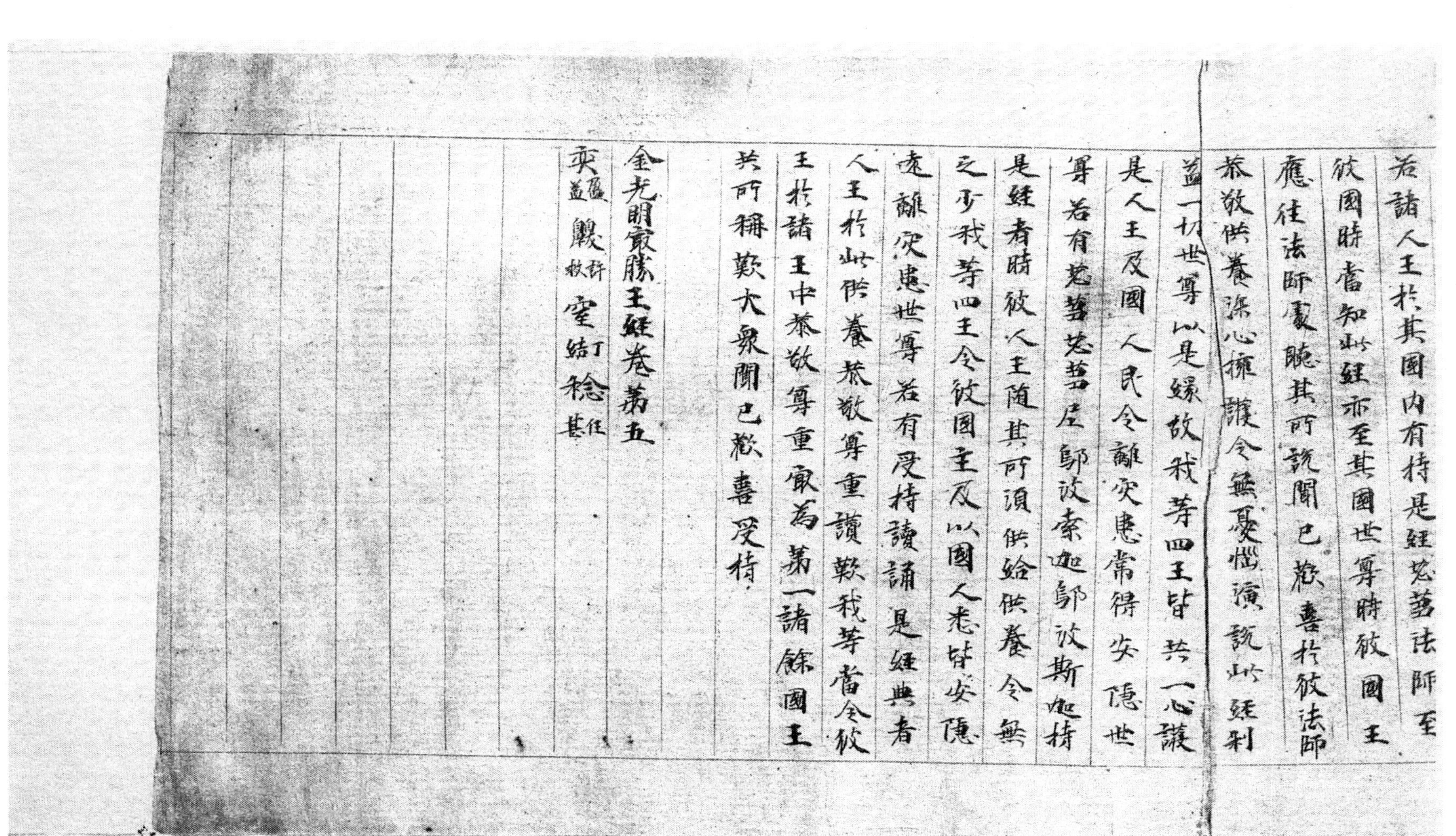
若諸人王於其國內有持是經苾芻法師至
彼國時當知此經亦至其國世尊時彼國王
應往法師處聽其所說聞已歡喜於彼法師
恭敬供養深心擁護令無憂惱演說此經利
益一切世尊以是緣故我等四王皆共一心護
是人王及國人民令離災患常得安隱世
尊若有苾芻苾芻尼鄔波索迦鄔波斯迦持
是經者時彼人王隨其所須供給供養令無
乏少我等四王令彼國主及以國人悉皆安隱
遠離災患世尊若有受持讀誦是經典者
人王於此供養恭敬尊重讚歎我等當令彼
王於諸王中恭敬尊重最為第一諸餘國王
共所稱歎大衆聞已歡喜受持

金光明最勝王經卷第五

奕盈益 馥救許 窒丁結 稔任甚

BD14064 號　金光明最勝王經卷五　（21–20）

BD14064 號　金光明最勝王經卷五　（21–21）

BD14065 號背　現代護首　（1–1）

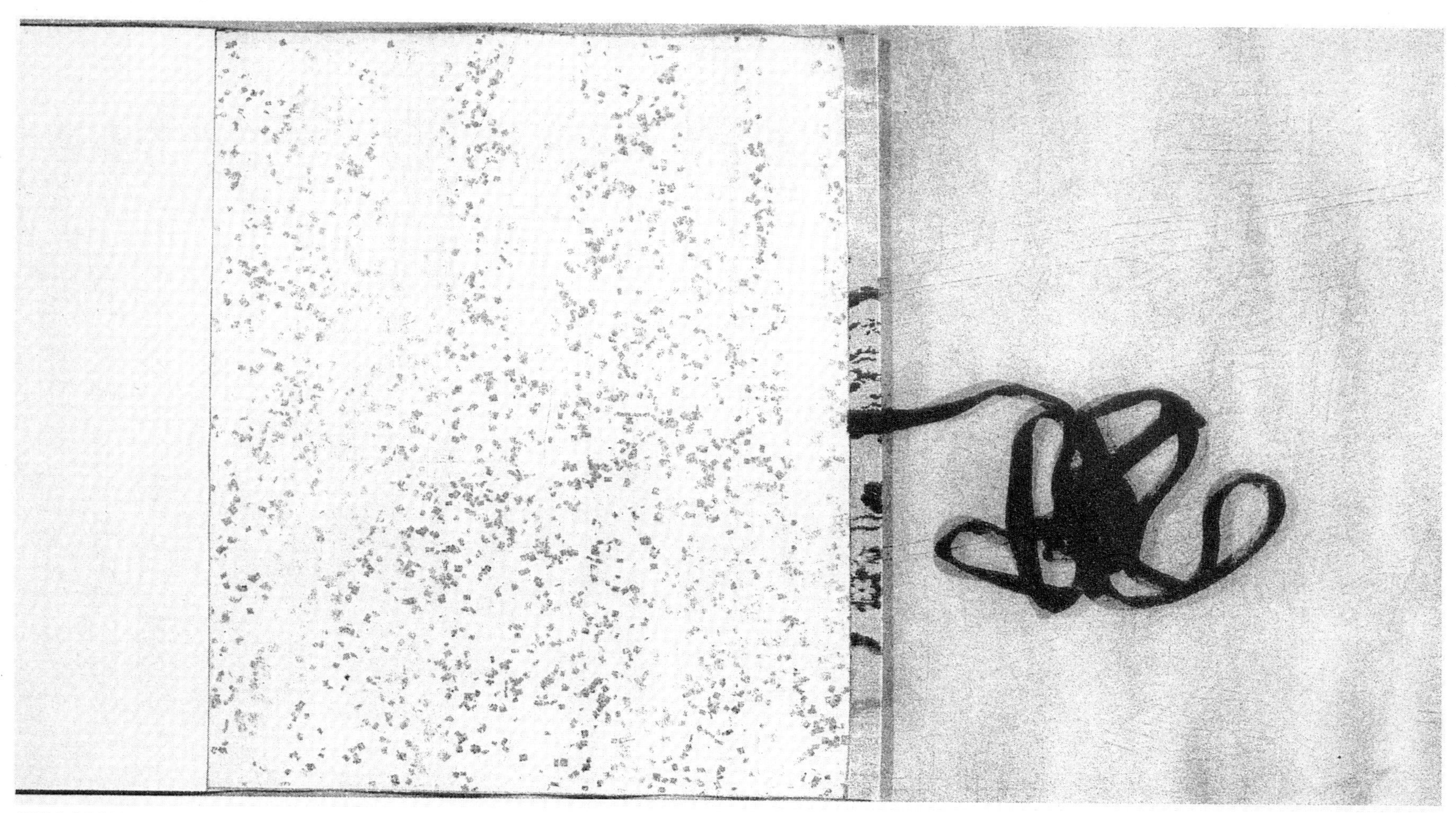

BD14065 號　金光明最勝王經卷六　　（20–1）

處潛身擁護令无留難亦當護念聽
諸國王等除其衰患悉令安隱他方怨
使退散若有人王聽是經時隣國怨敵興
是念當具四兵壞彼國土世尊以是經王威
神力故是時隣敵更有怨敵而來侵擾其
境界多諸災變疫病流行時王見已即嚴四
兵發向彼國欲為討罸我等尒時當與眷屬
无量无邊藥叉諸神各自隱形為作護助令
彼怨敵自然降伏尚不敢來至其國界豈復
得有兵戈相罸
尒時佛告四天王善哉善哉汝等四王乃能

BD14065 號　金光明最勝王經卷六　　（20–2）

兵發向彼國欲為討罰我等尒時當與眷屬
无量无邊藥叉諸神各自隱形為作護助令
彼怨敵自然降伏尚不敢來至其國界豈復
得有兵戈相罰
尒時佛告四天王善哉善哉汝等四王乃能
擁護如是經典我於過去百千俱胝那庾多
劫脩諸苦行得阿耨多羅三藐三菩提証一
切智今說是法若有人王受持是經恭敬供
養者為消衰患令其安隱亦復擁護城邑聚
落乃至異怨悉令退散亦令一切贍部洲內所
所有諸王永无衰惱鬪諍之事四王當知此贍
部洲八万四千城邑聚落八万四千諸人王等
各於其國受諸快樂皆得自在所有財寶
豐足受用不相侵奪隨彼宿因而受其報不
起惡念貪求他國咸生少欲利樂之心无
有鬪戰繫縛等苦其土人民自然受樂上下
和穆猶如水乳情相愛重歡喜遊戲慈悲謙
讓增長善根以是因緣此贍部洲安隱豐樂
人民熾盛大地沃壤寒暑調和時不乖序日
月星宿常度无虧風雨隨時離諸災橫資產
財寶皆悉豐盈心无慳鄙常行惠施具十善
業若人命終多生天上增益天衆大王若未
來世有諸人王聽受是經恭敬供養并受持
經四部之衆尊重稱讚復欲安樂饒益汝等
及諸眷屬无量百千諸藥叉衆是故彼王常
當聽受是妙經王由得聞此正法之水甘露
上味增益汝等身心勢力精進勇猛福德
威光悉令充滿是人王若能至心聽受是經

BD14065 號　金光明最勝王經卷六　（20–3）

來世有諸人王聽受是經恭敬供養并受持
經四部之衆尊重稱讚復欲安樂饒益汝等
及諸眷屬无量百千諸藥叉衆是故彼王常
當聽受是妙經王由得聞此正法之水甘露
上味增益汝等身心勢力精進勇猛福德
威光悉令充滿是人王若能至心聽受是經
則為廣大希有供養供養於我釋迦牟尼
應正等覺若供養我則是供養過去未來現在
百千俱胝那庾多佛若能供養三世諸佛則
得无量不可思議功德之聚以是因緣汝等
應當擁護彼王后妃眷屬令无衰惱及宮宅
神常受安樂功德難思是諸國土所有人民
亦受種種五欲之樂一切惡事皆令消殄
尒時四天王白佛言世尊於未來世若有人
王樂聽如是金光明經為欲擁護自身后妃
王子乃至內宮諸婇女等城邑宮殿皆得第
一不可思議最上歡喜寂靜安樂於現世中
王位尊高自在昌盛常得增長復欲攝受无
量无邊難思福聚於自國土令无怨敵及諸
憂惱災厄事者世尊如是人王不應放逸令
心散乱當生恭敬至誠慇重聽受如是最勝
經王欲聽之時先當莊嚴最上宮室王所愛
重顯敞之處香水灑地散衆名花安置師子
殊勝法座以諸珍寶而為校飾張施種種寶
蓋幢幡燒无價香奏諸音樂其王尒時當淨
澡浴以香塗身著新淨衣及諸瓔珞坐小卑座
不生高舉捨自在位離諸憍慢端心正念聽
是經王於法師所起大師想復於宮內后妃
王子婇女眷屬生慈愍心喜悅相視和顏愛

BD14065 號　金光明最勝王經卷六　（20–4）

蓋幢幡燒无價香奏諸音樂其王尒時當淨
澡浴以香塗身著新淨衣及諸瓔珞坐小卑座
不生高舉捨自在位離諸憍慢端心正念聽
是經王於法師所起大師想復於宮內后妃
王子婇女眷屬生慈愍心喜悅相視和顏耎
語於自身心大喜充遍作如是念我今獲得
難思殊勝廣大利益於此經王盛興供養既
敷設已見法師至當起虔敬渴仰之心
尒時佛告四天王不應如是不迎法師時彼人
王應著純淨鮮潔之衣種種瓔珞以為嚴
飾自持白蓋及以香花備整軍威陳音樂
步出城闕迎彼法師運想虔恭為吉祥事四
王以何因緣令彼人王親作如是恭敬供養
由彼人王舉足下足步步即是恭敬供養承
事尊重百千万億那庾多諸佛世尊復得超
越如是劫數生死之苦復於來世如是數劫
當受輪王殊勝尊位隨其步步亦於現世福
德增長自在為王感應難思衆所欽重當於
无量百千億劫人天受用七寶宮殿所在生
處常得為王增益壽命言詞辯了人天信
受无所畏懼有大名稱咸共瞻仰天上人中受
勝妙樂獲大力勢有大威德身相奇妙端嚴
无比值天人師遇善知識成就具足无量福
聚四王當知彼諸人王見如是等種種无量
功德利益故應自往奉迎法師若一踰繕那
乃至百千踰繕那於說法師應生佛想還至
城已作如是念今日釋迦牟尼如來應正等
覺入我宮中受我供養為我說法我聞法已

聚四王當知彼諸人王見如是等種種无量
功德利益故應自往奉迎法師若一踰繕那
乃至百千踰繕那於說法師應生佛想還至
城已作如是念今日釋迦牟尼如來應正等
覺入我宮中受我供養為我說法我聞法已
即於阿耨多羅三藐三菩提不復退轉即是
值遇百千万億那庾多諸佛世尊我於今日
即是種種廣大殊勝上妙樂具供養過去未
來現在諸佛我於今日即是永拔琰摩王界
地獄餓鬼傍生之苦便為已種无量百千万億
轉輪聖王釋梵天主善根種子當令无量百
千万億衆生出生死苦得涅槃樂積集无量
无邊不可思議福德之聚後宮眷屬及諸
人民皆蒙安隱國土清泰无諸災厄毒害惡
人他方怨敵不來侵擾遠離憂患四王當知
時彼人王應作如是尊重正法亦於受持是
妙經典苾芻苾芻尼鄔波索迦鄔波斯迦供
養恭敬尊重讚歎所獲善根先以勝福施與
汝等及諸眷屬彼之人王有大福德善業因
緣於現世中得大自在增益威光吉祥妙相
皆悉莊嚴一切怨敵能以正法而摧伏之
尒時四天王白佛言世尊若有人王能作如
是恭敬正法聽此經王并於四衆持經之人
恭敬供養尊重讚歎時彼人王欲為我等生
歡喜故當在一邊近於法座香水灑地散衆
名花安置處所設四王座我與彼王共聽正法
其王所有自利善根亦以福分施及我等
世尊時彼人王請說法者昇座之時便為我

是恭敬正法聽此經王并於四衆持經之人
恭敬供養尊重讚歎時彼人王欲爲我等生
歡喜故當在一邊近於法座香水灑地散衆
名花安置處所設四王座我與彼王共聽正法
其王所有自利善根亦以福分施及我等
世尊時彼人王請說法者昇座之時便爲我
等燒衆名香供養是經世尊時彼香煙於一
念頃上昇虛空即至我等諸天宮殿於虛空
中變成香蓋我等天衆聞彼妙香香有金光
照曜我等所居宮殿乃至梵宮及以帝釋大
辯才天大吉祥天堅牢地神正了知大將二
十八部諸藥叉神大自在天金剛密主寶賢
大將訶利底母五百眷屬无熱惱池龍王大
海龍王所居之處世尊如是等衆於自宮殿
見彼香煙一剎那頃變成香蓋聞香芬馥覩
色光明遍至一切諸天神宮佛告四天王是
香光明非但至此宮殿變成香蓋放大光明
由彼人王手執香爐燒衆名香供養經時其
香煙氣於一念頃遍至三千大千世界百億
日月百億妙高山王百億四洲於此三千大
千世界一切天龍藥叉健闥婆阿蘇羅揭路
荼緊那羅莫呼洛伽宮殿之所於虛空中充
滿而住種種香煙變成雲蓋其蓋金色普照
天宮如是三千大千世界所有種種香雲香
蓋皆是金光明最勝王經威神之力是諸人
王手持香爐供養經時種種香氣非但遍此
三千大千世界於一念頃亦遍十方无量无
邊恒河沙等百万億諸佛國土於諸佛上
虛空之中變成香蓋金色普照亦復如是時

王手持香爐供養經時種種香氣非但遍此
三千大千世界於一念頃亦遍十方无量无
邊恒河沙等百万億諸佛國土於諸佛上
虛空之中變成香蓋金色普照亦復如是時
彼諸佛聞此妙香覩斯雲蓋及以金色於十
方界恒河沙等諸佛世尊現神變已彼諸世
尊悉共觀察異口同音讚法師曰善哉善哉
汝大丈夫能廣流布如是甚深微妙經典則
爲成就无量无邊不可思議福德之聚若有
聽聞如是經者所獲功德其量甚多何況書
寫受持讀誦爲他敷演如說脩行何以故善
男子若有衆生聞此金光明最勝王經者即
於阿耨多羅三藐三菩提不復退轉
尒時十方有百千俱胝那庾多无量无數恒
河沙等諸佛剎土彼諸剎土一切如來異口同
音於法座上讚彼法師言善哉善哉善男
子汝於來世以精勤力當脩无量百千苦行
具足資糧超諸聖衆出過三界爲最勝尊當
坐菩提樹王之下殊勝莊嚴能救三千大千
世界有緣衆生善能摧伏可畏形儀諸魔
軍衆覺了諸法最勝清淨甚深无上正等菩
提善男子汝當坐於金剛之座轉於无上諸佛
所讚十二妙行甚深法輪能擊无上最大法
鼓能吹无上極妙法螺能建无上殊勝法幢
能然无上極明法炬能降无上甘露法雨能
斷无量煩惱怨結能令无量百千万億那庾
多有情度於无涯可畏大海解脫生死无際
輪迴值遇无量百千万億那庾多佛

鼓能吹无上極妙法螺能建无上殊勝法幢
能然无上極明法炬能降无上甘露法雨能
斷无量煩惱怨結能令无量百千万億那庾
多有情度於无涯可畏大海解脫生死无際
輪迴值遇无量百千万億那庾多佛
尒時四天王復白佛言世尊是金光明最勝王
經能於未來現在成就如是无量功德是
故人王若得聞是微妙經典即是已於百千
万億无量佛所種諸善根於彼人王我當護
念復見无量福德利故我等四王及餘眷屬
无量百千万億諸神於自宮殿見是種種香
烟雲蓋神變之時我當隱蔽不現其身為聽
法故當至是王清淨嚴飾所止宮殿講法之
處如是乃至梵宮帝釋大辯才天大吉祥天
堅牢地神正了知神大將二十八部諸藥叉
神大自在天金剛密主寶賢大將訶利底母
五百眷屬无熱惱池龍王大海龍王无量百
千万億那庾多諸天藥叉如是等衆為聽法
故皆不現身至彼人王殊勝宮殿莊嚴高座
說法之所世尊我等四王及餘眷屬藥叉諸
神皆當一心共彼人王為善知識因是无上
大法施主以甘露味充足於我是故我等當
護是王除其衰患令得安隱及其宮殿城邑
國土諸惡災變悉令消滅尒時四天王俱共
合掌白佛言世尊若有人王於其國土雖有
此經未嘗流布心生捨離不樂聽聞亦不供
養尊重讚歎見四部衆持經之人亦復不能
尊重供養遂令我等及餘眷屬无量諸天
不得聞此甚深妙法背甘露味失正法流无有

BD14065號　金光明最勝王經卷六

（20–9）

國土諸惡災變悉令消滅尒時四天王俱共
合掌白佛言世尊若有人王於其國土雖有
此經未嘗流布心生捨離不樂聽聞亦不供
養尊重讚歎見四部衆持經之人亦復不能
尊重供養遂令我等及餘眷屬无量諸天
不得聞此甚深妙法背甘露味失正法流无有
威光及以勢力增長惡趣損減人天墜生死河
乖涅槃路世尊我等四王并諸眷屬及藥叉
等見如斯事捨其國土无擁護心非但我等
捨棄是王亦有无量守護國土諸大善神悉
皆捨去既捨離已其國當有種種災禍喪失
國位一切人衆皆无善心唯有繫縛殺害瞋
諍互相讒諂枉及无辜疾疫流行彗星數出
兩日並現薄蝕无恒黑白二虹表不祥相星
流地動井內發聲暴雨惡風不依時節常遭
飢饉苗實不成多有他方怨賊侵掠國內人
民受諸苦惱土地无有可樂之處世尊我等
四王及與无量百千天神并護國土諸舊善
神遠離去時生如是等无量百千災恠惡事
世尊若有人王欲護國土常受快樂欲令衆
生咸蒙安隱欲得摧伏一切外敵於自國境
永得昌盛欲令正教流布世間苦惱惡法皆
除滅者世尊是諸國主必當聽受是妙經王
亦應恭敬供養讀誦受持經者我等及餘无
量天衆以是聽法善根威力得服无上甘露
法味增益我等所有眷屬并餘天神皆得勝
利何以故以是人王至心聽受是經典故世尊
如大梵天於諸有情常為宣說世出世論
帝釋復說種種諸論五通神仙亦說諸論世

BD14065號　金光明最勝王經卷六

（20–10）

亦應勸伊養讀誦受持經者我等及餘无
量天衆以是聽法善根威力得服无上甘露
法味增益我等所有眷屬并餘天神皆得勝
利何以故以是人天王至心聽受是經典故世尊
如大梵天於諸有情常爲宣說世出世論
帝釋復說種種諸論五通神仙亦說諸論世
尊梵天帝釋五通仙人雖有百千俱胝那庚
多无量諸論然佛世尊慈悲哀愍爲人天衆
說金光明微妙經典比前所說勝彼百千俱
胝那庚多倍不可爲喻何以故由此能令諸
贍部洲所有王等正法化世能与衆生安樂之
事爲護自身及諸眷屬令无苦惱又无他方
怨賊侵害所有諸惡悉皆遠去亦令國土災
厄屏除化以正法无有諍訟是故人王各於國
土當然法炬明照无邊增益天衆并諸眷
屬世尊我等四王无量天神藥叉之衆贍
部洲內所有天神以是因緣得服无上甘露
法味獲大威德勢力光明无不具足一切衆
生皆得安隱復於來世无量百千不可思議
那庚多劫常受快樂復得值遇无量諸佛種
諸善根然後證得阿耨多羅三藐三菩提如
是无量无邊勝利皆是如來應正等覺以大慈
悲過梵衆以大智慧逾帝釋修諸苦行勝
五通仙百千万億那庚多倍不可稱計爲諸
衆生演說如是微妙經典令贍部洲一切國主
及諸人衆明了世間所有法式治國化人勸
導之事由此經王流通力故普得安樂此等
福利皆是釋迦大師於此經典廣爲流通慈
悲力故世尊以是因緣諸人王等皆應受

BD14065號　金光明最勝王經卷六

(20–11)

衆生演說如是微妙經典令贍部洲一切國主
及諸人衆明了世間所有法式治國化人勸
導之事由此經王流通力故普得安樂此等
福利皆是釋迦大師於此經典廣爲流通慈
悲力故世尊以是因緣諸人王等皆應受
持供養恭敬尊重讚歎此妙經王何以故以
如是等不可思議殊勝功德利益一切是故
名曰最勝經王
尒時世尊復告四天王汝等四王及餘眷屬
无量百千俱胝那庚多諸天大衆見彼人王
若能至心聽是經典供養恭敬尊重讚歎
者應當擁護除其衰患能令汝等亦受安樂
若四部能廣流布是經王者於人天中廣作
佛事普能利益无量衆生如是之人汝等四
王常當擁護如是四衆勿使他緣共相侵擾
令彼身心寂靜安樂於此經王廣宣流布令
不斷絕利益有情盡未來際
尒時多聞天王從座而起白佛言世尊我有
如意寶珠陁羅尼法若有衆生樂受持者功
德无量我常擁護令彼衆生離苦得樂能成
福智二種資糧欲受持者先當誦此護身
之呪即說呪曰
南謨薜室囉末拏也莫訶曷羅闍也（但是也上之字皆須引聲）
怛　姪　他　囉囉囉　矩　怒　矩　怒
區　怒　區　怒　窶怒窶怒　颯縛　颯縛
羯　囉　羯　囉　莫訶毗羯喇麼　莫訶毗羯喇麼
莫　訶　曷　囉　社　曷路叉曷嚕叉　覩湯（白稱己名）
薩婆薩埵難者　莎訶（此之二字皆引聲）
世尊誦此呪者當以白線呪之七遍一遍一結

BD14065號　金光明最勝王經卷六

(20–12)

怛姪他　嚾嚾嚾嚾　矩怒矩怒
區怒區怒　窶怒窶怒　颯縛颯縛
羯囉羯囉　莫訶毗羯喇㕧　莫訶毗羯喇㕧
莫訶曷囉社　曷路叉曷嚕叉　覩湯白稱己名
薩婆薩埵難者　莎訶此之三字皆引聲
世尊誦此呪者當以白線呪之七遍一遍一結
繫之肘後其事必成應取諸香所謂安息
旃檀龍腦蘇合多揭羅薰陸皆須等分和
合一處手執香爐燒香供養清淨澡浴著鮮
潔衣於一靜室可誦神呪
請我薜室囉末拏天王即說呪曰
南謨薜室囉末拏引也　南謨檀那䭾也
檀泥說囉引也阿揭搓　阿鉢喇弭多
檀泥說囉鉢囉麼　迦留尼迦
薩婆薩埵　呬多振多　麼麼名己檀那
末拏鉢喇𤚥搓　碎闍摩揭搓　莎訶
此呪誦滿一七遍已次誦本呪欲誦呪時先當
稱名敬礼三寶及薜室羅末拏大王能
施財物令諸衆生所求願滿悉能成就与其安
樂如是礼已次誦薜室羅末拏王如意末尼
寶心神呪能施衆生隨意安樂尒時多聞
天王即於佛前說如意末尼寶心呪曰
南謨曷喇怛娜　怛喇夜引也
南謨薜室囉末拏引也　莫訶囉闍引也
怛姪他　四弭四弭　蘇母蘇母
旃荼旃荼　折囉折囉　薩囉薩囉
羯囉羯囉　枳哩枳哩　矩嚕矩嚕
母嚕母嚕　主嚕主嚕　娑大也頞貪
我名某甲　昵店頞也　達達覩莎訶

BD14065號　金光明最勝王經卷六

（20–13）

南謨薜室囉末拏也　莫訶囉闍引也
怛姪他　四弭四弭　蘇母蘇母
旃荼旃荼　折囉折囉　薩囉薩囉
羯囉羯囉　枳哩枳哩　矩嚕矩嚕
母嚕母嚕　主嚕主嚕　娑大也頞貪
我名某甲　昵店頞他　達達覩莎訶
南謨薜室囉末拏也莎訶檀那䭾也莎訶
曼奴喇他鉢喇晡喇迦引也　莎訶
受持呪時先誦千遍然後於淨室中瞿摩塗
地作小壇場隨時飲食一心供養常然妙香
令烟不絕誦前心呪晝夜繫心唯自耳聞勿
令他解時有薜室囉末拏王子名禪膩師現
童子形來至其所問言何故須喚我父即可
報言我為供養三寶事須財物願當施与時
禪膩師聞是語已即還父所白其父言今有
善人發至誠心供養三寶少之財物為斯請
召其父報曰汝可速去日日与彼一百迦利沙
波拏此是梵音唯目貝齒而隨方不定或是貝齒或是金銀銅鐵等錢然摩揭陁現今通用一迦利沙波拏有一千六百貝齒總數可以准知若准物直隨處不定若人持呪得成就者推物之時自知其數有本云每日与一百陳那羅即金
錢世乃至晝夜[illegible]
者多有神驗除不至心也
其持呪者見是相已知事得成當須獨處淨
室燒香而卧可於牀邊置一香篋每至天曉
觀其篋中獲所求物每得物時當日即須供
養三寶香花飲食兼施貧乏皆令罄盡不得
停留於諸有情起慈悲念勿生瞋誑諂害之
心若起瞋者即失神驗常可護心勿令瞋恚
又持此呪者於每日中億我多聞天王及男
女眷屬稱揚讚歎恒以十善共相資助令彼
天等福力增明衆善普臻證菩提處彼諸天

BD14065號　金光明最勝王經卷六

（20–14）

養三寶[illegible]
停留於諸有情起慈悲念勿生瞋諍諂害之
心若起瞋者即失神驗常可護心勿令瞋恚
又持此呪者於每日中億我多聞天王及男
女眷屬稱揚讚歎恒以十善共相資助令彼
天等福力增明衆善普臻證菩提處彼諸天
衆見是事已皆大歡喜共來擁衛持呪之人
又持呪者壽命長遠經无量歲永離三塗常
无災厄亦令獲得如意寶珠及以伏藏神通自
在所願皆成若求官榮无不稱意亦解一切
禽獸之語
世尊若持呪時欲得見我自身現者可於月八
日或十五日於白疊上畫佛形像當用木膠
雜彩莊飾其畫像人為受八戒於佛左邊
作吉祥天女像於佛右邊作我多聞天像并
畫男女眷屬之類安置坐處咸令如法布列
花彩燒衆名香然燈續明晝夜无歇上妙飲
食種種珍奇發慇重心隨時供養受持神呪不
得輕心請召我時應誦此呪
南謨室唎健那也　勃陁引也
南謨薜室囉末拏也　藥叉囉闍引也
莫訶囉闍　阿地囉闍也
南麼室唎耶曩　莫訶提鞞引曩
怛姪他　怛囉怛囉　咄嚕咄嚕
末囉末囉　窣窣吐窣窣吐
漢娜漢娜　末尼羯諾迦
跋折囉薜琉璃也　目底迦楞訖嘌哆
設唎囉曩　蒲引薩婆薩埵
呬哆迦引摩　薜室囉末拏

BD14065號　金光明最勝王經卷六　（20–15）

末囉末囉　窣窣吐窣窣吐
漢娜漢娜　末尼羯諾迦
跋折囉薜琉璃也　目底迦楞訖嘌哆
設唎囉曩　蒲引薩婆薩埵
呬哆迦引摩　薜室囉末拏
室唎夜提鼻　跋囇婆引也
醫呬醫呬麼毗藍婆　瞿嘌拏瞿嘌拏
袜麻八反喇婆袜喇婆　達䭾呬麼麼
阿目迦耶末寫自稱己名　達哩設耶迦末寫
達哩設南　麼麼末那
鉢喇羅大也　莎訶
世尊我若見此誦呪之人復見如是盛興
供養即生慈愛歡喜之心我即變作小兒形
或作老人苾芻之像手持如意末尼寶珠并
持金囊入道場內身現恭敬口稱佛名語持
呪者曰隨汝所求皆令如願或隱林藪或造
寶珠或欲衆人愛寵或求金銀等物欲持諸
呪皆令有驗或欲神通壽命長遠及勝妙樂
无不稱心我今且說如是之事若更求餘皆
隨所願悉得成就寶藏无盡功德无窮假使
日月墜墮于地或可大地有時移轉我此實
語終不虛然常得安隱隨心快樂世尊若有
人能受持讀誦是經王者誦此呪時不假疲
勞法速成就世尊我今為彼貧窮困厄苦惱
衆生說此神呪令獲大利皆得富樂自在无
患乃至盡形我當擁護隨逐是人為除災厄
亦復令此持金光明最勝王經流通之者及
持呪人於百步內光明照我我之所有千藥

BD14065號　金光明最勝王經卷六　（20–16）

衆生說此神呪令獲大利皆得富樂自在无
患乃至盡形我當擁護隨逐是人為除灾厄
亦復令此持金光明最勝王經流通之者及
持呪人於百步内光明照我我之所有千藥
叉神亦常侍衛隨欲駈使无不遂心我說實
語无有虛誑唯佛證知時多聞天王說此呪已
佛言善哉大王汝能破裂一切衆生貧窮
苦網令得富樂說是神呪復令此經廣行於
世時四天王俱從座起偏袒一肩頂礼雙足右
膝著地合掌恭敬以妙伽他讚佛功德
佛面猶如淨滿月　亦如千日放光明
目淨脩廣若青蓮　齒白齊密如珂雪
佛德无邊如大海　无限妙寶積其中
智慧德水鎮恒盈　百千勝定咸充滿
足下輪皆嚴飾　轂輞千輻悉齊平
手足鞔網遍莊嚴　猶如鵝王相具足
佛身光曜等金山　清淨殊特无倫匹
亦如妙高功德滿　故我稽首佛山王
相好如空不可測　逾於千月放光明
皆如焰幻不思議　故我稽首心无著
尒時四天王讚佛已世尊亦以伽他而荅
之曰
此金光明最勝經　无上十力之所說
汝等四王常擁衛　應生勇猛不退心
此妙經寶極甚深　能与一切有情樂
由彼有情安樂故　常得流通贍部洲
於此大千世界中　所有一切有情類
餓鬼傍生及地獄　如是苦趣悉皆除
任此南洲諸國王　及餘一切有情類

BD14065號　金光明最勝王經卷六　（20–17）

汝等四王常擁衛　應生勇猛不退心
此妙經寶極甚深　能与一切有情樂
由彼有情安樂故　常得流通贍部洲
於此大千世界中　所有一切有情類
餓鬼傍生及地獄　如是苦趣悉皆除
任此南洲諸國王　及餘一切有情類
由經威力常歡喜　皆蒙擁護得安寧
亦使此中諸有情　除衆病苦无賊盜
頼此國土弘經故　安隱豐樂无違惱
若人受此經王　欲求尊貴及財利
國土豐樂无違諍　隨心所願悉皆從
能令他方賊退散　於自國界常安隱
由此最勝經王力　離諸苦惱无憂怖
此寶樹王在宅内　能生一切諸樂具
最勝經王亦復然　能与人王勝功德
譬如澄潔清泠水　能除飢渴諸熱惱
最勝經王亦復然　令樂福者心滿足
如人室有妙寶篋　隨所受用悉從心
最勝經王亦復然　福德隨心无所乏
汝等天主及天衆　應當供養此經王
若能依教奉持經　智慧威神皆具足
現在十方一切佛　咸共護念此經王
見有讀誦及受持　稱歎善哉甚希有
若有人能聽此經　身心踊躍生歡喜
常有百千藥叉衆　隨所住處護斯人
於此世界諸天衆　其數无量不思議
悉共聽受此經王　歡喜護持无退轉
若人聽受此經王　威德勇猛常自在
增益一切人天衆　令離衰惱益光明

BD14065號　金光明最勝王經卷六　（20–18）

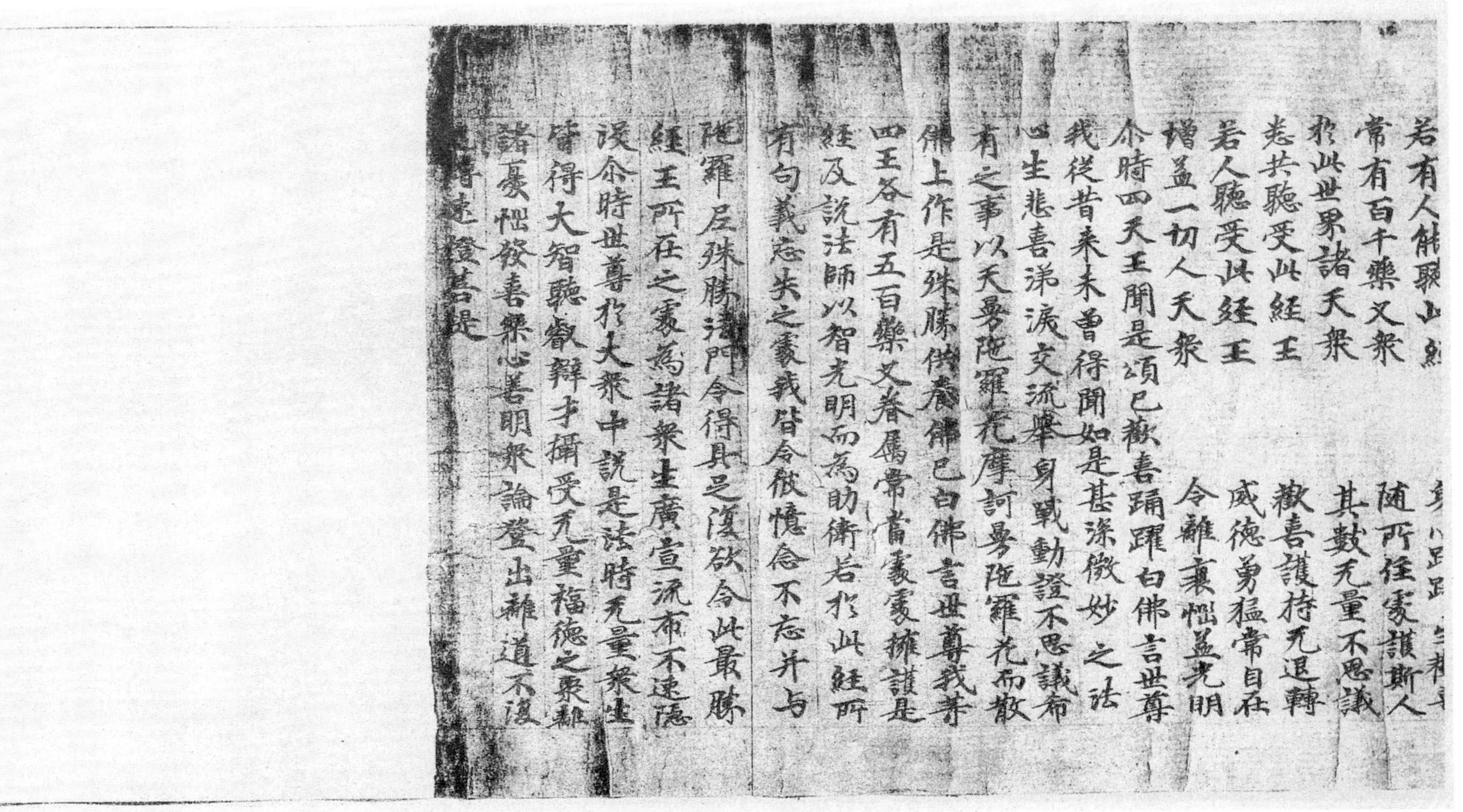
若有人能聽此經　身心踊躍生歡喜
常有百千藥叉衆　隨所住處護斯人
於此世界諸天衆　其數无量不思議
悉共聽受此經王　歡喜護持无退轉
若人聽受此經王　威德勇猛常自在
增益一切人天衆　令離衰惱益光明
尒時四天王聞是頌已歡喜踊躍白佛言世尊
我從昔來未曾得聞如是甚深微妙之法
心生悲喜涕淚交流舉身戰動證不思議希
有之事以天曼陁羅花摩訶曼陁羅花而散
佛上作是殊勝供養佛已白佛言世尊我等
四王各有五百藥叉眷屬常當處處擁護是
經及說法師以智光明而為助衛若於此經所
有句義忘失之處我皆令彼憶念不忘并与
陁羅尼殊勝法門令得具足復欲令此最勝
經王所在之處為諸衆生廣宣流布不速隱
沒尒時世尊於大衆中說是法時无量衆生
皆得大智聰叡辯才攝受无量福德之聚離
諸憂惱發喜樂心善明衆論登出離道不復
退轉速證菩提

BD14065號　金光明最勝王經卷六　（20–19）

皆得大智聰叡辯才攝受无量福德之聚離
諸憂惱發喜樂心善明衆論登出離道不復
退轉速證菩提

BD14065號　金光明最勝王經卷六　（20–20）

BD14066 號背　現代護首　　（1–1）

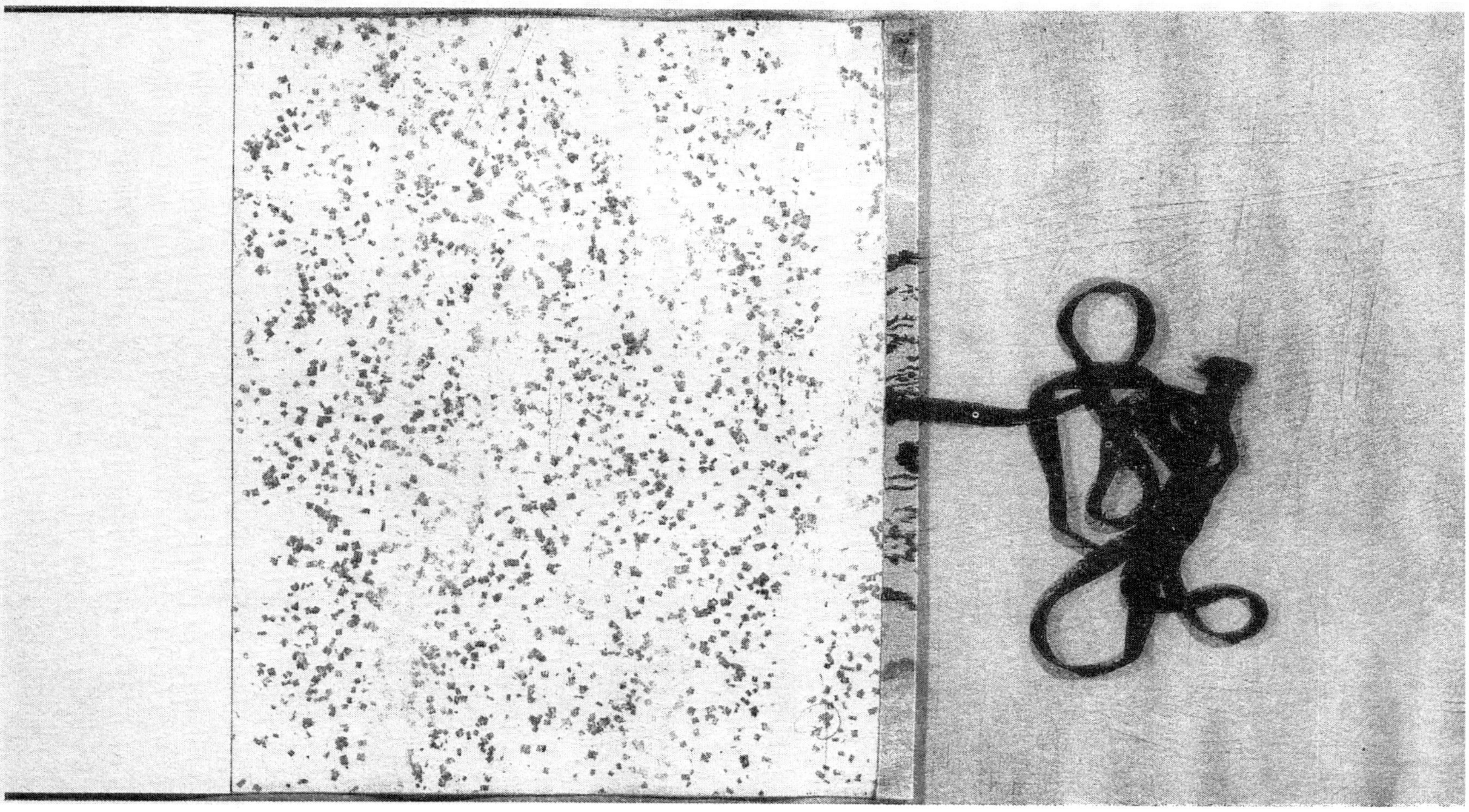

BD14066 號　金光明最勝王經卷七　　（21–1）

金光明最勝王經無染著陀羅尼品第十三 七　三藏法師義淨奉制譯

尒時世尊告具壽舍利子今有法門名無染
著陀羅尼是諸菩薩所脩行法過去菩薩之
所受持是菩薩母說是語已具壽舍利子白
佛言世尊陀羅尼者是何句義世尊陀羅尼
者非方處非非方處作是語已佛告舍利子
善哉善哉舍利子汝於大乘已能發趣信解
大乘尊重大乘如汝所說陀羅尼者非方處
非非方處非法非非法非過去非未來非現

BD14066號　金光明最勝王經卷七　（21–2）

者非方處非非方處作是語已佛告舍利子
善哉善哉舍利子汝於大乘已能發趣信解
大乘尊重大乘如汝所說陀羅尼者非方處
非非方處非法非非法非過去非未來非現
在非事非非事非緣非非緣非行非非行無
有法生亦無法滅然為利益諸菩薩故作如
是說於此陀羅尼功用正道理趣勢力安立
即是諸佛功德諸佛禁戒諸佛所學諸佛密
意諸佛生處故名無染著陀羅尼最妙法門
作是語已舍利子白佛言世尊唯願善逝為
我說此陀羅尼法若諸菩薩能安住者於無
上菩提不復退轉成就正願得無所依自性
辯才獲希有事安住聖道皆由得此陀羅尼
故佛告舍利子善哉善哉如是如是如汝所
說若有菩薩得此陀羅尼者應知是人與佛無
異若有供養尊重承事供給此菩薩者應
知即是供養於佛舍利子若有餘人聞此陀
羅尼受持讀誦生信解者亦應如是恭敬
供養與佛無異以是因緣獲無上果尒時世
尊即為演說陀羅尼曰

怛　姪　他　删陀喇你　嗢多喇你
蘇三鉢囉底瑟恥哆　蘇　耶　麼
蘇鉢喇底瑟恥哆　鼻逝也　跋羅
薩底也鉢喇底慎若　蘇　阿　嚧　訶
慎若　那　末　底　嗢　波　彈　你
阿代　那　末　你　阿　毗　師　攞　你

BD14066號　金光明最勝王經卷七　（21–3）

蘇鉢喇底瑟恥哆　鼻逝也跋羅
薩底也鉢喇底慎若　蘇阿嚧訶
慎若那末底　嗢波殫你
阿代那末你　阿毗師殫你
阿鞞毗耶訶羅　輸婆伐底
蘇尼室唎多引　薄虎郡杜引
阿毗婆馱引　莎訶皆引
佛告舍利子此無染著陀羅尼句若有菩薩
能善安住能正受持者當知是人若於一劫
若百劫若千劫若百千劫所發正願無有窮
盡身亦不被刀仗毒藥水火猛獸之所損害
何以故舍利子此無染著陀羅尼是過去諸
佛母未來諸佛母現在諸佛母舍利子若復
有人以十阿僧企耶三千大千世界滿中七
寶奉施諸佛及以上妙衣服飲食種種供養
經無數劫若復有人於此陀羅尼乃至一句
能受持者所生之福倍多於彼何以故舍利
子此無染著陀羅尼甚深法門是諸佛母故
時具壽舍利子及諸大衆聞是法已皆大歡
喜咸願受持
金光明最勝王經如意寶珠品第十四
尒時世尊於大衆中告阿難陀曰汝等當知
有陀羅尼名如意寶珠遠離一切災厄亦能
遮止諸惡雷電過去如来應正等覺所共宣
說我於今時於此經中亦為汝等大衆宣說
能於人天為大利益哀愍世間擁護一切令

有陀羅尼名如意寶珠遠離一切災厄亦能
遮止諸惡雷電過去如来應正等覺所共宣
說我於今時於此經中亦為汝等大衆宣說
能於人天為大利益哀愍世間擁護一切令
得安樂時諸大衆及阿難陀聞佛語已各各
至誠瞻仰世尊聽受神呪佛言汝等諦聽於
此東方有光明電王名阿揭多南方有光明
電王名設羝嚕西方有光明電王名主多光
北方有光明電王名蘇多末尼若有善男子
善女人得聞如是電王名字及知方處者此
人即便遠離一切怖畏之事及諸災横悉皆
消殄若於住處書此四方電王名者於所住
處无雷電怖亦无災厄及諸障惱非時枉死
悉皆遠離尒時世尊即說呪曰
怛姪他　你弭你弭你弭
尼民遠哩　室哩盧迦盧羯你
室哩輸攞波你　曷路叉曷路叉
我某甲及此住處一切恐怖所有苦惱雷電
霹靂乃至枉死悉皆遠離莎訶
尒時觀自在菩薩摩訶薩在大衆中即從座
起偏袒右肩合掌恭敬白佛言世尊我今亦
於佛前略說如意寶珠神呪於諸人天為大
利益哀愍世間擁護一切令得安樂有大
威力所求如願即說呪曰
怛姪他喝帝　毗喝帝你喝帝
鉢喇窒體鷄　鉢喇底丁卯窒囇

利益衰愍世間擁護一切令得安樂有大
威力所求如願即説呪曰
怛姪他　喝　帝　　䶵喝帝你喝帝
鉢剌窒　體鷄　　鉢喇底(丁耶)窒麗
戍提目　粒(䶵末)麗　　鉢喇婆䟦(蒲活)麗
安(入聲)荼(入聲)麗　般荼麗　　税(平聲)　帝
般荼　羅婆死你　　喝麗鷄荼(引)麗
劫　畢　麗　　冰揭羅　惡綺
達地目　企　　曷咯叉曷咯叉
我其甲及此住處一切恐怖所有苦惱乃至
枉死悉皆遠離願我莫見罪惡之事常蒙
聖觀自在菩薩大悲威光之所護念　莎訶
尒時執金剛秘密主菩薩即從座起合掌恭
白佛言世尊我今亦説隨羅尼呪名曰无勝
於諸人天為大利益衰愍世間擁護一切　有
大威力所求如願即説呪曰
怛姪他　毋你　毋你　　毋尼麗末底末底
蘇末底　莫訶末底　　呵呵呵　摩婆以
耶悉底帝(引)波跛　　䶵析攞波你
惡鉗(大)金　姪嘌荼　　莎訶
世尊我此神呪名曰无勝擁護若有男女一
心受持書寫讀誦憶念不忘我於晝夜常護
是人於一切恐怖乃至枉死悉皆遠離
尒時索訶世界主梵天王即從座起合掌恭
敬白佛言世尊我亦有隨羅尼微妙法門於
諸人天為大利益衰愍世間擁護一切有大

心受持書寫讀誦憶念不忘我於晝夜常護
是人於一切恐怖乃至枉死悉皆遠離
尒時索訶世界主梵天王即從座起合掌恭
敬白佛言世尊我亦有隨羅尼微妙法門於
諸人天為大利益衰愍世間擁護一切有大
威力所求如願即説呪曰
怛　姪　他　　醯里須里地里莎訶
跋羅鉗　魔布麗　　跋囉鉗末泥
跋囉鉗摩揭　瞬　　補澀跛僧悉怛麗莎訶
世尊我此神呪名曰梵治悉能擁護持是呪
者令離憂惱及諸罪業乃至枉死悉皆遠離
尒時帝釋天主即從座起合掌恭敬白佛言
世尊我亦有隨羅尼名跋折羅扇你是大明
呪能除一切恐怖厄難乃至枉死悉皆遠離
於苦與樂利益人天即説呪曰
怛姪他　䶵你婆喇你　　畔拖摩彈滯
摩曬你　掲撥尒瞿哩　　健陁哩　擫荼哩
摩蹬耆(上下)　鷄死　　薩羅跋喇瞬(去)
四娜末住奔摩嚧多喇你　　莫呼剌你達剌你討
斫鷄羅　婆　杇　　稔代哩稔代哩莎訶
尒時多聞天王持國天王增長天王廣目天王
俱從座起合掌恭敬白佛言世尊我今亦
有神呪名施一切衆生无畏於諸苦惱常為
擁護令得安樂增益壽命无諸患苦乃至枉
死悉皆遠離即説呪曰
怛姪他　補澀閉　　蘇補澀閉
度摩鉢剌呵　　阿嚩耶鉢喇設悉帝

有神呪名施一切衆生无畏於諸苦惱常為
擁護令得安樂增益壽命无諸患苦乃至枉
死悉皆遠離即說呪曰
怛姪他 補澀閇 薾補澀閇
度慶鉢唎呵 阿嚩耶鉢喇設悉帝
扇帝涅目帝 忙揭例窣覩帝
悉哆鼻帝 莎訶
尒時復有諸大龍王所謂末那斯龍王電光
龍王无熱池龍王電舌龍王妙光龍王 俱從
座起合掌恭敬白佛言世尊我亦有如意
寶珠陁羅尼能遮惡電除諸恐怖能於人天
為大利益哀愍世間擁護一切有大威力所求
如願乃至枉死悉皆遠離一切毒藥皆令止
息一切造作蠱道呪術不吉祥事悉令除滅
我今以此神呪奉獻世尊唯願哀愍慈悲納
受當令我等離此龍趣永捨慳貪何以故由
此慳貪於死生中受諸苦惱我等願斷慳貪
種子即說呪曰
怛姪他 阿折麗 阿末麗阿蜜㗚帝
惡叉褰阿嚩褰 奔尼鉢唎耶泮帝
薩婆波跛 鉢唎苫摩尼囊莎訶
阿褰 離 毗豆藾陁尼褰莎訶
世尊若有善男子善女人口中說此陁羅尼
明呪或書經卷受持讀誦恭敬供養者終无
雷電霹靂及諸恐怖苦惱憂患乃至枉死悉
皆遠離所有毒藥蠱魅厭禱害人虎狼師子

世尊若有善男子善女人口中說此陁羅尼
明呪或書經卷受持讀誦恭敬供養者終无
雷電霹靂及諸恐怖苦惱憂患乃至枉死悉
皆遠離所有毒藥蠱魅厭禱害人虎狼師子
毒蛇之類乃至蚊虻悉為不善
尒時世尊普告大衆善哉善哉此等神呪皆
有大力能隨衆生心所求事悉令圓滿為大
利益除不至心汝等勿疑時諸大衆聞佛語
已歡喜信受
金光明最勝王經大辯才天女品第十五
尒時大辯才天女於大衆中即從座起頂礼
佛足白佛言世尊若有法師說是金光明最勝
王經者我當益其智慧具足莊嚴言說之辯
若彼法師於此經中文字句義所有忘失皆
令憶持能善開悟復與陁羅尼總持无㝵
又此金光明最勝王經為彼有情已於百千
佛所種諸善根當受持者於贍部洲廣行流
布不速隱沒復令无量有情聞是經典皆得
不可思議捷利辯才无盡大慧善解衆論及
諸伎術能出生死速趣无上正等菩提於現
世中增益壽命資身之具悉令圓滿世尊我
當為彼持經法師及餘有情於此經典樂聽
聞者說其呪藥洗浴之法彼人所有惡星災
變與初生時星屬相違疫病之苦鬪諍戰陣
惡夢鬼神蠱毒厭魅呪術起屍如是諸惡為
障難者悉令除滅諸有智者應作如是洗浴

聞者說其呪藥洗浴之法彼人所有惡星災
變與初生時星屬相違疫病之苦鬪諍戰陣
惡夢鬼神蠱毒厭魅呪術起屍如是諸惡為
障難者悉令除滅諸有智者應作如是洗浴
之法當取香藥三十二味所謂
昌蒲(跋者)　牛黃(瞿盧折娜)　苜蓿香(塞畢力迦)
麝香(莫訶婆伽)　雄黃(末捺羅)　合昏樹(尸利灑)
白及(因達羅喝悉哆)　芎藭(闍莫迦)　苟杞根(苫弭)
松脂(室利薜瑟得迦)　桂皮(咄者)　香附子(目窣哆)
沉香(惡揭嚕)　栴檀(栴檀娜)　零凌香(多揭羅)
丁子(索瞿者)　鬱金(茶矩麼)　婆律膏(曷羅婆)
葦香(捺剌柁)　竹黃(嚧戰娜)　細豆蔲(蘇泣迷羅)
甘松(苫弭哆)　藿香(鉢怛羅)　茅根香(嗢尸羅)
叱脂(薩洛計)　艾納(世黎也)　安息香(窶具攞)
芥子(薩利殺跛)　馬芹(葉婆你)　龍花鬚(那伽雞薩羅)
白膠(薩折羅婆)　青木(矩瑟侘)　皆等分
以布灑星日一處擣篩取其香末當以此呪
呪一百八遍呪曰
怛姪他蘇訖栗帝　訖栗帝訖栗計
劫摩怛里　繕怒羯闌滯
郝羯喇滯　因達羅闍利膩
鑠羯闌滯　鉢設姪囇
阿伐底羯細　計娜矩覩矩覩
脚迦鼻麗　劫鼻麗劫鼻麗
劫毗羅末底(丁里)　尸羅末底
刪底度囉末底(丁里)　伐陀羅畔雞

阿伐底羯細　計娜矩覩矩覩
脚迦鼻麗　劫鼻麗劫鼻麗
劫毗羅末底(丁里)　尸羅末底　囇
刪底度囉末底(丁里)　伐陀羅畔雞
室囇　室囇　薩底悉體羝　莎訶
若樂如法洗浴時　應作壇場方八肘
可於寂靜安隱處　念所求事不離心
應塗牛糞作其壇　於上普散諸花彩
當以淨潔金銀器　盛滿美味并乳蜜
於彼壇場四門所　四人守護如法常
令四童子好嚴身　各於一角持瓶水
於此常燒安息香　五音之樂聲不絕
幡蓋莊嚴懸繒綵　安在壇場之四邊
復於場內置明鏡　利刀兼箭各四枚
於壇中心埋大盆　應以漏板安其上
用前香末以和湯　亦復安在於壇內
既作如斯布置已　然後誦呪結其壇
結界呪曰
怛姪他頞喇計　娜也泥(去)　呬麗
弭麗　祇麗　企企麗　莎訶
如是結界已　方入於壇內　呪水三七遍　散灑於四方
次可呪香湯　滿一百八遍　四邊安幔障　然後洗浴身
呪水呪湯呪曰
怛姪他(一)　索揭智(貞勵反下同二)　毗揭智(三)　毗揭荼伐底
(四)　莎訶(五)
若洗浴訖其洗浴湯及壇場中供養食棄

次可呪香湯 滿一百八遍 四邊安幔障 然後洗浴身
呪水呪湯呪曰
怛姪他 一 索揭智 貞勵反 下同 二 毗揭智 三 毗揭 荼伐底
四 莎訶 五
若洗浴訖 其洗浴湯及壇場中供養飲食棄
河池內 餘皆收攝 如是浴已 方著淨衣 既出
壇場入淨室內 呪師教其發弘誓願 永斷衆
惡常修諸善 於諸有情興大悲心 以是因緣
當獲無量隨心福報 復說頌曰
若有病苦諸衆生 種種方藥治不差
若依如是洗浴時 并復讀誦斯經典
常於日夜念不散 專想殷勤生信心
所有患苦盡消除 解脫貧窮足財寶
四方星辰及日月 威神擁護得延年
吉祥安隱福德增 災變厄難皆除遣
次誦護身呪三七遍呪曰
怛姪他 三謎 毗三謎 莎訶
索揭滯 毗揭滯 莎訶
毗揭荼 亭耶反 伐底 莎訶
娑揭囉 三步多也 莎訶
塞建陀 摩多也 莎訶
尼攞建佗也 莎訶
阿鉢囉市哆 毗梨耶也 莎訶
呬摩槃哆 三步多也 莎訶
阿你蜜攞 薄怛囉也 莎訶
南謨薄伽伐都 跋囉甜摩寫 莎訶
南謨薩囉酸 蘇活 底 莫訶提鼻裔 莎訶

BD14066號 金光明最勝王經卷七 (21–12)

呬摩槃哆 三步多也 莎訶
阿你蜜攞 薄怛囉也 莎訶
南謨薄伽伐都 跋囉甜摩寫 莎訶
南謨薩囉酸 蘇活 底 莫訶提鼻裔 莎訶
悉甸覩漫 卌云反 我某甲 曼怛囉鉢陀 莎訶
怛喇覩仳姪 哆 跋囉甜摩奴末覩 莎訶
尒時大辯才天女說洗浴法壇場呪已 前礼
佛足白佛言 世尊 若有苾芻苾芻尼鄔波索
迦鄔波斯迦受持讀誦書寫流布是妙經王
如說行者 若在城邑聚落曠野山林僧尼住
處 我為是人將諸眷屬作天伎樂來詣其所
而為擁護 除諸病苦流星變怪疫病鬬諍
王法所拘惡夢惡神為障礙者 蠱道厭術 悉
皆除殄 饒益是等持經之人 苾芻等衆及諸聽
者 皆令速渡生死大海 不退菩提
尒時世尊聞是說已 讚辯才天女言 善哉善
哉 天女 汝能安樂利益無量無邊有情 說此
神呪及以香水壇場法式 果報難思 汝當擁
護最勝經王 勿令隱沒 常得流通 尒時大辯
才天女礼佛足已 還復本座
尒時法師授記憍陳如婆羅門承佛威力 於
大衆前讚請辯才天女曰
聰明勇進辯才天 人天供養悉應受
名聞世間遍充滿 能與一切衆生願
依高山頂勝住處 葺茅為室在中居
恒結耎草以為衣 在處常翹於一足

BD14066號 金光明最勝王經卷七 (21–13)

聰明勇進辯才天　人天供養悉應受
名聞世間遍充滿　能與一切衆生願
依高山頂勝住處　葺茅為室在中居
恒結耎草以為衣　在處常翹於一足
諸天大衆皆來集　咸同一心申讚請
唯願智慧辯才天　以妙言詞施一切
尒時辯才天女即便受請為說呪曰
怛姪他慕囇只囇　阿伐帝貞 阿伐吒伐底丁里下同
馨遇㘑名具㘑　名具羅伐底
鴦具師末㘑三末底　毗三末底惡近入㘑
莫近㘑怛羅只　怛羅者伐底
質哩室里蜜里　末難地曇去
末㘑只　八囉拏畢㘑囊
盧迦逝瑟跓刃世反　盧迦失囇瑟跓
毗度曰企輕利反　輸只析㘑
阿鉢喇底鵯㰤　阿鉢喇底喝哆勃地
南母只南母只　莫訶提鼻
鉢喇底近入㘑畜丈根拏上　我某甲勃地
阿鉢底近入㘑畜丈根拏上　南摩塞迦囉
我某甲勃地　達哩奢呬
勃地阿鉢喇底喝哆　婆上跋覩
市婆謎毗輸姪覩　舍悉怛囉輸路迦
曼怛囉畢得迦　迦婢印地數
怛姪他　莫訶鉢喇婆鼻
呬哩蜜里呬里蜜里　毗析㘑覩謎勃地
我某甲勃地輸提　薄伽伐點提毗餓

BD14066 號　金光明最勝王經卷七　（21–14）

曼怛囉畢得迦　迦婢印地數
怛姪他　莫訶鉢喇婆鼻
呬哩蜜里呬里蜜里　毗析㘑覩謎勃地
我某甲勃地輸提　薄伽伐點提毗餓
薩羅酸蘇活點丁頰反　羯囉晉家㘑鷄由囉
鷄由囉末底　呬里蜜里呬里蜜里
阿婆訶耶㰤　莫訶提鼻
勃陁薩帝娜　達摩薩帝娜
僧伽薩帝娜　因達囉薩帝娜
跋嚕拏薩帝娜　囊慶鷄薩底婆地娜
鞞釤薩帝娜　薩底代者涅娜
阿婆訶耶㰤　莫訶提鼻
呬里蜜里呬里蜜里　毗析㘑覩
我某甲勃地　南謨薄伽伐底丁利
莫訶提鼻薩羅酸底　悉甸覩
曼怛囉鉢陁弥　莎訶
尒時辯才天女說是呪已告婆羅門言善哉
大士能為衆生求妙辯才及諸珍寶神通智
慧廣利一切速證菩提如是應知受持法式即
說頌曰
先可誦此陁羅尼　令使純熟无謬失
歸敬三寶諸天衆　請求加護願隨心
敬礼諸佛及法寶　菩薩獨覺聲聞衆
次礼梵王并帝釋　及護世者四天王
一切常修梵行人　悉可至誠慇重敬
可於寂靜蘭若處　大聲誦前呪讚法

BD14066 號　金光明最勝王經卷七　（21–15）

敬礼諸佛及法寶　菩薩獨覺聲聞衆
次礼梵王并帝釋　及護世者四天王
一切常修梵行人　悉可至誠慇重敬
可於寂靜蘭若處　大聲誦前呪讚法
應在佛像天龍前　隨其所有修供養
於彼一切衆生類　發起慈悲哀愍心
世尊妙相紫金身　繫想正念心無亂
世尊護念說教法　隨彼根機令習異
於其句義善思惟　復依空性而修習
應在世尊形像前　一心正念而安坐
即得妙智三摩地　并獲最勝陁羅尼
如來金口演說法　妙響調伏諸人天
舌相隨緣現希有　廣長能覆三千界
如是諸佛妙音聲　至誠憶念心無畏
諸佛皆由發弘願　得此舌相不思議
宣說諸法皆非有　譬如虛空無所著
諸佛音聲及舌相　繫念思量願圓滿
若見侍養辯才天　或見弟子師教
授斯秘法令修學　尊重隨心皆得成
若人欲得最上智　應當一心持此法
增長福智諸功德　必定成就勿生疑
若求財者得多財　求名稱者獲名稱
求出離者得解脫　必定成就勿生疑
無量無邊諸功德　隨其內心之所願
若能如是依行者　必得成就勿生疑
當於淨處著淨衣　應作壇場隨大小

BD14066號　金光明最勝王經卷七　（21–16）

若求財者得多財　求名稱者獲名稱
求出離者得解脫　必定成就勿生疑
無量無邊諸功德　隨其內心之所願
若能如是依行者　必得成就勿生疑
當於淨處著淨衣　應作壇場隨大小
以四淨瓶成美味　香花供養可隨時
懸諸繒綵并幡蓋　塗香抹香遍嚴飾
供養佛及辯才天　求見天身皆遂願
應三七日誦前呪　可對大辯天神前
若求不見此天神　應更用心經九日
於後夜中猶不見　更求清淨妙勝處
如法應畫辯才天　供養誦持心無捨
晝夜不生於懈怠　自利利他無窮盡
所獲果報施群生　於所求願皆成就
若不遂意經三月　六月九月或一年
慇懃求請心不移　天眼他心皆悉得

尒時憍陳如婆羅門聞是說已歡喜踊躍歎
未曾有告諸大衆作如是言汝等人天一切
大衆如是當知皆一心聽我今更欲依世諦
法讚彼勝妙辯才天女即說頌曰

敬礼天女那羅延　於世界中得自在
我今讚歎彼尊者　皆如往昔仙人說
吉祥成就心安隱　聰明慚愧有名聞
為母能生於世間　勇猛常行大精進
於軍陣處戰恒勝　長養調伏心慈忍
現為閻羅之長姊　常著青色野蠶衣
好醜容儀皆具有　眼目能令見者怖

BD14066號　金光明最勝王經卷七　（21–17）

吉祥成就心安隱　聰明慚愧有名聞
為母能生於世間　勇猛常行大精進
於軍陣處戰恒勝　長養調伏心慈忍
現為閻羅之長姊　常著青色野蠶衣
好醜容儀皆具有　眼目能令見者怖
无量勝行超世間　歸信之人咸攝受
或在山巖深險處　或居坎窟及河邊
或在大樹諸叢林　天女多依此中住
假使山林野人輩　亦常供養於天女
以孔雀羽作幢旗　於一切時常護世
師子虎狼恒圍遶　牛羊雞等亦相依
振大鈴鐸出音聲　頻陁山眾皆聞響
或執三戟頭圓髮　左右恒持日月旗
黑月九日十一日　於此時中當供養
或現婆蘇大天妹　見有鬪戰心常愍
觀察一切有情中　天女最勝无過者
權現牧羊歡喜女　與天戰時常得勝
能久安住於世間　亦為和忍及暴惡
大婆羅門四明法　幻化呪等悉皆通
於天仙中得自在　能為種子及大地
諸天女等集會時　如大海潮必來應
於諸神龍藥叉眾　咸為上首能調伏
於諸女中最梵行　出語猶如世間主
於王住處如蓮花　若在河津喻橋栰
面貌猶如盛滿月　具足多聞作依處
辯才勝出若高峯　念者皆與為洲渚
阿蘇羅等諸天眾　咸共稱讚其功德

於諸女中最梵行　出語猶如世間主
於王住處如蓮花　若在河津喻橋栰
面貌猶如盛滿月　具足多聞作依處
辯才勝出若高峯　念者皆與為洲渚
阿蘇羅等諸天眾　咸共稱讚其功德
乃至千眼帝釋主　以慇重心而觀察
眾生若有希求事　悉能令彼速得成
亦令聰辯具聞持　於大地中為第一
於此十方世界中　如大燈明常普照
乃至神鬼諸禽獸　咸皆遂彼所求心
於諸女中若山峯　同昔仙人久住世
如少女天常欲離　實語猶如大世主
普見世間差別類　乃至欲界諸天宮
唯有天女獨稱尊　不見有情能勝者
若於戰陣恐怖處　或見墮在大坑中
河津險難賊盜時　悉能令彼除怖畏
或被王法所枷縛　或為怨讎行害煞
若能專注心不移　決定解脫諸憂苦
於善惡人皆擁護　慈悲愍念常現前
是故我以至誠心　稽首歸依大天女
尒時婆羅門復以呪讚天女曰
敬礼敬礼世間尊　於諸母中最為勝
三種世間咸供養　面貌容儀人樂觀
種種妙德以嚴身　目如脩廣青蓮葉
福智光明名稱滿　譬如无價末尼珠
我今讚歎最勝者　悉能成辦所求心
真實功德妙吉祥　譬如蓮花極清淨

若於戰陣恐怖處　或見墮在火坑中
河津險難賊盜時　悉能令彼除怖畏
或被王法所枷縛　或為怨讎行害殺
若能專注心不移　決定解脫諸憂苦
於善惡人皆擁護　慈悲愍念常現前
是故我以至誠心　稽首歸依大天女
爾時婆羅門復以呪讚天女曰
敬礼敬礼世間尊　於諸母中最為勝
三種世間咸供養　面貌容儀人樂觀
種種妙德以嚴身　目如脩廣青蓮葉
福智光明名稱滿　譬如無價末尼珠
我今讚歎最勝者　悉能成辦所求心
真實功德妙吉祥　譬如蓮花極清淨
身色端嚴皆樂見　眾相希有不思議
能放無垢智光明　於諸念中為最勝
猶如師子獸中王　常以八臂自莊嚴
各持弓箭刀矟斧　長杵鐵輪并羂索
端正樂觀如滿月　言詞無滯出和音
若有眾生心願求　善士隨念令圓滿
帝釋諸天咸供養　皆共稱讚可歸依
眾德能生不思議　一切時中起恭敬
莎訶（此上呪頌是呪亦是讚若持呪時除頌誦之）
若欲祈請辯才天　依此呪讚言詞句
晨朝清淨至誠誦　於所求事悉隨心
爾時佛告婆羅門善哉善哉汝能如是利益

BD14066號　金光明最勝王經卷七　（21-20）

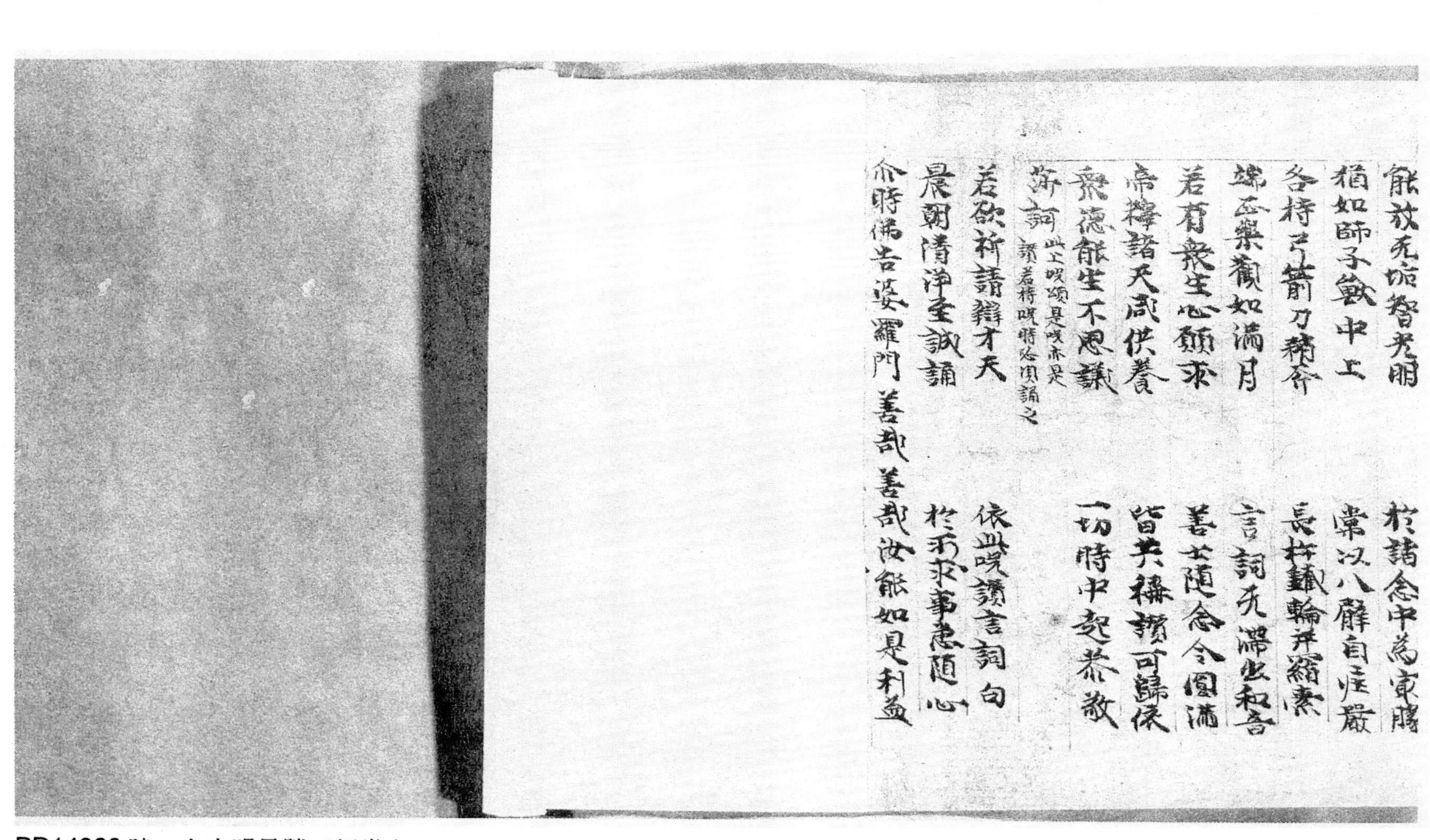
能放無垢智光明　於諸念中為最勝
猶如師子獸中王　常以八臂自莊嚴
各持弓箭刀矟斧　長杵鐵輪并羂索
端正樂觀如滿月　言詞無滯出和音
若有眾生心願求　善士隨念令圓滿
帝釋諸天咸供養　皆共稱讚可歸依
眾德能生不思議　一切時中起恭敬
莎訶（此上呪頌是呪亦是讚若持呪時除頌誦之）
若欲祈請辯才天　依此呪讚言詞句
晨朝清淨至誠誦　於所求事悉隨心
爾時佛告婆羅門善哉善哉汝能如是利益

BD14066號　金光明最勝王經卷七　（21-21）

BD14067 號背　現代護首　　（1–1）

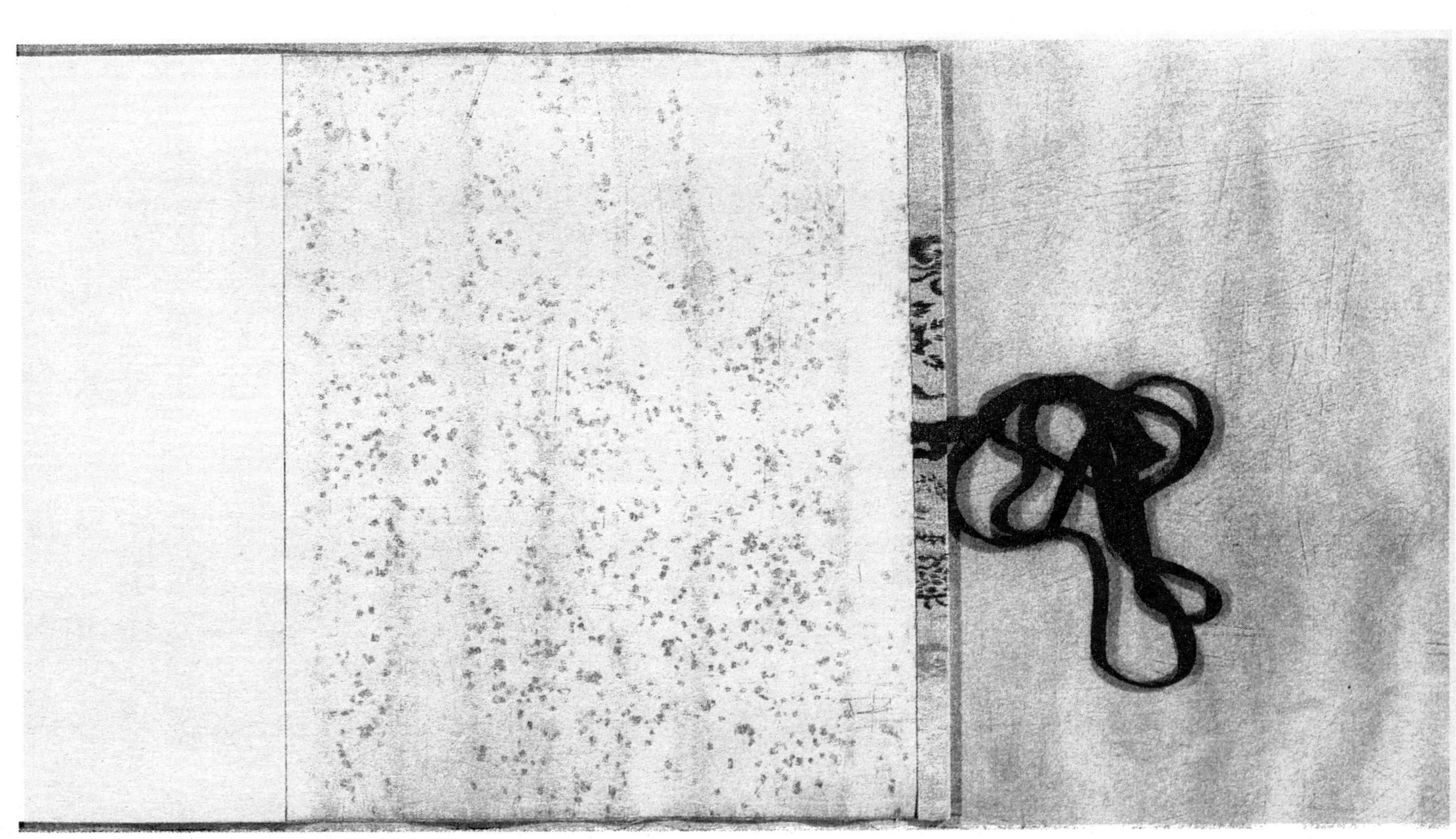

BD14067 號　金光明最勝王經卷一〇　　（20–1）

等欲見彼往昔苦行菩薩本舍利不
言我等樂見世尊即以百福荘嚴相好之手
而按其地于時大地六種震動即便開裂七
寶制底忽然涌出衆寶羅網荘嚴其上大衆
見已生希有心尒時世尊即從座起作礼右
繞還就本座告阿難陀汝可開此制底之户
時阿難陀即開其户見七寶函奇珍間飾白
言世尊有七寶函衆寶荘嚴佛言汝可開函
時阿難陀奉教開已見有舍利白如珂雪拘
物頭花即白佛言函有舍利色妙異常佛言
阿難陀汝可持此大士骨來時阿難陀即取
其骨奉授世尊世尊受已告諸苾芻汝等應
觀苦行菩薩遺身舍利而説頌曰

時阿難陀奉教開已見有舍利白如珂雪拘
物頭花即白佛言函有舍利色妙異常佛言
阿難陀汝可持此大士骨來時阿難陀即取
其骨奉授世尊世尊受已告諸苾芻汝等應
觀苦行菩薩遺身舍利而説頌曰
菩薩勝德相應慧　勇猛精勤六度圓
常修不息爲菩提　大捨堅固心無倦
汝等苾芻咸應礼敬菩薩本身此之舍利乃
是无量戒定慧香之所熏馥最上福田極難
逢遇時諸苾芻及諸大衆咸皆至心合掌恭
敬頂礼舍利歎未曾有時阿難陀前礼佛足
白言世尊如來大師出過一切爲諸有情之
所恭敬何因緣故礼此身骨佛告阿難陀我
因此骨速得無上正等菩提爲報往恩我今
致礼復告阿難陀吾今爲汝及諸大衆斷除
疑惑説是舍利往昔因緣汝等善思當一心
聽阿難陀曰我等樂聞願爲開闡阿難陀過
去世時有一國王名曰大車巨富多財庫藏
盈滿軍兵武勇衆所欽伏常以正法施化黔
黎人民熾盛無有怨敵國大夫人誕生三子
顏容端正人所樂觀太子名曰摩訶波羅次
子名曰摩訶提婆幼子名曰摩訶薩埵是時
大王爲欲遊觀縱賞山林其三王子亦皆隨
從爲求花果捨父周旋至大竹林於中憩息
第一王子作如是言我於今日心甚驚惶於
此林中將無猛獸損害於我第二王子復作
是言我於自身初無悋惜恐於所愛有別
離苦第三王子白二兄曰

第一王子作如是言我於今日心甚驚惶於
此林中將無猛獸損害於我第二王子復作
是言我於自身初無悋惜恐於所愛有別
離苦第三王子白二兄曰
此是神仙所居處　我無恐怖別離憂
身心充遍生歡喜　當獲殊勝諸功德
時諸王子各說本心所念之事次復前行見
有一虎產生七子纔經七日諸子圍繞飢渴
所逼身形羸瘦將死不久第一王子作如是
言哀哉此虎產來七日七子圍繞無暇求食
飢渴所逼必還噉子薩埵王子問言此虎每
常所食何物第一王子荅曰
虎豹犲師子　唯噉熱血肉　更無餘飲食　可濟此虛羸
第二王子聞此語已作如是言此虎羸瘦飢
渴所逼餘命無幾我等何能為求如是難得
飲食誰復為斯自捨身命濟其飢苦第一王
子言一切難捨無過己身薩埵王子言我等
今者於自己身各生愛戀復無智慧不能於
他而興利益然有上士懷大悲心常為利他
忘身濟物復作是念我今此身於百千生虛
棄爛壞曾無所益云何今日而不能捨以濟
飢苦如捐涕唾時諸王子作是議已各起慈
心悽傷愍念共觀羸虎目不暫捨徘徊久之
俱捨而去尒時薩埵王子便作是念我捨身
命今正是時何以故
我從久來持此身　臭穢膿流不可愛
供給敷具并衣食　象馬車乘及珍財
變壞之法體无常　恒求難滿難保守

俱捨而去尒時薩埵王子便作是念我捨身
命今正是時何以故
我從久來持此身　臭穢膿流不可愛
供給敷具并衣食　象馬車乘及珍財
變壞之法體无常　恒求難滿難保守
雖常供養懷怨害　終歸棄我不知恩
復次此身不堅於我無益可畏如賊不淨如
糞我於今日當使此身修廣大業於生死海
作大舟航棄捨輪迴令得出離復作是念若
捨此身則捨无量癰疽惡疾百千怖畏是身
唯有大小便利不堅如泡諸蟲所集血脉筋
骨共相連持甚可猒患是故我今應當棄捨
以求无上究竟涅槃永離憂患无常苦惱生
死休息斷諸塵累以定慧力圓滿熏修百福
莊嚴成一切智諸佛所讚微妙法身既證得
已施諸衆生无量法樂是時王子興大勇猛
發弘誓願以大悲念增益其心慮彼二兄情
懷怖懼共為留難不果所祈即便白言二兄
前去我且於後尒時王子摩訶薩埵還入林
中至其虎所脫去衣服置於竹上作是誓言
我為法界諸衆生　志求无上菩提處
起大悲心不傾動　當捨凡夫所愛身
菩提無患無熱惱　諸有智者之所樂
三界苦海諸衆生　我今救濟令安樂
是時王子作是言已於餓虎前委身而臥由
此菩薩慈悲威勢虎無能為菩薩見已即上
高山投身于地復作是念虎今羸瘠不能食
我即起求刀竟不能得即以乾竹刺頸出血

是時王子作是言已於餓虎前委身而臥由
此菩薩慈悲威勢虎無能為菩薩見已即上
高山投身于地復作是念虎今羸瘠不能食
我即起求刀竟不能得即以乾竹刺頸出血
漸近虎邊是時大地六種震動如風激水涌
沒不安日無精明如羅睺障諸方闇蔽無復
光輝天雨名花及妙香末繽紛亂墜遍滿林
中尒時虛空有諸天衆見是事已生隨喜心
歎未曾有咸共讚言善哉大士即說頌曰
大士救護運悲心　等視衆生如一子
勇猛歡喜情無悋　捨身濟苦福難思
定至真常勝妙處　永離生死諸纏縛
不久當獲菩提果　寂靜安樂證无生
是時餓虎既見菩薩頸下血流即便䑛血噉
肉皆盡唯留餘骨尒時第一王子見地動已
告其弟曰
大地山河皆震動　諸方闇蔽日无光
天花亂墜遍空中　定是我弟捨身相
第二王子聞兄語已說伽他曰
我聞薩埵作悲言　見彼餓虎身羸瘦
飢苦所纏恐食子　我今疑弟捨其身
時二王子生大愁苦啼泣悲歎即共相隨還
至虎所見弟衣服在竹枝上骸骨及髮在處
從橫流血成泥霑汙其地見已悶絕不能自
投投身骨上久乃得蘇即起舉手哀號大
哭俱時歎曰
我弟貌端嚴　父母偏愛念　云何俱共出　捨身而不歸

BD14067號　金光明最勝王經卷一〇　(20-6)

從橫流血成泥霑汙其地見已悶絕不能自
投投身骨上久乃得蘇即起舉手哀號大
哭俱時歎曰
我弟貌端嚴　父母偏愛念　云何俱共出　捨身而不歸
父母若問時　我等如何荅　寧可同捐命　豈復自存身
時二王子悲泣懊惱漸捨而去時小王子所
將侍從互相謂曰王子何在宜共推求
尒時國大夫人寢高樓上便於夢中見不祥
相被割兩乳牙齒墮落得三鴿鶵一為鷹奪
二被驚怖地動之時夫人遂覺心大愁惱作
如是言
何故今時大地動　江河林樹皆搖震
日無精光如覆蔽　目瞤乳動異常時
如箭射心憂苦逼　遍身戰掉不安隱
我之所夢不祥徵　必有非常災變事
夫人兩乳忽然流出念此必有變恠之事時
有侍女聞外人言求覓王子今猶未得心大
驚怖即入宮中白夫人曰大家知不外聞諸
人散覓王子遍求不得時彼夫人聞是語已
生大憂惱悲淚盈目至大王所白言大王我
聞外人作如是語失我最小所愛之子王聞
語已驚惶失所悲哽而言苦哉今日失我愛
子即便抆淚慰喻夫人告言賢首汝勿憂慼
吾今共出求覓愛子王与大臣及諸人衆即
共出城各各分散隨處求覓未久之頃有一
大臣前白王曰聞王子在願勿憂愁其最小
者今猶未見王聞是語悲歎而言苦哉苦哉

BD14067號　金光明最勝王經卷一〇　(20-7)

共出城各各分散隨處求覓未久之頃有一
大臣前白王曰聞王子在願勿憂愁其最小
者今猶未見王聞是語悲歎而言苦哉苦哉
失我愛子
初有子時歡喜少　後失子時憂苦多
若使我兒重壽命　縱我身亡不為苦
夫人聞已憂惱纏懷如被箭中而嗟歎曰
我之三子并侍從　俱往林中共遊賞
最小愛子獨不還　定有乖離災厄事
次第二臣來至王所王問臣曰愛子何在第
二大臣懊惱啼泣喉舌乾燥口不能言竟无
所答夫人問曰
速報小子今何在　我身熱惱遍燒然
悶亂荒迷失本心　勿使我胸今破裂
時第二臣即以王子捨身之事具白王知王
及夫人聞其事已不勝悲噎望捨身處驟
駕前行詣竹林所至彼菩薩捨身之地見其骸
骨隨處交横俱時投地悶絕將死猶如猛風
吹倒大樹心迷失緒都无所知時大臣等以
水遍灑王及夫人良久乃蘇舉手而哭咨嗟
歎曰
禍哉愛子端嚴相　因何死苦先來逼
若我得在汝前亡　豈見如斯大苦事
尒時夫人迷悶稍止頭髮蓬亂兩手推胸宛
轉于地如魚處陸若牛失子悲泣而言
我子誰屠割　餘骨散于地　失我所愛子　憂悲不自勝
苦哉誰殺子　致斯憂惱事　我心非金剛　云何而不破

BD14067號　金光明最勝王經卷一〇　（20–8）

轉于地如魚處陸若牛失子悲泣而言
我子誰屠割　餘骨散于地　失我所愛子　憂悲不自勝
苦哉誰殺子　致斯憂惱事　我心非金剛　云何而不破
我夢中所見　兩乳皆被割　牙齒悉墮落　今遭大苦痛
又夢三鴿鶵　一被鷹擒去　今失所愛子　惡相表非虛
尒時大王及彼夫人并二王子盡哀號哭瓔
珞不御與諸人眾共收菩薩遺身舍利為於
供養置窣覩波中阿難陀汝等應知此即是
彼菩薩舍利復告阿難陀我於昔時雖具煩
惱貪瞋癡等能於地獄餓鬼傍生五趣之中
隨緣救濟令得出離何況今時煩惱都盡无
復餘習号天人師具一切智而不能為一一
眾生經於多劫在地獄中及於餘處代受眾
苦令出生死煩惱輪迴尒時世尊欲重宣此
義而說頌言
我念過去世　无量无數劫　或時作國王　或復為王子
常行於大施　及捨所愛身　願出離生死　至妙菩提處
昔時有大國　國主名大車　王子名勇猛　常施心无悋
王子有二兄　号大渠大天　三人同出遊　漸至山林所
見虎飢所逼　便生如是心　此虎飢火燒　更無餘可食
大士覩如斯　恐其將食子　捨身無所顧　救子不令傷
大地及諸山　一時皆震動　江海皆騰躍　驚波水逆流
天地失光明　昏冥無所見　林野諸禽獸　飛奔失所依
二兄怪不還　憂感生悲苦　即與諸侍從　林藪遍尋求
兄弟共籌議　復往深山處　四顧無所有　見虎處空林
其母并七子　口皆有血汙　殘骨并餘髮　縱橫在地中
復見有流血　散在竹林所　二兄既見已　心生大恐怖

BD14067號　金光明最勝王經卷一〇　（20–9）

二兄悵不還　憂慼生悲苦　即与諸侍從　林藪遍尋求
兄弟共籌議　復往深山處　四顧無所有　見虎處空林
其母并七子　口皆有血汙　殘骨并餘髮　縱橫在地中
復見有流血　散在竹林所　二兄既見已　心生大怨怖
悶絶俱投地　荒迷不覺知　塵土坌其身　六情皆失念
王子諸侍從　啼泣心憂惱　以水灑令穌　舉手號咷哭
菩薩捨身時　慈母在宮內　五百諸婇女　共受於妙樂
夫人之兩乳　忽然自流出　遍體如針刺　苦痛不能安
欻生失子想　憂箭苦傷心　即白大王知　陳斯苦惱事
悲泣不堪忍　哀聲向王說　大王今當知　我生大苦惱
兩乳忽流出　禁止不隨心　如針遍刺身　煩冤胸欲破
我先夢惡徵　必當失愛子　願王濟我命　知兒存与亡
夢見三鴿鶵　小者是愛子　忽被鷹奪去　悲愁難具陳
我今沒憂海　趣死將不久　恐子命不全　願為速求覓
又聞外人語　小子求不得　我今意不安　願王哀愍我
夫人白王已　舉身而躃地　悲痛心悶絶　荒迷不覺知
婇女見夫人　悶絶在於地　舉聲皆大哭　憂惶失所依
王聞如是語　懷憂不自勝　因命諸群臣　尋求所愛子
皆共出城外　隨處而追覓　涕泣問諸人　王子今何在
今者為存亡　誰知所去處　云何令得見　適我憂惱心
諸人悉共傳　咸言王子死　聞者皆傷悼　悲歎苦難裁
尒時大車王　悲號從座起　即就夫人處　以水灑其身
夫人蒙水灑　久乃得醒悟　悲啼以問王　我兒今在不
王告夫人曰　我已使諸人　四向求王子　尚未有消息
王又告夫人　汝莫生煩惱　且當自安慰　可共出追尋
王即与夫人　嚴駕而前進　號動聲悽感　憂心苦火然
士庶百千万　亦隨王出城　各欲求王子　悲號聲不絶

王告夫人曰　我已使諸人　四向求王子　尚未有消息
王又告夫人　汝莫生煩惱　且當自安慰　可共出追尋
王即与夫人　嚴駕而前進　號動聲悽感　憂心苦火然
士庶百千万　亦隨王出城　各欲求王子　悲號聲不絶
王求愛子故　目視於四方　見有一人來　被髮身塗血
遍體蒙塵土　悲哭逆前來　王見是惡相　倍復生憂惱
王便舉兩手　哀號不自裁　初有一大臣　忩忙至王所
進白大王曰　幸願勿悲哀　王之所愛子　今雖求未獲
不久當來至　以釋大王憂　王復更前行　見次大臣至
其臣詣王所　流淚白王言　二子今現存　被憂火所逼
其第三王子　已被無常吞　見餓虎初生　將欲食其子
彼薩埵王子　見此起悲心　願求无上道　當度一切衆
繫想妙菩提　廣大深如海　即上高山頂　投身餓虎前
虎羸不能食　以竹自傷頸　遂噉王子身　唯有餘骸骨
時王及夫人　聞已俱悶絶　心沒於憂海　煩惱火燒然
臣以栴檀水　灑王及夫人　俱起大悲號　舉手推胸臆
第三大臣來　白王如是語　我見二王子　悶絶在林中
臣以冷水灑　尒乃暫穌息　顧視於四方　如猛火周遍
暫起而還伏　悲號不自勝　舉手以哀言　稱歎弟希有
王聞如是說　倍增憂火煎　夫人大號咷　高聲作是語
我之小子偏鍾愛　已為无常羅剎吞
餘有二子今現存　復被憂火所燒逼
我今速可之山下　安慰令其保餘命
即便馳駕望前路　一心詣彼捨身崖
路逢二子行啼泣　推胸懊惱失容儀
父母見已抱憂悲　俱往山林捨身處
既至菩薩捨身地　共聚悲號生大苦
脫去瓔珞盡哀心　收取菩薩身餘骨

即便馳駕望前路　一心詣彼捨身崖
路逢二子行啼泣　推匈懊惱失容儀
父母見已抱憂悲　俱往山林捨身處
既至菩薩捨身地　共聚悲號生大苦
脫去瓔珞盡哀心　收取菩薩身餘骨
与諸人衆同供養　共造七寶窣覩波
以彼舍利置函中　整駕懷憂趣城邑
復告阿難陁　往時薩埵者　即我牟尼是　勿生於異念
王是父淨飯　后是母摩耶　太子謂慈氏　次男殊室利
虎是大世主　五兒五苾芻　一是大目連　一是舍利子
我為汝等說　往昔利他緣　如是菩薩行　成佛因當學
菩薩捨身時　發如是弘誓　願我身餘骨　來世益衆生
此是捨身處　七寶窣覩波　以經无量時　遂沉於厚地
由昔本願力　隨緣興濟度　為利於人天　從地而涌出
尒時世尊說是往昔因緣之時无量阿僧企
耶人天大衆皆大悲喜歎未曾有悉發阿耨
多羅三藐三菩提心復告樹神我為報恩故
致礼敬佛攝神力其窣覩波還沒于地

金光明最勝王經十方菩薩讚歎品第廿七

尒時釋迦牟尼如來說是經時於十方世界
有无量百千万億諸菩薩衆各從本土詣鷲
峯山至世尊所五輪著地礼世尊已一心合
掌異口同音而讚歎曰
佛身微妙真金色　其光普照等金山
清淨柔耎若蓮花　无量妙彩而嚴飾
三十二相遍莊嚴　八十種好皆圓備
光明晒著無與等　離垢猶如淨滿月
其聲清徹甚微妙　如師子吼震雷音

BD14067 號　金光明最勝王經卷一〇　（20–12）

掌異口同音而讚歎曰
佛身微妙真金色　其光普照等金山
清淨柔耎若蓮花　无量妙彩而嚴飾
三十二相遍莊嚴　八十種好皆圓備
光明晒著無與等　離垢猶如淨滿月
其聲清徹甚微妙　如師子吼震雷音
八種微妙應群機　超勝迦陵頻伽等
百福妙相以嚴容　光明具足淨無垢
智慧澄明如大海　功德廣大若虛空
圓光遍滿十方界　隨緣普濟諸有情
煩惱愛染習皆除　法炬恒然不休息
哀愍利益諸衆生　現在未來能与樂
常為宣說第一義　令證涅槃真寂靜
佛說甘露殊勝法　能与甘露微妙義
引入甘露涅槃城　令受甘露無為樂
常於生死大海中　解脫一切衆生苦
令彼能住安隱樂　恒与難思如意樂
如來德海甚深廣　非諸譬喻所能知
於衆常起大悲心　方便精勤恒不息
如來智海無邊際　一切人天共測量
假使千万億劫中　不能得知其少分
我今略讚佛功德　於德海中唯一渧
迴斯福聚施群生　皆願速證菩提果
尒時世尊告諸菩薩言善哉善哉汝等善能
如是讚佛功德利益有情廣興佛事能滅
諸罪生无量福

金光明最勝王經妙幢菩薩讚歎品第廿八

尒時妙幢菩薩即從座起偏袒右肩右膝著

BD14067 號　金光明最勝王經卷一〇　（20–13）

如是讚佛功德利益有情廣興佛事能滅
諸罪生无量福

金光明最勝王經妙幢菩薩讚歎品第廿八

尒時妙幢菩薩即從座起偏袒右肩右膝著
地合掌向佛而說讚曰

牟尼百福相圓滿　无量功德以嚴身
廣大清淨人樂觀　猶如千日光明照
餤彩无邊光熾盛　如妙寶聚相端嚴
如日初出映虛空　紅白分明間金色
亦如金山光普照　悉能周遍百千土
能滅衆生无量苦　皆与无邊勝妙樂
諸相具足悉嚴淨　衆生樂觀无猒足
頭髮柔耎紺青色　猶如黑蜂集妙花
大喜大捨淨莊嚴　大慈大悲皆具足
衆妙相好爲嚴飾　菩提分法之所成
如來能施衆福利　令彼常蒙大安樂
種種妙德共莊嚴　光明普照千万土
如來光相踰圓滿　猶如赫日遍空中
佛如須弥功德具　亦現能周於十方
如來金口妙端嚴　齒白齊密如珂雪
如來面貌无倫正　眉間毫相常右旋
光潤鮮白等頗黎　猶如滿月居空界

佛告妙幢菩薩汝能如是讚佛功德不可思
議利益一切令未知者隨順脩學

金光明最勝王經菩提樹神讚歎品第廿九

尒時菩提樹神亦以伽他讚世尊曰

敬礼如來清淨慧　敬礼常求正法慧
敬礼能離非法慧　敬礼恒无分別慧

BD14067號　金光明最勝王經卷一〇　（20-14）

議利益一切令未知者隨順脩學

金光明最勝王經菩提樹神讚歎品第廿九

尒時菩提樹神亦以伽他讚世尊曰

敬礼如來清淨慧　敬礼常求正法慧
敬礼能離非法慧　敬礼恒无分別慧
希有世尊無邊慧　希有難見比優曇
希有如海鎮山王　希有善逝光無量
希有調御弘慈願　希有釋種明逾日
能說如是經中寶　哀愍利益諸群生
牟尼寂靜諸根定　能入寂靜涅槃城
能住寂靜等持門　能知寂靜深境界
兩足中尊住空寂　聲聞弟子身亦空
一切法體性皆無　一切衆生悉空寂
我常憶念於諸佛　我常樂見諸世尊
我常發起殷重心　常得值遇如來日
我常頂礼於世尊　願常渴仰心不捨
悲泣流淚情無間　常得奉事不知猒
唯願世尊起悲心　和顏常得令我見
佛及聲聞衆清淨　願常普濟於人天
佛身本淨若虛空　亦如幻餤及水月
願說涅槃甘露法　能生一切功德聚
世尊所有淨境界　慈悲正行不思議
聲聞獨覺非所量　大仙菩薩不能測
唯願如來哀愍我　常令覩見大悲身
三業無倦奉慈尊　速出生死歸真際

尒時世尊聞是讚已以梵音聲告樹神曰善
哉善哉善女天汝能於我真實無妄清淨法
身自利利他宣揚妙相以此功德令汝速證

BD14067號　金光明最勝王經卷一〇　（20-15）

唯願如來哀愍我　常令覩見大悲身
三業無倦奉慈尊　速出生死歸真際
尒時世尊聞是讚已　以梵音聲告樹神曰善
哉善哉善女天汝能於我真實無妄清淨法
身自利利他宣揚妙相　以此功德令汝速證
最上菩提一切有情同所修習　若得聞者皆
入甘露無生法門
金光明最勝王經大辯才天女讚歎品第廿
尒時大辯才天女即從座起合掌恭敬　以直
言詞讚世尊曰
南謨釋迦牟尼如來應正等覺身真金色咽
如螺貝面如滿月目類青蓮脣口赤好如頗
梨色鼻高脩直如截金鋌齒白齊密如拘物
頭花身光普照如百千日光彩暎徹如贍部
金所有言詞皆無謬失示三解脫門開三菩
提路心常清淨意樂亦然佛所住處及所行
境亦常清淨離非威儀進止無謬六年苦行
三轉法輪度苦衆生令歸彼岸身相圓滿
如拘陁樹六度薰修三業無失具一切智自他
利滿所有宣說常為衆生言不虛設於釋種
中為大師子堅固勇猛具八解脫我今隨力
稱讚如來少分功德猶如蚊子飲大海水願
以此福廣及有情永離生死成无上道
尒時世尊告大辯天曰善哉善哉汝久修習
具大辯才今復於我廣陳讚歎令汝速證
無上法門相好圓明普利一切
金光明最勝王經付囑品第廿一
尒時世尊普告无量菩薩及諸人天一切大

BD14067號　金光明最勝王經卷一〇

(20–16)

尒時世尊告大辯天曰善哉善哉汝久修習
具大辯才今復於我廣陳讚歎令汝速證
無上法門相好圓明普利一切
金光明最勝王經付囑品第廿一
尒時世尊普告无量菩薩及諸人天一切大
衆汝等當知我於无量无數大劫勤修苦行
獲甚深法菩提正因已為汝說汝等誰能發
勇猛心恭敬守護我涅槃後於此法門廣宣
流布能令正法久住世間尒時衆中有六十
俱胝諸大菩薩六十俱胝諸天大衆異口同
音作如是語世尊我等咸有欣樂之心於佛
世尊無量大劫勤修苦行所獲甚深微妙之
法菩提正因恭敬護持不惜身命佛涅槃後
於此法門廣宣流布當令正法久住世間尒
時諸大菩薩即於佛前說伽他曰
世尊真實語　安住於實法　由彼真實故　護持於此經
大悲為甲冑　安住於大慈　由彼慈悲力　護持於此經
福資糧圓滿　生起智資糧　由資糧滿故　護持於此經
降伏一切魔　破滅諸邪論　斷除惡見故　護持於此經
護世并釋梵　乃至阿蘇羅　龍神藥叉等　護持於此經
地上及虛空　久住於斯者　奉持佛教故　護持於此經
四梵住相應　四聖諦嚴飾　降伏四魔故　護持於此經
虛空成質礙　質礙成虛空　諸佛所護持　無能傾動者
尒時四大天王聞佛說此護持妙法各生隨
喜護正法心一時同聲說伽他曰
我今於此經　及男女眷屬　皆一心擁護　令得廣流通
若有持經者　能作菩提因　我常於四方　擁護而承事
尒時天帝釋合掌恭敬說伽他曰

BD14067號　金光明最勝王經卷一〇

(20–17)

喜讚正法心　一時同聲說伽他曰
我今於此經　及男女眷屬　皆一心擁護　令得廣流通
若有持經者　能作菩提因　我常於四方　擁護而承事
尒時天帝釋合掌恭敬說伽他曰
諸佛證此法　為欲報恩故　饒益菩薩眾　出世演斯經
我於彼諸佛　報恩常供養　護持如是經　及以持經者
尒時覩史多天子合掌恭敬說伽他曰
佛說如是經　若有能持者　當住菩提位　來生覩史天
世尊我慶悅　捨天殊勝報　住於贍部洲　宣揚是經典
時索訶世界主梵天王合掌恭敬說伽他曰
諸靜慮無量　諸乘及解脫　皆從此經出　是故演斯經
若說是經處　我捨梵天樂　為聽如是經　亦常為擁護
尒時魔王子名曰商主合掌恭敬說伽他曰
若有受持此　正義相應經　不隨魔所行　淨除魔惡業
我等於此經　亦當勤守護　發大精進意　隨處廣流通
尒時魔王合掌恭敬說伽他曰
若有持此經　能伏諸煩惱　如是眾生類　擁護令安樂
若有說是經　諸魔不得便　由佛威神故　我當擁護彼
尒時妙吉祥天子亦於佛前說伽他曰
諸佛妙菩提　於此經中說　若持此經者　是供養如來
我當持此經　為俱胝天說　恭敬聽聞者　勸至菩提處
尒時慈氏菩薩合掌恭敬說伽他曰
若見住菩提　与為不請友　乃至捨身命　為護此經王
我聞如是法　當往覩史天　由世尊加護　廣為人天說
尒時上坐大迦攝波合掌恭敬說伽他曰
佛於聲聞乘　說我智慧少　我今隨自力　護持如是經
若有持此經　我當攝受彼　授其詞辯力　常隨讚善哉
尒時具壽阿難陁合掌向佛說伽他曰

BD14067 號　金光明最勝王經卷一〇　(20-18)

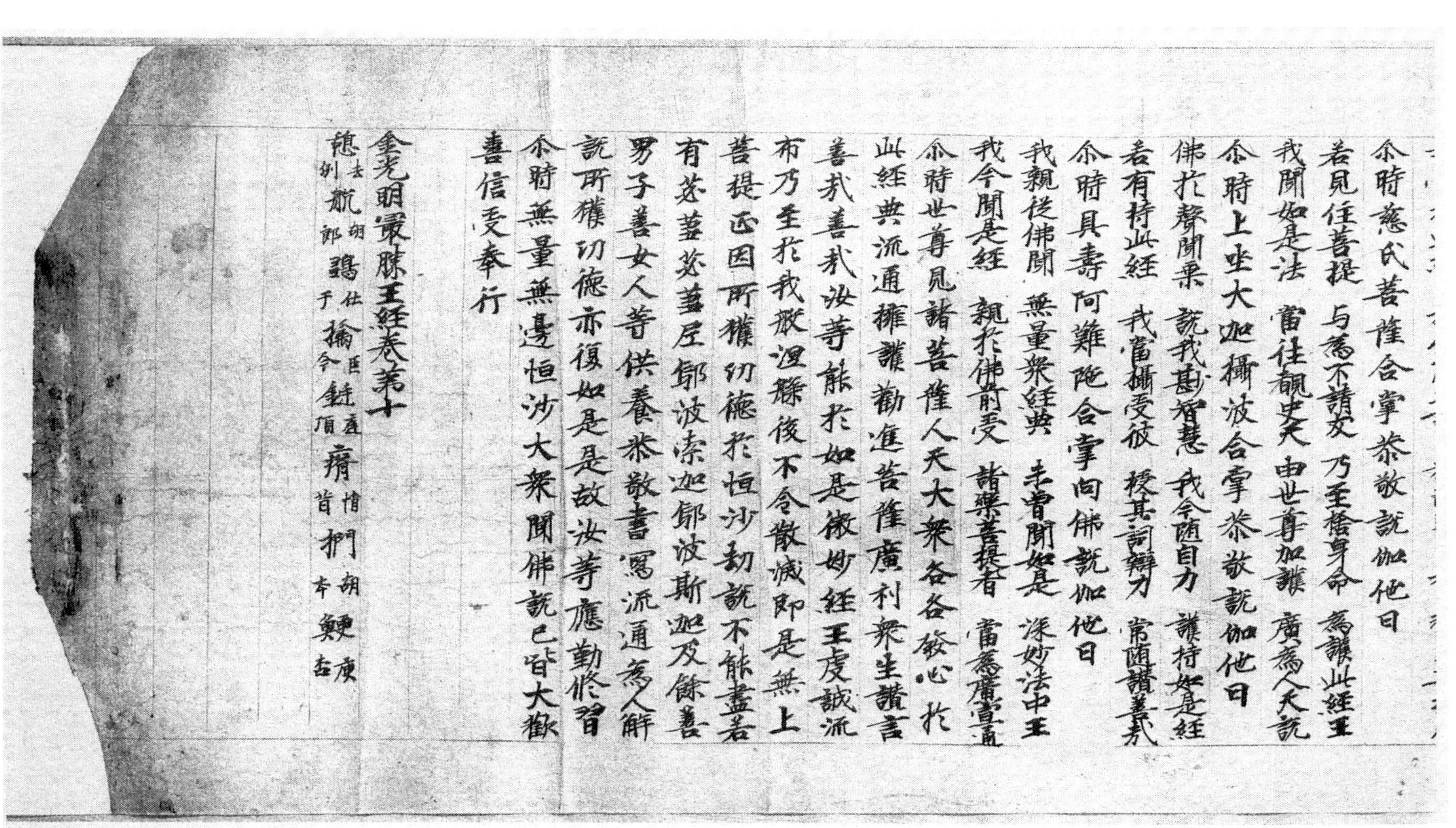
尒時慈氏菩薩合掌恭敬說伽他曰
若見住菩提　与為不請友　乃至捨身命　為護此經王
我聞如是法　當往覩史天　由世尊加護　廣為人天說
尒時上坐大迦攝波合掌恭敬說伽他曰
佛於聲聞乘　說我智慧少　我今隨自力　護持如是經
若有持此經　我當攝受彼　授其詞辯力　常隨讚善哉
尒時具壽阿難陁合掌向佛說伽他曰
我親從佛聞　無量眾經典　未曾聞如是　深妙法中王
我今聞是經　親於佛前受　諸樂菩提者　當為廣宣說
尒時世尊見諸菩薩人天大眾各各發心於
此經典流通擁護勸進菩薩廣利眾生讚言
善哉善哉汝等能於如是微妙經王虔誠流
布乃至於我般涅槃後不令散滅即是無上
菩提正因所獲功德於恒沙劫說不能盡若
有苾芻苾芻尼鄔波索迦鄔波斯迦及餘善
男子善女人等供養恭敬書寫流通為人解
說所獲功德亦復如是是故汝等應勤修習
尒時無量無邊恒沙大眾聞佛說已皆大歡
喜信受奉行
金光明最勝王經卷第十
憩去例　航胡郎　雛仕于　擒巨今　鋌庭頂　瘠情昔　捫胡本　鯁庚杏

BD14067 號　金光明最勝王經卷一〇　(20-19)

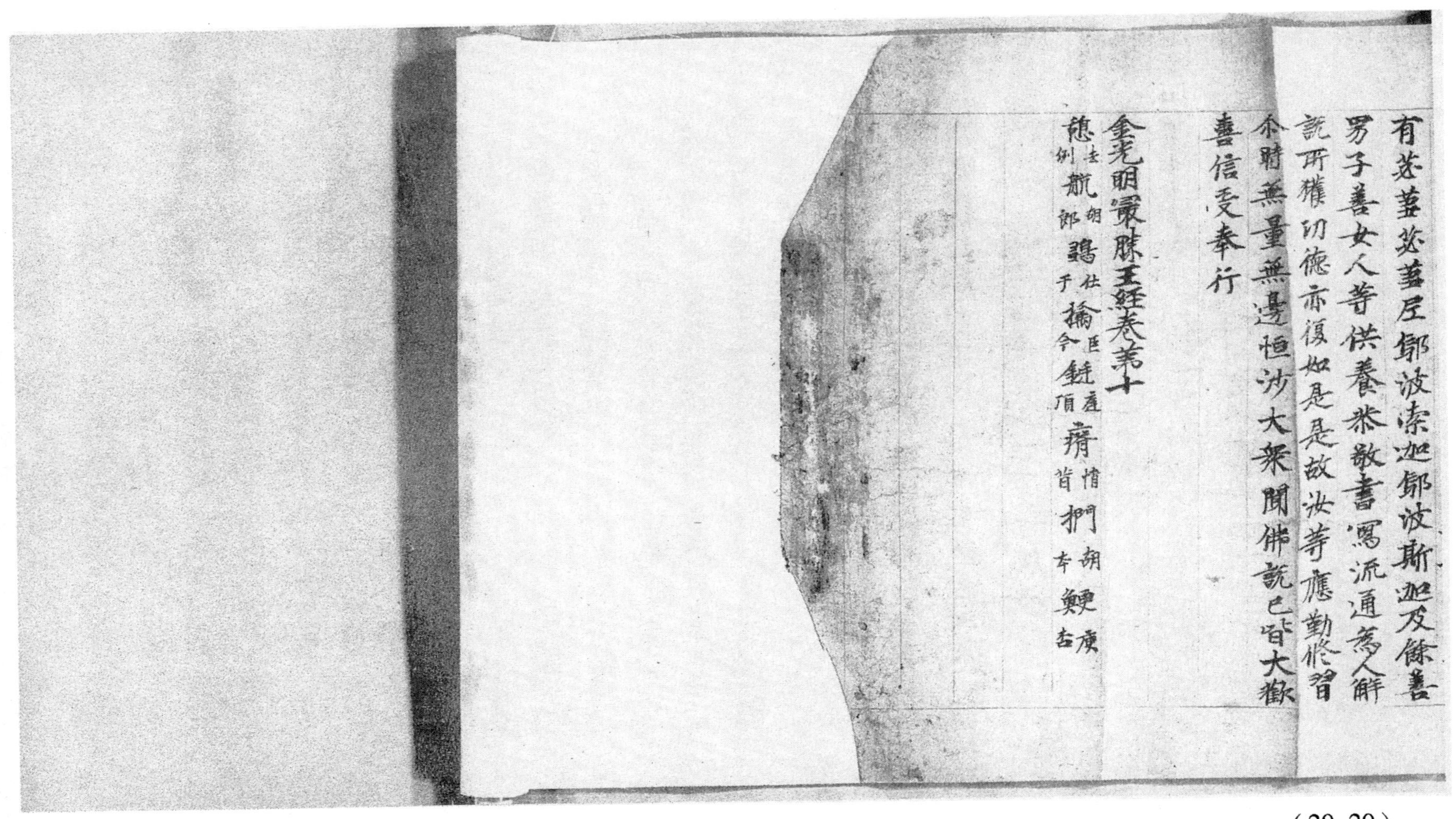

有苾芻苾芻尼鄔波索迦鄔波斯迦及餘善
男子善女人等供養恭敬書寫流通為人解
說所獲功德亦復如是是故汝等應勤修習
爾時無量無邊恒沙大衆聞佛說已皆大歡
喜信受奉行

金光明最勝王經卷第十

BD14067 號　金光明最勝王經卷一〇　　（20–20）

維摩詰経卷上

808

取

BD14068 號背　現代護首　　（1–1）

BD14068 號　維摩詰所說經卷上　（29–1）

維摩詰所說經一名不可思議解脫佛國品第一　卷上
如是我聞一時佛在毗耶離菴羅樹園與大
比丘衆八千人俱菩薩三萬二千衆所知識
大智本行皆悉已就諸佛威神之所建立為
護法城受持正法能師子吼名聞十方衆人
不請友而安之紹隆三寶能使不絕降伏魔
怨制諸外道悉已清淨永離蓋纏心常安住
无礙解脫念定揔持辯才不斷布施持戒忍
辱精進禪定智慧及方便力无不具足逮无
所得不起法忍已能隨順轉不退輪善解法
相知衆生根蓋諸大衆得无所畏功德智慧
以脩其心相好嚴身色像第一捨諸世間所
有飾好名稱高遠踰於須彌深信堅固猶若

BD14068 號　維摩詰所說經卷上　（29–2）

所得不起法忍已能隨順轉不退輪善解法
相知衆生根蓋諸大衆得无所畏功德智慧
以脩其心相好嚴身色像第一捨諸世間所
有飾好名稱高遠踰於須弥深信堅固猶若
金剛法寶普照而雨甘露於衆言音微妙第
一深入緣起斷諸邪見有无二邊无復餘習
演法无畏猶師子吼其所講說乃如雷震无
有量已過量集衆法寶如海導師了達諸法
深妙之義善知衆生往來所趣及心所行近无
等等佛自在慧十力无畏十八不共關閉一切
諸惡趣門而生五道以現其身為大醫王善
療衆病應病與藥令得服行无量功德皆
成就无量佛土皆嚴淨其見聞者无不蒙益諸
有所作亦不唐捐如是一切功德皆悉具足
其名曰等觀菩薩不等觀菩薩等不等觀菩
薩定自在王菩薩法自在王菩薩法相菩薩
光相菩薩光嚴菩薩大嚴菩薩寶積菩薩
辯積菩薩寶手菩薩寶印手菩薩常舉手
菩薩常下手菩薩常慘菩薩喜根菩薩喜王
菩薩辯音菩薩虛空藏菩薩執寶炬菩薩寶
勇菩薩寶見菩薩帝網菩薩明網菩薩无緣
觀菩薩慧積菩薩寶勝菩薩天王菩薩壞
魔菩薩電德菩薩自在王菩薩功德相嚴菩
薩師子吼菩薩雷音菩薩山相擊音菩薩香
象菩薩白香象菩薩常精進菩薩不休息菩
薩妙生菩薩華嚴菩薩觀世音菩薩得大勢
菩薩梵網菩薩寶杖菩薩无勝菩薩嚴土菩

BD14068號　維摩詰所說經卷上　（29–3）

觀菩薩慧積菩薩寶勝菩薩天王菩薩壞
魔菩薩電德菩薩自在王菩薩功德相嚴菩
薩師子吼菩薩雷音菩薩山相擊音菩薩香
象菩薩白香象菩薩常精進菩薩不休息菩
薩妙生菩薩華嚴菩薩觀世音菩薩得大勢
菩薩梵網菩薩寶杖菩薩无勝菩薩嚴土菩
薩金髻菩薩珠髻菩薩弥勒菩薩文殊師利
法王子菩薩如是等三萬二千人俱
復有萬梵天王尸棄等從餘四天下來詣佛
所而聽法復有萬二千天帝亦從餘四天下來在
會坐并餘大威力諸天龍神夜叉乾闥婆阿
脩羅迦樓羅緊那羅摩睺羅伽等悉來會坐
諸比丘比丘尼優婆塞優婆夷俱來會坐彼
時佛與无量百千之衆恭敬圍遶而為說法
譬如須弥山王顯于大海安處衆寶師子之
座蔽於一切諸來大衆
尒時毗耶離城有長者子名曰寶積與五百
長者子俱持七寶蓋來詣佛所頭面礼足各
以其蓋共供養佛佛之威神令諸寶蓋合成
一蓋遍覆三千大千世界而此世界廣長之
相悉於中現又此三千大千世界諸須弥山
雪山目真隣陁山摩訶目真隣陁山香山寶
山金山黑山鐵圍山大鐵圍山大海江河川流
泉源及日月星辰天宮龍宮諸尊神宮悉
現於寶蓋中又十方諸佛諸佛說法亦現於
寶蓋中尒時一切大衆覩佛神力歎未曾有
合掌礼佛瞻仰尊顏目不暫捨長者子寶

BD14068號　維摩詰所說經卷上　（29–4）

泉源及曰月星辰天宮龍宮諸尊神宮悉
現於寶蓋中又十方諸佛諸佛說法亦現於
寶蓋中尒時一切大衆覩佛神力歎未曾有
合掌礼佛瞻仰尊顏目不暫捨長者子寶
積即於佛前以偈頌曰
目淨脩廣如青蓮　心淨已度諸禪定
久積淨業稱无量　導衆以寂故稽首
既見大聖以神變　普現十方无量土
其中諸佛演說法　於是一切悉見聞
法王法力超群生　常以法財施一切
能善分別諸法相　於第一義而不動
已於諸法得自在　是故稽首此法王
說法不有亦不无　以因緣故諸法生
无我无造无受者　善惡之業亦不亡
始在佛樹力降魔　得甘露滅覺道成
已无心意无受行　而悉摧伏諸外道
三轉法輪於大千　其輪本來常清淨
天人得道此為證　三寶於是現世間
以斯妙法濟群生　一受不退常寂然
度老病死大醫王　當礼法海德无邊
毀譽不動如須弥　於善不善等以慈
心行平等如虛空　孰聞人寶不敬承
今奉世尊此微蓋　於中現我三千界
諸天龍神所居宮　乹闥婆等及夜叉
悉見世間諸所有　十力哀現是化變
衆覩希有皆歎佛　今我稽首三界尊

心行平等如虛空　孰聞人寶不敬承
今奉世尊此微蓋　於中現我三千界
諸天龍神所居宮　乹闥婆等及夜叉
悉見世間諸所有　十力哀現是化變
衆覩希有皆歎佛　今我稽首三界尊
大聖法王衆所歸　淨心觀佛靡不欣
各見世尊在其前　斯則神力不共法
佛以一音演說法　衆生隨類各得解
皆謂世尊同其語　斯則神力不共法
佛以一音演說法　衆生各各隨所解
普得受行獲其利　斯則神力不共法
佛以一音演說法　或有恐畏或歡喜
或生猒離或斷疑　斯則神力不共法
稽首十力大精進　稽首已得无所畏
稽首住於不共法　稽首一切大導師
稽首能斷衆結縛　稽首已到於彼岸
稽首能度諸世間　稽首永離生死道
悉知衆生來去相　善於諸法得解脫
不著世間如蓮華　常善入於空寂行
達諸法相无罣礙　稽首如空无所依
尒時長者子寶積說此偈已白佛言世尊
是五百長者子皆已發阿耨多羅三藐三菩
提心願聞得佛國土清淨唯願世尊說諸菩薩
淨土之行佛言善哉寶積乃能為諸菩薩問
於如來淨土之行諦聽諦聽善思念之當為
汝說於是寶積及五百長者子受教而聽佛
言寶積衆生之類是菩薩佛土所以者何菩

提心願聞得佛國土清淨唯願世尊說諸菩薩
淨土之行佛言善哉寶積乃能為諸菩薩問
於如來淨土之行諦聽諦聽善思念之當為
汝說於是寶積及五百長者子受教而聽佛
言寶積眾生之類是菩薩佛土所以者何菩
薩隨所化眾生而取佛土隨所調伏眾生而
取佛土隨諸眾生應以何國入佛智慧而取
佛土隨諸眾生應以何國起菩薩根而取佛
土所以者何菩薩取於淨國皆為饒益諸眾
生故譬如有人欲於空地造立宮室隨意無
礙若於虛空終不能成菩薩如是為成就眾
生故願取佛國願取佛國者非於空也寶積
當知直心是菩薩淨土菩薩成佛時不諂眾
生來生其國深心是菩薩淨土菩薩成佛時
具足功德眾生來生其國大乘心是菩薩淨
土菩薩成佛時大乘眾生來生其國布施是
菩薩淨土菩薩成佛時一切能捨眾生來生
其國持戒是菩薩淨土菩薩成佛時行十善
道滿願眾生來生其國忍辱是菩薩淨土菩
薩成佛時三十二相莊嚴眾生來生其國精
進是菩薩淨土菩薩成佛時勤脩一切功德眾
生來生其國禪定是菩薩淨土菩薩成佛時
攝心不亂眾生來生其國智慧是菩薩淨
土菩薩成佛時正定眾生來生其國四無量心
是菩薩淨土菩薩成佛時成就慈悲喜捨眾
生來生其國四攝法是菩薩淨土菩薩成佛
時解脫所攝眾生來生其國方便是菩薩淨

攝心不亂眾生來生其國智慧是菩薩淨
土菩薩成佛時正定眾生來生其國四無量心
是菩薩淨土菩薩成佛時成就慈悲喜捨眾
生來生其國四攝法是菩薩淨土菩薩成佛
時解脫所攝眾生來生其國方便是菩薩淨
土菩薩成佛時於一切法方便無礙眾生來
生其國卅七道品是菩薩淨土菩薩成佛時
念處正勤神足根力覺道眾生來生其國
迴向心是菩薩淨土菩薩成佛時得一切具足
功德國土說除八難是菩薩淨土菩薩成佛
時國土無有三惡八難自守戒行不譏彼闕
是菩薩淨土菩薩成佛時國土無有犯禁之
名十善是菩薩淨土菩薩成佛時命不中夭
大富梵行所言誠諦常以軟語眷屬不離善
和諍訟言必饒益不嫉不恚正見眾生來生
其國如是寶積菩薩隨其直心則能發行隨
其發行則得深心隨其深心則意調伏隨意
調伏則如說行隨如說行則能迴向隨其迴向則
有方便隨其方便則成就眾生隨成就眾生
則佛土淨隨佛土淨則說法淨隨說法淨則智
慧淨隨智慧淨則其心淨隨其心淨則一切
功德淨是故寶積若菩薩欲得淨土當淨
其心隨其心淨則佛土淨
爾時舍利弗承佛威神作是念若菩薩心淨
則佛土淨者我世尊本為菩薩時意豈不淨
而是佛土不淨若此佛知其念即告之言於

其心隨其心淨則佛土淨
尒時舍利弗承佛威神作是念若菩薩心淨
則佛土淨者我世尊本為菩薩時意豈不淨
而是佛土不淨若此佛知其念即告之言於
意云何日月豈不淨邪而盲者不見對日不
也世尊是盲者過非日月咎舍利弗衆生罪
故不見如來佛國嚴淨非如來咎舍利弗我
見此土清淨而汝不見尒時螺髻梵王語舍
利弗勿作是意謂此佛土以為不淨所以者何
我見釋迦牟尼佛土清淨譬如自在天宮舍利
弗言我見此土丘陵坑坎荊蕀沙礫土石諸山
穢惡充滿螺髻梵言仁者心有高下不依佛
慧故見此土為不淨耳舍利弗菩薩於一切
衆生悉皆平等深心清淨依佛智慧則能
見此佛土清淨於是佛以足指按地即時三
千大千世界若干百千珍寶嚴飾譬如寶莊
嚴佛无量功德寶莊嚴土一切大衆歎未曾
有而皆自見坐寶蓮華佛告舍利弗汝且
觀是佛土嚴淨舍利弗言唯然世尊本所不
見本所不聞今佛國土嚴淨悉現佛語舍利弗
我佛國土常淨若此為欲度斯下劣人故示是
衆惡不淨土耳譬如諸天共寶器食隨其
福德飯色有異如是舍利弗若人心淨便見
此土功德莊嚴當佛現此國土嚴淨之時寶
積所將五百長者子皆得无生法忍八萬四
千人發阿耨多羅三藐三菩提心佛攝神足

福德飯色有異如是舍利弗若人心淨便見
此土功德莊嚴當佛現此國土嚴淨之時寶
積所將五百長者子皆得无生法忍八萬四
千人發阿耨多羅三藐三菩提心佛攝神足
於是世界還復如故求聲聞乘三萬二千天
及人知有為法皆悉无常遠塵離垢得法
眼淨八千比丘不受諸法漏盡意解

方便品第二

尒時毗耶離大城中有長者名維摩詰已曾
供養无量諸佛深植善本得无生忍辯才无
礙遊戲神通逮諸惣持獲无所畏降魔勞怨
入深法門善於智度通達方便大願成就明
了衆生心之所趣又能分別諸根利鈍久於佛
道心已純淑決定大乘諸有所作能善思量
住佛威儀心大如海諸佛咨嗟弟子釋梵世
主所敬欲度人故以善方便居毗耶離資財
无量攝諸貧民奉戒清淨攝諸毀禁以忍
調行攝諸恚怒以大精進攝諸懈怠一心禪寂
攝諸亂意以決定慧攝諸无智雖為白衣奉
持沙門清淨律行雖處居家不著三界示有
妻子常脩梵行現有眷屬常樂遠離雖服寶
飾而以相好嚴身雖復飲食而以禪悅為味若
至博弈戲處輒以度人受諸異道不毀正信雖
明世典常樂佛法一切見敬為供養中最執
持正法攝諸長幼一切治生諧偶雖獲俗利
不以喜悅遊諸四衢饒益衆生入治正法救
護一切入講論處導以大乘入諸學堂誘

飾而以相好嚴身雖復飲食而以禪悅為味若
至博弈戲處輒以度人受諸異道不毀正信雖
明世典常樂佛法一切見敬為供養中最執
持正法攝諸長幼一切治生諧偶雖獲俗利
不以喜悅遊諸四衢饒益眾生入治正法救
護一切入講論處導以大乘入諸學堂誘
開童蒙入諸婬舍示欲之過入諸酒肆能立
其志若在長者長者中尊為說勝法若在
居士居士中尊斷其貪著若在剎利剎利中
尊教以忍辱若在婆羅門婆羅門中尊除其
我慢若在大臣大臣中尊教以正法若在王
子王子中尊示以忠孝若在內官內官中尊化
政宮女若在庶民庶民中尊令興福力若
在梵天梵天中尊誨以勝慧若在帝釋帝
釋中尊示現无常若在護世護世中尊護諸
眾生長者維摩詰以如是等无量方便饒益
眾生其以方便現身有疾以其疾故國王大
臣長者居士婆羅門等及諸王子并餘官屬
无數千人皆往問疾其往者維摩詰因以身
疾廣為說法諸仁者是身无常无強无力无
堅速朽之法不可信也為苦為惱眾病所集諸
仁者如此身明智者所不怙是身如聚沫不
可撮摩是身如泡不得久立是身如焰從
渴愛生是身如芭蕉中无有堅是身如幻從
顛倒起是身如夢為虛妄見是身如影從
業緣現是身如響屬諸因緣是身如浮雲須
臾變滅是身如電念念不住是身无主為如地

BD14068號　維摩詰所說經卷上　（29–11）

可撮摩是身如泡不得久立是身如焰從
渴愛生是身如芭蕉中无有堅是身如幻從
顛倒起是身如夢為虛妄見是身如影從
業緣現是身如響屬諸因緣是身如浮雲須
臾變滅是身如電念念不住是身无主為如地
是身无我為如火是身无壽為如風是身无
人為如水是身不實四大為家是身為空離
我我所是身无知如草木瓦礫是身无作風
力所轉是身不淨穢惡充滿是身為虛偽
雖假以澡浴衣食必歸磨滅是身為災百一病
惱是身如丘井為老所逼是身无定為要當死
是身如毒蛇如怨賊如空聚陰界諸入所共
合成諸仁者此可患厭當樂佛身所以者何
佛身者即法身也從无量功德智慧生從戒
定慧解脫解脫知見生從慈悲喜捨生從布
施持戒忍辱柔和勤行精進禪定解脫三昧
多聞智慧諸波羅蜜生從方便生從六通生
從三明生從卅七道品生從止觀生從十力
四无所畏十八不共法生從斷一切不善法
集一切善法生從真實生從不放逸生從
如是无量清淨法生如來身諸仁者欲得佛
身斷一切眾生病者當發阿耨多羅三藐三
菩提心如是長者維摩詰為諸問疾者如應
說法令无數千人皆發阿耨多羅三藐三
菩提心

弟子品第三

尒時長者維摩詰自念寢疾于林世尊大慈

BD14068號　維摩詰所說經卷上　（29–12）

菩提心如是長者維摩詰為諸問疾者如應
說法令无數千人皆發阿耨多羅三藐三
菩提心

弟子品第三

尒時長者維摩詰自念寢疾于牀世尊大慈
寧不垂愍佛知其意即告舍利弗汝行詣
維摩詰問疾舍利弗白佛言世尊我不堪任
詣彼問疾所以者何憶念我昔曾於林中宴
坐樹下時維摩詰來謂我言唯舍利弗不必是
坐為宴坐也夫宴坐者不於三界現身意是
為宴坐不起滅定而現諸威儀是為宴坐不
捨道法而現凡夫事是為宴坐心不在內亦
不在外是為宴坐於諸見不動而修行三十
七品是為宴坐不斷煩惱而入泥洹是為宴坐
若能如是坐者佛所印可時我世尊聞是語
已默然而止不能加報故我不任詣彼問疾
佛告大目揵連汝行詣維摩詰問疾目連白
佛言世尊我不堪任詣彼問疾所以者何憶
念我昔入毗耶離大城於里巷中為諸居士
說法時維摩詰來謂我言唯大目連為白衣
居士說法不當如仁者所說夫說法者當如
法說法无衆生離衆生垢故法无有我離我
垢故法无壽命離生死故法无有人前後際
斷故法常寂然滅諸相故法離於相无所緣
故法无名字言語斷故法无有說離覺觀故
法无形相如虛空故法无戲論畢竟空故法
无我所離我所故法无分別離諸識故法无

斷故法常寂然滅諸相故法離於相无所緣
故法无名字言語斷故法无有說離覺觀故
法无形相如虛空故法无戲論畢竟空故法
无我所離我所故法无分別離諸識故法无
有比无相待故法不屬因不在緣故法同法
性入諸法故法隨於如无所隨故法住實際
諸邊不動故法无動搖不依六塵故法无去
來常不住故法順空隨无相應无作法離好
醜法无增損法无生滅法无所歸法過眼耳
鼻舌身心法无高下法常住不動法離一切
觀行唯大目連法相如是豈可說乎夫說法
者无說无示其聽法者无聞无得譬如幻士
為幻人說法當建是意而為說法當了衆生
根有利鈍善於知見无所罣礙以大悲心讚
于大乘念報佛恩不斷三寶然後說法維摩
詰說是法時八百居士發阿耨多羅三藐三
菩提心我无此辯是故不任詣彼問疾
佛告大迦葉汝行詣維摩詰問疾迦葉白佛
言世尊我不堪任詣彼問疾所以者何憶念
我昔於貧里而行乞食時維摩詰來謂我言
唯大迦葉有慈悲心而不能普捨豪富從貧
乞迦葉住平等法應次行乞食為不食故應
行乞食為壞和合相故應取揣食為不受故
應受彼食以空聚想入於聚落所見色與盲
等所聞聲與響等所嗅香與風等所食味不
分別受諸觸如智證知諸法如幻相无自性无
他性本自不然今則无滅迦葉若能不捨八

行乞食為壞和合相故應取揣食為不受故
應受彼食以空聚想入於聚落所見色與盲
等所聞聲與響等所嗅香與風等所食味不
分別受諸觸如智證知諸法如幻相无自性无
他性本自不然今則无滅迦葉若能不捨八
邪入八解脫以邪相入正法以一食施一切
供養諸佛及衆賢聖然後可食如是食者
非有煩惱非離煩惱非入定意非起定意非
住世間非住涅槃其有施者无大福无小
福不為益不為損是為正入佛道不依聲
聞迦葉若如是食為不空食人之所也時我世
尊聞說是語得未曾有即於一切菩薩深起
敬心復作是念斯有家名辯才智慧乃能如
是其誰不發阿耨多羅三藐三菩提心我從是
來不復勸人以聲聞辟支佛行故我不任詣彼
問疾
佛告須菩提汝行詣維摩詰問疾須菩提白
佛言世尊我不堪任詣彼問疾所以者何憶念
我昔入其舍從乞食時維摩詰取我鉢盛滿
飯謂我言唯須菩提若能於食等者諸法
亦等諸法等者於食亦等如是行乞乃可
取食若須菩提不斷婬怒癡亦不與俱不壞
於身而隨一相不滅癡愛起於明脫以五逆
相而得解脫亦不解不縛不見四諦非不見
諦非得果非不得果非凡夫非離凡夫法非
聖人非不聖人雖成就一切法而離諸法相乃
可取食若須菩提不見佛不聞法彼外道六

相而得解脫亦不解不縛不見四諦非不見
諦非得果非不得果非凡夫非離凡夫法非
聖人非不聖人雖成就一切法而離諸法相乃
可取食若須菩提不見佛不聞法彼外道六
師富蘭那迦葉末伽梨拘賒梨子刪闍夜毗
羅胝子阿耆多翅舍欽婆羅迦羅鳩馱迦旃延
尼揵陀若提子等是汝之師因其出家彼師
所墮汝亦隨墮乃可取食若須菩提入諸邪
見不到彼岸住於八難不得无難同於煩
惱離清淨法汝得无諍三昧一切衆生亦
得是定其施汝者不名福田供養汝者墮三
惡道為與衆魔共一手作諸勞侶汝與衆魔
及諸塵勞等无有異於一切衆生而有怨心謗
諸佛毀於法不入衆數終不得滅度汝若如是
乃可取食時我世尊聞此茫然不識是何言
不知以何荅便置鉢欲出其舍維摩詰言唯
須菩提取鉢勿懼於意云何如來所作化人
若以是事詰寧有懼不我言不也維摩詰言
一切諸法如幻化相汝今不應有所懼也所以
者何一切言說不離是相至於智者不著文
字故无所懼何以故文字性離无有文字是
則解脫解脫相者則諸法也維摩詰說是法
時二百天子得法眼淨故我不任詣彼問疾
佛告富樓那彌多羅尼子汝行詣維摩詰問
疾富樓那白佛言世尊我不堪任詣彼問疾
所以者何憶念我昔於大林中在一樹下為

49

時二百天子得法眼淨故我不任詣彼問疾
佛告富樓那彌多羅尼子汝行詣維摩詰問
疾富樓那白佛言世尊我不堪任詣彼問疾
所以者何憶念我昔於大林中在一樹下為
諸新學比丘說法時維摩詰來謂我言唯富
樓那先當入定觀此人心然後說法无以穢食
置於寶器當知是比丘心之所念无以瑠璃
同彼水精汝不能知眾生根源无得發起以
小乘法彼自无瘡勿傷之也欲行大道莫示
小徑无以大海內於牛跡无以日光等彼螢
火唯富樓那此比丘久發大乘心中忘此意如
何以小乘法而教導之我觀小乘智慧微淺
猶如盲人不能分別一切眾生根之利鈍時維
摩詰即入三昧令此比丘自識宿命曾於五
百佛所殖眾德本迴向阿耨多羅三藐三菩
提即時豁然還得本心於是諸比丘稽首礼
維摩詰足時維摩詰因為說法於阿耨多
羅三藐三菩提不復退轉我念聲聞不觀人
根不應說法是故不任詣彼問疾
佛告摩訶迦旃延汝行詣維摩詰問疾迦旃
延白佛言世尊我不堪任詣彼問疾所以者何
憶念昔者佛為諸比丘略說法要我即於後
敷演其義謂无常義苦義空義无我義寂
滅義時維摩詰來謂我言唯迦旃延无以生
滅心行說實相法迦旃延諸法畢竟不生
不滅是无常義五受陰洞達空无所起是苦

敷演其義謂无常義苦義空義无我義寂
滅義時維摩詰來謂我言唯迦旃延无以生
滅心行說實相法迦旃延諸法畢竟不生
不滅是无常義五受陰洞達空无所起是苦
義諸法究竟无所有是空義於我无我而不二
是无我義法本不然今則无滅是寂滅義說是
法時彼諸比丘心得解脫故我不任詣彼問疾
佛告阿那律汝行詣維摩詰問疾阿那律白
佛言世尊我不堪任詣彼問疾所以者何憶
念我昔於一處經行時有梵王名曰嚴淨與
萬梵俱放淨光明來詣我所稽首作礼問
我言幾何阿那律天眼所見我即荅言仁者
吾見此釋迦牟尼佛土三千大千世界如觀掌
中菴摩勒菓時維摩詰來謂我言唯阿那律
天眼所見為作相耶无作相耶假使作相則
與外道五通等若无作相即是无為不應有
見世尊我時嘿然彼諸梵聞其言得未曾有
即為作礼而問曰世孰有真天眼者維摩詰
言有佛世尊得真天眼常在三昧悉見諸佛
國不以二相於是嚴淨梵王及其眷屬五百
梵天皆發阿耨多羅三藐三菩提心礼維摩
詰足已忽然不現故我不任詣彼問疾
佛告優波離汝行詣維摩詰問疾優波離白
佛言世尊我不堪任詣彼問疾所以者何憶
念昔者有二比丘犯律行以為恥不敢問佛
來問我言唯優波離我等犯律誠以為恥不敢
問佛願解疑悔得免斯咎我即為其如法解

佛言世尊我不堪任詣彼問疾所以者何憶
念昔者有二比丘犯律行以為恥不敢問佛
来問我言唯優波離我等犯律誠以為恥不敢
問佛願解疑悔得免斯咎我即為其如法解
說時維摩詰来謂我言唯優波離无重增此
二比丘罪當直除滅勿擾其心所以者何彼
罪性不在内不在外不在中間如佛所說心
垢故衆生垢心淨故衆生淨心亦不在内不
在外不在中間如其心然罪垢亦然諸法亦
然不出於如如優波離以心相得解脫時寧
有垢不我言不也維摩詰言一切衆生心相
无垢亦復如是唯優波離妄想是垢无妄想
是淨顛倒是垢无顛倒是淨取我是垢不
取我是淨優波離一切法生滅不住如幻如電
諸法不相待乃至一念不住諸法皆妄見如
夢如焰如水中月如鏡中像以妄想生其知
此者是名奉律其知此者是名善解於是二
比丘言上智哉是優波離所不能及持律
之上而不能說我即荅言自捨如来未有聲聞
及菩薩能制其樂說之辯其智慧明達為若
此也時二比丘疑悔即除發阿耨多羅三藐
三菩提心作是願言令一切衆生皆得是辯
故我不任詣彼問疾
佛告羅睺羅汝行詣維摩詰問疾羅睺羅白
佛言世尊我不堪任詣彼問疾所以者何憶
念昔時毗耶離諸長者子来詣我所稽首作

故我不任詣彼問疾
佛告羅睺羅汝行詣維摩詰問疾羅睺羅白
佛言世尊我不堪任詣彼問疾所以者何憶
念昔時毗耶離諸長者子来詣我所稽首作
礼問我言唯羅睺羅汝佛之子捨轉輪王位
出家為道其出家者有何等利我即如法
為說出家功德之利時維摩詰来謂我言唯
羅睺羅不應說出家功德之利所以者何无利
无功德是為出家有為法者可說有利有功
德夫出家者為无為法无為法中无利无功
德羅睺羅夫出家者无彼无此亦无中間離
六十二見處於涅槃智者所受聖所行處降
伏衆魔度五道淨五眼得五力立五根不惱
於彼離衆雜惡摧諸外道超越假名出淤泥
无繫著无我所无所受无擾亂内懷喜護
彼意隨禪定離衆過若能如是是真出家於是
維摩詰語諸長者子汝等於正法中宜共出家
所以者何佛世難值諸長者子言居士我聞佛
言父母不聽不得出家維摩詰言然汝等便
發阿耨多羅三藐三菩提心是即出家是即
具足尒時三十二長者子皆發阿耨多羅三
藐三菩提心故我不任詣彼問疾
佛告阿難汝行詣維摩詰問疾阿難白佛言
世尊我不堪任詣彼問疾所以者何憶念昔
時世尊身少有疾當用牛乳我即持鉢詣大
婆羅門家門下立時維摩詰来謂我言唯阿

藐三菩提心故我不任詣彼問疾
佛告阿難汝行詣維摩詰問疾阿難白佛言
世尊我不堪任詣彼問疾所以者何憶念昔
時世尊身少有疾當用牛乳我即持鉢詣大
婆羅門家門下立時維摩詰來謂我言唯阿
難何為晨朝持鉢住此我言居士世尊身少
有疾當用牛乳故來至此維摩詰言止止阿
難莫作是語如來身者金剛之體諸惡已斷
衆善普會當有何疾當有何惱嘿往阿難
勿謗如來莫使異人聞此麁言无令大威德諸
天及他方淨土諸來菩薩得聞斯語阿難轉
輪聖王以少福故尚得无病豈况如來无量
福會普勝者哉行矣阿難勿使我等受斯
恥也外道梵志若聞此語當作是念何名為師
自疾不能救而能救諸疾人可密速去勿使人
聞當知阿難諸如來身即是法身非思欲身
佛為世尊過於三界佛身无漏諸漏已盡佛
身无為不墮諸數如此之身當有何疾時我
世尊實懷慙愧得无近佛而謬聽邪即聞空
中聲曰阿難如居士言但為佛出五濁惡世
現行斯法度脫衆生行矣阿難取乳勿慙世
尊維摩詰智慧辯才為若此也是故不任詣
彼問疾如是五百大弟子各各向佛說其本
緣稱述維摩詰所言皆曰不任詣彼問疾
菩薩品第四
於是佛告彌勒菩薩汝行詣維摩詰問疾彌
勒白佛言世尊我不堪任詣彼問疾所以者

BD14068號　維摩詰所說經卷上

(29–21)

緣稱述維摩詰所言皆曰不任詣彼問疾
菩薩品第四
於是佛告彌勒菩薩汝行詣維摩詰問疾彌
勒白佛言世尊我不堪任詣彼問疾所以者
何憶念我昔為兜率天王及其眷屬說不退
轉地之行時維摩詰來謂我言彌勒世尊授
仁者記一生當得阿耨多羅三藐三菩提為
用何生得受記乎過去邪未來邪現在邪若
過去生過去生已滅若未來生未來生未至
若現在生現在生无住如佛所說比丘汝今即
時亦生亦老亦滅若以无生得受記者无生
即是正位於正位中亦无受記亦无得阿耨
多羅三藐三菩提云何彌勒受一生記乎為
從如生得受記邪為從如滅得受記邪若以
如生得受記者如无有生若以如滅得受記
者如无有滅一切衆生皆如也一切法亦如
也衆聖賢亦如也至於彌勒亦如也若彌
勒得受記者一切衆生亦應受記所以者何
夫如者不二不異若彌勒得阿耨多羅三
藐三菩提者一切衆生皆亦應得所以者何
一切衆生即菩提相若彌勒滅度者一切衆
生亦當滅度所以者何諸佛知一切衆生畢
竟寂滅即涅槃相不復更滅是故彌勒无以
此法誘諸天子實无發阿耨多羅三藐三菩
提心者亦无退者彌勒當令此諸天子捨於分
別菩提之見所以者何菩提者不可以身得

BD14068號　維摩詰所說經卷上

(29–22)

竟寂滅即涅槃相不復更滅是故弥勒无以
此法誘諸天子實无發阿耨多羅三藐三菩
提心者亦无退者弥勒當令此諸天子捨於分
別菩提之見所以者何菩提者不可以身得
不可以心得寂滅是菩提滅諸相故不觀是
菩提離諸緣故不行是菩提无憶念故斷是
菩提捨諸見故離是菩提離諸妄想故鄣是
菩提鄣諸願故不入是菩提无貪著故順是
菩提順於如故住是菩提住法性故至是菩
提至實際故不二是菩提離意法故等是菩
提等虛空故无為是菩提无生住滅故智是
菩提了衆生心行故不會是菩提諸入不會
故不合是菩提離煩惱習故无處是菩提无
形色故假名是菩提名字空故如化是菩提
无取捨故无亂是菩提常自靜故善寂是菩
提性清淨故无取是菩提離攀緣故无異是
菩提諸法等故无比是菩提无可喻故微妙
是菩提諸法難知故世尊維摩詰說是法時
二百天子得无生法忍故我不任詣彼問疾
佛告光嚴童子汝行詣維摩詰問疾光嚴白
佛言世尊我不堪任詣彼問疾所以者何憶念
我昔出毗耶離大城時維摩詰方入城我
即為作礼而問言居士從何所來荅我言吾
從道場來我問道場者何所是荅曰直心是
道場无虛假故發行是道場能辦事故深心
是道場增益功德故菩提心是道場无錯謬

從道場來我問道場者何所是荅曰直心是
道場无虛假故發行是道場能辦事故深心
是道場增益功德故菩提心是道場无錯謬
故布施是道場不望報故持戒是道場得願
具故忍辱是道場於諸衆生心无礙故精進
是道場不懈退故禪定是道場心調柔故智
慧是道場現見諸法故慈是道場等衆生故
悲是道場忍疲苦故喜是道場悅樂法故捨
是道場憎愛斷故神通是道場成就六通故
解脫是道場能背捨故方便是道場教化衆
生故四攝法是道場攝衆生故多聞是道場
如聞行故伏心是道場正觀諸法故卅七品是
道場捨有為法故諦是道場不誑世間故緣
起是道場无明乃至老死皆无盡故諸煩惱
是道場知如實故衆生是道場知无我故一切
法是道場知諸法空故降魔是道場不傾動
故三界是道場无所趣故師子吼是道場无
所畏故力无畏不共法是道場无諸過故三
明是道場无餘礙故一念知一切法是道場
成就一切智故如是善男子菩薩若應諸
波羅蜜教化衆生諸有所作舉足下足當知
皆從道場來住於佛法矣說是法時五百天
人皆發阿耨多羅三藐三菩提心故我不任
詣彼問疾
佛告持世菩薩汝行詣維摩詰問疾持世白
佛言世尊我不堪任詣彼問疾所以者何憶

人皆發阿耨多羅三藐三菩提心故我不任
詣彼問疾
佛告持世菩薩汝行詣維摩詰問疾持世白
佛言世尊我不堪任詣彼問疾所以者何憶
念我昔住於靜室時魔波旬從萬二千天女
狀如帝釋鼓樂絃歌來詣我所與其眷屬稽
首我足合掌恭敬於一面立我意謂是帝釋
而語之言善來憍尸迦雖福應有不當自恣
當觀五欲无常以求善本於身命財而脩堅
法即語我言正士受是萬二千天女可備掃
灑我言憍尸迦无以此非法之物要我沙門釋
子此非我宜所言未訖時維摩詰來謂我
言非帝釋也是為魔來嬈固汝耳即語魔言
是諸女等可以與我如我應受魔即驚懼念
維摩詰將无惱我欲隱形去而不能隱盡其
神力亦不得去即聞空中聲曰波旬以女與
之乃可得去魔以畏故俛仰而與尒時維摩
詰語諸女言魔以汝等與我今汝皆當發阿
耨多羅三藐三菩提心即隨所應而為說法
令發道意復言汝等已發道意有法樂可以
自娛不應復樂五欲樂也天女即問何為法
樂荅言樂常信佛樂欲聽法樂供養衆樂
離五欲觀五陰如怨賊樂觀四大如毒虵樂觀
內入如空聚樂隨護道意樂饒益衆生樂敬
養師樂廣行施樂堅持戒樂忍辱柔和樂
勤集善根樂禪定不亂樂離垢明慧樂廣菩提

BD14068號　維摩詰所說經卷上　（29–25）

樂荅言樂常信佛樂欲聽法樂供養衆樂
離五欲觀五陰如怨賊樂觀四大如毒虵樂觀
內入如空聚樂隨護道意樂饒益衆生樂敬
養師樂廣行施樂堅持戒樂忍辱柔和樂
勤集善根樂禪定不亂樂離垢明慧樂廣菩提
心樂降伏衆魔樂斷諸煩惱樂淨佛國土樂
成就相好故脩諸功德樂莊嚴道場樂聞深
法不畏樂三脫門不樂非時樂近同學樂
於非同學中心无恚礙樂將護惡知識樂近
善知識樂心喜清淨樂脩无量道品之法是
為菩薩法樂於是波旬告諸女我欲與汝
俱還天宮諸女言以我等與此居士有法樂
我等甚樂不復樂於五欲樂也魔言居士可捨
此女一切所有施於彼者是為菩薩維摩詰
言我已捨矣汝便將去令一切衆生得法願具
足於是諸女問維摩詰我等云何止於魔宮
維摩詰言諸姊有法門名无盡燈汝等當
學无盡燈者譬如一燈然百千燈冥者皆明
明終不盡如是諸姊夫一菩薩開導百千衆
生令發阿耨多羅三藐三菩提心於其道意
亦不滅盡隨所說法而自增益一切善法是
名无盡燈也汝等雖住魔宮以是无盡燈令
无數天子天女皆發阿耨多羅三藐三菩提
心者為報佛恩亦大饒益一切衆生尒時天
女頭面礼維摩詰足隨魔還宮忽然不現
世尊維摩詰有如是自在神力智慧辯才
故我不任詣彼問疾

BD14068號　維摩詰所說經卷上　（29–26）

无數天子天女皆發阿耨多羅三藐三菩提
心者為報佛恩亦大饒益一切衆生尒時天
女頭面礼維摩詰足隨魔還宮忽然不現
世尊維摩詰有如是自在神力智慧辯才
故我不任詣彼問疾
佛告長者子善德汝行詣維摩詰問疾善德
白佛言世尊我不堪任詣彼問疾所以者何
憶念我昔自於父舍設大施會供養一切沙
門婆羅門及諸外道貧窮下賤孤獨乞人期
滿七日時維摩詰來入會中謂我言長者子
夫大施會不當如汝所設當為法施之會何
用是財施會為我言居士何謂法施之會法
施會者无前无後一時供養一切衆生是名
法施之會曰何謂也謂以菩提起於慈心以救
衆生起大悲心以持正法起於喜心以攝智慧
行於捨心以攝慳貪起檀波羅蜜以化犯
戒起尸波羅蜜以无我法起羼提波羅蜜以
離身心相起毗梨耶波羅蜜以菩提相起禪
波羅蜜以一切智起般若波羅蜜教化衆生
而起於空不捨有為法而起无相亦現受生
而起无作護持正法起方便力以度衆生起
四攝法以敬事一切起除慢法於身命財起三
堅法於六念中起思念法於六和敬起質直
心正行善法起於淨命心淨歡喜起近賢聖
不憎惡人起調伏心以出家法起於深心以
如說行起於多聞以无諍法起空閑處趣向
佛慧起於宴坐解衆生縛起脩行地以具

堅法於六念中起思念法於六和敬起質直
心正行善法起於淨命心淨歡喜起近賢聖
不憎惡人起調伏心以出家法起於深心以
如說行起於多聞以无諍法起空閑處趣向
佛慧起於宴坐解衆生縛起脩行地以具
相好及淨佛土起福德業知一切衆生心念如
應說法起於智業知一切法不取不捨入一
相門起於慧業斷一切煩惱一切鄣礙一
切不善法起一切善業以得一切智慧一切
善法起於一切助佛道法如是善男子是為
法施之會若菩薩住是法施會者為大施主
亦為一切世間福田世尊維摩詰說是法時
婆羅門衆中二百人皆發阿耨多羅三藐
三菩提心我時心得清淨歎未曾有稽首礼維
摩詰足即解瓔珞價直百千以上之不肯取我
言居士願必納受隨意所與維摩詰乃受瓔
珞分作二分持一分施此會中一最下乞人
持一分奉彼難勝如來一切衆會皆見光明
國土難勝如來又見珠瓔在彼佛上變成四
柱寶臺四面嚴飾不相鄣蔽時維摩詰現神
變已作是言若施主等心施一最下乞人猶如
如來福田之相无所分別等于大悲不求
果報是則名曰具足法施城中一最下乞人
見是神力聞其所說即發阿耨多羅三藐三
菩提心故我不任詣彼問疾如是諸菩薩各
各向佛說其本緣稱述維摩詰所言皆曰不
任詣彼問疾

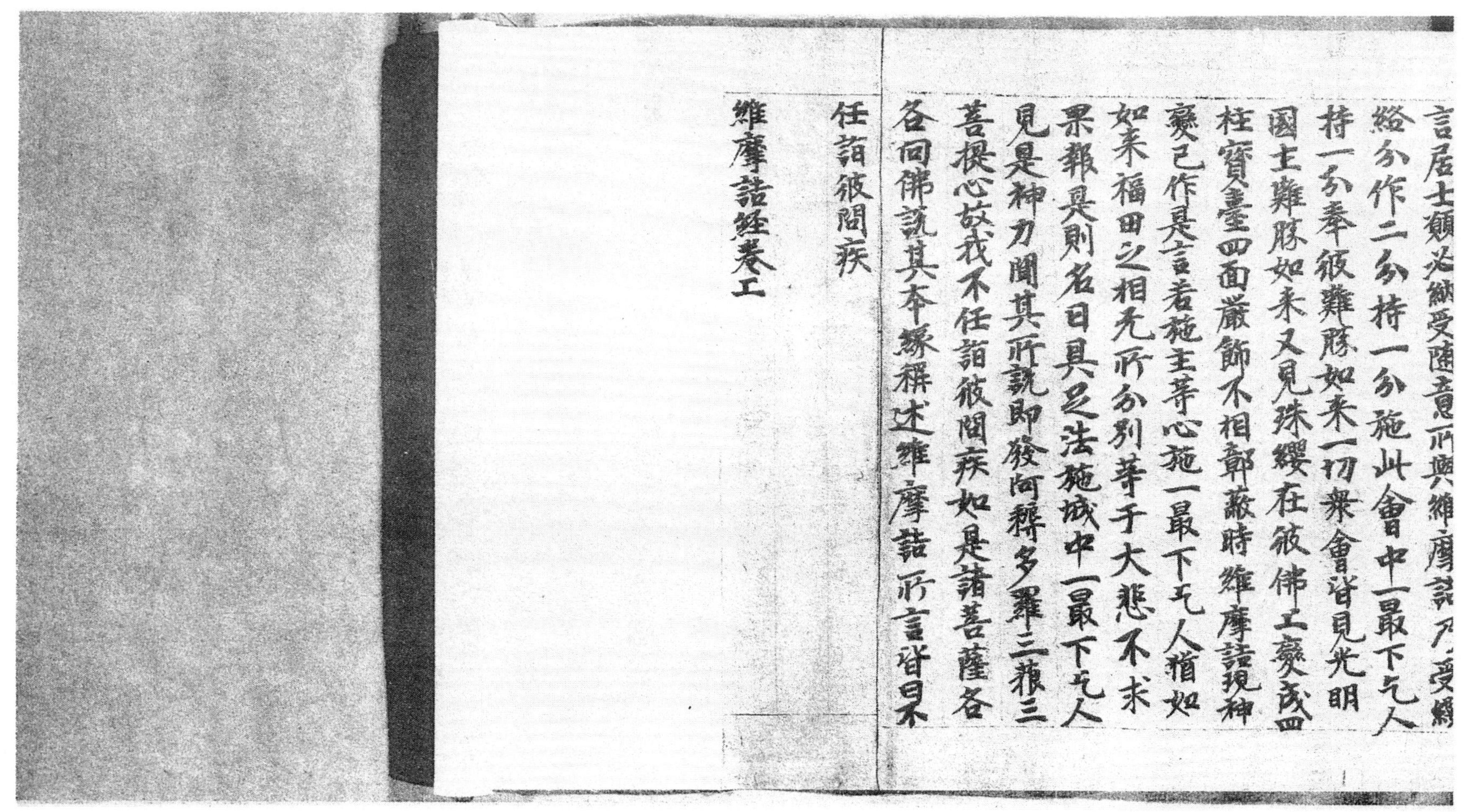
言居士願必納受隨意所與維摩詰乃受纓
絡分作二分持一分施此會中一最下乞人
持一分奉彼難勝如來一切衆會皆見光明
國土難勝如來又見珠纓在彼佛上變成四
柱寶臺四面嚴飾不相鄣蔽時維摩詰現神
變已作是言若施主等心施一最下乞人猶如
如來福田之相无所分別等于大悲不求
果報是則名曰具足法施城中一最下乞人
見是神力聞其所說卽發阿耨多羅三藐三
菩提心故我不任詣彼問疾如是諸菩薩各
各向佛說其本緣稱述維摩詰所言皆曰不
任詣彼問疾

維摩詰經卷上

BD14068 號　維摩詰所說經卷上　（29–29）

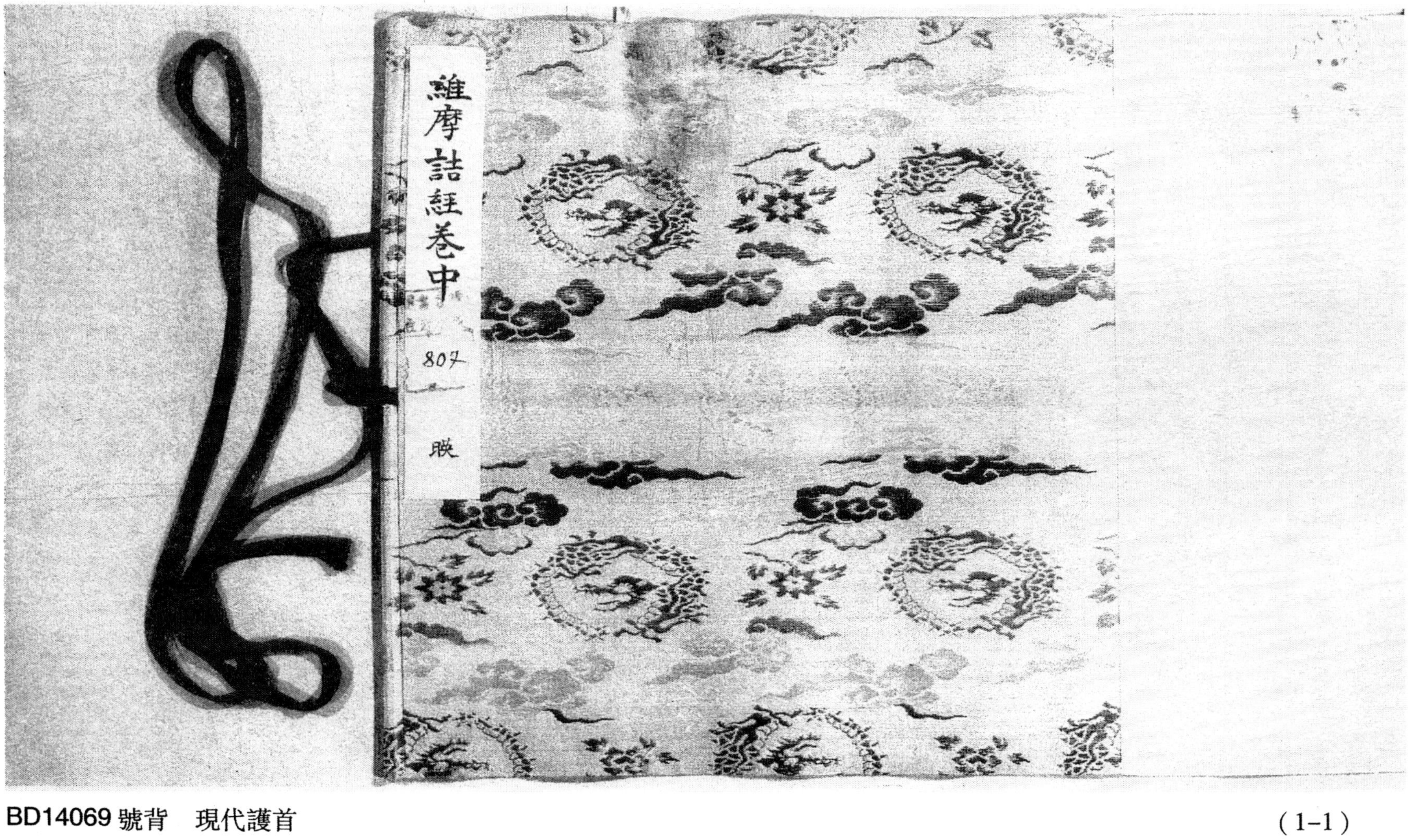

BD14069 號背　現代護首　（1–1）

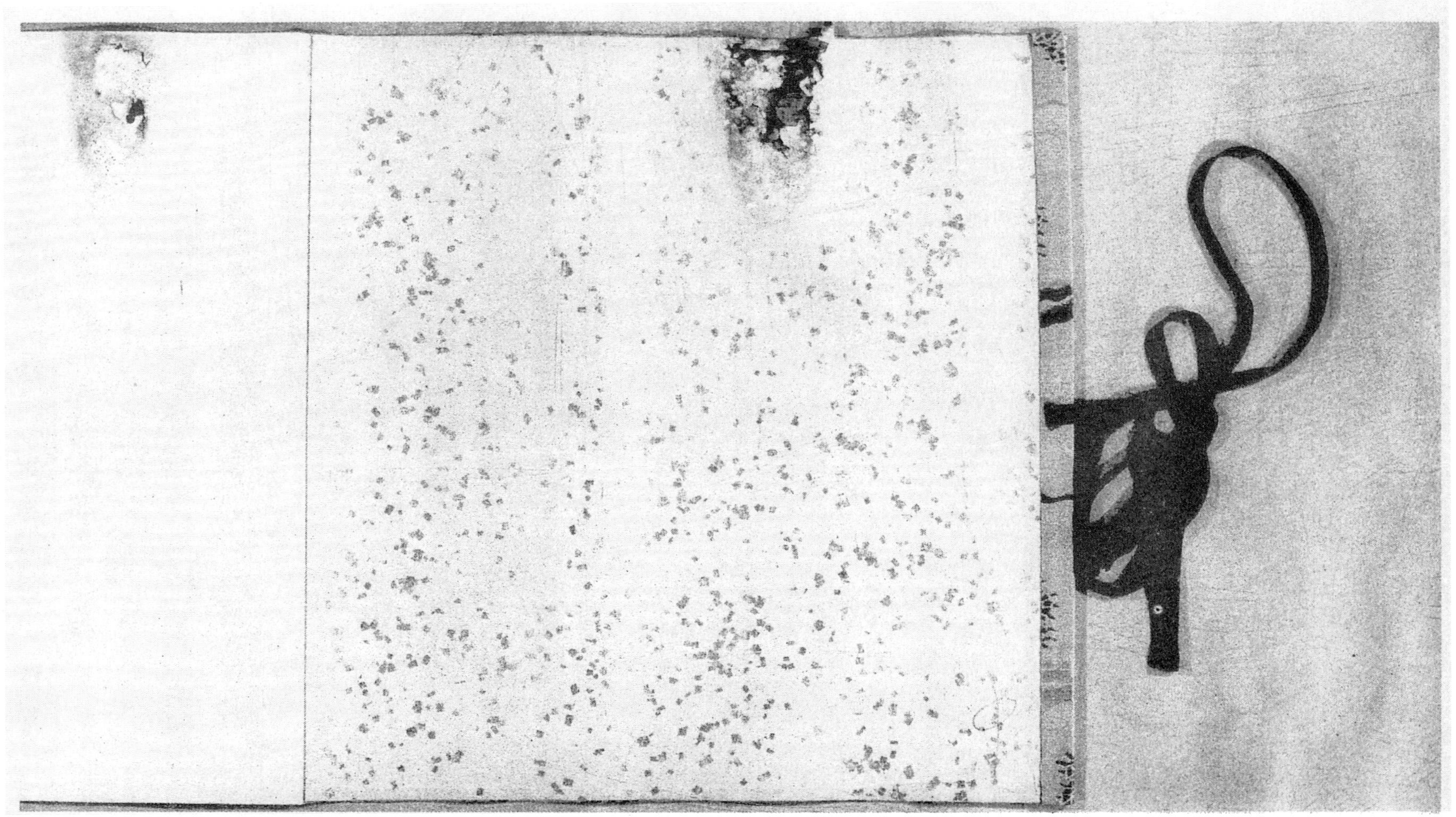

BD14069 號　維摩詰所說經卷中　（29–1）

維摩詰經文殊師利問疾品第五　卷中
尒時佛告文殊師利汝行詣維摩詰問疾文
殊師利白佛言世尊彼上人者難為酬對深
達實相善說法要辯才无滯智慧无礙一
切菩薩法式悉知諸佛秘藏无不得入降伏衆
魔遊戲神通其慧方便皆已得度雖然當承
佛聖旨詣彼問疾於是衆中諸菩薩大弟子
釋梵四天王咸作是念今二大士文殊師利
維摩詰共談必說妙法即時八千菩薩五百
聲聞百千天人皆欲隨從於是文殊師利與
諸菩薩大弟子衆及諸天人恭敬圍繞入毗
耶離大城尒時長者維摩詰心念今文殊師
利與大衆俱來即以神力空其室內除去所
有及諸侍者唯置一床以疾而卧文殊師利
既入其室見其室空无諸所有獨寢一床時

BD14069 號　維摩詰所說經卷中　（29–2）

詰[illegible]
耶離大城尒時長者維摩詰心念今文殊師
利與大衆俱來即以神力空其室內除去所
有及諸侍者唯置一床以疾而卧文殊師利
既入其室見其室空无諸所有獨寢一床時
維摩詰言善來文殊師利不來相而來不見
相而見文殊師利言如是居士若來已更不
來若去已更不去所以者何來者无所從來
去者无所至所可見者更不可見且置是事
居士是疾寧可忍不療治有損不至增乎世
尊慇勤致問无量居士是疾何所因起其生
久如當云何滅維摩詰言從癡有愛則我病
生以一切衆生病是故我病若一切衆生病
滅則我病滅所以者何菩薩為衆生故入生
死有生死則有病若衆生得離病者則菩薩
无復病譬如長者唯有一子其子得病父母
亦病若子病愈父母亦愈菩薩如是於諸衆
生愛之若子衆生病則菩薩病衆生病愈菩
薩亦愈又言是病何所因起菩薩疾者以大
悲起文殊師利言居士此室何以空无侍者
維摩詰言諸佛國土亦復皆空又問以何為
空荅曰以空空又問空何用空荅曰以无分
別空故空又問空可分別耶荅曰分別亦空
又問空當於何求荅曰當於六十二見中求
又問六十二見當於何求荅曰當於諸佛解
脫中求又問諸佛解脫當於何求荅曰當於
一切衆生心行中求又仁所問何无侍者一

BD14069 號　維摩詰所說經卷中

（29–3）

又問空當於何求荅曰當於六十二見中求
又問六十二見當於何求荅曰當於諸佛解
脫中求又問諸佛解脫當於何求荅曰當於
一切衆生心行中求又仁所問何无侍者一
切衆魔及諸外道皆吾侍也所以者何衆魔
者樂生死菩薩於生死而不捨外道者樂諸
見菩薩於諸見而不動文殊師利言居士所
疾為何等相維摩詰言我病无形不可見又
問此病身合耶心合耶荅曰非身合身相離
故亦非心合心如幻故又問地大水大火大
風大於此四大何大之病荅曰是病非地大
亦不離地大水火風大亦復如是而衆生病
從四大起以其有病是故我病尒時文殊師
利問維摩詰菩薩應云何慰喻有疾菩薩維
摩詰言說身无常不說猒離於身說身有苦
不說樂於涅槃說身无我而說教導衆生說
身空寂不說畢竟寂滅說悔先罪而不說入
於過去以己之疾愍於彼疾當識宿世无數
劫苦當念饒益一切衆生憶所脩福念於淨
命勿生憂惱常起精進當作醫王療治衆病
菩薩應如是慰喻有疾菩薩令其歡喜文殊
師利言居士有疾菩薩云何調伏其心維摩
詰言有疾菩薩應作是念今我此病皆從前
世妄想顛倒諸煩惱生无有實法誰受病者
所以者何四大合故假名為身四大无主身
亦无我又此病起皆由著我是故於我不應
[illegible]

BD14069 號　維摩詰所說經卷中

（29–4）

師利言居士有疾菩薩云何調伏其心維摩
詰言有疾菩薩應作是念今我此病皆從前
世妄想顛倒諸煩惱生无有實法誰受病者
所以者何四大合故假名為身四大无主身
亦无我又此病起皆由著我是故於我不應
生著既知病本即除我想及衆生想當起法
想應作是念但以衆法合成此身起唯法起
滅唯法滅又此法者各不相知起時不言我
起滅時不言我滅彼有疾菩薩為滅法想當
作是念此法想者亦是顛倒顛倒者即是大
患我應離之云何為離離我我所云何離我
我所謂離二法云何離二法謂不念內外諸
法行於平等云何平等謂我等涅槃等所以
者何我及涅槃此二皆空以何為空但以名
字故空如此二法无決定性得是平等无有
餘病唯有空病空病亦空是有疾菩薩以无
所受而受諸受未具佛法亦不滅受而取證
也設身有苦念惡趣衆生起大悲心我既調
伏亦當調伏一切衆生但除其病而不除法
為斷病本而教導之何謂病本謂有攀緣從
有攀緣則為病本何所攀緣謂之三界云何
斷攀緣以无所得若无所得則无攀緣何謂
无所得謂二見何謂二見謂內見外見是无
所得文殊師利是為有疾菩薩調伏其心為
斷老病死苦是菩薩菩提若不如是已所脩
治為无慧利譬如勝怨乃可為勇如是兼除
老病死者是菩薩之謂也彼有疾菩薩應復作

无所得謂二見何謂二見謂內見外見是无
所得文殊師利是為有疾菩薩調伏其心為
斷老病死苦是菩薩菩提若不如是已所脩
治為无慧利譬如勝怨乃可為勇如是兼除
老病死者是菩薩之謂也彼有疾菩薩應復作
是念如我此病非真非有衆生病亦非真非
有作是觀時於諸衆生若起愛見大悲即應
捨離所以者何菩薩斷除客塵煩惱而起大
悲愛見悲者則於生死有疲厭心若能離此
无有疲厭在在所生不為愛見之所覆也所
生无縛能為衆生說法解縛如佛所說若自
有縛能解彼縛无有是處若自无縛能解彼
縛斯有是處是故菩薩不應起縛何謂縛何
謂解貪著禪味是菩薩縛以方便生是菩薩
解又无方便慧縛有方便慧解无慧方便縛
有慧方便解何謂无方便慧縛謂菩薩以愛
見心莊嚴佛土成就衆生於空无相无作法
中而自調伏是名无方便慧縛何謂有方便
慧解謂不以愛見心莊嚴佛土成就衆生於
空无相无作法中以自調伏而不疲厭是名
有方便慧解何謂无慧方便縛謂菩薩住貪
欲瞋恚邪見等諸煩惱而殖衆德本是名无
慧方便縛何謂有慧方便解謂離諸貪欲瞋
恚邪見等諸煩惱而殖衆德本迴向阿耨多
羅三藐三菩提是名有慧方便解文殊師利
彼有疾菩薩應如是觀諸法又復觀身无常
苦空非我是名為慧雖身有疾常在生死饒

慧方便縛何謂有慧方便解謂離諸貪欲瞋
恚邪見等諸煩惱而殖衆德本迴向阿耨多
羅三藐三菩提是名有慧方便解文殊師利
彼有疾菩薩應如是觀諸法又復觀身无常
苦空非我是名為慧雖身有疾常在生死饒
益一切而不猒惓是名方便又復觀身身不
離病病不離身是病是身非新非故是名為
慧設身有疾而不永滅是名方便文殊師利
有疾菩薩應如是調伏其心不住其中亦復
不住不調伏心所以者何若住不調伏心是
愚人法若住調伏心是聲聞法是故菩薩不
當住於調伏不調伏心離此二法是菩薩行
在於生死不為汙行住於涅槃不永滅度是
菩薩行非凡夫行非賢聖行是菩薩行非垢
行非淨行是菩薩行雖過魔行而現降衆魔
是菩薩行求一切智无非時求是菩薩行雖
觀諸法不生而不入正位是菩薩行雖觀十
二緣起而入諸邪見是菩薩行雖攝一切衆
生而不愛著是菩薩行雖樂遠離而不依身
心盡是菩薩行雖行三界而不壞法性是菩
薩行雖行於空而殖衆德本是菩薩行雖行
无相而度衆生是菩薩行雖行无作而現受
身是菩薩行雖行无起而起諸善法是菩薩
行雖行六波羅蜜而遍知衆生心心數法是
菩薩行雖行六通而不盡漏是菩薩行雖行
四无量心而不貪著生於梵世是菩薩行雖

无相而度衆生是菩薩行雖行无作而現受
身是菩薩行雖行无起而起諸善法是菩薩
行雖行六波羅蜜而遍知衆生心心數法是
菩薩行雖行六通而不盡漏是菩薩行雖行
四无量心而不貪著生於梵世是菩薩行雖
行禪定解脫三昧而不隨禪生是菩薩行雖
行四念處而不永離身受心法是菩薩行雖
行四正勤而不捨身心精進是菩薩行雖行
四如意足而得自在神通是菩薩行雖行五
根而分別衆生諸根利鈍是菩薩行雖行五
力而樂求佛十力是菩薩行雖行七覺分而
分別佛之智慧是菩薩行雖行八正道而樂
行无量佛道是菩薩行雖行止觀助道之法
而不畢竟墮於寂滅是菩薩行雖行諸法不
生不滅而以相好莊嚴其身是菩薩行雖現
聲聞辟支佛威儀而不捨佛法是菩薩行雖
隨諸法究竟淨相而隨所應為現其身是菩
薩行雖觀諸佛國土永寂如空而現種種清
淨佛土是菩薩行雖得佛道轉于法輪入於
涅槃而不捨於菩薩之道是菩薩行說是語
時文殊師利所將大衆其中八千天子皆發阿
耨多羅三藐三菩提心

不思議品第六

尒時舍利弗見此室中无有牀坐作是念斯
諸菩薩大弟子衆當於何坐長者維摩詰知
其意語舍利弗言云何仁者為法來耶求牀
坐耶舍利弗言我為法來非為牀坐維摩詰

不思議品第六
尒時舍利弗見此室中无有牀坐作是念斯
諸菩薩大弟子衆當於何坐長者維摩詰知
其意語舍利弗言云何仁者為法來耶求牀
坐耶舍利弗言我為法來非為牀坐維摩詰
言唯舍利弗夫求法者不貪軀命何況牀坐
夫求法者非有色受想行識之求非有界入
之求非有欲色无色之求唯舍利弗夫求法
者不著佛求不著法求不著衆求夫求法者
无見苦求无斷集求无造盡證修道之求所
以者何法无戱論若言我當見苦斷集證滅
修道是則戱論非求法也唯舍利弗法名寂
滅若行生滅是求生滅非求法也法名无染
若染於法乃至涅槃是則染著非求法也法
无行處若行於法是則行處非求法也法无
取捨若取捨法是則取捨非求法也法无處
所若著處所是則著處非求法也法名无相
若隨相識是則求相非求法也法不可住若
住於法是則住法非求法也法不可見聞覺
知若行見聞覺知是則見聞覺知非求法也
法名无為若行有為是求有為非求法也是
故舍利弗若求法者於一切法應无所求說
是語時五百天子於諸法中得法眼淨
尒時長者維摩詰問文殊師利仁者遊於无
量千萬億阿僧祇國何等佛土有好上妙功
德成就師子之座文殊師利言居士東方度
三十六恒河沙國有世界名須弥相其佛号

尒時長者維摩詰問文殊師利仁者遊於无
量千萬億阿僧祇國何等佛土有好上妙功
德成就師子之座文殊師利言居士東方度
三十六恒河沙國有世界名須弥相其佛号
須弥燈王今現在彼佛身長八万四千由旬
其師子座高八万四千由旬嚴飾第一於是
長者維摩詰現神通力即時彼佛遣三萬
二千師子座高廣嚴淨來入維摩詰室諸菩薩
大弟子釋梵四天王等昔所未見其室廣博
悉苞容三萬二千師子座无所妨礙於毗耶
離城及閻浮提四天下亦不迫迮悉見如故
尒時維摩詰語文殊師利就師子座與諸菩
薩上人俱坐當自立身如彼坐像其得神通
菩薩即自變形為四萬二千由旬坐師子座
諸新發意菩薩及大弟子皆不能昇尒時維
摩詰語舍利弗就師子坐舍利弗言居士此
座高廣吾不能昇維摩詰言唯舍利弗為須
弥燈王如來作礼乃可得坐於是新發意菩
薩及大弟子即為須弥燈王如來作礼便得
坐師子座舍利弗言居士未曾有也如是小
室乃容受此高廣之座於毗耶離城无所妨
礙又於閻浮提聚落城邑及四天下諸天龍
王鬼神宮殿亦不迫迮維摩詰言唯舍利弗
諸佛菩薩有觧脫名不可思議若菩薩住是
觧脫者以須弥之高廣內芥子中无所增減
須弥山王本相如故而四天王忉利諸天不覺

王鬼神宮殿亦不迫迮維摩詰言唯舍利弗
諸佛菩薩有解脫名不可思議若菩薩住是
解脫者以須弥之高廣内芥子中无所增減
須弥山王本相如故而四天王忉利諸天不覺
不知己之所入唯應度者乃見須弥入芥
子中是名不可思議解脫法門又以四大海
水入一毛孔不嬈魚鼈黿鼉水性之屬而彼
大海本相如故諸龍鬼神阿須羅等不覺不
知己之所入於此衆生亦无所嬈又舍利弗
住不可思議解脫菩薩斷取三千大千世界
如陶家輪著右掌中擲過恒河沙世界之外
其中衆生不覺不知己之所往又復還置本
處都不使人有往來想而此世界本相如故
又舍利弗或有衆生樂久住世而可度者菩
薩即演七日以為一劫令彼衆生謂之一劫
或有衆生不樂久住而可度者菩薩即促一
劫以為七日令彼衆生謂之七日又舍利弗
住不可思議解脫菩薩以一切佛土嚴飾之
事集在一國示於衆生又菩薩以一佛土衆
生置之右掌飛到十方遍示一切而不動本
處又舍利弗十方衆生供養諸佛之具菩薩
於一毛孔皆令得見又十方國土所有日月
星宿於一毛孔普使見之又舍利弗十方世
界所有諸風菩薩悉能吸著口中而身无損外
諸樹木亦不摧折又十方世界劫盡燒時以
一切火内於腹中火事如故而不為害又於
下方過恒河沙等諸佛世界取一佛土舉著

BD14069 號　維摩詰所說經卷中　（29–11）

於一毛孔皆令得見又十方國土所有日月
星宿於一毛孔普使見之又舍利弗十方世
界所有諸風菩薩悉能吸著口中而身无損外
諸樹木亦不摧折又十方世界劫盡燒時以
一切火内於腹中火事如故而不為害又於
下方過恒河沙等諸佛世界取一佛土舉著
上方過恒河沙无數世界如持針鋒舉一棗
葉而无所嬈又舍利弗住不可思議解脫菩
薩能以神通現作佛身或現辟支佛身或現
聲聞身或現帝釋身或現梵王身或現世主
身或現轉輪王身又十方世界所有衆聲上
中下音皆能變之令作佛聲演出无常苦空
无我之音及十方諸佛所說種種之法皆於
其中普令得聞舍利弗我今略說菩薩不
可思議解脫之力若廣說者窮劫不盡是時
大迦葉聞說菩薩不可思議解脫法門嘆未
曾有謂舍利弗譬如有人於盲者前現衆色
像非彼所見一切聲聞聞是不可思議解脫
法門不能解了為若此也智者聞是其誰不
發阿耨多羅三藐三菩提心我等何為永絕其
根於此大乘猶如敗種一切聲聞聞是不可
思議解脫法門皆應號泣聲震三千大千世
界一切菩薩應大欣慶頂受此法若有菩薩
信解不可思議解脫法門者一切魔衆无如
之何大迦葉說是語時三萬二千天子皆發
阿耨多羅三藐三菩提心尒時維摩詰語大
[illegible]

BD14069 號　維摩詰所說經卷中　（29–12）

界一切菩薩應大欣慶頂受此法若有菩薩
信解不可思議解脫法門者一切魔衆无如
之何大迦葉說是語時三萬二千天子皆發
阿耨多羅三藐三菩提心尒時維摩詰語大
迦葉仁者十方无量阿僧祇世界中作魔王
者多是住不可思議解脫菩薩以方便力教
化衆生現作魔王又迦葉十方无量菩薩或
有人從乞手足耳鼻頭目髓腦血肉皮骨聚
落城邑妻子奴婢象馬車乘金銀琉璃車𤦲
馬瑙珊瑚虎珀真珠珂貝衣服飲食如此乞
者多是住不可思議解脫菩薩以方便力而
往試之令其堅固所以者何住不可思議解
脫菩薩有威德力故行逼迫示諸衆生如是
難事凡夫下劣无有力勢不能如是逼迫菩
薩譬如龍象蹴踏非驢所堪是名住不可思
議解脫菩薩智慧方便之門

觀衆生品第七

尒時文殊師利問維摩詰言菩薩云何觀於
衆生維摩詰言譬如幻師見所幻人菩薩觀
衆生為若此如智者見水中月如鏡中見其
面像如熱時焰如呼聲響如空中雲如水聚
沫如水上泡如芭蕉堅如電久住如第五大
如第六陰如第七情如十三入如十九界菩
薩觀衆生為若此如无色界色如燋穀牙如
須陁洹身見如阿那含入胎如阿羅漢三毒
如得忍菩薩貪恚毀禁如佛煩惱習如盲者

BD14069 號　維摩詰所說經卷中　（29–13）

如第六陰如第七情如十三入如十九界菩
薩觀衆生為若此如无色界色如燋穀牙如
須陁洹身見如阿那含入胎如阿羅漢三毒
如得忍菩薩貪恚毀禁如佛煩惱習如盲者
見色如入滅盡定出入息如空中鳥跡如石女
兒如化人煩惱如夢所見已寤如滅度者
受身如无烟之火菩薩觀衆生為若此也
文殊師利言若菩薩作是觀者云何行慈維
摩詰言菩薩作是觀已自念我當為衆生說
如斯法是則真實慈也行寂滅慈无所生故
行不熱慈无煩惱故行等之慈等三世故行
无諍慈无所起故行不二慈内外不合故行
不壞慈畢竟盡故行堅固慈心无毀故行清
淨慈諸法性淨故行无邊慈如虛空故行阿
羅漢慈破結賊故行菩薩慈安衆生故行如
來慈得如相故行佛之慈覺衆生故行自然
慈无因得故行菩提慈等一味故行无等慈
斷諸愛故行大悲慈導以大乘故行无猒慈
觀空无我故行法施慈无遺惜故行持戒慈
化毀禁故行忍辱慈護彼我故行精進慈荷負
衆生故行禪定慈不受味故行智慧慈无不
知時故行方便慈一切示現故行无隱慈直
心清淨故行深心慈无雜行故行无誑慈不
虛假故行安樂慈令得佛樂故菩薩之慈為
若此也
文殊師利又問何謂為悲荅曰菩薩所作功

BD14069 號　維摩詰所說經卷中　（29–14）

心清淨故行深心慈无雜行故行无諍慈不
虛假故行安樂慈令得佛樂故菩薩之慈為
若此也
文殊師利又問何謂為悲荅曰菩薩所作功
德皆與一切衆生共之何謂為喜荅曰有所
饒益歡喜无悔何謂為捨荅曰所作福祐无
所希望文殊師利又問生死有畏菩薩當何
所依維摩詰言菩薩於生死畏中當依如來
功德之力文殊師利又問菩薩欲依如來功
德之力當依何住荅曰菩薩欲依如來功德
力者當住度脫一切衆生又問欲度衆生當
何所除荅曰欲度衆生除其煩惱又問欲除
煩惱當何所行荅曰當行正念又問云何行
於正念荅曰當行不生不滅又問何法不生
何法不滅荅曰不善不生善法不滅又問善
不善孰為本荅曰身為本又問身孰為本荅
曰貪欲為本又問貪欲孰為本荅曰虛妄分
別為本又問虛妄分別孰為本荅曰顛倒想
為本又問顛倒想孰為本荅曰无住為本又
問无住孰為本荅曰无住則无本文殊師利
從无住本立一切法
時維摩詰室有一天女見諸大人聞所說法
便現其身即以天華散諸菩薩大弟子上華
至諸菩薩即皆墮落至大弟子便著不墮一
切弟子神力去華不能令去尒時天問舍利
弗何故去華荅曰此華不如法是以去之天

時維摩詰室有一天女見諸大人聞所說法
便現其身即以天華散諸菩薩大弟子上華
至諸菩薩即皆墮落至大弟子便著不墮一
切弟子神力去華不能令去尒時天問舍利
弗何故去華荅曰此華不如法是以去之天
曰勿謂此華為不如法所以者何是華无所
分別仁者自生分別想耳若於佛法出家有
所分別為不如法若无分別是則如法觀諸
菩薩華不著者以斷一切分別想故譬如人
畏時非人得其便如是弟子畏生死故色聲
香味觸得其便已離畏者一切五欲无能為
也結習未盡華著身耳結習盡者華不著也
舍利弗言天止此室其已久如荅曰我止此
室如耆年解脫舍利弗言止此久也天曰耆
年解脫亦何如久舍利弗嘿然不荅天曰如
何耆舊大智如嘿荅曰解脫者无所言說故
吾於是不知所云天曰言說文字皆解脫相
所以者何解脫者不內不外不在兩間文字
亦不內不外不在兩間是故舍利弗无離文
字說解脫也所以者何一切諸法是解脫相
舍利弗言不復以離婬怒癡為解脫乎天曰
佛為增上慢人說離婬怒癡為解脫耳若无
增上慢者佛說婬怒癡性即是解脫舍利弗
言善哉善哉天女汝何所得以何為證辯乃
如是天曰我无得无證故辯如是所以者何
若有得有證者則於佛法為增上慢

佛為增上慢人說離婬怒癡為解脫耳若无
增上慢者佛說婬怒癡性即是解脫舍利弗
言善哉善哉天女汝何所得以何為證辯乃
如是天曰我无得无證故辯如是所以者何
若有得有證者則於佛法為增上慢
舍利弗問天汝於三乘為何志求天曰以聲
聞法化衆生故我為聲聞以因緣法化衆生
故我為辟支佛以大悲化衆生故我為大乘
舍利弗如人入瞻蔔林唯嗅瞻蔔不嗅餘香
如是若入此室但聞佛功德之香不樂聲聞
辟支佛功德香也舍利弗其有釋梵四天王諸
天龍鬼神等入此室者聞斯上人講說正法
皆樂佛功德之香發心而出舍利弗吾止此
室十有二年初不聞說聲聞辟支佛法但聞
菩薩大慈大悲不可思議諸佛之法舍利弗
此室常現八未曾有難得之法何等為八此
室常以金色光照晝夜无異不以日月所照
為明是為一未曾有難得之法此室入者不
為諸垢之所惱也是為二未曾有難得之法
此室常有釋梵四天王他方菩薩來會不絕
是為三未曾有難得之法此室常說六波
羅蜜不退轉法是為四未曾有難得之法此
室常作天人第一之樂弦出无量法化之聲
是為五未曾有難得之法此室有四大藏衆
寶積滿周窮濟乏求得无盡是為六未曾有
難得之法此室釋迦牟尼佛阿弥陁佛阿閦
佛寶德寶炎寶月寶嚴難勝師子響一切利

BD14069 號　維摩詰所說經卷中

（29–17）

是為五未曾有難得之法此室有四大藏衆
寶積滿周窮濟乏求得无盡是為六未曾有
難得之法此室釋迦牟尼佛阿弥陁佛阿閦
佛寶德寶炎寶月寶嚴難勝師子響一切利
成如是等十方无量諸佛是上人念時即皆
為來廣說諸佛秘要法藏說已還去是為七
未曾有難得之法此室一切諸天嚴飾宮殿
諸佛淨土皆於中現是為八未曾有難得之
法舍利弗此室常現八未曾有難得之法誰
有見斯不思議事而復樂於聲聞法乎
舍利弗言汝何以不轉女身天曰我從十二
年來求女人相了不可得當何所轉譬如幻
師化作幻女若有人問何以不轉女身是人
為正問不舍利弗言不也幻无定相當何所
轉天曰一切諸法亦復如是无有定相云何
乃問不轉女身即時天女以神通力變舍利
弗令如天女天自化身如舍利弗而問言何
以不轉女身舍利弗以天女像而荅言我今
不知何轉而變為女身天曰舍利弗若能轉
此女身則一切女人亦當能轉如舍利弗非
女而現女身一切女人亦復如是雖現女身
而非女也是故佛說一切諸法非男非女即
時天女還攝神力舍利弗身還復如故天問
舍利弗女身色相今何所在舍利弗言女身
色相无在无不在天曰一切諸法亦復如是
无在无不在夫无在无不在者佛所說也舍

BD14069 號　維摩詰所說經卷中

（29–18）

而非女也是故佛說一切諸法非男非女即
時天女還攝神力舍利弗身還復如故天問
舍利弗女身色相今何所在舍利弗言女身
色相无在无不在天曰一切諸法亦復如是
无在无不在夫无在无不在者佛所說也舍
利弗問天汝於此沒當生何所天曰佛化所
生吾如彼生曰佛化所生非沒生也天曰衆
生猶然无沒生也舍利弗問天汝久如當得
阿耨多羅三藐三菩提天曰如舍利弗還爲
凡夫我乃當成阿耨多羅三藐三菩提舍利
弗言我作凡夫无有是處天曰我得阿耨多
羅三藐三菩提亦无是處所以者何菩提无
住處是故无有得者舍利弗言今諸佛得阿
耨多羅三藐三菩提已得當得如恒河沙皆
謂何乎天曰皆以世俗文字數故說有三世
非謂菩提有去來今天曰舍利弗汝得阿羅
漢道耶曰无所得故而得天曰諸佛菩薩亦
復如是无所得故而得尒時維摩詰語舍
利弗是天女曾已供養九十二億佛已能遊戲
菩薩神通所願具足得无生忍住不退轉以
大願故隨意能現教化衆生

佛道品第八

尒時文殊師利問維摩詰言菩薩云何通達
佛道維摩詰言若菩薩行於非道是爲通達
佛道又問云何菩薩行於非道荅曰若菩薩
行五无間而无惱恚至乎地獄无諸罪垢至
于畜生无有无明憍慢等過至于餓鬼而具

尒時文殊師利問維摩詰言菩薩云何通達
佛道維摩詰言若菩薩行於非道是爲通達
佛道又問云何菩薩行於非道荅曰若菩薩
行五无間而无惱恚至乎地獄无諸罪垢至
于畜生无有无明憍慢等過至于餓鬼而具
足功德行色无色界道不以爲勝示行貪欲
離諸染著示行瞋恚於諸衆生无有恚閡示
行愚癡而以智慧調伏其心示行慳貪而捨
內外所有不惜身命示行毀禁而安住淨戒
乃至小罪猶懷大懼示行瞋恚而常慈忍示
行懈怠而懃修功德示行亂意而常念定示
行愚癡而通達世間出世間慧示行諂僞而
善方便隨諸經義示行憍慢而於衆生猶如
橋梁示行諸煩惱而心常清淨示入於魔而
順佛智慧不隨他教示入聲聞而爲衆生說
未聞法示入辟支佛而成就大悲教化衆生
示入貧窮而有寶手功德无盡示入形殘而
具諸相好以自莊嚴示入下賤而生佛種姓
中具諸功德示入羸劣醜陋而得那羅延身
一切衆生之所樂見示入老病而永斷病根
超越死畏示有資生而恒觀无常實无所
貪示有妻妾婇女而常遠離五欲淤泥現於訥
鈍而成就辯才總持无失示入邪濟而以正
濟度諸衆生現遍入諸道而斷其因緣現於
涅槃而不斷生死文殊師利菩薩能如是行
於非道是爲通達佛道
於是維摩詰問文殊師利何等爲如來種文

鈍而成就辯才揔持无失示入耶濟而以正
濟度諸眾生現遍入諸道而斷其因緣現於
涅槃而不斷生死文殊師利菩薩能如是行
於非道是為通達佛道
於是維摩詰問文殊師利何等為如來種文
殊師利言有身為種无明有愛為種貪恚癡
為種四顛倒為種五蓋為種六入為種七識
處為種八耶法為種九惱處為種十不善道
為種以要言之六十二見及一切煩惱皆是
佛種曰何謂也答曰若見无為入正位者不
能復發阿耨多羅三藐三菩提心譬如高原
陸地不生蓮華卑濕汙泥乃生此華如是見
无為法入正位者終不復能生於佛法煩惱
泥中乃有眾生起佛法耳又如殖種於空終
不得生糞壤之地乃能滋茂如是入无為正
位者不生佛法起於我見如須彌山猶能發
于阿耨多羅三藐三菩提心生佛法矣是故
當知一切煩惱為如來種譬如不下巨海則不
能得无價寶珠如是不入煩惱大海則不能
得一切智寶
尒時大迦葉歎言善哉善哉文殊師利快說
此語誠如所言塵勞之疇為如來種我等今
者不復堪任發阿耨多羅三藐三菩提心乃
至五无間罪猶能發意生於佛法而今我等
永不能發譬如根敗之士其於五欲不能復
利如是聲聞諸結斷者於佛法中无所復益

者不復堪任發阿耨多羅三藐三菩提心乃
至五无間罪猶能發意生於佛法而今我等
永不能發譬如根敗之士其於五欲不能復
利如是聲聞諸結斷者於佛法中无所復益
永不志願是故文殊師利凡夫於佛法有反
復而聲聞无也所以者何凡夫聞佛法能起
无上道心不斷三寶正使聲聞終身聞佛法
力无畏等永不能發无上道意尒時會中有
菩薩名普現色身問維摩詰言居士父母妻
子親戚眷屬吏民知識悉為是誰奴婢僮僕
象馬車乘皆何所在於是維摩詰以偈答曰
智度菩薩母　方便以為父　一切眾導師　无不由是生
法喜以為妻　慈悲心為女　善心誠實男　畢竟空寂舍
弟子眾塵勞　隨意之所轉　道品善知識　由是成正覺
諸度法等侶　四攝為伎女　歌詠誦法言　以此為音樂
揔持之園苑　无漏法林樹　覺意淨妙華　解脫智慧果
八解之浴池　定水湛然滿　布以七淨華　浴此无垢人
象馬五通馳　大乘以為車　調御以一心　遊於八正路
相具以嚴容　眾好飾其姿　慚愧之上服　深心為華鬘
富有七財寶　教授以滋息　如所說修行　迴向為大利
四禪為牀坐　從於淨命生　多聞增智慧　以為自覺音
甘露法之食　解脫味為漿　淨心以澡浴　戒品為塗香
摧滅煩惱賊　勇健无能踰　降伏四種魔　勝幡建道場
雖知无起滅　示彼故有生　悉現諸國土　如日无不現
供養於十方　无量億如來　諸佛及己身　无有分別想
雖知諸佛國　及與眾生空　而常修淨土　教化於群生
諸有眾生類　形聲及威儀　无畏力菩薩　一時能盡現

雖知无起滅　亦彼故有生　悉現諸國土　如日无不現
供養於十方　无量億如來　諸佛及己身　无有分別想
雖知諸佛國　及與眾生空　而常修淨土　教化於群生
諸有眾生類　形聲及威儀　无畏力菩薩　一時能盡現
覺知眾魔事　而示隨其行　以善方便智　隨意皆能現
或示老病死　成就諸群生　了知如幻化　通達无有閡
或現劫燒盡　天地皆洞然　眾人有常想　照令知无常
无數億眾生　俱來請菩薩　一時到其舍　化令向佛道
經書禁呪術　工巧諸伎藝　盡現行此事　饒益諸群生
世間眾道法　悉於中出家　因以解人惑　而不墮邪見
或作日月天　梵王世界主　或時作地水　或復作風火
劫中有疾疫　現作諸藥草　若有服之者　除疾消眾毒
劫中有飢饉　現身作衣食　先救彼飢渴　却以法語人
劫中有刀兵　為之起慈悲　化彼諸眾生　令住无諍地
若有大戰陣　立之以等力　菩薩現威勢　降伏使和安
一切國土中　諸有地獄處　輒往到于彼　勉濟其苦惱
一切國土中　畜生相食噉　皆現生於彼　為之作利益
亦受於五欲　亦復現行禪　令魔心憒亂　不能得其便
火中生蓮華　是可謂希有　在欲而行禪　希有亦如是
或現作婬女　引諸好色者　先以欲鉤牽　後令入佛智
或為邑中主　或作商人導　國師及大臣　以祐利眾生
諸有貧窮者　現作无盡藏　因以勸導之　令發菩提心
我心憍慢者　為現大力士　消伏諸貢高　令住佛上道
其有恐懼眾　居前而慰安　先施以无畏　後令發道心
或現離婬欲　為五通仙人　開導諸群生　令住戒忍慈
見須供事者　為現作僮僕　既悅可其意　乃發以道心
隨彼之所須　得入於佛道　以善方便力　皆能給足之

我心憍慢者　為現大力士　消伏諸貢高　令住佛上道
其有恐懼眾　居前而慰安　先施以无畏　後令發道心
或現離婬欲　為五通仙人　開導諸群生　令住戒忍慈
見須供事者　為現作僮僕　既悅可其意　乃發以道心
隨彼之所須　得入於佛道　以善方便力　皆能給足之
如是道无量　所行无有崖　智慧无邊際　度脫无數眾
假令一切佛　於无數億劫　讚歎其功德　猶上不能盡
誰聞如此法　不發菩提心　除彼不肖人　癡冥无智者

入不二法門品第九

爾時維摩詰謂眾菩薩言　諸仁者云何菩薩
入不二法門　各隨所樂說之　會中有菩薩名
法自在　說言　諸仁者　生滅為二　法本不生今
則无滅　得此无生法忍　是為入不二法門
德首菩薩曰　我我所為二　因有我故便有我
所　若无有我　則无我所　是為入不二法門
不眴菩薩曰　受不受為二　若法不受則不可
得　以不可得故　无取无捨　无作无行　是為入
不二法門
德頂菩薩曰　垢淨為二　見垢實性則无淨相
順於滅相　是為入不二法門
善宿菩薩曰　是動是念為二　不動則无念　无
念即无分別　通達此者　是為入不二法門
善眼菩薩曰　一相无相為二　若知一相即是
无相　亦不取无相　入於平等　是為入不二
法門
妙臂菩薩曰　菩薩心聲聞心為二　觀心相空

善眼菩薩曰一相无相為二若知一相即是
无相亦不取无相入於平等是為入不二
法門
妙臂菩薩曰菩薩心聲聞心為二觀心相空
如幻化者无菩薩心无聲聞心是為入不二
法門
弗沙菩薩曰善不善為二若不起善不善入
无相際而通達者是為入不二法門
師子菩薩曰罪福為二若達罪性則與福无
異以金剛慧決了此相无縛无解者是為入
不二法門
師子意菩薩曰有漏无漏為二若得諸法等
則不起漏不漏想不著於相亦不住无相是
為入不二法門
淨解菩薩曰有為无為為二若離一切數則心
如虛空以清淨慧无所閡者是為入不二法
門
那羅延菩薩曰世間出世間為二世間性空即
是出世間於其中不入不出不溢不散是
為入不二法門
善意菩薩曰生死涅槃為二若見生死性則
无生死无縛无解不然不滅如是解者是為
入不二法門
現見菩薩曰盡不盡為二法若究竟盡若不
盡皆是无盡相无盡相即是空空則无有盡
不盡相如是入者是為入不二法門

入不二法門
現見菩薩曰盡不盡為二法若究竟盡若不
盡皆是无盡相无盡相即是空空則无有盡
不盡相如是入者是為入不二法門
普守菩薩曰我无我為二我尚不可得非我
何可得見我實性者不復起二是為入不二
法門
電天菩薩曰明无明為二无明實性即是明
明亦不可取離一切數於其中平等无二者
是為入不二法門
喜見菩薩曰色色空為二色則是空非色滅
空色性自空如是受想行識識空為二識即
是空非識滅空識性自空於其中而通達者
是為入不二法門
明相菩薩曰四種異空種異為二四種性即
是空種性如前際後際空故中際亦空若能如
是知諸種性者是為入不二法門
妙意菩薩曰眼色為二若知眼性於色不貪
不恚不癡是名寂滅如是耳聲鼻香舌味身
觸意法為二若知意性於法不貪不恚不癡
是名寂滅安住其中是為入不二法門
无盡意菩薩曰布施迴向一切智為二布施
性即是迴向一切智性如是持戒忍辱精進
禪定智慧迴向一切智為二智慧性即是迴
向一切智性於其中入一相者是為入不二
法門

无盡意菩薩曰布施迴向一切智為二布施
性即是迴向一切智性如是持戒忍辱精進
禪定智慧迴向一切智為二智慧性即是迴
向一切智性於其中入一相者是為入不二
法門
深慧菩薩曰是空是无相是无作為二空即
无相无相即无作若空无相无作則无心意
識於一觧脫門即是三觧脫門者是為入不二
法門
寂根菩薩曰佛法衆為二佛即是法法即是
衆是三寶皆无為相與虗空等一切法亦尒
能隨此行者是為入不二法門
心无閡菩薩曰身身滅為二身即是身滅所
以者何見身實相者不起見身及以滅身身
與滅身无二无分別於其中不驚不懼者是
為入不二法門
上善菩薩曰身口意善為二是三業皆无作
相身无作相即口无作相口无作相即意无
作相是三業无作相即一切法无作相能如
是隨无作慧者是為入不二法門
福田菩薩曰福行罪行不動行為二三行實
性即是空空則无福行无罪行无不動行於
此三行而不起者是為入不二法門
華嚴菩薩曰從我起二為二見我實相者不
起二法若不住二法則无有識无所識者是
為入不二法門
德藏菩薩曰有所得相為二若无所得則无

BD14069 號　維摩詰所說經卷中　（29–27）

華嚴菩薩曰從我起二為二見我實相者不
起二法若不住二法則无有識无所識者是
為入不二法門
德藏菩薩曰有所得相為二若无所得則无
取捨无取捨者是為入不二法門
月上菩薩曰闇與明為二无闇无明則无有
二所以者何如入滅受想定无闇无明一切
法相亦復如是於其中平等入者是為入不
二法門
寶印手菩薩曰樂涅槃不樂世間為二若不
樂涅槃不猒世間則无有二所以者何若有
縛則有觧若本无縛其誰求觧无縛无觧
則无樂猒是為入不二法門
珠頂王菩薩曰正道邪道為二住正道者則
不分別是邪是正離此二者是為入不二法
門
樂實菩薩曰實不實為二實見者尚不見實
何況非實所以者何非肉眼所見慧眼乃能
見而此慧眼无見无不見是為入不二法門
如是諸菩薩各各說已問文殊師利何等是
菩薩入不二法門文殊師利曰如我意者於
一切法无言无說无示无識離諸問荅是為
入不二法門
於是文殊師利問維摩詰言我等各自說已
仁者當說何等是菩薩入不二法門時維摩
詰嘿然无言文殊師利歎曰善哉善哉乃至

BD14069 號　維摩詰所說經卷中　（29–28）

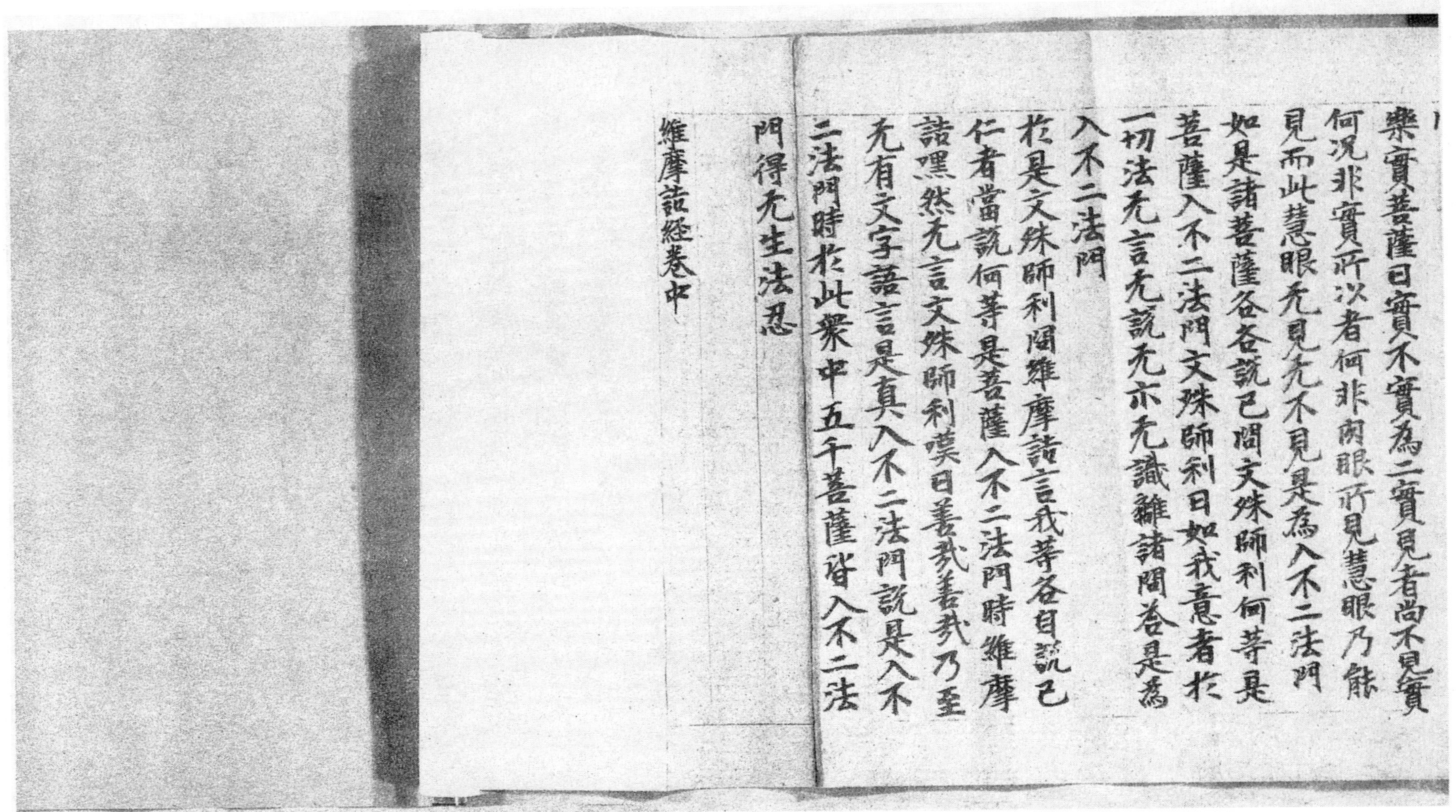
衆實菩薩曰實不實為二實見者尚不見實
何況非實所以者何非肉眼所見慧眼乃能
見而此慧眼无見无不見是為入不二法門
如是諸菩薩各各說已問文殊師利何等是
菩薩入不二法門文殊師利曰如我意者於
一切法无言无說无示无識離諸問荅是為
入不二法門
於是文殊師利問維摩詰言我等各自說已
仁者當說何等是菩薩入不二法門時維摩
詰嘿然无言文殊師利歎曰善哉善哉乃至
无有文字語言是真入不二法門說是入不
二法門時於此衆中五千菩薩皆入不二法
門得无生法忍
維摩詰經卷中

BD14069 號　維摩詰所說經卷中　（29–29）

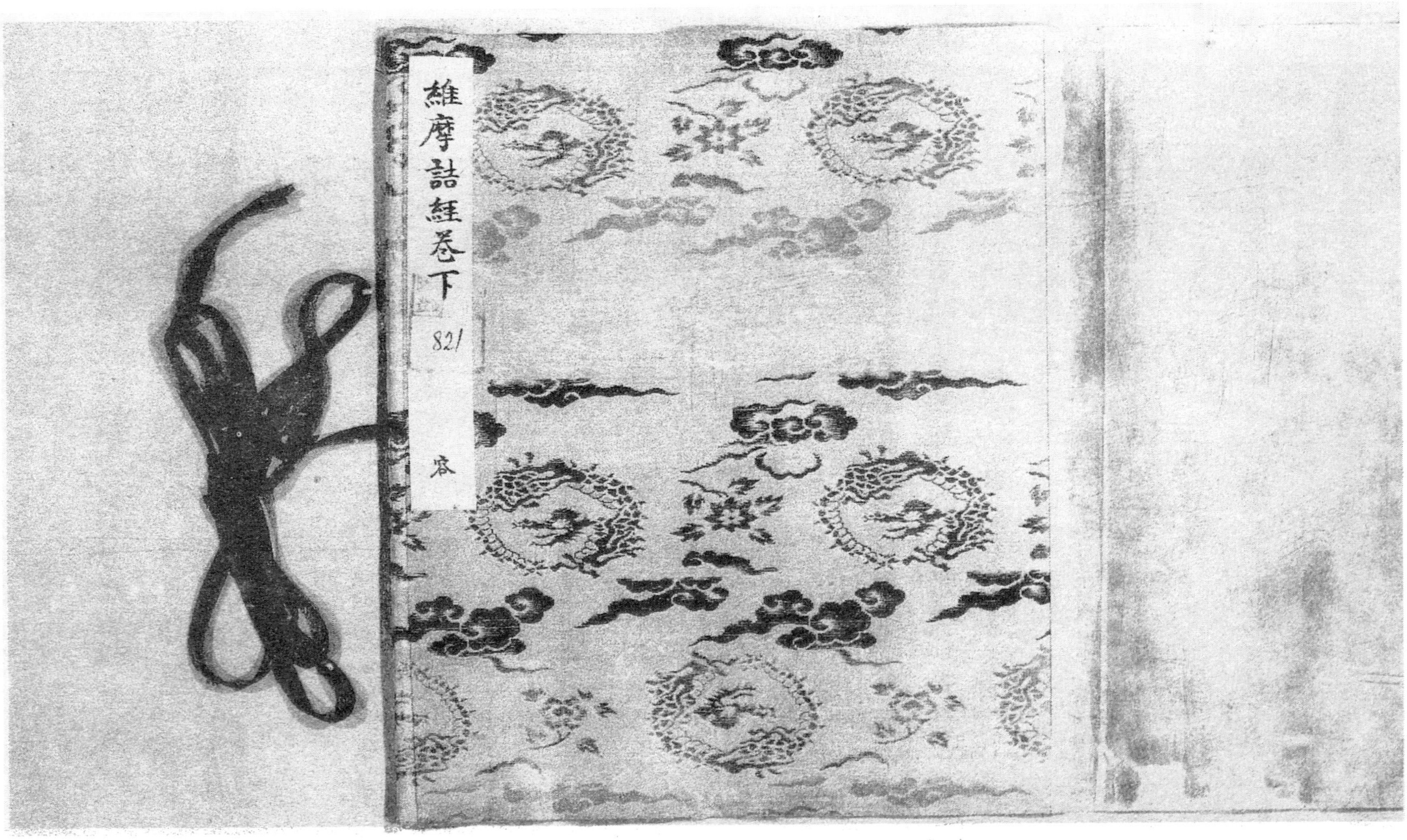

BD14070 號背　現代護首　（1–1）

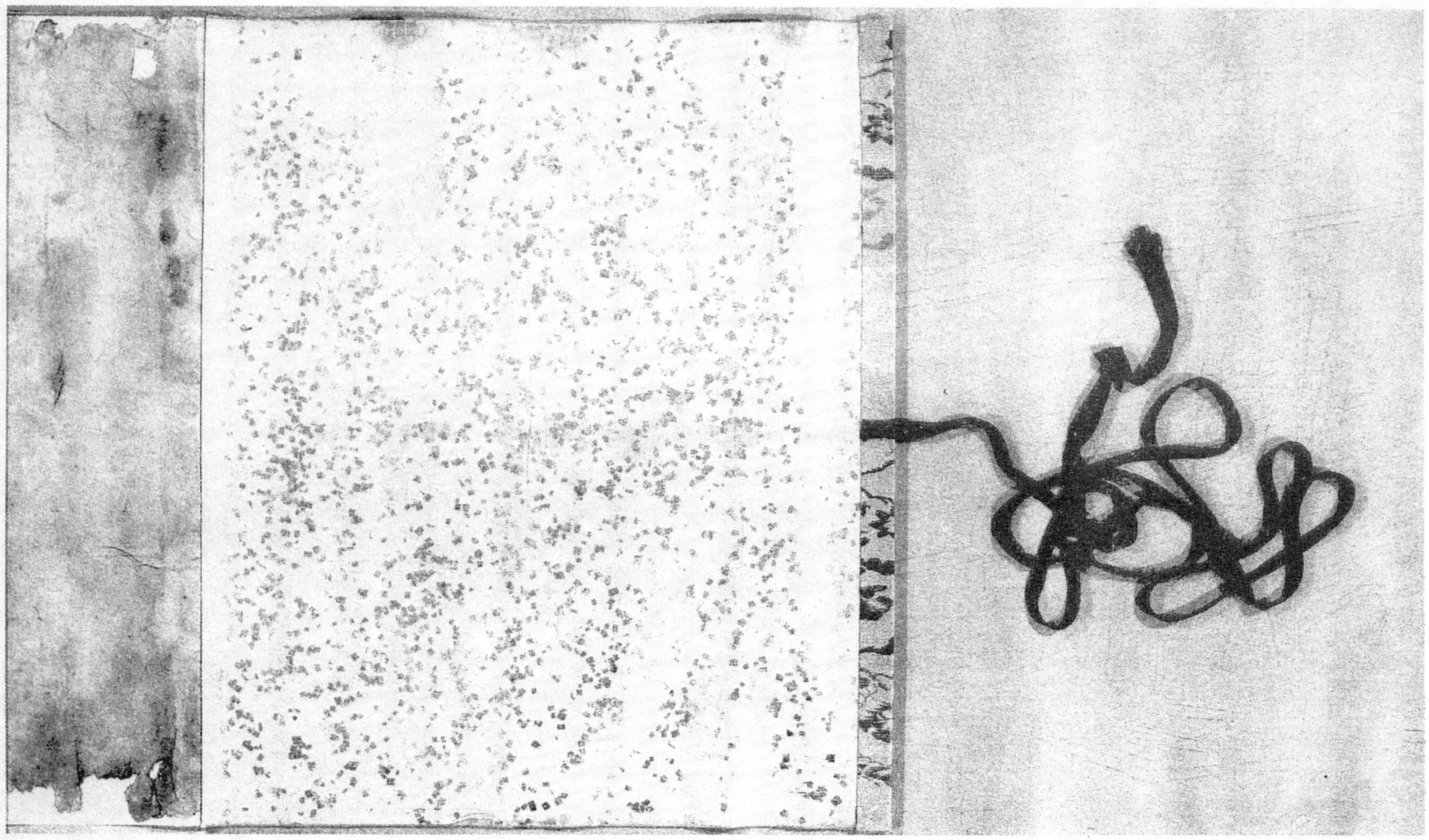

BD14070號　維摩詰所說經卷下　（23–1）

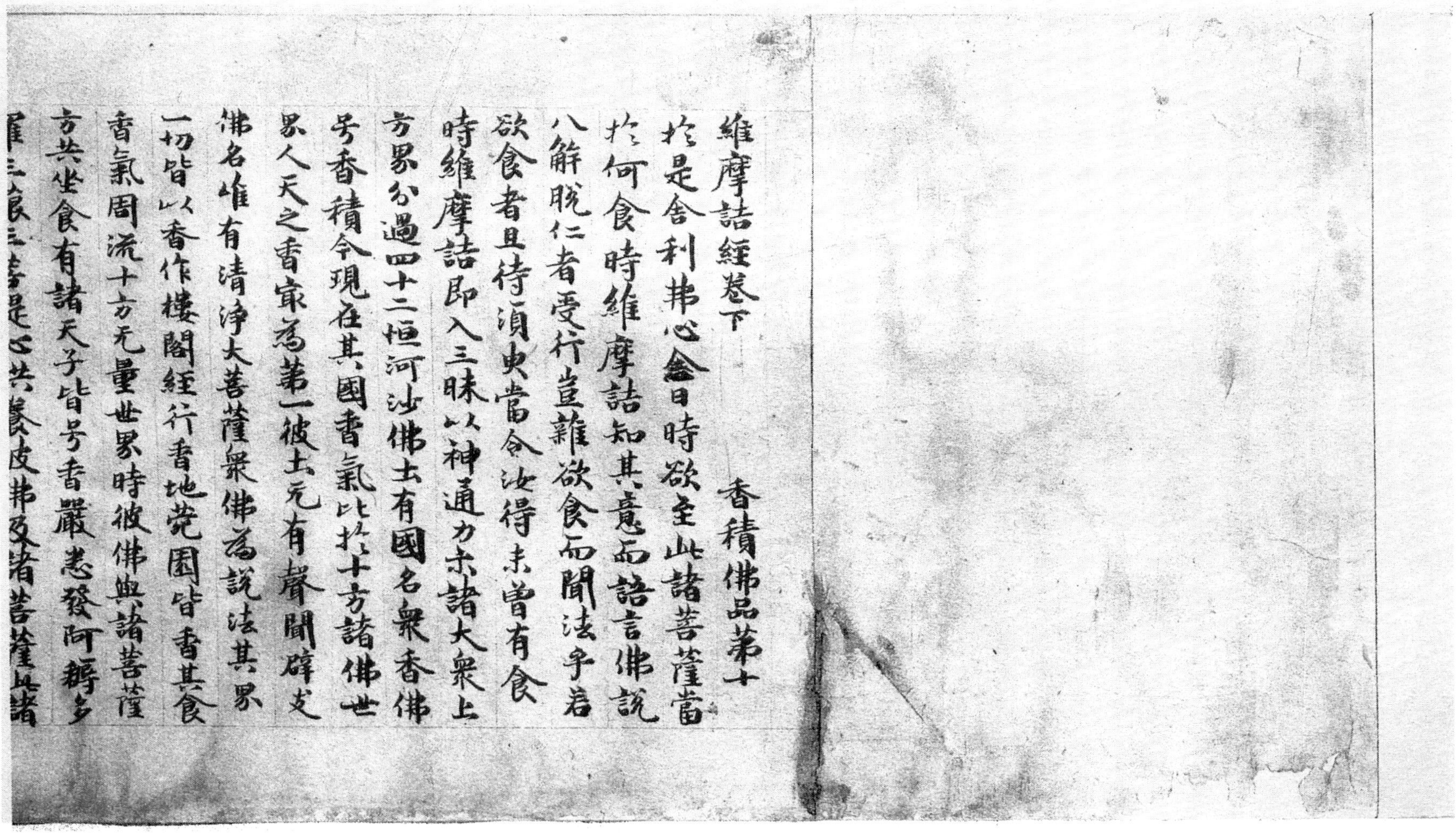

維摩詰經卷下　　　香積佛品第十
於是舍利弗心念日時欲至此諸菩薩當
於何食時維摩詰知其意而語言佛說
八解脫仁者受行豈雜欲食而聞法乎若
欲食者且待須臾當令汝得未曾有食
時維摩詰即入三昧以神通力示諸大衆上
方界分過四十二恒河沙佛土有國名衆香佛
号香積今現在其國香氣比於十方諸佛世
界人天之香最為第一彼土无有聲聞辟支
佛名唯有清淨大菩薩衆佛為說法其界
一切皆以香作樓閣經行香地苑園皆香其食
香氣周流十方无量世界時彼佛與諸菩薩
方共坐食有諸天子皆号香嚴悉發阿耨多
羅三藐三菩提心供養彼佛及諸菩薩此諸

BD14070號　維摩詰所說經卷下　（23–2）

一切皆以香作樓閣經行香地菀園皆香其食
香氣周流十方无量世界時彼佛與諸菩薩
方共坐食有諸天子皆号香嚴悉發阿耨多
羅三藐三菩提心供養彼佛及諸菩薩此諸
大衆莫不目見
時維摩詰問衆菩薩諸仁者誰能致彼佛
飯以文殊師利威神力故咸皆嘿然維摩詰言
仁者今此大衆无乃可恥文殊師利曰如佛所言
勿輕未學於是維摩詰不起于座居衆會前
化菩薩相好光明威德殊勝蔽於衆會而告之
曰汝往上方界分度如四十二恒河沙佛土有國名
衆香佛号香積與諸菩薩方共坐食汝往到
彼如我辭曰維摩詰稽首世尊足下致敬无
量問訊起居少病少惱氣力安不願得世尊所食
之餘當於娑婆世界施作佛事令此樂小法得
弘大道亦使如來名聲普聞時化菩薩即於
會前昇于上方舉衆皆見其去到衆香界礼
彼佛足又聞其言維摩詰稽首世尊足下致
敬无量問訊起居少病少惱氣力安不願得世
尊所食之餘欲於娑婆世界施作佛事使此樂
小法者得弘大道亦使如來名聲普聞彼諸大
士見化菩薩歎未曾有今此上人從何所來娑婆
世界為在何許云何名為樂小法者即以問佛佛
告之曰下方度如四十二恒河沙佛土有世界名娑
婆佛号釋迦牟尼今現在於五濁惡世為樂小
法衆生敷演道教彼有菩薩名維摩詰住不

BD14070 號　維摩詰所説經卷下　（23-3）

士見化菩薩歎未曾有今此上人從何所來
世界為在何許云何名為樂小法者即以問佛佛
告之曰下方度如四十二恒河沙佛土有世界名娑
婆佛号釋迦牟尼今現在於五濁惡世為樂小
法衆生敷演道教彼有菩薩名維摩詰住不
可思議解脫為諸菩薩說法故遣化來稱揚
我名并讚此土令彼菩薩增益功德彼菩薩
言其人何如乃作是化德力无畏神足若斯佛言
甚大一切十方皆遣化往施作佛事饒益衆生於
是香積如來以衆香鉢盛滿香飯與化菩薩
時彼九百万菩薩俱發聲言我欲詣娑婆世界
供養釋迦牟尼佛并欲見維摩詰等諸菩薩
衆佛言可往攝汝身香无令彼諸衆生起惑著
心又當捨汝本形勿使彼國求菩薩者而自鄙
恥又汝於彼莫懷輕賤而作礙想所以者何十方
國土皆如虛空又諸佛為欲化諸樂小法者不盡
現其清淨土耳時化菩薩既受鉢飯與彼九百
万菩薩俱承佛威神及維摩詰力於彼世界忽然
不現須臾之間至維摩詰舍維摩詰即化作九百
万師子之座嚴好如前諸菩薩皆坐其上化菩薩以
滿鉢香飯與維摩詰飯香普薰毗耶離城及
三千大千世界時毗耶離婆羅門居士等聞是
香氣身意快然歎未曾有於是長者主月蓋
從八万四千人來入維摩詰舍見其室中菩薩甚
多諸師子座高廣嚴好皆大歡喜礼衆菩薩及
大弟子却住一面諸地神虛空神及欲色界諸天

BD14070 號　維摩詰所説經卷下　（23-4）

三千大千世界時毗耶離婆羅門居士等聞是
香氣身意快然歎未曾有於是長者主月蓋
從八万四千人來入維摩詰舍見其室中菩薩甚
多諸師子座高廣嚴好皆大歡喜礼衆菩薩及
大弟子却住一面諸地神虛空神及欲色界諸天
聞此香氣亦皆來入維摩詰舍時維摩詰語
舍利弗等諸大聲聞仁者可食如來甘露味飯大
悲所薰无以限意食之使不消也有異聲聞念是
飯少而此大衆人人當食化菩薩曰勿以聲聞小德
小智稱量如來无量福慧四海有竭此飯无盡使
一切人食揣若須弥乃至一劫猶不能盡所以者何无
盡戒定智慧解脫解脫知見功德具足者所食之
餘終不可盡於是鉢飯悉飽衆會猶故不賜其
諸菩薩聲聞天人食此飯者身安快樂譬如一切
樂莊嚴國諸菩薩也又諸毛孔皆出妙香亦如衆
香國土諸樹之香尒時維摩詰問衆香菩薩香
積如來以何說法彼菩薩曰我土如來无文字說
但以衆香令諸天人得入律行菩薩各各坐香樹
下聞斯妙香即獲一切德藏三昧得是三昧者菩
薩所有功德皆悉具足彼諸菩薩問維摩詰
今佛世尊釋迦牟尼以何說法維摩詰言此土
衆生剛强難化故佛為說剛强之語以調伏之言
是地獄是畜生是餓鬼是諸難處是愚人生處
是身耶行是身耶行報是口耶行是口耶行報是
意耶行是意耶行報是煞生是煞生報是不與
取是不與取報是耶婬是耶婬報是妄語是妄

衆生剛强難化故佛為說剛强之語以調伏之言
是地獄是畜生是餓鬼是諸難處是愚人生處
是身耶行是身耶行報是口耶行是口耶行報是
意耶行是意耶行報是煞生是煞生報是不與
取是不與取報是耶婬是耶婬報是妄語是妄
語報是兩舌是兩舌報是惡口是惡口報是无義
語是无義語報是貪嫉是貪嫉報是瞋惱是
瞋惱報是耶見是耶見報是慳悋是慳悋報
是毀戒是毀戒報是瞋恚是瞋恚報是懈怠
懈怠報是亂意是亂意報是愚癡是愚癡報
是結戒是持戒是犯戒是應作是不應作是
鄣礙是不鄣礙是得罪是離罪是淨是垢是有
漏是无漏是耶道是正道是有為是无為是世
間是涅槃以難化之人心如猨猴故以若干種法制
御其心乃可調伏譬如象馬憴悷不調加諸楚毒
乃至徹骨然後調伏如是剛强難化衆生故以一切
苦切之言乃可入律彼諸菩薩聞說是已皆曰
未曾有也如世尊釋迦牟尼佛隱其无量
自在之力乃以貧所樂法度脫衆生斯諸菩
薩亦能勞謙以无量大悲生是佛土維摩
詰言此土菩薩於諸衆生大悲堅固誠如所
言然其一世饒益衆生多於彼國百千劫行所
以者何此娑婆世界有十事善法諸餘淨土
之所无有何等為十以布施攝貧窮以淨戒攝
毀禁以忍辱攝瞋恚以精進攝懈怠以禪定
攝亂意以智慧攝愚癡說除難法度八難者

言然其一世饒益衆生多於彼國百千劫行
以者何此娑婆世界有十事善法諸餘淨土
之所无有何等為十以布施攝貧窮以淨戒攝
毀禁以忍辱攝瞋恚以精進攝懈怠以禪定
攝乱意以智慧攝愚癡說除難法度八難者
以大乘法度樂小乘者以諸善根濟无德者
常以四攝成就衆生是為十彼菩薩曰菩薩成
就幾法於此世界行无瘡疣生于淨土維摩詰
言菩薩成就八法於此世界行无瘡疣生于淨土
何等為八饒益衆生而不望報代一切衆生受諸
苦惱所作功德盡以施之等心衆生謙下无礙於
諸菩薩視之如佛所未聞經聞之不疑不與聲聞
而相違背不嫉彼供不高己利而於其中調伏其
心常省己過不訟彼短恒以一心求諸功德是為八維
摩詰文殊師利於大衆中說是法時百千天人皆
發阿耨多羅三藐三菩提心十千菩薩得无生法忍

菩薩行品第十一

是時佛說法於菴羅樹園其地忽然廣博嚴事
一切衆會皆作金色阿難白佛言世尊以何因緣有
此瑞應是處忽然廣博嚴事一切衆會皆作金色
佛告阿難是維摩詰文殊師利與諸大衆恭敬
圍繞發意欲來故先為此瑞應於是維摩詰語
文殊師利可共見佛與諸菩薩礼事供養文殊
師利言善哉行矣今正是時維摩詰即以神力持
諸大衆并師子座置於右掌往詣佛所到已著地
稽首佛足右繞七匝一心合掌在一面立其諸菩薩

師利言善哉行矣今正是時維摩詰即以神力持
諸大衆并師子座置於右掌往詣佛所到已著地
稽首佛足右繞七匝一心合掌在一面立其諸菩薩
即皆避座稽首佛足亦繞七匝於一面立諸大弟子
釋梵四天王等亦皆避座稽首佛足在一面立於
是世尊如法慰問諸菩薩已各令復座即皆
受教衆坐已定佛語舍利弗汝見菩薩大士自在
神力之所為乎唯然已見汝意云何世尊我覩其為
不可思議非意所圖非度所測尒時阿難白佛言世
尊今所聞香自昔未有是為何香佛告阿難是彼
菩薩毛孔之香於是舍利弗語阿難言我等毛孔
亦出是香阿難言此何所從來曰是長者維摩
詰從衆香國取佛餘飯於舍食者一切毛孔皆香若
此阿難問維摩詰是香氣住當久如維摩詰言
至此飯消曰此飯久如當消曰此飯勢力至于七日
然後乃消又阿難若聲聞人未入正位食此飯者
得入正位然後乃消已入正位食此飯者得心解脫
然後乃消若未發大乘意食此飯者至發意乃
消已發意食此飯者得无生忍然後乃消已得
无生忍食此飯者至一生補處然後乃消辟如有
藥名曰上味其有服者身諸毒滅然後乃消此飯
如是滅除一切諸煩惱毒然後乃消阿難白佛言
未曾有也唯然世尊如此香飯能作佛事佛言如是如
是阿難或有佛土以佛光明而作佛事又以諸菩
薩而作佛事又以佛所化人而作佛事又以菩提

未曾有也世尊（唯然）如此香飯能作佛事佛言如是如
是阿難或有佛土以佛光明而作佛事又以諸菩
薩而作佛事又以佛所化人而作佛事又以菩提
樹而作佛事又以佛衣服卧具而作佛事又以飯
食而作佛事又以園林臺觀而作佛事又以三十
二相八十隨形好而作佛事又以佛身而作佛事
又以虛空而作佛事衆生應以此緣得入律行
又以夢幻影響鏡中像水中月熱時炎如是等喻
而作佛事又以音聲語言文字而作佛事或有
清淨佛土寂寞无言无說无示无識无作无為
而作佛事如是阿難諸佛威儀進止諸所施為
无非佛事阿難有此四魔八万四千諸煩惱門而諸
衆生為之疲勞諸佛即以此法而作佛事是名
入一切諸佛法門菩薩入此門者若見一切淨好佛土
不以為喜不貪不高若見一切不淨佛土不以為憂
不礙不沒但於諸佛生清淨心歡喜恭敬未曾有
也諸佛如來功德平等為教化衆生故而現佛土
不同阿難汝見諸佛國土地有若干而虛空无若
干也如是見諸佛色身有若干耳其无礙慧无若
干也阿難諸佛色身威相種性戒定智慧解脫
解脫知見力无所畏不共之法大慈大悲威儀所
行及其壽命說法教化成就衆生淨佛國土其
諸佛法悉皆同等是故名為三藐三佛陁名為多
陁阿伽度名為佛陁阿難若我廣說此三句義汝
以劫壽不能盡受正使三千大千世界滿中衆生

BD14070 號　維摩詰所說經卷下

（23–9）

解脫知見力无所畏不共之法大慈大悲威儀所
行及其壽命說法教化成就衆生淨佛國土其
諸佛法悉皆同等是故名為三藐三佛陁名為多
陁阿伽度名為佛陁阿難若我廣說此三句義汝
以劫壽不能盡受正使三千大千世界滿中衆生
皆如阿難多聞第一得念總持此諸人等以劫之
壽亦不能受如是阿難諸佛阿耨多羅三藐三
菩提无有限量智慧辯才不可思議阿難白佛
言我從今已往不敢自謂以為多聞佛告阿難勿
起退意所以者何我說汝於聲聞中最為多聞
非謂菩薩且止阿難其有智者不應限度諸菩
薩也一切海淵尚可測量菩薩禪定智慧總持
辯才一切功德不可量也阿難汝等捨置菩薩所
行是維摩詰一時所現神通之力一切聲聞辟支
佛於百千劫盡力變化所不能作
尒時衆香世界菩薩來者合掌白佛言世尊我
等初見此土生下劣想今自悔責捨離是心所以者
何諸佛方便不可思議為度衆生故隨其所應
現佛國異唯然世尊願賜少法還於彼土當念如
來佛告諸菩薩有盡无盡解脫法門汝等當
學何謂為盡謂有為法何謂无盡謂无為
法如菩薩者不盡有為不住无為何謂不盡
有為謂不離大慈不捨大悲深發一切智心而不
忽忘教化衆生終不猒惓於四攝法常念順行
護持正法不惜軀命種諸善根无有疲猒志常
安住方便迴向求法不懈說法无悋勤供諸佛

BD14070 號　維摩詰所說經卷下

（23–10）

有為謂不離大慈不捨大悲深發一切智心而不
忽忘教化衆生終不猒惓於四攝法常念順行
護持正法不惜軀命種諸善根无有疲猒志常
安住方便迴向求法不懈說法无悋勤供諸佛
故入生死而无所畏於諸榮辱心无憂喜不輕
未學敬學如佛隨煩惱者令發正念於遠離
樂不以為貴不著己樂慶於彼樂在諸禪定如
地獄想於生死中如園觀想見來求者為善師
想捨諸所有具一切智想見毀戒人起救護想
諸波羅蜜為父母想道品之法為眷屬想發行
善根无有齊限以諸淨國嚴飾之事成己佛土
行无限施具足相好除一切惡淨身口意故生死
无數劫意而有勇聞佛无量功德志而不惓以
智慧劒破煩惱賊出陰界入荷負衆生永使解
脫以大精進摧伏魔軍常求无念實相智慧行
少欲知足而不捨世間法不壞威儀而能俗隨起
神通慧引導衆生得念總持所聞不忘善別諸
根斷衆生疑以樂說辯演法无礙淨十善道受
天人福脩四无量開梵天道勸請說法隨喜讚
善得佛音聲身口意善得佛威儀深脩善法
所行轉勝以大乘教成菩薩僧心无放逸不失衆
善行如此法是名菩薩不盡有為何謂菩薩不
住无為謂脩學空不以空為證脩學无相无作不
以无相无作為證脩學无起不以无起為證觀於
无常而不猒善本觀世間苦而不猒生死觀於无

BD14070 號　維摩詰所說經卷下　（23–11）

善行如此法是名菩薩不盡有為何謂菩薩不
住无為謂脩學空不以空為證脩學无相无作不
以无相无作為證脩學无起不以无起為證觀於
无常而不猒善本觀世間苦而不猒生死觀於无
我而誨人不惓觀於寂滅而不永寂滅觀於遠離
而身心脩善觀无所歸而歸趣善法觀於无生
而以生法荷負一切觀於无漏而不斷諸漏觀无
所行而以行法教化衆生觀於空无而不捨大悲
觀正法位而不隨小乘觀諸法虛妄无牢无人无
主无相本願未滿而不虛福德禪定智慧脩如此
法是名菩薩不住无為又具福德故不住无為具
智慧力故不盡有為大慈悲故不住无為滿本願
故不盡有為集法藥故不住无為隨授藥故不
盡有為知衆生病故不住无為滅衆生病故不
盡有為諸正士菩薩已脩此法不盡有為不住
无為是名盡无盡解脫法門汝等當學尒時彼
諸菩薩聞說是法皆大歡喜以衆妙華若干種
色若干種香散遍三千大千世界供養於佛及此
經法并諸菩薩已稽首佛足歎未曾有言釋迦
牟尼佛乃能於此善行方便言已忽然不現還到
彼國

見阿閦佛品第十二

尒時世尊問維摩詰汝欲見如來為以何等觀如
來乎維摩詰言如自觀身實相觀佛亦然我觀
如來前際不來後際不去今則不住不觀色不觀
色如不觀色性不觀受想行識不觀識如不觀識性

BD14070 號　維摩詰所說經卷下　（23–12）

見阿閦佛品第十二
尒時世尊問維摩詰汝欲見如来為以何等觀如
来乎維摩詰言如自觀身實相觀佛亦然我觀
如来前際不來後際不去今則不住不觀色不觀
色如不觀色性不觀受相行識不觀識如不觀識性
非四大起同於虗空六入无積眼耳鼻舌身心已過
不在三界三垢已離順三脫門具足三明與无明等
不一相不異相不自相不他相非无相非取相不此岸
不彼岸不中流雖化衆生而觀寂滅亦不永寂滅
不此不彼不在此不在彼不可以智知不可以識識
无晦无明无名无相无強无弱非淨非穢不在方
不離方非有為非无為无亦无說不施不慳不戒
不犯不忍不恚不進不怠不定不乱不智不愚不
誠不欺不來不去不出不入一切言語道斷非福田
非不福田非應供養非不應供養非取非捨非
有相非无相同真際等法性不可稱不可量過
諸稱量非大非小非見非聞非覺非知離衆結縛
等諸智同衆生於諸法无分別一切无失无濁无
惱无作无起无生无滅无畏无憂无喜无猒无已
有无當有无今有不可以一切言說分別顯示世尊
如来身為若此作如是觀作斯觀者名為正觀若
他觀者名為耶觀
尒時舍利弗問維摩詰汝於何沒而來生此維摩
詰言汝所得法有沒生乎舍利弗言无沒生也若
諸法无沒生相云何問言汝於何沒而來生此於意
云何譬如幻師幻作男女寧沒生也舍利弗言无沒

BD14070號　維摩詰所說經卷下　（23–13）

尒時舍利弗問維摩詰汝於何沒而來生此維摩
詰言汝所得法有沒生乎舍利弗言无沒生也若
諸法无沒生相云何問言汝於何沒而來生此於意
云何譬如幻師幻作男女寧沒生也舍利弗言无沒
生也汝豈不聞佛說諸法如幻相乎答曰如是若一
切法如幻相者云何問言汝於何沒而來生此舍
利弗沒者為虗誑法壞敗之相生者為虗誑法
相續之相菩薩雖沒不盡善本雖生不長諸
惡是時佛告舍利弗有國名妙喜佛号无動
是維摩詰於彼國沒而來生此舍利弗言未
曾有也世尊是人乃能捨清淨土而來樂此多
怒害處維摩詰語舍利弗於意云何日光出
時與冥合乎答曰不也日光出時則无衆冥維
摩詰言夫日何故行閻浮提答曰欲以明照為之
除冥維摩詰言菩薩如是雖生不淨佛土為化
衆生不與愚闇而共合也但滅衆生煩惱闇耳
是時大衆渴仰欲見妙喜世界无動如来及其
菩薩聲聞之衆佛知一切衆會所念告維摩詰
言善男子為此衆會現妙喜國无動如来及諸
菩薩聲聞之衆皆欲見於是維摩詰心念吾當
不起于座接妙喜國鐵圍山山川溪谷江河大海
泉源須弥諸山及日月星宿天龍鬼神梵天等宮
并諸菩薩聲聞之衆城邑聚落男女大小乃至
无動如来及菩提樹諸妙蓮華能於十方作佛
事者三道寶階從閻浮提至忉利天以此寶階
諸天來下悉為禮敬无動如来聽受經法閻浮

BD14070號　維摩詰所說經卷下　（23–14）

泉源須弥諸山及日月星宿天龍鬼神梵天等宮
并諸菩薩聲聞之衆城邑聚落男女大小乃至
无動如来及菩提樹諸妙蓮華能於十方作佛
事者三道寶階從閻浮提至忉利天以此寶階
諸天来下悉為礼敬无動如来聽受經法閻浮
提人亦登其階上昇忉利見彼諸天妙喜世界成
就如是无量功德上至阿迦膩吒天下至水際以右
手斷取如陶家輪入此世界猶持華鬘示一切衆作
是念已入於三昧現神通力以其右手斷取妙喜
世界置於此土彼得神通菩薩及聲聞衆并餘
天人俱發聲言唯然世尊誰取我去願見救護
无動佛言非我所為是維摩詰神力所作其餘未
得神通者不覺不知己之所往妙喜世界雖入此土
而不增減於是世界亦不迫隘如本无異
尒時釋迦牟尼佛告諸大衆汝等且觀妙喜世
界无動如来其國嚴飾菩薩行淨弟子清白皆
曰唯然已見佛言若菩薩欲得如是清淨佛土
當學无動如来所行之道現此妙喜國時娑婆
世界十四那由他人發阿耨多羅三藐三菩提心皆
願生於妙喜佛土釋迦牟尼佛即記之曰當生彼
國時妙喜世界於此國土所應饒益其事訖已
還復本處舉衆皆見佛告舍利弗汝見此妙喜
世界及无動佛不唯然已見世尊願使一切衆生得
清淨土如无動佛獲神通力如維摩詰世尊我
等快得善利得見是人親近供養其諸衆生若
今現在若佛滅後聞此經者亦得善利況復聞

BD14070 號　維摩詰所說經卷下　（23–15）

世界及无動佛不唯然已見世尊願使一切衆生得
清淨土如无動佛獲神通力如維摩詰世尊我
等快得善利得見是人親近供養其諸衆生若
今現在若佛滅後聞此經者亦得善利況復聞
已信解受持讀誦解說如法脩行若有手得是
經典者便為已得法寶之藏若有讀誦解釋其
義如說脩行則為諸佛之所護念其有供養如
是人者當知則為供養於佛其有書持此經卷
者當知其室則有如来若聞是經能隨喜者斯
人則為取一切智若能信解此經乃至一四句偈為他
說者當知此人即是授阿耨多羅三藐三菩提記
法供養品第十三
尒時釋提桓因於大衆中白佛言世尊我雖從佛
及文殊師利聞百千經未曾聞此不可思議自在
神通決定實相經典如我解佛所說義趣若有
衆生聞是經法信解受持讀誦之者必得是法
不疑何況如說脩行斯人則為閉諸惡趣開諸
善門常為諸佛之所護念降伏外學摧滅魔
怨脩菩提道安處道場履踐如来所行之跡
世尊若有受持讀誦如說脩行者我當與諸
眷屬供養給事所在聚落城邑山林曠野有是
經處我亦與諸眷屬聽受法故共到其所其
未信者當令生信其已信者當為作護佛言善
哉善哉天帝如汝所說吾助汝喜此經廣說過
去未来現在諸佛不可思議阿耨多羅三藐三
菩提是故天帝若善男子善女人受持讀誦供

BD14070 號　維摩詰所說經卷下　（23–16）

未信者當令生信其已信者當為作護佛言善
哉善哉天帝如汝所說吾助汝喜此經廣說過
去未来現在諸佛不可思議阿耨多羅三藐三
菩提是故天帝若善男子善女人受持讀誦供
養是經者則為供養去来今佛天帝正使三千
大千世界如来滿中譬如甘蔗竹葦稻麻叢林若
有善男子善女人或一劫或減一劫恭敬尊重讚
歎供養奉諸佛所安至諸佛滅後以一一全身舍
利起七寶塔縱廣一四天下高至梵天表刹莊嚴
以一切華香瓔珞幢幡伎樂微妙第一若一劫若減
一劫而供養之於天帝意云何其人殖福寧為
多不釋提桓因言多矣世尊彼之福德若以百千億
劫說不能盡佛告天帝當知是善男子善女人
聞是不可思議解脫經典信解受持讀誦脩
行福多於彼所以者何諸佛菩提皆從是生菩
提之相不可限量以是因緣福不可量佛告天帝
過去无量阿僧祇劫時世有佛號曰藥王如来
應供正遍知明行足善逝世間解无上士調御
丈夫天人師佛世尊世界曰大莊嚴劫曰莊嚴
佛壽二十小劫其聲聞僧三十六億那由他菩薩
僧有十二億天帝是時有轉輪聖王名曰寶蓋
七寶具足主四天下王有千子端政勇健能伏
怨敵尒時寶蓋與其眷屬供養藥王如来施
諸所安至滿五劫過五劫已告其千子汝等亦當
如我以深心供養於佛於是千子受父王命供

BD14070號　維摩詰所說經卷下　(23–17)

僧有十二億天帝是時有轉輪聖王名曰寶蓋
七寶具足主四天下王有千子端政勇健能伏
怨敵尒時寶蓋與其眷屬供養藥王如来施
諸所安至滿五劫過五劫已告其千子汝等亦當
如我以深心供養於佛於是千子受父王命供
養藥王如来復滿五劫一切施安其王一子名曰月
蓋獨坐思惟寧有供養殊過此者以佛神力
空中有天曰善男子法之供養勝諸供養即問
何謂法之供養天曰汝可往問藥王如来當廣為
汝說法之供養即時月蓋王子行詣藥王如来
稽首佛足却住一面白佛言世尊諸供養中法供
養勝云何為法供養佛言善男子法供養者諸
佛所說深經一切世間難信難受微妙難見清
淨无染非但分別思惟之所能得菩薩法藏所
攝陁羅尼印印之至不退轉成就六度善分別義
順菩提法眾經之上入大慈悲離眾魔事及諸
邪見順因緣法无我无人无眾生无壽命空无
相无作无起能令眾生坐於道場而轉法輪諸
天神龍乾闥婆等所共歎譽能令眾生入佛法
藏攝諸賢聖一切智慧說眾菩薩所行之道依
於諸法實相之義明宣无常苦空无我寂滅能
救一切毀禁眾生諸魔外道及貪著者能使
怖畏諸佛賢聖所共稱歎背生死苦示涅槃樂
十方三世諸佛所說若聞如是等經信解受持
讀誦以方便力為諸眾生分別解說顯示分明守
護法故是名法之供養又於諸法如說脩行隨

BD14070號　維摩詰所說經卷下　(23–18)

怖畏諸佛賢聖所共稱歎背生死苦示涅槃樂
十方三世諸佛所說若聞如是等經信解受持
讀誦以方便力為諸衆生分別解說顯示分明守
護法故是名法之供養又於諸法如說脩行隨
順十二因緣離諸耶見得无生忍決定无我无有
衆生而於因緣果報无違无諍離諸我所依於
義不依語依於智不依識依了義經不依不了
義經依於法不依人隨順法相无所入无所歸
无明畢竟滅故諸行亦畢竟滅乃至生畢竟
滅故老死亦畢竟滅作如是觀十二因緣无有
盡相不復起見是名最上法之供養佛告天帝
王子月蓋從藥王佛聞如是法得柔順忍
即解寶衣嚴身之具以供養佛白佛言世
尊如來滅後我當行法供養守護正法願以
威神加哀建立令我得降魔怨脩菩薩行佛
知其深心所念而告之曰汝於末後守護法城天
帝時王子月蓋見法清淨聞佛授記以信出
家脩集善法精進不久得五神通具菩薩
道得陁羅尼无斷辯才於佛滅後以其所得
神通揔持辯才之力滿十小劫藥王如來所轉法
輪隨而分布月蓋比丘以護持法勤行精進即
於此身化百万億人於阿耨多羅三藐三菩提立
不退轉十四那由他人深發聲聞辟支佛心无量
衆生得生天上天帝時王寶蓋豈異人乎今現
得佛号寶焰如來其王千子即賢劫中千佛是
也從迦羅鳩孫駄為始得佛最後如來号曰樓

於此身化百万億人於阿耨多羅三藐三菩提立
不退轉十四那由他人深發聲聞辟支佛心无量
衆生得生天上天帝時王寶蓋豈異人乎今現
得佛号寶焰如來其王千子即賢劫中千佛是
也從迦羅鳩孫駄為始得佛最後如來号曰樓
至月蓋比丘則我身是如是天帝當知此要以
法供養於諸供養為上為最第一无比是故
天帝當以法之供養供養於佛

囑累品第十四

於是佛告弥勒菩薩言弥勒我今以是无量
億阿僧祇劫所集阿耨多羅三藐三菩提法
付囑於汝如是輩經於佛滅後末世之中汝等
當以神力宣廣流布於閻浮提无令斷絶所以
者何未來世中當有善男子善女人及天龍鬼
神乹闥婆羅刹等發阿耨多羅三藐三菩提
心樂于大法若使不聞如是等經則失善利
如此輩人聞是等經必多信樂發希有心當
以頂受隨諸衆生所應得利而為廣說弥勒
當知菩薩有二相何謂為二一者好於雜句文
飾之事二者不畏深義如實能入若好雜句
文飾事者當知是為新學菩薩若於如是无
染无著甚深經典无有恐畏能入其中聞已心
淨受持讀誦如說脩行當知是為久脩道行
弥勒復有二法名新學者不能決定於甚深
法何等為二一者所未聞深經聞之驚怖生疑
不能隨順毀謗不信而作是言我初不聞從
何所來二者若有護持解說如是深經者不

深无著甚深經典无有恐畏能入其中聞已心
淨受持讀誦如說脩行當知是為久脩道行
弥勒復有二法名新學者不能决定於甚深
法何等為二一者所未聞深經聞之驚怖生疑
不能隨順毀謗不信而作是言我初不聞從
何所來二者若有護持解說如是深經者不
肯親近供養恭敬或時於中說其過惡有此二
法當知是新學菩薩為自毀傷不能於深法
中調伏其心弥勒復有二法菩薩雖信解深法
猶自毀傷而不能得无生法忍何等為二一者
輕慢新學菩薩而不教誨二者雖深解法
而取相分別是為二法弥勒菩薩聞說是已
白佛言世尊未曾有也如佛所說我當遠離
如斯之惡奉持如來无數阿僧祇劫所集阿耨
多羅三藐三菩提法若未來世善男子善女人
求大乘者當令手得如是等經與其念力使
受持讀誦為他廣說世尊若後末世有能受
持讀誦為他說者當知是弥勒神力之所建立
佛言善哉善哉弥勒如汝所說佛助尒喜於
是一切菩薩合掌白佛我等亦於如來滅後十
方國土廣宣流布阿耨多羅三藐三菩提復
當開導諸說法者令得是經
尒時四天王白佛世尊在在處處城邑聚落
山林曠野有是經卷讀誦解說者我當率
諸官屬為聽法故往詣其所擁護其人面百
由旬令无伺求得其便者是時佛告阿難受
持是經廣宣流布阿難言唯我已受持要

BD14070號　維摩詰所說經卷下　（23–21）

而取相分別是為二法弥勒菩薩聞說是已
白佛言世尊未曾有也如佛所說我當遠離
如斯之惡奉持如來无數阿僧祇劫所集阿耨
多羅三藐三菩提法若未來世善男子善女人
求大乘者當令手得如是等經與其念力使
受持讀誦為他廣說世尊若後末世有能受
持讀誦為他說者當知是弥勒神力之所建立
佛言善哉善哉弥勒如汝所說佛助尒喜於
是一切菩薩合掌白佛我等亦於如來滅後十
方國土廣宣流布阿耨多羅三藐三菩提復
當開導諸說法者令得是經
尒時四天王白佛世尊在在處處城邑聚落
山林曠野有是經卷讀誦解說者我當率
諸官屬為聽法故往詣其所擁護其人面百
由旬令无伺求得其便者是時佛告阿難受
持是經廣宣流布阿難言唯我已受持要
者世尊當何名斯經佛言阿難是經名為維
摩詰所說亦名不可思議解脫法門如是受
持佛說是經已長者維摩詰文殊師利舍利
弗阿難等及諸天人阿脩羅一切大衆聞佛所
說皆大歡喜
維摩詰經卷下

BD14070號　維摩詰所說經卷下　（23–22）

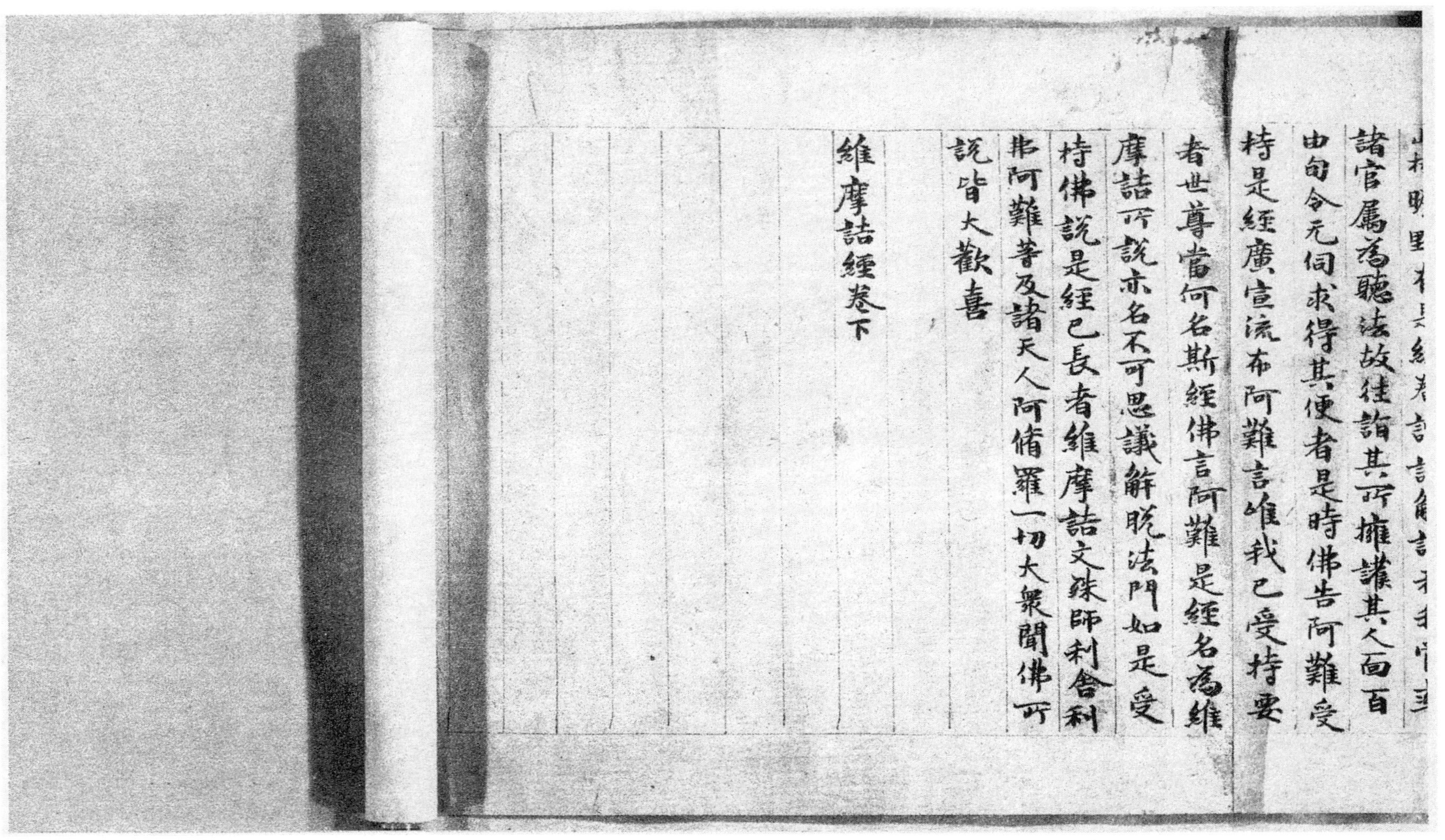
諸官屬為聽法故往詣其所擁護其人面百
由旬令元伺求得其便者是時佛告阿難受
持是經廣宣流布阿難言唯我已受持要
者世尊當何名斯經佛言阿難是經名為維
摩詰所說亦名不可思議解脫法門如是受
持佛說是經已長者維摩詰文殊師利舍利
弗阿難等及諸天人阿修羅一切大眾聞佛所
說皆大歡喜
維摩詰經卷下

BD14070 號　維摩詰所說經卷下　（23–23）

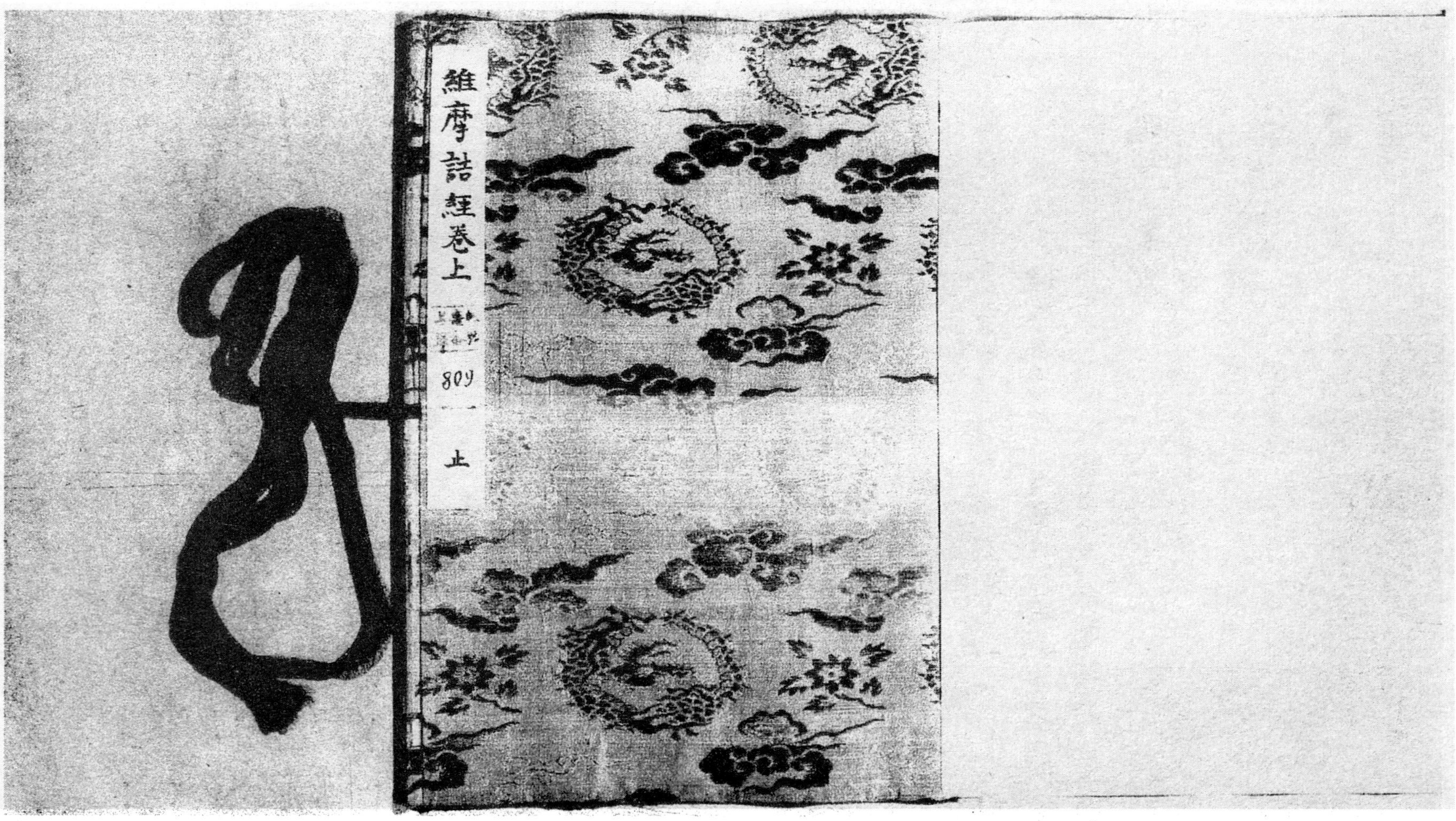

BD14071 號背　現代護首　（1–1）

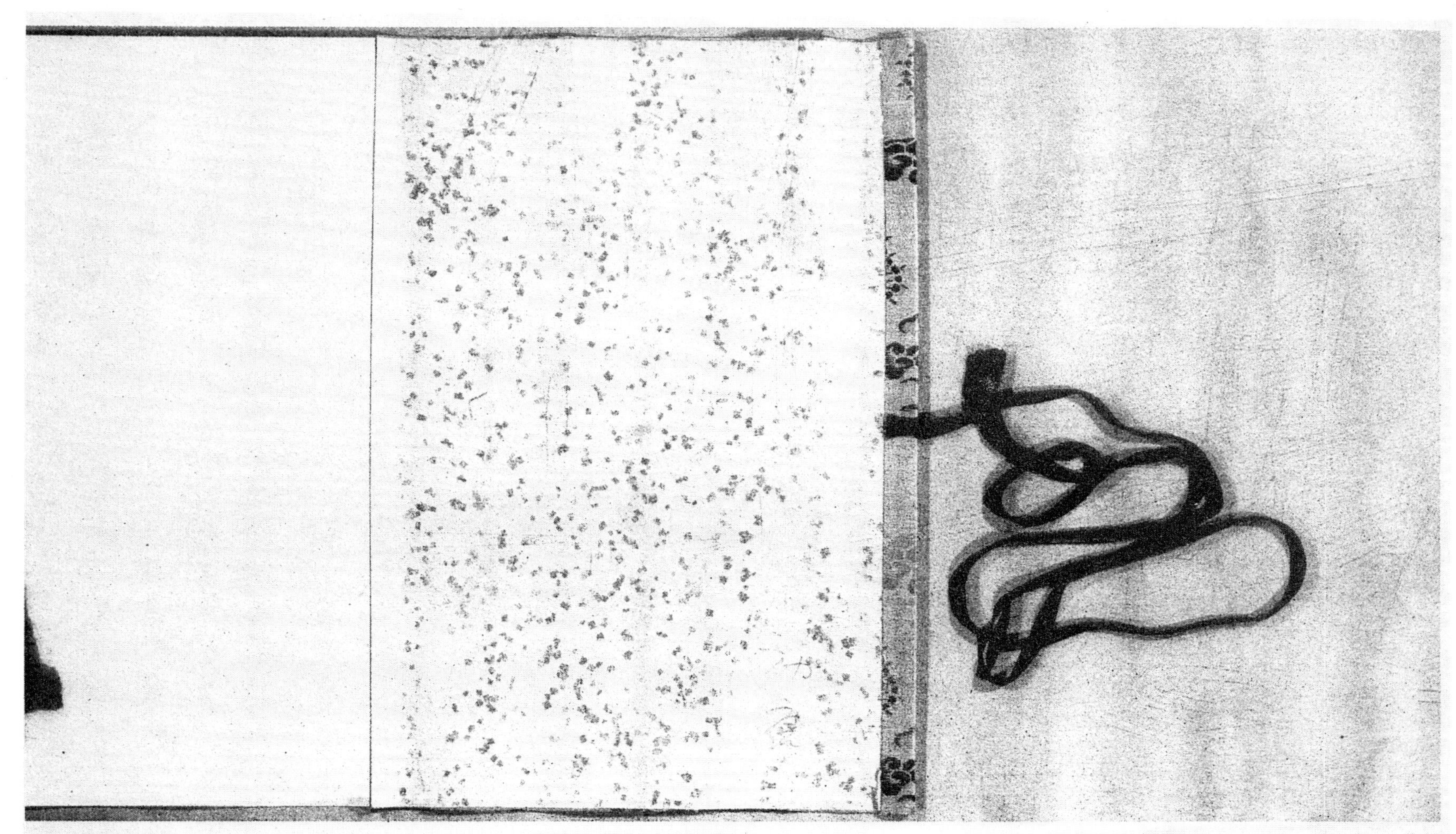

BD14071號　維摩詰所說經卷上　（9–1）

[illegible]无量[illegible]
[illegible]是一切悉見聞
常以法財施一切
於第一義而不動
是故稽首此法王
[illegible]　以因緣故諸法生
无我无造无受者　善惡之業亦不亡
始在佛樹力降魔　得甘露滅覺道成
已无心意无受行　而悉摧伏諸外道
三轉法輪於大千　其輪本來常清淨
天人得道此為證　三寶於是現世間
以斯妙法濟群生　一受不退常寂然
度老病死大醫王　當礼法海德无邊
毀譽不動如須弥　於善不善等以慈
心行平等如虛空　孰聞人寶不敬承
今奉世尊此微蓋　於中現我三千界
諸天龍神所居宮　乾闥婆等及夜叉
悉見世間諸所有　十方哀現是化變
眾覩希有皆歎佛　今我稽首三界尊
大聖法王眾所歸　[illegible]心觀佛靡不欣

BD14071號　維摩詰所說經卷上　（9–2）

今奉世尊此微蓋　於中現我三千界
諸天龍神所居宮　乾闥婆等及夜叉
悉見世間諸所有　十方衆現是化變
衆覩希有皆歎佛　今我稽首三界尊
大聖法王衆所歸　淨心觀佛靡不欣
各見世尊在其前　斯則神力不共法
佛以一音演說法　衆生隨類各得解
皆謂世尊同其語　斯則神力不共法
佛以一音演說法　衆生各各隨所解
普得受行獲其利　斯則神力不共法
佛以一音演說法　或有恐畏或歡喜
或生厭離或斷疑　斯則神力不共法
稽首十力大精進　稽首已得无所畏
稽首住於不共法　稽首一切大導師
稽首能斷衆結縛　稽首已到於彼岸
稽首能度諸世間　稽首永離生死道
悉知衆生來去相　善於諸法得解脫
不著世間如蓮華　常善入於空寂行
達諸法相无罣礙　稽首如空无所依
尒時長者子寶積說此偈已白佛言世尊是
五百長者子皆已發阿耨多羅三藐三菩提
心願聞得佛國土清淨唯願世尊說諸菩薩
淨土之行佛言善哉寶積乃能為諸菩薩問
於如來淨土之行諦聽諦聽善思念之當為
汝說於是寶積及五百長者子受教而聽佛
言寶積衆生之類是菩薩佛土所以者何菩

BD14071 號　維摩詰所說經卷上　（9–3）

於如來淨土之行諦聽諦聽善思念之當為
汝說於是寶積及五百長者子受教而聽佛
言寶積衆生之類是菩薩佛土所以者何菩
薩隨所化衆生而取佛土隨所調伏衆生而
取佛土隨諸衆生應以何國入佛智慧而取
佛土隨諸衆生應以何國起菩薩根而取佛
土所以者何菩薩取於淨國皆為饒益諸衆
生故譬如有人欲於空地造立宮室隨意无
礙若於虛空終不能成菩薩如是為成就衆
生故願取佛國願取佛國者非於空也
寶積當知直心是菩薩淨土菩薩成佛時不
諂衆生來生其國深心是菩薩淨土菩薩成
佛時具足功德衆生來生其國大乘心是菩
薩淨土菩薩成佛時大乘衆生來生其國布
施是菩薩淨土菩薩成佛時一切能捨衆生
來生其國持戒是菩薩淨土菩薩成佛時行
十善道滿願衆生來生其國忍辱是菩薩淨
土菩薩成佛時卅二相莊嚴衆生來生其國
精進是菩薩淨土菩薩成佛時勤脩一切功
德衆生來生其國禪定是菩薩淨土菩薩成
佛時攝心不亂衆生來生其國智慧是菩薩
淨土菩薩成佛時正定衆生來生其國四无
量心是菩薩淨土菩薩成佛時成就慈悲喜
捨衆生來生其國四攝法是菩薩淨土菩薩
成佛時解脫所攝衆生來生其國方便是菩
薩淨土菩薩成佛時於一切法方便无礙衆

BD14071 號　維摩詰所說經卷上　（9–4）

淨土菩薩成佛時正定衆生來生其國四无
量心是菩薩淨土菩薩成佛時成就慈悲喜
捨衆生來生其國四攝法是菩薩淨土菩薩
成佛時解脫所攝衆生來生其國方便是菩
薩淨土菩薩成佛時於一切法方便无礙衆
生來生其國卅七道品是菩薩淨土菩薩成
佛時念處正勤神足根力覺道衆生來生其
國迴向心是菩薩淨土菩薩成佛時得一切
具足功德國土說除八難是菩薩淨土菩薩
成佛時國土无有三惡八難自守戒行不譏
彼闕是菩薩淨土菩薩成佛時國土无有犯
禁之名十善是菩薩淨土菩薩成佛時命不
中夭大富梵行所言誠諦常以軟語眷屬不
離善和諍訟言必饒益不嫉不恚正見衆生
來生其國如是寶積菩薩隨其直心則能發
行隨其發行則得深心隨其深心則意調伏
隨意調伏則如說行隨如說行則能迴向隨
其迴向則有方便隨其方便則成就衆生隨
成就衆生則佛土淨隨佛土淨則說法淨隨
說法淨則智慧淨隨智慧淨則其心淨隨其
心淨則一切功德淨是故寶積若菩薩欲得
淨土當淨其心隨其心淨則佛土淨
尒時舍利弗承佛威神作是念若菩薩心淨
則佛土淨者我世尊本為菩薩時意豈不淨
而是佛土不淨若此佛知其念即告之言於
意云何日月豈不淨耶而盲者不見對曰不
也世尊是盲者過非日月咎舍利弗衆生罪

淨土當淨其心隨其心淨則佛土淨
尒時舍利弗承佛威神作是念若菩薩心淨
則佛土淨者我世尊本為菩薩時意豈不淨
而是佛土不淨若此佛知其念即告之言於
意云何日月豈不淨耶而盲者不見對曰不
也世尊是盲者過非日月咎舍利弗衆生罪
故不見如來佛國嚴淨非如來咎舍利弗我
此土淨而汝不見尒時螺髻梵王語舍利弗
勿作是意謂此佛土以為不淨所以者何我
見釋迦牟尼佛土清淨譬如自在天宮舍利
弗言我見此土丘陵坑坎荊棘砂礫土石諸
山穢惡充滿螺髻梵言仁者心有高下不依
佛慧故見此土為不淨耳舍利弗菩薩於一
切衆生悉皆平等深心清淨依佛智慧則能
見此佛土清淨於是佛以足指按地即時三
千大千世界若干百千珍寶嚴飾譬如寶莊
嚴佛无量功德寶莊嚴土一切大衆歎未曾
有而皆自見坐寶蓮華佛告舍利弗汝且觀
是佛土嚴淨舍利弗言唯然世尊本所不見
本所不聞今佛國土嚴淨悉見佛語舍利弗
我佛國土常淨若此為欲度斯下劣人故示
是衆惡不淨土耳譬如諸天共寶器食隨其
福德飯色有異如是舍利弗若人心淨便見
此土功德莊嚴當佛現此國土嚴淨之時寶
積所將五百長者子皆得无生法忍八万四
千人發阿耨多羅三藐三菩提心佛攝神足
於是世界還復如故求聲聞乘三万二千天

[illegible]五百長者子皆得无生法忍八万四
千人發阿耨多羅三藐三菩提心佛攝神足
於是世界還復如故求聲聞乘三万二千天
及人知有為法皆悉无常遠塵離垢得法眼
淨八千比丘不受諸法漏盡意解
方便品第二
尒時毗耶離大城中有長者名維摩詰已曾
供養无量諸佛深殖善本得无生忍辯才无
礙遊戲神通逮諸揔持獲无所畏降魔勞怨
入深法門善於智度通達方便大願成就明
了衆生心之所趣又能分別諸根利鈍久於
佛道心已純淑決定大乘諸有所作能善思
量住佛威儀心大如海諸佛咨嗟弟子釋梵
世主所敬欲度人故以善方便居毗耶離資
財无量攝諸貧民奉戒清淨攝諸毀禁以忍
調行攝諸恚怒以大精進攝諸懈怠一心禪
寂攝諸亂意以決定慧攝諸无智雖為白衣
奉持沙門清淨律行雖處居家不著三界示
有妻子常脩梵行現有眷屬常樂遠離雖服
寶飾而以相好嚴身雖復飲食而以禪悅為
味若至博弈戲處輙以度人受諸異道不毀
正信雖明世典常樂佛法一切見敬為供養
中家執持正法攝諸長幼一切治生諧偶雖
獲俗利不以喜悅遊諸四衢饒益衆生入治
正法救護一切入講論處導以大乘入諸學
堂誘開童矇入諸婬舍示欲之過入諸酒肆

寶飾而以相好嚴身雖復飲食而以禪悅為
味若至博弈戲處輙以度人受諸異道不毀
正信雖明世典常樂佛法一切見敬為供養
中家執持正法攝諸長幼一切治生諧偶雖
獲俗利不以喜悅遊諸四衢饒益衆生入治
正法救護一切入講論處導以大乘入諸學
堂誘開童矇入諸婬舍示欲之過入諸酒肆
能立其志若在長者長者中尊為說勝法若
在居士居士中尊斷其貪著若在剎利剎利
中尊教以忍辱若在婆羅門婆羅門中尊除
其我慢若在大臣大臣中尊教以正法若在
王子王子中尊示以忠孝若在內官內官中
尊化政宮女若在庶民庶民中尊令興福力
若在梵天梵天中尊誨以勝慧若在帝釋帝
釋中尊示現无常若在護世護世中尊護諸
衆生長者維摩詰以如是等无量方便饒益
衆生其以方便現身有疾以其疾故國王大
臣長者居士婆羅門等及諸王子并餘官屬
无數千人皆往問疾其往者維摩詰因以身
疾廣為說法諸仁者是身无常无強无力无
堅速朽之法不可信也為苦為惱衆病所集
諸仁者如此身明智者所不怙是身如聚沫
不可撮摩是身如泡不得久立是身如焰從
渴愛生是身如芭蕉中无有堅是身如幻從
顛倒起是身如夢為虛妄見是身如影從業
緣現是身如響屬諸因緣是身如浮雲須臾
變滅是身如電念念不住是身无主為如地

釋中尊示現无常若在護世護世中尊護諸
衆生長者維摩詰以如是等无量方便饒益
衆生其以方便現身有疾以其疾故國王大
臣長者居士婆羅門等及諸王子并餘官屬
无數千人皆往問疾其往者維摩詰因以身
疾廣為說法諸仁者是身无常无強无力无
堅速朽之法不可信也為苦為惱衆病所集
諸仁者如此身明智者所不怙是身如聚沫
不可撮摩是身如泡不得久立是身如焰從
渇愛生是身如芭蕉中无有堅是身如幻從
顛倒起是身如夢為虛妄見是身如影從業
緣現是身如響屬諸因緣是身如浮雲須臾
變滅是身如電念念不住是身无主為如地
是身无我為如火是身无壽為如風是身无
人為如水是身不實四大為家是身為空離

BD14071 號　維摩詰所說經卷上　　（9–9）

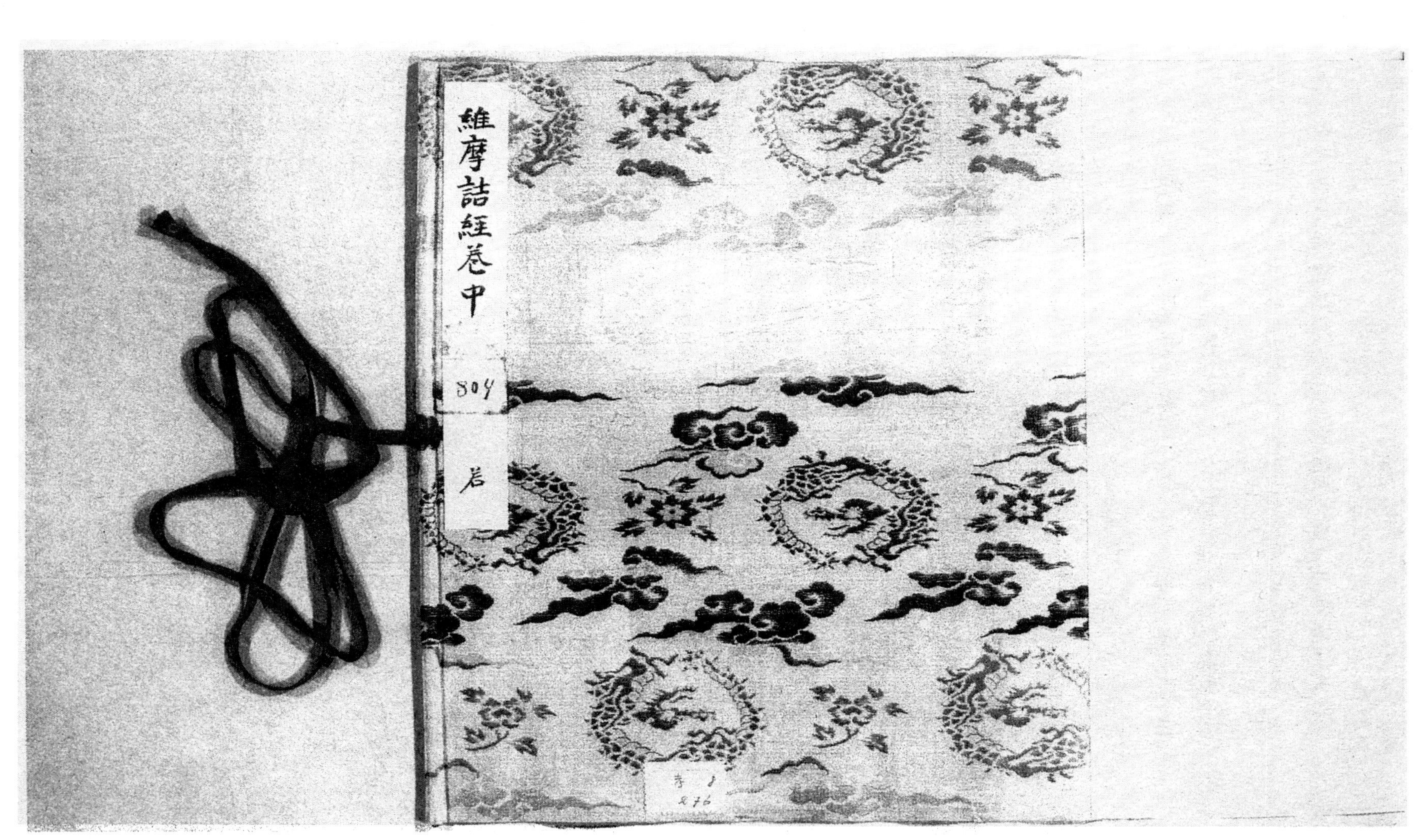

BD14072 號背　現代護首　　（1–1）

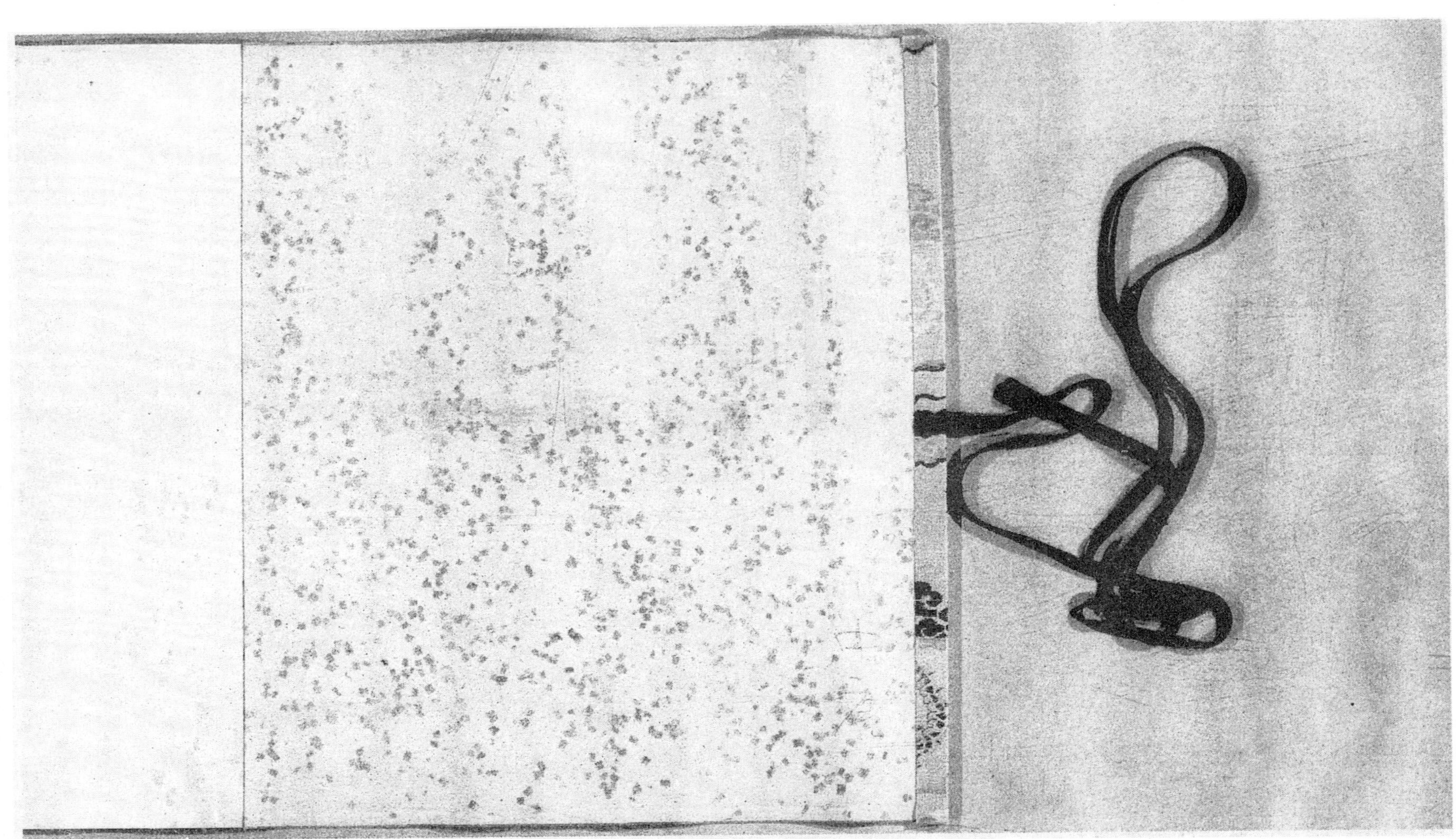

BD14072 號　維摩詰所說經卷中　　（29–1）

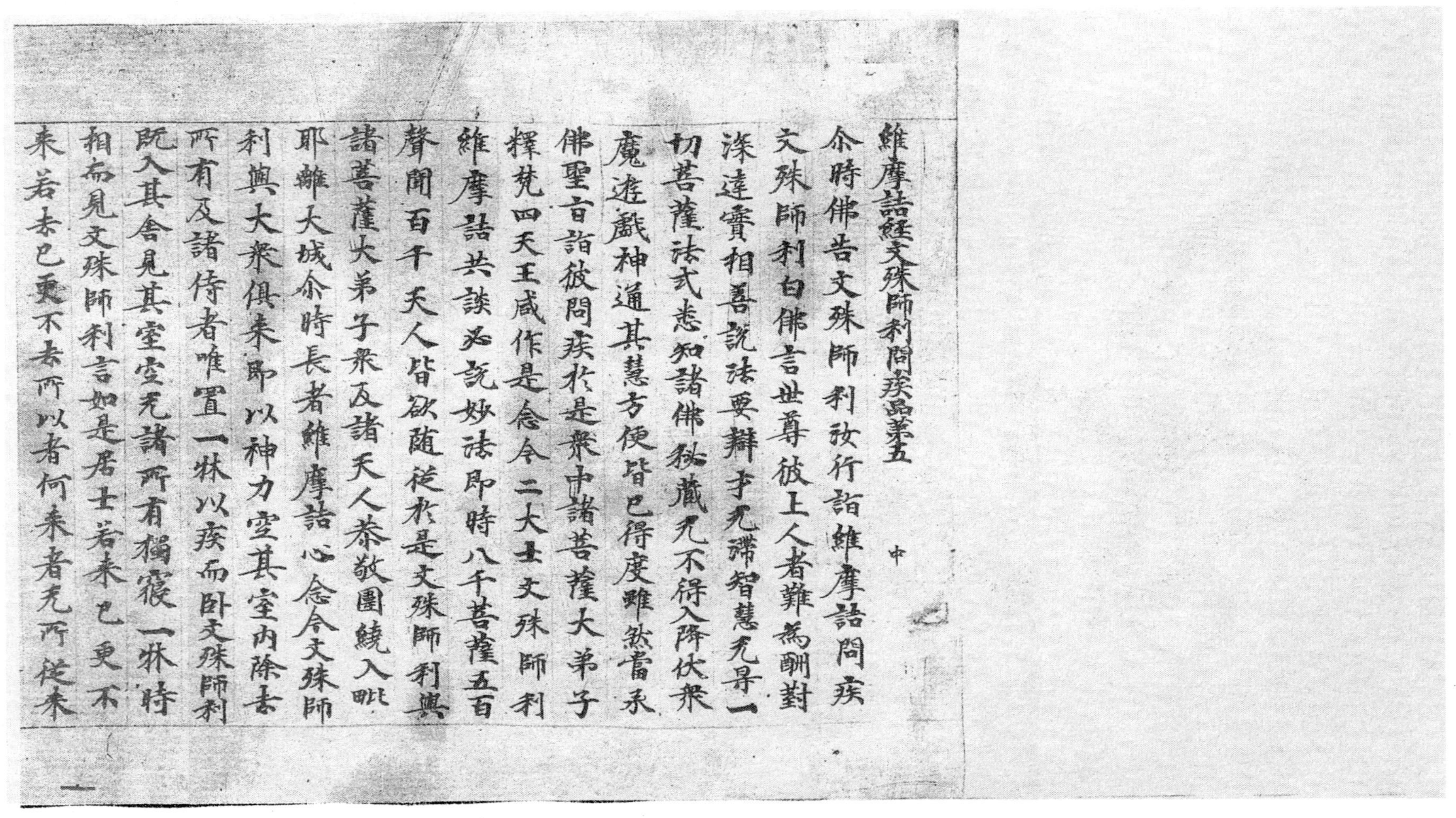

維摩詰經文殊師利問疾品第五　中
尒時佛告文殊師利汝行詣維摩詰問疾
文殊師利白佛言世尊彼上人者難為酬對
深達實相善說法要辯才无滯智慧无㝵一
切菩薩法式悉知諸佛秘藏无不得入降伏衆
魔遊戲神通其慧方便皆已得度雖然當承
佛聖旨詣彼問疾於是衆中諸菩薩大弟子
釋梵四天王咸作是念今二大士文殊師利
維摩詰共談必說妙法即時八千菩薩五百
聲聞百千天人皆欲隨從於是文殊師利與
諸菩薩大弟子衆及諸天人恭敬圍繞入毗
耶離大城尒時長者維摩詰心念今文殊師
利與大衆俱來即以神力空其室內除去
所有及諸侍者唯置一牀以疾而卧文殊師利
既入其舍見其室空无諸所有獨寢一牀時
相而見文殊師利言如是居士若來已更不
來若去已更不去所以者何來者无所從來

BD14072 號　維摩詰所說經卷中　　（29–2）

所有及諸侍者唯置一牀以疾而臥文殊師利
既入其舍見其室空无諸所有獨寢一牀時
相而見文殊師利言如是居士若來已更不
來若去已更不去所以者何來者无所從來
去者无所至所可見者更不可見且置是事
居士是疾寧可忍不療治有損不至增乎世
尊慇懃致問无量居士是疾何所因起其生
久如當云何滅維摩詰言從癡有愛則我病
生以一切衆生病是故我病若一切衆生得
不病者則我病滅所以者何菩薩為衆生故
入生死有生死則有病若衆生得離病者則
菩薩无復病辟如長者唯有一子其子得病
父母亦病若子病愈父母亦愈菩薩如是於
諸衆生愛之若子衆生病則菩薩病衆生病
愈菩薩亦愈又言是疾何所因起菩薩病者
以大悲起文殊師利言居士此室何以空无
侍者維摩詰言諸佛國土亦復皆空又問以
何為空荅曰以空空又問空何用空荅曰以
无分別空故空又問空可分別耶荅曰分別
亦空又問空當於何求荅曰當於六十二見
中求又問六十二見當於何求荅曰當於諸
佛解脫中求又問諸佛解脫當於何求荅曰
當於一切衆生心行中求又仁所問何无侍
者一切衆魔及諸外道皆吾侍也所以者何
衆魔者樂生死菩薩於生死而不捨外道者
樂諸見菩薩於諸見而不動文殊師利言居

BD14072 號　維摩詰所說經卷中　（29–3）

佛解脫中求又問諸佛解脫當於何求荅曰
當於一切衆生心行中求又仁所問何无侍
者一切衆魔及諸外道皆吾侍也所以者何
衆魔者樂生死菩薩於生死而不捨外道者
樂諸見菩薩於諸見而不動文殊師利言居
士所疾為何等相維摩詰言我病无形不可
見又問此病身合耶心合耶荅曰非身合身
相離故亦非心合心如幻故又問地大水大火
大風大於此四大何大之病荅曰是病非
地大亦不離地大水火風大亦復如是而衆
生病從四大起其有病是故我病尒時文
殊師利問維摩詰言菩薩應云何慰喩有
疾菩薩維摩詰言說身无常不說猒離於身說
身有苦不說樂於涅槃說身无我而說教導
衆生說身空寂不說畢竟寂滅說悔先罪而
不說入於過去以己之疾愍於彼疾當識宿
世无數劫苦當念饒益一切衆生憶所脩福
念於淨命勿生憂惱常起精進當作醫王
療治衆病菩薩應如是慰喩有疾菩薩令其
歡喜文殊師利言居士有疾菩薩云何調伏其
心維摩詰言有疾菩薩應作是念今我此病
皆從前世妄想顛倒諸煩惱生无有實法誰
受病者所以者何四大合故假名為身四大
无主身亦无我又此病起皆由著我是故於
我不應生著既知病本即除我想及衆生想
當起法想應作是念但以衆法合成此身起
唯法起滅唯法滅又以法者各不相知起時

BD14072 號　維摩詰所說經卷中　（29–4）

受病者所以者何四大合故假名為身四大
无主身亦无我又此病起皆由著我是故於
我不應生著既知病本即除我想及衆生想
當起法想應作是念但以衆法合成此身起
唯法起滅唯法滅又以法者各不相知起時
不言我起滅時不言我滅彼有疾菩薩為滅
法想當作是念此法想者亦是顛倒顛倒者
是即大患我應離之云何為離離我我所云
何離我我所謂離二法云何離二法謂不念
內外諸法行於平等云何平等謂我等涅槃
等所以者何我及涅槃此二皆空以何為空
但以名字故空如此二法无決定性得是平等
无有餘病唯有空病空病亦空是有疾菩
薩以无所受而受諸受未具佛法亦不滅受
而取證也設身有苦念惡趣衆生起大悲心
我既調伏亦當調伏一切衆生但除其病而
不除法為斷病本而教導之何謂病本謂有
攀緣從有攀緣則為病本何所攀緣謂之三
界云何斷攀緣以无所得若无所得則无攀緣
何謂无得謂二見何謂二見謂內見外見无所
得文殊師利是為有疾菩薩調伏其心為斷老
病死苦是菩薩菩提若不如是已所脩治為
无慧利譬如勝怨乃可為勇如是兼除老病死
者菩薩之謂也彼有疾菩薩應作是念如我此
病非真非有衆生病亦非真非有作是觀時於
諸衆生若起愛見大悲即應捨離所以者何
菩薩斷除客塵煩惱而起大悲愛見悲者則

BD14072 號　維摩詰所說經卷中　（29–5）

者菩薩之謂也彼有疾菩薩應作是念如我此
病非真非有衆生病亦非真非有作是觀時於
諸衆生若起愛見大悲即應捨離所以者何
菩薩斷除客塵煩惱而起大悲愛見悲者則
於生死有疲厭心若能離此无有疲厭在在
所生不為愛見之所覆也所生无縛能為衆
生說法解縛如佛所說若自有縛能解彼縛
无有是處若自无縛能解彼縛斯有是處是
故菩薩不應起縛何謂縛何謂解貪著禪味
是菩薩縛以方便生是菩薩解又无方便慧
縛有方便慧解无慧方便縛有慧方便解何
謂无方便慧縛謂菩薩以愛見心莊嚴佛土
成就衆生於空无相无作法中而自調伏是
名无方便慧縛何謂有方便慧解謂不以愛
見莊嚴佛土成就衆生於空无相无作法中
以自調伏而不疲厭是名有方便慧解何謂
无慧方便縛謂菩薩住貪欲瞋恚邪見等謂
煩惱而殖衆德本是名无慧方便縛何謂有
慧方便解謂離諸貪欲瞋恚邪見等諸煩惱
而殖衆德本迴向阿耨多羅三藐三菩提是
名有慧方便解文殊師利彼有病菩薩應如
是觀諸法又復觀身无常苦空非我是名為
慧雖身有疾常在生死饒益一切而不厭惓
是名方便又復觀身身不離病病不離身是
病是身非新非故是名為慧設身有疾而不
永滅是名方便文殊師利有疾菩薩應如是調

BD14072 號　維摩詰所說經卷中　（29–6）

慧雖身有疾常在生死饒益一切而不猒惓
是名方便又復觀身身不離病病不離身是
病是身非新非故是名為慧設身有疾而不
永滅是名方便文殊師利有疾菩薩應如是調
伏其心不住其中亦復不住不調伏心所以者
何若住不調伏心是愚人法若住調伏心是聲
聞法是故菩薩不當住於調伏不調伏心離此
二法是菩薩行在於生死不為汙行住於涅槃
不永滅度是菩薩行非凡夫行非賢聖行是
菩薩行非垢行非淨行是菩薩行雖過魔行
而現降魔是菩薩行求一切智无非時求是菩
薩行雖觀諸法不生而不入正位是菩薩行雖觀
十二緣起而入諸耶見是菩薩行雖攝一切衆
生而不愛着是菩薩行雖樂遠離而不依身心
盡是菩薩行雖行三界而不壞法性是菩薩行
雖行於空而殖衆德本是菩薩行雖行无相而
度衆生是菩薩行雖行无作而現受身是菩薩
行雖行无起而起一切善行是菩薩行雖行六
波羅蜜而遍知衆生心心數法是菩薩行雖行
六通而不盡漏是菩薩行雖行四无量心而
不貪着生於梵世是菩薩行雖行禪定解脫
三昧而不隨禪生是菩薩行雖行四念處而
不永離身受心法是菩薩行雖行四正勤而
不捨身心精進是菩薩行雖行四如意足而
得自在神通是菩薩行雖行五根而分別衆
生諸根利鈍是菩薩行雖行五力而樂求佛
十力是菩薩行雖行七覺分而分別佛之智

BD14072 號　維摩詰所說經卷中　(29–7)

不捨身心精進是菩薩行雖行四如意足而
得自在神通是菩薩行雖行五根而分別衆
生諸根利鈍是菩薩行雖行五力而樂求佛
十力是菩薩行雖行七覺分而分別佛之智
慧是菩薩行雖行八正道而樂行无量佛法
是菩薩行雖行正觀助道之法而不畢竟墮
於寂滅是菩薩行雖行諸法不生不滅而以
相好莊嚴其身是菩薩行雖現聲聞辟支佛
威儀而不捨佛法是菩薩行雖隨諸法究竟
淨相而隨所應為現其身是菩薩行雖觀諸
佛國土永寂如空而現種種清淨佛土是菩
薩行雖得佛道轉于法輪入於涅槃而不捨於
菩薩之道是菩薩行說是語時文殊師利所
將大衆其中八千天子皆發阿耨多羅三
藐三菩提心

不思議品第六

尒時舍利弗見此室中无有牀坐作是念斯
諸菩薩大弟子衆當於何坐長者維摩詰知
其意語舍利弗言云何仁者為法來耶求牀
坐耶舍利弗言我為法來非為牀坐維摩詰
言唯舍利弗夫求法者不貪軀命何況牀坐
夫求法者非有色受想行識之求非有界入
之求非有欲色无色之求唯舍利弗夫求法
者不着佛求不着法求不着衆求夫求法者
无見苦求无斷集求无造盡證脩道之求所
以者何法无戲論若言我當見苦斷集證滅

BD14072 號　維摩詰所說經卷中　(29–8)

之求非有欲色无色之求唯舍利弗夫求法
者不着佛求不着法求不着衆求夫求法者
无見苦求无斷集求无造盡證脩道之求所
以者何法无戲論若言我當見苦斷集證滅
脩道是則戲論非求法也唯舍利弗法名寂
滅若行生滅是求生滅非求法也法名无染
若染於法乃至涅槃是則染着非求法也法
无行處若行於法是則行處非求法也法无處
取捨若取捨法是則取捨非求法也法无處
所若着處所是則着處非求法也法名无相
若隨相識是則求相非求法也法不可住若
住於法是則住法非求法也法不可見聞覺
知若行見聞覺知是則見聞覺知非求法也
法名无為若行有為是求有為非求法也是
故舍利弗若求法者於一切法應无所求説
是語時五百天子於諸法中得法眼淨
尒時長者維摩詰問文殊師利仁者遊於无
量千万億阿僧祇國何等佛土有好上妙功
德成就師子之坐文殊師利言居士東方度
三十六恒河沙國有世界名須弥相其佛号須
弥燈王今現在彼佛身長八万四千由旬其師
子坐高八万四千由旬嚴餝第一於是長者
維摩詰現神通力即時彼佛遣三万二千師
子坐高廣嚴淨來入維摩詰室諸菩薩大衆
子釋梵四天王等昔所未見其室廣愽悉
苞容受三万二千師子坐无所妨閡於毗耶離

BD14072號　維摩詰所說經卷中

（29–9）

維摩詰現神通力即時彼佛遣三万二千師
子坐高廣嚴淨來入維摩詰室諸菩薩大衆
子釋梵四天王等昔所未見其室廣愽悉
苞容受三万二千師子坐无所妨閡於毗耶離
城及閻浮提四天下亦不迫迮悉見如故尒
時維摩詰語文殊師利就師子坐與諸菩薩
上人俱坐當自立身如彼坐像其得神通菩
薩即自變形為四万二千由旬坐師子坐諸
新發意菩薩及大弟子皆不能昇尒時維摩
詰語舍利弗就師子坐舍利弗言居士此坐
高廣吾不能昇維摩詰言唯舍利弗為須弥
燈王如來作礼乃可得坐於是新發意菩薩
及大弟子即為須弥燈王如來作礼便得坐
師子坐舍利弗言居士未曾有也如是小室
乃容受此高廣之坐於毗耶離城无所妨閡
又於閻浮提聚落城邑及四天下諸天龍王
鬼神宮殿亦不迫迮維摩詰言唯舍利弗諸
佛菩薩有解脫名不可思議若菩薩住是解
脫者以須弥之高廣内芥子中无所增減須
弥山王本相如故而四天王忉利諸天不覺
不知己之所入唯應度者乃見須弥入芥子
中是名不可思議解脫法門又以四大海水
入一毛孔不嬈鼈鼉黿鼉水性之屬而彼大
海本相如故諸龍鬼神阿脩羅等不覺不知
己之所入於此衆生忽无所嬈又舍利弗住
不可思議解脫菩薩斷取三千大千世界如
陶家輪著右掌中擲過恒河沙世界之外其中

BD14072號　維摩詰所說經卷中

（29–10）

入一毛孔不嬈龜鼈黿鼉水性之屬而彼大
海本相如故諸龍鬼神阿脩羅等不覺不知
己之所入於此衆生亦无所嬈又舍利弗住
不可思議解脫菩薩斷取三千大千世界如
陶家輪着右掌中擲過恒河沙世界之外其中
衆生不覺不知己之所往又復還置本處都
不使人有往來想而此世界本相如故又舍
利弗或有衆生樂久住世而可度者菩薩即
演七日以為一劫令彼衆生謂之一劫或有衆
生不樂久住而可度者菩薩即促一劫以
為七日令彼衆生謂之七日又舍利弗住不
可思議解脫菩薩以一切佛土嚴飾之事集
在一國示於衆生又菩薩以一佛土衆生置
之右掌飛到十方遍示一切而不動本處又
舍利弗十方衆生供養諸佛之具菩薩於一
毛孔皆令得見又十方國土所有日月星宿
於一毛孔普使見之又舍利弗十方世界所
有諸風菩薩悉能吸著口中而身无損外
諸樹木亦不摧折又十方世界劫盡燒時以
一切火內於腹中火事如故而不為害又於
下方過恒河沙等諸佛世界取一佛土舉着
上方過恒河沙无數世界如持針鋒舉一棗
葉而无所嬈又舍利弗住不可思議解脫菩
薩能以神通現作佛身或現辟支佛身或
現聲聞身或現帝釋身或現梵王身或現世主
身或現轉輪王身又十方世界所有衆聲上
中下音皆能變之令作佛聲演出无常苦空

薩能以神通現作佛身或現辟支佛身或
現聲聞身或現帝釋身或現梵王身或現世主
身或現轉輪王身又十方世界所有衆聲上
中下音皆能變之令作佛聲演出无常苦空
无我之音及十方諸佛所說種種之法皆於
其中普令得聞舍利弗我今略說菩薩不可
思議解脫之力若廣說者窮劫不盡是時大
迦葉聞說菩薩不可思議解脫法門歎未曾
有謂舍利弗譬如有人於盲者前現衆色像
非彼所見一切聲聞聞是不可思議解脫法
門不能解了為若此也智者聞是其誰不發
阿耨多羅三藐三菩提心我等何為永絕其
根於此大乘已如敗種一切聲聞聞是不可思議
解脫法門皆應號泣聲震三千大千世界
一切菩薩應大喜慶頂受此法若有菩薩信
解不可思議解脫門者一切魔衆无如之何
大迦葉說是語時三万二千天子皆發阿耨
多羅三藐三菩提心
尒時維摩詰語大迦葉仁者十方无量阿僧
祇世界中作魔王者多是住不可思議解脫
菩薩以方便力教化衆生現作魔王又迦葉
十方无量菩薩或有人從乞手足耳鼻頭目
髓腦血肉皮骨聚落城邑妻子奴婢象馬車
乘金銀琉璃車渠馬瑙珊瑚虎珀真珠珂貝
衣服飲食如此乞者多是住不可思議解脫
菩薩以方便力而往試之令其堅固所以者

髓腦血宍皮骨聚落城邑妻子奴婢象馬車
乘金銀琉璃車渠馬瑙珊瑚虎珀真珠珂貝
衣服飲食如此乞者多是住不可思議解脫
菩薩以方便力而往試之令其堅固所以者
何住不可思議解脫菩薩有威德力故行逼
迫示諸衆生如是難事凡夫下劣无有力勢
不能如是逼迫菩薩如龍象蹴蹹非驢所
堪是名住不可思議解脫菩薩智慧方便之門

觀衆生品第七

尒時文殊師利問維摩詰言菩薩云何觀於
衆生維摩詰言譬如幻師見所幻人菩薩觀
衆生爲若此如智者見水中月如鏡中見其面
面像如熱時炎如呼聲響如空中雲如水聚
沫如水上泡如芭蕉堅如電久住如第五大
如第六陰如第七情如十三入如十九界菩
薩觀衆生爲若此如无色界色如焦穀牙
如須陀洹身見如阿那含入胎如阿羅漢三毒
如得忍菩薩貪恚毀禁如佛煩惱習如盲者
見色如入滅定出入息如空中鳥跡如石女兒
如化人生煩惱如夢所見已寤如滅度者
受身如无烟之火菩薩觀衆生爲若此也文
殊師利言若菩薩作是觀者云何行慈維摩
詰言菩薩作是觀已自念我當爲衆生說如
斯法是即真實慈也行寂滅慈无所生故行
不熱慈无煩惱故行等之慈等三世故行无
諍慈无所起故行不二慈內外不合故行不

BD14072號　維摩詰所說經卷中　（29–13）

殊師利言若菩薩作是觀者云何行慈維摩
詰言菩薩作是觀已自念我當爲衆生說如
斯法是即真實慈也行寂滅慈无所生故行
不熱慈无煩惱故行等之慈等三世故行无
諍慈无所起故行不二慈內外不合故行不
壞慈畢竟盡故行堅固慈心无毀故行清淨
慈諸法性淨故行无邊慈如虛空故行阿羅
漢慈破結賊故行菩薩慈安衆生故行如來
慈得如相故行佛之慈覺衆生故行自然慈
无因得故行菩提慈等一味故行无比慈斷
諸愛故行大悲慈導以大乘故行无猒慈觀
空无我故行法施慈无遺惜故行持戒慈化
毀禁故行忍辱慈護彼我故行精進慈荷負
衆生故行禪定慈不受味故行智慧慈无不
知時故行方便慈一切示現故行无隱慈直
心清淨故行深心慈无雜行故行无誑慈不
虛假故行安樂慈令得佛樂故菩薩之慈爲
若此也文殊師利又問何謂爲悲答曰菩薩
所作功德皆與一切衆生共之何謂爲喜答
曰有所饒益歡喜无悔何謂爲捨答曰所作
福祐无所悕望文殊師利又問生死有畏菩
薩當何所依維摩詰言菩薩於生死畏中當
依如來功德之力文殊師利又問菩薩欲依
如來功德之力當於何住答曰菩薩欲依如
來功德力者當住度脫一切衆生又問欲度
衆生當何所除答曰欲度衆生除其煩惱又問
欲除煩惱當何所行答曰當行正念又問

BD14072號　維摩詰所說經卷中　（29–14）

依如來功德之力文殊師利又問菩薩欲依
如來功德之力當於何住荅曰菩薩欲依如
來功德力者當住度脫一切衆生又問欲度
衆生當何所除荅曰欲度衆生除其煩惱又問
欲除煩惱當何所行荅曰當行正念又問
云何行於正念荅曰當行不生不滅又問何
法不生何法不滅荅曰不善不生善法不滅
又問善不善孰為本荅曰身為本又問身孰
為本荅曰欲貪為本又問欲貪孰為本荅曰
虛妄分別為本又問虛妄分別孰為本荅曰
顛倒想為本又問顛倒想孰為本荅曰无住
為本又問无住孰為本荅曰无住則无本文
殊師利從无住本立一切法
時維摩詰室有一天女見諸大人聞所說
法便現其身即以天華散諸菩薩大弟子上
華至諸菩薩即皆墮落至大弟子便著不墮
一切弟子神力去華不能令去尒時天問舍利
弗何故去華荅曰此華不如法是以去之天
曰勿謂此華為不如法所以者何是華无所
分別仁者自生分別想耳若於佛法出家有
所分別為不如法若无所分別是則如法觀
諸菩薩華不著者以斷一切分別想故譬如
人畏時非人得其便如是弟子畏生死故色
聲香味觸得其便已離畏者一切五欲无能
為也結習未盡華著身耳結習盡者華不著
世舍利弗言天止此室其已久如荅曰我止此
室如耆年解脫舍利弗言止此久耶天曰

聲香味觸得其便已離畏者一切五欲无能
為也結習未盡華著身耳結習盡者華不著
世舍利弗言天止此室其已久如荅曰我止此
室如耆年解脫舍利弗言止此久耶天曰
耆年解脫亦何如久舍利弗嘿然不荅天曰
如何耆舊大智而默荅曰解脫者无所言說
故吾於是不知所云天曰言說文字皆解脫
相所以者何解脫者不內不外不在兩間文
字亦不內不外不在兩間是故舍利弗无離
文字說解脫也所以者何一切諸法是解脫
相舍利弗言不復以離婬怒癡為解脫乎天
曰佛為增上慢人說離婬怒癡為解脫耳若
无增上慢者佛說婬怒癡性即是解脫舍利
弗言善哉善哉天女汝何所得以何為證辯
乃如是天曰我无得无證故辯如是所以者
何若有得有證者則於佛法為增上慢
舍利弗問天汝於三乘為何志求天曰以聲
聞法化衆生故我為聲聞以因緣法化衆生
故我為辟支佛以大乘法化衆生故我為大
乘舍利弗如人入瞻蔔林唯齅瞻蔔不齅餘
香如是若入此室但聞佛功德之香不樂聞
聲聞辟支佛功德香也舍利弗其有釋梵四
天王諸天龍鬼神等入此室者聞斯上人講
說正法皆樂佛功德之香發心而出舍利弗
吾止此室十有二年初不聞說聲聞辟支佛
法但聞菩薩大慈大悲不可思議諸佛之法

聲聞辟支佛功德香也舍利弗其有釋梵四
天王諸天龍鬼神等入此室者聞斯上人講
說正法皆樂佛功德之香發心而出舍利弗
吾止此室十有二年初不聞說聲聞辟支佛
法但聞菩薩大慈大悲不可思議諸佛之法
舍利弗此室常現八未曾有難得之法何等
為八此室常以金色光照晝夜无異不以日
月所照為明是為一未曾有難得之法此
室入者不為諸垢之所惱也是為二未曾有難
得之法此室常有釋梵四天王他方菩薩來
會不絕是為三未曾有難得之法此室常說
六波羅蜜不退轉法是為四未曾有難得之
法此室常作天人第一之樂絃出无量法化
之聲是為五未曾有難得之法此室有四大
藏眾寶積滿周窮濟之求得无盡是為六未
曾有難得之法此室釋迦牟尼佛阿弥陁佛
阿閦佛寶德寶炎寶月寶嚴難勝師子響
一切利成如是等十方无量諸佛是上人念時
即皆為來廣說諸佛秘要法藏說已還去是
為七未曾有難得之法此室一切諸天嚴飾
宮殿諸佛淨土皆於中現是為八未曾有難
得之法舍利弗此室常現八未曾有難得之
法誰有見斯不思議事而復樂於聲聞法乎
舍利弗言汝何以不轉女身天曰我從十二
年來求女人相了不可得當何所轉譬如幻
師化作幻女若有人問何以不轉女身是人
為正問不舍利弗言不也幻无定相當何所

BD14072 號　維摩詰所說經卷中　（29–17）

法誰有見斯不思議事而復樂於聲聞法乎
舍利弗言汝何以不轉女身天曰我從十二
年來求女人相了不可得當何所轉譬如幻
師化作幻女若有人問何以不轉女身是人
為正問不舍利弗言不也幻无定相當何所
轉天曰一切諸法亦復如是无有定相云何
乃問不轉女身即時天女以神通力變舍利
弗令如天女天自化身如舍利弗而問言何
以不轉女身舍利弗以天女像而荅言我今
不知何轉而變為女身天曰舍利弗若能轉
此女身則一切女人亦當能轉如舍利弗非
女而現女身一切女人亦復如是雖現女身
而非女也是故佛說一切諸法非男非女即
時天女還攝神力舍利弗身還復如故天問
舍利弗女身色相今何所在舍利弗言女身
色相无在无不在天曰一切諸法亦復如是
无住无不住夫无在无不在者佛所說也
舍利弗問天汝於此沒當生何所天曰佛化
所生吾如彼生曰佛化所生非沒生也天曰
眾生猶然无沒生也舍利弗問天汝久如當
得阿耨多羅三藐三菩提天曰如舍利弗還
為凡夫我乃當成阿耨多羅三藐三菩提舍
利弗言我作凡夫无有是處天曰我得阿耨
多羅三藐三菩提亦无是處所以者何菩提
无住處是故无有得者舍利弗言今諸佛得
阿耨多羅三藐三菩提已得當得如恒河沙
皆謂何乎天曰皆以世俗文字數故說有三

BD14072 號　維摩詰所說經卷中　（29–18）

多羅三藐三菩提心无是處所以者何菩提
无住處是故无有得者舍利弗言今諸佛得
阿耨多羅三藐三菩提已得當得如恒河沙
皆謂何乎天曰皆以世俗文字數故說有三
世非謂菩提有去來今天曰舍利弗汝得阿
羅漢道耶曰无所得故而得天曰諸佛菩薩
亦復如是无所得故而得尒時維摩詰語舍
利弗是天女已曾供養九十二億佛已能遊
戲菩薩神通所願具足得无生忍住不退轉
以本願故隨意能現教化衆生

佛道品第八

尒時文殊師利問維摩詰言菩薩云何通達
佛道維摩詰言若菩薩行於非道是為通達
佛道又問云何菩薩行於非道荅曰若菩薩
行五无間而无惱恚至于地獄无諸罪垢至
于畜生无有无明憍慢等過至于餓鬼而具
足功德行色无色界道不以為勝示行貪欲
離諸染著示行瞋恚於諸衆生无有恚閡示
行愚癡而以智慧調伏其心示行慳貪而捨
內外所有不惜身命示行毀禁而安住淨戒
乃至小罪猶懷大懼示行瞋恚而常慈忍示
行懈怠而懃脩功德示行亂意而常念定示
行愚癡而通達世間出世間慧示行諂偽而
善方便隨諸經義示行憍慢而於衆生猶如
橋梁示行諸煩惱而心常清淨示入於魔而
順佛智慧不隨他教示入聲聞而為衆生說

善方便隨諸經義示行憍慢而於衆生猶如
橋梁示行諸煩惱而心常清淨示入於魔而
順佛智慧不隨他教示入聲聞而為衆生說
未聞法示入辟支佛而成就大悲教化衆生示
入貧窮而有寶手功德无盡示入形殘而具
諸相好以自莊嚴示入下賤而生佛種姓中
具諸功德示入羸劣醜陋而得那羅延身一
切衆生之所樂見示入老病而永斷病根超
越死畏示有資生而恒觀无常實无所貪
示有妻妾采女而常遠離五欲淤泥現於
訥鈍而成辯才捴持无失示入耶濟而以正
濟渡諸衆生現遍入諸道而斷其因緣現於
涅槃而不斷生死文殊師利菩薩能如是行
於非道是為通達佛道
於是維摩詰問文殊師利何等為如來種文
殊師利言有身為種无明有愛為種貪恚癡
為種四顛倒為種五蓋為種六入為種七識
處為種八耶法為種九惱處為種十不善道
為種以要言之六十二見及一切煩惱皆是
佛種曰何謂也荅曰若見无為入正位者不
能復發阿耨多羅三藐三菩提心譬如高
源陸地不生蓮華卑濕淤泥乃生此華如是
見无為法入正位者終不復能生於佛法煩
惱泥中乃有衆生起佛法耳又如殖種於空終
不得生糞壤之地乃能滋茂如是入无為正
位者不生佛法起於我見如須弥山猶能發
于阿耨多羅三藐三菩提心生佛法矣

見无為法入正位者終不復能生於佛法煩
惱泥中乃有衆生起佛法耳又如殖種於空終
不得生糞壤之地乃能滋茂如是入无為正
位者不生佛法起於我見如須弥山猶能發
于阿耨多羅三藐三菩提心生佛法矣是故
當知一切煩惱為如来種辟如不下巨海不
能得无價寶珠如是不入煩惱大海則不能
得一切智寶

尒時大迦葉嘆言善哉善哉文殊師利快說
說此語誠如所言塵勞之疇為如来種我等
今者不復堪任發阿耨多羅三藐三菩提心
乃至五无間罪猶能發意生於佛法而今我等
永不能發辟如根敗之士其於五欲不能復
利如是聲聞諸結断者於佛法中无所復
益永不志願是故文殊師利凡夫於佛法有
反復而聲聞无也所以者何凡夫聞佛法能
起无上道心不断三寶正使聲聞終身聞佛
法力无畏等永不能發无上道意

尒時會中有菩薩名普現色身問維摩詰
居士父母妻子親戚眷屬吏民知識悉為是
誰奴婢僮僕為馬車乘皆何所在於是維
摩詰以偈荅曰

智度菩薩母　方便以為父　一切衆導師　无不由是生
法喜以為妻　慈悲心為女　善心誠實男　畢竟空寂舍
弟子衆塵勞　随意之所轉　道品善知識　由是成正覺
諸度法等侶　四攝衆伎女　歌詠誦法言　以此為音樂

摩詰以偈荅曰
智度菩薩母　方便以為父　一切衆導師　无不由是生
法喜以為妻　慈悲心為女　善心誠實男　畢竟空寂舍
弟子衆塵勞　随意之所轉　道品善知識　由是成正覺
諸度法等侶　四攝衆伎女　歌詠誦法言　以此為音樂

摠持之園苑　无漏法林樹　覺意淨妙華　解脫智慧果
八解之浴池　定水湛然滿　布以七淨華　浴此无垢人
象馬五通馳　大乘以為車　調御以一心　遊於八正路
相具以嚴容　衆好飾其姿　慙愧之上服　深心為華鬘
富有七財寶　教授以滋息　如所說脩行　迴向為大利
四禪為牀坐　從於淨命生　多聞增智慧　以為自覺音
甘露法之食　解脫味為漿　淨心以澡浴　戒品為塗香
摧滅煩惱賊　勇健无能踰　降伏四種魔　勝幡建道場
雖知无起滅　示彼故有生　悉現諸國土　如日无不見
供養於十方　无量億如来　諸佛及己身　无有分別想
雖知諸佛國　及與衆生空　而常脩淨土　教化於羣生
諸有衆生類　形聲及威儀　无畏力菩薩　一時能盡現
覺知衆魔事　而示随其行　以善方便智　随意皆能現
或示老病死　成就諸羣生　了知如幻化　通達无有閡
或現劫盡燒　天地皆洞然　衆人有常相　照令知无常
无數億衆生　俱来請菩薩　一時到其舍　化令向佛道
經書禁呪術　工巧諸伎藝　盡現行此事　饒益諸羣生
世間衆道法　悉於中出家　因以解人惑　而不墮耶見
或作日月天　梵王世界主　或時作地水　或復作風火
劫中有疾疫　現作諸藥草　若有服之者　除病消衆毒
劫中有飢饉　現身作飲食　先救彼飢渴　却以法語人
劫中有刀兵　為之起慈悲　化彼諸衆生　令住无諍地

世間衆道法　悉於中出家　因以解人惑　而不墮邪見
或作日月天　梵王世界主　或時作地水　或復作風火
劫中有疾疫　現作諸藥草　若有服之者　除病消衆毒
劫中有飢饉　現身作飲食　先救彼飢渴　却以法語人
劫中有刀兵　為之起慈悲　化彼諸衆生　令住无諍地
若有大戰陣　立之以等力　菩薩現威勢　降伏使和安
一切國土中　諸有地獄處　輒往到于彼　勉濟其苦惱
一切國土中　畜生相食噉　皆現生於彼　為之作利益
示受於五欲　亦復現行禪　令魔心憒亂　不能得其便
火中生蓮華　是可謂希有　在欲而行禪　希有亦如是
或現作婬女　引諸好色者　先以欲鉤牽　後令入佛道
或為邑中主　或作商人導　國師及大臣　以祐利衆生
諸有貧窮者　現作无盡藏　因以勸導之　令發菩提心
我心憍慢者　為現大力士　消伏諸貢高　令住无上道
其有恐懼衆　居前而慰安　先施以无畏　後令發道心
或現離婬欲　為五通仙人　開導諸羣生　令住戒忍慈
見須供事者　現為作僮僕　既悅可其意　乃發以道心
隨彼之所須　得入於佛道　以善方便力　皆能給足之
如是道无量　所行无有崖　智慧无邊際　度脫无數衆
假令一切佛　於无數億劫　讚嘆其功德　猶尚不能盡
誰聞如是法　不發菩提心　除彼不肖人　癡冥无智者

入不二法門品第九

尒時維摩詰謂衆菩薩言諸仁者云何菩薩
入不二法門各隨所樂說之會中有菩薩名
法自在說言諸仁者生滅為二法本不生今
則无滅得此无生法忍是為入不二法門
德守菩薩曰我我所為二因有我故便有我

BD14072 號　維摩詰所說經卷中　（29–23）

尒時維摩詰謂衆菩薩言諸仁者云何菩薩
入不二法門各隨所樂說之會中有菩薩名
法自在說言諸仁者生滅為二法本不生今
則无滅得此无生法忍是為入不二法門
德守菩薩曰我我所為二因有我故便有我
所若无有我則无我所是為入不二法門
不眴菩薩曰受不受為二若法不受則不可
得以不可得故无取无捨无作无行是為入
不二法門
德頂菩薩曰垢淨為二見垢實性則无淨相
順於滅相是入不二法門
善宿菩薩曰是動是念為二不動則无念无
念即无分別通達此者是為入不二法門
善眼菩薩曰一相无相為二若一相即是
无相亦不取无相入於平等是為入不二法門
妙臂菩薩曰菩薩心聲聞心為二觀心相空
如幻化者无菩薩心无聲聞心是為入不二
法門
弗沙菩薩曰善不善為二若不起善不善入
无相際而通達者是為入不二法門
師子菩薩曰罪福為二若達罪性則與福无
異以金剛慧決了此相无縛无解者是為入
不二法門
師子意菩薩曰有漏无漏為二若得諸法等
則不起漏不漏想不著於相亦不住无相是
為入不二法門
淨解菩薩曰有為无為二若離一切數則

BD14072 號　維摩詰所說經卷中　（29–24）

師子意菩薩曰有漏无漏為二若得諸法等
則不起漏不漏想不著於想亦不住无相是
為入不二法門
淨解菩薩曰有為无為二若離一切數則
法門
那羅延菩薩曰世間出世間為二世間性空
即是出世間於其中不入不出不溢不散是
為入不二法門
善意菩薩曰生死涅槃為二若見生死性則
无生死无縛无解不然不滅如是解者是為
入不二法門
現見菩薩曰盡不盡為二法若究竟盡若不
盡皆是无盡相无盡相即是空空則无有盡
不盡相如是入者是為入不二法門
普守菩薩曰我无我為二我尚不可得非我
何可得見我實性者不復起二是為入不二
法門
電天菩薩曰明无明為二无明實性即是明
明亦不可取離一切數於其中平等无二者
是為入不二法門
喜見菩薩曰色色空為二色即是空非色滅
空色性自空如是受想行識識空為二識即
是空非識滅空識性自空於其中而通達者
是為入不二法門
明相菩薩曰四種異空種異為二四種性即
是空種性如前際後際空故中際亦空若能

BD14072 號　維摩詰所說經卷中　（29–25）

是空非識滅空識性自空於其中而通達者
是為入不二法門
明相菩薩曰四種異空種異為二四種性即
是空種性如前際後際空故中際亦空若能
如是知諸種性者是為入不二法門
妙意菩薩曰眼色為二若知眼性於色不貪
不恚不癡是名寂滅如是耳聲鼻香舌味身
觸意法為二若知意性於法不貪不恚不癡
是名寂滅安住其中是為入不二法門
无盡意菩薩曰布施迴向一切智為二布施
性即是迴向一切智性如是持戒忍辱精進
禪定智慧迴向一切智為二智慧性即是迴
向一切智性於其中入一相者為入不二
法門
深慧菩薩曰是空是无相是无作為二空即
无相无相即无作若空无相无作則无心意
識於一解脫門即是三解脫門者是為入不
二法門
寂根菩薩曰佛法眾為二佛即是法法即是
眾是三寶皆无為相與虛空等一切法亦尒
能隨此行者是為入不二法門
心无閡菩薩曰身身滅為二身即是身滅所
以者何見身實相者不起見身及見滅身身
與滅身无二无分別於其中不驚不懼者是
為入不二法門
上善菩薩曰身口意善為二是業皆无作

BD14072 號　維摩詰所說經卷中　（29–26）

以者何見身實相者不起見身及見滅身身
與滅身无二无分別於其中不驚不懼者是
爲入不二法門
上善菩薩曰身口意善爲二是三業皆无作
相身无作相即口无作相口无作相即意无
作相是三業无作相即一切法无作相能如
是隨无作慧者是爲入不二法門
福田菩薩曰福行罪行不動行爲二三行實
性即是空空則无福行无罪行无不動行於
此三行而不起者是爲入不二法門
華嚴菩薩曰從我起二爲二見我實相者不
起二法若不住二法則无有識无所識者是
爲入不二法門
德藏菩薩曰有所得相爲二若无所得則无
取捨无取捨者是爲入不二法門
月上菩薩曰闇與明爲二无闇无明則无有
二所以者何如入滅受想定无闇无明一切法
相亦復如是於其中平等入者是爲入不
二法門
寶印手菩薩曰樂涅槃不樂世間爲二若不
樂涅槃不猒世間則无有二所以者何若有
縛則有解若本无縛其誰求解无縛无
解則无樂猒是爲入不二法門
珠頂王菩薩曰正道邪道爲二住正道者則
不分別是邪是正離此二者是爲入不二法門
樂實菩薩曰實不實爲二實見者尚不見實
何況非實所以者何非肉眼所見慧眼乃能

BD14072 號　維摩詰所說經卷中　（29–27）

二所以者何如入滅受想定无闇无明一切法
相亦復如是於其中平等入者是爲入不
二法門
寶印手菩薩曰樂涅槃不樂世間爲二若不
樂涅槃不猒世間則无有二所以者何若有
縛則有解若本无縛其誰求解无縛无
解則无樂猒是爲入不二法門
珠頂王菩薩曰正道邪道爲二住正道者則
不分別是邪是正離此二者是爲入不二法門
樂實菩薩曰實不實爲二實見者尚不見實
何況非實所以者何非肉眼所見慧眼乃能
見而此慧眼无見无不見是爲入不二法門
如是諸菩薩各各說已問文殊師利何等是
菩薩入不二法門
文殊師利曰如我意者於一切法无言无說
无示无識離諸問荅是爲入不二法門
於是文殊師利問維摩詰我等各自說已仁
者當說何等是菩薩入不二法門
時維摩詰默然无言文殊師利歎曰善哉善
哉乃至无有文字言說是真入不二法門說
是入不二法門時於此衆中五千菩薩皆入
不二法門得无生法忍

維摩詰經卷中

BD14072 號　維摩詰所說經卷中　（29–28）

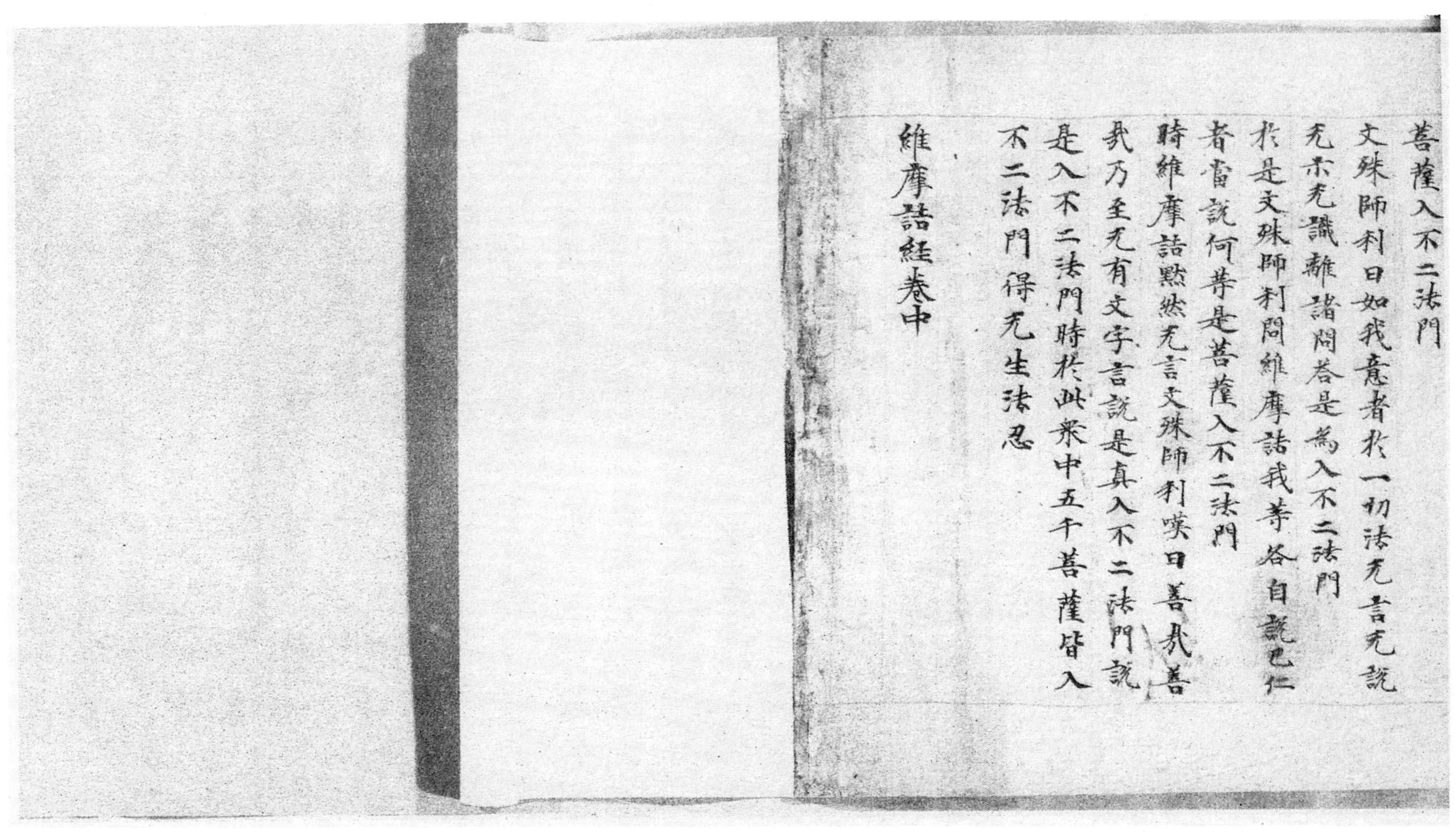
菩薩入不二法門
文殊師利曰如我意者於一切法无言无說
无示无識離諸問荅是為入不二法門
於是文殊師利問維摩詰我等各自說已仁
者當說何等是菩薩入不二法門
時維摩詰默然无言文殊師利嘆曰善哉善
哉乃至无有文字言說是真入不二法門說
是入不二法門時於此衆中五千菩薩皆入
不二法門得无生法忍

維摩詰經卷中

BD14072 號　維摩詰所說經卷中　（29–29）

BD14073 號背　現代護首　（1–1）

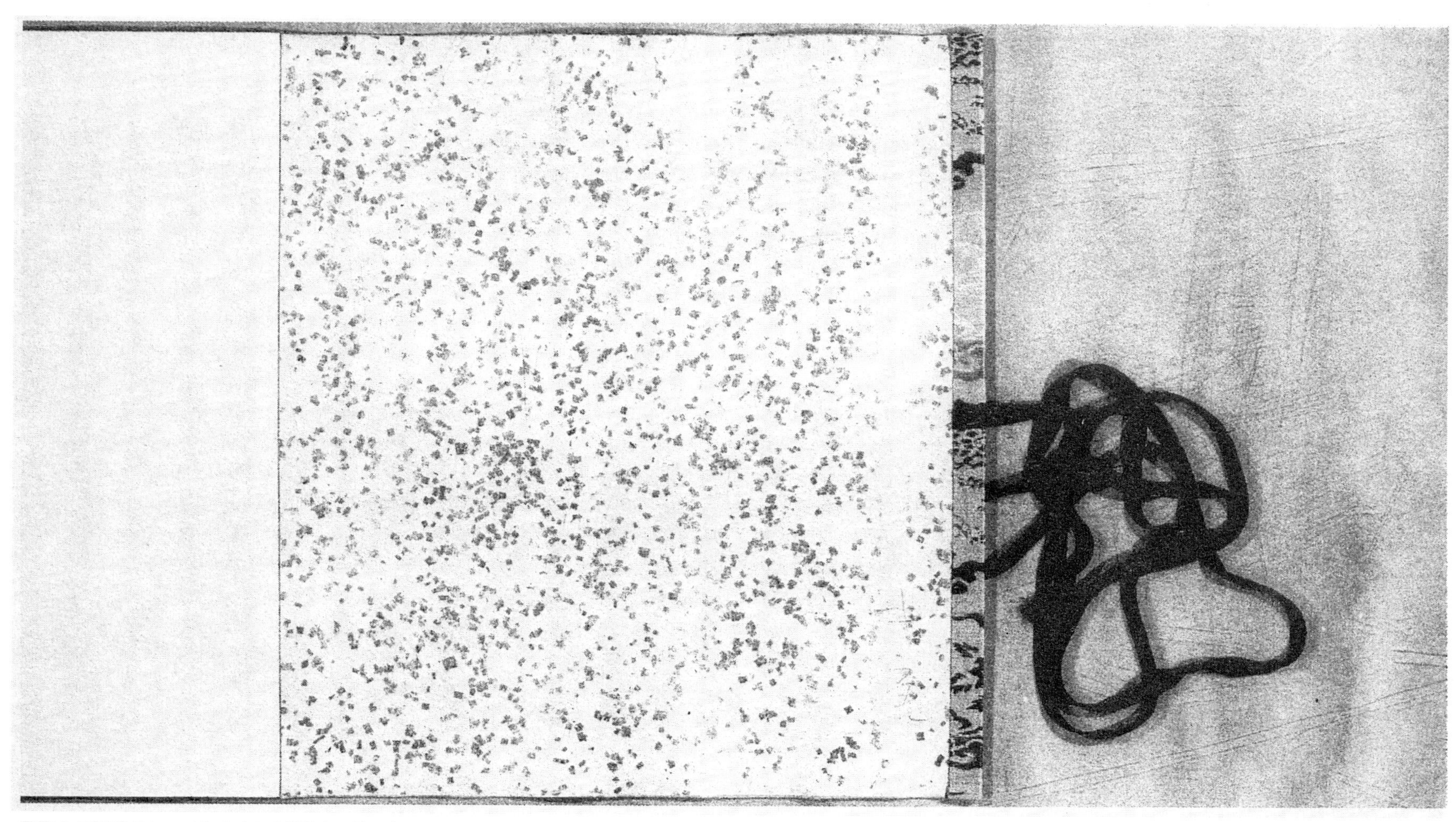

BD14073 號　維摩詰所說經卷下　（24–1）

維摩詰經香積佛國品第十　卷下
於是舍利弗心念日時欲至此諸菩薩當於
何食時維摩詰知其意而語言佛說八解脫
仁者受行豈雜欲食而聞法乎若欲食者且
待須臾當令汝得未曾有食時維摩詰即入
三昧以神通力示諸大衆上方界分過卌二
恒河沙佛土有國名曰衆香佛号香積今現
在其國香氣比於十方諸佛世界人天之香最
為第一彼土无有聲聞辟支佛名唯有清淨
大菩薩衆佛為說法其界一切皆以香作樓
閣經行香地苑園皆香其食香氣周流十
方无量世界時彼佛與諸菩薩方共坐食有
諸天子皆号香嚴悉發阿耨多羅三藐三菩
提心供養彼佛及諸菩薩此諸大衆莫不目

BD14073 號　維摩詰所說經卷下　（24–2）

大菩薩衆佛為説法其界一切皆以香作樓
閣経行香地苑園皆香其食香氣周流十
方无量世界時彼佛與諸菩薩方共坐食有
諸天子皆号香嚴悉發阿耨多羅三藐三菩
提心供養彼佛及諸菩薩此諸大衆莫不目
見時維摩詰問衆菩薩諸仁者誰能致彼佛飯
以文殊師利威神力故咸皆嘿然維摩詰言
仁此大衆无乃可耻文殊師利曰如佛所言
勿輕未學於是維摩詰不起于座居衆會前
化作菩薩相好光明威德殊勝蔽於衆會而
告之曰汝往上方界分度如卌二恒河沙佛
土有國名衆香佛号香積與諸菩薩方共
坐食汝往到彼如我辭曰維摩詰稽首世尊足
下致敬无量問訊起居少病少惱氣力安不
願得世尊所食之餘當於娑婆世界施作佛
事令此樂小法者得弘大道亦使如來名聲
普聞時化菩薩即於會前昇于上方舉衆皆
見其去到衆香界礼彼佛足又聞其言維摩
詰稽首世尊足下致敬无量問訊起居少
病少惱氣力安不願得世尊所食之餘欲於娑
婆世界施作佛事使此樂小法者得弘大道
亦使如來名聲普聞彼諸大士見化菩薩歎
未曾有今此上人從何所來娑婆世界為在
何許云何名為樂小法者即以問佛佛告之
曰下方度如卌二恒河沙佛土有世界名娑
婆佛号釋迦牟尼今現在於五濁惡世為樂
小法衆生敷演道教彼有菩薩名維摩詰

BD14073號　維摩詰所說經卷下

（24–3）

未曾有今此上人從何所來娑婆世界為在
何許云何名為樂小法者即以問佛佛告之
曰下方度如卌二恒河沙佛土有世界名娑
婆佛号釋迦牟尼今現在於五濁惡世為樂
小法衆生敷演道教彼有菩薩名維摩詰
不可思議解脫為諸菩薩說法故遣化來稱
楊我名并讃此土令彼菩薩增益功德彼菩
薩言其人何如乃作是化德力无畏神足若
斯佛言甚大一切十方皆遣化往施作佛事
饒益衆生於是香積如來以衆香鉢盛滿香
飯與化菩薩時彼九百万菩薩俱發聲言我
今欲詣娑婆世界供養釋迦牟尼佛并欲見維
摩詰等諸菩薩衆佛言可往攝汝身香无令
彼諸衆生起惑著心又當捨汝本形勿使彼
國求菩薩者而自鄙耻又汝於彼莫懷輕賤
而作閡想所以者何十方國土皆如虛空又諸
佛為欲化諸樂小法者不盡現其清淨土耳
時化菩薩既受鉢飯與彼九百万菩薩俱
承佛威神及維摩詰力於彼世界忽然不現
須臾之間至維摩詰舍時維摩詰即化作九百
万師子之座嚴好如前諸菩薩衆皆坐其上化
菩薩以滿鉢香飯與維摩詰飯香普熏毗
耶離城及三千大千世界時毗耶離婆羅門居
士等聞是香氣身意快然歎未曾有於是
長者主月蓋從八万四千人來入維摩詰舍見
其室中菩薩甚多諸師子座高廣嚴好皆

BD14073號　維摩詰所說經卷下

（24–4）

菩薩以滿鉢香飯與維摩詰飯香普薰毗
耶離城及三千大千世界時毗耶離婆羅門居
士等聞是香氣身意快然歎未曾有於是
長者主月蓋從八万四千人來入維摩詰舍見
其室中菩薩甚多諸師子座高廣嚴好皆
大歡喜礼衆菩薩及大弟子卻住一面諸地
神虛空神及欲色界諸天聞此香氣亦皆來入
維摩詰舍時維摩詰語舍利弗等諸大聲聞
仁者可食如來甘露味飯大悲所薰无以限
意食之使不消也有異聲聞念是飯少而此
大衆人人當食化菩薩曰勿以聲聞小德小
智稱量如來无量福慧四海有竭此飯无盡
使一切人食揣若須弥乃至一劫猶不能盡
所以者何无盡戒定智慧解脫解脫知見功
德具足之者所食之餘終不可盡於是鉢飯悉
飽衆會猶故不賜其諸菩薩聲聞天人食此
飯者身安快樂譬如一切樂莊嚴國諸菩薩
也又諸毛孔皆出妙香亦如衆香國土諸樹
之香尒時維摩詰問衆香菩薩香積如來以
何說法彼菩薩曰我土如來无文字說但以
衆香令諸天人得入律行菩薩各各坐香樹
下聞斯妙香即獲一切德藏三昧得是三昧
者菩薩所有功德皆悉具足彼諸菩薩問
維摩詰今世尊釋迦牟尼以何說法維摩詰
言此土衆生剛強難化故佛為說剛強之語以
調伏之言是地獄是畜生是餓鬼是諸難處
是愚人生處是身邪行是身邪行報是口邪

者菩薩所有功德皆悉具足彼諸菩薩問
維摩詰今世尊釋迦牟尼以何說法維摩詰
言此土衆生剛強難化故佛為說剛強之語以
調伏之言是地獄是畜生是餓鬼是諸難處
是愚人生處是身邪行是身邪行報是口邪
行是口邪行報是意邪行是意邪行報是煞
生是煞生報是不與取是不與取報是邪婬
是邪婬報是妄語是妄語報是兩舌是兩舌
報是惡口是惡口報是无義語是无義語報
是貪嫉是貪嫉報是瞋惱是瞋惱報是邪見
是邪見報是慳悋是慳悋報是毀戒是毀戒
報是瞋恚是瞋恚報是懈怠是懈怠報是
亂意是亂意報是愚癡是愚癡報是結戒是
持戒是犯戒是應作是不應作是鄣礙是不鄣
礙是得罪是離罪是淨是垢是有漏是无漏
是邪道是正道是有為是无為是世間是涅
槃以難化之人心如猨猴故以若干種法制御
其心乃可調伏譬如象馬㦬悷不調加諸
楚毒乃至徹骨然後調伏如是剛強難化衆
生故以一切苦切之言乃可入律彼諸菩薩
聞說是已皆曰未曾有也如世尊釋迦牟尼
佛隱其无量自在之力乃以貧所樂法度脫
衆生斯諸菩薩亦能勞謙以无量大悲生是
佛土維摩詰言此土菩薩於諸衆生大悲堅
固誠如所言然其一世饒益衆生多於彼國
百千劫行所以者何此娑婆世界有十事善
法諸餘淨土之所无有何等為十以布施攝

眾生斯諸菩薩亦能勞謙以无量大悲生是
佛土維摩詰言此土菩薩於諸眾生大悲堅
固誠如所言然其一世饒益眾生多於彼國
百千劫行所以者何此娑婆世界有十事善
法諸餘淨土之所无有何等為十以布施攝
貧窮以淨戒攝毀禁以忍辱攝瞋恚以精進
攝懈怠以禪定攝亂意以智慧攝愚癡說除
難法度八難者以大乘法度樂小乘者以諸
善根濟无德者常以四攝成就眾生是為十
彼菩薩曰菩薩成就幾法於此世界行无瘡
疣生于淨土維摩詰言菩薩成就八法於此
世界行无瘡疣生于淨土何等為八饒益眾
生而不望報代一切眾生受諸苦惱所作功
德盡以施之等心眾生謙下无閡於諸菩薩
視之如佛所未聞經聞之不疑不與聲聞而
相違背不嫉彼供不高己利而於其中調伏
其心常省己過不訟彼短恒以一心求諸功
德是為八維摩詰文殊師利於大眾中說是法
時百千天人皆發阿耨多羅三藐三菩提心
十千菩薩得无生法忍

菩薩行品第十一

是時佛說法於菴羅樹園其地忽然廣博嚴
事一切眾會皆作金色阿難白佛言世尊以
何因緣有此瑞應是處忽然廣博嚴事一切
眾會皆作金色佛告阿難是維摩詰文殊師
利與諸大眾恭敬圍遶發意欲來故先為此

BD14073號　維摩詰所說經卷下　（24–7）

事一切眾會皆作金色阿難白佛言世尊以
何因緣有此瑞應是處忽然廣博嚴事一切
眾會皆作金色佛告阿難是維摩詰文殊師
利與諸大眾恭敬圍遶發意欲來故先為此
瑞應於是維摩詰語文殊師利可共見佛與
諸菩薩禮事供養文殊師利言善哉行矣今
正是時維摩詰即以神力持諸大眾并師子
座置於右掌往詣佛所到已著地稽首佛足
右繞七匝一心合掌在一面立其諸菩薩即
皆避座稽首佛足亦繞七匝於一面立諸大
弟子釋梵四天王等亦皆避坐稽首佛足在
一面立於是世尊如法慰問諸菩薩已各令
復坐即皆受教眾坐已定佛語舍利弗汝見
菩薩大士自在神力之所為乎唯然已見汝
意云何世尊我覩其為不可思議非意所圖
非度所測尒時阿難白佛言世尊今所聞香
自昔未有是為何香佛告阿難是彼菩薩毛
孔之香於是舍利弗語阿難言我等毛孔亦
出是香阿難言此所從來曰是長者維摩詰
從眾香國取佛餘飯於舍食者一切毛孔皆
香若此阿難問維摩詰是香氣住當久如維
摩詰言至此飯消曰此飯久如當消曰此飯
勢力至于七日然後乃消又阿難若聲聞人
未入正位食此飯者得入正位然後乃消已
入正位食此飯者得心解脫然後乃消若未
發大乘意食此飯者至發意乃消已發意食

BD14073號　維摩詰所說經卷下　（24–8）

摩詰言至此食消曰此飯久如當消曰此飯
勢力至于七日然後乃消又阿難若聲聞人
未入正位食此飯者得入正位然後乃消已
入正位食此飯者得心解脫然後乃消若未
發大乘意食此飯者至發意乃消已發意食
此飯者得无生忍然後乃消已得无生忍食
此飯者至一生補處然後乃消譬如有藥名
曰上味其有服者身諸毒滅然後乃消此飯
如是滅除一切諸煩惱毒然後乃消阿難白
佛言未曾有也世尊如此香飯能作佛事佛
言如是如是阿難或有佛土以佛光明而作
佛事有以諸菩薩而作佛事有以佛所化人
而作佛事有以菩提樹而作佛事有以佛衣
服卧具而作佛事有以飯食而作佛事有以
園林臺觀而作佛事有以卅二相八十隨形
好而作佛事有以佛身而作佛事有以虛空
而作佛事衆生應以此緣得入律行有以夢
幻影響鏡中像水中月熱時炎如是等喻而
作佛事有以音聲語言文字而作佛事或有
清淨佛土寂寞无言无說无示无識无作无
為而作佛事如是阿難諸佛威儀進止諸所
施為无非佛事阿難有此四魔八万四千諸
煩惱門而諸衆生為之疲勞諸佛即以此法
而作佛事是名入一切諸佛法門菩薩入此
門者若見一切淨好佛土不以為喜不貪不
高若見一切不淨佛土不以為憂不閡不沒
但於諸佛生清淨心歡喜恭敬未曾有也諸

BD14073號　維摩詰所說經卷下　（24–9）

煩惱門而諸衆生為之疲勞諸佛即以此法
而作佛事是名入一切諸佛法門菩薩入此
門者若見一切淨好佛土不以為喜不貪不
高若見一切不淨佛土不以為憂不閡不沒
但於諸佛生清淨心歡喜恭敬未曾有也諸
佛如來功德平等為教化衆生故而現佛土
不同阿難汝見諸佛國土地有若干而虛空
无若干也如是見諸佛色身有若干耳其无
礙慧无若干也阿難諸佛色身威相種性戒
定智慧解脫解脫知見力无所畏不共之法
大慈大悲威儀所行及其壽命說法教化成
就衆生淨佛國土具諸佛法悉皆同等是故
名為三藐三佛陀名為多陀阿伽度名為佛
陀阿難若我廣說此三句義汝以劫壽不能
盡受正使三千大千世界滿中衆生皆如阿
難多聞第一得念摠持此諸人等以劫之壽
亦不能受如是阿難諸佛阿耨多羅三藐三
菩提无有限量智慧辯才不可思議阿難白
佛我從今已往不敢自謂以為多聞佛告阿
難勿起退意所以者何我說汝於聲聞中為
最多聞非謂菩薩且止阿難其有智者不應
限度諸菩薩也一切海淵尚可測量菩薩禪
定智慧摠持辯才一切功德不可量也阿難
汝等捨置菩薩所行是維摩詰一時所現神
通之力一切聲聞辟支佛於百千劫盡力變
化所不能作
尒時衆香世界菩薩來者合掌白佛言世尊

BD14073號　維摩詰所說經卷下　（24–10）

汝等捨置菩薩所行是維摩詰一時所現神
通之力一切聲聞辟支佛於百千劫盡力變
化所不能作
尒時衆香世界菩薩來者合掌白佛言世尊
我等初見此土生下劣想今自悔責捨離是
心所以者何諸佛方便不可思議為度衆生
故隨其所應現佛國異唯然世尊願賜少法
還於彼土當念如來佛告諸菩薩有盡无盡
解脫法門汝等當學何謂為盡謂有為法何
謂无盡謂无為法如菩薩者不盡有為不住
无為何謂不盡有為謂不離大慈不捨大悲
深發一切智心而不忽忘教化衆生終不猒惓
於四攝法常念順行護持正法不惜軀命種諸
善根无有疲猒志常安住方便迴向求法不
懈說法无悋勤供諸佛故入生死而无所畏於
諸榮辱心无憂喜不輕未學敬學如佛墮煩
惱者令發正念於遠離樂不以為貴不著己
樂慶於彼樂在諸禪定如地獄想於生死中
如園觀想見來求者為善師想捨諸所有具
一切智想見毀戒人起救護想諸波羅蜜為
父母想於道品法為眷屬想發行善根无有
齊限以諸淨國嚴飾之事成己佛道行无限
施具足相好除一切惡身口意淨生死无數
劫意而有勇聞佛无量德志而不惓以智慧
劒破煩惱賊出陰界入荷負衆生永使解脫
以大精進摧伏魔軍常求无念實相智慧

齊限以諸淨國嚴飾之事成己佛道行无限
施具足相好除一切惡身口意淨生死无數
劫意而有勇聞佛无量德志而不惓以智慧
劒破煩惱賊出陰界入荷負衆生永使解脫
以大精進摧伏魔軍常求无念實相智慧
行少欲知足不捨世間法不壞威儀而能隨俗
起神通慧引導衆生得念揔持所聞不忘
善別諸根斷衆生疑以樂說辯演法无閡淨十
善道受天人福脩四无量開梵天道勸請說法
隨喜讚善得佛音聲身口意善得佛威
儀深脩善法所行轉勝以大乘教成菩薩僧
心无放逸不失衆善行如此法是名菩薩不盡
有為何謂菩薩不住无為謂脩學空不以空
為證脩學无相无作不以无相无作為證脩
學无起不以无起為證觀於无常而不猒善
本觀世間苦而不惡生死觀於无我而誨人不
惓觀於寂滅而不永寂滅觀於遠離而身心
脩善觀无所歸而歸趣善法觀於无生而以
生法荷負一切觀於无漏而不斷諸漏觀无
所行而以行法教化衆生觀於空无而不捨
大悲觀正法位而不隨小乘觀諸法虛妄无
牢无人无主无相本願未滿而不虛福德禪
定智慧脩如此法是名菩薩不住无為又具
福德故不住无為具智慧故不盡有為大慈
悲故不住无為滿本願故不盡有為集法藥
故不住无為隨授藥故不盡有為知衆生病
故不住无為滅衆生病故不盡有為諸正士

定智慧備如此法是名菩薩不住无為又具
福德故不住无為具智慧故不盡有為大慈
悲故不住无為滿本願故不盡有為集法藥
故不住无為隨授藥故不盡有為知衆生病
故不住无為滅衆生病故不盡有為諸正士
菩薩已脩此法不盡有為不住无為是名盡
无盡觧脫法門汝等當學尒時彼諸菩薩
聞說是法皆大歡喜以衆妙華若干種色若
干種香散遍三千大千世界供養於佛及此經
法并諸菩薩已稽首佛足歎未曾有言釋迦
牟尼佛乃能於此善行方便言已忽然不現
還到彼國

見阿閦佛品第十二

尒時世尊問維摩詰汝欲見如來為以何等觀
如來乎維摩詰言如自觀身實相觀佛亦然我
觀如來前際不來後際不去今則不住不觀
色不觀色如不觀色性不觀受想行識不觀
識如不觀識性非四大起同於虛空六入无積眼
耳鼻舌身心已過不在三界三垢已離順
三脫門三明與无明等不一相不異相不自相不
他相非无相非有相不此岸不彼岸不中
流而化衆生觀於寂滅亦不永滅不此不
彼不以此不以彼不可以智不可以識識无
晦无明无名无相无强无弱非淨非穢不
在方不離方非有為非无為无示无說不施
不慳不戒不犯不忍不恚不進不怠不定
不亂不智不愚不誠不欺不來不去不出不入

BD14073號　維摩詰所說經卷下　（24–13）

晦无明无名无相无强无弱非淨非穢不
在方不離方非有為非无為无示无說不施
不慳不戒不犯不忍不恚不進不怠不定
不亂不智不愚不誠不欺不來不去不出不入
一切言語道斷非福田非不福田非應供養非
不應供養非取非捨非有相非无相同真際
等法性不可稱不可量過諸稱量非大非小
非見非聞非覺非知離衆結縛等諸智同衆
生於諸法无分別一切无失无濁无惱无作无
起无生无滅无畏无憂无喜无猒无著无已
有无當有无今有不可以一切言說分別顯
示世尊如來身為若此作如是觀以斯觀者
名為正觀若他觀者名為邪觀尒時舍利弗
問維摩詰汝於何沒而來生此維摩詰言汝
所得法有沒生乎舍利弗言无沒生也若諸
法无沒生相云何問言汝於何沒而來生此於
意云何譬如幻師幻作男女寧沒生耶舍利
弗言无沒生耶汝豈不聞佛說諸法如幻相
乎荅曰如是若一切法如幻相者云何問言汝
於何沒而來生此舍利弗沒者為虛誑法壞
敗之相生者為虛誑法相續之相菩薩雖沒
不盡善本雖生不長諸惡是時佛告舍利
弗有國名妙喜佛號无動是維摩詰於彼國沒
而來生此舍利弗言未曾有也世尊是人乃能
捨清淨土而來樂此多怒害處維摩詰語
舍利弗於意云何日光出時與冥合乎荅曰

BD14073號　維摩詰所說經卷下　（24–14）

不盡[illegible]
弗有國名妙喜佛号无動是維摩詰於彼國沒
而來生此舍利弗言未曾有也世尊是人乃能
捨清淨土而來樂此多怒害處維摩詰語
舍利弗於意云何日光出時與冥合乎荅曰
不也日光出時則无衆冥維摩詰言夫日何
故行閻浮提荅曰欲以明照為之除冥維摩
詰言菩薩如是雖生不淨佛土為化衆生不
與愚闇而共合也但滅衆生煩惱闇耳是時
大衆渴仰欲見妙喜世界无動如來及其菩
薩聲聞之衆佛知一切衆會所念告維摩詰
言善男子為此衆會現妙喜國无動如來及
諸菩薩聲聞之衆衆皆欲見於是維摩詰心
念吾當不起于座接妙喜國鐵圍山川溪谷江
河大海泉源須弥山及日月星宿天龍鬼神
梵天等宮并諸菩薩聲聞之衆城邑聚落
男女大小乃至无動如來及菩提樹諸妙蓮
華能於十方作佛事者三道寶階從閻浮提
至忉利天以此寶階諸天來下悉為礼敬无
動如來聽受經法閻浮提人亦登其階上昇
忉利見彼諸天妙喜世界成就如是无量功
德上至阿迦膩吒天下至水際以右手斷取如陶
家輪入此世界猶持華鬘示一切衆作是
念已入於三昧現神通力以其右手斷取
妙喜世界置於此土彼得神通菩薩及聲
聞衆并餘天人俱發聲言唯然世尊誰取我
去願見救護无動佛言非我所為是維摩詰

BD14073 號　維摩詰所說經卷下

（24–15）

[illegible]
念已入於三昧現神通力以其右手斷取
妙喜世界置於此土彼得神通菩薩及聲
聞衆并餘天人俱發聲言唯然世尊誰取我
去願見救護无動佛言非我所為是維摩詰
神力所作其餘未得神通者不覺不知己之
所往妙喜世界雖入此土而不增減於是世界
亦不迫隘如本无異介時釋迦牟尼佛告諸
大衆汝等且觀妙喜世界无動如來其國嚴
飾菩薩行淨弟子清白皆曰唯然已見佛言
若菩薩欲得如是清淨佛土當學无動如來
所行之道現此妙喜國時娑婆世界十四那
由他人發阿耨多羅三藐三菩提心皆願生
於妙喜佛土釋迦牟尼佛即記之曰當生彼
國時妙喜世界於此國土所應饒益其事訖
已還復本處舉衆皆見佛告舍利弗汝見
此妙喜世界及无動佛不唯然已見世尊願
使一切衆生得清淨土如无動佛獲神通力
如維摩詰[illegible]尊我等快得善利得見[illegible]
近供養其諸衆生若今現在若佛滅後聞[illegible]
經者亦得善利況復聞已信解受持讀誦解
說如法脩行若有手持是經典者便為已得
法寶之藏若有讀誦解釋其義如說脩行則
為諸佛之所護念其有供養如是人者當知
則為供養於佛其有書持此經卷者當知其
室則有如來若聞是經能隨喜者斯人則為取
一切智若能信解此經乃至一四句偈為他

BD14073 號　維摩詰所說經卷下

（24–16）

法寶之藏若有讀誦解釋其義如說修行則
為諸佛之所護念其有供養如是人者當知
則為供養於佛其有書持此經卷者當知其
室則有如來若聞是經能隨喜者斯人則為取
一切智若能信解此經乃至一四句偈為他
說者當知此人即是受於阿耨多羅三藐
三菩提記
法供養品第十三
尒時釋提桓因於大眾中白佛言世尊我雖
從佛及文殊師利聞百千經未曾聞此不可
思議自在神通決定實相經典如我解佛所
說義趣若有眾生聞是經法信解受持讀誦
之者必得是法不疑何況如說修行斯人則
為閉眾惡趣開諸善門常為諸佛之所護念
降伏外學摧滅魔怨修持菩提安處道場履
踐如來所行之跡世尊若有受持讀誦如說
修行者我當與諸眷屬供養給事所在聚
落城邑山林曠野有是經處我亦與諸眷屬
聽受法故共到其所其未信者當令生信其
已信者當為作護佛言善哉善哉天帝如
汝所說吾助汝喜此經廣說過去未來現在諸
佛不可思議阿耨多羅三藐三菩提是故天
帝若善男子善女人受持讀誦供養是經
者則為供養去來今佛天帝正使三千大千世
界如來滿中譬如甘蔗竹葦稻麻叢林若有
善男子善女人或一劫或減一劫恭敬尊重
讚歎供養奉諸所安至諸佛滅後以一一全身

佛不可思議阿耨多羅三藐三菩提是故天
帝若善男子善女人受持讀誦供養是經
者則為供養去來今佛天帝正使三千大千世
界如來滿中譬如甘蔗竹葦稻麻叢林若有
善男子善女人或一劫或減一劫恭敬尊重
讚歎供養奉諸所安至諸佛滅後以一一全身
舍利起七寶塔縱廣一四天下高至梵天
表剎莊嚴以一切華香瓔珞幢幡伎樂微
妙第一若一劫若減一劫而供養之於天帝
意云何其人殖福寧為多不釋提桓因言
多矣世尊彼之福德若以百千億劫說不能
盡佛言天帝當知是善男子善女人聞是不
可思議解脫經典信解受持讀誦修行福多
於彼所以者何諸佛菩提皆從是生菩提之
相不可限量以是因緣福不可量佛告天帝
過去无量阿僧祇劫時世有佛號曰藥王如
來應供正遍知明行足善逝世間解无上士調
御丈夫天人師佛世尊世界曰大莊嚴劫曰
莊嚴佛壽廿小劫其聲聞僧卅六億那由他
菩薩僧有十二億天帝是時有轉輪聖王名
曰寶蓋七寶具足王四天下王有千子端正
勇健能伏怨敵尒時寶蓋與其眷屬供養
藥王如來施諸所安至滿五劫過五劫已告其
千子汝等亦當如我以深心供養於佛於是
千子受父王命供養藥王如來復滿五劫一
切施安其王一子名曰月蓋獨坐思惟寧有

藥王如來施諸所安至滿五劫過五劫已告其
千子汝等亦當如我以深心供養於佛於是
千子受父王命供養藥王如來復滿五劫一
切施安其王一子名曰月蓋獨坐思惟寧有
供養殊過此者以佛神力空中有天曰善
男子法之供養勝諸供養即問何謂法之供
養天曰汝可往問藥王如來當廣為汝說法
之供養即時月蓋王子行詣藥王如來稽首
佛足却住一面白佛言世尊諸供養中法供
養勝云何為法供養佛言善男子法供養
者諸佛所說深經一切世間難信難受微妙
難見清淨无染非但分別思惟之所能得菩
薩法藏所攝陀羅尼印印之至不退轉成
就六度善分別義順菩提法衆經之上入大
慈悲離衆魔事及諸邪見順因緣法无我
无人无衆生无壽命空无相无作无起能令衆
生坐於道場而轉法輪諸天龍神乾闥婆等
所共歎譽能令衆生入佛法藏攝諸賢聖一切
智慧說衆菩薩所行之道依於諸法實相之
義明宣无常苦空无我寂滅能救一切毁禁
衆生諸魔外道及貪著者能使怖畏諸佛
賢聖所共稱歎背生死苦示涅槃樂十方三世
諸佛所說若聞如是等經信解受持讀誦以
方便力為諸衆生分別解說顯示分明守護
法故是名法之供養又於諸法如說修行隨
順十二因緣離諸邪見得无生忍決定无我
无有衆生而於因緣果報无違无諍離諸我

諸佛所說若聞如是等經信解受持讀誦以
方便力為諸衆生分別解說顯示分明守護
法故是名法之供養又於諸法如說修行隨
順十二因緣離諸邪見得无生忍決定无我
无有衆生而於因緣果報无違无諍離諸我
所依於義不依語依於智不依識依了義
經不依不了義經依於法不依人隨順法相无
所入无所歸无明畢竟滅故諸行亦畢竟滅
乃至生畢竟滅故老死亦畢竟滅作如是觀
十二因緣无有盡相不復起見是名最上法
之供養
佛告天帝王子月蓋從藥王佛聞如是法得
柔順忍即解寶衣嚴身之具以供養佛白佛
言世尊如來滅後我當行法供養守護正法
願以威神加哀建立令我得降魔怨修菩薩
行佛知其深心所念而記之曰汝於末後守護
法城天帝時王子月蓋見法清淨聞佛授記
以信出家修集善法精進不久得五神通菩
薩道得陀羅尼无斷辯才於佛滅後以其所
得神通總持辯才之力滿十小劫藥王如來所
轉法輪隨而分布月蓋比丘以護持法勤行
精進即於此身化百万億人於阿耨多羅三
藐三菩提立不退轉十四那由他人深發聲
聞辟支佛心无量衆生得生天上天帝時王
寶蓋豈異人乎今現得佛號寶炎如來其
王千子即賢劫中千佛是也從迦羅鳩孫䭾
為始得佛最後如來號曰樓至月蓋比丘則

精進時於此界八百万億人於阿耨多羅三
藐三菩提立不退轉十四那由他人深發聲
聞辟支佛心无量眾生得生天上天帝時王
寶蓋豈異人乎今現得佛号寶炎如來其
王千子即賢劫中千佛是也從迦羅鳩孫駄
為始得佛最後如來号曰樓至月蓋比丘則
我身是如是天帝當知此要以法供養於諸
供養為上為最第一无比是故天帝當以法
之供養供養於佛

囑累品第十四

於是佛告弥勒菩薩言弥勒我今以是无量
億阿僧祇劫所集阿耨多羅三藐三菩提付
囑於汝如是輩經於佛滅後末世之中汝等
當以神力廣宣流布於閻浮提无令斷絕所
以者何未來世中當有善男子善女人及天
龍鬼神乾闥婆羅剎等發阿耨多羅三藐三
菩提心樂于大法若使不聞如是等經則失
善利如此輩人聞是等經必多信樂發希
有心當以頂受隨諸眾生所應得利而為廣說
弥勒當知菩薩有二相何謂為二一者好於雜
句文飾之事二者不畏深義如實能入若好
雜句文飾事者當知是為新學菩薩若於如
是无染无著甚深經典无有恐畏能入其中
聞已心淨受持讀誦如說修行當知是為久
修道行弥勒復有二法名新學者不能決定
於甚深法何等為二一者所未聞深經聞之驚
怖生疑不能隨順毀謗不信而作是言我初

是无染无著甚深經典无有恐畏能入其中
聞已心淨受持讀誦如說修行當知是為久
修道行弥勒復有二法名新學者不能決定
於甚深法何等為二一者所未聞深經聞之驚
怖生疑不能隨順毀謗不信而作是言我初
不聞從何所來二者若有護持解說如是深
經者不肯親近供養恭敬或時於中說其過
惡有此二法當知是新學菩薩為自毀傷不
能於深法中調伏其心弥勒復有二法菩薩
雖信解深法猶自毀傷而不能得无生法忍
何等為二一者輕慢新學菩薩而不教誨二
者雖解深法而取相分別是為二法
弥勒菩薩聞說是已白佛言世尊未曾有也
如佛所說我當遠離如斯之惡奉持如來无
數阿僧祇劫所集阿耨多羅三藐三菩提法
若未來世善男子善女人求大乘者當令
手得如是等經與其念力使受持讀誦為他
廣說世尊若後末世有能受持讀誦為他說
者當知是弥勒神力之所建立佛言善哉善
哉弥勒如汝所說佛助尒喜於是一切菩薩
合掌白佛我等亦於如來滅後十方國土廣
宣流布阿耨多羅三藐三菩提復當開導
諸說法者令得是經尒時四天王白佛言世
尊在在處處城邑聚落山林曠野有是經
卷讀誦解說者我當率諸官屬為聽法故往
詣其所擁護其人面百由旬令无伺求得其

者[illegible]
手得如是等經典其念力使受持讀誦為他
廣說世尊若後末世有能受持讀誦為他說
者當知是弥勒神力之所建立佛言善哉善
哉弥勒如汝所說佛助尒喜於是一切菩薩
合掌白佛我等亦於如來滅後十方國土廣
宣流布阿耨多羅三藐三菩提復當開導
諸說法者令得是經尒時四天王白佛言世
尊在在處處城邑聚落山林曠野有是經
卷讀誦解說者我當率諸官屬為聽法故往
詣其所擁護其人面百由旬令无伺求得其
便者是時佛告阿難受持是經廣宣流布阿
難言唯我已受持要者世尊當何名斯經佛
言阿難是經名為維摩詰所說亦名不可思
議解脫法門如是受持佛說是經已長者維摩
詰文殊師利舍利弗阿難等及諸天人阿脩羅
一切大衆聞佛所說皆大歡喜

維摩詰經卷下

BD14073 號　維摩詰所說經卷下　（24–23）

BD14073 號　維摩詰所說經卷下　（24–24）

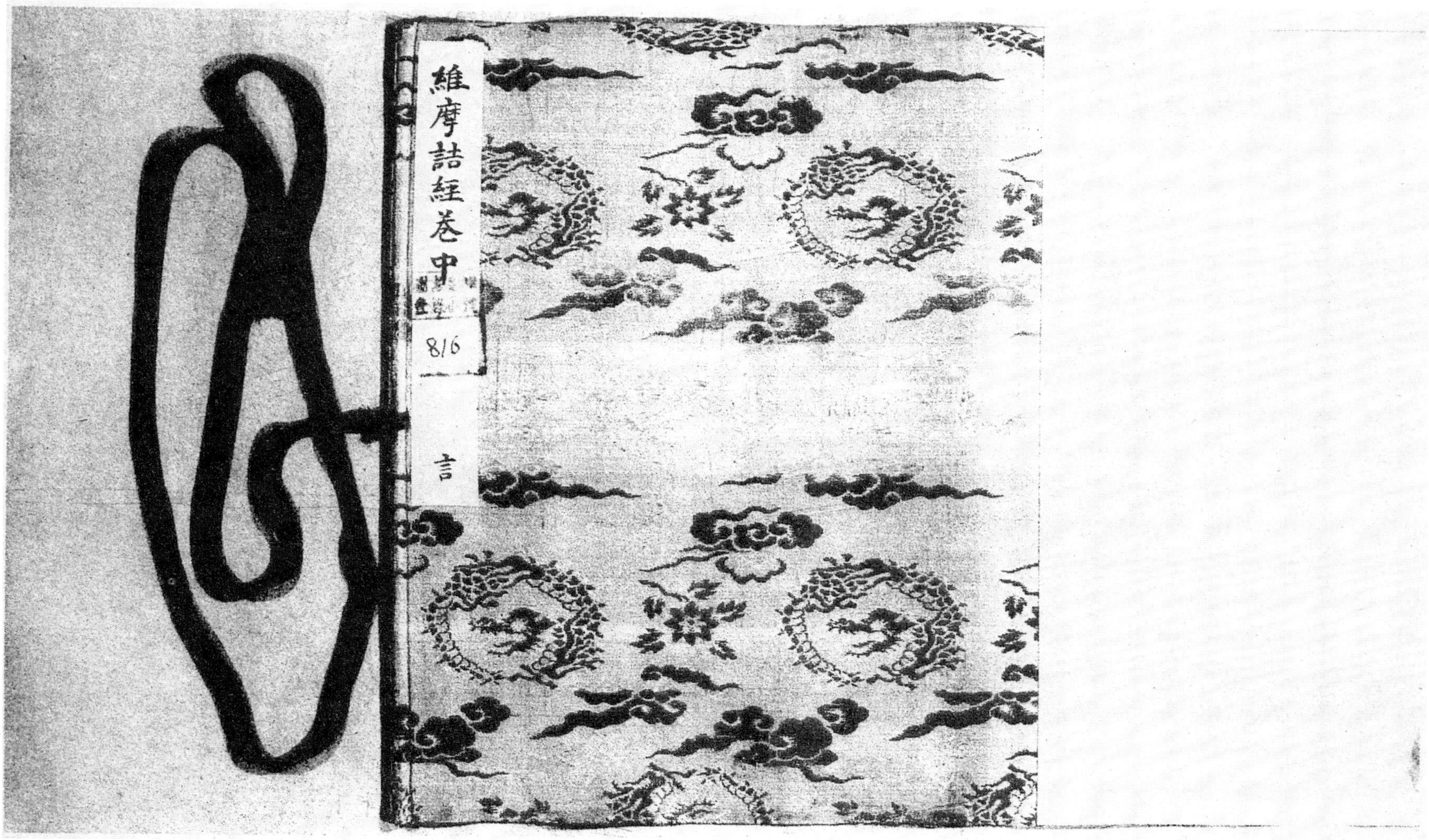

維摩詰經卷中

816

言

BD14074 號背　現代護首

（1–1）

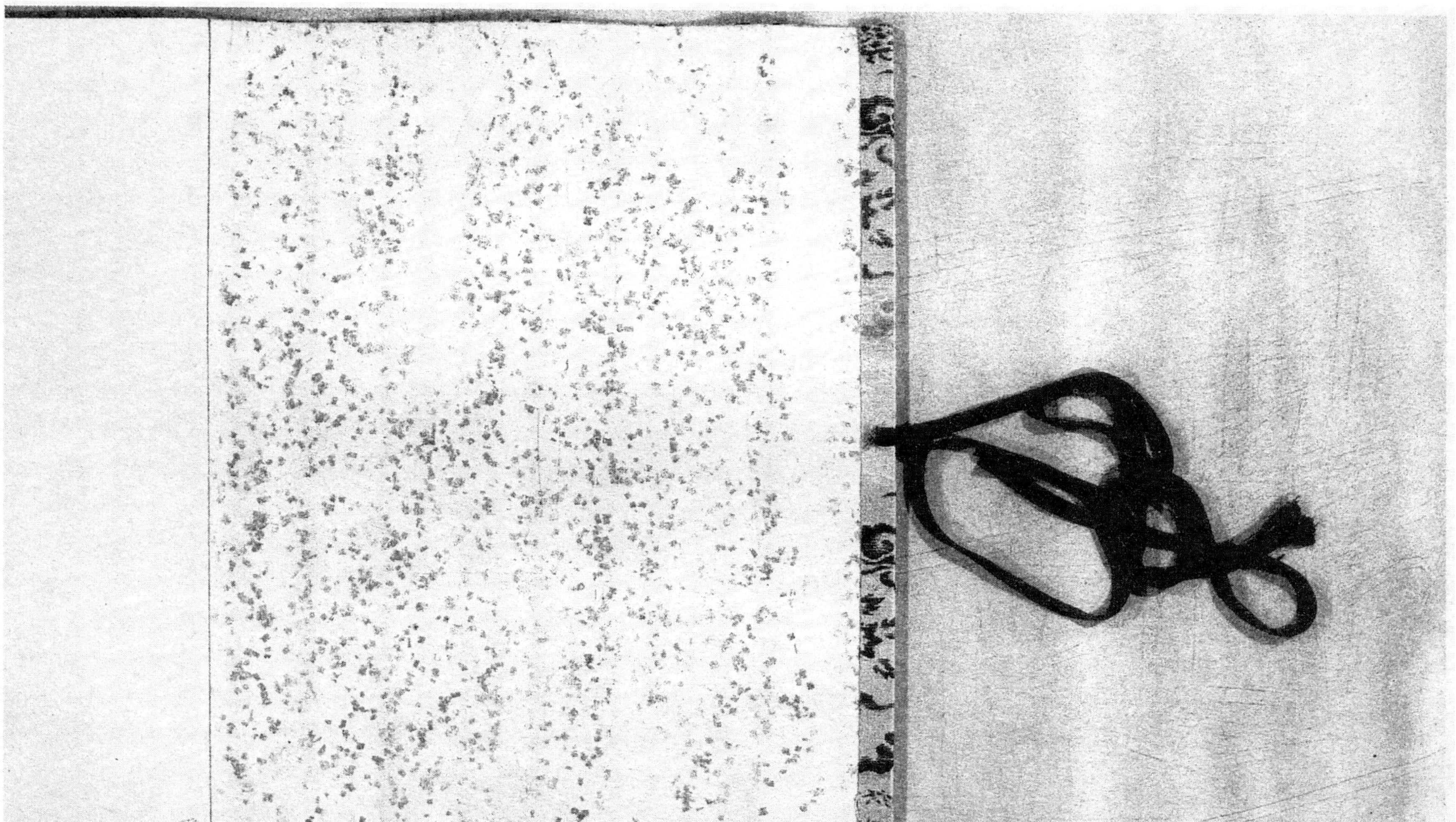

BD14074 號　維摩詰所說經卷中

（29–1）

見中求又問六十二見
於諸佛解脫中求又問諸
答曰當於一切衆生心行
侍者一切衆魔及諸外
道皆吾侍也所以者何衆魔者樂生死菩薩
於生死而不捨外道者樂諸見菩薩於諸見
而不動文殊師利言居士所疾爲何等相維摩
詰言我病无形不可見又問此病身合耶心合
耶答曰非身合身相離故亦非心合心如幻故
又問地大水大火大風大於此四大何大之病
答曰是病非地大亦不離地大水火風大亦復
如是而衆生病從四大起以其有病是故我病
尒時文殊師利問維摩詰言菩薩應云何慰喻
有疾菩薩維摩詰言說身无常不說猒離於
身說身有苦不說樂於涅槃說身无我而說
教導衆生說身空寂不說畢竟寂滅說悔先
罪而不說入於過去以己之疾愍於彼疾當識
宿世无數劫苦當念饒益一切衆生憶所脩
福念於淨命勿生憂惱常起精進當作醫

身說身有苦不說樂於涅槃說身无我而說
教導衆生說身空寂不說畢竟寂滅說悔先
罪而不說入於過去以己之疾愍於彼疾當識
宿世无數劫苦當念饒益一切衆生憶所脩
福念於淨命勿生憂惱常起精進當作醫
王療治衆病菩薩應如是慰喻有疾菩薩
令其歡喜
文殊師利言居士有疾菩薩云何調伏其心
維摩詰言有疾菩薩應作是念今我此病皆
從前世妄想顛倒諸煩惱生无有實法誰受
病者所以者何四大合故假名爲身四大无
主身亦无我又此病起皆由著我是故於我
不應生著既知病本即除我想及衆生想當
起法想應作是念但以衆法合成此身起唯
法起滅唯法滅又此法者各不相知起時不
言我起滅時不言我滅彼有疾菩薩爲滅法
想當作是念此法想者亦是顛倒顛倒者是
即大患我應離之云何爲離離我我所云何
離我我所謂離二法云何離二法謂不念內外
諸法行於平等云何平等謂我等涅槃等
所以者何我及涅槃此二皆空以何爲空但
以名字故空如此二法无決定性得是平等
无有餘病唯有空病空病亦空是有疾菩薩
以无所受而受諸受未具佛法亦不滅受而取
證也設身有苦念惡趣衆生起大悲心我既

以名字故空如此二法无決定性得是平等
无有餘病唯有空病空病亦空是有疾菩薩
以无所受而受諸受未具佛法亦不滅受而取
證也設身有苦念惡趣衆生起大悲心我既
調伏亦當調伏一切衆生但除其病而不除
法為斷病本而教導之何謂病本謂有攀緣
從有攀緣則有病本何謂攀緣謂之三界
何斷攀緣以无所得若无所得則无攀緣何
謂无所得謂二見何謂二見謂內見外見是
无所得文殊師利是為有疾菩薩調伏其心
為斷老病死苦是菩薩菩提若不如是已所
脩治為无惠利譬如勝怨乃可為勇如是兼
除老病死者菩薩之謂也彼有疾菩薩今復
作是念如我此病非真非有衆生病亦非真
非有作是觀時於諸衆生若起愛見大悲即
應捨離所以者何菩薩斷除客塵煩惱而起
大悲愛見悲者則於生死有疲猒心若能離
此无有疲厭在在所生不為愛見之所覆也所
生无縛能為衆生說法解縛如佛所說若自
有縛能解彼縛无有是處若自无縛能解彼
縛斯有是處是故菩薩不應起縛何謂縛何
謂解貪著禪味是菩薩縛以方便生是菩薩
解又无方便慧縛有方便慧解无慧方便縛
有慧方便解何謂无方便慧縛謂菩薩以愛
見心莊嚴佛土成就衆生於空无相无作法中

謂解貪著禪味是菩薩縛以方便生是菩薩
解又无方便慧縛有方便慧解无慧方便縛
有慧方便解何謂无方便慧縛謂菩薩以愛
見心莊嚴佛土成就衆生於空无相无作法中
而自調伏是名无方便慧縛何謂有方便慧
解謂不以愛見心莊嚴佛土成就衆生於空
无相无作法中以自調伏而不疲厭是名有
方便慧解何謂无慧方便縛謂菩薩住貪
欲瞋恚耶見等諸煩惱而殖衆德本是名无
慧方便縛何謂有慧方便解謂離諸貪欲瞋恚
耶見等諸煩惱而殖德本迴向阿耨多羅三
藐三菩提是名有慧方便解
文殊師利彼有疾菩薩應如是觀諸法又復
觀身无常苦空非我是名為慧雖身有疾
常在生死饒益一切而不厭惓是名方便又復觀
身身不離病病不離身是病是身非新非
故是名為慧設身有疾而不永滅是名方便
文殊師利有疾菩薩應如是調伏其心不住其
中亦復不住不調伏心所以者何若住不調
伏心是愚人法若住調伏心是聲聞法是故
菩薩不當住於調伏心不調伏心離此二法
是菩薩行在於生死不為汙行住於涅槃不永
滅度是菩薩行非凡夫行非賢聖行是菩薩
行非垢行非淨行是菩薩行雖過魔行而現

菩薩不當住於調伏心不調伏心離此二法
是菩薩行在於生死不為汙行住於涅槃不永
滅度是菩薩行非凡夫行非賢聖行是菩薩
行非垢行非淨行是菩薩行雖過魔行而現
降衆魔是菩薩行求一切智无非時求是菩
薩行雖觀諸法不生而不入正位是菩薩行雖
觀十二緣起而入諸耶見是菩薩行雖攝一切
衆生而不愛著是菩薩行雖樂遠離而不依
身心盡是菩薩行雖行三界而不壞法性是菩
薩行雖行於空而殖衆德本是菩薩行雖
行无相而度衆生是菩薩行雖行无作而現
受身是菩薩行雖行无起而起一切善行是
菩薩行雖行六波羅蜜而遍知衆生心心數
法是菩薩行雖行六通而不盡漏是菩薩
行雖行四无量心而不貪著生於梵世是菩
薩行雖行禪定解脫三昧而不隨禪生是菩
薩行雖行四念處而不畢竟離身受心法是
菩薩行雖行四正勤而不捨身心精進是菩
薩行雖行四如意足而得自在神通是菩薩
行雖行五根而分別衆生諸根利鈍是菩薩
行雖行五力而樂求佛十力是菩薩行雖行
七覺分而分別佛之智慧是菩薩行雖行八
正道而樂行无量佛法是菩薩行雖行止觀
助道之法而不畢竟墮於寂滅是菩薩行雖
行諸法不生不滅而以相好莊嚴其身是菩
薩行雖現聲聞辟支佛威儀而不捨佛法是

BD14074號　維摩詰所說經卷中　（29–6）

七覺分而分別佛之智慧是菩薩行雖行八
正道而樂行无量佛法是菩薩行雖行止觀
助道之法而不畢竟墮於寂滅是菩薩行雖
行諸法不生不滅而以相好莊嚴其身是菩
薩行雖現聲聞辟支佛威儀而不捨佛法是
菩薩行雖隨諸法究竟淨相而隨所應為
現其身是菩薩行雖觀諸佛國土永寂如
空而現種種清淨佛土是菩薩行雖得佛道
轉于法輪入於涅槃而不捨於菩薩之道是
菩薩行說是語時文殊師利所將大衆其中
八千天子皆發阿耨多羅三藐三菩提心

不思議品第六

尒時舍利弗見此室中无有床坐作是念斯
諸菩薩大弟子衆當於何坐長者維摩詰知
其意語舍利弗言云何仁者為法來耶求床
座耶舍利弗言我為法來非為床座維摩詰
言唯舍利弗夫求法者不貪軀命何況床座
夫求法者非有色受想行識之求非有界入
之求非有欲色无色之求唯舍利弗夫求法
者不著佛求不著法求不著衆求夫求法者
无見苦求无斷集求无造盡證脩道之求所
以者何法无戲論若言我當見苦斷集證滅
脩道是則戲論非求法也唯舍利弗法名寂
滅若行生滅是求生滅非求法也法名无染

BD14074號　維摩詰所說經卷中　（29–7）

无見苦求无斷集求无造盡證脩道之求所
以者何法无戲論若言我當見苦斷集證滅
脩道是則戲論非求法也唯舍利弗法名寂
滅若行生滅是求生滅非求法也法名无染
若染於法乃至涅槃是則染著非求法也法
无行處若行於法是則行處非求法也法无
處所若著處所是則著處非求法也法名无
相若隨相識是則求相非求法也法不可住若
住於法是則住法非求法也法不可見聞覺知
若行見聞覺知是則見聞覺知非求法也法
名无為若行有為是求有為非求法也是故
舍利弗若求法者於一切法應无所求說是
語時五百天子於諸法中得法眼淨
尒時長者維摩詰問文殊師利仁者遊於无
量千万億阿僧祇國何等佛土有好上妙功
德成就師子之座文殊師利言居士東方度
卅六恒河沙國有世界名須弥相其佛号須
弥燈王今現在彼佛身長八万四千由旬其
師子座高八万四千由旬嚴飾第一於是長
者維摩詰現神通力即時彼佛遣三万二千
師子座高廣嚴好来入維摩詰室諸菩薩
大弟子釋梵四天王等昔所未見其室廣
博悉苞容受三万二千師子座无所妨礙於毗
耶離城及閻浮提四天下亦不迫迮悉見如
故尒時維摩詰語文殊師利就師子座與諸

BD14074號　維摩詰所說經卷中

(29–8)

大弟子釋梵四天王等昔所未見其室廣
博悉苞容受三万二千師子座无所妨礙於毗
耶離城及閻浮提四天下亦不迫迮悉見如
故尒時維摩詰語文殊師利就師子座與諸
菩薩上人俱坐當自立身如彼坐像其得神
通菩薩即自變身為四万二千由旬坐師子
座諸新發意菩薩及大弟子皆不能昇尒時
維摩詰語舍利弗就師子座舍利弗言居士
此座高廣吾不能昇維摩詰言唯舍利弗為
須弥燈王如来作礼乃可得坐於是新發意
菩薩及大弟子即為須弥燈王如来作礼便
得坐師子座舍利弗言居士未曾有也如是
小室乃容受此高廣之座於毗耶離城无所妨
礙又於閻浮提聚落城邑及四天下諸天龍王
鬼神宮殿亦不迫迮維摩詰言唯舍利弗諸
佛菩薩有解脫名不可思議若菩薩住是
解脫者以須弥之高廣内芥子中无所增減
須弥山王本相如故而四天王忉利諸天不覺
不知己之所入唯應度者乃見須弥入芥子中
是名不可思議解脫法門又以四大海水入一
毛孔不嬈魚鼈黿鼉水性之屬而彼大海本
相如故諸龍鬼神阿脩羅等不覺不知己之
所入於此衆生亦无所嬈又舍利弗住不可思
議解脫菩薩斷取三千大千世界如陶家
輪著右掌中擲過恒河沙世界之外其中衆

BD14074號　維摩詰所說經卷中

(29–9)

毛孔不嬈魚鼈黿鼉水性之屬而彼大海本
相如故諸龍鬼神阿脩羅等不覺不知己之
所入於此衆生亦无所嬈又舍利弗住不可思
議解脫菩薩斷取三千大千世界如陶家
輪着右掌中擲過恒河沙世界之外其中衆
生不覺不知己之所往又復還置本處都不
使人有往来想而此世界本相如故又舍利
弗或有衆生樂久住世而可度者菩薩即演
七日以為一劫令彼衆生謂之一劫或有衆
生不樂久住而可度者菩薩即促一劫以為
七日令彼衆生謂之七日又舍利弗住不可
思議解脫菩薩以一切佛土嚴餝之事集在
一國示於衆生又菩薩以一佛土衆生置之右
掌飛到十方遍示一切而不動本處又舍利
弗十方衆生供養諸佛之具菩薩於一毛
孔皆令得見又十方國土所有日月星宿
於一毛孔普使見之又舍利弗十方世界所
有諸風菩薩悉能吸着口中而身无損外諸樹
木亦不摧折又十方世界劫盡燒時以一切火
内於腹中火事如故而不為害又於下方過恒
河沙等諸佛世界取一佛土舉着上方過恒河
沙无數世界如持針鋒舉一棗葉而无所嬈又
舍利弗住不可思議解脫菩薩能以神通現
作佛身或現辟支佛身或現聲聞身或現帝
釋身或現梵王身或現世主身或現轉輪王

BD14074號　維摩詰所說經卷中　（29–10）

河沙等諸佛世界取一佛土舉着上方過恒河
沙无數世界如持針鋒舉一棗葉而无所嬈又
舍利弗住不可思議解脫菩薩能以神通現
作佛身或現辟支佛身或現聲聞身或現帝
釋身或現梵王身或現世主身或現轉輪王
身又十方世界所有衆聲上中下音皆能變
之令作佛聲演出无常苦空无我之音及十
方諸佛所說種種之法皆於其中普令得
聞舍利弗我今略說菩薩不可思議解脫之
力若廣說者窮劫不盡是時大迦葉聞說
菩薩不可思議解脫法門歎未曾有謂舍
利弗譬如有人於盲者前現衆色像非彼
所見一切聲聞聞是不可思議解脫法門不
能解了為若此也智者聞是其誰不發阿
耨多羅三藐三菩提心我等何為永絕其根
於此大乘已如敗種一切聲聞聞是不可思議
解脫法門皆應號泣聲震三千大千世界一
切菩薩應大喜慶頂受此法若有菩薩信
解不可思議解脫門者一切魔衆无如之何大
迦葉說是語時三万二千天子皆發阿耨多
羅三藐三菩提心
尒時維摩詰語大迦葉仁者十方无量阿僧
祇世界中作魔王者多是住不可思議解
脫菩薩以方便力教化衆生現作魔王又迦葉
十方无量菩薩或有人從乞手足耳鼻頭目髓

BD14074號　維摩詰所說經卷中　（29–11）

尒時維摩詰語大迦葉仁者十方无量阿僧
祇世界中作魔王者多是住不可思議解
脫菩薩以方便力教化眾生現作魔王又迦葉
十方无量菩薩或有人從乞手足耳鼻頭目髓
腦血肉皮骨聚落城邑妻子奴婢象馬車
乘金銀琉璃車𤦲馬瑙珊瑚虎珀真珠珂貝
衣服飲食如此乞者多是住不可思議解脫
菩薩以方便力而往試之令其堅固所以者何
住不可思議解脫菩薩有威德力故行逼迫
示諸眾生如是難事凡夫下劣无有力勢不
能如是逼迫菩薩譬如龍象蹴蹋非驢所堪
是名住不可思議解脫菩薩智慧方便之門

觀眾生品第七

尒時文殊師利問維摩詰言菩薩云何觀於
眾生維摩詰言譬如幻師見所幻人菩薩觀
眾生為若此如智者見水中月如鏡中見其
面像如熱時焰如呼聲響如空中雲如水聚
沫如水上泡如芭蕉堅如電久住如第五大如
第六陰如第七情如十三入如十九界菩薩觀
眾生為若此如无色界色如燋穀牙如須陀
洹身見如阿那含入胎如阿羅漢三毒如得
忍菩薩貪恚毀禁如佛煩惱習如盲者見
色如入滅盡定出入息如空中鳥跡如石女
兒如化人煩惱如夢所見已悟如滅度者受
身如无烟之火菩薩眾生為若此

BD14074號　維摩詰所說經卷中　（29–12）

洹身見如阿那含入胎如阿羅漢三毒如得
忍菩薩貪恚毀禁如佛煩惱習如盲者見
色如入滅盡定出入息如空中鳥跡如石女
兒如化人煩惱如夢所見已悟如滅度者受
身如无烟之火菩薩眾生為若此
文殊師利言若菩薩作是觀者云何行慈維
摩詰言菩薩作是觀已自念我當為眾生說
如斯法是即真實慈也行寂滅慈无所生故
行不熱慈无煩惱故行等之慈等三世故行
无諍慈无所起故行不二慈內外不合故行不
壞慈畢竟盡故行堅固慈心无毀故行清淨
慈諸法性淨故行无邊慈如虛空故行阿羅
漢慈破結賊故行菩薩慈安眾生故行如來
慈得如相故行佛之慈覺眾生故行自然慈
无因得故行菩提慈等一味故行无等慈斷
諸愛故行大悲慈導以大乘故行无厭慈觀
空无我故行法施慈无遺惜故行持戒慈化
毀禁故行忍辱慈護彼我故行精進慈荷負
眾生故行禪定慈不受味故行智慧慈无不
知時故行方便慈一切示現故行无隱慈直
心清淨故行深心慈无雜行故行无誑慈不
虛假故行安樂慈令得佛樂故菩薩之慈為
若此也
文殊師利又問何謂為悲答曰菩薩所作功
德皆與一切眾生共之何謂為喜答曰有所

BD14074號　維摩詰所說經卷中　（29–13）

心清淨故行深心慈无雜行故行无諍慈不
虛假故行安樂慈令得佛樂故菩薩之慈爲
若此也
文殊師利又問何謂爲悲答曰菩薩所作功
德皆與一切衆生共之何謂爲喜答曰有所
饒益歡喜无悔何謂爲捨答曰所作福祐无
所希望文殊師利又問生死有畏菩薩當何
所依維摩詰言菩薩於生死畏中當依如來
功德之力文殊師利又問菩薩欲依如來功
德之力當於何住答曰菩薩欲依如來功德
力者當住度脫一切衆生又問欲度衆生當
何所除答曰欲度衆生除其煩惱又問欲除
煩惱當何所行答曰當行正念又問云何行於
正念答曰當行不生不滅又問何法不生何法
不滅答曰不善不生善法不滅又問善不善
孰爲本答曰身爲本又問身孰爲本答曰
欲貪爲本又問欲貪孰爲本答曰虛妄分
別爲本又問虛妄分別孰爲本答曰顛倒想
爲本又問顛倒想孰爲本答曰无住爲本又
問无住孰爲本答曰无住則无本文殊師利
從无住本立一切法
時維摩詰室有一天女見諸大人聞所說法
便現其身即以天華散諸菩薩大弟子上華
至諸菩薩即皆墮落至大弟子便著不墮一
切弟子神力去華不能令去尒時天問舍利弗

時維摩詰室有一天女見諸大人聞所說法
便現其身即以天華散諸菩薩大弟子上華
至諸菩薩即皆墮落至大弟子便著不墮一
切弟子神力去華不能令去尒時天問舍利弗
何故去華答曰此華不如法是以去之天曰勿
謂此華爲不如法所以者何是華无所分別
仁者自生分別想耳若於佛法出家有所分
別爲不如法若无分別是則如法觀諸菩薩
華不著者以斷一切分別想故譬如人畏時
非人得其便如是弟子畏生死故色聲香味
觸得其便畏者一切五欲无五欲无已離
畏者一切五欲无能爲也結習未盡華著
身耳結習盡者華不著也舍利弗弗言
天止此室其已久如答曰我止此室如耆
年解脫舍利弗言止此久耶天曰耆年解
脫亦何如久舍利弗默然不答天曰如何
耆舊大智而默答曰解脫者无所言說故吾
於是不知所云天曰言說文字皆解脫相所
以者何解脫者不內不外不在兩間文字亦
不內不外不在兩間是故舍利弗无離文字
說解脫也所以者何一切諸法皆解脫相舍
利弗言不復以離婬怒癡爲解脫乎天曰佛
爲增上慢人說離婬怒癡爲解脫耳若无增
上慢者佛說婬怒癡性即是解脫舍利弗言
善哉善哉天女汝何所得以何爲證辯乃如

不内不外不在兩間是故舍利弗无離文字
說解脫也所以者何一切諸法皆解脫相舍
利弗言不復以離婬怒癡為解脫乎天曰佛
為增上慢人說離婬怒癡為解脫耳若无增
上慢者佛說婬怒癡性即是解脫舍利弗言
善哉善哉天女汝何所得以何為證辯乃如
是天曰我无得无證故辯如是所以者何若
有得有證者則於佛法為增上慢
舍利弗問天汝於三乘為何志求天曰以聲
聞法化眾生故我為聲聞以因緣法化眾生
故我為辟支佛以大悲法化眾生故我為大乘
舍利弗如人入瞻蔔林唯嗅瞻蔔不嗅餘香
如是若入此室但聞佛功德之香不樂聲
聞辟支佛功德香也舍利弗其有釋梵四天
王諸天龍鬼神等入此室者聞斯上人講說
正法皆樂佛功德之香發心而出舍利弗吾
止此室十有二年初不聞說聲聞辟支佛法但
聞菩薩大慈大悲不可思議諸佛之法舍利
弗此室常現八未曾有難得之法何等為八
此室常以金色光照晝夜无異不以日月所
照為明是為一未曾有難得之法此室入者
不為諸垢之所惱也是為二未曾有難得之
法此室常有釋梵四天王他方菩薩来會
不絕是為三未曾有難得之法此室常說
六波羅蜜不退轉法是為四未曾有難得之
法此室常作天人第一之樂絃出无量法化之

不為諸垢之所惱也是為二未曾有難得之
法此室常有釋梵四天王他方菩薩来會
不絕是為三未曾有難得之法此室常說
六波羅蜜不退轉法是為四未曾有難得之
法此室常作天人弟一之樂絃出无量法化之
聲是為五未曾有難得之法此室有四大藏眾
寶積滿周窮濟乏求得无盡是為六未曾
有難得之法此室釋迦牟尼佛阿弥陁佛阿
閦佛寶德寶炎寶月寶嚴難勝師子響一切
利成如是等十方无量諸佛是上人念時即皆
為来廣說諸佛秘要法藏說已還去是為七
未曾有難得之法此室一切諸天嚴飾宮殿
諸佛淨土皆於中現是為八未曾有難得之
法舍利弗此室常現八未曾有難得之法
誰有見斯不思議事而復樂於聲聞法乎舍
利弗言汝何以不轉女身天曰我從十二年来
求女人相了不可得當何所轉譬如幻師化作幻
女若有人問言何以不轉女身是人為正問不
舍利弗言不也幻无定相當何所轉天曰一切諸
法亦復如是无有定相云何乃問不轉女身即
時天女以神通力變舍利弗令如天女天自
化身如舍利弗而問言何以不轉女身舍利
弗以天女像而答言我今不知何轉而變為
女身天曰舍利弗若能轉此女身則一切女
人亦當能轉如舍利弗非女而現女身一切女

化身如舍利弗而問言何以不轉女身舍利
弗以天女像而答言我今不知何轉而變為
女身天曰舍利弗若能轉此女身則一切女
人亦當能轉如舍利弗非女而現女身一切女
人亦復如是雖現女身而非女也是故佛說
一切諸法非男非女即時天女還攝神力
令舍利弗身還復如故天問舍利弗女身
色相今何所在舍利弗言女身色相无在无
不在天曰一切諸法亦復如是无在无不在
夫无在无不在者佛所說也舍利弗問
天汝於此沒當生何所天曰佛化所生
吾如彼生曰佛化所生非沒生也天曰衆生
猶然无沒生也舍利弗問天汝久如當得
阿耨多羅三藐三菩提天曰如舍利弗還為
凡夫我乃當成阿耨多羅三藐三菩提舍利
弗言我作凡夫无有是處天曰我得阿耨
多羅三藐三菩提亦无是處所以者何菩提
无住處是故无有得者舍利弗言今諸佛得
阿耨多羅三藐三菩提已得當得今得如恒河
沙皆何謂乎天曰皆以世俗文字數故說有
三世非謂菩提有去來今天曰舍利弗汝得
阿羅漢道耶曰无所得故而得天曰諸佛菩薩
亦復如是无所得故而得尒時維摩詰語舍
利弗是天女曾已供養九十二億佛已能遊
戱菩薩神通所願具足得无生忍住不退轉

BD14074 號　維摩詰所說經卷中

（29–18）

三世非謂菩提有去來今天曰舍利弗汝得
阿羅漢道耶曰无所得故而得天曰諸佛菩薩
亦復如是无所得故而得尒時維摩詰語舍
利弗是天女曾已供養九十二億佛已能遊
戱菩薩神通所願具足得无生忍住不退轉
以本願故隨意能現教化衆生

佛道品第八

尒時文殊師利問維摩詰言菩薩云何通達
佛道維摩詰言若菩薩行於非道是為通
達佛道又問云何菩薩行於非道答曰若菩
薩行五无間而无惱恚至于地獄无諸罪垢
至于畜生无有无明憍慢等過至于餓鬼
而具足功德行色无色界道不以為勝示行貪
欲離諸染著示行瞋恚於諸衆生无有恚礙
示行愚癡而以智慧調伏其心示行慳貪而
捨內外所有不惜身命示行毀禁而安住淨
戒乃至小罪猶懷大懼示行瞋恚而常慈忍
示行懈怠而懃脩功德示行亂意而常念定
示行愚癡而通達世間出世間慧示行諂偽
而善方便隨諸經義示行憍慢而於衆生猶
如橋梁示行諸煩惱而心常清淨示入於魔
而順佛智慧不隨他教示入聲聞而為衆生
說未聞法示入辟支佛而成就大悲教化衆
生示入貧窮而有寶手功德无盡示入形殘而
具諸相好以自莊嚴示入下賤而生佛種性中

BD14074 號　維摩詰所說經卷中

（29–19）

[illegible]
而順佛智慧不隨他教示入聲聞而為衆生
說未聞法示入辟支佛而成就大悲教化衆
生示入貧窮而有寶手功德无盡示入形殘而
具諸相好以自莊嚴示入下賤而生佛種性中
具諸功德示入羸劣醜陋而得那羅延身一切
衆生之所樂見示入老病而永斷病根超
越死畏示有資生而恒觀无常无所貪著示
有妻妾婇女而常遠離五欲淤泥現於訥鈍而
成就辯才惣持无失示入耶濟而以正濟度
諸衆生現遍入諸道而斷其因緣現於涅槃
而不斷生死文殊師利菩薩能如是行於非
道是為通達佛道
於是維摩詰問文殊師利何等為如來種文
殊師利言有身為種无明有愛為種貪恚
癡為種四顛倒為種五蓋為種六入為種七識
處為種八耶法為種九惱處為種十不善道
為種以要言之六十二見及一切煩惱皆是
佛種曰何謂也荅曰若見无為入正位者不
能復發阿耨多羅三藐三菩提心譬如高原
陸地不生蓮華卑濕淤泥乃生此華如是見
无為法入正位者終不復能生於佛法煩惱
泥中乃有衆生起佛法耳又如殖種於空終
不得生糞壤之地乃能滋茂如是入无為正位
者不生佛法起於我見如須弥山猶能發于
阿耨多羅三藐三菩提心生佛法矣是故當

BD14074號　維摩詰所說經卷中

（29–20）

[illegible]
泥中乃有衆生起佛法耳又如殖種於空終
不得生糞壤之地乃能滋茂如是入无為正位
者不生佛法起於我見如須弥山猶能發于
阿耨多羅三藐三菩提心生佛法矣是故當
知一切煩惱為如來種譬如不入巨海不能
得无價寶珠如是不入煩惱大海則不能生
一切智寶之心
尒時大迦葉歎言善哉善哉文殊師利快說
此語誠如所言塵勞之疇為如來種我等今
者不復堪任發阿耨多羅三藐三菩提心乃
至五无間罪猶能發意生於佛法而今我等
永不能發譬如根敗之士其於五欲不能復利
如是聲聞諸結斷者於佛法中无所復益永
不志願是故文殊師利凡夫於佛法有反復
而聲聞无也所以者何凡夫聞佛法能起无
上道心不斷三寶正使聲聞終身聞佛法力
无畏等永不能發无上道意尒時會中有
菩薩名普現色身問維摩詰言居士父母妻子
親戚眷屬吏民知識悉為是誰奴婢僮僕象
馬車乘皆何所在於是維摩詰以偈荅曰
智度菩薩母　方便以為父　一切衆導師　无不由是生
法喜以為妻　慈悲心為女　善心誠實男　畢竟空寂舍
弟子衆塵勞　隨意之所轉　道品善知識　由是成正覺
諸度法等侶　四攝為伎女　歌詠誦法言　以此為音樂

BD14074號　維摩詰所說經卷中

（29–21）

智度菩薩母　方便以為父　一切眾導師　无不由是生
法喜以為妻　慈悲心為女　善心誠實男　畢竟空寂舍
弟子眾塵勞　隨意之所轉　道品善知識　由是成正覺
諸度法等侶　四攝為伎女　歌詠誦法言　以此為音樂
總持之園苑　无漏法林樹　覺意淨妙華　解脫智慧果
八解之浴池　定水湛然滿　布以七淨華　浴此无垢人
象馬五通馳　大乘以為車　調御以一心　遊於八正路
相具以嚴容　眾好飾其姿　慚愧之上服　深心為華鬘
富有七財寶　教授以滋息　如所說修行　迴向為大利
四禪為床座　從於淨命生　多聞增智慧　以為自覺音
甘露法之食　解脫味為漿　淨心以澡浴　戒品為塗香
摧滅煩惱賊　勇健无能踰　降伏四種魔　勝幡建道場
雖知无起滅　示彼故有生　悉現諸國土　如日无不現
供養於十方　无量億如來　諸佛及己身　无有分別想
雖知諸佛國　及與眾生空　而常修淨土　教化於群生
諸有眾生類　形聲及威儀　无畏力菩薩　一時能盡現
覺知眾魔事　而示隨其行　以善方便智　隨意皆能現
或示老病死　成就諸群生　了知如幻化　通達无有礙
或現劫盡燒　天地皆洞然　眾人有常想　照令知无常
无數億眾生　俱來請菩薩　一時到其舍　化令向佛道
經書禁呪術　工巧諸伎藝　盡現行此事　饒益諸群生
世間眾道法　悉於中出家　因以解人惑　而不墮邪見
或作日月天　梵王世界主　或時作地水　或復作風火
劫中有疾疫　現作諸藥草　若有服之者　除病消眾毒
劫中有飢饉　現身作飲食　先救彼飢渴　却以法語人

BD14074 號　維摩詰所說經卷中

世間眾道法　悉於中出家　因以解人惑　而不墮邪見
或作日月天　梵王世界主　或時作地水　或復作風火
劫中有疾疫　現作諸藥草　若有服之者　除病消眾毒
劫中有飢饉　現身作飲食　先救彼飢渴　却以法語人
劫中有刀兵　為之起慈悲　化彼諸眾生　令住无諍地
若有大戰陣　立之以等力　菩薩現威勢　降伏使和安
一切國土中　諸有地獄處　輒往到于彼　勉濟其苦惱
一切國土中　畜生相食噉　皆現生於彼　為之作利益
示受於五欲　亦復現行禪　令魔心憒亂　不能得其便
火中生蓮華　是可謂希有　在欲而行禪　希有亦如是
現或作婬女　引諸好色者　先以欲鉤牽　後令入佛智
或為邑中主　或作商人導　國師及大臣　以祐利眾生
諸有貧窮者　現為无盡藏　因以勸導之　令發菩提心
我心憍慢者　為現大力士　消伏諸貢高　令住无上道
其有恐懼者　居前而慰安　先施以无畏　後令發道心
或現離婬欲　為五通仙人　開導諸群生　令住戒忍慈
其須供事者　現為作僮僕　既悅可其意　乃發以道心
隨彼之所須　得入於佛道　以善方便力　皆能給足之
如是道无量　所行无有涯　智慧无邊際　度脫无數眾
假令一切佛　於无數億劫　讚歎其功德　猶尚不能盡
誰聞如是法　不發菩提心　除彼不肖人　癡冥无智者
入不二法門品第九
尒時維摩詰謂眾菩薩言諸仁者云何菩薩
入不二法門各隨所樂說之會中有菩薩名
法自在說言諸仁者生滅為二法本不生今

BD14074 號　維摩詰所說經卷中

入不二法門品第九
尒時維摩詰謂衆菩薩言諸仁者云何菩薩
入不二法門各隨所樂說之會中有菩薩名
法自在說言諸仁者生滅為二法本不生今
則无滅得此无生法忍是為入不二法門
德首菩薩曰我我所為二因有我故便有我
所若无有我則无我所是為入不二法門
不眴菩薩曰受不受為二若法不受則不可
得以不可得故无取无捨无作无行是為入
不二法門
德頂菩薩曰垢淨為二見垢實性則无淨相
順於滅相是為入不二法門
善宿菩薩曰是動是念為二不動則无念无
念則无分別通達此者是為入不二法門
善眼菩薩曰一相无相為二若知一相即是
无相亦不取无相入於平等是為入不二法
門
妙臂菩薩曰菩薩心聲聞心為二觀心相空
如幻化者无菩薩心无聲聞心是為入不二
法門
弗沙菩薩曰善不善為二若不起善不善入
无相際而通達者是為入不二法門
師子菩薩曰罪福為二若達罪性則與福无
異以金剛慧決了此相无縛无解者是為
入不二法門

BD14074 號　維摩詰所說經卷中　（29–24）

无相際而通達者是為入不二法門
師子菩薩曰罪福為二若達罪性則與福无
異以金剛慧決了此相无縛无解者是為
入不二法門
師子意菩薩曰有漏无漏為二若得諸法等
則不起漏不漏想不著於想亦不住无相
是為入不二法門
淨解菩薩曰有為无為為二若離一切數
則心如虛空以清淨慧无所礙者是為入不
二法門
那羅延菩薩曰世間出世間為二世間性空
即是出世間於其中不入不出不溢不散是
為入不二法門
善意菩薩曰生死涅槃為二若見生死性則
无生死无縛无解不然不滅如是解者是為
入不二法門
現見菩薩曰盡不盡為二法若究竟盡若
不盡皆是无盡相即是空空則无有盡不
盡相如是入者是為入不二法門
普守菩薩曰我无我為二我尚不可得非我
何可得見我實性者不復起二是為入不二
法門
雷天菩薩曰明无明為二无明實性即是明
明亦不可取離一切數於其中平等无二者
是為入不二法門
喜見菩薩曰色色空為二色即是空非色

BD14074 號　維摩詰所說經卷中　（29–25）

電天菩薩曰明无明為二无明實性即是明
明亦不可取離一切數於其中平等无二者
是為入不二法門
喜見菩薩曰色色空為二色即是空非色
滅空色性自空如是受想行識識空為二識
即是空非識滅空識性自空於其中而通達
者是為入不二法門
明相菩薩曰四種異空種異為二四種性即
是空種性如前際後際空故中際亦空若能
如是知諸種性者是為入不二法門
妙意菩薩曰眼色為二若知眼性於色不貪
不恚不癡是名寂滅如是耳聲鼻香舌味身
觸意法為二若知意性於法不貪不恚不癡
是名寂滅安住其中是為入不二法門
无盡意菩薩曰布施迴向一切智為二布施性
即是迴向一切智性如是持戒忍辱精進
禪定智慧迴向一切智為二智慧性即是
迴向一切智性於其中入一相者是為入不
二法門
深慧菩薩曰是空是无相是无作為二空
即是无相无相即是无作若空无相无作則
无心意識於一解脫門即是三解脫門者是
為入不二法門
寂根菩薩曰佛法衆為二佛即是法法即
是衆是三寶皆无為相與虛空等一切法亦

BD14074號　維摩詰所說經卷中　（29–26）

无心意識於一解脫門即是三解脫門者是
為入不二法門
寂根菩薩曰佛法衆為二佛即是法法即
是衆是三寶皆无為相與虛空等一切法亦
尒能隨此行者是為入不二法門
心无礙菩薩曰身身滅為二身即是身滅
所以者何見身實相者不起見身及見滅
身身與滅身无二无分別於其中不驚不
懼者是為入不二法門
上善菩薩曰身口意善為二是三業皆无
作相身无作相即口无作相口无作相即意无
作相是三業无作相即一切法无作相能如是
隨无作慧者是為入不二法門
福田菩薩曰福行罪行不動行為二三行實
性即是空空則无福行无罪行无不動行於此
三行而不起者是為入不二法門
華嚴菩薩曰從我起二為二見我實相者不
起二法若不住二法則无有識无所識者是
為入不二法門
德藏菩薩曰有所得相為二若无所得則无
取捨无取捨者是為入不二法門
月上菩薩曰闇與明為二无闇无明則无有
二所以者何如入滅受想定无闇无明一切法
亦復如是於其中平等入者是為入不二
法門

BD14074號　維摩詰所說經卷中　（29–27）

取捨无取捨者是爲入不二法門
月上菩薩曰闇與明爲二无闇无明則无有
二所以者何如入滅受想定无闇无明一切法
亦復如是於其中平等入者是爲入不二
法門
寶印手菩薩曰樂涅槃不樂世間爲二若
不樂涅槃不猒世間則无有二所以者何若有
縛則有觧若本无縛其誰求觧无縛无觧則
无樂猒是爲入不二法門
珠頂王菩薩曰正道耶道爲二住正道者則
不分別是耶是正離此二法是爲入不二
法門
樂實菩薩曰實不實爲二實見者尚不見
實何況非實所以者何非肉眼所見慧眼乃能
見而此慧眼无見无不見是爲入不二法
門
如是諸菩薩各各說已問文殊師利何等是
菩薩入不二法門文殊師利曰如我意者於
一切法无言无說无示无識離諸問荅是
爲入不二法門
於是文殊師利問維摩詰我等各自
說已仁者當說何等是菩薩入不二法門
時維摩詰默然无言文殊師利歎言善哉
善哉乃至无有文字語言是真入不二法
門說是不二法門時於此衆中五千菩薩

BD14074號　維摩詰所說經卷中　（29–28）

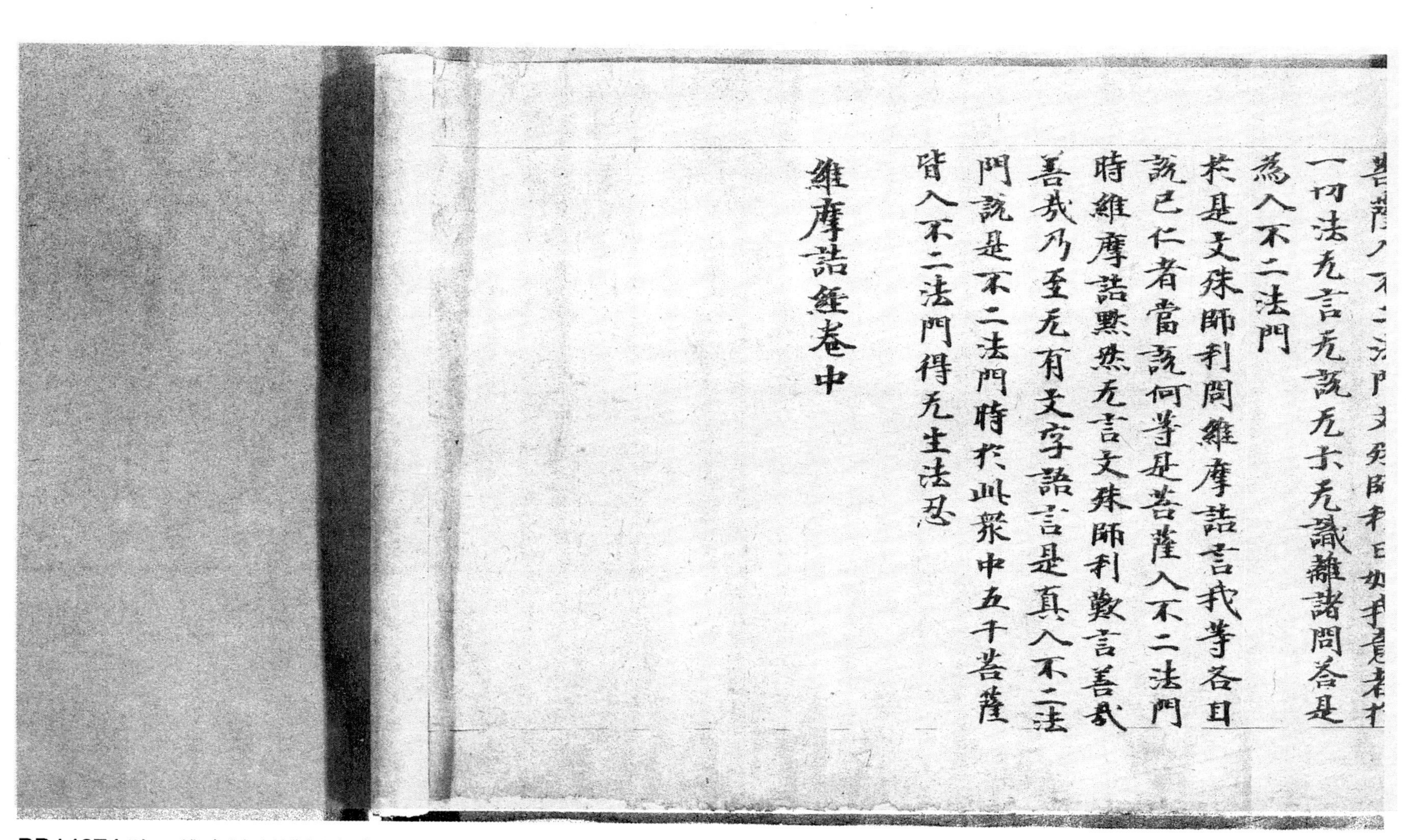
菩薩入不二法門文殊師利曰如我意者於
一切法无言无說无示无識離諸問荅是
爲入不二法門
於是文殊師利問維摩詰我等各自
說已仁者當說何等是菩薩入不二法門
時維摩詰默然无言文殊師利歎言善哉
善哉乃至无有文字語言是真入不二法
門說是不二法門時於此衆中五千菩薩
皆入不二法門得无生法忍

維摩詰經卷中

BD14074號　維摩詰所說經卷中　（29–29）

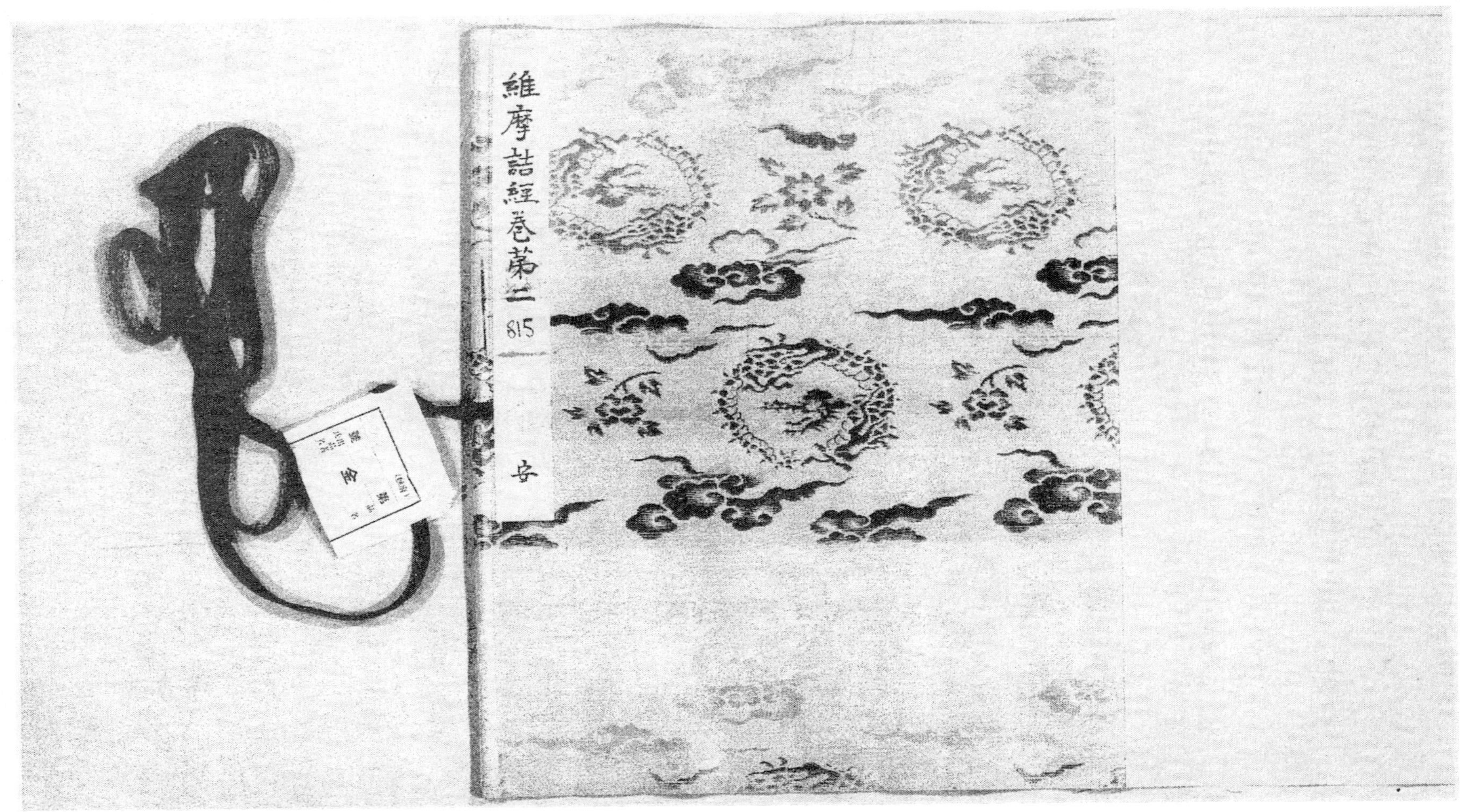

BD14075 號背　現代護首　　（1–1）

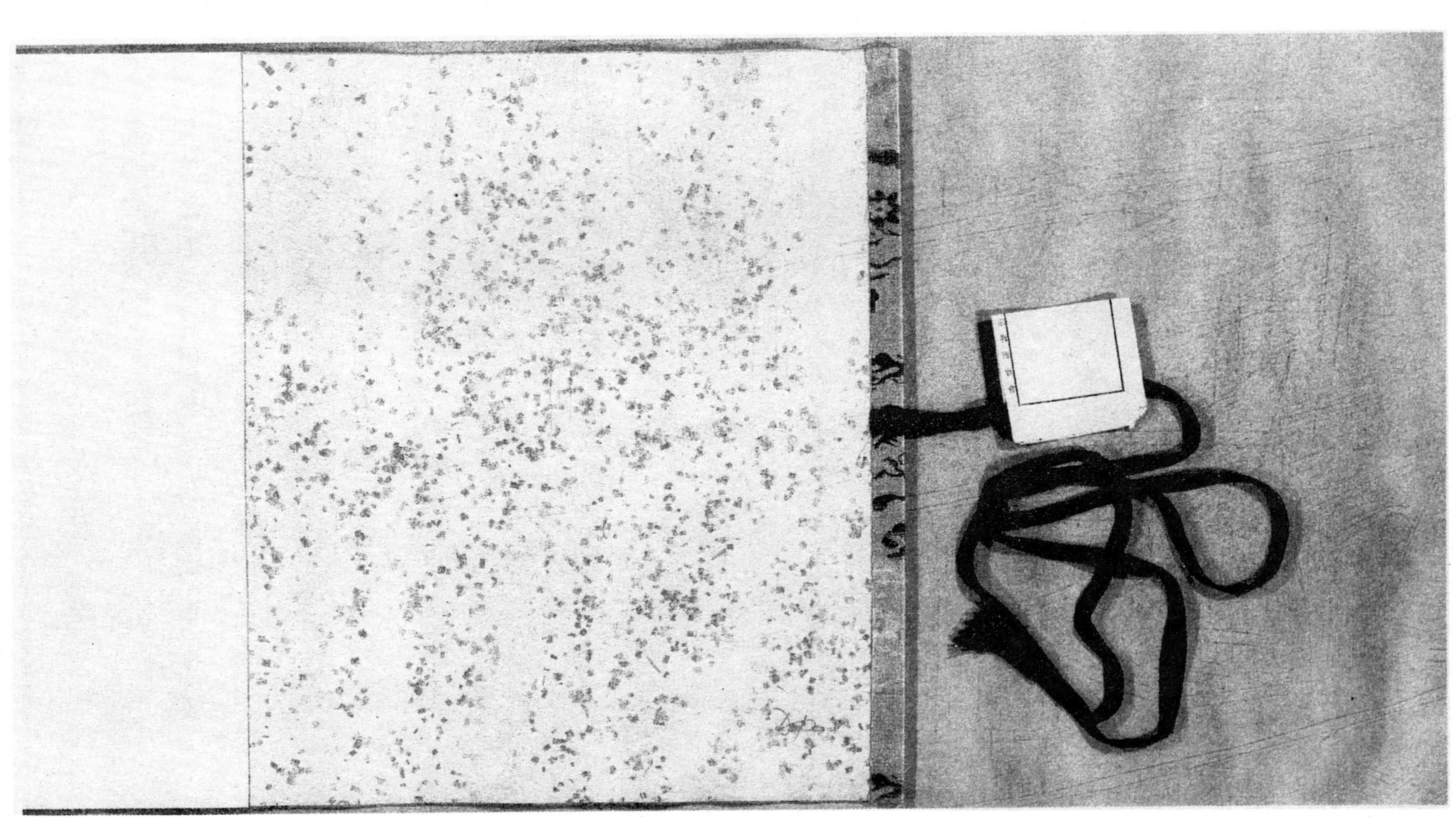

BD14075 號　維摩詰所說經卷中　　（11–1）

殊師利言有身為種无明有愛為種貪恚癡[illegible]
為種四顛倒為種五蓋為種六入為種七識
處為種八耶法為種九惱處為種十不善道
為種以要言之六十二見及一切煩惱皆是
佛種曰何謂也荅曰若見无為入正位者不
能復發阿耨多羅三藐三菩提心譬如高原
陸地不生蓮華卑濕汙泥乃生此華如是見
无為法入正位者終不復能生於佛法煩惱
泥中乃有衆生起佛法耳又如殖種於空終
不得生糞壤之地乃能滋茂如是入无為正
位者不生佛法起於我見如須弥山猶能發
于阿耨多羅三藐三菩提心生佛法矣是故
當知一切煩惱為如來種譬如不下巨海不
能得无價寶珠如是不入煩惱大海則不
能生一切智寶

BD14075 號　維摩詰所說經卷中

(11–2)

于阿耨多羅三藐三菩提心生佛法矣是故
當知一切煩惱為如來種譬如不下巨海不
能得无價寶珠如是不入煩惱大海則不
能生一切智寶
尒時大迦葉歎言善哉善哉文殊師利快說
此語誠如所言塵勞之疇為如來種我等今
者不復堪任發阿耨多羅三藐三菩提心乃
至五无間罪猶能發意生於佛法而今我等
永不能發譬如根敗之士其於五欲不能復
利如是聲聞諸結斷者於佛法中无所復益
永不志願是故文殊師利凡夫於佛法有反
復而聲聞无也所以者何凡夫聞佛法能起
无上道心不斷三寶正使聲聞終身聞佛法
力无畏等永不能發无上道意尒時會中有
菩薩名普現色身問維摩詰言居士父母妻
子親戚眷屬吏民知識悉為是誰奴婢僮僕
象馬車乘皆何所在於是維摩詰以偈荅曰
智度菩薩母　方便以為父　一切衆導師　无不由是生
法喜以為妻　慈悲心為女　善心誠實男　畢竟空寂舍
弟子衆塵勞　隨意之所轉　道品善知識　由是成正覺
諸度法等侶　四攝為妓女　歌詠誦法言　以此為音樂
摠持之園苑　无漏法林樹　覺意淨妙華　解脫智慧果
八解之浴池　定水湛然滿　布以七淨華　浴此无垢人
象馬五通馳　大乘以為車　調御以一心　遊於八正路
相具以嚴容　衆好飾其姿　慚愧之上服　深心為華鬘

BD14075 號　維摩詰所說經卷中

(11–3)

總持之園苑　无漏法林樹　覺意淨妙華　解脫智慧果
八解之浴池　定水湛然滿　布以七淨華　浴此无垢人
象馬五通馳　大乘以為車　調御以一心　遊於八正路
相具以嚴容　眾好飾其姿　慚愧之上服　深心為華鬘
富有七財寶　教授以滋息　如所說修行　迴向為大利
四禪為床座　從於淨命生　多聞增智慧　以為自覺音
甘露法之食　解脫味為漿　淨心以澡浴　戒品為塗香
摧滅煩惱賊　勇健无能踰　降伏四種魔　勝幡建道場
雖知无起滅　示彼故有生　悉現諸國土　如日无不見
供養於十方　无量億如來　諸佛及己身　无有分別想
雖知諸佛國　及與眾生空　而常修淨土　教化於群生
諸有眾生類　形聲及威儀　无畏力菩薩　一時能盡現
覺知眾魔事　而示隨其行　以善方便智　隨意皆能現
或示老病死　成就諸群生　了知如幻化　通達无有礙
或現劫盡燒　天地皆洞然　眾人有常想　照令知无常
无數億眾生　俱來請菩薩　一時到其舍　化令向佛道
經書禁呪術　工巧諸伎藝　盡現行此事　饒益諸群生
世間眾道法　悉於中出家　因以解人惑　而不墮邪見
或作日月天　梵王世界主　或時作地水　或復作風火
劫中有疾疫　現作諸藥草　若有服之者　除病消眾毒
劫中有飢饉　現身作飲食　先救彼飢渴　却以法語人
劫中有刀兵　為之起慈悲　化彼諸眾生　令住无諍地
若有大戰陣　立之以等力　菩薩現威勢　降伏使和安
一切國土中　諸有地獄處　輒往到于彼　免濟諸苦惱
一切國土中　畜生相噉食　皆現生於彼　為之作利益

劫中有刀兵　為之起慈悲　化彼諸眾生　令住无諍地
若有大戰陣　立之以等力　菩薩現威勢　降伏使和安
一切國土中　諸有地獄處　輒往到于彼　免濟諸苦惱
一切國土中　畜生相噉食　皆現生於彼　為之作利益
示受於五欲　亦復現行禪　令魔心憒亂　不能得其便
火中生蓮華　是可謂希有　在欲而行禪　希有亦如是
或現作婬女　引諸好色者　先以欲鉤牽　後令入佛智
或為邑中主　或作商人導　國師及大臣　以祐利眾生
諸有貧窮者　現為无盡藏　因以勸導之　令發菩提心
我心憍慢者　為現大力士　消伏諸貢高　令住佛上道
其有恐懼眾　居前而安慰　先施以无畏　後令發道心
或現離婬欲　為五通仙人　開導諸群生　令住戒忍慈
見須供事者　現為作僮僕　既悅可其意　乃發以道心
隨彼之所須　得入於佛道　以善方便力　皆能給足之
如是道无量　所行无有崖　智慧无邊際　度脫无數眾
假令一切佛　於无數億劫　讚歎其功德　猶尚不能盡
誰聞如是法　不發菩提心　除彼不肖人　癡冥无智者
入不二法門品第九
尒時維摩詰謂眾菩薩言：諸仁者，云何菩薩
入不二法門？各隨所樂說之。會中有菩薩名
法自在，說言：諸仁者，生滅為二，法本不生，今
則无滅，得此无生法忍，是為入不二法門。
德首菩薩曰：我、我所為二，因有我故便有我
所；若无有我，則无我所，是為入不二法門。
不瞬菩薩曰：受、不受為二，若法不受，則不可
得；以不可得故无取无捨，无作无行，是為入

則无滅得此无生法忍是為入不二法門
德首菩薩曰我我所為二因有我故便有我
所若无有我則无我所是為入不二法門
不瞬菩薩曰受不受為二若法不受則不可
得以不可得故无取无捨无作无行是為入
不二法門
德頂菩薩曰垢淨為二見垢實性則无淨相
順於滅相是為入不二法門
善宿菩薩曰是動是念為二不動則无念无
念則无分別通達此者是為入不二法門
善眼菩薩曰一相无相為二若知一相即是
无相亦不取无相入於平等是為入不二法
門
妙臂菩薩曰菩薩心聲聞心為二觀心相空
如幻化者无菩薩心无聲聞心是為入不二
法門
弗沙菩薩曰善不善為二若不起善不善入
无相際而通達者是為入不二法門
師子菩薩曰罪福為二若達罪性則與福无
異以金剛慧決了此相无縛无解者是為入
不二法門
師子意菩薩曰有漏无漏為二若得諸法等
則不起漏不漏想不著於相亦不住无相是
為入不二法門
淨解菩薩曰有為无為為二若離一切數則
心如虛空以清淨慧无所礙者是為入不二

BD14075號 維摩詰所說經卷中 (11-6)

師子意菩薩曰有漏无漏為二若得諸法等
則不起漏不漏想不著於相亦不住无相是
為入不二法門
淨解菩薩曰有為无為為二若離一切數則
心如虛空以清淨慧无所礙者是為入不二
法門
那羅延菩薩曰世間出世間為二世間性空
即是出世間於其中不入不出不溢不散是
為入不二法門
善意菩薩曰生死涅槃為二若見生死性則
无生死无縛无解不然不滅如是解者是為
入不二法門
現見菩薩曰盡不盡為二法若究竟盡若不
盡皆是无盡相无盡相即是空空則无有盡
不盡相如是入者是為入不二法門
普首菩薩曰我无我為二我尚不可得非我
何可得見我實性者不復起二是為入不二
法門
電天菩薩曰明无明為二无明實性即是明
明亦不可取離一切數於其中平等无二者
是為入不二法門
喜見菩薩曰色色空為二色即是空非色滅
空色性自空如是受想行識識空為二識即
是空非識滅空識性自空於其中而通達者
是為入不二法門

BD14075號 維摩詰所說經卷中 (11-7)

善見菩薩曰色色空為二色即是空非色滅
空色性自空如是受想行識識空為二識即
是空非識滅空識性自空於其中而通達者
是為入不二法門
明相菩薩曰四種異空種異為二四種性即
是空種性如前際後際空故中際亦空若能
如是知諸種性者是為入不二法門
妙意菩薩曰眼色為二若知眼性於色不貪
不恚不癡是名寂滅如是耳聲鼻香舌味身
觸意法為二若知意性於法不貪不恚不癡
是名寂滅安住其中是為入不二法門
无盡意菩薩曰布施迴向一切智為二布施
性即是迴向一切智性如是持戒忍辱精進
禪定智慧迴向一切智為二智慧性即是迴
向一切智性於其中入一相者是為入不二
法門
深慧菩薩曰是空是无相是无作為二空即
是无相无相即是无作若空无相无作則无
心意識於一解脫門即是三解脫門者是為
入不二法門
寂根菩薩曰佛法衆為二佛即是法法即是
衆是三寶皆无為相與虛空等一切法亦尒
能隨此行者是為入不二法門
心无礙菩薩曰身身滅為二身即是身滅所
以者何見身實相者不起見身及以滅身身

BD14075號　維摩詰所說經卷中　（11–8）

衆是三寶皆无為相與虛空等一切法亦尒
能隨此行者是為入不二法門
心无礙菩薩曰身身滅為二身即是身滅所
以者何見身實相者不起見身及以滅身身
與滅身无二无分別於其中不驚不懼者是
為入不二法門
上善菩薩曰身口意善為二是三業皆无作
相身无作相即口无作相口无作相即意无
作相是三業无作相即一切法无作相能如
是隨无作慧者是為入不二法門
福田菩薩曰福行罪行不動行為二三行實
性即是空空則无福行无罪行无不動行於
此三行而不起者是為入不二法門
華嚴菩薩曰從我起二為二見我實相者不
起二法若不住二法則无有識无所識者是
為入不二法門
德藏菩薩曰有所得相為二若无所得則无
取捨无取捨者是為入不二法門
月上菩薩曰闇與明為二无闇无明則无有
二所以者何如入滅受想定无闇无明一切法
亦復如是於其中平等入者是為入不二法
門
寶印手菩薩曰樂涅槃不樂世間為二若不
樂涅槃不厭世間則无有二所以者何若有
縛則有解若本无縛其誰求解无縛无解則

BD14075號　維摩詰所說經卷中　（11–9）

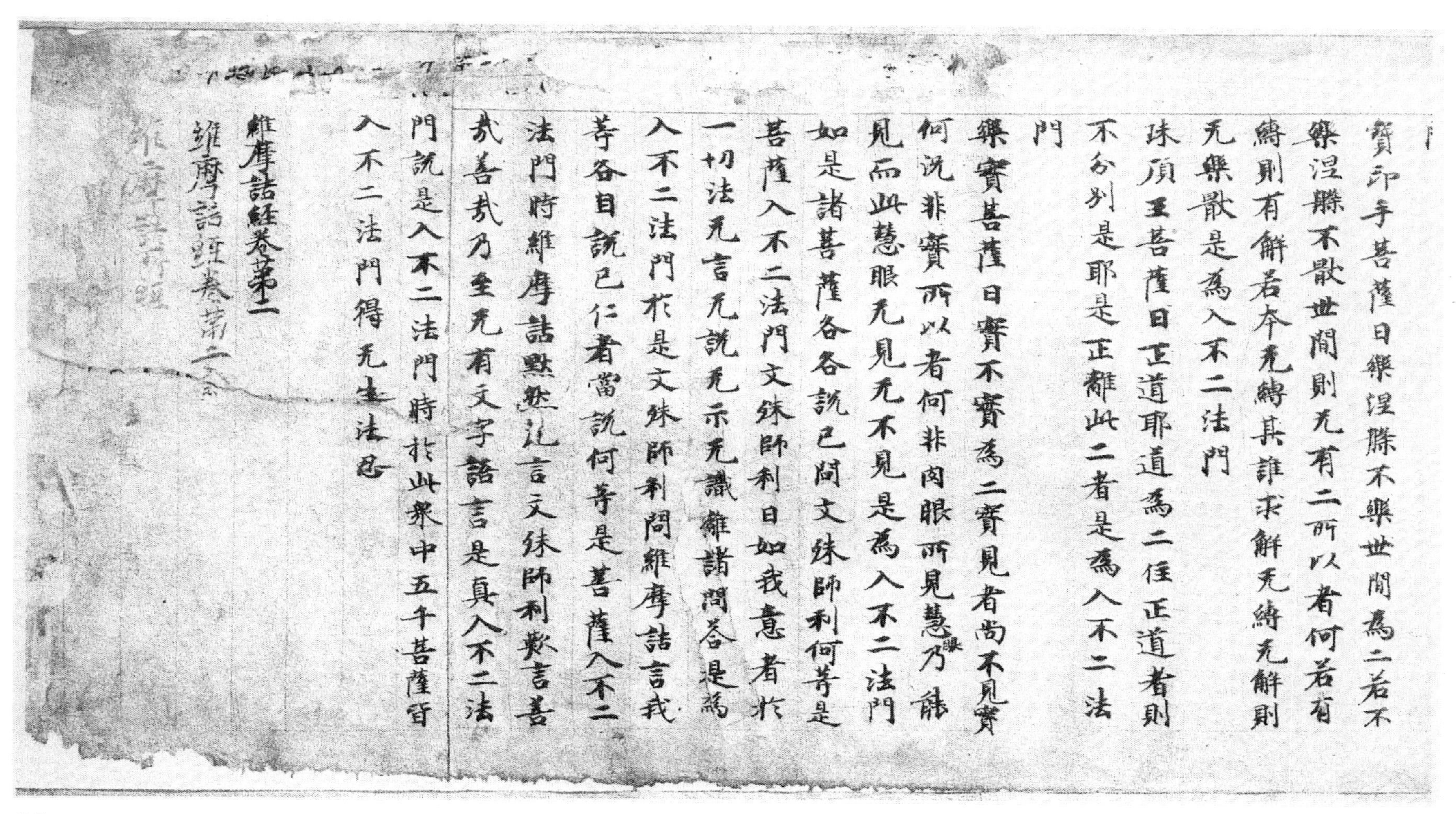
門
寶印手菩薩曰樂涅槃不樂世間為二若不
樂涅槃不猒世間則无有二所以者何若有
縛則有解若本无縛其誰求解无縛无解則
无樂猒是為入不二法門
珠頂王菩薩曰正道耶道為二住正道者則
不分別是耶是正離此二者是為入不二法
門
樂實菩薩曰實不實為二實見者尚不見實
何況非實所以者何非肉眼所見慧眼乃能
見而此慧眼无見无不見是為入不二法門
如是諸菩薩各各說已問文殊師利何等是
菩薩入不二法門文殊師利曰如我意者於
一切法无言无說无示无識離諸問荅是為
入不二法門於是文殊師利問維摩詰言我
等各自說已仁者當說何等是菩薩入不二
法門時維摩詰默然无言文殊師利歎言善
哉善哉乃至无有文字語言是真入不二法
門說是入不二法門時於此眾中五千菩薩皆
入不二法門得无生法忍
維摩詰經卷第二
維摩詰經卷第二
維摩詰所說經

BD14075 號　維摩詰所說經卷中　（11–10）

菩薩入不二
法門時維摩詰默然无言文殊師利歎言善
哉善哉乃至无有文字語言是真入不二法
門說是入不二法門時於此眾中五千菩薩皆
入不二法門得无生法忍
維摩詰經卷第二
維摩詰經卷第二
維摩詰所說經

BD14075 號　維摩詰所說經卷中　（11–11）

BD14076 號背　現代護首　　　　（1–1）

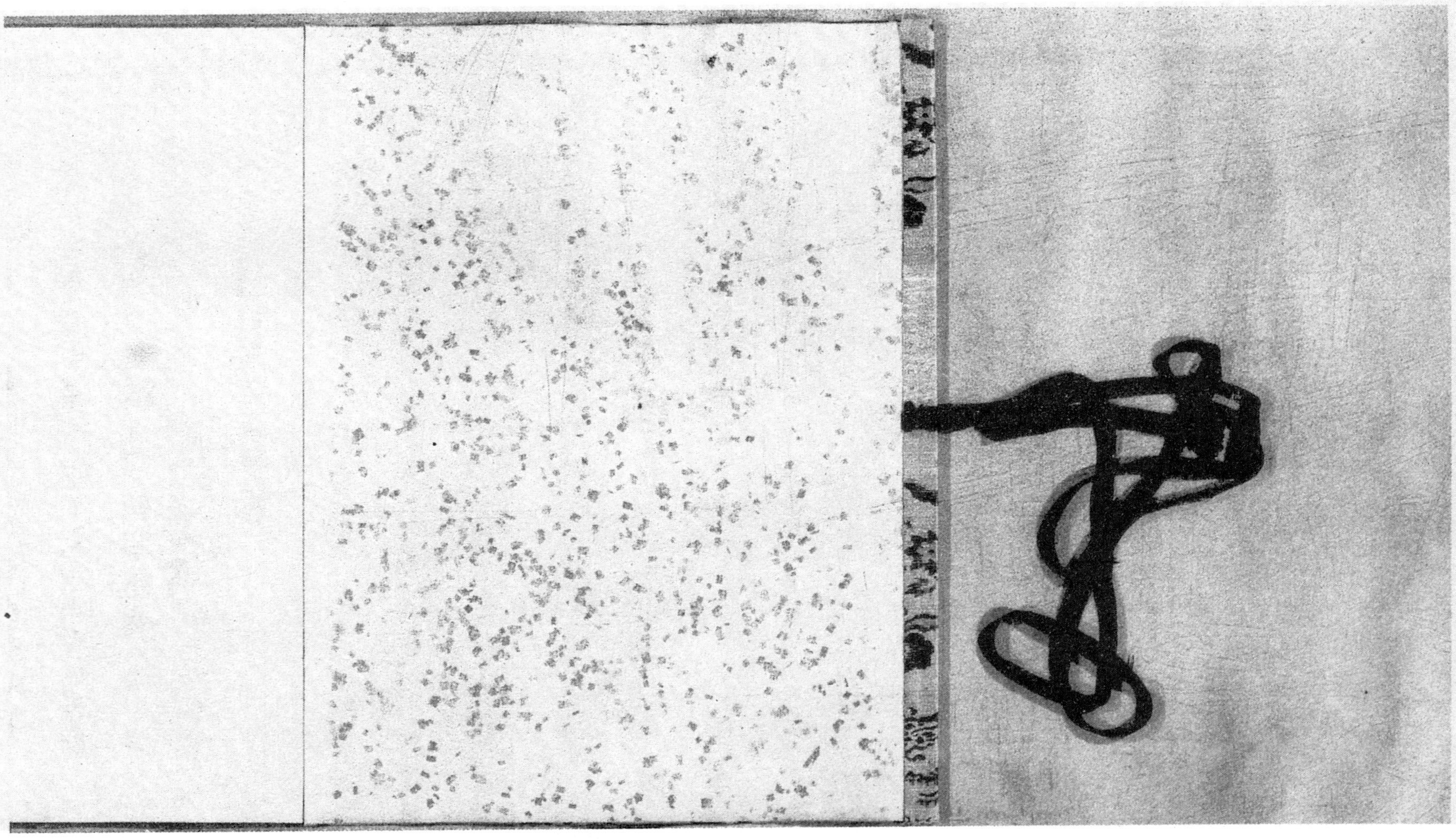

BD14076 號　維摩詰所說經卷中　　　　（7–1）

尒時維摩詰謂衆菩薩言諸仁者云何菩薩
入不二法門各隨所樂說之會中有菩薩名
法自在說言諸仁者生滅為二法本不生今
則无滅得此无生法忍是為入不二法門
德首菩薩曰我我所為二因有我故便有我
所若无有我則无我所是為入不二法門
不眴菩薩曰受不受為二若法不受則不可
得以不可得故无取无捨无作无行是為入
不二法門
德頂菩薩曰垢淨為二見垢實性則无淨相
順於滅相是為入不二法門
善宿菩薩曰是動是念為二不動則无念无
念則无分別通達此者是為入不二法門
善眼菩薩曰一相无相為二若知一相即是

BD14076號　維摩詰所說經卷中　（7–2）

順於滅相是為入不二法門
善宿菩薩曰是動是念為二不動則无念无
念則无分別通達此者是為入不二法門
善眼菩薩曰一相无相為二若知一相即是
无相亦不取无相入於平等是為入不二法門
妙臂菩薩曰菩薩心聲聞心為二觀心相空
如幻化者无菩薩心无聲聞心是為入不二
法門
弗沙菩薩曰善不善為二若不起善不善
入无相際而通達者是為入不二法門
師子菩薩曰罪福為二若達罪性則與福无
異以金剛慧決了此相无縛无解者是為入
不二法門
師子意菩薩曰有漏无漏為二若得諸法等
則不起漏不漏想不著於相亦不住无相是
為入不二法門
淨解菩薩曰有為无為為二若離一切數則
心如虛空以清淨慧无所礙者是為入不二法
門
那羅延菩薩曰世間出世間為二世間性空
即是出世間於其中不入不出不溢不散是
為入不二法門
善意菩薩曰生死涅槃為二若見生死性則
无生死无縛无解不然不滅如是解者是為
入不二法門

BD14076號　維摩詰所說經卷中　（7–3）

為入不二法門
善意菩薩曰生死涅槃為二若見生死性則
无生死无縛无解不然不滅如是解者是為
入不二法門
現見菩薩曰盡不盡為二法若究竟盡若不盡
皆是无盡相无盡相即是空空則无有盡不盡
相如是入者是為入不二法門
普首菩薩曰我无我為二我尚不可得非我
何可得見我實性者不復起二是為入不二法門
電天菩薩曰明无明為二无明實性即是明
明亦不可取離一切數於其中平等无二者
是為入不二法門
喜見菩薩曰色色空為二色即是空非色滅
空色性自空如是受想行識識空為二識即
是空非識滅空識性自空於其中而通達者
是為入不二法門
明相菩薩曰四種異空種異為二四種性即
是空種性如前際後際空故中際亦空若
能如是知諸種性者是為入不二法門
妙意菩薩曰眼色為二若知眼性於色不
貪不恚不癡是名寂滅如是耳聲鼻香
舌味身觸意法為二若知意性於法不貪不
恚不癡是名寂滅安住其中是為入不二法門
无盡意菩薩曰布施迴向一切智為二布施
性即是迴向一切智性如是持戒忍辱精進
禪定智慧迴向一切智為二智慧性即是迴

BD14076號　維摩詰所說經卷中　（7–4）

恚不癡是名寂滅安住其中是為入不二法門
无盡意菩薩曰布施迴向一切智為二布施
性即是迴向一切智性如是持戒忍辱精進
禪定智慧迴向一切智為二智慧性即是迴
向一切智性於其中入一相者是為入不二法門
深慧菩薩曰是空是无相是无作為二空即
是无相无相即是无作若空无相无作則无
心意識於一解脫門即是三解脫門者是
為入不二法門
寂根菩薩曰佛法衆為二佛即是法法即
是衆是三寶皆无為相與虛空等一切法亦
尒能隨此行者是為入不二法門
心无閡菩薩曰身身滅為二身即是身滅所
以者何見身實相者不起見身及見滅身身
與滅身无二无分別於其中不驚不懼者是
為入不二法門
上善菩薩曰身口意善為二是三業皆无作
相身无作相即口无作相口无作相即意无
作相是三業无作相即一切法无作相能如
是隨无作慧者是為入不二法門
福田菩薩曰福行罪行不動行為二三行實
性即是空空則无福行无罪行无不動行於
此三行而不起者是為入不二法門
華嚴菩薩曰從我起二為二見我實相者
不起二法若不住二法則无有識无所識者
是為入不二法門

BD14076號　維摩詰所說經卷中　（7–5）

性即是空空則无福行无罪行无不動行於
此三行而不起者是為入不二法門
華嚴菩薩曰從我起二為二見我實相者
不起二法若不住二法則无有識无所識者
是為入不二法門
德藏菩薩曰有所得相為二若无所得則
无取捨无取捨者是為入不二法門
月上菩薩曰闇與明為二无闇无明則无有
二所以者何如滅受想定无闇无明一切法
亦復如是於其中平等入者是為入不二法
門
寶印手菩薩曰樂涅槃不樂世間為二若不
樂涅槃不猒世間則无有二所以者何若有
縛則有解若本无縛其誰求解无縛无解
則无樂猒是為入不二法門
珠頂王菩薩曰正道耶道為二住正道者則
不分別是耶是正離此二法是為入不二法門
樂實菩薩曰實不實為二實見者尚不見實
何況非實所以者何非肉眼所見慧眼乃能
見而此慧眼无見无不見是為入不二法門
如是諸菩薩各各說已問文殊師利何等是
菩薩入不二法門文殊師利曰如我意者於
一切法无言无說无示无識離諸問答是為
入不二法門於是文殊師利問維摩詰言我
等各自說已仁者當說何等是菩薩入不二
法門時維摩詰默然无言文殊師利歎言善

BD14076號　維摩詰所說經卷中　（7–6）

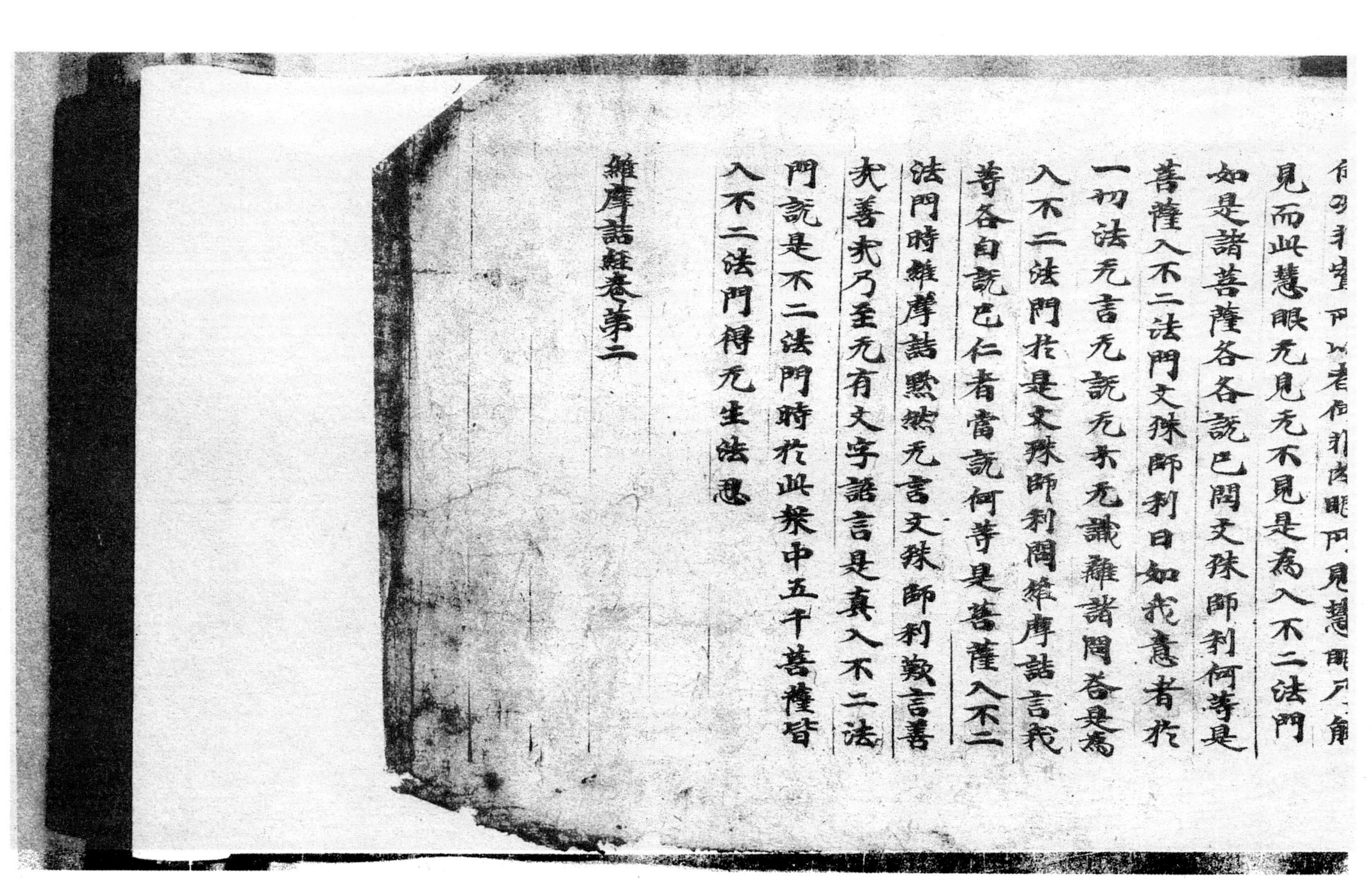

何況非實所以者何非肉眼所見慧眼乃能
見而此慧眼无見无不見是為入不二法門
如是諸菩薩各各說已問文殊師利何等是
菩薩入不二法門文殊師利曰如我意者於
一切法无言无說无示无識離諸問答是為
入不二法門於是文殊師利問維摩詰言我
等各自說已仁者當說何等是菩薩入不二
法門時維摩詰默然无言文殊師利歎言善
哉善哉乃至无有文字語言是真入不二法
門說是不二法門時於此衆中五千菩薩皆
入不二法門得无生法忍

維摩詰經卷第二

BD14076號　維摩詰所說經卷中　（7–7）

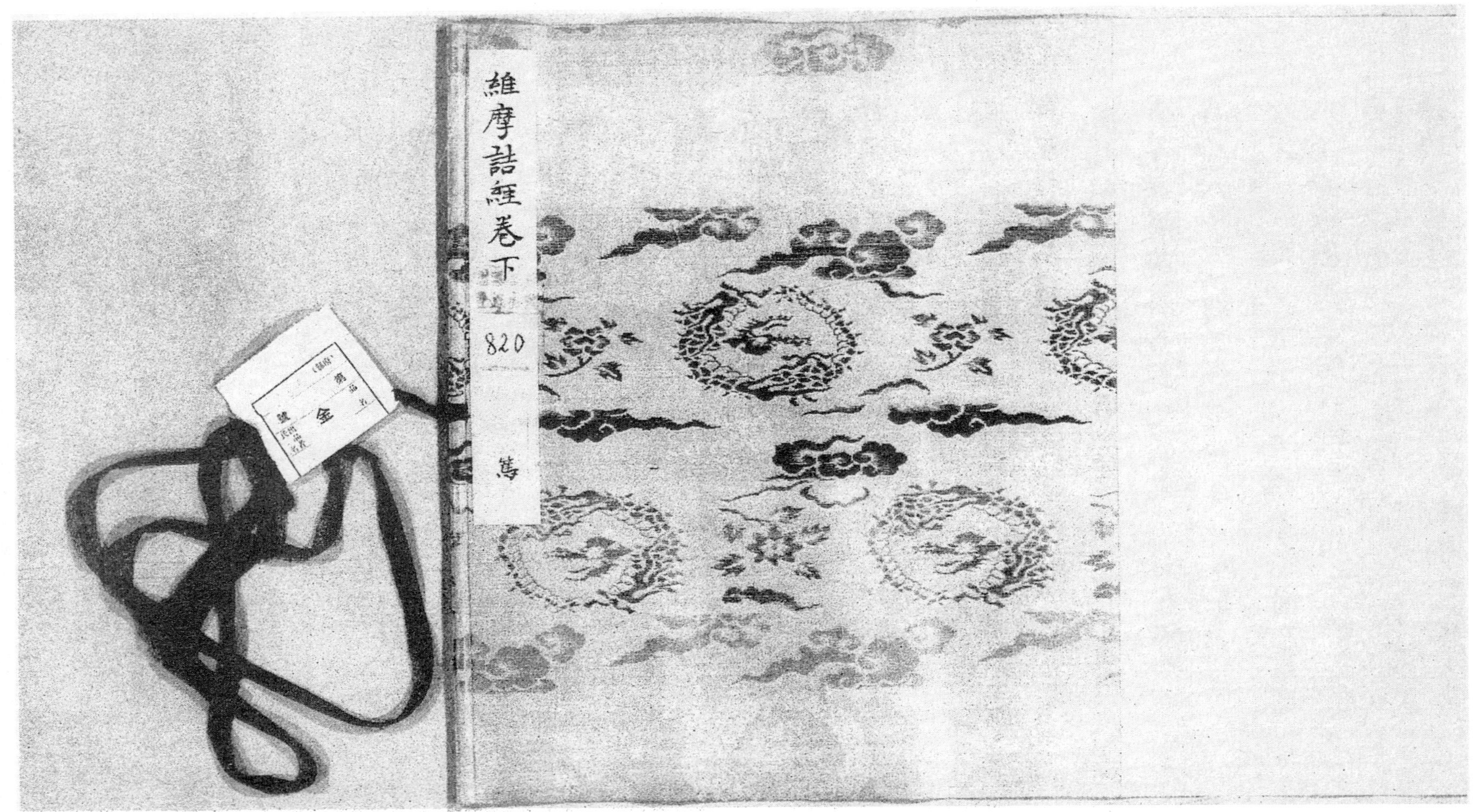

BD14077 號背　現代護首　　（1–1）

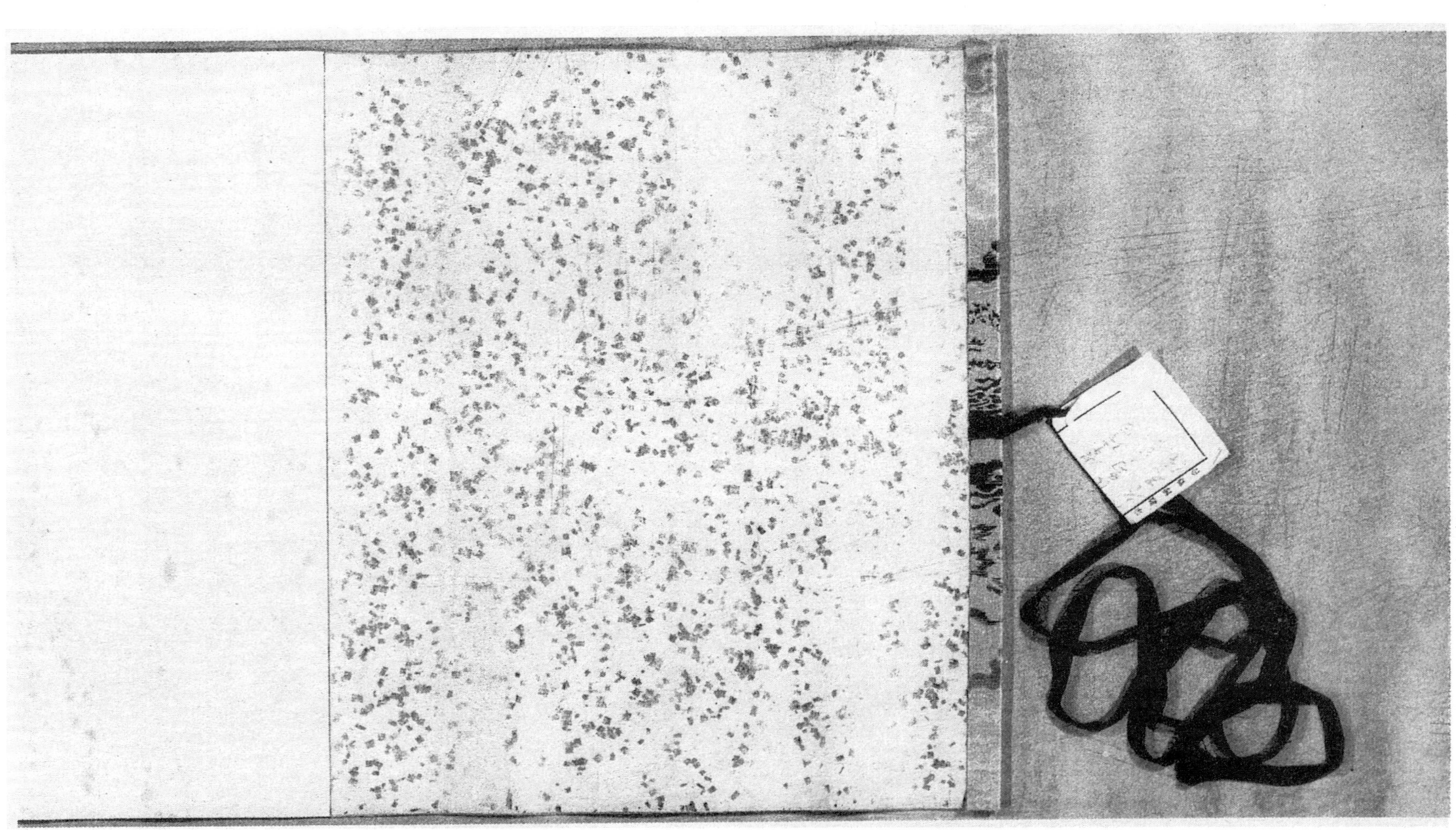

BD14077 號　維摩詰所說經卷下　　（17–1）

勢力至于七日然後乃消又阿難若聲聞人未
入正位食此飯者得入正位然後乃消已入
正位食此飯者得心解脫然後乃消若未發
大乘意食此飯者至發意乃消已發意食
此飯者得无生忍然後乃消已得无生忍食此
飯者至一生補處然後乃消譬如有藥名曰上
味其有服者身諸毒滅然後乃消此飯如是滅
除一切諸煩惱毒然後乃消阿難白佛言未曾
有也世尊如此香飯能作佛事佛言如是如
是阿難或有佛土以佛光明而作佛事有以
諸菩薩而作佛事有以佛所化人而作佛事有

BD14077 號　維摩詰所說經卷下

（17–2）

除一切諸煩惱毒然後乃消阿難白佛言未曾
有也世尊如此香飯能作佛事佛言如是如
是阿難或有佛土以佛光明而作佛事有以
諸菩薩而作佛事有以佛所化人而作佛事有
以菩提樹而作佛事有以佛衣服臥具而作
佛事有以飯食而作佛事有以園林臺觀而
作佛事有以卅二相八十隨形好而作佛事
有以佛身而作佛事有以虛空而作佛事
衆生應以此緣得入律行有以夢幻影響鏡中
像水中月熱時焰如是等喻而作佛事有以音
聲語言文字而作佛事或有清淨佛土寂漠
无言无說无示无識无作无為而作佛事如
是阿難諸佛威儀進止諸所施為无非佛事
阿難有此四魔八萬四千諸煩惱門而諸衆
生為之疲勞諸佛即以此法而作佛事是名
入一切諸佛法門菩薩入此門者若見一切
淨妙佛土不以為喜不貪不高若見一切不
淨佛土不以為憂不礙不沒但於諸佛生清
淨心歡喜恭敬未曾有也諸佛如來功德平
等為教化衆生故而現佛土不同阿難汝見
諸佛國土地有若干而虛空无若干也如是
見諸佛色身有若干耳其无礙慧无若干也
阿難諸佛色身威相種姓戒定智慧解脫解
脫知見力无所畏不共之法大慈大悲威儀
所行及其壽命說法教化成就衆生淨佛國
土具諸佛法悉皆同等是故名為三藐三佛
陁名為多陁阿伽度名為佛陁阿難若我
廣說此三句義汝以劫壽不能盡受正使三千

BD14077 號　維摩詰所說經卷下

（17–3）

脫知見力无所畏不共之法大慈大悲威儀
所行及其壽命說法教化成就眾生淨佛國
土具諸佛法悉皆同等是故名為三藐三佛
陁名為多陁阿伽度名為佛陁阿難若我
廣說此三句義汝以劫壽不能盡受正使三千
大千世界滿中眾生皆如阿難多聞第一得
念總持此諸人等以劫之壽亦不能受如
是阿難諸佛阿耨多羅三藐三菩提无有限
量智慧辯才不可思議阿難白佛我從今已
往不敢自謂以為多聞佛告阿難勿起退意
所以者何我說汝於聲聞中為最多聞非謂
菩薩且止阿難其有智者不應限度諸菩薩
也一切海淵尚可測量菩薩禪定智慧總持
辯才一切功德不可量也阿難汝等捨置菩
薩所行是維摩詰一時所現神通之力一切聲
聞辟支佛於百千劫盡力變化所不能作尒
時眾香世界菩薩來者合掌白佛言世尊
我等初見此土生下劣想今自悔責捨離是
心所以者何諸佛方便不可思議為度眾生
故隨其所應現佛國異唯然世尊願賜少法
還於彼土當念如來佛告諸菩薩有盡无盡
解脫法門汝等當學何謂為盡謂有為法何
謂无盡謂无為法如菩薩者不盡有為不住
无為何謂不盡有為謂不離大慈不捨大悲
深發一切智心而不忽忘教化眾生終不厭
惓於四攝法常念順行護持正法不惜軀命
教化眾生觀於空无而不捨大悲觀正法位
而不隨小乘觀諸法虛妄无牢无人无主无

深發一切智心而不忽忘教化眾生終不厭
惓於四攝法常念順行護持正法不惜軀命
教化眾生觀於空无而不捨大悲觀正法位
而不隨小乘觀諸法虛妄无牢无人无主无
相本願未滿而不虛福德禪定智慧脩如此
法是名菩薩不住无為又具福德故不住无
為具智慧故不盡有為大慈悲故不住无為
備本願故不盡有為集法藥故不住无為隨
授藥故不盡有為知眾生病故不住无為滅
眾生病故不盡有為諸正士菩薩已脩此法
不盡有為不住无為是名盡无盡解脫法門
汝等當學尒時彼諸菩薩聞說是法皆大歡喜
以眾妙花若干種色若干種香散遍三千大
千世界供養於佛及此經法并諸菩薩已稽
首佛足歎未曾有言釋迦牟尼佛乃能於此
善行方便言已忽然不現還到彼國

見阿閦佛品第十二

尒時世尊問維摩詰汝欲見如來為以何等
觀如來乎維摩詰言如自觀身實相觀佛
亦然我觀如來前際不來後際不去今則不住
不觀色不觀色如不觀色性不觀受想行識
不觀識如不觀識性非四大起同於虛空六
入无積眼耳鼻舌身心已過不在三界三垢
已離順三脫門三明與无明等不一相不異
相不自相不他相非无相非取相不此岸不
彼岸不中流而化眾生觀於寂滅亦不永滅
不此不彼不以此不以彼不可以智知不可

[illegible]三垢
已離順三脫門三明與无明等不一相不異
相不自相不他相非无相非取相不此岸不
彼岸不中流而化衆生觀於寂滅亦不永滅
不此不彼不以此不以彼不可以智知不可
以識識无晦无明无名无相无强无弱非淨
非穢不在方不離方非有為非无為无示无
說不施不慳不戒不犯不忍不恚不進不怠不
定不亂不智不愚不誠不欺不來不去不出不
入一切言語道斷非福田非不福田非應供養非
不應供養非取非捨非有相非无相同真際
等法性不可稱不可量過諸稱量非大非小非
見非聞非覺非知離衆結縛等諸智同衆生
於諸法无分別一切无失无濁无惱无作无起
无生无滅无畏无憂无喜无猒无著无已
有无當有无今有不可以一切言說分別顯
示世尊如來身為若此作如是觀以斯觀者
名為正觀若他觀者名為邪觀
尒時舍利弗問維摩詰汝於何沒而來生
此維摩詰言汝所得法有沒生乎舍利弗言
无沒生也若諸法无沒生相云何問言汝於何
沒而來生此於意云何譬如幻師幻作男女
寧沒生耶舍利弗言无沒生也汝豈不聞佛
說諸法如幻相乎答曰如是若一切法如幻
相者云何問言汝於何沒而來生此舍利弗
沒者為虛誑法壞敗之相生者為虛誑法相
續之相菩薩雖沒不盡善本雖生不長諸惡

說諸法如幻相乎答曰如是若一切法如幻
相者云何問言汝於何沒而來生此舍利弗
沒者為虛誑法壞敗之相生者為虛誑法相
續之相菩薩雖沒不盡善本雖生不長諸惡
是時佛告舍利弗有國名妙喜佛号无動是
維摩詰於彼國沒而來生此舍利弗言未曾
有也世尊是人乃能捨清淨佛土而來樂此
多怨害處維摩詰語舍利弗於意云何日光
出時與冥合乎答曰不也日光出時則无衆
冥維摩詰言夫日何故行閻浮提答曰欲以
明照為之除冥維摩詰言菩薩如是雖生不
淨佛土為化衆生不與愚闇而共合也但滅
衆生煩惱闇耳
是時大衆渴仰欲見妙喜世界不動如來及
其菩薩聲聞之衆佛知一切衆會所念告維
摩詰言善男子為此衆會現妙喜國不動如
來及諸菩薩聲聞之衆衆皆欲見於是維摩
詰心念吾當不起于座接妙喜國鐵圍山川溪
谷江河大海泉源須弥諸山及日月星宿
天龍鬼神梵天等宮并諸菩薩聲聞之衆城
邑聚落男女大小乃至无動如來及菩提樹
諸妙蓮花能於十方作佛事者三道寶階從
閻浮提至忉利天以此寶階諸天來下悉為礼
敬无動如來聽受經法閻浮提人亦登其階上
昇忉利見彼諸天妙喜世界成就如是无量
功德上至阿迦貳吒天下至水際以右手斷取

閻浮提至忉利天以此寶階諸天來下悉為禮
敬无動如來聽受經法閻浮提人亦登其階上
昇忉利見彼諸天妙喜世界成就如是无量
功德上至阿迦膩吒天下至水際以右手斷取
如陶家輪入此世界猶持花鬘示一切眾作
是念已入於三昧現神通力以其右手斷取
妙喜世界置於此土彼得神通菩薩及聲聞
眾并餘天人俱發聲言唯然世尊誰取我去
願見救護无動佛言非我所為是維摩詰神
力所作其餘未得神通者不覺不知己
之所往妙喜世界雖入此土而不增減於是
世界亦不迫隘如本无異
尒時釋迦牟尼佛告諸大眾汝等且觀妙喜
世界无動如來其國嚴飾菩薩行淨弟子清
白皆曰唯然已見佛言若菩薩欲得如是清
淨佛土當學无動如來所行之道現此妙喜
國時娑婆世界十四那由他人發阿耨多羅
三藐三菩提心皆願生於妙喜佛土釋迦牟
尼佛即記之曰當生彼國時妙喜世界於此
國土所應饒益其事訖已還復本處舉眾
皆見佛告舍利弗汝見此妙喜世界及无動佛
不唯然已見世尊願使一切眾生得清淨土
如无動佛獲神通力如維摩詰世尊我等
快得善利得見是人親近供養其諸眾生若今
現在若佛滅後聞此經者亦得善利况得聞
已信解受持讀誦解說如法修行若有手得

BD14077號　維摩詰所說經卷下　（17–8）

如无動佛獲神通力如維摩詰世尊我等
快得善利得見是人親近供養其諸眾生若今
現在若佛滅後聞此經者亦得善利况得聞
已信解受持讀誦解說如法修行若有手得
是經典者便為已得法寶之藏若有讀誦解
釋其義如說修行則為諸佛之所護念其有
供養如是人者當知則為供養於佛其有書
持此經卷者當知其室則有如來若聞是經
能隨喜者斯人則為取一切智若能信解此
經乃至一四句偈為他說者當知此人即是
受阿耨多羅三藐三菩提記

法供養品第十三

尒時釋提桓因於大眾中白佛言世尊我雖
從佛及文殊師利聞百千經未曾聞此不可
思議自在神通決定實相經典如我解佛所
說義趣若有眾生聞是經法信解受持讀誦
之者必得是法不疑何况如說修行斯人則
為閉眾惡趣開諸善門常為諸佛之所護念
降伏外學摧滅魔怨修治菩提安處道場履
踐如來所行之跡世尊若有受持讀誦如說
行者我當與諸眷屬供養給事所在聚落
城邑山林曠野有是經處我亦與諸眷屬聽受
法故共到其所其未信者當令生信其已信
者當為作護佛言善哉善哉天帝如汝所
說吾助尒喜此經廣說過去未來現在諸佛
不可思議阿耨多羅三藐三菩提是故天帝

BD14077號　維摩詰所說經卷下　（17–9）

法故若到其所其未信者當令生信其已信
者當為作護 佛言善哉善哉天帝如汝 所
說吾助尒喜此經廣說過去未來現在諸佛
不可思議阿耨多羅三藐三菩提是故天帝
若善男子善女人受持讀誦供養是經者則
為供養去來今佛 天帝正使三千大千世界
如來滿中譬如甘蔗竹葦稻麻叢林若有善
男子善女人或一劫或減一劫恭敬尊重讚
歎供養奉諸所安至諸佛滅後以一一全身
舍利起七寶塔縱廣一四天下高至梵天表
刹莊嚴以一切花香瓔珞幢幡伎樂微妙第
一若一劫若減一劫而供養之於天帝意云
何其人植福寧為多不 釋提桓因言多矣世
尊彼之福德若以百千億劫說不能盡 佛告
天帝當知是善男子善女人聞是不可思議解
脫經典信解受持讀誦脩行福多於彼 所以
者何諸佛菩提皆從是生菩提之相不可
限量以是因緣福不可量
佛告天帝過去无量阿僧祇劫時世有佛号
曰藥王如來應供正遍知明行足善逝世間
解无上士調御丈夫天人師佛世尊世界曰
大莊嚴劫曰莊嚴佛壽廿小劫其聲聞僧卅
六億那由他菩薩僧有十二億 天帝是時有
轉輪聖王名寶蓋七寶具足王四天下 王有
千子端正勇健能伏怨敵 尒時寶蓋與其
眷屬供養藥王如來施諸所安至滿五劫過五
劫已告其千子汝等亦當如我以深心供

BD14077號　維摩詰所說經卷下　（17–10）

轉輪聖王名寶蓋七寶具足王四天下 王有
千子端正勇健能伏怨敵 尒時寶蓋與其
眷屬供養藥王如來施諸所安至滿五劫過五
劫已告其千子汝等亦當如我以深心供
養於佛 於是千子受父王命供養藥王如來
復滿五劫一切施安 其王一子名曰月蓋獨坐
思惟寧有供養殊過此者 以佛神力空中有
天曰善男子法之供養勝諸供養 即問何謂
法之供養 天曰汝可往問藥王如來當廣為
汝說法之供養 即時月蓋王子行詣藥王如
來稽首佛足却住一面白佛言世尊諸供養
中法供養勝 云何為法供養 佛言善男子法
供養者諸佛所說深經一切世間難信難受
微妙難見清淨无染非但分別思惟之所能
得菩薩法藏所攝陀羅尼印印之至不退轉
成就六度善分別義順菩提法眾經之上入
大慈悲離眾魔事及諸邪見順因緣法无我
无人无眾生无壽命空无相无作无起 能令
眾生坐於道場而轉法輪諸天龍神乹闥婆
等所共歎譽 能令眾生入佛法藏攝諸賢聖
一切智慧說眾菩薩所行之道依於諸法實
相之義明宣无常苦空无我寂滅 能救一切
毀禁眾生諸魔外道及貪著者能使怖畏
諸佛賢聖所共稱歎背生死苦示涅槃樂
三世諸佛所說 若聞如是等經信解受持讀
誦以方便力為諸眾生分別解說顯示分明守
護法故 是名法之供養 又於諸法如說脩
行隨順十二因緣離諸邪見得无生忍決定

BD14077號　維摩詰所說經卷下　（17–11）

誦以方便力為諸衆生分別解說顯示分明守
護法故是名法之供養又於諸法如說脩
行隨順十二因緣離諸邪見得无生忍決定
種諸善根无有疲厭志常安住方便迴向求
法不懈說法无悋勤供諸佛故入生死而无
所畏於諸榮辱心无憂喜不輕未學敬學如
佛植煩惱者令發正念於遠離樂不以為貴
不著己樂慶於彼樂在諸禪定如地獄想於
生死中如園觀想見來求者為善師想捨諸
所有具一切智想見毀戒人起救護想諸波
羅蜜為父母想道品之法為眷屬想發行善
根无有齊限以諸淨國嚴飾之事成己佛土
行不限施具足相好除一切惡身口意淨故
生死无數劫意而有勇聞佛无量德志而不
倦以智慧劍破煩惱賊出陰界入荷負衆生
永使解脫以大精進摧伏魔軍常求无念實
相智慧於世間法少欲知足於出世間法求
之无猒不壞威儀而能隨俗起神通慧引導
衆生得念總持所聞不忘善別諸根斷衆生
疑以樂說辯演法无礙淨十善道受天人福
脩四无量開梵天道勸請說法隨喜讚善得
佛音聲身口意善得佛威儀深行善法所生
轉勝以大乘教成菩薩僧心无放逸不失衆
善行如此法是名菩薩不盡有為何謂菩薩
不住无為謂脩學空不以空為證脩學无相
无作不以无相无作為證脩學无起不以无

轉勝以大乘教成菩薩僧心无放逸不失衆
善行如此法是名菩薩不盡有為何謂菩薩
不住无為謂脩學空不以空為證脩學无相
无作不以无相无作為證脩學无起不以无
起為證觀於无常而不猒善本觀世間苦而
不惡生死觀於无我而誨人不惓觀於寂滅
而不永寂滅觀於遠離而身心脩善觀无所
歸而歸趣善法觀於无生而以生法荷負一
切觀於无漏而不斷諸漏觀无所行而以行法
无我无有衆生而於因緣果報无違无諍離
諸我所依於義不依語依於智不依識依了
義經不依不了義經依於法不依人隨順法
相无所入无所歸无明畢竟滅故諸行亦畢
竟滅乃至生畢竟滅故老死亦畢竟滅作如
是觀十二因緣无有盡相不復起見是名最
上法之供養
佛告天帝王子月蓋從藥王佛聞如是法得
柔順忍即解寶衣嚴身之具以供養佛白佛
言世尊如來滅後我當行法供養守護正法
願以威神加哀建立令我得降魔怨脩菩薩
行佛知其深心所念而記之曰汝於末後守
護法城天帝時王子月蓋見法清淨聞佛受
記以信出家脩集善法精進不久得五神通
逮菩薩道得陀羅尼无斷辯才於佛滅後以
其所得神通總持辯才之力滿十小劫藥王
如來所轉法輪隨而分布月蓋比丘以守護法
勤行精進即於此身化百萬億人於阿耨多

通菩薩道得陁羅尼无斷辯才於佛滅後以
其所得神通揔持辯才之力滿十小劫藥王
如來所轉法輪隨而分布月蓋比丘以守護法
勤行精進即於此身化百萬億人於阿耨多
羅三藐三菩提立不退轉十四那由他人深
發聲聞辟支佛心无量衆生得生天上天帝
時王寶蓋豈異人乎今現得佛号寶炎如来
其王千子即賢劫中千佛是也從迦羅鳩孫
大爲始得佛最後如来号曰樓至月蓋比丘則
我身是如是天帝當知此要以法供養於諸
供養爲上爲最第一无比是故天帝當以法
之供養供養於佛

囑累品第十四

於是佛告弥勒菩薩言弥勒我今以是无量
億阿僧祇劫所集阿耨多羅三藐三菩提法
付囑於汝如是輩經於佛滅後末世之中汝
等當以神力廣宣流布於閻浮提无令斷絶
所以者何未來世中當有善男子善女人及
天龍鬼神乾闥婆羅刹等發阿耨多羅三藐
三菩提心樂于大法若使不聞如是等經則
失善利如此輩人聞是等經必多信樂發希
有心當以頂受隨諸衆生所應得利而爲廣
說弥勒當知菩薩有二相何謂爲二一者好
於雜句文飾之事二者不畏深義如實能入
若好雜句文飾事者當知是爲新學菩薩若
於如是无染无著甚深經典无有恐畏能入
其中聞已心淨受持讀誦如說脩行當知是

說弥勒當知菩薩有二相何謂爲二一者好
於雜句文飾之事二者不畏深義如實能入
若好雜句文飾事者當知是爲新學菩薩若
於如是无染无著甚深經典无有恐畏能入
其中聞已心淨受持讀誦如說脩行當知是
爲久脩道行弥勒復有二法名新學者不能
決定於甚深法何等爲二一者所未聞深經
聞之驚怖生疑不能隨順毀謗不信而作是
言我初不聞從何所來二者若有護持解說如
是深經者不能親近供養恭敬或時於中
說其過惡有此二法當知是新學菩薩爲自
毀傷不能於深法中調伏其心弥勒復有二
法菩薩雖信解深法猶自毀傷而不能得无
生法忍何等爲二一者輕慢新學菩薩而不
教誨二者雖解深義取相分別是爲二法
弥勒菩薩聞說是已白佛言世尊未曾有也
如佛所說我當遠離如斯之惡奉持如來无
數阿僧祇劫所集阿耨多羅三藐三菩提法
若未來世善男子善女人求大乘者當令手
得如是等經與其念力使受持讀誦爲他廣
說世尊若後末世有能受持讀誦爲他說者
當知是弥勒神力之所建立佛言善哉善哉
弥勒如汝所說佛助尒喜於是一切菩薩合
掌白佛我等亦於如來滅後十方國土廣宣
流布阿耨多羅三藐三菩提復當開導諸說
法者令得是經尒時四天王白佛言世尊在
在處處城邑聚落山林曠野有是經卷讀

數阿僧祇劫所集阿耨多羅三藐三菩提法
若未來世善男子善女求大乘者當令手
得如是等經典其念力使受持讀誦為他廣
說世尊若後末世有能受持讀誦為他說者
當知是弥勒神力之所建立佛言善哉善哉
弥勒如汝所說佛助介喜於是一切菩薩合
掌白佛我等亦於如來滅後十方國土廣宣
流布阿耨多羅三藐三菩提復當開導諸說
法者令得是經介時四天王白佛言世尊在
在處處城邑聚落山林曠野有是經卷讀
誦解說者我當率諸官屬為聽法故往詣其所
擁護其人面百由旬令无伺求得其便者是
時佛告阿難受持是經廣宣流布阿難言唯
我已受持要者世尊當何名斯經佛言阿難
是經名為維摩詰所說亦名不可思議解脫
法門如是受持佛說是經已長者維摩詰文
殊師利舍利弗阿難等及諸天人阿脩羅一
切大眾聞佛所說皆大歡喜作礼而去
維摩詰經卷下

BD14077號　維摩詰所說經卷下　（17–16）

是經名為維摩詰所說亦名不可思議解脫
法門如是受持佛說是經已長者維摩詰文
殊師利舍利弗阿難等及諸天人阿脩羅一
切大眾聞佛所說皆大歡喜作礼而去
維摩詰經卷下

BD14077號　維摩詰所說經卷下　（17–17）

著　録　凡　例

本目錄採用條目式著錄法。諸條目意義如下：

1.1　著錄編號。用漢語拼音首字“BD”表示，意為“北京圖書館藏敦煌遺書”，簡稱“北敦號”。文獻寫在背面者，標註為“背”。一件遺書上抄有多個文獻者，用數字 1、2、3 等標示小號。一號中包括幾件遺書，且遺書形態各自獨立者，用字母 A、B、C 等區別。

1.2　著錄分類號。本條記目錄暫不分類，該項空缺。

1.3　著錄文獻的名稱、卷本、卷次。

1.4　著錄千字文編號。

1.5　著錄縮微膠卷號。

2.1　著錄遺書的總體數據。包括長度、寬度、紙數、正面抄寫總行數與每行字數、背面抄寫總行數與每行字數。如該遺書首尾有殘破，則對殘破部分單獨度量，用加號加在總長度上。凡屬這種情況，長度用括弧標註。

2.2　著錄每紙數據。包括每紙長度及抄寫行數或界欄數。

2.3　著錄遺書的外觀。包括：（1）裝幀形式。（2）首尾存況。（3）護首、軸、軸頭、天竿、縹帶，經名是書寫還是貼簽，有無經名號，扉頁、扉畫。（4）卷面殘破情況及其位置。（5）尾部情況。（6）有無附加物（蟲繭、油污、線繩及其他）。（7）有無裱補及其年代。（8）界欄。（9）修整。（10）其他需要交待的問題。

2.4　著錄一件遺書抄寫多個文獻的情況。

3.1　著錄文獻首部文字與對照本核對的結果。

3.2　著錄文獻尾部文字與對照本核對的結果。

3.3　著錄錄文。

3.4　著錄對文獻的說明。

4.1　著錄文獻首題。

4.2　著錄文獻尾題。

5　著錄本文獻與對照本的不同之處。

6.1　著錄本遺書首部可與另一遺書綴接的編號。

6.2　著錄本遺書尾部可與另一遺書綴接的編號。

7.1　著錄題記、題名、勘記等。

7.2　著錄印章。

7.3　著錄雜寫。

7.4　著錄護首及扉頁的內容。

8　著錄年代。

9.1　著錄字體。如有武周新字、合體字、避諱字等，予以說明。

9.2　著錄卷面二次加工的情況。包括句讀、點標、科分、間隔號、行間加行、行間加字、硃筆、墨塗、倒乙、刪除、兌廢等。

10　著錄敦煌遺書發現後，近現代人所加內容，裝裱、題記、印章等。

11　備註。著錄揭裱互見、圖版本出處及其他需要說明的問題。

上述諸條，有則著錄，無則空缺。

為避文繁，上述著錄中出現的各種參考、對照文獻，暫且不列版本說明。全目結束時，將統一編制本條記目錄出現的各種參考書目。

本條記目錄為農曆年份標註其公曆紀年時，未進行歲頭年末之換算，請讀者使用時注意自行換算。

條　記　目　錄

BD14047—BD14077

1.1　BD14047 號

1.3　四分戒本疏卷二

1.4　新 0247

2.1　1615×30.1 厘米；43 紙；1002 行，行 30～34 字。

2.2　01：44.0，26；　02：43.5，27；　03：43.7，27；
04：44.0，27；　05：43.3，27；　06：43.3，27；
07：43.9，27；　08：27.2，11；　09：25.6，16；
10：43.6，27；　11：43.8，27；　12：43.1，27；
13：43.8，27；　14：43.0，27；　15：43.3，27；
16：43.3，27；　17：43.5，27；　18：43.7，27；
19：43.7，27；　20：43.7，27；　21：43.2，27；
22：43.3，27；　23：20.9，13；　24：05.9，04；
25：16.0，10；　26：43.9，27；　27：12.5，08；
28：30.2，19；　29：43.4，27；　30：43.0，27；
31：43.3，27；　32：43.4，27；　33：16.0，10；
34：26.9，17；　35：45.2，31；　36：45.1，31；
37：45.0，31；　38：45.0，31；　39：45.0，31；
40：16.1，11；　41：28.3，20；　42：45.0，31；
43：31.4，02。

2.3　卷軸裝。首尾均全。卷首上下殘缺，卷面有油污及殘洞。第 2、3 紙接縫處下開裂，第 20、21 紙接縫處中開裂。有烏絲欄。近代已托裱。

3.1　首 9 行中下殘→大正 2787，85/0571A14～B03。

3.2　尾全→大正 2787，85/0594C10。

4.1　四分戒本疏卷第二（首）。

4.2　四分戒疏卷第二（尾）。

8　8～9 世紀。吐蕃統治時期寫本。

9.1　行楷。

9.2　有硃、墨筆行間校加字，下邊有校改字。有硃筆校改、科分及斷句。

10　此件原為日本大谷探險隊所得並通卷托裱。護首為黄底雲龍織錦。卷端有題簽“四分戒本疏卷第二”。並鈐有藍色長方形印章，2.4×3.4 厘米；印文為“圖書臺帳＼登錄番號 1078”，數字係手寫。有千字文編號“背”。尾有軸，人工水晶軸頭。下軸頭粘有紙簽，上書“類別 8，番號 251”。

1.1　BD14048 號

1.3　四分戒本疏卷二

1.4　新 0248

2.1　540.2×31 厘米；12 紙；364 行，行 32～33 字。

2.2　01：41.4，28；　02：45.1，30；　03：45.4，31；
04：44.5，30；　05：45.2，30；　06：45.4，31；
07：45.6，31；　08：45.4，31；　09：45.3，31；
10：45.4，31；　11：45.3，30；　12：45.2，30。

2.3　卷軸裝。首全尾脱。卷首有殘缺，卷面有油污。有烏絲欄。近代已托裱。

3.1　首 3 行下殘→大正 2787，85/0571A14～20。

3.2　尾殘→大正 2787，85/0579A23。

4.1　四分戒本疏卷第二，沙門慧述（首）。

6.2　尾→BD14049 號。

8　8～9 世紀。吐蕃統治時期寫本。

9.1　行楷。

9.2　有硃、墨筆行間校加字。有硃筆點標、斷句。有墨筆行間加行、校改及刪除號。有刮改。

10　此件原為日本大谷探險隊所得並通卷托裱。護首為黄底雲龍織錦。卷端有題簽“四分戒本疏卷第二”。並鈐有藍色長方形印章，印文為為“圖書臺帳＼登錄番號 1084”，數字係手寫。有千字文編號“邛”。尾有軸，人工水晶軸頭。下軸頭粘有紙簽，上書“8，252”。

1.1　BD14049 號

1.3　四分戒本疏卷二

1.4　新 0249

2.1　1025.4×30.2 厘米；23 紙；690 行，行 31～35 字。

2.2　01：45.1，31；　02：45.2，31；　03：45.1，30；
04：45.3，31；　05：45.3，30；　06：45.0，31；

07：45.4，31；　08：45.3，31；　09：44.8，31；
10：44.6，31；　11：45.3，30；　12：45.0，31；
13：45.1，31；　14：45.1，31；　15：44.8，30；
16：45.3，31；　17：45.1，31；　18：45.0，31；
19：45.2，31；　20：45.2，31；　21：44.7，30；
22：45.0，31；　23：33.5，13。

2.3　卷軸裝。首脱尾全。有烏絲欄。近代已托裱。

3.1　首殘→大正 2787，85/0579A23。

3.2　尾全→大正 2787，85/0594C10。

3.4　説明：

本遺書有錯簡，正確的順序應為：（1→3 紙）→（7→9 紙）→（4→6 紙）→（10 紙→23 紙）。

4.2　四分戒疏卷第二（尾）。

6.1　首→BD14048 號。

8　8～9 世紀。吐蕃統治時期寫本。

9.1　行楷。

9.2　有硃、墨筆行間校加字。有硃筆點標、斷句及塗抹。有墨筆行間加行、校改及刪除號。有刮改。上邊有校改字。有點刪。

10　此件原為日本大谷探險隊所得並通卷托裱。護首為黄底雲龍織錦。卷端有題簽“四分戒疏卷第二”。並鈐有藍色長方形印章，2.4×3.4 厘米；印文為“圖書臺帳\登錄番號 1086”，數字係手寫。有千字文編號“面”。尾有軸，人工水晶軸頭。下軸頭粘有紙簽，上書“8，253”。

1.1　BD14050 號

1.3　四分戒本疏卷三

1.4　新 0250

2.1　1515×28.8 厘米；35 紙；997 行，行 30～33 字。

2.2　01：21.2，01；　02：42.7，28；　03：45.0，30；
04：45.0，30；　05：44.9，30；　06：45.0，30；
07：45.0，30；　08：44.8，30；　09：45.2，30；
10：44.8，30；　11：45.1，30；　12：45.1，30；
13：45.1，30；　14：44.9，30；　15：45.1，30；
16：44.8，30；　17：45.0，30；　18：45.2，30；
19：45.0，30；　20：45.0，30；　21：45.0，30；
22：45.0，30；　23：44.9，30；　24：45.0，30；
25：44.8，30；　26：45.1，30；　27：45.2，30；
28：45.0，30；　29：45.2，30；　30：45.4，30；
31：45.2，30；　32：45.0，30；　33：44.7，30；
34：45.0，30；　35：10.6，08。

2.3　卷軸裝。首尾均全。原卷有護首，護首正面粘貼在卷首。有烏絲欄。近代已托裱。

3.1　首全→大正 2787，85/0594C13。

3.2　尾全→大正 2787，85/0616C08。

4.1　四分戒本疏卷第三，沙門慧述（首）。

4.2　戒疏卷第三（尾）。

7.4　護首有經名“四分戒本疏卷第三”。經名上有經名號。

8　8～9 世紀。吐蕃統治時期寫本。

9.1　行楷。

9.2　有硃筆校改、科分、斷句及行間校加字。有墨筆倒乙。

10　此件原為日本大谷探險隊所得並通卷托裱。護首為黄底雲龍織錦。卷端有題簽“四分戒本疏卷第三”。並鈐有藍色長方形印章，2.4×3.4 厘米；印文為“圖書臺帳\登錄番號 1090”，數字係手寫。有千字文編號“洛”。尾有軸，人工水晶軸頭。下軸頭粘有紙簽，上書“8，254”。

1.1　BD14051 號

1.3　四分律戒心疏並序

1.4　新 0251

2.1　1840.8×27 厘米；48 紙；1168 行，行 23～25 字不等。

2.2　01：20.7，01；　02：37.0，24；　03：40.4，26；
04：40.0，26；　05：40.3，26；　06：40.4，26；
07：39.9，25；　08：40.5，26；　09：40.4，26；
10：40.1，26；　11：40.3，26；　12：40.3，26；
13：40.3，26；　14：40.5，26；　15：40.4，26；
16：40.2，26；　17：40.3，26；　18：39.1，26；
19：39.8，25；　20：40.5，26；　21：40.5，26；
22：40.1，26；　23：40.4，26；　24：40.1，26；
25：40.5，26；　26：40.2，26；　27：40.5，26；
28：40.2，25；　29：40.5，27；　30：40.3，26；
31：40.3，26；　32：40.8，26；　33：40.6，26；
34：40.8，26；　35：40.5，26；　36：40.3，26；
37：40.8，26；　38：40.6，26；　39：40.1，26；
40：40.5，26；　41：40.9，26；　42：40.7，26；
43：40.8，26；　44：40.7，26；　45：40.6，26；
46：40.5，26；　47：01.6，01；　48：05.0，00。

2.3　卷軸裝。首殘尾斷。原卷有護首，護首正面粘貼在卷首。卷首右下殘缺。有烏絲欄。近代已托裱。

3.4　説明：

本文獻首 5 行下殘，尾殘。未為歷代大藏經所收。

4.1　四分律戒心疏並序（首）。

7.2　燕尾有長方形陽文墨印，1.8×6.4 厘米；印文為“淨土寺藏經”。

7.4　護首有經名：“四分律戒心疏，土”。經名上有經名號。

“土”為本經收藏寺院淨土寺的簡稱。

8　8～9 世紀。吐蕃統治時期寫本。

9.1　楷書。

9.2　有行間加行、行間校加字及重文號。

10　此件原為日本大谷探險隊所得並通卷托裱。護首為黄底雲龍織錦。卷端有題簽“四分律戒心疏”。並鈐有藍色長方形印章，2.4×3.4 厘米；印文為“圖書臺帳\登錄番號 1097”，數字係手寫。有千字文編號“浮”。尾有軸，人工水晶軸頭。下軸頭粘有紙簽，上書“8，255”。

1.1　BD14052 號
1.3　大佛頂如來密因修證了義諸菩薩萬行首楞嚴經卷二
1.4　新 0252
2.1　722.9×24.8 厘米；15 紙；406 行，行 16～18 字。
2.2　01：49.3，27；　02：49.7，28；　03：49.5，28；
04：49.5，28；　05：49.7，28；　06：49.7，28；
07：49.5，28；　08：49.7，28；　09：49.5，28；
10：49.4，28；　11：49.6，28；　12：49.6，28；
13：49.7，28；　14：49.5，28；　15：29.0，15。
2.3　卷軸裝。首尾均全。卷面油污。有烏絲欄。近代已托裱。
3.1　首全→大正 0945，19/0110A11。
3.2　尾全→大正 0945，19/0114C13。
4.1　大佛頂如來密因修證了義諸菩薩萬行首楞嚴經第二，/一名中印度那蘭陀大道/場經於灌頂部錄出別行/（首）。
4.2　大佛頂經卷第二（尾）。
8　9～10 世紀。歸義軍時期寫本。
9.1　楷書。
9.2　有行間校加字及刮改。
10　此件原為日本大谷探險隊所得並通卷托裱。護首為黃底雲龍織錦。卷端有題簽“大佛頂如來密因修證了義諸菩薩萬行首楞嚴經第二”。並鈐有藍色長方形印章，2.4×3.4 厘米；印文為“圖書臺帳＼登錄番號 1116”，數字係手寫。有千字文編號“棠”。尾有軸，人工水晶軸頭。護首下端粘有紙簽，上書“類別 8，番號 256”。

1.1　BD14053 號
1.3　大佛頂如來密因修證了義諸菩薩萬行首楞嚴經卷四
1.4　新 0253
2.1　698.7×25.2 厘米；10 紙；406 行，行 17 字。
2.2　01：75.0，42；　02：74.4，43；　03：74.2，43；
04：74.2，43；　05：74.4，43；　06：74.6，43；
07：74.5，43；　08：74.7，43；　09：74.4，43；
10：28.3，20。
2.3　卷軸裝。首尾均全。卷首下有等距離殘缺。有燕尾。有烏絲欄。近代已托裱。
3.1　首全→大正 0945，19/0119C02。
3.2　尾全→大正 0945，19/0124B06。
4.1　大佛頂如來密因修證了義諸菩薩萬行首楞嚴經卷第四，/一名中印度那蘭陀大道/場經於灌頂部錄出別行/（首）。
4.2　大佛頂萬行首楞嚴經卷第四（尾）。
8　9～10 世紀。歸義軍時期寫本。
9.1　楷書。
9.2　有刮改校改、行間校加字。
10　此件原為日本大谷探險隊所得並通卷托裱。護首為黃底雲龍織錦。卷端有題簽“大佛頂如來密因修證了義諸菩薩萬行首楞嚴經卷第四”。並鈐有藍色長方形印章，2.4×3.4 厘米；印文為“圖書臺帳＼登錄番號 1102”，數字係手寫。有千字文編號“去”。尾有軸，人工水晶軸頭。護首下端粘有紙簽，上書“類別 8，番號 257”。

1.1　BD14054 號
1.3　大佛頂如來密因修證了義諸菩薩萬行首楞嚴經卷六
1.4　新 0254
2.1　586.6×26.3 厘米；12 紙；328 行，行 17 字。
2.2　01：48.9，26；　02：49.3，28；　03：49.0，28；
04：49.5，28；　05：49.1，28；　06：49.2，28；
07：49.0，28；　08：49.2，28；　09：49.0，28；
10：49.8，28；　11：49.0，28；　12：45.6，21。
2.3　卷軸裝。首尾均全。卷上邊有蟲蛀。有烏絲欄。近代已托裱。
3.1　首全→大正 0945，19/0128B10。
3.2　尾全→大正 0945，19/0132C26。
4.1　大佛頂如來密因修證了義諸菩薩萬行首楞嚴經第六，/一名中印度那蘭陀大道/場經於灌頂部錄出別行（首）。
4.2　大佛頂萬行首楞嚴經卷第六（尾）。
8　8 世紀。唐寫本。
9.1　楷書。
10　此件原為日本大谷探險隊所得並通卷托裱。護首為黃底雲龍織錦。卷端有題簽“大佛頂如來密因修證了義諸菩薩萬行首楞嚴經第六”。並鈐有藍色長方形印章，2.4×3.4 厘米；印文為“圖書臺帳＼登錄番號 1113”，數字係手寫。有千字文編號“而”。尾有軸，人工水晶軸頭。護首下端粘有紙簽，上書“類別 8，番號 258”。已脱落。

1.1　BD14055 號
1.3　大佛頂如來密因修證了義諸菩薩萬行首楞嚴經卷八
1.4　新 0255
2.1　662.8×26.6 厘米；13 紙；383 行，行 17 字。
2.2　01：50.8，28；　02：51.1，30；　03：50.9，30；
04：50.7，30；　05：51.3，30；　06：50.8，30；
07：50.6，30；　08：51.3，30；　09：51.0，30；
10：50.9，30；　11：51.1，30；　12：50.8，30；
13：51.5，25。
2.3　卷軸裝。首尾均全。有烏絲欄。近代已托裱。
3.1　首全→大正 0945，19/0141B17。
3.2　尾全→大正 0945，19/0146A04。
4.1　大佛頂如來密因修證了義諸菩薩萬行首楞嚴經第八，/一名中印度那蘭陀大道/場經於灌頂部錄出別行/（首）。
4.2　大佛頂經卷第八（尾）。
8　9～10 世紀。歸義軍時期寫本。
9.1　楷書。
9.2　有刮改。
10　此件原為日本大谷探險隊所得並通卷托裱。護首為黃底雲龍織錦。卷端有題簽“大佛頂如來密因修證了義諸菩薩萬行首楞

嚴經第八”。並鈐有藍色長方形印章，2.4×3.4 厘米；印文為“圖書臺帳\ 登錄番號 1139”，數字係手寫。有千字文編號“益”。尾有軸，人工水晶軸頭。護首下端粘有紙簽，上書“類別 8，番號 259”。

1.1　BD14056 號
1.3　大佛頂如來密因修證了義諸菩薩萬行首楞嚴經卷八
1.4　新 0256
2.1　643.5×25.3 厘米；15 紙；388 行，行 16～18 字。
2.2　01：49.0，27；　02：48.6，28；　03：48.5，28；
04：49.1，28；　05：49.1，28；　06：48.7，28；
07：49.0，28；　08：49.0，28；　09：48.7，28；
10：48.9，28；　11：49.0，28；　12：49.3，28；
13：49.2，28；　14：49.2，25；　15：07.2，00。
2.3　卷軸裝。首殘尾全。有烏絲欄。近代已托裱。
3.1　首行下殘→大正 0945，19/0141B17。
3.2　尾全→大正 0945，19/0146A04。
4.1　大佛頂如來密因修證了義諸菩薩萬行首楞嚴經□□，/一名中印度那蘭陀大道/場經於灌頂部錄出別行/（首）。
4.2　大佛頂萬行首楞嚴經卷第八（尾）。
8　9～10 世紀。歸義軍時期寫本。
9.1　楷書。
9.2　有行間校加字及刮改。
10　此件原為日本大谷探險隊所得並通卷托裱。護首為黄底雲龍織錦。卷端有題簽“大佛頂如來密因修證了義諸菩薩萬行首楞嚴經”。並鈐有藍色長方形印章，2.4×3.4 厘米；印文為“圖書臺帳\ 登錄番號 818”，數字係手寫。有千字文編號“詠”。尾有軸，人工水晶軸頭。護首下端粘有紙簽，上書“類別 8，番號 260”。

1.1　BD14057 號
1.3　大佛頂如來密因修證了義諸菩薩萬行首楞嚴經卷九
1.4　新 0257
2.1　810×26.3 厘米；18 紙；464 行，行 17 字。
2.2　01：49.2，28；　02：50.1，29；　03：50.1，29；
04：50.2，29；　05：50.3，29；　06：50.0，29；
07：50.0，29；　08：33.8；20；　09：15.9，09；
10：50.2，29；　11：49.5，29；　12：49.4，29；
13：49.7，29；　14：49.7，28；　15：49.9，29；
16：49.8，29；　17：50.3，29；　18：11.9，02。
2.3　卷軸裝。首尾均全。有烏絲欄。近代已托裱。
3.1　首全→大正 0945，19/0146A07。
3.2　尾全→大正 0945，19/0151B16。
4.1　大佛頂如來密因修證了義諸菩薩萬行首楞嚴經第九，/一名中印度那蘭陀大道/場經於灌頂部錄出別行/（首）。
4.2　大佛頂萬行首楞嚴經卷第九（尾）。
8　8 世紀。唐寫本。
9.1　楷書。
9.2　有行間校加字。
10　此件原為日本大谷探險隊所得並通卷托裱。護首為黄底雲龍織錦。卷端有題簽“大佛頂如來密因修證了義諸菩薩萬行首楞嚴經第九”。並鈐有藍色長方形印章，2.4×3.4 厘米；印文為“圖書臺帳\ 登錄番號 813”，數字係手寫。有千字文編號“樂”。尾有軸，人工水晶軸頭。護首下端粘有紙簽，上書“類別 8，番號 261”。

1.1　BD14058 號
1.3　大佛頂如來密因修證了義諸菩薩萬行首楞嚴經卷一〇
1.4　新 0258
2.1　581.2×25.8 厘米；12 紙；327 行，行 17 字。
2.2　01：43.7，25；　02：49.0，28；　03：48.8，28；
04：48.9，28；　05：49.8，28；　06：49.8，28；
07：49.0，28；　08：49.0，28；　09：49.0，28；
10：48.8，28；　11：48.8，27；　12：48.6，23。
2.3　卷軸裝。首尾均全。卷上邊有油污。有烏絲欄。近代已托裱。
3.1　首全→大正 0945，19/0151B19。
3.2　尾全→大正 0945，19/0155B04。
4.1　大佛頂如來密因修證了義諸菩薩萬行首楞嚴經第十，/一名中印度那蘭陀大道場/經於灌頂部錄出別行/（首）。
4.2　大佛頂萬行首楞嚴經卷第十（尾）。
8　9～10 世紀。歸義軍時期寫本。
9.1　楷書。
9.2　有行間校加字及刮改。上邊有校改字。
10　此件原為日本大谷探險隊所得並通卷托裱。護首為黄底雲龍織錦。卷端有題簽“大佛頂如來密因修證了義諸菩薩萬行首楞嚴經第十”。並鈐有藍色長方形印章，2.4×3.4 厘米；印文為“圖書臺帳\ 登錄番號 1146”，數字係手寫。有千字文編號“殊”。尾有軸，人工水晶軸頭。護首下端粘有紙簽，上書“類別 8，番號 262”。

1.1　BD14059 號
1.3　金光明經卷三
1.4　新 0259
2.1　705.5×25 厘米；16 紙；403 行，行 17 字。
2.2　01：44.5，26；　02：75.5，43；　03：31.5，18；
04：43.0，25；　05：32.0，19；　06：51.0，29；
07：44.5，25；　08：44.5，25；　09：45.0，25；
10：44.5，26；　11：44.5，26；　12：47.0，28；
13：46.0，28；　14：47.0，28；　15：48.0，28；
16：17.0，04。
2.3　卷軸裝。首殘尾全。卷面有油污，有等距離殘洞。有烏絲欄。近代已托裱。
3.1　首 11 行上殘→大正 0663，16/0346C08～19。

3.2　尾全→大正 0663，16/0352B09。
4.2　金光明經卷第三（尾）。
8　8～9 世紀。吐蕃統治時期寫本。
9.1　楷書。
10　此件原為日本大谷探險隊所得並通卷托裱。護首為黄底雲龍織錦。卷端有題簽“金光明經卷第三”。並鈐有藍色長方形印章，2.4×3.4 厘米；印文為“圖書臺帳\登錄番號 1105”，數字係手寫。有千字文編號“學”。尾有軸，人工水晶軸頭。下軸頭粘有紙簽，上書“類别 8，番號 263”。上邊粘 1 紙；已殘爛。

1.1　BD14060 號
1.3　金光明經卷四
1.4　新 0260
2.1　771×26 厘米；17 紙；439 行，行 17 字。
2.2　01：18.5，01；　02：47.5，27；　03：47.5，28；
04：47.5，28；　05：47.5，28；　06：47.5，28；
07：47.5，28；　08：47.5，28；　09：47.5，28；
10：47.5，28；　11：47.5，28；　12：47.5，28；
13：47.5，28；　14：47.5，28；　15：47.5，28；
16：47.5，28；　17：40.0，19。
2.3　卷軸裝。首尾均全。原卷前有護首，已殘爛，護首正面粘貼在卷首。首紙下邊有殘缺。有烏絲欄。近代已托裱。
3.1　首全→大正 0663，16/0352B12。
3.2　尾全→大正 0663，16/0358A29。
4.1　金光明經流水長者子品第六，四（首）。
4.2　金光明經卷第四（尾）。
7.4　護首上有經名“金光明經卷第四”。經名上有經名號。
8　8 世紀。唐寫本。
9.1　楷書。
9.2　有刮改。
10　此件原為日本大谷探險隊所得並通卷托裱。護首為黄底雲龍織錦。卷端有題簽“金光明經卷第四”。並鈐有藍色長方形印章，2.4×3.4 厘米；印文為“圖書臺帳\登錄番號 1101”，數字係手寫。有千字文編號“優”。尾有軸，人工水晶軸頭。下軸頭粘有紙簽，上書“8，264”。護首粘 1 紙；已殘爛。

1.1　BD14061 號
1.3　金光明最勝王經卷二
1.4　新 0261
2.1　684.6×26.4 厘米；14 紙；381 行，行 17 字。
2.2　01：49.0，28；　02：49.0；28；　03：48.8，28；
04：48.6；28；　05：48.6，28；　06：49.0，28；
07：48.8，28；　08：48.8，28；　09：49.0，28；
10：49.0，28；　11：49.0，28；　12：49.0，28；
13：49.0，28；　14：49.0，17。
2.3　卷軸裝。首脱尾全。首紙殘破，有油污，尾端撕裂。有燕尾。有烏絲欄。近代已托裱。
3.1　首殘→大正 0665，16/0408C04。
3.2　尾全→大正 0665，16/0413C06。
4.2　金光明最勝王經卷第二（尾）。
7.3　上下邊各有一處塗抹；下邊一處似畫一人臉形。
8　8 世紀。唐寫本。
9.1　楷書。
10　此件原為日本大谷探險隊所得並通卷托裱。護首為黄底雲龍織錦。卷端有題簽“金光明最勝王經卷第二”。並鈐有藍色長方形印章，2.4×3.4 厘米；印文為“圖書臺帳\登錄番號 789”，數字係手寫。有千字文編號“登”。尾有軸，人工水晶軸頭。下軸頭粘有紙簽，上書“8，265”。

1.1　BD14062 號
1.3　金光明最勝王經卷三
1.4　新 0262
2.1　557.9×26 厘米；13 紙；337 行，行 17 字。
2.2　01：43.7，26；　02：43.2，29；　03：43.3，29；
04：43.0，29；　05：43.0，29；　06：43.0，29；
07：43.0，28；　08：42.7，25；　09：43.0，25；
10：43.0，26；　11：43.0，25；　12：43.0，28；
13：41.0，09。
2.3　卷軸裝。首尾均全。有燕尾。有烏絲欄。近代已托裱。
3.1　首全→大正 0665，16/0413C09。
3.2　尾全→大正 0665，16/0417C16。
4.1　金光明最勝王經滅業障品第五，三，三藏法師義淨奉制譯（首）。
4.2　金光明經卷第三（尾）。
5　尾附音義 1 行。
8　8～9 世紀。吐蕃統治時期寫本。
9.1　楷書。
9.2　有刮改。
10　此件原為日本大谷探險隊所得並通卷托裱。護首為黄底雲龍織錦。卷端有題簽“金光明經卷第三”。並鈐有藍色長方形印章，2.4×3.4 厘米；印文為“圖書臺帳\登錄番號 801”，數字係手寫。有千字文編號“仕”。尾有軸，人工水晶軸頭。下軸頭粘有紙簽，上書“類别 8，番號 266”。

1.1　BD14063 號
1.3　金光明最勝王經卷三
1.4　新 0263
2.1　549.4×25 厘米；13 紙；322 行，行 17 字。
2.2　01：23.5，16；　02：45.8，28；　03：45.5，28；
04：45.6，28；　05：45.5，28；　06：45.4，28；
07：45.5，28；　08：45.5，28；　09：43.6，27；
10：49.5，28；　11：49.5，28；　12：49.5，27；
13：15.0，拖尾。
2.3　卷軸裝。首殘尾全。第 9、10 紙接縫上中部開裂。有烏絲

欄。近代已托裱。

3.1　首11行上下殘→大正0665，16/0413C23～0414A05。

3.2　尾全→大正0665，16/0417C16。

4.2　金光明經卷第三（尾）。

8　9～10世紀。歸義軍時期寫本。

9.1　楷書。

10　此件原為日本大谷探險隊所得並通卷托裱。護首為黃底雲龍織錦。卷端有題簽“金光明經卷第三”。並鈐有藍色長方形印章，2.4×3.4厘米；印文為“圖書臺帳\登錄番號1099”，數字係手寫。有千字文編號“攝”。尾有軸，人工水晶軸頭。下軸頭粘有紙簽，上書“8，267”。

1.1　BD14064號

1.3　金光明最勝王經卷五

1.4　新0264

2.1　690.6×25.3厘米；15紙；389行，行17字。

2.2　01：24.5，14；　02：48.5，28；　03：48.5，28；
04：48.5，28；　05：49.0，28；　06：48.8，28；
07：49.0，28；　08：48.5，28；　09：48.9，28；
10：48.7，28；　11：48.8，28；　12：48.8，28；
13：48.3，28；　14：48.8，28；　15：33.0，11。

2.3　卷軸裝。首殘尾全。首紙卷面殘破，卷面有油污。有古代裱補。有烏絲欄。近代已托裱。

3.1　首3行上下殘→大正0665，16/0422C12～14。

3.2　尾全→大正0665，16/0427B13。

4.2　金光明最勝王經卷第五（尾）。

5　尾附音義1行。

8　8～9世紀。吐蕃統治時期寫本。

9.1　楷書。

9.2　有刮改。

10　此件原為日本大谷探險隊所得並通卷托裱。護首為黃底雲龍織錦。卷端有題簽“金光明最勝王經卷第五”。並鈐有藍色長方形印章，2.4×3.4厘米；印文為“圖書臺帳\登錄番號1094”，數字係手寫。有千字文編號“職”。尾有軸，人工水晶軸頭。下軸頭粘有紙簽，上書“類別8，番號268”。

1.1　BD14065號

1.3　金光明最勝王經卷六

1.4　新0265

2.1　631.9×25厘米；15紙；398行，行17字。

2.2　01：45.0，28；　02：44.2，28；　03：44.5，28；
04：45.0，28；　05：44.5，28；　06：44.3，28；
07：44.3，28；　08：44.6，28；　09：44.4，28；
10：44.8，28；　11：44.2，28；　12：44.6，28；
13：44.1，28；　14：44.4，28；　15：10.0，06。

2.3　卷軸裝。首脫尾斷。首紙及第7紙下方有殘缺，卷面有油污，前部卷面變色。有古代裱補。有烏絲欄。近代已托裱。

3.1　首3行下殘→大正0665，16/0427C17～20。

3.2　尾全→大正0665，16/0432C09。

8　8世紀。唐寫本。

9.1　楷書。

10　此件原為日本大谷探險隊所得並通卷托裱。護首為黃底雲龍織錦。卷端有題簽“金光明最勝王經卷第六”。並鈐有藍色長方形印章，2.4×3.4厘米；印文為“圖書臺帳\登錄番號1109”，數字係手寫。有千字文編號“從”。尾有軸，人工水晶軸頭。下軸頭粘有紙簽，上書“類別8，番號269”。

1.1　BD14066號

1.3　金光明最勝王經卷七

1.4　新0266

2.1　679.2×25厘米；16紙；394行，行17字。

2.2　01：42.5，24；　02：43.0，25；　03：43.4，25；
04：42.6，25；　05：43.0，25；　06：43.0，25；
07：42.8，25；　08：43.0，25；　09：43.0，25；
10：43.5，25；　11：43.2，25；　12：43.0，25；
13：43.0，25；　14：43.2，25；　15：43.0，25；
16：34.0，20。

2.3　卷軸裝。首全尾斷。有烏絲欄。近代已托裱。

3.1　首全→大正0665，16/0432C13。

3.2　尾殘→大正0665，16/0437C11。

4.1　金光明最勝王經無染著陀羅尼品第十三，七，三藏法師義淨奉制譯（首）。

8　9～10世紀。歸義軍時期寫本。

9.1　楷書。

9.2　有倒乙。

10　此件原為日本大谷探險隊所得並通卷托裱。護首為黃底雲龍織錦。卷端有題簽“金光明最勝王經卷第七”。並鈐有藍色長方形印章，2.4×3.4厘米；印文為“圖書臺帳\登錄番號1069”，數字係手寫。有千字文編號“政”。尾有軸，人工水晶軸頭。下軸頭粘有紙簽，上書“8，270”。

1.1　BD14067號

1.3　金光明最勝王經卷一〇

1.4　新0267

2.1　663.2×25厘米；15紙；400行，行17字。

2.2　01：23.5，14；　02：45.3，28；　03：45.3，28；
04：45.3，28；　05：46.0，28；　06：46.0，28
07：46.0，28；　08：46.0，28；　09：45.8，28；
10：46.0，28；　11：45.7，28；　12：45.8，28；
13：45.5，28；　14：45.5，28；　15：45.5，22。

2.3　卷軸裝。首殘尾全。卷端下方有殘缺。有燕尾。有烏絲欄。近代已托裱。

3.1　首2行上下殘→大正0665，16/0451A04～06。

3.2　尾全→大正0665，16/0456C19。

4.2　金光明最勝王經卷第十（尾）。
5　尾附音義。
8　8世紀。唐寫本。
9.1　楷書。
10　此件原為日本大谷探險隊所得並通卷托裱。護首為黃底雲龍織錦。卷端有題簽"金光明最勝王經卷第十"。並鈐有藍色長方形印章，2.4×3.4厘米；印文為"圖書臺帳＼登錄番號1112"，數字係手寫。有千字文編號"存"。尾有軸，人工水晶軸頭。下軸頭粘有紙簽，上書"8，271"。

1.1　BD14068號
1.3　維摩詰所說經卷上
1.4　新0268
2.1　1016.8×25.3厘米；22紙；588行，行17字。
2.2　01：48.2，26；　02：48.1，28；　03：48.2，28；
04：47.9，28；　05：48.0，28；　06：48.0，28；
07：48.0，28；　08：48.1，28；　09：48.0，28；
10：48.3，28；　11：48.3，28；　12：48.5，28；
13：48.2，28；　14：48.3，28；　15：48.4，28；
16：48.2，28；　17：47.6，28；　18：48.2，28；
19：48.3，28；　20：48.5，28；　21：48.5，28；
22：05.0，02。
2.3　卷軸裝。首尾均全。有烏絲欄。近代已托裱。
3.1　首全→大正0475，14/0537A03。
3.2　尾全→大正0475，14/0544A19。
4.1　維摩詰所說經，一名不可思議解脫，佛國品第一，卷上（首）。
4.2　維摩詰經卷上（尾）。
8　9～10世紀。歸義軍時期寫本。
9.1　楷書。
10　此件原為日本大谷探險隊所得並通卷托裱。護首為黃底雲龍織錦。卷端有題簽"維摩詰經卷上"。並鈐有藍色長方形印章，2.4×3.4厘米；印文為"圖書臺帳＼登錄番號808"，數字係手寫。有千字文編號"取"。尾有軸，人工水晶軸頭。下軸頭已脫落。

1.1　BD14069號
1.3　維摩詰所說經卷中
1.4　新0269
2.1　1011.5×25.3厘米；22紙；588行，行17字。
2.2　01：48.0，26；　02：48.0，28；　03：48.0，28；
04：47.7，28；　05：48.0，28；　06：48.0，28；
07：48.0，28；　08：48.2，28；　09：48.3，28；
10：48.0，28；　11：48.4，28；　12：48.5，28；
13：48.0，28；　14：48.5，28；　15：48.2，28；
16：47.7，28；　17：47.5，28；　18：47.5，28；
19：47.1，28；　20：47.4，28；　21：47.5，28；
22：05.0，02。
2.3　卷軸裝。首尾均全。自托裱處至卷首有等距離黴斑及黴爛。有烏絲欄。近代已托裱。
3.1　首全→大正0475，14/0544A22。
3.2　尾全→大正0475，14/0551C27。
4.1　維摩詰經文殊師利問疾品第五，卷中（首）。
4.2　維摩詰經卷中（尾）。
8　9～10世紀。歸義軍時期寫本。
9.1　楷書。
10　此件原為日本大谷探險隊所得並通卷托裱。護首為黃底雲龍織錦。卷端有題簽"維摩詰經卷中"。並鈐有藍色長方形印章，2.4×3.4厘米；印文為"圖書臺帳＼登錄番號807"，數字係手寫。有千字文編號"暎"。尾有軸，人工水晶軸頭。下軸頭粘有紙簽，上書"8，273"。
大谷探險隊所托裱護首首部霉變。

1.1　BD14070號
1.3　維摩詰所說經卷下
1.4　新0270
2.1　788×26.5厘米；17紙；427行，行17字。
2.2　01：17.9，00；　02：48.8，27；　03：49.7，28；
04：49.5，28；　05：49.7，28；　06：49.6，28；
07：49.6，28；　08：49.5，28；　09：49.5，28；
10：49.5，28；　11：49.5，28；　12：49.1，28；
13：49.5，28；　14：48.8，28；　15：50.6，29；
16：50.2，29；　17：27.0，06。
2.3　卷軸裝。首尾均全。原卷有護首。有烏絲欄。近代已托裱。
3.1　首全→大正0475，14/0552A03。
3.2　尾全→大正0475，14/0557B26。
4.1　維摩詰經卷下，香積佛品第十（首）。
4.2　維摩詰經卷下（尾）。
8　8世紀。唐寫本。
9.1　楷書。
9.2　有行間校加字及校改。
10　此件原為日本大谷探險隊所得並通卷托裱。護首為黃底雲龍織錦。卷端有題簽"維摩詰經卷下"。並鈐有藍色長方形印章，2.4×3.4厘米；印文為"圖書臺帳＼登錄番號821"，數字係手寫。有千字文編號"容"。尾有軸，人工水晶軸頭。下軸頭粘有紙簽，上書"類別8，番號274"。

1.1　BD14071號
1.3　維摩詰所說經卷上
1.4　新0271
2.1　263.4×25.3厘米；6紙；152行，行17字。
2.2　01：35.0，20；　02：48.5，28；　03：48.0，28；
04：48.4，28；　05：48.5，28；　06：35.0，20。
2.3　卷軸裝。首尾均殘。經黃打紙；研光上蠟。有烏絲欄。近

代已托裱。

3.1　首6行上殘→大正0475，14/0537C10～15。

3.2　尾1行上殘→大正0475，14/0539B22～23。

8　7～8世紀。唐寫本。

9.1　楷書。

10　此件原為日本大谷探險隊所得並通卷托裱。護首為黃底雲龍織錦。卷端有題簽“維摩詰經卷上”。並鈐有藍色長方形印章，2.4×3.4厘米；印文為“圖書臺帳\登錄番號809”，數字係手寫。有千字文編號“止”。尾有軸，人工水晶軸頭。下軸頭粘有紙簽，上書“類別8，番號275”。

1.1　BD14072號

1.3　維摩詰所說經卷中

1.4　新0272

2.1　1007.4×25.7厘米；21紙；583行，行17字。

2.2　01：46.0，26；　02：47.8，28；　03：48.0，28；
04：48.3，28；　05：48.3，28；　06：48.2，28；
07：48.2，28；　08：48.3，28；　09：48.2，28；
10：47.7，28；　11：48.1，28；　12：48.1，28；
13：48.1，28；　14：48.3，28；　15：48.2，28；
16：48.1，28；　17：48.2，28；　18：48.1，28；
19：48.0，28；　20：48.2，28；　21：47.0，25。

2.3　卷軸裝。首尾均全。有烏絲欄。近代已托裱。

3.1　首全→大正0475，14/0544A22。

3.2　尾全→大正0475，14/0551C27。

4.1　維摩詰經文殊師利問疾品第五，中（首）。

4.2　維摩詰經卷中（尾）。

8　8世紀。唐寫本。

9.1　楷書。

10　此件原為日本大谷探險隊所得並通卷托裱。護首為黃底雲龍織錦。卷端有題簽“維摩詰經卷中”。並鈐有藍色長方形印章，2.4×3.4厘米；印文為“圖書臺帳\登錄番號804”，數字係手寫。有千字文編號“若”。護首下端貼有小紙簽，上書“部，考，類別8，番號276”。尾有軸，上端人工水晶軸頭粘有紙簽，上書“8，276”，下軸頭已脫落。

1.1　BD14073號

1.3　維摩詰所說經卷下

1.4　新0273

2.1　798.4×25厘米；17紙；456行，行17字。

2.2　01：48.0，26；　02：48.0，28；　03：48.1，28；
04：48.0，28；　05：48.4，28；　06：48.1，28；
07：48.1，28；　08：48.0，28；　09：48.0，28；
10：48.0，28；　11：47.8，28；　12：48.0，28；
13：48.0，28；　14：48.3，28；　15：48.0，28；
16：47.8，28；　17：29.8，10。

2.3　卷軸裝。首尾均全。有燕尾。有烏絲欄。近代已托裱。

3.1　首全→大正0475，14/0552A03。

3.2　尾全→大正0475，14/0557B26。

4.1　維摩詰經香積佛國品第十，卷下（首）。

4.2　維摩詰經卷下（尾）。

8　9～10世紀。歸義軍時期寫本。

9.1　楷書。

10　此件原為日本大谷探險隊所得並通卷托裱。護首為黃底雲龍織錦。卷端有題簽“維摩詰經卷下”。並鈐有藍色長方形印章，2.4×3.4厘米；印文為“圖書臺帳\登錄番號810”，數字係手寫。有千字文編號“思”。尾有軸，人工水晶軸頭。下軸頭粘有紙簽，上書“類別8，番號277”。

1.1　BD14074號

1.3　維摩詰所說經卷中

1.4　新0274

2.1　1030×26厘米；21紙；556行，行17字。

2.2　01：38.5，21；　02：51.0，28；　03：51.0，28；
04：50.8，28；　05：51.2，28；　06：50.8，28；
07：51.2，28；　08：51.0，28；　09：50.8，28；
10：51.2，28；　11：51.0，28；　12：50.8，28；
13：51.0，28；　14：51.0，28；　15：50.7，28；
16：51.2，28；　17：47.5，26；　18：43.5，24；
19：49.3，27；　20：48.5，26；　21：38.0，12。

2.3　卷軸裝。首殘尾全。卷首殘破嚴重，有油污。烏絲欄僅見微弱痕迹。近代已托裱。

3.1　首4行上殘→大正0475，14/0544C04～07。

3.2　尾全→大正0475，14/0551C27。

4.2　維摩詰經卷中（尾）。

8　9～10世紀。歸義軍時期寫本。

9.1　楷書。

9.2　有行間校加字及刮改。有連續刪節號“卜……卜”。

10　此件原為日本大谷探險隊所得並通卷托裱。護首為黃底雲龍織錦。卷端有題簽“維摩詰經卷中”。並鈐有藍色長方形印章，2.4×3.4厘米；印文為“圖書臺帳\登錄番號816”，數字係手寫。有千字文編號“言”。尾有軸，人工水晶軸頭。下軸頭粘有紙簽，上書“類別8，番號278”。

1.1　BD14075號

1.3　維摩詰所說經卷中

1.4　新0275

2.1　330.7×25厘米；8紙；181行，行17字。

2.2　01：15.0，08；　02：50.5，28；　03：50.3，28；
04：50.3，28；　05：50.3，28；　06：50.5，28；
07：50.3，28；　08：13.5，05。

2.3　卷軸裝。首殘尾全。唐麻紙。原卷第2紙及尾紙各有一處古代裱補，裱補紙上有經文。卷尾上邊有殘紙；上有殘字。有烏絲欄。近代已托裱。

3.1　首殘→大正 0475，14/0549A29。
3.2　尾全→大正 0475，14/0551C26。
4.2　維摩詰經卷第二（尾）。
7.3　第 1、3 紙有雜寫數處。尾題後有雜寫。第 2 紙背有雜寫“天授品”云云 2 行，被托裱覆蓋。第 4 紙背有雜寫“爾時維摩詰”云云 1 行，被托裱覆蓋。下邊有雜寫“恚”、“癡”字。尾紙雜寫 2 行“維摩詰經卷第二”、“維摩詰所經”。卷面及行下空白處有雜寫。
8　7～8 世紀。唐寫本。
9.1　楷書。
10　此件原為日本大谷探險隊所得並通卷托裱。護首為黃底雲龍織錦。卷端有題簽“維摩詰經卷第二”。並鈐有藍色長方形印章，2.4×3.4 厘米；印文為“圖書臺帳＼登錄番號 815”，數字係手寫。有千字文編號“安”。尾有軸，人工水晶軸頭。下軸頭粘有紙簽，上書“8，279”。

絲帶上粘有紙箋，說明此卷曾被大谷光瑞送往宗教博覽會展覽。

1.1　BD14076 號
1.3　維摩詰所說經卷中
1.4　新 0276
2.1　190.5×26 厘米；4 紙；104 行，行 17 字。
2.2　01：47.6，27；　02：49.0，28；　03：48.9，28；
04：45.0，21。
2.3　卷軸裝。首脫尾全。有燕尾。有烏絲欄。近代已托裱。
3.1　首殘→大正 0475，14/0550B29。
3.2　尾殘→大正 0475，14/0551C26。
4.2　維摩詰經卷第二（尾）。
7.3　首紙下邊有 2 個雜寫“人”字。
8　8 世紀。唐寫本。
9.1　楷書。
10　此件原為日本大谷探險隊所得並通卷托裱。護首為黃底雲龍織錦。卷端有題簽“維摩詰經卷第二”。並鈐有藍色長方形印章，2.4×3.4 厘米；印文為“圖書臺帳＼登錄番號 806”，數字係手寫。有千字文編號“定”。尾有軸，人工水晶軸頭。下軸頭粘有紙簽，上書“8，280”。

1.1　BD14077 號
1.3　維摩詰所說經卷下
1.4　新 0277
2.1　538.5×25 厘米；12 紙；316 行，行 17 字。
2.2　01：47.2，28；　02：46.5，28；　03：47.5，28；
04：48.2，28；　05：43.7，25；　06：43.7，25；
07：44.0，26；　08：44.5，28；　09：47.3，28；
10：48.0，28；　11：47.6，28；　12：30.3，16。
2.3　卷軸裝。首脫尾全。本件有錯簡，第 9 紙應接第 2 紙。有烏絲欄。近代已托裱。
3.1　首殘→大正 0475，14/0553C07。
3.2　尾全→大正 0475，14/0557B26。
4.2　維摩詰經卷下（尾）。
5　與《大正藏》本對照，多“作禮而去”四字。
8　8～9 世紀。吐蕃統治時期寫本。
9.1　楷書。
9.2　有行間校加字。
10　此件原為日本大谷探險隊所得並通卷托裱。護首為黃底雲龍織錦。卷端有題簽“維摩詰經卷下”。並鈐有藍色長方形印章，2.4×3.4 厘米；印文為“圖書臺帳＼登錄番號 820”，數字係手寫。有千字文編號“篤”。尾有軸，人工水晶軸頭。下軸頭粘有紙簽，上書“8，281”。

絲帶上粘有紙箋，說明此卷曾被大谷光瑞送往宗教博覽會展覽。

新舊編號對照表

新字頭號與北敦號對照表

新字頭號	北敦號
新 0247	BD14047 號
新 0248	BD14048 號
新 0249	BD14049 號
新 0250	BD14050 號
新 0251	BD14051 號
新 0252	BD14052 號
新 0253	BD14053 號
新 0254	BD14054 號
新 0255	BD14055 號
新 0256	BD14056 號
新 0257	BD14057 號
新 0258	BD14058 號
新 0259	BD14059 號
新 0260	BD14060 號
新 0261	BD14061 號
新 0262	BD14062 號
新 0263	BD14063 號
新 0264	BD14064 號
新 0265	BD14065 號
新 0266	BD14066 號
新 0267	BD14067 號
新 0268	BD14068 號
新 0269	BD14069 號
新 0270	BD14070 號
新 0271	BD14071 號
新 0272	BD14072 號
新 0273	BD14073 號
新 0274	BD14074 號
新 0275	BD14075 號
新 0276	BD14076 號
新 0277	BD14077 號